W0323335

Entraînement intensif

Prépabac

1re toutes séries

Français

Jean-Benoît Hutier
Agrégé de lettres modernes
Docteur en littérature française
Professeur des universités

Florian Pennanech
Agrégé de lettres modernes
Professeur en CPGE scientifique au lycée
Théodore-Monod au Rheu

Laurence Rauline
Agrégée de lettres modernes
Docteur en littérature française
Professeur au lycée Pierre-Larousse à Toucy

Sophie Saulnier
Agrégée de lettres modernes
Professeur au lycée Jean-Jaurès à Argenteuil

Hatier

SOMMAIRE

Le personnage de roman du XVIIe siècle à nos jours

Le texte théâtral et sa représentation du XVIIe siècle à nos jours

Écriture poétique et quête du sens, du Moyen Âge à nos jours

La question de l'homme dans les genres de l'argumentation, du XVIIe siècle à nos jours

Les objets d'étude de 1re L

ANNEXES

Le personnage de roman
du XVIIe siècle à nos jours

INTRODUCTION

Le roman et son histoire

- Étudier le roman, c'est aussi étudier son évolution, l'inscrire dans l'histoire littéraire et l'histoire des idées. Court, long, épistolaire, autobiographique… il connaît des formes et des succès variés.
- Au XVIIe siècle, il commence à peine à être pris en considération. Le XVIIIe siècle l'explore et en diversifie les formes.
- Le XIXe siècle est souvent présenté comme le siècle du roman. Romantisme, réalisme et naturalisme s'en emparent et construisent chacun une relation particulière à la réalité : de fuite pour le romantisme, ou au corps à corps pour les deux autres mouvements.
- Le XXe siècle, bouleversé par les deux guerres mondiales, l'interroge de diverses manières. Polymorphe et très présent aujourd'hui, il semble dans l'attente d'une réelle révolution numérique.

De l'auteur au lecteur

- Prenons les choses simplement : un roman est une œuvre de fiction écrite par un auteur et lue par un lecteur. Entre eux deux, il y a ce monde fictif qui ressemble étrangement à celui du lecteur. Il emprunte notre temporalité mais en s'en jouant. Il nous donne à voir les lieux que nous connaissons, ou nous révèle des mondes inconnus.
- Mais qui nous raconte l'histoire ? Dans les romans à la troisième personne, c'est un narrateur ; il peut être plus ou moins présent. Dans les romans à la première personne, c'est un personnage qui mène le récit.
- Un roman est un récit organisé autour d'intrigues, d'actions. Il a un début et une fin, il joue sur les échos, sur des constructions plus ou moins complexes qui emportent le lecteur dans un monde construit pour lui.

Le personnage de roman

- Que serait un roman sans personnage ? Il semble qu'il ne puisse s'en passer. Du héros au antihéros, le personnage de roman connaît bien des transformations, bien des mises en question. On parle souvent de personnage au singulier, mais il ne faut pas oublier que celui-ci s'inscrit dans un ensemble composé de nombreux personnages qui tissent des relations entre eux. À eux tous, ils constituent le monde romanesque.
- Une identité, des paroles, des actions, un regard, le personnage de roman nous ressemble comme un frère. Mais il nous dépasse, en ce qu'il peut devenir un mythe, un prototype. Il nous propose une vision du monde et nous conduit à nous interroger sur les valeurs qu'il porte.

CHAPITRE 1

L'histoire du roman du XVIIe siècle à nos jours

COURS

MÉTHODES ET STRATÉGIES

SUJETS DE TYPE BAC

CORRIGÉS

COURS

L'histoire du roman du XVIIe siècle à nos jours

Du XIIe siècle, date des premiers écrits qui reçoivent l'appellation « roman », au XXIe siècle, le roman a connu bien des transformations. À suivre son histoire, on comprend à quel point c'est un genre souple, polymorphe, capable de se renouveler, de s'inventer de nouvelles formes et de nouveaux langages. Cette souplesse va lui permettre d'occuper une part de plus en plus importante de la production littéraire et de séduire un lectorat toujours plus large.

I. Les XVIIe et XVIIIe siècles : le lent essor du roman

1. Au XVIIe siècle, un genre qui se cherche

Le XVIIe siècle est partagé entre le baroque et le classicisme. Les romans-fleuves du début du siècle sont nostalgiques d'un passé idéalement héroïque, les romans baroques confrontent cet idéal à la réalité pour les critiquer. Le classicisme, malgré quelques œuvres phares, s'intéresse peu au roman, lui préférant le genre noble du théâtre.

a. Le roman pastoral, le roman héroïque et précieux

- Le **roman pastoral** (**Urfé**, *L'Astrée*, 1607-1619) met en scène des bergers et des bergères porteurs des valeurs de l'aristocratie et dont les conversations reprennent celles des salons précieux.
- Le **roman héroïque et précieux** (**Madeleine de Scudéry**, *Le Grand Cyrus*, 1649-1653 ; *Clélie*, 1654-1661) nous présente des héros idéalisés impliqués dans des quêtes encore empreintes des valeurs et des épreuves du monde de la chevalerie ; un monde et des personnages que leurs auteurs ne cherchent pas à rendre vraisemblables.
- Ces longs romans, malgré leur succès et les essais de théorisation qui les accompagnent (Huet, *Lettre sur l'origine des romans*, 1669, par exemple), sont considérés comme appartenant à un **genre secondaire** destiné à un **lectorat féminin**.

b. Des romans parodiques (le réalisme grotesque)

- L'univers du roman pastoral, celui du roman héroïque et précieux et les valeurs qu'ils véhiculent sont pris comme thématiques d'autres romans qui les ridiculisent. L'auteur espagnol **Cervantès** donne l'exemple dans son ***Don Quichotte*** (1605-1615). Son héros, hidalgo espagnol dont le cerveau est desséché pour avoir abusé de la lecture de romans de chevalerie, veut vivre par lui-même les aventures qu'il a lues sans se rendre compte que le monde dans lequel il vit a changé : le décalage entre les valeurs périmées que défend don Quichotte et la réalité de l'Espagne contemporaine de Cervantès est **porteur de comique et de critique**.
- En France, les romans de **Scarron** (*Le Roman comique*, 1651-1657), **Furetière** (*Le Roman bourgeois*, 1666) et **Sorel** (*Francion*, 1622) relèvent de la même veine réaliste et satirique. **Cyrano de Bergerac** propose une autre forme de parodie avec *L'Autre Monde ou les États et Empires de la Lune et du Soleil* (1657), qui raconte un voyage fantaisiste sur la Lune et le Soleil.

- Les auteurs de ces romans parodiques appartiennent souvent au **courant libertin** (libre pensée). Dans le mélange entre fantaisie du récit, sérieux des thèmes traités et travail sur la construction du roman, on reconnaît les traits du **mouvement baroque**.

c. Le classicisme et le roman d'analyse

- *La Princesse de Clèves* de **Madame de Lafayette** (1678) se démarque du roman précieux et participe d'une **esthétique classique**. Le récit, bref, se déroule dans l'univers de la cour du roi Henri II dans les années 1550 et renvoie à des courants d'idées qui traversent le XVIIe siècle : la pensée janséniste[1] et le quiétisme[2]. La proximité avec le réel vécu par les lecteurs est une nouveauté. Le personnage acquiert une profondeur psychologique et le roman devient **roman d'analyse**.

Un tournant dans l'histoire du roman : *La Princesse de Clèves*

Dès sa parution, le roman connaît un fort succès. Entre sa parution (1678) et la fin du XIXe siècle, il est réédité près de cinquante fois ! Et son succès ne se dément ni au XXe ni aujourd'hui.

Au XVIIe siècle, il rencontre le goût de l'époque pour la brièveté : les lecteurs, lassés des romans-fleuves, préfèrent maximes et fables. L'époque aime aussi les romans historiques ou avec un arrière-plan historique ; or, comme l'écrit Madame de La Fayette dans sa correspondance, son roman est « une parfaite imitation du monde de la Cour et de la façon dont on y vit » (Lettre à Lescheraine, 13 avril 1678). De plus, suivant en cela le courant de pensée du XVIIe siècle, il donne à voir les dangers de la passion, il réfléchit sur les types d'amour et sur la place que tient ou doit tenir la raison.

Mais tout ceci ne suffit pas à expliquer pourquoi il a traversé les siècles. Sa véritable nouveauté est surtout qu'il inaugure le roman d'analyse psychologique, c'est-à-dire un roman dans lequel l'analyse des sentiments ne constitue pas une pause dans le récit, un ajout, mais au contraire, où elle est action. *La Princesse de Clèves* est l'histoire des sentiments de l'héroïne, c'est cette histoire que le lecteur suit, comme l'écrit Bernard Pingaud dans sa préface à l'édition de 2000 (© Gallimard) : « [...] le temps, l'histoire, le mouvement intérieur sans lesquels le roman ne saurait nous donner l'indispensable impression de réalité, sans lesquels il serait dépourvu de poids, d'épaisseur – l'analyse les prend à son compte. L'angoisse que nous ressentons à suivre les progrès de la passion dans le cœur de Mme de Clèves est tout intellectuelle : c'est l'angoisse lucide d'un raisonnement qui va son chemin de chute en chute, de contradiction en contradiction, d'un bout à l'autre du livre ».

Pour suivre ces raisonnements, pour entrer dans cette intériorité des personnages en prise avec leurs passions, le texte fait usage de soliloques, joue sur les focalisations, mais aussi, et c'est le propre du roman bref, laisse au lecteur le loisir de se poser des questions, de proposer des interprétations. On retrouve ces procédés dans le roman moderne.

1 Jansénisme : courant religieux qui voit le jour vers 1640. Pour les jansénistes, l'homme ne peut obtenir son salut que par la grâce divine. Version rigoriste du catholicisme, le jansénisme est combattu par les jésuites, proches du pouvoir royal.

2 Quiétisme : doctrine religieuse prônant une communion totale avec Dieu grâce à une disposition de l'âme qui se tient hors de tout trouble et de tout mouvement. Ce courant qui prétendait se passer des prières et des sacrements de l'Église est considéré comme hérétique en 1687.

- Les *Lettres de la religieuse portugaise* de **Guilleragues** (1669) sont un roman composé de cinq lettres écrites par une religieuse à son amant qui l'a délaissée. Elle y exprime **sa passion, sa sensualité et sa douleur.** Entre le journal intime (mais avec un destinataire) et le roman épistolaire (mais sans échange de correspondance), ce roman est construit comme une **tragédie** dont chacune des lettres forme un acte.

- La princesse de Clèves et la religieuse portugaise s'opposent par leur conception de la passion et leur rapport à la morale. Mais les deux romans ont en commun l'**analyse des sentiments**, la **nouveauté de la forme**, le **succès** qu'ils rencontrent. Ce succès est en partie dû à une **absence.** Madame de La Fayette ne dévoile pas son nom. Les *Lettres de la religieuse portugaise* sont données comme authentiques : le nom de leur auteur, conseiller de Louis XIV, est gardé secret. Il n'est pas noble d'écrire des romans !

2. La diversification des formes romanesques au XVIIIe siècle

Au XVIIIe siècle, l'émergence de l'individu comme sujet donne naissance à une écriture du « je », à la recherche de l'authenticité et de l'expression de soi. La société se transforme. Les écrivains, pour rendre compte de la réalité sociale, des mouvements qui la parcourent et des débats d'idées, explorent les possibilités d'expression du roman et l'enrichissent de nouvelles formes.

a. Une écriture du « je »

- Les **romans-mémoires** donnent la parole à des personnages qui racontent leur parcours et leur ascension sociale (**Marivaux**, *Le Paysan parvenu* et *La Vie de Marianne*, 1731-1741), ou au contraire leur déchéance. On assiste alors à la dépravation morale d'un héros subissant les influences néfastes de la société ou d'une femme ; c'est le cas du personnage narrateur de *L'Histoire de Des Grieux et de Manon Lescaut* écrit par l'**Abbé Prévost** en 1731.

- L'écriture à la première personne est exploitée par le **roman épistolaire** qui démultiplie les « je » et leurs visions du monde. *Les Lettres persanes* de **Montesquieu** (1721), *Julie ou la Nouvelle Héloïse* de **Rousseau** (1761) et les *Liaisons dangereuses* de **Laclos** (1782) sont des romans à succès.

- L'auteur ne se revendique pas comme tel. Au contraire, comme le fait Montesquieu dans son introduction, il joue à s'effacer derrière les personnages donnés comme personnes réelles dont il ne serait que le « traducteur ». Ce procédé souligne l'importance accordée à **l'authenticité, la sincérité et le réalisme**, trois vertus que ne possédaient pas les longs romans du XVIIe siècle.

b. L'expression du sentiment et la proximité avec le lecteur

- À ce partage des voix narratives, la figure du héros y perd et y gagne. Celui-ci **perd de sa noblesse** mais devient **notre intime.** Il nous dit le monde de l'intérieur, et bien qu'il aime les grands exposés comme dans *La Nouvelle Héloïse,* il préfigure le roman moderne en ce que, comme dans le roman-mémoire, il **fait de l'expérience individuelle le fondement du roman.**

- **Les héros changent**, ils ne sont plus choisis dans l'aristocratie, mais peuvent venir de classes sociales dites basses. Le sujet est la vie quotidienne et la narration est plus fidèle à la réalité. Sur le modèle du **roman picaresque** espagnol qui suit un *picaro* (mot espagnol qui désigne quelqu'un qui est en marge de la société) voyageant à travers le pays à la recherche d'aventures plus ou moins honnêtes, **Lesage** écrit *Les Aventures de Gil Blas de Santiallane* (1715-1737).

- Le XVIIIe siècle a le goût des larmes. Une sensibilité **préromantique** voit le jour. Elle s'exprime dans des romans comme ceux de Rousseau. *Paul et Virginie* (1789) de **Bernardin de Saint-Pierre** en est un autre exemple : l'histoire d'amour, vouée à l'échec, se déroule dans les paysages grandioses de l'île Maurice qui exaltent les sentiments des héros.

c. Le plaisir de la contestation

- L'esprit de contestation, voire de provocation, se manifeste dans la vogue des **romans libertins**. Dans *Les Liaisons dangereuses*, **Laclos**, dévoilant les intrigues de deux libertins, montre les rouages d'une société basée sur le mensonge et l'hypocrisie. Les romans de **Sade** (*Justine ou les malheurs de la vertu*, 1791) ou de **Crébillon** (*Le Sopha*, 1742) provoquent le lecteur en le plongeant dans le libertinage et la débauche des sens.

- Dans *Les Lettres persanes*, Montesquieu se sert du « **regard étranger** » que portent deux Persans sur la France pour passer en revue les mœurs de son pays et dénoncer les effets néfastes du pouvoir absolu de Louis XIV. La fiction romanesque permet aussi de rendre accessibles et plus convaincantes des idées abstraites, par exemple la notion de vertu et l'organisation des hommes en société dans l'épisode des Troglodytes (lettres XI à XIV).

- **Explorer des formes nouvelles**, c'est aussi exercer son esprit de contestation sur le roman lui-même. Ainsi font **Laurence Sterne** en Angleterre, dans *Vie et opinions de Tristram Shandy* (1759-1767) et **Diderot** en France, avec *Jacques le fataliste* (1796). Le premier écrit une satire des romans anglais : le récit est interrompu par des digressions, et finalement, il n'y a pas d'histoire. Il en va de même du roman de Diderot, dialogue entre deux personnages, Jacques et son maître, entrecoupé par des apostrophes au lecteur, qui indiquent que l'auteur est maître de sa fiction et qui empêchent le lecteur d'adhérer au récit.

DOC.1 Jeune prince persan (XVIe siècle). « Les gens [...] disaient entre eux : "Il faut avouer qu'il a l'air bien Persan." » (Montesquieu, *Lettres persanes*, lettre XXX)

II. L'apogée du roman au XIXe siècle

Le XIXe siècle, qu'il soit romantique, réaliste ou naturaliste, est le siècle du roman. Le genre n'est plus remis en question et la production romanesque est abondante.

1. Le roman romantique

a. L'individu et la société

- **Le roman romantique exacerbe les caractéristiques du préromantisme** : place centrale du « je », exploration des sentiments, symbiose avec la nature, goût pour l'ailleurs, mal de vivre (appelé « mal du siècle » par Musset), toutes thématiques que l'on trouve déjà chez **Chateaubriand** (*Atala*, 1801 ; *René*, 1802) et que l'on retrouve dans les années 1820, date à laquelle on fait commencer le romantisme.
- **Le personnage de l'exclu exerce une véritable fascination.** Les héros sont en conflit avec la société : ainsi du héros éponyme de **Balzac**, Chabert, colonel de l'Empire que la société de la Restauration refuse de reconnaître (1832-1835). Ils peuvent aussi s'en exclure délibérément par l'exil (*René*, **Chateaubriand**) ou par un caractère hors du commun : l'héroïne de *Corinne* (**Madame de Staël**, 1807) est une femme d'exception inaugurant le personnage du génie incompris.
- **Les feuilletons et les romans populaires fleurissent.** *Les Mystères de Paris* (1842) d'**Eugène Sue**, *Les Mystères de Londres* (1844) de **Paul Féval** entraînent les lecteurs dans les bas-fonds de la société et montrent des personnages pervertis par la misère que seules les valeurs de la solidarité et du progrès pourront sauver.

b. Les fresques historiques

- Les romans se font **fresques historiques** et l'époque troublée de 1789 (**Balzac**, *Les Chouans*), ainsi que les campagnes napoléoniennes puis le retour de la monarchie et ses épisodes révolutionnaires, fournissent une riche matière aux romans. C'est le cas des *Misérables* de **Victor Hugo** dont l'action se déroule de 1815 à 1832.
- Sous l'influence d'*Ivanhoé* de Walter Scott, traduit en 1820, les romans peuvent aussi plonger dans l'**histoire plus ancienne**, comme *Les Trois Mousquetaires* (1844) d'**Alexandre Dumas.**
- Les romanciers ont le **goût de l'exotisme**, allant chercher dans un ailleurs (l'Orient, par exemple) et d'autres époques (l'Antiquité) des valeurs et des raisons de vivre qu'ils ne trouvent plus dans leur environnement.

c. Du roman social au roman fantastique

- Le roman peut être **militant. Victor Hugo**, dans *Les Misérables*, dénonce les conditions de vie des forçats, des ouvriers, du peuple de Paris et des grandes villes.
- Les auteurs peuvent également se tourner vers le **fantastique,** suivant en cela la mode des **romans gothiques** venue d'Angleterre. Nodier, Gautier, Hugo écrivent des récits fantastiques dont le format hésite entre la nouvelle et le roman.
- Le **rêve**, les rêveries et les souvenirs prennent une grande place. **Nerval** écrit des récit poétiques (*Sylvie*, 1853) qui flirtent avec les frontières de la folie (*Aurélia ou le rêve et la vie*, 1855).

2. Le roman réaliste

a. Être ou ne pas être un romancier réaliste

- Balzac et Stendhal sont considérés comme les précurseurs du roman réaliste, mais, attention, ils appartiennent aussi bien au réalisme qu'au romantisme. ***La Comédie humaine*** **de Balzac** relève d'une **entreprise réaliste**. Mais ce tableau de la société moderne de 1800 à 1850 peut présenter des **héros romantiques**. De même, **Stendhal** emprunte une démarche réaliste lorsqu'il écrit :

> « Un roman est un miroir qui se promène sur une grande route. Tantôt il reflète à vos yeux l'azur des cieux, tantôt la fange des bourbiers… »
>
> ■ Stendhal, *Le Rouge et le Noir* (1830), chap. XIX.

Mais ses héros ont bien souvent le caractère du héros romantique.

- C'est dans les années 1850 que le réalisme, en réaction au romantisme, veut se recentrer sur l'**étude du milieu dans lequel l'homme évolue**. Duranty, bien que n'aimant pas le terme « réaliste », le définit ainsi :

> « la reproduction exacte, complète, sincère du milieu où l'on vit, parce qu'une telle direction d'études est justifiée par la raison, les besoins de l'intelligence et l'intérêt du public, et qu'elle est exempte de mensonges, de toute tricherie »
>
> ■ Edmond Duranty, article du journal *Réalisme* (1856).

- Le **scandale** causé par la parution de ***Madame Bovary*** (1857), accusé d'immoralisme, fait de Flaubert, malgré lui, le chef de file du réalisme.

b. Quelques caractéristiques du roman réaliste

- La narration, à la troisième personne, privilégie le **point de vue omniscient**. Le vocabulaire est concret et les niveaux de langue correspondent à la réalité des milieux auxquels les personnages appartiennent.
- Les **descriptions longues**, très explicites, garantissent un **effet de réel**. Celle de l'imprimerie des *Illusions perdues* (1837-1843) de **Balzac** s'étend sur plus de cinq pages ; celle de la pension Vauquer détaille le moindre indice de misère et de crasse (*Le Père Goriot*, 1835).
- L'écriture peut partir d'un fait réel, c'est le cas de *Madame Bovary*. Elle est toujours soutenue par un **gros travail d'observation et de documentation** donnant autant de place au personnage qu'à son environnement.

c. Le choix des personnages

- Balzac, dans les quatre-vingt-onze tomes de *La Comédie humaine*, dresse le portrait de la société de son temps par la création d'une multitude de **personnages, représentatifs de tous les milieux**, qu'il travaille comme des caractères ou des types humains :

> « Un type est un personnage qui résume en lui-même les traits caractéristiques de tous ceux qui lui ressemblent plus ou moins, il est leur modèle du genre. »
>
> ■ Balzac, préface d'*Une ténébreuse affaire* (1842).

- Ceux de **Stendhal** sont pris dans l'Histoire ; le sous-titre de *Le Rouge et le Noir - Chronique de 1830* le rappelle. Ceux de **Flaubert** appartiennent à la bourgeoisie provinciale (*Madame Bovary*) ou au monde parisien de la presse (*L'Éducation sentimentale*).

DOC. 2 Carte des environs de Rouen, par Monin (1835-1845). « Or il y a, de Tostes aux Bertaux, six bonnes lieues de traverse, en passant par Longueville et Saint-Victor. » (Flaubert, *Madame Bovary*, partie I, chap. 2). Sur cette carte datant du XIXe siècle, on peut suivre le chemin parcouru par Charles Bovary de Tostes aux Bertaux, lors de sa première visite au père Rouault. En orange, l'itinéraire suivi dans le roman, en bleu, des itinéraires plus courts. Les noms soulignés en marron sont présents dans le manuscrit de *Madame Bovary*.

Les romans réalistes sont souvent des **romans d'apprentissage**. Les personnages de **Stendhal** (Julien Sorel), de **Balzac** (Rastignac, Lucien de Rubempré), de **Flaubert** (Frédéric Moreau) sont les héros de romans qui retracent des destins individuels dans une société cruelle qui les accepte (Rastignac) ou les refuse (Julien Sorel), dont ils acceptent les règles (Rastignac) ou dont ils ne comprennent pas vraiment le fonctionnement (Frédéric Moreau).

3. Le roman naturaliste

a. Un roman expérimental

En 1865, **Claude Bernard** publie son *Introduction à la médecine expérimentale*. En 1880, **Zola**, dans son essai ***Le Roman expérimental***, lui emprunte le titre et la méthode pour définir son projet littéraire.

« [...] montrer les rouages des manifestations intellectuelles et sensuelles telles que la physiologie nous les expliquera, sous les influences de l'hérédité et des circonstances ambiantes, puis montrer l'homme vivant dans le milieu social qu'il a produit lui-même, qu'il modifie tous les jours, et au sein duquel il éprouve à son tour une transformation continue ».

■ Zola, *Le Roman expérimental* (1880).

- Le roman naturaliste se donne comme objet le compte rendu fidèle et documenté de la réalité sociale de la fin du XIXe siècle. La révolution industrielle est en cours, et on s'intéresse à une nouvelle classe qui n'avait jusque là pas été l'objet de la littérature, les ouvriers. L'esthétique est la même que celle du réalisme, mais, en plus, **l'homme est considéré comme déterminé par son milieu social.**
- Dans les années 1880, Zola réunit autour de lui romanciers naturalistes et sympathisants au cours des **soirées dites de Médan**. De là, naît un recueil collectif de nouvelles pensé comme un manifeste du naturalisme. Les auteurs en sont Zola, Maupassant, Huysmans, Céard, Hennique, Alexis.

b. Milieu social et hérédité

- Le personnage, sous l'œil du romancier scientifique, devient le **cobaye d'une expérience et d'une démonstration** : l'homme, déterminé par son contexte, réagit mécaniquement, selon son hérédité et son milieu, aux événements et obstacles que le romancier met sur son chemin.
- Les actions du personnage sont aussi motivées par son **hérédité**. Suivant ce principe, **Zola** écrit ***Les Rougon-Macquart*** (1871-1893), grande fresque dans laquelle tous les personnages, liés par le sang, subissent leur destin.
- Traversant tous les milieux, le roman naturaliste démonte les **rouages de la société** : les mécanismes de la bourse dans *L'Argent* de Zola, la répression des grèves dans *Germinal*, le monde de la presse dans *Bel-Ami* de Maupassant.

c. Les ambiguïtés du naturalisme

- Dans leur grandeur et leur misère, dans leurs combats contre un destin moderne, les personnages des *Rougon-Macquart* de Zola rejoignent les héros mythiques.
- Bien que ses contemporains reprochent à Zola de choisir un vocabulaire bas et de préférer toujours le laid au beau, le naturaliste n'hésite pas à jouer de l'**amplification** et du **registre épique**. C'est le cas dans *La Bête humaine*.
- **Attention à ne pas confondre naturalisme et plate copie du réel.** Maupassant, met en garde :

« Faire vrai consiste donc à donner l'illusion complète du vrai, suivant la logique ordinaire des faits, et non à les transcrire servilement dans le pêle-mêle de leur succession. »

■ Maupassant, préface de *Pierre et Jean* (1889).

Le peintre et l'écrivain

Histoire des arts

DOC. 3 Édouard Manet (1832-1883), *Portrait d'Émile Zola* (1868).

Le portrait est un genre pictural ancien. Dès la Renaissance, les rois sont peints en majesté avec les attributs symboliques du pouvoir. Commander son portrait est un signe de puissance ; au fil du temps, les aristocrates, les bourgeois les commerçants passent commande. Le roi est peint en roi, le commerçant de fourrures en commerçant de fourrures. Il faut attendre les XVIIIe et XIXe siècles, moments où le roman n'est plus considéré comme un genre mineur, pour trouver des portraits d'écrivains en écrivains.

Ce portrait de Zola par Manet est doublement intéressant. D'abord, parce qu'il représente Zola en écrivain et critique d'art : sur son bureau sont disposés livres, encrier et plume ; il tient un livre d'art. Ensuite, parce que le peintre dresse aussi son autoportrait : au mur, on voit la reproduction de son tableau *Olympia* qui a fait scandale en 1865 et dont Zola a pris la défense (une brochure sur laquelle est écrit le nom de Manet le rappelle). Ce tableau est entouré de deux images qui lui servent de référence : une œuvre de Vélasquez et une estampe japonaise. L'importance de cet art oriental qui marque la peinture occidentale de la fin du XIXe siècle est indiquée par la présence du paravent à gauche du tableau. Ce portrait de Zola en écrivain défenseur d'un peintre qu'on pourrait dire naturaliste est donc aussi le portrait du peintre et des valeurs artistiques qu'ils défendent tous les deux. Maupassant le rappelle : tout art, même naturaliste, est une recomposition du réel.

III. L'évolution du genre romanesque aux XXe et XXIe siècles

Les deux guerres mondiales que subit le XXe siècle transforment la manière de voir le monde et donc de l'écrire. La production romanesque est grande et les voies empruntées par les romanciers sont diverses. Après la Seconde Guerre mondiale, le monde ne peut définitivement plus se penser avec les valeurs anciennes, le roman non plus ; il se veut nouveau et s'attaque à ce qui faisait ses bases. Après ce travail de sape, que reste-t-il du roman aujourd'hui ?

1. Des voies divergentes

a. Une vision subjective

- Il ne s'agit plus d'analyser le personnage dans son environnement social, mais de s'intéresser à l'intériorité du « je ». Certes, les romans de **Proust** (*À la recherche du temps perdu,* 1913-1926) représentent souvent minutieusement le monde, et même le mondain, mais il s'agit avant tout de l'analyse d'une conscience, attentive à la complexité des relations à autrui.
- La **vision subjective** et le **monologue intérieur** prennent une grande place dans le récit ; les romans de **Joyce**, *Ulysse* (1922), et de **Woolf**, *Mrs Dalloway* (1925), sont de bons exemples de cette nouvelle manière d'écrire. L'étude de la subjectivité et l'hypothèse de sa complexité deviennent plus importantes que l'intrigue elle-même.
- Pour raconter, dans toute son horreur, leur expérience de la guerre de 1914-1918, certains auteurs empruntent la forme du roman autobiographique ; c'est le cas de **Barbusse** (*Le Feu,* 1916) et de **Céline** (*Voyage au bout de la nuit,* 1932). Ces **romans de guerre**, et particulièrement ceux de Céline, renouvellent la langue littéraire en faisant le choix d'un style parlé, brutal, aux images parfois choquantes.

b. Différents traitements de la réalité

- Des auteurs comme **Mauriac** prennent le contre-pied de cette écriture subjective et cherchent à « atteindre des aspects de la vérité humaine » (Mauriac, *Le Romancier et ses personnages*, 1972) par les procédés du **réalisme social et psychologique**.
- Le **surréalisme** laisse des traces dans les récits de **Gracq**, *Le Rivage des Syrtes* (1951). La réalité peut être poétisée et envahie par le mystère comme dans *Un roi sans divertissement* (1947) de **Giono**.
- Une **littérature d'idées** voit le jour qui s'inscrit dans des débats politiques et/ou philosophiques. *La Condition humaine* (1933) de **Malraux** pose le problème de l'engagement de l'homme et des ses choix politiques. *La Nausée* (1938) de **Sartre** prend pour arrière-plan la philosophie existentialiste. *La Peste* (1947) de **Camus** est un récit allégorique sur le sens à donner à la vie et aux combats des hommes.

c. Des romans qui réfléchissent sur le roman

Gide choisit comme personnage l'**écrivain** et comme thème romanesque l'**acte d'écriture** (*Paludes,* 1895 ; *Les Faux-monnayeurs,* 1925). La mise en abyme[3] ouvre sur une remise en question du personnage de roman.

3 Voir définition p. 67.

2. Une remise en question fondamentale : le Nouveau roman

a. Une déclaration de guerre

- À partir des années 1950, tout le monde s'attaque au roman dit « balzacien », que ce soit les surréalistes, **Sartre**, ou les écrivains que l'on range en général sous le terme de « Nouveau roman ».
- Par une évolution analogue à celle de la peinture, le Nouveau roman veut se détacher de la représentation du réel et remet en question les codes du roman. **Nathalie Sarraute**, dans *L'Ère du soupçon* (1956), refuse l'effet « trompe-l'œil » qui, sous prétexte de vouloir rendre le réel, détourne le lecteur de la « vérité profonde » de l'être.
- Les textes, souvent à la première personne, cherchent à rendre la vie telle que l'homme la vit dans sa conscience, avec toutes ses failles et ses incompréhensions.

b. La mise en question du personnage et de son monde

- Les auteurs du Nouveau roman cherchent à **déconstruire le personnage** (il n'a souvent pas de nom, ou juste une initiale). **Robbe-Grillet** remet en question de manière radicale la notion même de psychologie du personnage. Pour Nathalie Sarraute, « le personnage n'est plus aujourd'hui que l'ombre de lui-même » (*L'Ère du soupçon*, 1956).
- L'homme dans toute sa détresse et le héros démythifié se rejoignent dans les **personnages clochardisés** de **Beckett** (*Molloy*, 1951 ; *Malone meurt*, 1951), incapables d'action dans un monde sans issue et dénué de sens.
- Les descriptions sont si détaillées qu'elles finissent par devenir autonomes et par déréaliser toute intrigue dans un monde devenu flou, étrange et labyrinthique. L'exemple souvent donné est celui de la description « objective » d'un quartier de tomate dans *Les Gommes* de Robbe-Grillet (1953).

c. Appartenir ou ne pas appartenir au Nouveau roman ?

- Mais, si Robbe-Grillet et Nathalie Sarraute se réclament du Nouveau roman, le théorisent dans des essais et le mettent en pratique dans leur production romanesque, certains s'en détachent peu à peu comme **Claude Simon** ou **Beckett**.
- D'autres, comme **Marguerite Duras**, n'ont jamais souhaité appartenir à ce mouvement, même si les critiques ont souvent voulu l'y intégrer en lui trouvant des traits d'écriture en commun.

3. L'après Nouveau roman et les débuts du XXIe siècle

a. Une continuité

- Le roman continue à être le genre dominant. On assiste à un **retour du personnage et de l'intrigue**, et coexistent des manières d'écrire et des revendications d'intention très différentes.
- Les romanciers sont si nombreux que les lister serait en oublier. Pour savoir quels seront les auteurs marquants de ce siècle, on peut se référer aux **prix littéraires** décernés aux grandes maisons d'édition, ou chercher chez les petits éditeurs les talents de demain.
- On ne peut plus parler de mouvement : les auteurs ne revendiquent aucune appartenance. Mais ils peuvent se regrouper selon leurs affinités littéraires, comme le propose

Jean-Philippe Toussaint dans sa photo pastiche du tableau de Fantin-Latour[4]. Cette œuvre intitulée *Quelques amis écrivains qui passaient ce jour-là au Louvre par hasard à qui j'ai demandé de poser avec moi à l'improviste autour d'un autoportrait de Delacroix* (2012) rassemble au premier plan de gauche à droite, Jean Echenoz et Philippe Djian ; au second plan, Pierre Bayard, Olivier Rolin, Pascal Torrès, Emmanuel Carrère et Jean-Philippe Toussaint.

DOC. 4 Jean-Philippe Toussaint (né en 1957), *Quelques amis écrivains qui passaient ce jour-là au Louvre par hasard à qui j'ai demandé de poser avec moi à l'improviste autour d'un autoportrait de Delacroix* (2012).

b. Trois tendances : l'autofiction, l'intertextualité et le roman d'enquête

- L'autofiction, nouvelle forme littéraire hybride de roman et d'autobiographie, se sert de la fiction pour mieux accéder à la connaissance de soi. Il ne s'agit plus de se demander comment le roman peut représenter le réel, ou ce qu'il a à dire du réel, mais de confondre dans une même écriture réel et fictif dans une visée autobiographique clairement énoncée. L'œuvre emblématique de ce genre est *W ou le souvenir d'enfance* (1975) de **Perec**.

- Si l'imitation était le principe de l'écriture des XVIe et XVIIe siècles, on peut dire que l'**intertextualité**[5] est celui du roman contemporain. Théorisé depuis les années 1960 par le groupe Tel Quel et repris par Genette en 1982, il est au cœur d'œuvres comme celles de **Claude Simon** (*La Route des Flandres,* 1960), par exemple.

---

4 Fantin-Latour peint en 1864 un *Hommage à Delacroix*. C'est un portrait collectif qui réunit peintres (Manet, Whistler) et écrivains (Baudelaire) autour d'un portrait de Delacroix. Le peintre s'y représente, la palette à la main. Vous pouvez voir le tableau et en lire l'analyse sur le site du musée d'Orsay.

5 Intertextualité : voir p. 450.

- Certains romanciers choisissent l'enquête comme fil conducteur de leur récit construit autour d'une absence et d'une quête. C'est le cas pour des auteurs aussi différents que **Daeninckx** (*Un Château en Bohème*, 1994) et **Modiano** (*Rue des boutiques obscures*, 1978).

c. Et autres nouveautés

- La littérature, les romans, ont toujours évolué en fonction des techniques nouvelles : l'imprimerie au XVIe siècle, le fort développement de la presse et du feuilleton au XIXe siècle ont changé les modes de lecture et les modes d'écriture. Il est prévisible que l'entrée dans l'ère numérique fasse de même.
- Il existe, en effet, une **littérature numérique** même si elle est encore au stade expérimental. Elle explore les possibilités de génération de texte, la fiction interactive, l'hyperfiction, l'écriture multimédia.
- On peut envisager de nouveaux genres romanesques utilisant le format du mail, du texto ou du twitt, renouvelant ainsi le roman épistolaire et inventant des formes de romans en réseau.

Quelques genres romanesques

L'étude de l'histoire du roman montre bien qu'il peut prendre des formes très diverses, évoluant au fil du temps en fonction de l'évolution du monde qu'il tend à raconter, décrire, mettre en fiction, et en fonction des mouvements littéraires dans lesquels il s'inscrit.

Attention, cependant, à ne pas se contenter d'une étude diachronique : certaines formes romanesques, comme l'antiroman par exemple, traversent les siècles, puisqu'on les trouve aussi bien au XVIIe qu'aux XVIIIe et XIXe siècles.

Type de roman	**Commentaire**
Le roman-mémoire	Donne la parole à des personnages de fiction qui racontent, à la première personne, les étapes de leur vie.
Le roman autobiographique	Est une fiction dans laquelle on peut reconnaître quelques traits de la personnalité et/ou de la vie de l'auteur.
L'autofiction	Hybride de roman et d'autobiographie, se sert de la fiction pour mieux accéder à la connaissance de soi.
Le roman épistolaire	Croise la correspondance de plusieurs épistoliers et permet de construire un monde romanesque complexe grâce à l'échange des points de vue.
Le roman historique	Prend comme fond d'intrigue un ou plusieurs événements de l'Histoire réelle.
Le roman d'enquête	Mêle investigation policière, événements historiques et destin d'un individu, sur le modèle du roman policier.
Le roman d'apprentissage	Permet de suivre la formation d'un jeune homme ou d'une jeune fille à travers les bonheurs ou les malheurs qui construisent un individu.
Le roman picaresque	Narre les aventures d'un *picaro* (mot espagnol qui désigne une personne en marge de la société) voyageant à travers le pays, à la recherche d'aventures plus ou moins honnêtes.
L'antiroman	Interroge les conventions romanesques à l'intérieur même de la fiction.

1 Question sur un corpus – Scènes de guerre

Quel(s) regard(s) les textes du corpus portent-ils sur la guerre ?

> Voir la méthode du traitement d'une question sur corpus (Annexes, p. 470).
> Voir les sujets 1 p. 34 et 1 p. 85.

TEXTE A **Stendhal** (1783-1842), *La Chartreuse de Parme* (1839), I, 3 p. 30

TEXTE B **Victor Hugo** (1802-1885), *Les Misérables* (1862), IIe partie, livre I, IX p. 31

TEXTE C **Henri Barbusse** (1873-1935), *Le Feu* (1916), chap. XIX : « Bombardement » p. 32

TEXTE D **Louis-Ferdinand Céline** (1894-1961), *Voyage au bout de la nuit* (1932), chap. II p. 33

Analyser le sujet au brouillon

> Cerner le sujet

- Le terme « regard » est polysémique. Il renvoie à l'action de regarder, c'est l'œil qui voit ; il peut supposer un point de vue, un jugement, c'est l'esprit qui juge ; en analyse littéraire, il fait référence aux types de focalisation. Dans tous les cas, il suppose un regardeur.
- Le dernier terme de la question indique ce sur quoi porte le regard. La guerre constitue le thème commun aux quatre textes qui nous emmènent sur le champ de bataille de deux guerres non fictives : la défaite de Napoléon à Waterloo en 1815, et la Première Guerre mondiale.

> Analyser le corpus de textes

- Pour lire les textes, il faut garder en tête les deux pistes : quel type de regard (d'où vient-il) ? Qu'est-ce qui est vu ?
- Pour trouver des éléments de réponse, il faut comparer les extraits en cherchant tout ce qui est afférent à ces deux questions : l'énonciation, les focalisations, les types de discours (est-ce qu'on raconte une scène en mouvement ou est-ce qu'on décrit une scène arrêtée ?), le registre employé (le registre épique est souvent employé pour les scènes de bataille, il faut vérifier si c'est ou non le cas dans les textes du corpus).

	Stendhal	Hugo	Céline	Barbusse
Énonciation	3e personne.	3e personne.	1re personne + pronom indéfini « on ».	1re personne + langage cru : « Moi crétin ».
Focalisation	Interne + commentaires du narrateur.	Omnisciente.	---	---

Type de discours	Narratif et descriptif. Alternance récit et brefs dialogues.	Narratif et descriptif.	Descriptif.	Explicatif (réflexions : monologue intérieur).
Origine du regard	Le personnage est sur un cheval, au milieu de la bataille. On voit par ses yeux.	Le regard vient d'en haut, il surplombe la bataille. Il est panoramique.	Le regard vient des tranchées. La vision est fugitive.	On ne peut pas vraiment parler de regard.
Ce qui est vu	Ce n'est pas tant la bataille en elle-même que ce qu'en voit le héros, le peu qu'il en voit, puisqu'il semble ne rien comprendre à ce qui l'entoure, comme le précise la dernière phrase.	Les mouvements des bataillons. Il s'agit d'un véritable « spectacle » auquel est convié le lecteur qui suit tous les épisodes du drame se jouant devant lui.	Un paysage de mort, silencieux, sans mouvement des hommes (ou à peine).	La scène de bataille n'est pas décrite. Prise de conscience, après le premier contact qui suffit à montrer l'horreur de la guerre.
Registre et remarques sur les choix stylistiques	Comique, à cause des commentaires du narrateur qui pointe les maladresses du « héros ».	Épique : métaphores, hyperboles, personnifications, références à des figures de l'Antiquité.	Épique : réflexion sur la place de l'homme dans l'univers. Oxymores ou presque.	Langage populaire. Renversement des valeurs habituelles.

Structurer la réponse

> Construire le plan de la réponse

- Il pourrait être tentant d'opposer deux à deux les textes de Hugo et de Stendhal, puis ceux de Céline et de Barbusse, en prétendant montrer comment un même événement peut être abordé et vu de manière différente. Mais les relations entre les textes sont plus complexes, c'est ce qu'il vous faudra montrer.

- La première partie, consacrée à l'origine du regard, confrontera la guerre vue de l'intérieur et la guerre vue de l'extérieur (spectacle). La seconde partie cherchera à caractériser le regard : admiratif ? dépréciatif ? sans jugement ?

> Élaborer un plan détaillé

I. Position du regardeur

1. Au cœur de l'action ou la vision réduite

Stendhal et Céline : point de vue limité au seul regard du personnage.

– Celui de Stendhal voit plus qu'il n'agit (verbes de vision au passé simple), interprète mal ce qu'il voit, ne fait pas ce qui est attendu d'un soldat.
– Celui de Céline ne décrit, ni ne raconte la bataille mais donne son impression du premier contact avec la guerre.

2. Le spectacle de la guerre ou la vision globalisante

Hugo et Barbusse : celui qui voit se tient loin du champ de bataille et cherche à en rendre compte dans sa totalité.
– Hugo : précision des mouvements des bataillons. Souffle épique et dramatisation des faits.
– Barbusse : vision globale mais point de vue restreint et fugitif. Paysage dénaturé et oxymorique : le silence se confond avec le tintamarre de l'ouragan.

II. Jugements sur la guerre

1. Regards dépréciateurs

Céline et Barbusse : jugements.
– Céline : jugements explicitement péjoratifs. Prise de conscience du caractère immoral de la guerre et vision totalement pessimiste.
– Barbusse : montre la déshumanisation des hommes réduits à de la chair à canon, mais croit encore en l'homme.

2. Absence de jugement sur la guerre ?

Stendhal et Hugo : absence de tout jugement sur la guerre elle-même.
– Stendhal : les commentaires moqueurs du narrateur portent sur le héros, pas sur la guerre. Comique.
– Hugo : massacre terrifiant mais magnifié.

Rédiger la réponse

Vous trouverez la réponse corrigée p. 35.

2 Commentaire littéraire – Stendhal, *La Chartreuse de Parme*

Vous commenterez le texte de Stendhal, extrait de *La Chartreuse de Parme*.

> Voir la méthode du traitement du commentaire littéraire (Annexes, p. 471).
> Voir les sujets 2 et 3 p. 34, et 1 p. 59.

Prendre connaissance du texte

> Faire les premiers repérages

– La réponse à la question sur corpus vous a permis de percevoir la singularité du texte de Stendhal. Contrairement aux scènes de guerre des romans de Hugo, Barbusse et Céline, le ton y est léger et le narrateur, manifestement, se moque de son héros. C'est cet aspect du texte qu'il vous faut mettre en valeur.

- Il s'agit d'une scène de guerre. Cette expression doit vous rappeler que l'on parle de « scène » (voir p. 42) lorsque la durée de l'action et de la narration tendent vers l'équivalence. Le lecteur est ainsi plongé dans le cœur de l'action.
- Comment penser l'homme dans son rapport à la guerre ? Un homme enthousiaste mais enfantin, pour lequel l'héroïsme est la valeur suprême.

> Établir la fiche d'identité du texte

- Dans ce passage narratif à la troisième personne, malgré la focalisation interne (on voit par l'œil du personnage), le narrateur intervient à de nombreuses reprises. Les phrases sont courtes. On remarque un décalage constant entre la réalité et ce que comprend le personnage.
- La figure de la métonymie (exemple : « habits rouges ») nous révèle le type de vision du héros, qui ne voit que des éléments et jamais le tout.
- La première phrase et la dernière phrase nous donnent la clé du texte.

Analyser le texte au brouillon

> Entrer dans les détails en croisant deux méthodes

- Exemple d'analyse linéaire sur la première phrase :

Exemple	Procédé	Interprétation
« Nous avouerons »	Choix de l'énonciation.	Intrusion du narrateur.
« que notre héros était fort peu héros en ce moment »	– Déterminant possessif. – Jeu sur la polysémie de « héros » (personnage de roman, homme plein d'héroïsme).	Effet comique + adresse au lecteur qui suppose sa complicité + effet de suspens.
« Toutefois la peur ne venait chez lui qu'en seconde ligne »	Réponse rapide à l'effet de suspens. Jeu de mot « seconde ligne » : vocabulaire militaire.	Jeu de mots qui donne le ton du passage : registre comique.
« il était surtout scandalisé de ce bruit qui lui faisait mal aux oreilles »	Effet de chute.	Incongruité et caractère enfantin de la réaction.

L'analyse des deux premières phrases nous invite à noter le registre comique, le caractère enfantin du héros, les commentaires du narrateur, en contraste avec le spectacle cruel de la guerre noté dès la troisième phrase de ce premier paragraphe.

- Exemple de regroupement d'analyses et de premiers questionnements :

Présentation du personnage

– Les commentaires du narrateur : « notre héros était fort peu un héros » / « fort humain ».
– Les remarques du héros : « se dit-il », « la petite phrase bien française, bien correcte ».
– Le regard des autres sur lui (et les paroles) : « blanc-bec », « bêta »…

Le caractère enfantin

– Le décalage entre les réactions de Fabrice et la réalité de la guerre.

– L'entrelacement des focalisations.
– Les verbes de regard au passé simple (l'action est autant dans les découvertes de Fabrice que dans les actes guerriers).
– Comprendre, ne pas comprendre.
– Attention incongrue portée au détail ou à l'accessoire (s'intéresse plus au sort des chevaux que de la mort des deux hussards).
– Absence de liaison dans le raisonnement.
...

La guerre : un jeu ? Est-ce que le ridicule atteint tout ?

– Les décalages : champs et labours, mort au lieu de vie.
– « Tout à coup on partit au galop » : incompréhension des causes.
– Un roman de formation : une formation réussie ?

Structurer le commentaire

> Établir un projet de lecture

- Problématique : le regard amusé que porte le narrateur sur son « héros » met-il un terme à toute tentative de raconter la guerre ?

- On peut choisir de montrer en trois parties qu'on a bien une scène de guerre prise sur le vif (I), mais limitée au point de vue du personnage principal (II) dont le comportement peu héroïque fait de la guerre un jeu puéril et dangereux (III).

> Élaborer un plan détaillé

I. Une scène de guerre prise sur le vif

1. Hussards, généraux...

L'emploi d'un lexique technique militaire, le nom d'une figure historique (le maréchal Ney) servent le réalisme de la scène de guerre.

2. Une scène d'action

Autre caractéristique d'une scène de guerre : la rapidité des actions, rendue par le choix d'un rythme rapide, des phrases courtes, des connecteurs temporels fréquents.

3. Couleurs, bruits

– Un tableau guerrier se doit d'être coloré, plein de feu, rouge, noir, blanc.
– Aux couleurs s'ajoutent le bruit, le sang et la fureur meurtrière.
→ On a donc tous les éléments pour une belle scène guerrière, le problème est « notre héros ».

II. Une scène de guerre limitée au point de vue du personnage

1. Une vision limitée

Répétition des verbes de vision (conjugués au passé simple, temps du récit) dont Fabrice est le sujet. Mais si les généraux peuvent voir loin (mention de la lorgnette), Fabrice ne voit que ce qui se passe au sol.

2. Entrelacement des focalisations

– Focalisation interne, le lecteur voit ce que voit Fabrice. Le narrateur ne supplée pas à l'ignorance du personnage.
– Par conséquent, la focalisation interne ressemble presque à une focalisation externe : le héros voit mais ne sait pas interpréter.

3. L'incompréhension

– Le personnage s'intéresse aux détails sans comprendre leur sens.
– Nombreuses métonymies (le rouge pour les hussards, le blanc pour la canonnade, le feu pour la guerre , la conséquence pour la cause) qui révèlent cette incompréhension. La dernière phrase l'explicite.
→ Le narrateur, apparemment discret, est en fait très moqueur.

III. Un héros fort peu héros, une guerre fort peu épique ?

1. Les commentaires

Deux types de commentaires : les commentaires internes au récit (rôle des dialogues) et ceux du narrateur qui jouent sur la complicité du lecteur. Ils montrent toujours le décalage entre les réactions du héros et ce qui serait attendu d'un militaire.

2. Le caractère enfantin de Fabrice

– Curiosité, humanité, admiration. Sa jeunesse se remarque au mélange de langage enfantin (« gros ») et soutenu (« gourmander »).
– D'autre part, la réalité n'entame pas sa conception épique de la guerre.

3. La guerre, un jeu incompréhensible ?

– Les décalages comiques n'empêchent pas la cruauté de la vision (cheval et blessés demandant du secours).
– Les soldats ne maîtrisent pas l'action : « tout à coup **on** partit au galop ».
– La confusion nous rappelle que Waterloo est une défaite napoléonienne.

Rédiger le commentaire

> Rédiger le développement

Comment classer un champ lexical pour éviter la simple énumération de termes ? Voici une proposition pour le paragraphe I.1 :

Pour ancrer la scène dans le réel, le narrateur utilise toute la gamme du lexique militaire. On trouve, en effet, les noms du rang qu'occupent les militaires : du « hussard » au « maréchal » en passant par « le maréchal de logis » et le « général ». Le terme métonymique « feu » se décline en un lexique plus précis : « boulets », « batteries », « décharges », « coups de canon ». Le nom du maréchal Ney, repris par la périphrase « fameux prince de la Moskowa », renvoie le lecteur à ses connaissances historiques et crée un effet de réel. Cet effet est renforcé par l'utilisation inhabituelle de répétitions, par exemple les noms « hussards », « escorte », « boulets », « maréchal » sont répétés trois fois, de manière parfois rapprochée. La densité de ce réseau lexical sert le réalisme de cette scène de guerre.

> Rédiger la conclusion

[*Réponse à la problématique*] Si le regard amusé que porte le narrateur sur son personnage contamine la narration de la scène de guerre et semble la dédramatiser, voire démythifier tout héroïsme, il n'en reste pas moins que les éléments qui en font le caractère dramatique sont bien présents. On pourrait même dire que l'incompréhension de Fabrice et la confusion qui semble régner sont partie prenante de ce drame et d'une vision réaliste de ce qu'est la guerre.
[*Ouverture*] Au XXe siècle, des auteurs comme Céline et Barbusse pousseront jusqu'au bout ce réalisme.

CORPUS

TEXTE A Stendhal (1783-1842), *La Chartreuse de Parme* (1839), I, 3

Fabrice del Dongo, jeune milanais fasciné par l'Empereur, a décidé de suivre l'armée impériale pour réaliser ses rêves de grandeur et d'aventure. Dans ce passage, il assiste à la bataille de Waterloo, le 18 juin 1815.

Nous avouerons que notre héros était fort peu héros en ce moment. Toutefois la peur ne venait chez lui qu'en seconde ligne ; il était surtout scandalisé de ce bruit qui lui faisait mal aux oreilles. L'escorte prit le galop ; on traversait une grande pièce de terre labourée, située au-delà du canal, et ce champ était jonché de cadavres.

– Les habits rouges ! les habits rouges ! criaient avec joie les hussards[6] de l'escorte.

Et d'abord Fabrice ne comprenait pas ; enfin il remarqua qu'en effet presque tous les cadavres étaient vêtus de rouge. Une circonstance lui donna un frisson d'horreur ; il remarqua que beaucoup de ces malheureux habits rouges vivaient encore, ils criaient évidemment pour demander du secours, et personne ne s'arrêtait pour leur en donner. Notre héros, fort humain, se donnait toutes les peines du monde pour que son cheval ne mît les pieds sur aucun habit rouge. L'escorte s'arrêta ; Fabrice, qui ne faisait pas assez d'attention à son devoir de soldat, galopait toujours en regardant un malheureux blessé.

– Veux-tu bien t'arrêter, blanc-bec ! lui cria le maréchal des logis. Fabrice s'aperçut qu'il était à vingt pas sur la droite en avant des généraux, et précisément du côté où ils regardaient avec leurs lorgnettes. En revenant se ranger à la queue des autres hussards restés à quelques pas en arrière, il vit le plus gros de ces généraux qui parlait à son voisin, général aussi, d'un air d'autorité et presque de réprimande ; il jurait. Fabrice ne put retenir sa curiosité ; et, malgré le conseil de ne point parler, à lui donné par son amie la geôlière[7], il arrangea une petite phrase bien française, bien correcte, et dit à son voisin :

– Quel est-il ce général qui gourmande[8] son voisin ?

– Pardi, c'est le maréchal !

– Quel maréchal ?

– Le maréchal Ney, bêta ! Ah çà ! où as-tu servi jusqu'ici ?

Fabrice, quoique fort susceptible, ne songea point à se fâcher de l'injure ; il contemplait, perdu dans une admiration enfantine, ce fameux prince de la Moskova[9], le brave des braves.

Tout à coup on partit au grand galop. Quelques instants après, Fabrice vit, à vingt pas en avant, une terre labourée qui était remuée d'une façon singulière. Le fond des sillons était plein d'eau, et la terre fort humide, qui formait la crête de ces sillons, volait en petits fragments noirs lancés à trois ou quatre pieds de haut. Fabrice remarqua en passant cet effet singulier ; puis sa pensée se remit à songer à la gloire du maréchal. Il entendit un cri sec auprès de lui : c'étaient deux hussards qui tombaient atteints par des boulets ; et, lorsqu'il les regarda, ils étaient déjà à vingt pas de l'escorte. Ce qui lui sembla horrible, ce fut un cheval tout sanglant qui se débattait sur la terre labourée,

---

6 Hussards : cavaliers.

7 Geôlière : femme qui s'occupe du ravitaillement et que Fabrice a rencontrée peu de temps auparavant.

8 Gourmande : gronde, réprimande.

9 Titre du général Ney qu'il a acquis grâce à sa vaillance lors de la bataille dite de Moskowa qui s'est déroulée pendant la campagne napoléonienne de Russie.

en engageant ses pieds dans ses propres entrailles ; il voulait suivre les autres : le sang coulait dans la boue.
« Ah ! m'y voilà donc enfin au feu ! se dit-il. J'ai vu le feu ! se répétait-il avec satisfaction. Me voici un vrai militaire. » À ce moment, l'escorte allait ventre à terre, et notre héros comprit que c'étaient des boulets qui faisaient voler la terre de toutes parts. Il avait beau regarder du côté d'où venaient les boulets, il voyait la fumée blanche de la batterie à une distance énorme, et, au milieu du ronflement égal et continu produit par les coups de canon, il lui semblait entendre des décharges beaucoup plus voisines ; il n'y comprenait rien du tout.

TEXTE B Victor Hugo (1802-1885), *Les Misérables* (1862), IIe partie, livre I, IX

Le premier livre de la deuxième partie des *Misérables* est consacré à la bataille de Waterloo. Ce passage montre la charge des cuirassiers de Napoléon au moment où les hostilités redoublent de violence.

Alors on vit un spectacle formidable.
Toute cette cavalerie, sabres levés, étendards et trompettes au vent, formée en colonne par division, descendit, d'un même mouvement et comme un seul homme, avec la précision d'un bélier de bronze qui ouvre une brèche, la colline de la Belle-Alliance, s'enfonça dans le fond redoutable où tant d'hommes déjà étaient tombés, y disparut dans la fumée, puis, sortant de cette ombre, reparut de l'autre côté du vallon, toujours compacte et serrée, montant au grand trot, à travers un nuage de mitraille crevant sur elle, l'épouvantable pente de boue du plateau de Mont-Saint-Jean. Ils montaient, graves, menaçants, imperturbables ; dans les intervalles de la mousqueterie et de l'artillerie, on entendait ce piétinement colossal. Étant deux divisions, ils étaient deux colonnes ; la division Wathier avait la droite, la division Delord avait la gauche. On croyait voir de loin s'allonger vers la crête du plateau deux immenses couleuvres d'acier. Cela traversa la bataille comme un prodige.
Rien de semblable ne s'était vu depuis la prise de la grande redoute de la Moskowa par la grosse cavalerie ; Murat y manquait, mais Ney s'y retrouvait. Il semblait que cette masse était devenue monstre et n'eût qu'une âme.
Chaque escadron ondulait et se gonflait comme un anneau du polype[10]. On les apercevait à travers une vaste fumée déchirée çà et là. Pêle-mêle de casques, de cris, de sabres, bondissement orageux des croupes des chevaux dans le canon et la fanfare, tumulte discipliné et terrible ; là-dessus les cuirasses, comme les écailles sur l'hydre.
Ces récits semblent d'un autre âge. Quelque chose de pareil à cette vision apparaissait sans doute dans les vieilles épopées orphiques[11] racontant les hommes-chevaux, les antiques hippanthropes[12], ces titans à face humaine et à poitrail équestre dont le galop escalada l'Olympe, horribles, invulnérables, sublimes ; dieux et bêtes.
Bizarre coïncidence numérique, vingt-six bataillons allaient recevoir ces vingt-six escadrons. Derrière la crête du plateau, à l'ombre de la batterie masquée, l'infanterie anglaise, formée en treize carrés, deux bataillons par carré, et sur deux lignes, sept sur la première, six sur la seconde, la crosse à l'épaule, couchant en joue ce qui allait venir, calme, muette, immobile, attendait. Elle ne voyait pas les cuirassiers et les cuirassiers

10 Polype : animal à tentacules.
11 Orphiques : relatives à Orphée (personnage de la mythologie grecque, emblématique du poète).
12 Hippanthropes : hommes-chevaux, en grec.

ne la voyaient pas. Elle écoutait monter cette marée d'hommes. Elle entendait le grossissement du bruit des trois mille chevaux, le frappement alternatif et symétrique des sabots au grand trot, le froissement des cuirasses, le cliquetis des sabres, et une sorte de grand souffle farouche. Il y eut un silence redoutable, puis, subitement, une longue file de bras levés brandissant des sabres apparut au-dessus de la crête, et les casques, et les trompettes, et les étendards, et trois mille têtes à moustaches grises criant : vive l'empereur ! toute cette cavalerie déboucha sur le plateau, et ce fut comme l'entrée d'un tremblement de terre.

TEXTE C Henri Barbusse (1873-1935), *Le Feu* (1916), chap. XIX : « Bombardement »

Le Feu, sous-titré « Journal d'une escouade », retrace minutieusement la vie des poilus dans les tranchées pendant la Première Guerre mondiale. Le roman est à la première personne. Dans ce passage, le groupe de soldats se déplace d'une position à une autre.

On quitte ce fragment infime du champ de bataille où la fusillade déchire, blesse et tue à nouveau des cadavres. On se dirige vers la droite et vers l'arrière. Le boyau de communication monte. En haut du ravin, on passe devant un poste téléphonique et un groupe d'officiers d'artillerie et d'artilleurs.

Là, nouvelle pause. On piétine et on écoute l'observateur d'artillerie crier des ordres que recueille et répète le téléphoniste enterré à côté :

– Première pièce, même hausse. Deux dixièmes à gauche. Trois explosifs à une minute !

Quelques-uns de nous ont risqué la tête au-dessus du rebord du talus et ont pu embrasser de l'œil, le temps d'un éclair, tout le champ de bataille autour duquel notre compagnie tourne vaguement depuis ce matin.

J'ai aperçu une plaine grise, démesurée, où le vent semble pousser en largeur, de confuses et légères ondulations de poussière piquées par endroits d'un flot de fumée plus pointu.

Cet espace immense où le soleil et les nuages traînent des plaques de noir et de blanc, étincelle sourdement de place en place – ce sont nos batteries qui tirent – et je l'ai vu à un moment, tout entier pailleté d'éclats bref. À un autre moment, une partie des campagnes s'est estompée sous une taie vaporeuse et blanchâtre : une sorte de tourmente de neige. Au loin, sur les sinistres champs interminables, à demi effacés et couleur de haillons, et troués autant que des nécropoles, on remarque, comme un morceau de papier déchiré, le fin squelette d'une église et, d'un bord à l'autre du tableau, de vagues rangées de traits verticaux rapprochés et soulignés, comme les bâtons des pages d'écriture : des routes avec leurs arbres. De minces sinuosités rayent la plaine en long et en large, la quadrillent et ces sinuosités sont pointillées d'hommes.

On discerne des fragments de lignes formées de ces points humains qui, sorties des raies creuses, bougent sur la plaine à la face de l'horrible ciel déchaîné.

On a peine à croire que chacune de ces taches minuscules est un être de chair frissonnante et fragile, infiniment désarmé dans l'espace, et qui est plein d'une pensée profonde, plein de longs souvenirs et plein d'une foule d'images ; on est ébloui par ce poudroiement d'hommes aussi petits que les étoiles du ciel.

Pauvres semblables, pauvres inconnus, c'est votre tour de donner ! Une autre fois, ce sera le nôtre. À nous demain, peut-être, de sentir les cieux éclater sur nos têtes ou la terre s'ouvrir sous nos pieds, d'être assaillis par l'armée prodigieuse des projectiles, et d'être balayés par des souffles d'ouragan cent mille fois plus forts que l'ouragan.

On nous pousse dans les abris d'arrière. À nos yeux, le champ de la mort s'éteint. À nos oreilles, le tonnerre s'assourdit sur l'enclume formidable des nuages. Le bruit d'universelle destruction fait silence. L'escouade s'enveloppe égoïstement des bruits familiers de la vie, s'enfonce dans la petitesse caressante des abris.

TEXTE D Louis-Ferdinand Céline (1894-1961), *Voyage au bout de la nuit* (1932), chap. II

Voyage au bout de la nuit, roman à la première personne, traduit dans un langage hors norme le traumatisme de la Première Guerre mondiale. Le narrateur, Ferdinand Bardamu, engagé volontaire, découvre la réalité de la guerre.

Donc, pas d'erreur ? Ce qu'on faisait à se tirer dessus, comme ça, sans même se voir, n'était pas défendu ! Cela faisait partie des choses qu'on peut faire sans mériter une bonne engueulade. C'était même reconnu, encouragé sans doute par les gens sérieux, comme le tirage au sort, les fiançailles, la chasse à courre !... Rien à dire. Je venais de découvrir d'un coup la guerre tout entière. J'étais dépucelé. Faut être à peu près seul devant elle comme je l'étais à ce moment-là pour bien la voir la vache, en face et de profil. On venait d'allumer la guerre entre nous et ceux d'en face, et à présent ça brûlait ! Comme le courant entre les deux charbons, dans la lampe à arc. Et il n'était pas près de s'éteindre le charbon ! On y passerait tous, le colonel comme les autres, tout mariole qu'il semblait être, et sa carne ne ferait pas plus de rôti que la mienne quand le courant d'en face lui passerait entre les deux épaules.

Il y a bien des façons d'être condamné à mort. Ah ! combien n'aurais-je pas donné à ce moment-là pour être en prison au lieu d'être ici, moi crétin ! Pour avoir, par exemple, quand c'était si facile, prévoyant, volé quelque chose, quelque part, quand il en était temps encore. On ne pense à rien ! De la prison, on en sort vivant, pas de la guerre. Tout le reste, c'est des mots.

Si seulement j'avais encore eu le temps, mais je ne l'avais plus ! Il n'y avait plus rien à voler ! Comme il ferait bon dans une petite prison pépère, que je me disais, où les balles ne passent pas ! Ne passent jamais ! J'en connaissais une toute prête, au soleil, au chaud ! Dans un rêve, celle de Saint-Germain précisément, si proche de la forêt, je la connaissais bien, je passais souvent par là autrefois. Comme on change ! J'étais un enfant alors, elle me faisait peur la prison. C'est que je ne connaissais pas encore les hommes. Je ne croirai plus jamais à ce qu'ils disent, à ce qu'ils pensent. C'est des hommes et d'eux seulement qu'il faut avoir peur, toujours.

SUJETS DE TYPE BAC

1 Question sur un corpus – Scènes de guerre

60 min.

Quel(s) regard(s) les textes du corpus portent-ils sur la guerre ?

Le nombre de textes qui traitent de la guerre est aussi incroyable que l'est la volonté des hommes à la faire. Voici quatre textes qui présentent, deux à deux, des scènes de guerre. Tout l'enjeu, une fois l'analyse faite (voir p. 24), est de passer à la phase de rédaction. Sachez être ni trop long, ni trop bref. Sachez être efficace !

> Voir la méthode du traitement d'une question sur corpus (Annexes, p. 470).
> Voir les Méthodes et stratégies 1, chapitre 1.

TEXTE A **Stendhal** (1783-1842), *La Chartreuse de Parme* (1839), I, 3 p. 30

TEXTE B **Victor Hugo** (1802-1885), *Les Misérables* (1862), II, I, IX p. 31

TEXTE C **Henri Barbusse** (1873-1935), *Le Feu* (1916), chap. XIX p. 32

TEXTE D **Louis-Ferdinand Céline** (1894-1961), *Voyage au bout de la nuit* (1932), chap. II p. 33

2 Commentaire littéraire – Barbusse, *Le Feu*

180 min.

Vous commenterez le texte de Barbusse, extrait du *Feu*.

Sous des dehors presque ternes, de la couleur d'un paysage gris et blanc, ce texte révèle des trésors d'expressions étonnantes. Si vous êtes attentif, vous verrez qu'il y a un mot qui ne semble pas à sa place, c'est celui-là qui peut vous guider pour mener votre commentaire. À vous de trouver !

> Voir la méthode du traitement du commentaire littéraire (Annexes, p. 471).
> Voir les Méthodes et stratégies 2, chapitre 1 et Méthodes et stratégies 1, chapitre 2.

3 Commentaire littéraire – Céline, *Voyage au bout de la nuit*

180 min.

Vous commenterez le texte de Céline, extrait du *Voyage au bout de la nuit*.

Réussir à nous faire voir la guerre sans la montrer, voici un pari difficile que cet extrait semble tenir ! Le texte est assez court, d'une écriture apparemment simple, si proche de nous qu'on pourrait penser ne pas pouvoir l'analyser. Un plan en deux parties suffirait-il à en rendre compte ? Peut-être, mais essayez donc de faire un plan en trois parties, cela vous obligera à approfondir votre lecture.

> Voir la méthode du traitement du commentaire littéraire (Annexes, p. 471).
> Voir les Méthodes et stratégies 2, chapitre 1 et Méthodes et stratégies 1, chapitre 2.

CORRIGÉS

1 Question sur un corpus – Scènes de guerre

Les titres de parties et de sous-parties ne doivent pas apparaître dans la copie.

Introduction

Le corpus propose quatre scènes de guerre ; deux d'entre elles se déroulent pendant la bataille de Waterloo, les deux autres pendant la guerre de 1914-1918. Les textes de Stendhal et de Hugo sont à la troisième personne, tandis que ceux de Barbusse et de Céline sont à la première personne, mais tous nous donnent à voir la guerre comme si nous assistions à son spectacle aux côtés du narrateur. Où est-il placé et quel regard porte-il sur la guerre ? Nous montrerons que la place qu'il occupe sur le champ de bataille ne préjuge pas de la conception qu'il peut en avoir.

I. La position du regardeur

1. Au cœur de l'action ou la vision réduite

Les textes de Stendhal et de Céline proposent un point de vue limité au seul regard du personnage pris dans l'action. Celui de Stendhal voit plus qu'il n'agit, comme le montrent les nombreux verbes de vision au passé simple. Mais il interprète mal ce qu'il voit et ne fait pas ce qui est attendu d'un soldat, ce que lui font remarquer son « voisin » et le maréchal de logis en le traitant de « bêta » ou de « blanc-bec ». Celui de Céline ne décrit, ni ne raconte la bataille ; c'est l'impression du premier contact avec la guerre qui est l'élément central du passage. Le personnage y est plongé tout entier dans une sorte de face à face : la guerre est personnifiée, elle se voit « de face et de profil ». Ce « moi crétin » qu'il s'adresse et qui fait écho au « bêta » infligé à Fabrice renvoie à l'ignorance qu'il avait du combat et de la guerre, mais contrairement à Fabrice, ce contact l'a transformé. Le texte est donc bien **centré sur le personnage, non sur le spectacle de la guerre**.

2. Le spectacle de la guerre ou la vision globalisante

Chez Hugo, comme chez Barbusse, celui qui voit se tient loin du champ de bataille et cherche à en rendre compte dans sa totalité. Dans *Les Misérables,* le mouvement des troupes napoléoniennes et anglaises est décrit avec une précision militaire ; les chiffres sont donnés : « l'infanterie anglaise, formée en treize carrés, deux bataillons par carré, et sur deux lignes, sept sur la première, six sur la seconde », ainsi que les positions des combattants : « la division Wathier avait la droite, la division Delord avait la gauche ». La froideur de cette précision est compensée par le souffle épique de la description envahie par les métaphores, les comparaisons et les références mythologiques : les lignes 22 à 24 à font explicitement référence à l'épopée, aux combats des titans et à la coprésence des dieux et des bêtes, ce qui constitue presque une définition du registre épique. La vision est, elle aussi, globale chez Barbusse, c'est un tableau qui est décrit ; on y voit la plaine, le ciel et les lointains, même si le regardeur n'est plus en hauteur, mais au ras de la terre, puisque seule sa tête sort des tranchées. On ne distingue pas grand-chose, parce qu'en fait il n'y a rien d'autre à voir qu'un « champ de mort » désolé où l'on « blesse et tue à nouveau les cadavres », comme si la rage de tuer ne pouvait s'éteindre. Le registre épique est mis en sourdine, mais il est bien présent, surtout à la fin du texte quand le récit se fait prophétique et annonce de manière hyperbolique une bataille dont le souffle sera « cent mille fois plus fort que l'ouragan ».

II. Jugements sur la guerre

1. Regards dépréciateurs

Chez Céline, les jugements du personnage-narrateur sont explicitement péjoratifs, et ceci dès le début du texte : le ton est ironique ; tuer est « encouragé » et devient un geste anodin au même titre que « le tirage au sort, les fiançailles, la chasse à courre », énumération dont chacun des termes devient tout à coup ridicule. La **prise de conscience du caractère immoral de la guerre** transforme le personnage en un irrémédiable pessimiste ; c'est sur ce constat que l'extrait se termine. Dans le texte de Barbusse, ce n'est qu'à la fin, après la description, que le personnage-narrateur énonce un jugement. Contrairement à Bardamu, il croit encore en l'homme, éprouve une profonde pitié et dénonce la **déshumanisation des hommes réduits à de la chair à canon**.

2. Absence de jugement sur la guerre ?

Les textes de Stendhal et d'Hugo semblent étrangement exempts de tout jugement sur la guerre elle-même. Chez Stendhal, les commentaires moqueurs du narrateur portent sur son héros, pas sur la guerre. Le lecteur rit de la naïveté du jeune homme, mais n'éprouve **pas de pitié devant le spectacle de la guerre**. Chez Hugo, le massacre est en effet terrifiant mais le **compte rendu magnifié de la violence du combat**, de la beauté du mouvement des armées, finalement, n'est plus à la mesure de l'homme.

Conclusion

Le jugement sur la guerre ne dépend donc pas de la position interne ou externe au combat qu'occupe le regardeur. En revanche, on remarque que, du récit des guerres napoléoniennes à celui de la Première Guerre mondiale, le regard porté sur la guerre diffère. En effet, si Fabrice et Bardamu sont des « crétins » qui n'ont rien compris, le premier reste admiratif alors que le second est très critique. De même, si le registre épique est employé aussi bien par Hugo que par Barbusse, l'effet n'est plus le même. Du XIXe au XXe siècle, dans les textes qui nous sont proposés, on passe ainsi de la glorification de la guerre à sa déploration.

2 Commentaire littéraire – Barbusse, *Le Feu*

Les titres de parties et de sous-parties ne doivent pas apparaître dans la copie.

Introduction

La majeure partie du roman *Le Feu* de Henri Barbusse se déroule dans les tranchées, à l'est de la France, en 1915, et relate le quotidien des « poilus ». C'est tardivement, au chapitre XX, que le narrateur et ses compagnons vont sortir des tranchées pour aller à l'assaut des lignes allemandes. Le passage qui nous intéresse nous donne à voir le champ de bataille qu'ils auront à affronter le lendemain. Cette description est présentée explicitement comme un tableau que le narrateur a en charge de décrire. Comment procède-t-il ? Nous verrons d'abord qu'il installe son paysage dans un cadre. Nous analyserons ensuite la manière dont il représente le vaste et incolore champ de la mort. Enfin, nous chercherons à caractériser le registre épique donné à ce tableau.

I. La mise en place : les cadres du paysage

1. Le cadre narratif

Le paysage est soigneusement inséré dans un cadre narratif. Dans les deux premiers paragraphes, des verbes, au présent de narration, indiquent très précisément, grâce à de nombreux adverbes de lieu, les déplacements d'un groupe d'hommes désignés par le pronom indéfini « on ». Le passage descriptif est introduit dans le troisième paragraphe, grâce à l'expression « embrasser de l'œil » dont le complément d'objet précise le thème décrit. La description proprement dite est ouverte par un verbe de vision au passé composé associé au pronom de première personne : « j'ai aperçu ». Elle se referme dans le dernier paragraphe ; le mouvement reprend, mais il est subi : « on nous pousse » ; le « on » sujet de l'action n'est plus le groupe d'hommes. La dernière phrase, « À nos yeux, le champ de la mort s'éteint », reprend les termes de la phrase introductrice ; « l'œil » (l. 10) est repris par « nos yeux » (l. 36) ; « le champ de bataille » (l . 10) par « le champ de la mort » (l. 36).

2. Le tableau dans le tableau

Il y a en fait **deux tableaux,** l'un s'emboîtant dans l'autre. En effet, il faut d'abord installer les soldats dans la tranchée, les donner à voir au lecteur. C'est la fonction des premières lignes du texte. La précision des actions installe les spectateurs en position pour le spectacle, mais surtout dessine les observateurs dans leur position : certains sont dans la tranchée, d'autres, seulement « quelques-uns », ont la tête hors de la tranchée vers le spectacle de la guerre ; ils sont donc peints de dos. **Le lecteur voit les voyants voir.** Il voit plus que les voyants, ce qui installe, dans la composition du tableau, un premier plan rapproché et un second plan plus lointain.

3. Les conditions de la vision

La vision est subjective, c'est celle du narrateur, puis celle du groupe, puisqu'après deux verbes à la première personne, le pronom « on » redevient le sujet qui regarde. À la subjectivité de la vision s'ajoute sa fugacité. En effet, elle ne dure que le « temps d'un éclair », ce que montre bien le choix du verbe « apercevoir » au lieu de « voir ». Il est dangereux de voir. Les soldats sont dans la tranchée d'où on tire des « explosifs ». La phrase au discours direct en montre la proximité. Il y a une sorte d'incongruité dans la formulation « ont risqué la tête au-dessus du rebord du talus » : l'expression « risquer sa tête » condense efficacement deux sens (« mettre sa vie en danger » et « sortir avec prudence sa tête pour regarder »). L'allitération en [r] renforce cette impression de difficulté.

II. Le champ de la mort

1. Le parcours de l'œil

La description est organisée en cinq paragraphes suivant les éléments du paysage que le regard embrasse. D'abord, la plaine au ras du sol, puis l'endroit où le ciel touche la plaine ; ensuite, le regard se porte plus « loin » et commence à percevoir les détails, une église, des routes, des arbres. Il s'agit d'un paysage, au sens pictural du terme, dont les hommes sont quasi absents : un très court paragraphe note leur mouvement à peine visible puisqu'ils ne sont que des « points humains ». Le cinquième paragraphe ferme la description sur un commentaire du narrateur et l'ouvre sur l'espace grâce à une comparaison entre le « poudroiement des hommes » et les « étoiles du ciel ».

2. Des non-couleurs

C'est un **tableau sans couleur** qui nous est donné à voir. En effet, on ne trouve que trois mentions de couleur, le gris de la plaine, le noir et blanc des nuages. Les autres sont suggérées par la mention d'éléments auxquels nous sommes tous capables d'associer une couleur : la neige, les papiers déchirés, les pages d'écriture des écoliers ; tout tend vers le blanc, l'ivoire. Et **tout est métaphore de mort** : l'église se détache comme un squelette, ce qui ressemble à de la neige n'en est pas, mais plutôt la taie de la mort, tout est dénaturé, tout est couleur de soldats en haillons, tout est couleur de mort. Cette volonté de suggérer plus que d'expliciter renforce l'effet sinistre, d'autant plus que la seule couleur vive est la luminosité du soleil (par intermittence avec les nuages) et des éclairs lumineux provenant des tirs des batteries ; elle est donc directement associée à la mort.

3. Interpréter les lignes

Quel est le **sens** de ce tableau, qu'est-ce qui l'envahit « d'un bord à l'autre » ? Ce sont d'abord des lignes dénuées de sens, tout est vague, incompréhensible. Ces lignes, verticales, viennent troubler l'horizontalité du tableau, elles sont donc remarquables. Mais le sens n'en est pas donné tout de suite, « des routes avec leurs arbres » est rejeté en fin de phrase. Sur ces verticales, une nouvelle horizontalité se place : ces sont les hommes, dont la mention termine le paragraphe, mis en attente, mis en suspens, alors que là est bien l'essentiel. Il y a quelque chose de très graphique dans ces soulignements que l'on pense noirs, sans que la couleur ne soit mentionnée. **On a, en fait, une description graphique d'un tableau à interpréter.**

III. Un registre épique en sourdine

1. Étrangeté du vocabulaire : la difficulté à dire

Cette écriture qui semble le simple compte rendu réaliste de ce que le narrateur a vu – et dont il nous assure la véracité (« et je l'ai vu ») – est pleine d'étrangetés, comme s'il était **difficile de dire l'horreur** et si on ne pouvait que **la faire ressentir**. Il en va ainsi de l'expression « sorties des raies creuses » : si l'on en croit l'accord, ces sont les lignes qui sortent de ces raies creuses, qui ne peuvent être que les tranchées. Mais comment voir ce creux sur le tableau ? On entend plutôt « craies ». Cette difficulté à dire renvoie à une **difficulté à voir, dans cette vision fragmentaire d'un monde fragmenté**. Ainsi, le « fragment infime » insiste sur l'immensité de l'espace ; ainsi, les soldats sont « désarmés » : ils sont en armes, mais perdus face à l'espace du monde. Ces expressions proches de l'oxymore montrent à quel point le paysage est réinterprété par le narrateur.

2. Du point à l'univers

Le champ de bataille, lieu traditionnel de l'héroïsme, est devenu le « champ de la mort » : on ne tue pas des hommes, « on blesse et tue à nouveau des cadavres », en une gradation impossible (adynaton) ; comment tuer ce qui est déjà mort ? Cet acharnement hyperbolique montre que la guerre est absolue et sans fin. Les champs deviennent des cimetières, des « nécropoles », c'est-à-dire la cité des morts. Le paysage se redessine autrement, « à un moment » il est « pailleté d'éclats brefs » et « à un autre moment » il est recouvert de brume. On voit que, malgré la retenue du langage, l'assourdissement des sons et des lumières, on retrouve les caractéristiques du registre épique : les **éléments en furie**, l'**extension du monde dans lequel l'homme n'est qu'un point infiniment petit**.

3. Commisération et prophétie

Les commentaires du narrateur sont emplis de pitié, l'anaphore « pauvres semblables, pauvres inconnus » sonne comme une prière. Ils rappellent et exaltent ce qu'est l'homme : non pas un « point humain », une simple surface sur un tableau, mais un être « plein » (le terme est répété trois fois). Cette humanité partagée est mise en relief par la prolepse « une autre fois ce sera le nôtre ». Le modalisateur « peut-être » n'atténue en rien la vision de ce qui attend le petit groupe de soldats. Au contraire, l'hyperbole « souffles d'ouragan cent mille fois plus fort que l'ouragan », les cieux qui éclatent et la terre qui s'ouvre nous plongent dans une véritable scène d'apocalypse qui s'oppose aux « bruits familiers de la vie ». Le silence qui se fait momentanément n'en est pas un, car ce que le lecteur retient, c'est la violence de l'expression : « le bruit d'universelle destruction », « l'enclume formidable des nuages ». **La sourdine, paradoxalement, amplifie la violence.**

Conclusion

C'est un paysage de destruction totale que nous peint le personnage-narrateur. Il a toutes les caractéristiques d'un tableau : le cadrage soigné, les effets de perspective qui guident le regard, l'harmonie des couleurs, la transformation du réel réinterprété par la terrible vision du peintre. Cette vision fugace et d'une grande violence donne un avant-goût de l'apocalypse sur laquelle se clôt le roman.

3 Commentaire littéraire – Céline, *Voyage au bout de la nuit*

Voici un exemple de plan détaillé (semi-rédigé). Les titres de parties et de sous-parties ne doivent pas apparaître dans la copie.

Introduction

Céline est connu pour son style particulier, oral, cru, souvent violent. Engagé volontaire lors de la Première Guerre mondiale, il connaît toutes les horreurs de la guerre. Dans son roman, *Voyage au bout de la nuit,* Bardamu, personnage qui tient beaucoup de lui, découvre d'un coup la violence de la guerre. Le passage que nous avons à étudier n'est ni une description du champ de bataille, ni un récit, ni une argumentation contre la guerre ; pourtant, le lecteur a l'impression de se trouver sur le champ de bataille avec le personnage et de ressentir la même révolte. Nous nous demanderons ce qui fait de ce texte une charge violente contre la guerre. Nous montrerons que le personnage rapporte de manière très personnelle sa première expérience de la guerre, ce qui conduit à une faillite totale de tout élan héroïque ainsi qu'à une dénonciation, par le fait, du non-sens de la guerre.

I. L'expérience de la guerre

1. Un face à face avec la guerre

– Le personnage-narrateur raconte sa **première expérience de la guerre** dans une relation presque intime de personne à personne.
– Il y a quelque chose de démesuré dans ce face à face qui se rapproche d'une **scène allégorique**.

2. L'ellipse de la scène de guerre

– Force est de remarquer que le lecteur n'a **aucun détail** sur cette scène de guerre.
– Le lecteur n'a pas accès à la scène, mais on peut dire que **le soldat Bardamu n'a rien vu, lui non plus** ; il n'a pas eu la scène de guerre qu'il attendait.

3. Un monologue intérieur

– Cette surprise, cet étonnement presque naïf du jeune homme qui vient de découvrir la guerre, sont renforcés par le **caractère oral du style**, comme si le lecteur suivait le personnage au moment même de cette déception.

II. Une charge contre l'héroïsme

1. Une métaphore peu grandiose

– La métaphore de la guerre développée dans le premier paragraphe n'a rien d'épique.
– Toute action est inefficace, face au **destin**. On ne peut néanmoins parler de tragique. C'est le simple constat de la réalité de la guerre à laquelle on aurait pu échapper si on en avait préalablement connu le **danger**.

2. L'éloge paradoxal de la prison

– Comme dans un **roman d'apprentissage**, l'événement qui vient d'être vécu a transformé le héros.
– Les peurs de l'enfance sont dépassées. La symbolique s'inverse : **la prison est devenue protectrice**.

3. Le pessimisme

– Mais la transformation du personnage-narrateur ne se réduit pas au choix de l'enfermement, c'est aussi un bouleversement moral : l'acquisition d'un **pessimisme radical**.
– On ne peut plus supposer qu'il reste quoi que ce soit de bon dans l'homme.

III. La dénonciation

1. La guerre est immorale

– Parce qu'il y a la guerre, ce qui était interdit et puni par la loi devient non seulement permis mais imposé, presque un acte civil.
– L'ennemi est réduit au **statut de l'animal** par les « gens sérieux » qui décident de la guerre.

2. La guerre n'a pas de sens

– Cette déshumanisation va de pair avec un manque de sens. Pourquoi faire la guerre ? Il n'y a **aucune valeur à défendre**.
– La guerre fonctionne sur l'**ignorance des gens**, le manque de prévoyance, le manque d'intelligence des hommes.

3. La seule vraie valeur est la vie

– Bien qu'il n'y ait pas de réelle argumentation, le texte est clair, **seule la préservation de la vie compte**.
– C'est au lecteur de tirer les conséquences de phrases qui sonnent comme des **maximes**.

Conclusion

[Réponse à la problématique] Dans cette réflexion, menée comme à voix haute après le traumatisme de la première scène de guerre, le personnage sonne la faillite de l'héroïsme et du courage. Il fait face à la guerre, perd ses illusions et remet en cause les hommes, tous, lui y compris. La violence du texte est en partie due à ce pessimisme radical qui caractérise l'œuvre de Céline.
[Ouverture] On peut lui opposer le texte de Barbusse pour qui les hommes sont encore des êtres en lesquels on peut croire, malgré l'horreur de la guerre.

CHAPITRE 2

Écrire / lire un roman

COURS

MÉTHODES ET STRATÉGIES

SUJETS DE TYPE BAC

CORRIGÉS

COURS

Écrire / lire un roman

Qu'est-ce qu'un roman ? Une histoire qu'on nous raconte. Où se passe l'histoire ? Quelque part. À quelle époque et sur quelle durée ? Dans un certain temps. Qu'est-ce qu'elle raconte ? Ce que le narrateur veut bien nous dire.
Ce petit dialogue, à la manière de ceux que l'on trouve dans le roman de Diderot, *Jacques le fataliste*, résume les questions que se posent le romancier quand il écrit, et le lecteur quand il lit. Pour rendre compte du travail d'écriture d'un roman, il faut donc s'intéresser au cadre spatio-temporel du récit (où ? quand ?), aux voix narratives et aux jeux sur les points de vue (qui parle ? qui voit ? qui pense ?), aux choix de l'intrigue (que se passe-t-il ?) et de la composition (comment les événements sont-ils organisés ?).

I. Le traitement de l'espace et du temps

« Le roman est essentiellement un temps qui se déroule », écrit Maurice Nadeau, dans son étude sur *Le Roman français depuis la guerre* (1963). On pourrait ajouter qu'il se déroule toujours dans un espace. Le temps et l'espace romanesques sont néanmoins plus malléables que ceux des humains. Dans le roman, les temporalités peuvent changer d'ordre, voire se superposer, en tous les cas se bousculer. De même, l'espace est moins contraint que celui dans lequel nous vivons.

1. Les temporalités du roman

a. Ordre, durée et vitesse

- La linéarité d'un récit (**ordre chronologique**) peut être perturbée par des **analepses** (ou retours en arrière, ou flashback) et des **prolepses** (narration de faits qui ne se sont pas encore déroulés).
- Pour étudier les temporalités du roman, il faut bien distinguer **fiction**[1] et **narration.** On appelle « fiction » l'ensemble des événements qui se déroulent, et « narration », la manière de les raconter.
- Le **temps de la fiction** est le temps que dure l'histoire ; il se calcule en nombre de jours, mois, etc. Le **temps de la narration** est le temps mis pour raconter l'histoire ; il se calcule en nombre de lignes, de pages.
- On compare la **durée de la fiction** (F) et la **durée de la narration** (N).

– Quand la durée de la narration est supérieure à celle des faits, on parle de « **pause** » ; c'est le cas de la description ou du commentaire.
– Quand elle est inférieure à celle des faits, on parle de « **sommaire** » (ou résumé) : la narration est plus rapide que le temps qu'il faudrait aux événements pour se dérouler.
– Si les faits sont passés sous silence, il s'agit d'une « **ellipse** ».
– Si la durée des faits est identique à celle de la narration, on parle de « **scène** ». C'est le cas d'un passage dialogué.

1 On emploie parfois les termes « faits » ou « histoire » pour désigner la même notion.

Pour étudier précisément le **rythme du récit** et la relation des deux temporalités, on doit noter le nombre de pages consacrées à tel ou tel événement et se demander quel en est l'impact sur le sens. En principe, on dit que l'ellipse met en valeur le fait qui la suit et que le sommaire permet de passer rapidement sur des faits peu importants pour le récit. **L'étude de la vitesse permet donc d'établir une hiérarchie entre les événements**, mais, attention, tout dépend du roman : un fait passé sous silence peut parfois être plus important qu'un fait raconté dans le détail.

b. Mode de narration et temporalité

Dans la plupart des romans, la narration est rétrospective : les événements sont racontés au passé, on parle alors de « **narration ultérieure** ». Parfois, l'épilogue referme le roman au présent de la narration :

> « Il y a déjà trois ans, ami lecteur, que je mène une vie délicieuse avec des personnes si chères. Pour comble de satisfaction, le ciel a daigné m'accorder deux enfants, dont l'éducation va devenir l'amusement de mes vieux jours et dont je crois pieusement être le père. »

■ Lesage, *Histoire de Gil Blas de Santillane* (1715-1735).

Quand les événements sont racontés au présent, au fur et à mesure de leur déroulement, la narration est dite « **simultanée** ». Ce type de narration peut s'utiliser dans les monologues intérieurs.

> « Aujourd'hui, maman est morte. Ou peut-être hier, je ne sais pas. J'ai reçu un télégramme de l'asile : "Mère décédée. Enterrement demain. Sentiments distingués." Cela ne veut rien dire. C'était peut-être hier.
> L'asile de vieillards est à Marengo, à quatre-vingts kilomètres d'Alger. Je prendrai l'autobus à deux heures et j'arriverai dans l'après-midi. Ainsi, je pourrai veiller et je rentrerai demain soir. »

■ Camus, *L'Étranger* (1942), incipit.

Les événements sont rarement racontés avant leur déroulement effectif (**narration antérieure**) : il s'agit alors de récits prédictifs, prophéties ou rêves prémonitoires.

> « Ils roulaient maintenant sur la grand-route obscure, si lentement qu'Herman eut la certitude que la liquéfaction de tout son être serait achevée bien avant l'arrivée au village. »

■ Marie Ndiaye, *Un temps de saison* (1994), © Les Éditions de Minuit.

La **narration intercalée** peut prendre plusieurs formes :
– Comme dans le roman épistolaire, le même événement peut être raconté non seulement de diverses manières, mais selon des modes différents selon qu'il est anticipé ou raconté après coup.
– Comme dans les romans-mémoires, le narrateur peut suspendre son récit pour comparer un événement du passé à un événement qu'il est en train de vivre ; il peut aussi en analyser les événements au présent de l'énonciation :

> « Il eut cependant le temps de nous envoyer encore quelque argent ; après quoi il ne fut plus question de le compter même parmi les vivants.
> Je frissonne encore en me ressouvenant de ces choses-là : il faut que la terre soit un séjour bien étranger pour la vertu, car elle ne fait qu'y souffrir. »

■ Marivaux, *La Vie de Marianne* (1731-1742).

Une narration intercalée : Philippe Claudel, *Le Rapport de Brodeck*

Dans *Le Rapport de Brodeck* (prix Goncourt des lycéens, 2007), Philippe Claudel intercale deux récits.

Dans un village à l'ambiance angoissante, un crime a été commis. Les villageois contraignent le narrateur, Brodeck, à écrire un rapport sur le meurtre. Pour y parvenir, il se livre à une enquête dans laquelle il retrace l'histoire de l'homme qui a été assassiné, de son arrivée au village jusqu'à sa mort. Mais il écrit en même temps, à l'insu des villageois, un récit plus personnel dans lequel il raconte sa propre enfance, ses études, la rencontre avec sa femme, le camp de concentration, le retour au village.

Il ne s'agit cependant pas d'un simple effet d'emboîtement de deux histoires. Les récits et les enquêtes s'entrecroisent : enquêtant sur l'étranger, Brodeck apprend aussi que ce sont les gens de son village qui l'ont dénoncé et envoyé au camp de concentration ; et il découvre bien d'autres horreurs. Le lecteur ne sait jamais très bien dans quelle temporalité il se trouve ni comment il est passé d'un récit à l'autre. Ce procédé permet une identification du personnage Brodeck à l'Anderer, cet étrange personnage dont il fait le récit.

À ce procédé de narration intercalée, l'auteur ajoute un jeu constant d'analepses, ce qui fait qu'aucune des deux histoires ne se déroule de manière chronologique. Le lecteur est face à un puzzle qu'il doit reconstituer.

Ce jeu sur les temps est aussi une réflexion sur les rapports qu'entretiennent le temps historique et le temps personnel, comme le montre cette réflexion du narrateur :
« Le lendemain, j'ai ruminé tout le jour sans bouger. Je songeais à l'Histoire, la grande, et à la mienne d'histoire à la nôtre. Ceux qui écrivent la première connaissent-ils la seconde ? Comment la mémoire de certains retient-elle ce que d'autres ont oublié ou n'ont jamais vu ? Qui a raison, de celui qui ne se résout pas à abandonner dans le noir les moments passés et de celui qui précipite dans l'obscurité tout ce qui ne l'arrange pas ? » (© Stock).

2. Le choix des lieux

a. La place de l'espace dans le roman

- Les références spatiales peuvent être plus ou moins présentes. Elles peuvent ne servir que de caution réaliste : elles font vrai et renvoient aux connaissances du lecteur. Elles sont alors juste mentionnées de manière à ce que **le lecteur se situe comme sur une carte de géographie**.
- Le roman peut aussi nous **plonger dans un monde inconnu**, nous dépayser. c'est souvent le cas dans les romans romantiques. Par exemple, *René* et *Atala* de **Chateaubriand** nous entraînent dans la nature sauvage des Amériques dont la description devient un de leurs attraits principaux.
- **Le lieu peut se trouver explicitement au centre du récit,** soit que le titre le mentionne (par exemple, *La Chartreuse de Parme* de **Stendhal**, 1839 ; *Notre-Dame de Paris* de **Hugo**, 1831 ; *Le Rivage des Syrtes* de **Julien Gracq**, 1951), soit que ce lieu forme la structure même du récit. Ainsi, dans le roman picaresque[2], les récits de voyage ins-

2 Voir p. 12.

taurent un parallèle entre le chemin parcouru géographiquement et l'itinéraire moral du voyageur, chaque étape donnant lieu à une aventure qui va forger le caractère du héros.

- Le lieu, enfin, peut juste être évoqué comme un **ailleurs du récit**, correspondant dans ce cas à une ellipse ; ainsi des voyages en Allemagne et en Italie du narrateur de *Sylvie* (1853), de **Nerval**.

b. La portée symbolique des lieux

- Outre l'effet de réel propre aux romans réalistes et naturalistes, les lieux prennent parfois une **valeur symbolique** (dans *La Peste* de Camus, 1947, la mer est symbole de pureté), **poétique** (les lieux sont bien souvent les reflets de l'âme dans les romans romantiques), voire **fantastique** lorsqu'ils provoquent des sentiments d'horreur ou de peur liés à la personnification de la nature, par exemple.

- À eux seuls, ils suffisent, de manière métonymique, à désigner une **abstraction** : la Bourse renvoie au pouvoir de l'argent (**Zola**, *L'Argent*, 1891), les vestiges d'une église à la religion et au mysticisme (**Camus**, *Noces*, 1938). Ils fonctionnent souvent par couples antithétiques ville / campagne, intérieur / extérieur, terre / mer, terre / ciel. Dans les romans de la **Quête du Graal**, la forêt, lieu de tous les dangers, s'oppose au jardin ou à la cité.

- Le lieu, et particulièrement la ville, peuvent être traités comme des **personnages**. C'est souvent le cas dans les romans du XIXe siècle et plus spécifiquement dans ceux d'**Émile Zola** : *La Curée, L'Œuvre, Le Ventre de Paris* en sont des exemples. Personnifications, transformations au cours du roman, sentiments suggérés par les différents quartiers sont quelques moyens de faire d'une ville un personnage, bénéfique ou maléfique. Ainsi de cette personnification de Paris, dans *Le Ventre de Paris* (1873) :

> « Paris mâchait les bouchées à ses deux millions d'habitants. C'était comme un grand organe central battant furieusement, jetant le sang de la vie dans toutes les veines. »
>
> ■ Zola, *Le Ventre de Paris* (1873), chapitre I.

c. Lieux imaginaires, lieux réels

- Pour donner corps à des lieux imaginaires, les romans en détaillent parfois la **topographie** de manière si précise que le lecteur pourrait situer les routes, les habitations, les monuments sur une carte géographique. Quelquefois, même la carte est donnée. C'est le cas dans des romans aussi différents que *L'Île au trésor* de **Stevenson** (1881) et *L'Emploi du temps* de **Butor** (1956).

- *Le Désert des Tartares* (1949), de l'écrivain italien **Buzatti**, place l'action dans des lieux aux frontières du réel et de l'imaginaire. L'alliance du précis et de l'imprécis que l'on trouve aussi dans les romans de **Kafka** (*Le Château*, 1926, par exemple) prive le lecteur de ses repères spatio-temporels habituels et provoque **malaise et sentiment d'angoisse**.

3. Deux cas particuliers

a. L'utopie

Contrairement au roman historique, qui s'ancre dans une époque et des lieux de l'Histoire et qui incite le lecteur à une lecture double (celle du roman et le rappel de ses connaissances historiques), **l'utopie**[3] **emmène le lecteur dans des lieux inconnus**

3 Voir p. 343.

et non repérables géographiquement. En revanche, le temps est identifiable puisque c'est en principe le même que celui dans lequel vit le narrateur qui a découvert l'utopie et qui se doit de la raconter lors de son retour dans son propre monde.

b. Les brouillages

De nombreux romans brouillent les repères temporels en opérant des **glissements plus ou moins visibles entre des époques différentes**. On en trouve un bel exemple dans le court roman de Nerval, *Sylvie* (1855). Au chapitre IV, le narrateur décrit une fête qui se déroule dans les années 1850, en faisant explicitement référence à un tableau de Watteau, *Pélerinage à l'île de Cythère*, peint au XVIIIe siècle. Par ce procédé, il brouille les temps dans un récit qui lui-même est une remontée dans ses souvenirs d'enfance et d'adolescence.

DOC. 1 **Antoine Watteau (1684-1721), *Pélerinage à l'île de Cythère* (1717).**

II. Voix narratives et points de vue

« Beaucoup de personnes se donnent encore aujourd'hui le ridicule de rendre un écrivain complice des sentiments qu'il attribue à ses personnages ; et, s'il emploie le *je*, presque toutes sont tentées de le confondre avec le narrateur. » Balzac, dans la préface de son roman *Le Lys dans la vallée* (1836), nous prévient : il ne faut pas confondre auteur et narrateur. Mais alors, qui raconte l'intrigue dans un roman ?

1. Les types de narrateur

a. Le narrateur peut être intérieur au récit (récit à la première personne)

- Le « je » qui raconte peut être le **personnage principal du récit**. Ce sont les romans-mémoires et les romans autobiographiques. Tout est vu par le prisme de ce narrateur :

il vit, ou a vécu, les événements qu'il raconte. Le narrateur est en même temps le personnage dont il retrace les étapes et **celui qui s'en distancie pour en faire l'analyse**.

- Il peut être le **témoin d'événements** qu'il raconte et commente sans y participer. Il peut y participer mais en s'effaçant derrière le personnage principal ; c'est le cas du *Grand Meaulnes* d'**Alain-Fournier** (1913), roman dans lequel le narrateur François Servel raconte le destin particulier d'Augustin.

- Le « je » qui commence le récit peut aussi **déléguer sa parole à un narrateur secondaire** qui raconte un voyage, une aventure, une expérience particulière ; on en trouve un exemple dans le roman de l'auteur anglais **Conrad**, *Au cœur des ténèbres* (1899).

- **Le narrateur secondaire peut se démultiplier.** Dans le roman de **Giono**, *Un roi sans divertissement* (1958), cinq narrateurs différents prennent en charge le récit. Ce procédé contribue à faire du personnage principal, Langlois, un être mystérieux, toujours vu d'un point de vue extérieur et à l'intériorité duquel on n'a jamais accès.

- Un **roman épistolaire** est un roman à la première personne : les événements sont toujours vus et racontés d'un point de vue subjectif. Suivant le nombre de personnages impliqués dans la correspondance, le roman joue sur la complexité des situations ou sur la répétition des narrations. Ainsi, dans *Les Liaisons dangereuses*, pendant que la jeune Cécile Colanges confie ses peines à son amie Sophie :

> « Maman sait tout. Je ne conçois pas comment elle a pu se douter de quelque chose, et pourtant elle a tout découvert. »
>
> ▪ Lettre LXI de Cécile Volanges à Sophie Carnay.

...la marquise de Merteuil écrit à Valmont :

> « J'allais le soir même chez madame de Volanges, et, suivant mon projet, je lui fis confidence que je me croyais sûre qu'il existait entre sa fille et Danceney une liaison dangereuse. »
>
> ▪ Lettre LXIII de la marquise de Merteuil au Vicomte de Valmont.

b. Le narrateur peut être extérieur au récit (récit à la troisième personne)

- Soit le narrateur ne manifeste jamais sa présence, soit il la laisse deviner par des remarques ou interrompt son récit par de franches intrusions dans lesquelles il émet des **jugements sur le personnage ou sur le déroulement de l'action**. Dans *La Chartreuse de Parme* (1839) de **Stendhal**, le narrateur porte souvent un regard ironique sur son héros Fabrice del Dongo ; ainsi de ce commentaire lors de la bataille de Waterloo :

> « Nous avouerons que notre héros était fort peu héros en ce moment. Toutefois la peur ne venait chez lui qu'en seconde ligne ; il était surtout scandalisé de ce bruit qui lui faisait mal aux oreilles. »
>
> ▪ Stendhal, *La Chartreuse de Parme* (1839), partie I, chap. 3.

- Dans un récit à la troisième personne, on distingue **trois types de focalisation** (ou **point de vue**) :
– Le récit est en **focalisation externe** lorsque le narrateur semble découvrir le personnage en même temps que le lecteur.
– Il est **en focalisation zéro** lorsque le narrateur est omniscient : il connaît tout du personnage, son passé, son futur, ses pensées.
– Il est en **focalisation interne** lorsque le lecteur voit à travers le regard du personnage, quand il le suit dans ses pensées ; le narrateur semble alors s'effacer pour laisser son personnage décrire, raconter.

2. Les jeux sur les focalisations

- Les focalisations internes peuvent alterner, faisant **varier les points de vue**. Il en est ainsi des scènes de rencontre, chacun des personnages étant vu par le regard de l'autre. La surprise qu'éprouvent Madame de Rénal et Julien lorsqu'ils s'aperçoivent l'un l'autre pour la première fois, dans *Le Rouge et le Noir* (1830) de **Stendhal**, en est un parfait exemple.
- Le roman de **Virginia Woolf**, *Mrs Dalloway* (1925), est presque entièrement construit sur la **passage d'une voix narrative à une autre**. Le récit se déroule dans Londres, en une journée. Chaque fois qu'un personnage en croise un autre, le lecteur a accès à son monologue intérieur et le suit dans son cheminement, jusqu'au prochain personnage rencontré dont il suivra alors le monologue intérieur.
- Suivant les modes de narration et le degré d'effacement du narrateur, le choix de la troisième ou de la première personne, le choix de la focalisation interne ou de la focalisation zéro, **le personnage sera plus ou moins intériorisé par le lecteur**.

Umberto Eco, « Le Lecteur Modèle »

Umberto Eco, linguiste et romancier italien contemporain, s'intéresse dans ses écrits théoriques à la place du lecteur dans l'élaboration du sens d'un roman.

Dans *Lector in fabula* (1979), il explique que les mots d'un texte romanesque ne prennent sens que si le lecteur possède les connaissances encyclopédiques pour les comprendre. Quand il écrit, l'auteur doit donc prévoir « un Lecteur Modèle » capable de recréer le monde romanesque tel qu'il a lui-même essayé de le construire et il doit l'aider dans cette construction. Ainsi, s'il écrit « le bras du lac de Côme qui s'étend vers le Sud... », il se dira : « Et si je tombe sur un lecteur qui n'a jamais entendu parler de Côme ? Je dois faire en sorte de le récupérer plus loin, [...] je ferai des allusions au ciel de Lombardie, au rapport entre Côme, Milan et Bergame, à la situation de la péninsule italienne. Bref, le lecteur qui présente une carence encyclopédique est attendu tôt ou tard au tournant. » (© Grasset). Le romancier doit donc élaborer une stratégie textuelle en fonction du lecteur qu'il prévoit.

III. L'intrigue et la composition

On appelle « intrigue » les événements vécus par des personnages dans un espace-temps, et « composition », la manière dont ceux-ci sont organisés par la narration.

1. La notion d'intrigue

a. Le schéma narratif et l'intrigue

- L'étude d'un grand nombre de contes a permis de s'apercevoir que tout récit répond à un même schéma, dit « **schéma narratif** ». Il est constitué de cinq moments : une **situation initiale** dans laquelle intervient un **élément perturbateur**, suivi d'un certain nombre de **péripéties**. Un **élément de résolution** permet de clore l'histoire sur une **situation finale**.

- Le mot « **intrigue** » a deux acceptions. Soit il peut désigner **l'histoire, quelle qu'elle soit, que raconte le récit** (en ce sens, tout roman possède une intrigue même si les événements sont infimes). Soit il désigne une **histoire pleine de rebondissements**, de retournements, de suspens…

- C'est ce dernier type de roman qu'on appellera plus précisément « **roman à intrigues** ». Il est fondé sur l'idée que, pour captiver le lecteur et retenir son attention, il faut lui procurer des émotions fortes et l'entraîner dans un tourbillon d'aventures. Les romans d'**Alexandre Dumas**, par exemple *Les Trois Mousquetaires* (1844) et *Le Comte de Monte-Cristo* (1844), ressortissent à cette conception du roman.

b. Les romans à intrigue

- Les types d'intrigue sont aussi variés que les romans eux-mêmes. On peut les classer de manière thématique ou de manière formelle.

- Formellement, on en distingue trois types :
– l'**intrigue unique** qui suit un personnage de la situation initiale à la situation finale ;
– l'**intrigue complexe** qui fait se croiser le destin de plusieurs personnages. On pourrait dire, par exemple, que l'ensemble des ***Rougon-Macquart* de Zola** forme une intrigue complexe dont chaque partie (chaque roman) forme une intrigue unique concentrée autour d'un personnage : Nana, Gervaise, Lantier…
– l'**enchâssement** permet d'emboîter une **intrigue secondaire dans l'intrigue principale** ; ce procédé est souvent associé à un changement de narrateur. On parle de « récit cadre » pour la première prise de parole et de « récit enchâssé » pour la seconde.

c. Le refus de l'intrigue

- Certains auteurs cherchent à **simplifier au maximum l'intrigue**. **Flaubert**, par exemple, écrit dans une lettre à Louise Colet :

> « Ce qui me semble beau, ce que je voudrais faire, c'est un livre sur rien, un livre sans attache extérieure, qui se tiendrait de lui-même par la force interne de son style, comme la terre sans être soutenue se tient en l'air, un livre qui n'aurait presque pas de sujet ou du moins où le sujet serait presque invisible, si cela se peut. Les œuvres les plus belles sont celles où il y a le moins de matière. »
>
> ■ Flaubert, lettre du 16 janvier 1852.

C'est ce programme qu'il réalise dans *Madame Bovary* (1857) et dans *Bouvard et Pécuchet* (1881).

- Au XXe siècle, **Beckett réduit l'intrigue de ses romans à presque rien**. Dans *Malone meurt* (1951), le lecteur serait bien en peine de dire quelle histoire est racontée. Certes, il y a une situation initiale et une situation finale, dans la mesure où tout livre a, par nécessité, un début et une fin, mais les événements qui se sont déroulés sont si infimes qu'on ne peut parler d'intrigue.

- Ces romans sont intéressants parce qu'ils nous obligent à nous poser une question essentielle : si ce n'est pas l'intrigue qui fait le roman, alors **qu'est-ce qu'un roman ?** La réponse de **Flaubert** est **le « style »**, l'écriture. Une réponse proche pourrait être l'art de la composition.

2. La notion de composition

a. L'auteur, un compositeur ?

L'auteur a toute liberté : il choisit son sujet, ses personnages, l'époque, les lieux. Il a à sa disposition tous les procédés que nous venons de passer en revue ; à lui de trouver la meilleure manière de les utiliser. Il doit aussi agencer sa matière, prendre des décisions quant à la structure en parties, chapitres, sous-chapitres, numérotation ou titres des chapitres, ou bien absence de toute partition, etc.

Chaque auteur travaille à sa manière, chaque cas est particulier. Mais, **Queneau** le rappelle dans *Bâtons, chiffres et lettres* (1950), il n'y a pas de roman sans une volonté inflexible de composition. Ce travail est souvent visible dans les **brouillons des auteurs**. Stendhal dit qu'il écrit très vite, presque d'une seule traite ; Proust fait des rajouts à l'aide de paperolles[4] ; Perec fait des schémas ; Balzac surcharge de ratures et de reprises les premières épreuves de ses romans, etc.

Voici un exemple de la méthode qu'un auteur, **Claude Simon**, a adoptée pour trouver l'ordre dans lequel la narration de son roman, *La Route des Flandres* (1960), allait se dérouler. Il nous explique son procédé dans son « **plan de montage** » :

> « Je n'ai pas écrit *La Route des Flandres* d'un seul trait, mais selon l'expression de Flaubert, "par tableaux détachés", accumulant sans ordre des matériaux. À un certain moment, la question qui s'est posée était : de quelle façon les assembler ? J'ai alors eu l'idée d'attribuer une couleur différente à chaque personnage, chaque thème. »

■ M. Calle-Gruber, *Claude Simon : chemins de la mémoire* (1989), © Modulo-Griffon (Canada).

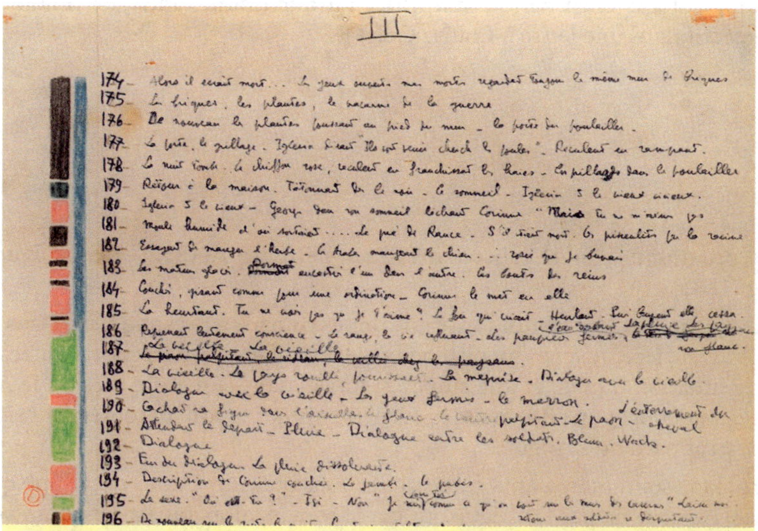

DOC. 2 Page manuscrite de *La Route des Flandres*, de Claude Simon.
Les couleurs évoquées par l'auteur apparaissent à gauche du texte.

---

4 Paperolles : bouts de papier sur lesquels Proust notait ses corrections et qu'il collait dans les marges de ses manuscrits quand celles-ci étaient déjà totalement annotées. Ces paperolles pouvaient être très longues.

b. Le texte comme tissu

- Toute lecture va de l'avant tout en se souvenant de ce qui s'est déjà déroulé et en anticipant sur ce qui va être lu. Dans le premier chapitre d'*Un long dimanche de fiançailles* (1991) de **Sébastien Japrisot**, l'expression « attention au fil » est répétée une dizaine de fois. Elle semble concerner l'histoire : dans la tranchée court le fil des communications dans lequel les soldats ne doivent pas se prendre les pieds. Mais en même temps, le narrateur prévient son lecteur de faire « attention au fil » de la narration complexe qu'il met en place. Il s'agit, métaphoriquement, du **fil narratif**.

- En ce sens, il est bon de se rappeler que le mot « **texte** » vient du latin ***textus*** (participe passé du verbe *texere* : « tisser, tramer ») qui signifie « **tissu, trame** ». On parle d'ailleurs de « **trame narrative** ». Tout roman fonctionne par échos et reprises, et le plaisir du lecteur est justement de trouver les liens, de tisser le sens. On peut donc dire que le lecteur participe à la composition du roman.

3. Bien commencer et bien finir un roman

a. L'incipit

- On appelle « incipit » le **tout début du roman**. On parle aussi de « seuil » du roman. Sa fonction principale est de **faire entrer le lecteur dans le monde romanesque**. Il s'agit de :
– donner des **informations** (lieu, temps, action, personnages) ;
– susciter l'**intérêt** (début progressif ou *in medias res,* c'est-à-dire au milieu de l'histoire, ou du moins quand elle a déjà commencé) ;
– nouer un **pacte de lecture entre le narrateur et le lecteur** (orientations quant au type de lecture attendu).

- **Ce pacte peut être explicite** (le narrateur s'adresse directement à son lecteur en lui indiquant les conditions dans lesquelles le récit est raconté par exemple, ou en jouant sur la pitié ou le rire) **ou implicite** : le nom de l'auteur, le titre, le style, le nom des personnages, la mise en page… créent un **horizon d'attente** chez le lecteur.

b. L'excipit

- Symétriquement, on appelle « excipit » la **fin d'un roman**, ce qui correspond à la situation finale dans le schéma narratif, mais surtout la dernière page du roman.

- La fin « fermée » fait savoir au lecteur ce qu'il advient des personnages (*La Princesse de Clèves*, **Mme de La Fayette**, 1678).

- La fin « ouverte » laisse le lecteur dans l'indétermination totale (*Un temps de saison*, **Marie Ndiaye**, 1994), ou sous-entend, sans l'expliciter, une suite plus ou moins heureuse (*Le Rapport de Brodeck,* **Philippe Claudel**, 2007).

L'incipit et l'excipit de *L'Étranger*, de Camus (1942)

Il est toujours intéressant de comparer l'incipit et l'excipit d'un roman. C'est particulièrement le cas pour *L'Étranger* de Camus.

Le roman commence par l'annonce de la mort de la mère du narrateur Meursault : « Aujourd'hui, maman est morte. Ou peut-être hier, je ne sais pas. J'ai reçu un télégramme de l'asile : "Mère décédée. Enterrement demain. Sentiments distingués." Cela ne veut rien dire. C'était peut-être hier. » (incipit)

Le roman se ferme sur la mort prochaine du narrateur. Il repense à sa mère et, alors qu'au début, il ne semblait ressentir aucune émotion, aucun sentiment face à l'événement (« Pour le moment, c'est un peu comme si maman n'était pas morte. Après l'enterrement, au contraire, ce sera une affaire classée et tout aura revêtu une allure plus officielle. »), il est devenu plein de compréhension : « Pour la première fois depuis bien longtemps, j'ai pensé à maman. Il m'a semblé que je comprenais pourquoi à la fin d'une vie elle avait pris un "fiancé", pourquoi elle avait joué à recommencer. » (excipit)

Il établit même un parallèle entre ce que pouvait ressentir sa mère dans l'asile de vieillards et les sentiments qu'il éprouve en prison : « Là-bas, là-bas aussi, autour de cet asile où des vies s'éteignaient, le soir était comme une trêve mélancolique. » (excipit)

Parallèle qui va jusqu'à une certaine identification : « Si près de la mort, maman devait s'y sentir libérée et prête à tout revivre. [...] Et moi aussi, je me suis senti prêt à tout revivre. » (excipit). Justifiant ainsi, après coup, son absence d'émotion au moment de la mort de sa mère : « Personne, personne n'avait le droit de pleurer sur elle. » (excipit)

D'autre part, la comparaison entre le style froid adopté dès l'incipit (« L'asile de vieillards est à Marengo, à quatre-vingts kilomètres d'Alger. Je prendrai l'autobus à deux heures et j'arriverai dans l'après-midi. Ainsi, je pourrai veiller et je rentrerai demain soir. ») et le style presque lyrique de l'excipit montre le chemin parcouru par le narrateur : « Comme si cette grande colère m'avait purgé du mal, vidé d'espoir, devant cette nuit chargée de signes et d'étoiles, je m'ouvrais pour la première fois à la tendre indifférence du monde. De l'éprouver si pareil à moi, si fraternel enfin, j'ai senti que j'avais été heureux, et que je l'étais encore. » (© Gallimard)

Le narrateur est enfin réconcilié avec le monde et sa beauté, avec les hommes et leurs sentiments.

MÉTHODES ET STRATÉGIES

1 Commentaire littéraire – Proust, *Sodome et Gomorrhe*

Vous commenterez le texte de Proust, extrait de *Sodome et Gomorrhe*.

> Voir la méthode du traitement du commentaire littéraire (Annexes, p. 471).
> Voir les sujets 2 et 3 p. 34 et 1 p. 59.

TEXTE Marcel Proust (1871-1922), *Sodome et Gomorrhe* (1921), II, 1

Au cours d'une soirée, le narrateur veut se faire présenter à M. de Guermantes. Il raconte comment une de ses connaissances, Mme de Souvré, agit pour éviter de jouer les intermédiaires. Il s'engage ensuite dans le récit de sa rencontre avec Mme d'Arpajon, venue le saluer mais dont il est tout d'abord incapable de retrouver le nom. Il interrompt alors son récit pour se livrer à une réflexion sur le fonctionnement de la mémoire.

Dans ce grand « cache-cache » qui se joue dans la mémoire quand on veut retrouver un nom, il n'y a pas une série d'approximations graduées. On ne voit rien, puis tout d'un coup apparaît le nom exact et fort différent de ce qu'on croyait deviner. Ce n'est pas lui qui est venu à nous. Non, je crois plutôt qu'au fur et à mesure que nous vivons, nous passons notre temps à nous éloigner de la zone où un nom est distinct, et c'est par un exercice de ma volonté et de mon attention, qui augmentait l'acuité de mon regard intérieur, que tout d'un coup j'avais percé la demi-obscurité et vu clair. En tout cas, s'il y a des transitions entre l'oubli et le souvenir, alors ces transitions sont inconscientes. Car les noms d'étape par lesquels nous passons, avant de trouver le nom vrai, sont, eux, faux, et ne nous rapprochent en rien de lui. Ce ne sont même pas à proprement parler des noms, mais souvent de simples consonnes et qui ne se retrouvent pas dans le nom retrouvé. D'ailleurs ce travail de l'esprit passant du néant à la réalité est si mystérieux, qu'il est possible, après tout, que ces consonnes fausses soient des perches préalables, maladroitement tendues pour nous aider à nous accrocher au nom exact. « Tout ceci, dira le lecteur, ne nous apprend rien sur le manque de complaisance de cette dame ; mais puisque vous vous êtes si longtemps arrêté, laissez-moi, monsieur l'auteur, vous faire perdre une minute de plus pour vous dire qu'il est fâcheux que, jeune comme vous étiez (ou comme était votre héros s'il n'est pas vous), vous eussiez déjà si peu de mémoire, que de ne pouvoir vous rappeler le nom d'une dame que vous connaissiez fort bien. » C'est très fâcheux en effet, monsieur le lecteur. Et plus triste que vous croyez quand on y sent l'annonce du temps où les noms et les mots disparaîtront de la zone claire de la pensée, et où il faudra, pour jamais, renoncer à se nommer à soi-même ceux qu'on a le mieux connus. C'est fâcheux en effet qu'il faille ce labeur dès la jeunesse pour retrouver des noms qu'on connaît bien. Mais, si cette infirmité ne se produisait que pour des noms à peine connus, très naturellement oubliés, et dont on ne voulut pas prendre la fatigue de se souvenir, cette infirmité-là ne serait pas sans avantages. « Et lesquels, je vous prie ? » Hé monsieur, c'est que le mal seul fait remarquer et apprendre et permet de décomposer les mécanismes que sans cela on ne connaîtrait pas. Un homme qui chaque soir tombe comme une masse dans son lit et ne vit plus jusqu'au moment de s'éveiller et de se lever, cet homme-là songera-t-il jamais à faire, sinon de grandes découvertes, au moins de petites remarques sur le sommeil ? À peine sait-il s'il dort. Un peu d'insomnie n'est pas inutile pour apprécier le sommeil, projeter quelque lumière dans cette nuit. Une mémoire sans défaillance n'est pas un très puissant excitateur à étudier les phénomènes de mémoire. « Enfin, Mme d'Arpajon vous présenta-t-elle au prince ? » Non, mais taisez-vous et laissez-moi reprendre mon récit.

Prendre connaissance du texte

> Faire les premiers repérages

- Le narrateur livre ses réflexions sur la mémoire. Ce n'est donc pas un texte narratif. Au contraire, les réflexions viennent interrompre le récit.
- On reconnaît des thématiques chères à Proust : la mémoire, l'effet du temps sur la mémoire, le sommeil.

> Établir la fiche d'identité du texte

Dans ce texte à la première personne, une argumentation est menée sous forme d'un double dialogue : un dialogue entre le narrateur et le lecteur, rendu évident par les guillemets et les apostrophes ; mais aussi un dialogue entre le narrateur et lui-même qui semble avancer dans sa réflexion par une succession de réfutations et d'affirmations. Malgré le sérieux de la réflexion, le ton est léger. Le narrateur se moque de lui-même, du « lecteur » qui interrompt sa réflexion et réclame la suite du récit, et donc du lecteur que nous sommes (voir p. 13 : Diderot, *Jacques le fataliste*).

Analyser le texte au brouillon

> Entrer dans les détails en croisant deux méthodes

- Exemple d'analyse linéaire sur le début du texte :

Exemple	Procédé	Interprétation
« Dans ce grand "cache-cache" » qui se joue dans la mémoire	– Insertion d'une expression entre guillemets. – Reprise lexicale de « cache-cache » par le verbe « jouer ».	Double interprétation possible : le narrateur ne prend pas à son compte l'expression ; mise en relief pour référer explicitement au jeu de cache-cache.
« quand on veut retrouver un nom, il n'y a pas une série d'approximations graduées »	Proposition circonstancielle (affirmative) avant la principale (négative). La thèse soutenue n'est pas donnée.	Réfutation d'une réponse possible au problème posé dans la première partie de la phrase. Effet d'attente.
« On ne voit rien, et puis tout d'un coup... »	– Phrase qui commence par une négation. – Connecteur temporel.	Effet de suspens. File la métaphore du jeu de cache-cache : narrativisation de la réflexion.
« apparaît le nom exact et fort différent de ce qu'on croyait deviner »	– Oppositions : « exact » / « approximations », « fort différent » / « graduées ». – « Deviner » renvoie au jeu de « cache-cache ».	La thèse adverse est réfutée. Reste à énoncer la thèse soutenue. C'est le rôle de la phrase suivante.

- Cette première analyse nous permet de remarquer deux caractéristiques du texte :
– l'argumentation avance par un jeu de oui / non, ou plutôt de non / oui, ce qui montre que le narrateur nous fait participer à la progression de sa réflexion ;
– la mise en place d'un système d'analogie (concret / abstrait) qui permet de rendre plus accessible des idées complexes.

Structurer le commentaire

> Établir un projet de lecture

- Problématique : comment, dans un récit, rendre vivante et agréable une réflexion sur un sujet complexe ?

- On peut commencer par repérer les trois reproches que le lecteur adresse à l'auteur (I), puis montrer l'adresse avec laquelle le narrateur manipule ses lecteurs, le fictif et le réel (II), pour mieux mettre en place sa réflexion sur la mémoire (III).

> Élaborer un plan détaillé

I. Les trois reproches du lecteur

1. « L'auteur » ne sait pas raconter

La digression sur la mémoire nuit au bon déroulement du récit : analyse de la première intervention du « lecteur » et de la question finale.

2. « L'auteur » ne trompe personne

– Adresse du lecteur à « monsieur l'auteur », mention de son « héros ».
– Parenthèse ironique indiquant que l'auteur ne trompe personne : tout lecteur sait que l'auteur (Proust) et son héros ne font qu'une seule et même personne.

3. Reproche sur la personne même de « l'auteur »

Puisque le personnage est supposé être l'auteur, c'est bien à celui-ci que le « lecteur » reproche son manque de mémoire.
→ L'auteur semble donc en bien mauvaise posture.

II. La prise en main du narrateur

1. L'autodérision

Interventions du lecteur qui sont des clins d'œil du narrateur se moquant de lui-même, allant jusqu'à mimer, à l'intérieur de l'intervention du « lecteur », son goût pour les parenthèses et les phrases longues.

2. La maîtrise du narrateur

– Structure du passage qui fait intervenir le lecteur aux moments appropriés pour servir au mieux l'argumentation.
– Retournement habile du reproche initial : c'est maintenant le lecteur qui empêche le récit d'avancer.

3. La théorie paradoxale du mal utile

– Narrateur qui choque le lecteur par ses paradoxes (« cette infirmité-là ne serait pas sans avantages », « un peu d'insomnie n'est pas inutile pour apprécier le sommeil »).
– Justification du manque de mémoire et retournement du défaut en qualité.
→ Ce jeu dialogué est en fait une ruse du texte pour introduire une réflexion sur la mémoire dans le récit.

III. La mémoire et son argumentation

1. L'expérience personnelle

– Métaphores (« cache-cache », « étape », « perches ») qui font appel à notre expérience en rendant concret le chemin de la mémoire.
– Expérience vécue par le narrateur : insertion de verbes au passé à l'intérieur de phrases au présent de vérité générale.

2. Une argumentation progressive

– Argumentation qui commence par nier pour affirmer plus tard.
– Avancée par tâtonnements successifs (analyse des débuts de phrase).

3. La théorie proustienne de la mémoire

Le texte entrelace deux réflexions :
– l'une est nostalgique et de l'ordre du constat : le temps qui passe provoque l'oubli ;
– l'autre est théorique et volontariste : le souvenir est volontaire, c'est un travail de l'esprit, même si on ne sait pas comment on passe « du néant à la réalité ».

Rédiger le commentaire

> Rédiger le développement

Proposition de rédaction pour le paragraphe I. 3, en mettant en évidence la relation logique (soulignée) avec le paragraphe précédent ainsi que la transition avec la partie II.

C'est <u>donc</u> un reproche adressé directement à la personne de l'auteur que le lecteur formule. En effet, l'utilisation du pronom de seconde personne « vous », placé juste après la parenthèse supposant l'identité auteur / personnage / narrateur, implique l'attaque personnelle. Elle oppose perfidement la jeunesse de l'auteur, jeunesse en principe associée à la vivacité de la mémoire, au récit qui met en scène un jeune homme dépourvu de ce minimum de mémoire permettant de se souvenir du nom d'une personne qu'il « connaiss[ait] fort bien ». Mais le reproche va plus loin, parce qu'il met aussi en cause l'auteur en tant que romancier. En effet, si l'auteur n'est pas le personnage, alors le récit est soupçonné d'incohérence : comment se fait-il qu'un jeune héros ait si peu de mémoire ? Cela semble peu crédible. Par ailleurs, si l'auteur est bien le personnage-narrateur, alors c'est la vérité du récit qui est mise en cause : comment un auteur aussi dépourvu de mémoire peut-il s'engager dans le récit de son passé ? Que l'auteur soit ou non le narrateur, l'intervention du lecteur semble le mettre en bien mauvaise posture. *[Transition]* Mais ce serait oublier que nous sommes dans la fiction et que ce lecteur pervers est un personnage fictif mis en place par le narrateur lui-même.

> Rédiger la conclusion

[Réponse à la problématique] On est peu habitué à considérer Proust comme un auteur comique ; cependant, dans ce texte à la fois sérieux et drôle, l'auteur sait se moquer de lui-même, jouer avec son lecteur, c'est-à-dire nous, les lecteurs ultimes du texte, et nous convaincre du bien-fondé de sa réflexion sur la mémoire.
[Ouverture] Cette réflexion, Proust la mène tout le long de son œuvre au titre significatif : *À la recherche du temps perdu*.

2 Écriture d'invention – Rédiger un récit

Sur le modèle du texte de Proust, vous commencerez un récit que vous laisserez en suspens pour mener une réflexion entrecoupée par un dialogue avec le lecteur.
Attention, votre texte ne devra pas reprendre le thème de la mémoire.

> Voir la méthode du traitement de l'écriture d'invention (Annexes, p. 473).
> Voir le sujet 2 p. 60.

Analyser le sujet au brouillon

> Repérer les mots clés du sujet

- Identification du type d'écriture : on ne vous demande pas de pasticher à proprement dit le texte de Proust, mais de vous en inspirer pour mener votre propre réflexion.
- Identification des contraintes formelles : il s'agit du passage d'un roman. On devra y trouver l'amorce d'un récit. Le sujet de réflexion sera en lien étroit avec le récit. Le texte sera majoritairement argumentatif. Mais devront aussi s'insérer des passages dialogués entre le lecteur et l'auteur.
- Le contexte : rien n'indique que vous deviez vous situer au siècle de Proust. Vous avez donc toute liberté pour choisir votre thématique : vous ne risquez pas l'anachronisme.

> S'appuyer sur le corpus

- Toute écriture d'invention « à la manière de » nécessite une lecture attentive du texte-source, presque aussi minutieuse que pour en faire le commentaire. On pourra se référer à l'exercice précédent pour repérer la structure du texte, l'intérêt du dialogue et la manière de mener l'argumentation.
- Ce type d'écriture vérifie aussi que les enjeux du texte-source ont été bien compris. Il ne faut donc pas hésiter à en expliciter les idées, ce qui permettra d'éviter le simple plagiat. Voir l'exemple rédigé ci-dessous.

> Dresser un cahier des charges

- Respecter l'énonciation : texte à la première personne ; apostrophes lecteur / auteur ; guillemets pour l'intervention du lecteur ; absence de guillemets pour les réponses de l'auteur.
- Nous sommes dans le cadre d'un récit : la dernière intervention du lecteur doit reprendre la question laissée en suspens au début du devoir. Le personnage dont le narrateur évoque l'histoire doit avoir un nom.
- L'argumentation doit être progressive. Elle doit s'appuyer sur quelques métaphores et donner l'impression que le narrateur est en quête d'une réponse.

Rédiger le devoir

> Apporter une réflexion personnelle

- Le plus difficile dans ce sujet est peut-être de trouver la thématique du récit et celle du sujet de réflexion. Il faut un point de départ simple qui apporte au narrateur une réflexion riche et paradoxale et qui permette au lecteur de mettre le narrateur dans l'embarras. De nombreux thèmes sont possibles. Nous proposons celui de la peur. Ce sentiment peut survenir à l'occasion d'un voyage en avion.

- La trame narrative : le personnage principal n'est pas très rassuré et se demande s'il va arriver à surmonter sa peur et prendre l'avion. Il s'interrompt pour analyser sa phobie de l'avion et le mécanisme de la peur en général. Le lecteur peut lui reprocher le manque de courage de son héros.
- Pistes de réflexions sur la peur : d'où vient-elle ? Comment survient-elle ? Comment l'expliquer ? Comment la surmonter ?
- Arguments pour le paradoxe final : s'il est vrai qu'une peur panique est insurmontable, une petite peur n'est pas inutile ; elle aiguise la conscience du danger et permet peut-être de mieux comprendre les mécanismes de la phobie.

> Soigner la rédaction

Exemple d'écriture « à la manière » de l'intervention du lecteur. La difficulté de ce passage est de ne pas trop plagier le texte original. Pour cela, il ne faut pas hésiter à développer un peu les idées.

« Tout ceci, dira le lecteur, ne nous dit pas si Arthur s'embarqua ou non dans l'avion. Car enfin, c'est bien ce qui nous intéresse, nous autres lecteurs. Mais puisque vous êtes si bavard, Monsieur l'auteur, que vous en oubliez votre récit, parlez-nous un peu de vous et de vos peurs : si je ne me trompe, cet Arthur, pris entre le désir de voyager et la peur de monter en avion, c'est bien vous, n'est-ce pas ? Vous parlez si longuement de la peur, il faut bien que vous l'ayez ressentie. Avez-vous jamais pris l'avion ? Avez-vous jamais voyagé ? Sûrement non. N'est-ce pas fâcheux pour un écrivain qui se dit réaliste et dont les récits se situent, pour la plupart d'entre eux, dans des pays qui n'ont rien à voir avec celui dont vous êtes originaire ? »

SUJETS DE TYPE BAC

1 Commentaire littéraire – Marie Ndiaye, *Un temps de saison*

180 min.

Vous commenterez le texte de Marie Ndiaye, extrait d'*Un temps de saison*.

Pour commenter un excipit, que vous ayez lu ou non le roman dont il est extrait, vous devez vous demander quel type de fin il propose : ouverte ou fermée ? L'attente du lecteur, sa curiosité quant au sort des personnages sont-elles satisfaites ou insatisfaites ? Lisez l'excipit de Marie Ndiaye, vous serez sûrement déstabilisé ! C'est cet état qui doit vous guider dans votre analyse du texte.

> Voir la méthode du traitement du commentaire littéraire (Annexes, p. 471).
> Voir les Méthodes et stratégies 2, chapitre 1 et Méthodes et stratégies 1, chapitre 2.

TEXTE Marie Ndiaye (née en 1967), *Un temps de saison* (1994), excipit

Herman, professeur de mathématiques, vient tous les ans passer ses vacances à la campagne avec sa femme, Rose, et son fils. Pour une fois, il part le 1er septembre au lieu du 30 août. Le temps se gâte, il commence à pleuvoir. Sa femme et son fils ont disparu. Il part à leur recherche dans le village devenu hostile, kafkaïen, noyé sous une pluie continue. C'est que, une fois les vacances terminées, le village devient tout autre. Sa femme et son fils sont devenus des âmes errantes. Lui-même devient totalement amorphe. À la fin du roman, les parents de sa femme, inquiets de ne pas avoir de nouvelles, arrivent. Herman, qui, tout le long du roman, est devenu de plus en plus passif, se trouve dans l'incapacité d'expliquer quoi que ce soit.

Ils retournèrent s'asseoir au salon, le père tapotait ses genoux avec nervosité, la mère répétait mécaniquement qu'elle ne passerait pas une nuit à L. ; sa bouche bleuissait de froid.
– Voilà, vous avez un taxi, vint dire l'hôtelière.
Elle ajouta dans un murmure : C'est le pire taxi de L.
Herman alors voulut porter la valise de ses beaux-parents mais ses bras faibles ne le lui permirent pas et le père, inquiet, constata :
– Vous avez bien baissé, mon pauvre vieux.
Mais lui-même faillit s'écrouler lorsque, sortant gaillardement, sans méfiance, de l'hôtel, il fut frappé en pleine poitrine par la pluie. Tant bien que mal, ils s'engouffrèrent dans la voiture.
– Aujourd'hui, dit le chauffeur, ce sera plus cher que d'habitude, hein !
Il tournait vers eux une grosse face à la peau violacée et ils virent qu'il lui manquait le nez. La mère de Rose poussa un petit cri. Puis, confuse, elle colla son visage à la vitre et feignit d'examiner la rue.
– Ce sera ce que vous voudrez, murmura Herman.
Il constatait, résigné, que l'autre était ivre. La puanteur du vin emplissait le taxi. Ils quittèrent L. à toute petite vitesse, secoués et ballotés déjà par le vent.
– Quelle laideur, quelle horreur que cette ville, chuchotait la mère, sur le point, sembla-t-il à Herman, de fondre en larmes.
L'ayant entendue, le chauffeur leva l'index. Ils roulaient maintenant sur la grand-route

obscure, si lentement qu'Herman eut la certitude que la liquéfaction de tout son être serait achevée bien avant l'arrivée au village.
Le chauffeur conduisait à demi tourné vers eux, montrant son profil ras, excité, expliquant :
– Oui, mais L., vous ne l'avez pas connue de mon temps, autrefois, c'était beau, vous pouvez me croire, j'y suis né, j'y ai poussé, avant guerre, c'était autre chose, vous auriez dû voir, vieilles maisons, pans de bois, tout penché, tout de guingois, puis la guerre, bombes, incendies, et mon nez qui saute là-dedans, un éclat, hop, un bout de joue emporté, le nez entier, n'as-tu pas vu ton nez, où est parti ton nez, que j'entends depuis cinquante ans dans tous les cafés de L., untel a ton nez dans sa poche, ma maison est bâtie sur ton nez, c'est bien possible les gravats, il était dedans, enterré quelque part dans le sol de L., dans ses murs, j'y pense tout le temps, vous voyez je lui parle, je l'appelle, je le vois, il dépasse entre deux briques, ou bien, dans la rue piétonne, le voilà qui surgit entre les dalles, c'est mon nez… Et ça, hein, comment le pardonner, comment le pardonner…
Il assénait, tout en parlant, de petites claques au-dessus de sa bouche.
– Ah, ah ! ricanait le père de Rose.
Il regarda Herman et fit mine de se tordre le nez pour signifier que l'autre était soûl.
– Ah, ah, murmura Herman.
Mais la voiture s'arrêtait ; le chauffeur jura, cogna sur le volant.
– Ça y est, elle nous lâche ! s'écria-t-il.

2 Écriture d'invention – Rédiger une lettre

180 min.

Un critique littéraire reproche à l'auteur d'*Un temps de saison* son excipit peu orthodoxe. Un lecteur envoie une lettre prenant la défense de l'auteur et de ses choix. C'est cette lettre que vous écrivez.

La difficulté de ce sujet est que vous n'avez pas lu le roman ! Le paratexte vous donne quelques informations essentielles pour tenter d'en reconstituer l'histoire. Mais ne vous risquez pas à la réinventer ! Suivez les conseils donnés p. 57 et analysez précisément l'excipit avant de commencer à rédiger. Pour vous aider dans ce travail, lisez le commentaire qui en est fait (p. 62) et puisez-y vos arguments pour défendre les choix de l'auteur.

> Voir la méthode du traitement d'une écriture d'invention (Annexes, p. 473).
> Voir les Méthodes et stratégies 2, chapitre 2.

3 Dissertation – Un projet d'écriture surprenant

180 min.

Peut-on vraiment écrire, comme le souhaitait Flaubert, un roman « sur rien » ? Vous répondrez à cette question en vous appuyant sur vos lectures personnelles et sur les textes étudiés en classe.

Appuyez-vous aussi sur le cours que vous venez de lire (p. 42), il vous aidera à construire une réflexion argumentée. Le corrigé qui vous est proposé doit juste vous servir de guide, enrichissez-le avec vos propres exemples.

> Voir la méthode du traitement de la dissertation (Annexes, p. 475).
> Voir les Méthodes et stratégies 1, chapitre 3.

CORRIGÉS

1 Commentaire littéraire – Marie Ndiaye, *Un temps de saison*

Les titres de parties et de sous-parties ne doivent pas apparaître dans la copie.

Introduction

Marie Ndiyae, auteur contemporain, écrit des romans qui, sans relever du registre fantastique, jouent souvent sur les limites entre le réel et le rêve. Dans *Un temps de saison*, le personnage principal, le professeur Herman, passe ainsi de sa vie bien réelle de professeur de mathématiques en vacances estivales dans sa maison de campagne à un état léthargique assez incompréhensible. Au lieu de se livrer à une enquête énergique pour savoir pourquoi sa femme et son fils ont brusquement disparu, il se laisse contaminer par les mœurs étranges des habitants d'un village où la pluie tombe en continu. La fin du roman marque la dissolution totale du personnage, incapable de décision et d'action face à ses beaux-parents venus réclamer des nouvelles de leur fille. Mais le roman se ferme sans qu'aucune explication ne soit donnée. On peut alors se demander si l'excipit joue vraiment son rôle de clôture. On montrera que la situation est devenue tellement impossible qu'elle rend la résolution nécessaire ; cependant, cette résolution semble retardée par l'intrusion d'un personnage de comédie qui, pourtant, mènera bien les personnages et le récit à leurs fins.

I. Une situation impossible

1. Les beaux-parents

L'arrivée des beaux-parents annonce **la fin du roman**. En effet, ils veulent une explication. Or comment expliquer rationnellement que leur fille soit devenue une âme errant dans un village qui lui-même n'a rien de rationnel ? De par leur caractère, on voit bien qu'ils ne sont pas aptes à entendre cette information : le père fait des plaisanteries déplacées qui montrent sa vulgarité ; la mère est plus sensible à l'horreur de la situation, mais ne peut l'accepter. Pour le lecteur aussi, cette arrivée est un **indice de la fin** : comme Herman, il s'était habitué à l'étrangeté de la situation. Or l'intrusion des beaux-parents constitue un **retour du réel**. « Vous avez bien baissé », dit le père à Herman, jugeant ainsi de la différence entre l'homme qu'il connaissait et celui qu'il a en face de lui. Il est « sans méfiance », sort « gaillardement », encore plein de la sécurité du monde d'où il vient.

2. Le temps

Dans cet excipit, tout indique que **le temps est arrivé à son paroxysme**. La bouche de la mère « bleuissait de froid » alors qu'elle est encore à l'intérieur de l'hôtel, la pluie « frappe » le père « en pleine poitrine ». Le vent est si violent qu'il empêche toute avancée. C'est lui qui domine ; les individus n'ont plus d'autonomie d'action, ce que montre la formulation passive de la phrase « secoués et ballotés déjà par le vent ». Les seules couleurs sont le noir de la « grand-route obscure », le bleu du froid et le « violacé » de la peau du chauffeur de taxi. La situation est apocalyptique.

3. La mauvaise décision : le recours au taxi

Celui qui devait les sauver va les mettre dans une **situation pire encore**. La remarque de l'hôtelière, « C'est le pire taxi de L. », annonce déjà la catastrophe. Le départ est donc une mauvaise décision d'Herman. Il se trouve dans une **détresse physique et psychologique**. Il est incapable de porter la valise, ce que constate au discours direct le père. Cette incapacité physique le rend socialement inapte puisqu'il ne peut plus faire les gestes attendus. Sa seule prise de parole, « ce sera ce que vous voudrez », montre sa détresse psychologique : il n'a **plus aucune maîtrise de la situation**. Mais s'il s'est « résigné » au pire, il sait avec « certitude » « que la liquéfaction de tout son être serait achevée bien avant l'arrivée au village ». Cette prolepse annonce la fin et le taxi en sera l'acteur.

II. Le chauffeur de taxi, un personnage de comédie ?

1. Le valet de comédie

Le chauffeur de taxi a toutes les caractéristiques du **valet de comédie**. C'est un ivrogne à la face colorée, il demande salaire. Bien qu'il effraye, il tente de faire rire. Il utilise un **comique de gestes** : il est « excité » et répète les mêmes gestes : des « petites claques au-dessus de sa bouche ». Le **comique de mots** est assuré par les jurons, lors de la panne de la voiture, et par son langage saccadé, à la limite de l'agrammaticalité. Dans sa longue prise de parole, il met en place un jeu de cache-cache rappelant ce jeu qui consiste à faire semblant de prendre le nez d'un enfant et de le cacher. Élément final de la **farce**, le beau-père entre dans la comédie en faisant référence à l'expression « se torcher le nez » pour désigner quelqu'un de soûl. Mais le « Ah, ah » murmuré de Herman en écho au ricanement du père nous rappelle que ce comique n'est pas si drôle.

2. Une comédie vraiment ?

Le registre comique de la tirade du chauffeur de taxi vire au **fantastique**. Le nez apparaît et disparaît comme une entité indépendante, auquel le chauffeur « parle », qu'il entend, qu'il voit. Le présentatif « le voilà qui... », la répétition du verbe « voir » (« Vous voyez [...] je le vois ») rendent réelle cette fantasmagorie : les occupants de la voiture sont sollicités pour être les témoins de sa quête et participer à la recherche. La simple comédie tourne en fantasme obsessionnel, en **folie**. Sa tirade, qui se termine sur l'impossibilité du pardon, fait du chauffeur de taxi une âme errante à la recherche de son nez dans un paysage de désolation. La comédie se transforme en un **rêve surréaliste**.

3. Une comédie sinistre qui s'arrête là. Que va-t-il se passer ?

Le connecteur d'opposition « Mais » vient mettre fin à la petite comédie ; il est étrangement suivi du verbe pronominal à l'imparfait « s'arrêtait », comme si la voiture avait pris son autonomie. Cette impression est confirmée par un « ça y est » lancé par le chauffeur, qui peut laisser penser que l'événement était attendu. La suite de la phrase, « elle nous lâche ! », continue la **personnification de la voiture**. Mais cette phrase est la dernière du roman. Certes, le lecteur n'est pas surpris de la panne de la voiture, mais que va-t-il advenir de ses occupants perdus dans l'obscurité et le déluge ? **Et si le pronom « nous » désignait les lecteurs**, que le récit abandonne, eux aussi, perdus, sans situation finale satisfaisante pour l'esprit ?

III. Le dernier voyage

1. Une visite guidée

Le chauffeur commente le voyage en opposant deux mondes : le monde d'avant, chaud et chaleureux, dans lequel on pouvait « pousser » comme une graine, et le monde actuel. La description qu'il fait du monde d'avant nous laisse imaginer une bourgade, pleine du charme de l'ancien, composée de « vieilles maisons, pans de bois, tout penché, tout de guingois » : l'énumération nous désigne, comme si on les pointait du doigt, tous les éléments d'une maison typique d'un village de campagne. À cette énumération s'oppose celle qui rend compte des méfaits de la guerre. Elle installe une relation de cause à conséquences : « la guerre » implique les « bombes » qui impliquent les « incendies ». Le passage du singulier au pluriel, l'absence de déterminants et d'adjectifs renforcent l'effet de violence de la guerre.

2. Dans la voiture

Quelle ville voit-on, à travers la vitre de la voiture ? La rue que la mère « feignit d'examiner » n'est pas décrite, il n'en reste qu'une impression : « Quelle laideur, quelle horreur que cette ville ». Le lecteur n'a accès qu'à la double description faite par le chauffeur, mais aucune des deux ne correspond à ce qu'est la ville au moment du récit. C'est un peu **comme si les voyageurs visionnaient un film, sans voir le réel**. Derrière cette vitre, il n'y a rien à voir. Le spectacle est, étrangement, dans la voiture et c'est par les yeux d'Herman qu'on croit voir pleurer la mère, c'est lui qui interprète. Elle chuchote, il murmure. On ne peut parler normalement dans cette voiture dans laquelle « ils s'engouffrèrent ». Ils s'y sont mis à l'abri, mais si l'on suit le sens premier du verbe « s'engouffrer », en s'engouffrant dans la voiture, les passagers sont entrés sans le savoir dans un gouffre.

3. Charon, le passeur de la mort

Le chauffeur de taxi peut être assimilé à Charon, personnage de la mythologie grecque dont la fonction est de transporter en barque les morts vers les Enfers, moyennant le paiement d'une obole. Comme Charon, le chauffeur réclame de l'argent, une somme inhabituelle, parce qu'« aujourd'hui » n'est pas un jour comme les autres. Il lève l'index, il montre, il ordonne, il fait la leçon, il commente le paysage. La mention de la « toute petite vitesse », l'insistance sur la lenteur associée à un univers liquide semblent transformer le voyage en voiture en voyage en barque. Enfin, l'absence de nez chez le chauffeur, qui fait pousser un cri de frayeur à la mère, rappelle la face camarde de la mort. Tous ces éléments font du personnage une **allégorie de la mort** embarquant ses passagers pour le dernier voyage.

Conclusion

Certes, cet excipit est étrange, et peut laisser le lecteur insatisfait ; pire, ce dernier peut refermer le roman en se demandant quel est son sens. Mais la fin du récit est bien à l'image du personnage principal, qui se dilue dans le néant ; le récit mime son personnage. Tout comme lui, il est dans l'incapacité de finir. Le récit est arrivé au point de non-retour, et si le lecteur peut avoir l'impression d'être abandonné en plein désarroi, c'est qu'il n'a pas compris que le texte arrivait à sa fin : le dernier voyage dont le guide étrange est Charon, le passeur des morts. Cet excipit donne au récit une dimension presque mythologique. Au lecteur d'en affiner la portée.

2 Écriture d'invention – Rédiger une lettre

Cet exemple est une proposition, parmi bien d'autres possibles.

Paris, le 20 octobre 1994

Cher Monsieur,

je suis très surpris de votre dernier article. J'ai beaucoup aimé le dernier roman de Marie Ndiaye. Pourtant, vous, vous dont je suis un fervent lecteur et qui me servez souvent de guide dans mes choix littéraires, vous dites le plus grand mal de son « excipit ». Vous prétendez que la fin en est décevante, qu'elle ne permet pas de comprendre le roman, que ce chauffeur de taxi n'est pas crédible, que les beaux-parents arrivent comme des cheveux sur la soupe (excusez l'expression) : « pourquoi s'encombrer de nouveaux personnages quand il s'agit justement de terminer un récit ? », vous demandez-vous.

Vous rappelez aussi que tout bon roman doit se terminer comme une comédie, donner toutes les clés et expliquer ce qu'il advient de chaque personnage. « Nul ne doit rester dans l'ombre », c'est ce que vous affirmez ! Vous donnez des exemples pris chez les illustres auteurs du XIXe siècle : Flaubert et la mort d'Emma Bovary, Stendhal et celle de Julien Sorel ; pour le XXe siècle, vous vous appuyez sur *L'Étranger* de Camus et la réconciliation de son héros avec le monde. Vous écrivez que, même chez les auteurs du Nouveau roman, qui pourtant font ce qu'ils veulent des conventions romanesques, une fin est une fin. Enfin, vous allez chercher vos exemples dans les romans ou les nouvelles fantastiques : on comprend bien, dites-vous, que le Horla n'est pas vaincu dans la nouvelle de Maupassant car il est la folie même du narrateur, etc., etc.

Que vous répondre ? Je dirais d'abord que l'exemple ne fait pas loi : un exemple trouve toujours son contre-exemple ! Je dirais ensuite que chaque auteur a non seulement le droit, mais le devoir d'inventer sa propre écriture. Je pourrais longuement discuter de ce point, mais je crains que cela ne m'écarte de mon sujet. Je préfère donc me concentrer sur la fin du roman et tenter de la défendre.

Procédons par ordre. D'abord les personnages. L'auteur fait intervenir les parents de Rose. Vous semblez ne pas comprendre que leur arrivée a comme seule fonction d'indiquer que l'histoire se finit, qu'elle se heurte au réel, qu'elle embarque les beaux-parents dans la pluie, et que jamais ils ne reverront leur monde. Que nous importe leur sort, il ne s'agit pas de les faire entrer dans l'histoire, il s'agit au contraire de les utiliser pour y mettre un terme.

Quant au chauffeur de taxi, permettez-moi de le dire, je trouve son invention absolument géniale. C'est un personnage mi-réel, mi-fantastique, grotesque et effrayant. Sa description est précise, on croit le voir tourner vers nous « sa grosse face à la peau violacée » et nous révéler l'horreur de son visage sans nez. On comprend l'épouvante des passagers devant la vision de ce chauffeur à qui ils ont malheureusement confié leur destin. Car, oui, c'est lui qui porte la fin : figure monstrueuse du paria, il est aussi passeur des morts, sa voiture se fait barque avançant dans le paysage transformé en fleuve, ce paysage dont il commente les rives en connaisseur. Il a beau faire semblant, prolongeant un peu la comédie, de se battre avec sa voiture qui tombe en panne, il a conduit ses passagers là où ils devaient aller : au point de non-retour, le point de liquéfaction prédit par Herman.

Ensuite, la fin. Cette fin, que vous appelez du nom barbare d'« excipit », et qui, selon vous, ne joue pas son rôle car elle n'expliquerait pas le roman et laisserait le lecteur aussi perdu que les personnages. Vous prétendez même que l'auteur « lâche » ses lecteurs, qu'elle les abandonne « lâchement », faute de savoir finir un roman qui n'a ni queue ni tête. C'est peut-être vrai, elle nous abandonne. Mais pourquoi en faire une faiblesse ? Ne pourrions-nous pas plutôt y voir une mise en abyme du roman qui se referme sur lui-même ?

Et ne trouvez-vous pas que cette fin est comme la fin d'un rêve, pire, d'un cauchemar ? Vous savez, ceux que le rêveur est obligé d'interrompre en poussant des cris et en forçant le réveil, faute de quoi il verrait le spectacle insupportable de sa mort. Cet « excipit », contrairement à vos dires, donne la clé du roman : peut-être que toute cette histoire n'était qu'un rêve, le rêve du professeur Herman qui veut échapper à la rentrée des classes, et les grossiers personnages que sont ses beaux-parents tentent de le ramener à la réalité. Comment s'en débarrasser autrement qu'en les noyant dans son délire ?

Peut-être trouverez-vous que mon interprétation est trop personnelle. Mais voyez-vous, contrairement à vous, j'admire cette fin qui renvoie le lecteur à ses propres fantasmes et qui laisse ouverte son interprétation. Les fins ouvertes, cher Monsieur, sont aussi un plaisir pour le lecteur.

Malgré notre désaccord sur cet ouvrage – mais peut-être vous ai-je convaincu du bien-fondé de sa fin –, croyez bien que je continuerai à lire vos critiques littéraires.

Fidèlement vôtre,

signature

3 Dissertation – Un projet d'écriture surprenant

Voici un exemple de plan détaillé (semi-rédigé). Les titres de parties et de sous-parties ne doivent pas apparaître dans la copie.

Introduction

Si on définit le roman comme une histoire fictive racontée par un ou plusieurs narrateurs, se déroulant dans un cadre spatio-temporel et obéissant à une structure travaillée avec soin par l'auteur, que pourrait être un roman sur rien ? La question semble dénuée de sens ; pourtant, c'est bien ce que souhaiterait Flaubert : écrire un roman sur rien. Ce serait alors mettre en question l'intrigue. Rien ne se passerait, du moins rien d'intéressant. Ce serait aussi mettre en question le cadre spatio-temporel et tous les éléments qui font la matière d'un roman. Mais alors, serait-ce encore un roman ? Nous nous demanderons donc en quoi ce vœu de Flaubert, écrire sur rien, interroge le roman lui-même. Nous rappellerons d'abord ce que l'on entend par le sujet, la matière, d'un roman, puis nous nous demanderons ce que serait un roman sur « rien » ; enfin, nous verrons pourquoi il semble impossible d'atteindre ce rien romanesque souhaité par Flaubert.

I. Que serait le « quelque chose » d'un roman ?

1. Une intrigue

– Aux XIIe et XIIIe siècles, on emploie le terme « **matière** » pour désigner la thématique qui sert de sujet aux romans. La « matière de Bretagne », par exemple, correspond aux romans du cycle arthurien.

– Les romans nous racontent des histoires. Plus l'intrigue connaîtra de **rebondissements**, de **démêlés**, plus le lecteur sera pris par sa lecture, voudra suivre les aventures des héros. C'est le parti pris des romans de Dumas, *Les Trois Mousquetaires*. C'est aussi celui des romans historiques et des romans romantiques à la manière de ceux de Walter Scott.

2. Une passion

– La **passion amoureuse** est au cœur de bien des romans, que l'héroïne la combatte, comme la princesse de Clèves dans le roman de madame de La Fayette, ou finalement y succombe, comme Mathilde dans *Le Rouge et le Noir* de Stendhal.
– L'**étude des passions**, c'est-à-dire de ce qui meut les hommes dans leur vie, fait la matière de nombreux romans de Balzac.

3. Un début et une fin

– Si tout roman a bien un début et une fin, c'est bien que **quelque chose s'est passé** entre ces deux moments. On l'observe dans des romans aussi différents que ceux de Camus et de Proust.
– L'étude de l'incipit et de l'excipit de *L'Étranger* montre que, dans ce bref roman, quelque chose s'est passé : le héros s'est transformé, il n'a **plus la même relation au monde**. L'immense œuvre de Proust, *À la recherche du temps perdu*, se ferme sur *Le Temps retrouvé.*

II. Que serait un roman sur rien ?

1. Sur rien d'important

– Le mouvement réaliste, et donc les romans réalistes, s'opposent au romantisme, en réclamant qu'on s'intéresse au **banal**, au **quotidien**, autant dire au **presque rien**. Qu'y a-t-il de grand dans *Une vie* de Maupassant ou dans *Pierre et Jean*, du même auteur ? Où est l'intrigue dans le *Bouvard et Pécuchet de* Flaubert ?
– Au XXe siècle, c'est sur le **vide de l'existence**, ce qu'on appelle « le vide existentiel », que Beckett construit des romans sans intrigue, *L'Innommable* par exemple.

2. Une autre manière d'envisager le « sujet » du roman

– Nathalie Sarraute, auteur du Nouveau roman, refuse l'intrigue et veut saisir le mouvement de l'esprit, l'**indicible**.
– Quelques années plus tôt, la romancière anglaise Virginia Woolf écrivait : « s'il [le romancier] pouvait fonder son ouvrage sur son propre sentiment et non pas sur la convention, il n'y aurait ni intrigue ni comédie ni tragédie ni histoire d'amour ni catastrophe au sens convenu de ces mots [...]. » (*L'Art du roman*, 1919)

3. Un roman sur l'écriture du roman

Une autre manière de détourner le roman de ses conventions, c'est d'écrire un roman sur le roman. Le sujet du roman n'est plus à l'extérieur de lui mais à l'intérieur de lui, il **interroge sa propre forme**. On parle de « **mise en abyme** », de réflexivité. Les exemples les plus emblématiques sont *Jacques le fataliste* de Diderot (1796, édition posthume) et *Paludes* de Gide (1895).

III. Le rien est toujours quelque chose

1. Une impossibilité logique ?

– Écrire un roman sur rien, c'est **transformer le rien en roman**, lui en donner la forme, c'est-à-dire lui donner une écriture littéraire. C'est bien tout l'enjeu du travail de Flaubert qui fait du rien, un simple fait divers de province, le grand roman qu'est *Madame Bovary.*

– On peut donc dire que le roman ne se définit pas par la grandeur du sujet mais par la **qualité de l'écriture**.

2. Le style peut-il tout faire ?

– Est-ce que cela signifie que le roman doit prendre le modèle de l'« Art pour l'art », mot d'ordre du Parnasse[5], et **ne se préoccuper que de la forme** sans se préoccuper du sens ?

– Non, pour le roman comme pour la poésie, **la forme et le sens sont indissociables**. Ainsi du parti-pris d'écriture d'un romancier contemporain, Éric Chevillard, qui, à partir de rien, la rencontre avec un « hérisson naïf et globuleux » et un travail sur la structure du paragraphe, crée du sens (*Du hérisson*, 2002).

3. Le lecteur et le rien

Admettons même que le romancier ait écrit un roman du rien, sur le rien, avec la forme la plus neutre possible, qu'il ne dise rien, qu'il ait tellement perturbé le sens et la forme que son roman ne veuille rien dire. À partir du moment où il accepte de le publier, il le livre à l'**interprétation du lecteur** qui, lui, peut-être, y mettra du sens et y trouvera « quelque chose ».

Conclusion

Le rien dont parle Flaubert n'est sans doute pas accessible dans la conception du roman du XIXe siècle. Le XXe siècle envisage le roman autrement et cherche parfois à dire ce rien, il s'en approche. Mais quelle étrange tentative que de chercher les limites du rien et du quelque chose ! Cependant, on peut dire que cette recherche est aussi une tentative de jouer avec les limites du genre, d'interroger le genre même du roman. En cela, le souhait de Flaubert est précurseur de la modernité.

5 Voir p. 217.

CHAPITRE 3

Les personnages de roman

COURS

Les personnages de roman

Le roman est un récit de fiction qui raconte quelque chose de notre monde. Il en est le reflet, il le transforme, il nous le fait découvrir. On pourrait dire qu'il le travaille. Or il semble que le personnage soit indissociable du roman. Peut-on, en effet, envisager un roman sans personnage ? Aussi mince, aussi ténue soit-elle, le roman passera toujours par l'histoire d'un individu qui voit, vit, rêve le monde à sa manière. Toute analyse d'un roman passe donc par l'analyse de ses personnages. Qui sont-ils ? Comment sont-ils introduits dans le récit ? Quelle vision du monde portent-ils ?

I. Le système des personnages

Le personnage de roman emprunte au réel mais, en même temps, il s'en détache pour entrer dans la fiction. Pour savoir ce qu'il est, il est nécessaire d'analyser son statut et la manière dont son environnement romanesque lui donne corps.

1. Qu'est-ce qu'un personnage de roman ?

a. Personne, personnage, personnalité

- Le terme « personnage » apparaît en français au XIIIe siècle pour désigner une personne importante ou un personnage historique. Le mot est dérivé du latin *persona* qui désigne le masque que portaient les acteurs sur scène. C'est sans doute pour cela qu'**à partir du XIVe siècle le mot commence à être employé dans le cadre des œuvres de fiction.** Au XVIIIe siècle, Montesquieu le définit comme une « personne qui figure dans un ouvrage narratif ».

- Selon **Philippe Hamon**, le personnage romanesque est un « être de papier ». Cette expression nous rappelle qu'il est une **construction du romancier** et uniquement cela. Il est donc inutile de lui chercher une autre rationalité, un autre destin que celui que le romancier lui a inventé.

- Pourtant, pour être crédible, pour que le lecteur s'intéresse à son histoire, le personnage romanesque doit être vraisemblable et **acquérir une personnalité**. Il lui faut une épaisseur : un caractère, une famille, un passé, tout ce qui peut l'apparenter à nous autres lecteurs, et ceci, même quand c'est un animal, comme le héros du *Croc-blanc* de Jack London.

- Attention, **il ne suffit pas de définir un personnage par le fait qu'il soit fictif**, puisque, dans un roman, on peut rencontrer des personnages historiques ou des personnes ayant réellement existé. Il vaut mieux dire qu'un personnage se définit en ce qu'il participe de la construction de l'univers fictionnel créé par le romancier.

b. Héros, antihéros, antipersonnage

- Dans la mythologie gréco-latine, le mot « héros » désigne à la fois des **hommes qui se distinguent par leurs exploits** et les **demi-dieux** (enfants d'une mortelle et d'un dieu).

- Les premiers héros de roman sont les **héritiers de cette double conception** : ils sont courageux, nobles dans leurs actes et porteurs de valeurs morales collectives.

Puis, le terme servira à désigner le personnage principal du roman, qu'il ait ou non un comportement héroïque.

- Quand il contredit trop notre idée de l'héroïsme, qu'il est trop maladroit et perdu dans un monde qu'il ne maîtrise pas, on parle d'« **antihéros** ». Au XIXe siècle, les personnages de **Flaubert** sont des antihéros. Le XXe siècle en est friand (aussi bien dans les films que dans les romans) : s'il ne correspond plus à un idéal à atteindre, l'antihéros peut cependant **susciter la sympathie du lecteur**, qui se sent proche de lui.
- Héros et antihéros peuvent relever des mêmes procédés de construction et avoir la même visée réaliste. **Il ne faut donc pas confondre antihéros et antipersonnage.** Ce dernier relève d'une volonté de déconstruction du personnage romanesque. On le trouve particulièrement chez les romanciers du Nouveau roman.

Petite typologie des personnages de roman

Le héros positif porte des valeurs tenues pour un idéal moral dans la société dont il est le contemporain, ses actions sont tournées vers le bien. Il s'oppose au héros négatif (à ne pas confondre avec l'antihéros), dont les actions sont en désaccord avec la morale même si elles sont en accord avec les comportements cyniques (Bel-Ami dans le roman de Maupassant, Saccard dans *L'Argent* de Zola) de la société dans laquelle ils évoluent.

Il ne faut pas oublier le héros collectif, par exemple les personnages de *L'Espoir*, de Malraux, qui sont tous liés par un même idéal et convergent vers un même but.

Le personnage peut avoir une personnalité complexe, comme Jean Valjean dans *Les Misérables* de Hugo : héros généreux et plein d'humanité, il est néanmoins un père jaloux. De même, Rastignac, personnage arriviste que l'on trouve dans *La Comédie humaine* de Balzac, sait se montrer compatissant envers le père Goriot.

Au contraire, on trouve des personnages à la personnalité plus simple. Ceux-là sont souvent tournés vers l'action. Il en va ainsi du d'Artagnan de Dumas, dont le portrait physique et moral est peu développé.

c. L'individualisation du personnage

- Les **héros des romans du Moyen Âge** sont des héros au sens épique du terme. Les chevaliers de la Quête du Graal (Perceval, Lancelot du lac, le roi Arthur…) portent les valeurs de courage, de vertu. Leur **quête** est **hautement morale** et marquée par la **spiritualité**. Ils constituent une sorte d'idéal universel.
- Ceux du **XVIIe siècle précieux** sont un peu artificiels, déconnectés du réel et **sans profondeur psychologique** (voir p. 10). Le XVIIe classique, avec Mme de La Fayette, s'attache en revanche à la **psychologie du personnage** (voir p. 11). Le XVIIIe cherche à individualiser le héros dans sa **quête du bonheur** (voir p. 12).
- Le XIXe romantique s'intéresse à son âme, son ego, sa souffrance, ses sentiments (voir p. 14). Le XIXe réaliste et naturaliste complète son portrait en prenant en compte le **contexte social** et son influence sur le personnage (voir p. 15-17).
- **Le Nouveau roman refuse d'hériter de ce personnage soi-disant reflet du réel** et ne pense pas que ce soit en le décrivant dans ses moindres détails que le romancier arrivera à rendre compte de l'intériorité de l'être (voir p. 20).

DOC. 1 René Magritte (1898-1967), *La Reproduction interdite* (1937). Ce tableau de Magritte illustre bien l'impossible correspondance entre l'individu réel (la personne) et le personnage romanesque.

2. Ces personnages qui font le roman

a. Les relations entre les personnages

- Les personnages tissent un réseau de relations. Le **schéma actantiel** en rend compte : le héros, ou sujet, cherche à atteindre un but, l'objet. Dans cette quête, il rencontre des aides, les adjuvants, et des obstacles, les opposants. Le destinateur lui assigne son objet, le destinataire juge de sa réussite.
- On peut aussi étudier les personnages selon un **système de valeurs** défini par le roman. Ainsi, dans *Le Rapport de Brodeck* de Philippe Claudel (2007), cinq catégories de personnages se dégagent, des plus purs aux plus coupables.

- Ils peuvent s'organiser selon un système de cercles concentriques qui va des **personnages centraux** aux personnages **secondaires** ; on s'interroge alors sur la fonction de ces derniers : faire-valoir, effet de réel… ?
- Enfin, on peut établir des **systèmes de comparaison entre les personnages**. Ainsi, dans *L'Argent* de Zola, on peut comparer trois personnages principaux, Caroline, Saccard et Gundermann, quant à leur physique, leurs relations à l'argent, leurs relations aux autres, leur sens moral, leur conception de l'amour. Pour chaque roman, il faut établir des points de comparaison pertinents.

b. Les personnages et leur contexte

- **Tout personnage s'intègre dans une époque** : dates, références ou allusions à des événements historiques, description des mœurs et modes de vie vont permettre de situer l'action dans le temps. Les indications de décors remplissent la même fonction pour l'espace.
- On appelle « **effet de réel** » **tous les éléments qui servent à renforcer l'illusion du réel**. Certains détails qui pourraient sembler inutiles à l'action servent en fait à renforcer cet effet, cette illusion du réel.
- Les lieux peuvent avoir une valeur symbolique et **dire quelque chose de la personnalité du personnage ou refléter son état d'âme**. Ainsi, le quartier délabré que voit Gervaise de la fenêtre de l'hôtel dans lequel elle loge est en harmonie avec la douleur qu'elle éprouve en guettant le retour de Lantier (Zola, *L'Assommoir*).

II. Les techniques de présentation des personnages

D'abord « être de papier », le personnage acquiert au fil de la narration une épaisseur. Les informations, qui construisent une identité, peuvent être données d'emblée par le texte ; elles peuvent aussi être données petit à petit. C'est alors au lecteur de les déduire de la matière romanesque, en construisant progressivement un réseau de sens.

1. La construction du personnage

a. Une identité

- Comme tout être de chair, **le personnage est doté d'une identité**. Celle-ci commence par un nom et un prénom. Il faut toujours être attentif au nom choisi par l'auteur, il n'est jamais anodin, c'est le premier élément qui sert à caractériser un personnage. Quand, à l'évidence, il y a un jeu sur le sens du nom, qu'il a une valeur symbolique, on parle d'« onomastique ».
- « Faire concurrence à l'État-civil », tel est le but que se donne Balzac ; il l'explicite dans sa préface à *La Comédie humaine*. **Le personnage doit donc être identifiable** par son âge, son sexe, sa situation familiale et professionnelle.
- Bien souvent, les caractéristiques physiques des personnages romanesques disent quelque chose de leur personnalité. Ainsi, pour construire ses personnages, Balzac s'inspire de la **physiognomonie**, courant scientifique du XIXe siècle qui prétend que **chaque élément du visage d'un être humain correspond à un trait de son caractère**.

DOC. 2 Illustration de Meissonier gravée par Brevière pour *La Maison du chat qui pelote*, de Balzac (1829). « La figure de Monsieur Guillaume annonçait la patience, la sagesse commerciale, et l'espèce de cupidité rusée que réclament les affaires. »

b. Des paroles

- Un personnage se caractérise aussi par sa manière de parler, son langage, reflet de sa classe sociale, de ses humeurs, de sa personnalité. Au XIXe siècle, les romanciers sont très attentifs à la cohérence entre la personnalité du héros et sa manière de parler.

- **Les paroles peuvent être rapportées** de différentes manières.
– Le **discours direct** nous fait entendre sa voix propre (populaire / distingué, violent / doux…).
– Le **discours indirect** permet au narrateur de nuancer ou de modaliser ses paroles.
– Le **discours indirect libre** nous donne accès à ses pensées, à son intériorité.

c. Des actions et un regard

- Le personnage principal est le fil conducteur du roman, il donne sa cohérence à l'œuvre, c'est à lui que le lecteur s'attache. Il est celui autour duquel s'organisent les conflits, les passions, l'action. Quand il donne son nom au roman, on parle de **héros** (ou **personnage**) « **éponyme** ».

- **Les actions du personnage font le récit.** Il n'est que de voir le grand nombre de titres qui mettent en avant les actions (*Une vie, La Vie de Marianne, La Vie et les aventures étranges et surprenantes de Robinson Crusoé*…) ou le nom du personnage (*La Princesse de Clèves, Bel-Ami, Madame Bovary*…).

- **Notre connaissance du personnage dépend de la focalisation** (ou point de vue) adoptée par le narrateur (voir p. 466). En **focalisation externe**, le lecteur découvre le personnage en même temps que le narrateur. En **focalisation zéro**, le narrateur partage avec le lecteur sa connaissance (passé, présent, futur) et son analyse du personnage. En **focalisation interne**, le lecteur suit le personnage dans ses pensées et voit le monde à travers son regard.

Kundera et le personnage de roman

Dans *L'Art du roman* (1986), le romancier Milan Kundera explique comment rendre le personnage réel aux yeux du lecteur :

« Deux siècles de réalisme psychologique ont créé quelques normes quasi inviolables :

1. Il faut donner le maximum d'informations sur un personnage : sur son apparence physique, sur sa façon de parler et de se comporter ;
2. Il faut faire connaître le passé d'un personnage, car c'est là que se trouvent toutes les motivations de son comportement présent ;
3. Le personnage doit avoir une totale indépendance, c'est-à-dire que l'auteur et ses propres considérations doivent disparaître pour ne pas déranger le lecteur qui veut céder à l'illusion et tenir la fiction pour une réalité. » (© Gallimard)

On remarque une certaine distance ironique dans l'explication de Kundera et une critique sous-jacente des normes imposées par les « deux siècles de réalisme psychologique ». Il n'en reste pas moins que ces trois points sont essentiels, que l'écrivain les suive à la lettre ou qu'il s'en amuse, en se refusant à dévoiler un certain nombre d'informations pourtant nécessaires à la bonne compréhension de l'intrigue, ou en coupant le récit par des intrusions constantes du narrateur. Si l'identification psychologique est nécessaire à toute lecture de roman, l'analyse doit mettre en évidence les mécanismes qui président à cette identification.

2. Comment le lecteur accède aux informations

a. La voie royale : le portrait

- Le **portrait** est la voie royale pour découvrir un personnage romanesque. Selon les anciens traités de rhétorique, pour être complet, un portrait doit indiquer le nom, la nature (sexe, patrie, défauts ou qualités physiques ou moraux), la condition sociale, les habitudes, les affections (épreuves morales, passions, épreuves physiques), les goûts, les desseins, les actes, les événements, les paroles.
- Le **portrait en pied** présente **le personnage dans sa totalité**, se rapprochant ainsi du modèle rhétorique. Ainsi, dans *Ferragus*, Balzac apporte en une seule fois toutes les caractéristiques de M. Desmarets, son physique (agréable), son métier (agent de change), son caractère (sobre, modeste, solitaire…) et la manière dont il connut sa femme et fit fortune.
- Le **blason**[1] et le **contre-blason**, au contraire, sélectionnent une partie (souvent physique) d'un personnage. En voici un bel exemple pris dans *Le Cousin Pons* de Balzac :

> « Cette face grotesque, écrasée en forme de potiron, attristée par des yeux gris surmontés de deux lignes rouges au lieu de sourcils, était commandée par un nez à la Don Quichotte comme une plaine est dominée par un bloc erratique. »
>
> ■ Honoré de Balzac, *Le Cousin Pons* (1847).

- Au lieu d'arrêter le récit pour dresser le portrait d'un personnage, le romancier peut préférer le **portrait dit « en mouvement »**. Ainsi, dans les premières pages du *Bel-Ami* de Maupassant, nous prenons Duroy à sa sortie du restaurant. Toutes les indications concernant sa personne nous sont données au fur et à mesure de sa déambulation.

1 Voir la définition p. 221.

b. Place du portrait dans le roman

- Parfois, le portrait figure **dès l'incipit** ; c'est le cas du portrait de Charles Bovary qui occupe les premières pages du roman de Flaubert.
- Quelquefois, le portrait du personnage principal est un peu **retardé**. Par exemple, *La Princesse de Clèves* de Mme de La Fayette ne débute pas par le portrait de l'héroïne, celui-ci ne survient qu'une fois le contexte historique mis en place.
- Les éléments du portrait peuvent être **disséminés dans le roman**. C'est particulièrement vrai pour le roman épistolaire qui combine plusieurs points de vue sur un même personnage. Ainsi, dans *Les Liaisons dangereuses*, Mme de Tourvel apparaît progressivement et de manière contradictoire. Dans *La Nouvelle Héloïse* de Rousseau, le portrait de l'héroïne se dessine au fur et à mesure de sa correspondance avec Saint-Preux. Le lecteur a alors à assembler des fragments : « les mains », ses « blonds cheveux », son « air », le « feu » de son regard.

III. Les personnages comme supports d'une vision du monde

Tout roman crée un monde, un univers romanesque. L'accès à cet univers passe par le personnage. Celui-ci peut incarner une vision du monde et/ou entretenir avec lui des relations complexes qu'il donne à voir au lecteur.

1. Le personnage devenu mythe

a. L'incarnation d'une mentalité, d'un comportement, d'une génération

- Un Don Quichotte, un Rastignac, un Gavroche… **certains personnages ont tellement incarné une idée, une mentalité, qu'ils ont fini par la désigner**. On appelle Don Quichotte toute personne perdue dans ses rêves et dont le combat est perdu d'avance ; un Rastignac est un arriviste ; une Cosette est une fille qui vit dans la misère ; un Gavroche est un jeune garçon effronté.
- De même, certains patronymes ont servi de base à des **noms désignant des comportements**. Ainsi du « bovarysme » construit sur le nom de l'héroïne de Flaubert, Emma Bovary, et dont *Le Petit Robert* donne la définition suivante : « Évasion dans l'imaginaire par insatisfaction. »
- Certains personnages peuvent **représenter toute une génération** ; ainsi des héros romantiques, dans lesquels les lecteurs retrouvent leur mal de vivre. On peut donner particulièrement l'exemple des *Souffrances du Jeune Werther* dont le récit reflète la manière de voir le monde de toute la génération des romantiques.

b. Des héros porte-parole d'une vision du monde

- Le personnage peut être le **porte-parole explicite de l'auteur**. Ainsi, Suzanne, héroïne malheureuse de *La Religieuse* (Diderot), relaye l'horreur qu'éprouve Diderot face à la condition que l'on fait aux femmes quand on les oblige à entrer en religion. L'héroïne explique, analyse, raconte, argumente.
- Parfois, le personnage incarne une **collectivité**. Lantier, dans *Germinal*, représente à lui seul tous les mineurs, il porte leur parole.

- Dans d'autres romans, il suffit de donner à voir un **monde sordide sans que le personnage n'assume une parole critique, ni que le narrateur n'intervienne**. Ainsi, le lecteur découvre la triste vie de Jeanne en but à l'indifférence puis à la cruauté de son mari dans *Une vie* de Maupassant.

- Les personnages peuvent être porteurs d'une **vision du monde qui s'inscrit dans un courant de pensée**. Ainsi des héros de Jules Verne et leur foi dans le progrès, ou, au contraire, celui de Camus dans *L'Étranger* et son indifférence au monde et à ses valeurs.

2. Interactions entre le monde du personnage et le monde réel

a. Le monde tel qu'il est

- Au XVIIIe siècle, pour sortir du **discrédit que subissent les œuvres de fiction**, les romans attestent de la **vérité du récit**. Soit que les romanciers prétendent avoir trouvé des documents rédigés par une personne réelle, qu'ils se contentent de publier (Marivaux, *La Vie de Marianne* ; Montesquieu *Les Lettres persanes*), soit que, au seuil du récit, le personnage qui le prend en charge confirme sa vérité :

> « Parmi les faits que j'ai à raconter, je crois qu'il y en aura de curieux : qu'on me passe mon style en leur faveur ; j'ose assurer qu'ils sont vrais. Ce n'est point ici une histoire forgée à plaisir, et je crois qu'on le verra bien. »
> ■ Marivaux, *Le Paysan parvenu* (1734-1735).

- Les romanciers réalistes affichent souvent leur **volonté de rendre compte du monde dans lequel ils vivent**. Dans son avant-propos à *La Comédie humaine*, Balzac explique que son œuvre « embrasse à la fois l'histoire et la critique de la Société, l'analyse de ses mots et la discussion de ses principes » en prenant la forme d'un « drame à trois ou quatre mille personnages que représente la société ».

- Le choix d'organiser ses personnages dans le grand arbre généalogique de la famille Rougon-Macquart permet à Zola de couvrir toutes les strates de la société, d'**explorer des mondes jusque-là inconnus du lecteur**, celui des mineurs, des ouvriers, des assommoirs, des prostituées par exemple.

b. Le monde tel qu'il est vu par un personnage

Les personnages des romans romantiques nous disent **le monde à travers le filtre de leurs sentiments**. Adolphe, personnage éponyme du roman de Benjamin Constant, exprime son mal-être :

> « Je découvrais en moi une telle absence d'énergie et je concevais un tel mépris de moi-même, que ce jour-là, très sérieusement, je désespérais de ma vie. »
> ■ Benjamin Constant, *Adolphe* (1816).

3. Le personnage, l'auteur et le lecteur

a. Le personnage et l'auteur

- Une lecture naïve fait souvent du héros le double de l'auteur. Or, de nombreux romanciers affirment que leurs personnage sont des êtres composites : assemblage de traits pris dans des personnes différentes et/ou redistribution dans plusieurs personnages de certains traits de personnalité de l'auteur. C'est pour cette raison qu'**il ne faut pas croire systématiquement que l'auteur pense, ou agit, comme son personnage** : rappelons l'ironie de Flaubert pour Frédéric Moreau, de Stendhal pour Fabrice, de Diderot pour Jacques et son maître.

- Certains romans jouent sur l'**ambiguïté du sens**. La fin des *Liaisons dangereuses* porte le discrédit sur les deux libertins et donc sur le libertinage. Pourtant, le lecteur, qui les a suivis tout le long du roman, a pu s'y attacher malgré leur manque de moralité. Quelle est finalement la portée du roman ? Les interprétations peuvent diverger.

b. Le personnage et le lecteur

- Le lecteur est amené à énoncer un jugement de valeur, à prendre une **position par rapport au personnage** comme devant une personne réelle, à éprouver des émotions. On réduit en général celles-ci à l'identification du lecteur au personnage, mais elles peuvent revêtir d'autres formes (la haine, le dégoût…).
- Ce processus permet au lecteur de **faire un travail sur lui-même**. Ainsi Danièle Sallenave écrit-elle dans *Le Don des morts* :

> « En lisant, je me livre, je m'oublie ; je me compare, je m'absorbe ; je m'absous. Sur le modèle et à l'image du personnage, je deviens autre. »
>
> ■ Danièle Sallenave, *Le Don des morts : sur la littérature* (1991), © Gallimard.

- Il faut aussi retenir que, en lisant, **le lecteur participe de la création du texte et du personnage**, il en comble les manques : il interprète le texte, il imagine le personnage et le fait vivre ; le personnage et le monde dont il est le support ne se transforment en univers romanesque que par le lecteur.

Portrait de femme

Histoire des arts

DOC. 3 Titien (vers 1488-1576), *La Femme au miroir* (1515).

Le tableau du Titien, peintre vénitien, représente une femme à sa toilette. Elle se contemple dans les deux miroirs que tient l'homme situé dans l'ombre. Sa main droite, levée, met en valeur sa chevelure ; sa main gauche est posée sur un flacon. La couleur de ses cheveux, la pâleur de son teint, la rondeur de ses formes, la douceur du visage représentent l'idéal de beauté féminine pour la Venise du XVIe siècle.

La composition du tableau relève de l'esthétique classique. L'ensemble est harmonieux, les formes se répondent entre elles : ovale du miroir, du visage féminin, arrondi du décolleté et des épaules ; les trois lignes horizontales (le bord inférieur du tableau, les épaules, les têtes et les regards) sont animées par l'oblique qui va du coude droit au haut du miroir ; les mains de l'homme et de la femme dessinent, elles aussi, des lignes obliques qui structurent le tableau. Tout circule à l'intérieur du tableau.

Le regard attentif de l'homme, les jeux de lumière, le cadrage mettent en valeur le personnage féminin et rendent hommage à sa beauté.

1 Dissertation – Les sens du mot « héros »

Le héros de roman doit-il obligatoirement être un héros pour être un bon héros ? Vous répondrez à cette question en vous appuyant sur les œuvres étudiées en classe, sur vos lectures personnelles et sur les textes du corpus (ici, les textes et les références des chapitres sur le roman).

> Voir la méthode du traitement de la dissertation (Annexes, p. 475).
> Voir le sujet 2 p. 85.

Analyser le sujet au brouillon

> Repérer la logique du sujet

- Le sujet joue sur la répétition du mot « héros » et sur ses différents sens.
- La première occurrence situe la réflexion dans l'objet d'étude « Roman » ; la seconde occurrence renvoie aux connotations héroïques ; la troisième occurrence, associée à l'adjectif « bon », renvoie au héros romanesque, à son fonctionnement.

> Problématiser et choisir la démarche à adopter

- On peut reformuler la question ainsi : pour qu'un personnage soit un bon héros de roman, c'est-à-dire qu'il remplisse bien sa fonction de personnage central, qu'il soit le fil directeur du récit, qu'il entraîne avec lui le lecteur, doit-il faire preuve d'héroïsme, doit-il être un héros courageux, valeureux, etc. ?
- Il est certain que tous les héros de romans ne sont pas des héros au sens 1. On doit donc se demander ce qui fait un bon héros de roman.
- La formulation du sujet invite à un plan dialectique. Ce plan permettra de comparer héros positif (I) et héros négatif (II), puis de chercher à caractériser le bon héros de roman, c'est-à-dire celui qui rend le récit intéressant, celui qui n'est forcément ni tout à fait bon, ni tout à fait méchant (III).

Structurer la réponse

> Rechercher les arguments

I. Un héros totalement positif ?

Rappeler l'origine épique du héros, qui le situe souvent dans un combat entre le bien et le mal. Même quand le combat est plus intérieur, les vertus morales positives sont portées par le personnage principal du roman.

1. L'épopée

– Le héros grec, demi-dieu, a une faiblesse (le talon d'Achille, la colère d'Achille, la vanité d'Héraclès) qui le rend mortel.
– Surmonter les épreuves (Homère, poème épique).
– Les chansons de geste du Moyen Âge. Le récit est conçu comme une série d'épreuves ; les surmonter, c'est acquérir noblesse et vertu.

2. Le bien contre le mal

Système des personnages fondé sur le modèle des contes qui opposent bien et mal : vengeance terrible d'un homme bafoué qui punit les mauvais (Dumas, *Le Comte de Monte-Christo*), combat entre deux camps bien identifiables (Dumas, *Les Trois mousquetaires*).

3. Un héros plus individualisé : une bataille interne

Madame de la Fayette, *La Princesse de Clèves* : choix d'un monde, interrogation sur ce choix. Implique une interrogation du lecteur : l'héroïne va jusqu'au bout de ses valeurs. A-t-elle fait un bon ou un mauvais choix ? Interrogation sur les valeurs.
→ Le héros est capable d'exploits, mais il est rarement totalement positif, sauf à devenir un personnage de conte, et dans ce cas, on ne parle plus de roman.

II. Un héros totalement négatif ?

Mais la mode va aussi au antihéros, qui se heurte à des obstacles et ne sait pas les surmonter. Les personnages principaux des romans peuvent être des loosers, des personnages pleins d'illusion, ou refuser ouvertement l'héroïsme.

1. L'antihéros ou contre le héros

– Le roman autobiographique, le « je » central qui s'interroge sur les motifs de ses actions, sur sa relation à l'autre, sur sa relation au monde.
– Retrait du « je », refus du personnage, refus du héros (Nouveau roman : un monde d'objets).

2. La perte des valeurs, un héros désemparé

– Flaubert, *L'Éducation sentimentale* ; Camus, *L'Étranger*.
– Ph. Claudel, *La Petite fille de monsieur Linh.*
→ Double mouvement : remise en question et du héros héroïque et du statut du héros personnage central d'une action romanesque.

3. Le refus des valeurs de l'héroïsme, un héros dont on se moque

– Parodie du registre épique (Cervantès), le roman picaresque.
– Stendhal, *La Chartreuse de Parme* : « Notre héros était fort peu héros en ce moment » ; le narrateur et le lecteur contre le héros (pacte de lecture et complicité).

III. Le héros de roman, ce personnage complexe

Si le personnage de roman est à notre image, alors il a sa part de bien et sa part de mal. Par ailleurs, comme dans la vie, un personnage peut passer d'un statut à un autre dans le même roman : de héros positif il peut devenir négatif, et vice-versa.

1. Le positif et le négatif

L'opposition entre héros positif et héros négatif est restrictive : les hommes sont partagés entre ces deux pôles ; Stevenson, *L'Étrange cas du docteur Jekyll et de mister Hyde* (1886).

2. Un homme comme nous

– Le roman réaliste construit des personnages complexes à la mesure de l'homme (Rastignac).
– Céline, *Voyage au bout de la nuit ;* Aragon, *Aurélien* : homme comme nous confronté aux problèmes du monde et pouvant faire les mauvais choix. Le héros de roman ne doit pas être conçu comme un modèle.

3. De l'antihéros au héros

Le cas de Brodeck (personnage éponyme de Ph. Claudel) : antihéros, soumis, humilié, anéanti, privé de liberté et de décision à chaque étape de sa vie. Mais devient la figure d'Énée à la fin du roman, donc statut de héros.

Rédiger la dissertation

> Rédiger l'introduction

Le mot « héros » possède deux sens. Dans la mythologie grecque, le héros est un demi-dieu, enfant d'un dieu et d'un humain ; à ce titre, il est exceptionnel et fait preuve d'une bravoure qui le met au-dessus du reste des hommes. Dans son second sens, le héros désigne le personnage central d'un roman, celui qui mène l'action ou autour duquel l'action se passe. Y a-t-il obligatoirement coïncidence entre ces deux définitions ? Le héros de roman doit-il nécessairement être un héros pour être un bon héros de roman ? Au cours des temps, la conception du héros de roman a connu beaucoup de transformations. Nous nous demanderons donc si le type de héros romanesque ne dépend pas de la vision de l'homme et du monde telle qu'elle est perçue par une époque, par un auteur. Nous chercherons d'abord à définir le héros positif ; dans un second temps, nous nous demanderons ce qu'est un héros négatif. Enfin, nous verrons que l'intérêt du héros romanesque réside dans sa complexité.

> Rédiger la conclusion

Le bon héros de roman est donc celui qui construit un monde, qui lui donne sens. Suivant les époques, les romanciers privilégient les valeurs universelles en instaurant des personnages tout d'une pièce ou au contraire s'approchent plus de l'humain et cherchent à montrer ce qui fait qu'un homme est un homme. Les romans nous offrent le choix entre une multiplicité de héros, chacun portant une valeur, et le héros qui porte en lui l'humanité tout entière : un demi-dieu de papier ?

2 Question d'oral – Laclos, *Les Liaisons dangereuses*

Vous répondrez à la question suivante, à propos de l'extrait des *Liaisons dangereuses* p. 87 : « Valmont, un libertin amoureux ? »

> Voir la méthode du traitement de la question d'oral (Annexes, p. 476).

> Voir le sujet 3 p. 86.

Préparer l'exposé au brouillon

> Analyser la question posée

Il s'agit de pointer l'étrangeté du passage qui fait de Valmont, grand libertin qui a relevé le défi lancé par Mme de Merteuil (séduire la prude Mme de Tourvel et la déshonorer), un homme amoureux.

> Proposer une problématique

On peut se demander si Valmont n'est pas pris aux pièges de l'amour.

Présenter l'exposé

> Introduire le sujet

– Après avoir donné quelques éléments biographiques sur Laclos, préciser que *Les Liaisons dangereuses* sont un roman épistolaire dont les deux personnages principaux, Mme de Merteuil et Valmont, sont des libertins.
– Situation : au début du roman, Mme de Merteuil met au défi Valmont de séduire la prude Mme de Tourvel. Il lui rend compte de l'avancée du projet dans ses lettres.

> Développer l'exposé

I. Le libertinage

1. La relation particulière qui lie Valmont et Mme de Merteuil

– Une relation épistolaire : étude de l'énonciation.
– Une relation particulière : « l'amitié » et le plaisir de médire associé à la crudité de la situation : « Au nom de l'amitié, attendez que j'aie eu cette femme, si vous voulez en médire ». Mme de Tourvel n'est qu'un objet, enjeu du défi.

2. L'amour libertin, un amour charnel

– Noter toutes les références au corps de la femme, au désir, au dévoilement, au regard désirant de Valmont.
– Préciser que, dans le portrait de Mme de Tourvel, ce sont bien les attraits physiques qui sont donnés en premier.

3. Le portrait de la libertine

Le portrait de Mme de Tourvel se double du portrait en creux de la « femme coquette » :
– de manière explicite : « ce regard menteur qui séduit quelquefois et nous trompe toujours » ;
– de manière implicite par le jeu de la négation : « Elle ne sait pas couvrir le vide d'une phrase par un sourire étudié ; et quoiqu'elle ait les plus belles dents du monde, elle ne rit que de ce qui l'amuse » ; sous-entendu : les phrases des coquettes sont vides et leur rire est faux.

II. Le retournement des valeurs

1. Une défense

– Mme de Merteuil gâche le plaisir de Valmont.
– Et elle fait preuve d'un mauvais jugement : selon elle, Mme de Tourvel est prude et dévote (ce qui est un fait) et donc froide et inanimée (ce qui est une mauvaise déduction). Expliquer le chiasme.

2. Un retournement

– Tous les défauts énoncés se retournent en qualité.
– Donner quelques exemples et analyses du passage des phrases négatives aux phrases affirmatives.

3. L'éloge de la sensibilité

– Mais ce qui est plus étrange, c'est que ces qualités ne sont pas celles recherchées en principe par un libertin. Valmont est donc bien amoureux.
– Étudier les phrases exclamatives et l'anaphore « Il faut voir ».

> Conclure

« Le libertin amoureux », tel pourrait être le titre d'une comédie : celui qui se joue de l'amour tombe dans le piège qu'il a tendu à l'autre. En effet, Valmont, sensible aux attraits physiques et aux vertus de Mme de Tourvel, semble aller jusqu'à renoncer à ses valeurs anciennes et s'opposer frontalement à sa libertine amie, Mme de Merteuil. Il va ainsi rompre le pacte qui les lie, et ce qui semble n'être qu'une comédie se terminera de manière dramatique pour les trois personnages en jeu dans cette lettre.

SUJETS DE TYPE BAC

1 Question sur un corpus – Portraits de femmes

60 min.

De quoi ces quatre portraits sont-ils les révélateurs ?

Le corpus est chronologique. Il présente quatre portraits de femmes. La tentation est grande de les traiter diachroniquement, ce qui permettrait de voir les évolutions dans la facture du portrait, dans la conception de l'amour et de la beauté féminine. Mais ce type d'approche vous conduirait à traiter les textes les uns après les autres. Or n'oubliez pas qu'il faut préférer la réponse dite synthétique. D'autre part, il vous faut être attentif au mot « révélateur » : quand on développe une photo, le produit dans lequel on plonge le papier révèle l'image. À vous de voir ce que la manière de faire le portrait révèle de la personne dont on fait le portrait.

> Voir la méthode du traitement d'une question sur corpus (Annexes, p. 470).
> Voir les Méthodes et stratégies 1, chapitre 1.

2 Dissertation – Portraits réalistes ou portraits idéalisés ?

180 min.

Dans *La Vie mode d'emploi* (1978), Georges Perec affirme que « Tout portrait se situe au confluent d'un rêve et d'une réalité ». Vous discuterez cette affirmation en vous appuyant sur les textes du corpus, sur ceux que vous avez étudiés et sur vos lectures personnelles.

Les quatre textes du corpus sont des portraits de femmes : portraits réalistes ou femmes idéalisées ? Qui voit ? À travers quels yeux le portrait est-il fait ? Ce sont les premières questions que vous devez vous poser. La formulation de Perec se veut définitive, il englobe dans sa thèse « tout portrait » : peut-on lui opposer une autre thèse ? Si oui, à l'aide de quels exemples ? Mais cette formulation est aussi poétique : qu'apporte la métaphore du « confluent » ? Comment la comprendre ? N'oubliez pas que la réussite d'une dissertation dépend de la précision avec laquelle le sujet a été analysé !

> Voir la méthode du traitement de la dissertation (Annexes, p. 475).
> Voir les Méthodes et stratégies 1, chapitre 3.

3 Question d'oral – Aragon, *Aurélien*

10 min.

Vous montrerez que ce portrait de femme est en fait un double portrait.

Comme pour la dissertation, analysez précisément la question qui vous est posée. Vous avez lu le texte et vous savez qu'il s'agit du portrait d'une femme et une seule, nommée Bérénice. Vous savez aussi que ce portrait est inhabituel en ce qu'il est peu élogieux. À quel autre personnage ce portrait féminin nous donne-t-il accès ?

> Voir la méthode du traitement de la question d'oral (Annexes, p. 476).

> Voir les Méthodes et stratégies 2, chapitre 3.

CORPUS

TEXTE A Charles Sorel (vers 1602-1674), *Histoire comique de Francion* (1633), livre IX

Le jeune Francion vit de nombreuses aventures et apprend ce qu'est l'amour auprès de multiples conquêtes. Mais une seule femme le fait vraiment rêver : Naïs. Pourtant, il ne l'a jamais vue et ne possède que son portrait.

Il était environ midi lorsque, passant par un beau bocage, il eut envie de se reposer à l'ombre, auprès d'une fontaine qui était au milieu. Il envoya tous ses gens en un village prochain, pour y faire apprêter à dîner, et ne retint que son suivant[2], qui s'éloigna un peu de lui, cependant qu'il se coucha sur l'herbe, et qu'il tira hors de sa pochette le portrait de Naïs. On dit que, se laissant aller alors aux imaginations poétiques, il fit cette plainte, qui a de l'air de celles que l'on trouve dans les romans : « Ah ! cher portrait, que vous contenez de miracles en peu d'espaces ! Comment se peut-il faire qu'un assemblage de si peu de couleurs ait tant d'enchantements ? Hélas ! vous n'êtes rien que fiction, et pourtant vous faites naître en moi une passion véritable. L'on a beau vous toucher et vous baiser, l'on ne sent rien que du bois, et votre vue cause pourtant des transports nonpareils[3]. Qu'en serait-il de moi, si j'avais un jour entre mes bras celle dont vous représentez les beautés ? L'excès d'amour serait alors si grand, que je perdrais au moins la vie, puisque devant vous j'ai bien perdu la liberté ! Mais, belle Naïs, je voudrais déjà être sur le point de trépasser auprès de vous ! »

2 Suivant : personne qui est au service de quelqu'un et l'accompagne.

3 Transports nonpareils : sentiments passionnés tels qu'on n'en aurait jamais vus de si violents.

TEXTE B Choderlos de Laclos (1741-1803), *Les Liaisons dangereuses* (1782), lettre VI

Le vicomte de Valmont, un libertin, répond à son amie, libertine elle aussi, la Marquise de Merteuil. Cette dernière s'est étonnée de ce que Valmont soit tombé amoureux d'une femme honnête, vertueuse et pieuse, Madame de Tourvel.

Le Vicomte de Valmont à la Marquise de Merteuil
Du Château de..., ce 9 août 17**

[...] De quels traits vous osez peindre Madame de Tourvel !... quel homme n'eût point payé de sa vie cette insolente audace ? à quelle autre femme qu'à vous n'eût-elle valu au moins une noirceur ? De grâce, ne me mettez plus à d'aussi rudes épreuves ; je ne répondrais pas de les soutenir. Au nom de l'amitié, attendez que j'aie eu cette femme, si vous voulez en médire. Ne savez-vous pas que la seule volupté a le droit de détacher le bandeau de l'amour ?

Mais que dis-je ? Madame de Tourvel a-t-elle besoin d'illusion ? non ; pour être adorable il lui suffit d'être elle-même. Vous lui reprochez de se mettre mal ; je le crois bien ; toute parure lui nuit ; tout ce qui la cache la dépare. C'est dans l'abandon du négligé qu'elle est vraiment ravissante. Grâce aux chaleurs accablantes que nous éprouvons, un déshabillé de simple toile me laisse voir sa taille ronde et souple. Une seule mousseline couvre sa gorge ; et mes regards furtifs, mais pénétrants, en ont déjà saisi les formes enchanteresses. Sa figure, dites-vous, n'a nulle expression. Et qu'exprimerait-elle, dans les moments où rien ne parle à son cœur ? Non, sans doute, elle n'a point, comme nos femmes coquettes, ce regard menteur qui séduit quelquefois et nous trompe toujours. Elle ne sait pas couvrir le vide d'une phrase par un sourire étudié ; et quoiqu'elle ait les plus belles dents du monde, elle ne rit que de ce qui l'amuse. Mais il faut voir comme, dans les folâtres jeux, elle offre l'image d'une gaîté naïve et franche ! comme, auprès d'un malheureux qu'elle s'empresse de secourir, son regard annonce la joie pure et la bonté compatissante ! Il faut voir, surtout au moindre mot d'éloge ou de cajolerie, se peindre, sur sa figure céleste, ce touchant embarras d'une modestie qui n'est point jouée !... Elle est prude et dévote, et de là vous la jugez froide et inanimée ? Je pense bien différemment. [...]

TEXTE C Honoré de Balzac (1799-1850), *Splendeurs et Misères des courtisanes* (1839-1847)

Lucien de Rubempré est devenu l'amant de la belle Esther, une courtisane qui, par amour pour lui, a rompu avec sa vie de débauche. Afin d'être digne de celui qu'elle aime, Esther se retire dans une maison religieuse pour y recevoir instruction et éducation morale.

[...] L'Orient brillait dans les yeux et dans la figure d'Esther. Ce regard n'exerçait point de fascination terrible, il jetait une douce chaleur, il attendrissait sans étonner, et les plus dures volontés se fondaient sous sa flamme. Esther avait vaincu la haine, elle avait étonné les dépravés de Paris, enfin ce regard et la douceur de sa peau suave lui avaient mérité le surnom terrible qui venait de lui faire prendre sa mesure dans la tombe. Tout, chez elle, était en harmonie avec ces caractères de la péri[4] des sables ardents. Elle avait le front ferme et d'un dessin fier. Son nez, comme celui des Arabes, était fin, mince, à narines ovales, bien placées, retroussées sur les bords. Sa bouche rouge et fraîche était une rose qu'aucune flétrissure ne déparait, les orgies n'y avaient point laissé de trace. Le

4 Péri : fée dans la mythologie arabo-persane.

menton, modelé comme si quelque sculpteur amoureux en eût poli le contour, avait la blancheur du lait. Une seule chose à laquelle elle n'avait pu remédier trahissait la courtisane tombée trop bas : ses ongles déchirés qui voulaient du temps pour reprendre une forme élégante, tant ils avaient été déformés par les soins les plus vulgaires du ménage. Les jeunes pensionnaires commencèrent par jalouser ces miracles de beauté, mais elles finirent par les admirer. La première semaine ne se passa point sans qu'elles se fussent attachées à la naïve Esther, car elles s'intéressèrent aux secrets malheurs d'une fille de dix-huit ans qui ne savait ni lire ni écrire, à qui toute science, toute instruction était nouvelle, et qui allait procurer à l'archevêque la gloire de la conversion d'une Juive au catholicisme, au couvent la fête de son baptême. Elles lui pardonnèrent sa beauté en se trouvant supérieures à elle par l'éducation. Esther eut bientôt pris les manières, la douceur de voix, le port et les attitudes de ces filles si distinguées.

TEXTE D **Louis Aragon (1897-1982),** ***Aurélien*** **(1944)**

Aurélien est un roman sur « l'impossibilité du couple », dont l'action se déroule au début des années 1920. Aurélien, qui vient d'avoir trente-deux ans et qui ne s'est jamais complètement remis de la guerre, trouve Bérénice « franchement laide »... Pourtant, il va aimer cette femme.

Il n'aimait que les brunes et Bérénice était blonde, d'un blond éteint. Il aimait les femmes longues à sa semblance, elle était petite sans avoir cet air d'enfant que cela donne parfois. Ses cheveux coupés étaient raides, son teint pâle, comme si le sang n'avait pas circulé sous la peau. Sans avoir le front bas, cette frange qu'elle portait le diminuait trop. Ce qui déconcertait dans ce visage aux pommettes saillantes, c'étaient les yeux, les yeux noirs derrière les cils sans couleur, qui ne tiraient pas tant leur étrangeté de leur noirceur que de ce caractère bombé, comme chez les biches. Et de l'arcade sourcilière fuyant vers les tempes, presque asiatique. La bouche aussi surprenait : les lèvres si hautes, on n'osait pas penser épaisses, et naturellement rouges dans ce visage de pâleur. Avec de subits mouvements fibrillaires[5], où les pointes s'abaissaient dans une expression de douleur que rien ne justifiait. Des lèvres de fille, pensa Aurélien. Le nez mince et court, avec des ailes trop marquées que la moindre émotion rendait palpitantes. Il semblait que les traits ici réunis appartinssent à plusieurs femmes distinctes. Ce qui leur donnait quelque unité, c'était purement ce lisse des méplats[6], cette obliquité des jours où la lumière frisante atteignait un dessin parfait, mais bizarre comme si le sculpteur se fût passionné aux joues, au fini des joues ; et cela au mépris de tout le reste. Quand Aurélien cherchait à se représenter le corps de Bérénice, il ne pouvait y parvenir. Il se répétait qu'elle était petite, et c'était tout ce qui avait pu se fixer d'elle dans sa mémoire. Il aurait remarqué si elle avait été contrefaite sans doute, ou bien qu'elle avait la poitrine forte. Enfin, en ce forçant, il retrouvait la couleur de sa robe, rien de plus. Encore une fois, elle n'évoquait pas l'idée d'une petite fille, ce corps devait être formé, devait vivre. Mais comment ? Les jambes qui étaient fines, Bérénice les affublait ce jour-là de bas de laine, ce qui parut affecté à Aurélien. Désagréable.

La seule chose qu'il aima d'elle tout de suite, ce fut sa voix. Une voix de contralto chaude, profonde, nocturne. Aussi mystérieuse que les yeux de biche sous cette chevelure d'institutrice. Bérénice parlait avec une certaine lenteur. Avec de brusques emballements, vite réprimés qu'accompagnaient des lueurs dans les yeux comme des

5 Fibrillaires : des muscles (de la bouche).

6 Méplats : parties planes du corps.

feux d'onyx[7]. Puis soudain, il semblait, très vite, que la jeune femme eût le sentiment de s'être trahie, les coins de sa bouche s'abaissaient, les lèvres devenaient tremblantes, enfin tout cela s'achevait par un sourire, et la phrase commencée s'interrompait, laissant à un geste gauche de la main le soin de terminer une pensée audacieuse, dont tout dans ce maintien s'excusait maintenant. C'est alors qu'on voyait se baisser les paupières mauves, et si fines qu'on craignait vraiment qu'elles ne se déchirassent.

7 Onyx : pierre précieuse.

CORRIGÉS

1 Question sur un corpus – Portraits de femmes

Les titres de parties et de sous-parties ne doivent pas apparaître dans la copie.

Introduction

Le portrait du personnage principal ou d'un personnage secondaire est un passage obligé dans un roman. Qu'il soit physique ou moral, il nous révèle le personnage. Le corpus nous propose quatre portraits de femmes aimées. Nous nous demanderons de quoi ils sont les révélateurs. Nous verrons qu'ils nous révèlent des types de relation amoureuse, et qu'étrangement, ils relèvent tous d'une illusion.

I. Une relation amoureuse

1. Le portrait élogieux de la personne aimée

Le **portrait physique d'Esther** est on ne peut plus élogieux. Il commence par le regard puis détaille tous les traits du visage du front au menton. Sa beauté ne révèle pas sa vie sauf à un détail près : « ses ongles déchirés ». C'est par une argumentation que Valmont fait l'**éloge de Mme de Tourvel**, il tourne le portrait négatif qu'en faisait Mme de Merteuil en arguments positifs et associe toujours portrait physique et portrait moral. Le texte de Balzac et celui d'Aragon passent par l'**image de la sculpture** pour faire de leur modèle une œuvre d'art.

2. Une déclaration d'amour

Francion déclare son amour de manière hyperbolique en s'adressant à l'image de la femme aimée. Valmont écrit à la marquise pour lui avouer l'amour qu'il éprouve pour la présidente, amour qui le surprend lui-même par sa force. Le texte d'Aragon commence par **nier l'amour** – « Il n'aimait que les brunes et Bérenice était blonde » –, mais le troisième paragraphe reprend le verbe « aimer », cette fois-ci dans une construction affirmative. Aurélien s'adresse à lui-même en une sorte de monologue intérieur dans lequel il s'interroge sur les raisons qui l'ont poussé à tomber amoureux de Bérénice. Le texte de Balzac est, encore une fois, un peu à part. Le regard est plutôt celui des **femmes du couvent qui prennent acte de la beauté d'Esther** et qui l'acceptent pour ce qu'elle est.

II. Un jeu d'illusion

1. Une fiction

Le texte de Sorel donne le ton : son héros est amoureux d'une image dont il n'a jamais vu le modèle, il est **amoureux « d'un assemblage de couleurs », d'une illusion** ; « vous n'êtes rien que fiction », lui dit-il, et il se laisse aller « aux imaginations poétiques ». De même, Valmont évoque le « bandeau de l'Amour » : le sentiment amoureux ou le désir amoureux peuvent transformer une femme sans « nulle expression », mal habillée, qui ne sourit pas, en son contraire ; **le défaut devient qualité sous le regard amoureux**. Alors qu'est-ce qui est vrai ?

2. Qui décrit ?

Les textes de Sorel, Balzac et Aragon sont menés à la troisième personne ; seul l'extrait de Laclos est à la première personne, puisque il s'agit d'une lettre adressée par Valmont à Merteuil. Pourtant, les quatre textes semblent pareillement nous faire entendre la **voix**

de l'homme qui est amoureux de la femme décrite. En effet, le discours direct par lequel Francion s'adresse au portrait occupe la moitié de l'extrait. C'est par le regard d'Aurélien, le personnage éponyme du roman d'Aragon, que nous est décrite Bérénice ; tout le texte est mené en focalisation interne. Le texte de Balzac se distingue des trois autres, car on y reconnaît la focalisation omnisciente. Mais les quatre textes mettent en place une relation amoureuse.

Conclusion

Les quatre portraits nous disent beaucoup plus qu'ils ne semblent nous dire. Certes, ils nous révèlent la beauté de la femme aimée, mais ils nous révèlent aussi des types de relation amoureuse. Ils nous disent quelque chose de l'amour et nous montrent l'influence du regard sur l'élaboration du portrait. On peut dire que c'est le regard qui, comme pour la photographie, est le révélateur.

2 Dissertation – Portraits réalistes ou portraits idéalisés ?

Les titres de parties et de sous-parties ne doivent pas apparaître dans la copie.

Introduction

Georges Perec est un romancier contemporain. Dans *La vie mode d'emploi*, il se donne comme projet de raconter par le menu la vie quotidienne des habitants d'un immeuble ; on y croise un grand nombre de personnages, c'est donc en connaisseur qu'il affirme que « Tout portrait se situe au confluent d'un rêve et d'une réalité ». Le rêve et la réalité sont des termes antinomiques. Pourtant, si l'on suit la métaphore de Perec, on comprend que deux rivières, celle que forme le rêve et celle que forme la réalité, se rencontrent pour donner naissance au portrait. Pour le dire autrement, le portrait serait le fruit d'un croisement, d'une rencontre entre le rêve et la réalité, l'un enrichissant l'autre. Le portrait ne serait donc ni complètement le reflet du réel, ni complètement imaginé, il serait l'alliance des deux. Nous verrons comment Perec résout l'apparent conflit entre portrait réel et portrait rêvé. Nous étudierons d'abord l'aspect réaliste de tout portrait, puis la part de rêve qu'il contient, pour terminer par montrer que tout portrait littéraire est par nature fiction et qu'il se situe donc, en effet, à la rencontre du rêve et de la réalité.

I. Le portrait et la réalité

1. Tout portrait est le produit du réel

Pour que le lecteur puisse construire le personnage, il doit s'en faire une image et la rapporter à quelque chose qu'il connaît. L'auteur doit donc lui fournir des éléments reconnaissables, un visage, une bouche, un corps… De plus, il doit **faire entrer ses personnages dans une typologie** ; ainsi, le Vautrin décrit par Balzac dans *Le P*ère Goriot correspond au stéréotype de l'homme fort et potentiellement dangereux, celui qui manigance toujours un mauvais coup. **Le lecteur s'en fait facilement une image, une représentation.** Le texte lui propose tous les éléments indispensables pour reconnaître ce qu'il connaît déjà. Le réalisme doublé du choix d'une focalisation omnisciente semble garantir l'objectivité et donner vie à un personnage qui se détache des sentiments de son créateur.

2. Le portrait et la réalité de l'époque

Un portrait n'est pas uniquement un corps et un visage, c'est un corps vêtu qui se meut dans un décor et un contexte daté. **Plus les détails en seront précis et cohérents, plus le personnage sera réaliste, plus le portrait nous donnera l'illusion du réel.** Chaque période a ses caractéristiques et ses modes de pensée, les suivre garantit au romancier le réalisme historique, « le faire vrai ». Le personnage est alors bien intégré dans son époque au point de vue vestimentaire et au point de vue idéologique. Ainsi, les trois (quatre) mousquetaires d'Alexandre Dumas se différencient les uns des autres mais se reconnaissent d'emblée à leurs vêtements qui les inscrivent dans l'Histoire réelle. Ils se reconnaissent aussi à leur manière de penser, et leur fameux slogan « Un pour tous et tous pour un » fait partie intégrante de leurs portraits.

3. Le portrait et le reflet du lecteur

Il ne faut pas oublier que **le portrait physique se double d'un portrait moral**, ils se complètent l'un l'autre. Là aussi, c'est la cohérence de l'ensemble qui va permettre d'obtenir l'adhésion du lecteur. Le portrait doit être vraisemblable pour que lecteur se projette dans le personnage, qu'il s'y attache, qu'il s'y retrouve. C'est la réalité intérieure que le romancier cherche à atteindre ; c'est à cette condition qu'Emma Bovary peut devenir le double de la lectrice qui va reconnaître en elle ses propres aspirations et ses propres déceptions. Les auteurs du Nouveau roman chercheront à **aller encore plus loin dans l'exploration de cette intériorité.** Comme l'expliquent Virginia Woolf dans *L'Art du roman* ou Nathalie Sarraute dans *Tropismes,* ce sont les flux de la conscience que le romancier doit chercher à atteindre, c'est là que le portrait sera au plus près de la vérité, donc de la réalité du personnage.

II. Le portrait et le rêve

1.Tout portrait est médiatisé

Qui dit portrait dit portrait de quelqu'un fait par quelqu'un d'autre. Il est rare qu'un personnage-narrateur fasse son autoportrait. Il y a donc une **distance entre celui qui décrit et celui qui est décrit**. C'est dans cette distance que se glissent l'interprétation, le jugement, l'éloge ou le blâme, et ceci en fonction des attendus et des valeurs de celui ou celle qui voit et qui décrit. On remarque là tout l'**intérêt de la focalisation interne**, qui nous donne accès en même temps à l'intériorité de l'un et au portrait de l'autre. Dans le roman d'Aragon, *Aurélien,* le portrait de Bérénice semble réaliste, mais cette réalité est interprétée par le personnage éponyme, filtrée par ses goûts (« Il n'aimait que les brunes et Bérénice était blonde »), ses métaphores, ses comparaisons. Ce n'est pas le portrait de Bérénice que nous lisons, mais le portrait de Bérénice telle que la voit Aurélien.

2. Le portrait peut être trompeur et donner vie à un inexistant

Quelle est la vérité de Mme de Tourvel ? Est-elle réellement celle que voit et méprise Mme de Merteuil ou bien est-elle celle qu'aime Valmont ? N'est-elle que la projection du désir de Valmont ou n'est-elle qu'un objet insipide devenu l'enjeu d'un défi libertin ? Valmont l'exprime lui-même dans sa lettre, « **le bandeau de l'amour** » **interdit de voir la réalité telle qu'elle est**, même si, paradoxalement, le regard du libertin sait percer les transparences de la mousseline. Le voile cache et montre en même temps : il estompe les formes, il cache et révèle ; il laisse deviner. Qui sait ce qu'est le réel ?

3. Un portrait qui se passe de description

On parle souvent du réalisme du roman de Mme de La Fayette, *La Princesse de Clèves*, et, pour se représenter l'héroïne, on fait appel aux portraits du peintre du XVIe siècle, Clouet. On admire alors la précision du trait, les détails des étoffes, des dentelles, des fraises, le réalisme en quelque sorte. Mais si on se penche à nouveau sur le roman, on s'aperçoit que la description en elle-même ne nous donne aucun de ces détails : « il fut surpris de la grande beauté de mademoiselle de Chartres, et il en fut surpris avec raison. La blancheur de son teint et ses cheveux blonds lui donnaient un éclat que l'on n'a jamais vu qu'à elle ; tous ses traits étaient réguliers, et son visage et sa personne étaient pleins de grâce et de charmes. » **Le portrait de la princesse de Clèves est quasi désincarné ; pourtant, le lecteur croit la voir, se la représente.** Il se trouve presque dans la même illusion que Francion, amoureux d'une image dont on ne connaît aucun des traits.

III. Au confluent du rêve et de la réalité, tout portrait est fiction

1. Le portrait, un composite

Relisons le portrait d'Esther dans le roman de Balzac, *Splendeur et Misères des courtisanes*. On y trouve, comme on pouvait s'y attendre, une précision toute réaliste, mais force est de remarquer qu'on y trouve aussi des comparaisons et des métaphores qui font **appel à l'imaginaire du lecteur** : l'expression « péri des sables ardents » fait surgir tout un monde oriental ; et la métaphore de la rose pour qualifier la couleur et la fraîcheur de la bouche suggère plus qu'elle ne décrit. Dans le roman d'Aragon, Aurélien détaille, lui aussi très précisément, le visage de Bérénice ; mais cette description a tout d'un **puzzle** dont le jeune homme tenterait d'assembler les morceaux. Cet étonnant aller et retour entre femme rêvée et femme observée construit une femme double, voire triple : ce qu'elle est, ce qu'elle n'est pas et ce qu'elle devrait être. De même pour Mme de Tourvel, qui est non seulement telle que la voit Valmont et telle que la voit Mme de Merteuil, mais encore la femme coquette que Mme de Tourvel n'est pas mais qui se dessine comme un contre-modèle.

2. Une œuvre d'art

Dans le texte de Balzac, comme dans le texte d'Aragon, on remarque que la description fait référence à l'œuvre d'art, comme si le narrateur peaufinait son œuvre en même temps qu'il passe en revue tous les détails du corps ou du visage. **Le narrateur modèle son personnage comme il le désire, selon sa conception du beau**, selon l'intention qui est la sienne, qu'il projette dans son œuvre. La mention des couleurs et des mouvements arrêtés, dans le roman d'Aragon, vont dans le même sens.

3. Le portrait dans le portrait

Le texte de Sorel nous interroge particulièrement sur la **supposée réalité d'un portrait** : le personnage masculin est amoureux d'une image et ne connaît pas la femme qu'elle est censée représenter. C'est à l'image d'une femme idéalisée dont rien ne garantit l'existence qu'il déclare sa passion. Le narrateur se moque de son personnage, le jeune Francion, qui a l'âme romanesque et qui dit lui-même du portrait à qui il s'adresse qu'il n'est « que fiction ». **Cette dérision constitue une mise en abyme, un portrait dans le portrait**, qui nous rappelle très justement que tout portrait romanesque n'est qu'une réalité rêvée. On peut mettre ce procédé en parallèle avec le dispositif mis en place par Le Titien dans son tableau *La Femme au miroir*. En effet, la femme aura beau se regarder dans les deux miroirs que lui tend l'homme, elle ne se verra jamais comme l'homme la voit, cet homme qui ne la voit pas non plus comme nous, nous la voyons.

Conclusion

Le rêve est ce qui relève du flou, ce qui n'appartient pas au réel ; la réalité est le tangible. Mais cela n'a pas de sens d'opposer rêve et réalité dans le cadre du roman, puisque par définition tout portrait romanesque est œuvre de fiction. On peut, au contraire, dire avec Perec que le portrait romanesque est, parce qu'il appartient justement au roman, réalité rêvée, rêve d'une réalité. Un rêve qui, pour mieux embarquer le lecteur, se donne l'aspect du réel. Car l'illusion du réel, n'est-ce pas le propre du rêve ?

3 Question d'oral – Aragon, *Aurélien*

Introduction

Le portrait amoureux, c'est-à-dire conduit par celui ou celle qui aime, est un des grands topoï des récits romanesques. Le regard peut être admiratif, surpris, ému mais, en général, il s'attache aux qualités de la personne aimée. Dans son roman, *Aurélien,* publié en 1944, Aragon étonne son lecteur, en créant un personnage masculin qui éprouve une sorte de répulsion pour le personnage féminin qu'il va aimer. Dans cet extrait situé dans les premières pages du roman, Aurélien cherche à se rappeler les traits de Bérénice, une femme qu'il a rencontrée et qu'il a trouvée « franchement laide ». Mais, faisant le portrait de la femme, il fait en même temps son portrait. Nous verrons d'abord que le portrait de Bérénice est construit du point de vue d'Aurélien, puis nous analyserons le portrait qu'en fait Aurélien.

I. Les goûts d'Aurélien

1. Le point de vue d'Aurélien

Dans ce portrait mené à la troisième personne, le narrateur s'efface pour laisser la parole au personnage ; des verbes de pensée ponctuent la description : « des lèvres de fille, pensa Aurélien », « ce qui parut affecté à Aurélien ». L'alternance du passé simple et de l'imparfait, « il se répétait », « ce qui le déconcertait », installe le portrait dans la durée (un hors-temps) et dans l'action de la découverte de la jeune femme : nous sommes en même temps lors de la rencontre, du premier regard et de la remémoration (« quand Aurélien cherchait à se représenter le corps de Bérénice », « ce jour-là »). **Le personnage masculin réfléchit à la qualité de son sentiment.** La phrase adjectivale « Désagréable » qui clôt le second paragraphe résume l'expression de sa pensée.

2. Un regard dépréciatif

En effet, dans les deux premiers paragraphes, le regard que pose Aurélien sur Bérénice est entièrement dépréciatif. **Toute la description est dévalorisée** : le blond est « éteint », la petite taille n'est pas liée à un « air d'enfant », les lèvres sont « épaisses ». La répétition de l'adverbe « trop » (« le diminuait trop », « trop marquées ») est l'indice d'un jugement en fonction des valeurs esthétiques d'Aurélien. Même la manière dont elle a choisi de s'habiller ne convient pas, elle semble détériorer volontairement ce qui aurait pu être positif : « les jambes qui étaient fines, Bérénice les affublait ce jour-là de bas de laine ». Dans ce contexte, l'expression « Des lèvres de fille », pourtant apparemment neutre et sans signification spéciale, semble prendre une connotation méprisante.

3. Ce qu'Aurélien aime et ce qu'il n'aime pas

Tout le texte nous montre que **Bérénice ne correspond pas à l'idéal féminin d'Aurélien.** L'extrait commence par la répétition du verbe « aimer » à l'imparfait qui nous montre les goûts d'Aurélien quant au physique des femmes : « brunes », « longues » ; or Bérénice est tout le contraire. Cette opposition est mise en valeur par la structure des deux premières phrases construites sur le même modèle : la première phrase commence par présenter les goûts d'Aurélien ; la négation restrictive « il n'aimait que les brunes » accentue la déception énoncée dans la seconde partie de la phrase, « et Bérénice était blonde », cette blondeur qui, dans une troisième étape, est dévalorisée ; il ne s'agit même pas d'un joli blond. Dans la seconde phrase, le procédé est globalement identique, mais le dégoût se montre par un jeu d'assonances entre « à sa semblance », partie positive, qui s'oppose à « sans avoir cet air d'enfant » ; encore une fois, ce qui aurait pu, à la limite, être acceptable est dévalorisé dans un jeu un peu enfantin du personnage qui cherche à détruire toute possibilité d'entente avec Bérénice.

II. Bérénice vue par Aurélien

1. Une sculpture

Le regard d'Aurélien est précis, il détaille tous les traits du visage, comme s'il l'avait posé devant lui. Cheveux, teint, front, pommettes, yeux, cils, arcade sourcilière, bouche, lèvres, nez : on suit le mouvement du regard, voire le mouvement de la main qui dessine. On peut parler d'un examen, ce que confirme l'emploi de termes techniques appartenant au domaine médical, « fibrillaires », ou, de manière explicite, à celui de la sculpture, « méplats ». Mais **le regard du sculpteur est interrogateur** : il scrute la vie, il en cherche l'expression ; il remarque les infimes mouvements du visage qui semblent exprimer l'extrême émotivité de la jeune femme : les ailes du nez sont palpitantes et les commissures de la bouche sont en mouvement. Aurélien voudrait en savoir plus ; sa sculpture est sans vie, mais il ne sait comment l'animer, ce que montre l'interrogation « Mais comment ? ».

2. Le corps absent

Si le visage nous est donné et commenté dans ses moindres détail, **le reste du corps est étonnamment absent**. Il est fait mention à deux reprises de la taille : « elle était petite », « il se répétait qu'elle était petite ». Étrangement, le texte insiste aussi sur l'absence de difformité, comme si seul le désagréable pouvait marquer Aurélien : si tout est normal, il n'y a rien à voir ? On trouve des mentions de couleurs, ou plutôt d'absence de couleur : le « blond éteint », « le teint pâle » « sans couleur », dans lequel contrastent le noir et le rouge (« les yeux noirs », « noirceur », « rouges dans ce visage de pâleur »), mais uniquement pour le visage. Pour le corps, il est fait mention de « la couleur de la robe », mais elle ne nous est pas donnée, pas plus que celle des bas de laine que l'on peut pourtant supposer colorés eux aussi.

3. Le portrait mobile

D'abord extérieur dans les deux premiers paragraphes, **le portrait se charge d'une intériorité à partir du moment où la voix est mentionnée**. Les trois adjectifs « chaude, profonde, nocturne » la qualifient par un terme relevant du lexique spécialisé de l'art musical, « contralto ». Sous cette chaleur, le portrait semble se transformer : la chevelure est celle d'une institutrice, les yeux de biche auparavant « bombés » deviennent des pierres précieuses. On comprend la raison des mouvements fibrillaires qui, au début, étaient donnés comme sans raison. On comprend aussi le disparate du visage ; les paroles de la jeune femme sont audacieuses mais en contradiction avec son tempérament : ainsi, « lenteur » s'oppose à « emballements », de même que « audacieux » s'oppose à « tremblantes ». Le texte se termine par la mention des paupières, comme la touche finale du tableau (le « mauve » colore enfin le visage) et ce qui émeut « vraiment » le narrateur, le pronom indéfini « on » le désigne bien, lui qui « craignait vraiment qu'elles ne se déchirassent ». L'étrangeté et la fragilité de Bérénice fascinent Aurélien.

Conclusion

Dans ce texte, le lecteur prend connaissance de deux personnages : Bérénice dont il lit le portrait physique (et un peu moral) et Aurélien dont il n'a pas le portrait physique (on sait juste qu'il est grand) mais dont il apprend à connaître les goûts et la manière de penser. Un double portrait donc, l'un de l'extérieur, comme pour une sculpture ou une peinture ; l'autre de l'intérieur. Rien ne convient à Aurélien, c'est lui qui voit, qui s'interroge, qui se révolte ; le portrait devient l'expression de « cette impossibilité d'un couple » dont parle Aragon quand il présente son roman. La fascination qu'exerce finalement Bérénice sur Aurélien tient de l'incompréhension. Aurélien est fasciné par ce qu'il ne comprend pas.

REPÈRES

À lire, à voir...

Certains romans ont donné lieu à des interprétations filmiques. Il est intéressant de les regarder en comparant votre lecture à celle du réalisateur.

■ **Mme de La Fayette,** *La Princesse de Clèves*
La confrontation entre le roman de **Mme de La Fayette** et l'adaptation qu'en fait **Christophe Honoré** dans son film *La Belle personne* (2008) donne lieu à d'intéressants débats qui permettent de mieux comprendre le roman.

■ **Laclos,** *Les Liaisons dangereuses*
Les films de **Stephen Frears** (*Les Liaisons dangereuses*, 1989) et de **Milos Forman** (*Valmont*, 1989) choisissent de situer le roman dans son siècle d'origine, le XVIIIe siècle. **Vadim** (*Les Liaisons dangereuses*, 1960), lui, transpose le roman dans la société de 1960.

■ **Zola,** *La Bête humaine*
Les œuvres de **Zola** ont donné lieu à de nombreuses adaptations à l'écran. Une des plus célèbres est sans doute l'adaptation de *La Bête humaine* par **Jean Renoir** (1938).

■ **Flaubert,** *Madame Bovary*
Claude Chabrol (1991) signe une transposition qui se veut fidèle au roman.

■ **Proust,** *Le Temps retrouvé*
Tenter de réaliser un film à partir de l'œuvre de **Proust** semble une entreprise impossible ; pourtant, **Raoul Ruiz** (*Le Temps retrouvé*, 1999) parvient à rester proche de l'œuvre de **Proust** tout en y mêlant son propre univers.

■ **Giono,** *Le Hussard sur le toit*
Jean-Paul Rappeneau (1995), après avoir porté au cinéma *Cyrano de Bergerac*, s'attaque au roman de **Giono**. Pour mieux comprendre le rapport du film au roman, vous pouvez aussi regarder le documentaire tourné sur le film *Du roman au cinéma - Le Hussard sur le toit* de **Pierre Renard** (https://www.youtube.com/watch?v=SzrSl0z2Cro).

Quelques citations

Paroles par lesquelles les personnages se définissent eux-mêmes

Julien Sorel dans *Le Rouge et le Noir*, de Stendhal (1830)

« Messieurs , je n'ai point l'honneur d'appartenir à votre classe, vous voyez en moi un paysan qui s'est révolté contre la bassesse de sa fortune. »

■ Livre second, chapitre XLI.

Rastignac dans *Le Père Goriot*, de Balzac (1835)

« Il [Rastignac] lança sur cette ruche bourdonnante un regard qui semblait par avance en pomper le miel, et dit ces mots grandioses :
"À nous deux maintenant !" »

■ Chapitre IV, excipit.

Malone dans *Malone meurt*, de Beckett (1951)

« Moi-même je suis gris, j'ai même l'impression quelquefois de jeter du gris, au même titre que mes draps, par exemple. »

Roquentin dans *La Nausée*, de Sartre (1938)

« Vous êtes bien gai, Monsieur, me dit l'Autodidacte d'un air circonspect.
– C'est que je pense, lui dis-je en riant, que nous voilà, tous tant que nous sommes, à manger, à boire pour conserver notre précieuse existence et qu'il n'y a rien, rien, aucune raison d'exister. »

Emma Bovary dans *Madame Bovary*, de Flaubert (1857)

« Elle se répétait : "J'ai un amant ! un amant !" se délectant à cette idée comme à celle d'une autre puberté qui lui serait survenue. »
■ Partie II, chapitre IX.

Deux conceptions du roman

Stendhal (1783-1842)

« Un roman est un miroir qui se promène sur une grande route. Tantôt il reflète à vos yeux l'azur des cieux, tantôt la fange des bourbiers. »
■ *Le Rouge et le Noir* (1830), chapitre XIX.

Robbe-Grillet (1922-2008)

« Chaque romancier, chaque roman doit inventer sa propre forme. »
■ *Pour un nouveau roman* (1963).

Quelques pistes pour analyser un personnage de roman

Ce schéma récapitule les questions essentielles qu'il faut se poser lorsque l'on veut étudier un personnage romanesque.

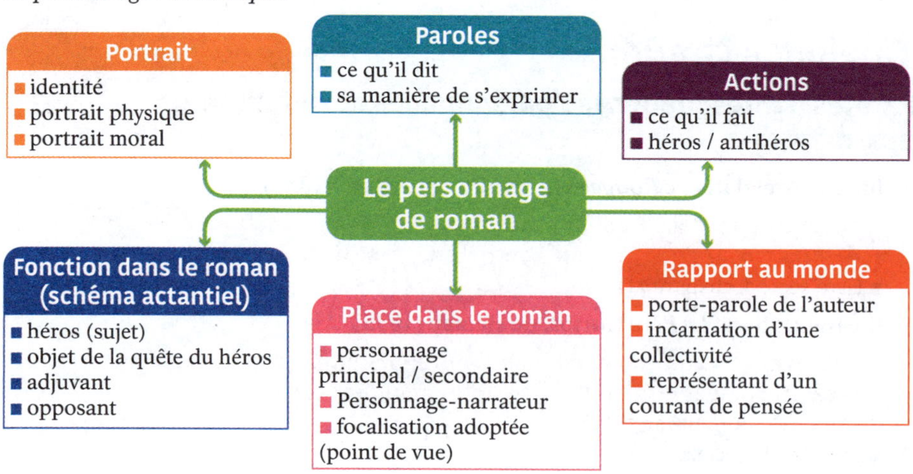

SUJET D'APPROFONDISSEMENT

POST BAC

Sujet de français-philosophie en CPGE scientifique

240 min.

L'épreuve est composée d'un résumé de texte, de deux questions sur le texte et d'une dissertation à partir d'une citation issue du texte à résumer. Les sujets des concours sont élaborés à partir d'une thématique et de trois œuvres : deux œuvres littéraires et une œuvre philosophique. Pour vous familiariser avec ce type de sujet, nous vous proposons un exercice « à la manière de », en vous appuyant sur les textes du corpus « Scènes de guerre » (voir chapitre 1).

> Voir la méthode du traitement d'un résumé de texte (Annexes, p. 477).
> Voir le sujet 1 p. 295 et 2 p. 455.
> Voir la méthode du traitement d'une dissertation (Annexes, p. 475).
> Voir les Méthodes et stratégies 1, chapitre 3.

TEXTE Gaston Bouthoul (1896-1980), *La Guerre* (1953), III, 4 : « Le comportement des dirigeants »

Le rôle des dirigeants dans les guerres a donné et donne lieu à plus de controverses que celui des combattants. C'est un des problèmes les plus discutés de la sociologie que de savoir si les dirigeants ne font que suivre les impulsions et les désirs diffus des masses ou si, au contraire, ils imposent effectivement à celles-ci des vues originales.

Une première distinction s'impose : c'est celle entre la classe dirigeante et les élites. La première exerce un pouvoir de fait mais elle ne possède pas nécessairement de supériorité intellectuelle ni technique sur la masse. C'est pourquoi, d'ailleurs, la masse se reconnaît plus volontiers dans ses dirigeants que dans son élite. Au contraire, l'élite diffère de la masse. Elle est composée des hommes qui possèdent des connaissances plus vastes, qui sont doués d'un esprit inventif et d'une activité supérieurs à la moyenne, mais qui le plus souvent n'exercent aucun pouvoir.

Cette distinction, qui a été posée de la façon la plus claire par Saint-Simon, permet de croire que les dirigeants suivent en général la mentalité ambiante plutôt qu'ils ne la précèdent ou la modifient. Il est incroyable, disait Tolstoï que si une nation entière est pacifique, il suffise du caprice d'un chef ou d'une petite minorité pour l'entraîner véritablement dans une guerre. Cela était concevable, à la rigueur, à l'époque des guerres dynastiques lorsque les princes combattaient avec de petites armées de mercenaires, mais la forme élargie des conflits contemporains exige la participation cordiale, sinon enthousiaste, de l'ensemble de la nation. On peut admettre aussi que les dirigeants ne sont jamais la cause absolue d'un conflit mais que, toujours, ils ne font que répondre *au vœu secret de leur peuple*. Certes, lorsque les choses tournent mal, les dirigeants peuvent servir de bouc émissaire à la culpabilité collective. Ainsi, de nos jours, le désaveu tardif de Hitler et de Mussolini.

Mais l'histoire nous montre aussi que les chefs d'État, individuellement pacifistes et qui ont résisté aux impulsions belliqueuses ambiantes, en ont été souvent durement punis : les réticences de Louis XVI dans la guerre de l'Indépendance américaine marquent le début de son impopularité ; de même le pacifisme de Louis-Philippe lors de la tension avec la Prusse.

Pour l'homme d'État, la guerre est d'abord la *solution de facilité*. Lorsque la situation intérieure s'embrouille et s'envenime, rien de tel que de déclarer une guerre pour l'éclaircir. La guerre dispense de rechercher de laborieux compromis, d'équilibrer des intérêts divergents. On pourrait dire, paradoxalement, que la guerre est la fin des querelles : on se bat souvent par horreur de la discussion.
La guerre est le repos des gouvernements. Même lorsqu'ils sont démocratiques elle leur permet d'imposer le silence, la soumission, l'obéissance passive, des privations multiples à leurs citoyens, devenus en l'occurrence des sujets. Les élections sont suspendues et les chefs deviennent inamovibles.
La guerre est aussi la solution la plus flatteuse pour les gouvernants. Aussitôt déclarée, le plus terne des hommes politiques parvenu au pouvoir devient une sorte de pontife sublime et auréolé. C'est en son nom que meurent désormais les combattants. Du côté de ceux-ci, il se produit en effet un phénomène de cristallisation : le chef devient un objet de ferveur et d'attachement. Même cruel et dissolu comme Jules César, ou rusé et impitoyable comme Annibal, la victoire lui assure l'amour profond de ses soldats. Nous nous trouvons là incontestablement devant un phénomène religieux : la guerre sacralise les chefs. À Rome, le chef militaire est entouré de pontifes, d'augures et d'aruspices. Dans certaines circonstances, il officie et sacrifie lui-même. Au Moyen Âge, le futur chevalier se recueillait en des *veillées d'armes* mystiques. De nos jours, les promotions de jeunes officiers, même dans les nations qui professent l'irréligiosité officielle, sont entourées d'un appareil impressionnant de solennité.

1. Questions

Vous expliquerez, en 7 lignes environ, chacune des expressions suivantes :

a. « On pourrait dire, paradoxalement, que la guerre est la fin des querelles » (l. 32-33).

b. « un phénomène de cristallisation » (l. 41).

2. Résumé

Vous résumerez le texte en 100 mots (plus ou moins 10 %).

3. Dissertation

« La guerre sacralise les chefs », écrit Gaston Bouthoul (l. 44-45). Dans quelle mesure votre lecture des textes du corpus vous permet-elle de souscrire à cette réflexion de Gaston Bouthoul ?

CORPUS

TEXTE A **Stendhal** (1783-1842), *La Chartreuse de Parme* (1839), I, 3 — p. 30

TEXTE B **Victor Hugo** (1802-1885), *Les Misérables* (1862), IIe partie, livre I, IX — p. 31

TEXTE C **Henri Barbusse** (1873-1935), *Le Feu* (1916), chap. XIX — p. 32

TEXTE D **Louis-Ferdinand Céline** (1894-1961), *Voyage au bout de la nuit* (1932), chap. II — p. 33

POST BAC

CORRIGÉS

Sujet de français-philosophie en CPGE scientifique

1. Questions

a. Un paradoxe est une assertion qui semble aller contre l'évidence. Il consiste ici à mettre en équivalence la guerre avec sa fin puisque « querelle » est un synonyme de « guerre » ; la guerre serait donc la fin de la guerre. Le paradoxe est explicité : la guerre met un terme aux discussions, puisqu'on passe des paroles aux actes.

b. La cristallisation est un phénomène naturel qui transforme un matériau. Le terme est employé métaphoriquement pour montrer que le chef concentre en lui-même toutes les qualités. De plus, par un effet sonore, il annonce le phénomène de sacralisation que l'on retrouve trois lignes plus bas.

3. Dissertation

Analyser le sujet au brouillon

> Repérer la logique du sujet

La citation propose une allégorie de la guerre, puisque le nom « guerre » est sujet d'un verbe d'action.

La « sacralisation » est le fait de rendre sacré quelque chose ou quelqu'un. Il s'agit d'élever le chef (même insignifiant) au-dessus du commun des mortels. Il faut alors se demander ce qui, dans le domaine de la guerre, permet la sacralisation.

> Analyser le corpus de textes

Le texte de Hugo tend à sacraliser l'empereur, contrairement à celui de Céline qui dénonce ceux qui décident de la guerre. L'extrait de *La Chartreuse de Parme* permet d'aborder la sacralisation (Fabrice idolâtre Napoléon) et son contraire : le maréchal Ney, autre figure du chef victorieux, est gros et jure. Le texte de Barbusse est étonnamment vide d'hommes.

> Problématiser et choisir la démarche à adopter

Ce sujet appelle un plan dialectique ; mais s'il faut, dans la première partie, expliquer en quoi la guerre peut sacraliser les chefs, il faut éviter, dans la seconde partie, de se contredire en soutenant que la guerre ne sacralise pas les chefs. La bonne manière de procéder est de montrer que, si la guerre sacralise les chefs, elle peut aussi les désacraliser.

Comment construire la troisième partie ? On peut se demander si le recours au sacré n'est pas une façon de redonner du sens à quelque chose qui en est dépourvu. On s'engage donc dans une réflexion sur le sens de la guerre.

Les titres de parties et de sous-parties ne doivent pas apparaître dans la copie.

Introduction

Toute guerre mobilise de nombreux individus qui se sacrifient pour leur patrie. Mais ce sont toujours les noms des chefs qui restent associés aux victoires. C'est ainsi que G. Bouthoul peut dire que « la guerre sacralise les chefs ». Le sociologue personnifie la guerre ; en en faisant le sujet d'un verbe d'action, il nous propose une allégorie : la guerre, personnage féminin, couronne la tête du général victorieux. Mais parfois, peut-être en cas de défaite, elle pourrait lui refuser la couronne, ou encore l'ôter de la tête du chef déméritant. Nous pouvons alors nous demander quel est le rapport entre la guerre et le sacré. Nous chercherons d'abord à comprendre ce qui, dans la guerre, conduit à sacraliser les chefs. Nous montrerons ensuite que si elle peut les sacraliser, la guerre peut tout aussi bien les désacraliser. Nous nous demanderons, enfin, ce que cache ce désir de sacralisation.

I. La guerre sacralise les chefs

1. La guerre, le lieu du hors norme

La notion de guerre implique la **démesure** et le **déchaînement des éléments**. C'est « un spectacle formidable », écrit Hugo pour annoncer la bataille de Waterlo. Tout, dans la description, exalte l'âme et l'utilisation du registre épique concourt à cet effet. Le texte nous renvoie à la mythologie et aux grands combats des « vieilles épopées ». Hugo va jusqu'à faire appel à un destin quand il insinue que, par une « bizarre coïncidence », « vingt-six bataillons allaient recevoir vingt-six escadrons », comme si tout était réglé par les dieux plus que par les hommes. On s'aperçoit que Hugo et Barbusse se rejoignent dans ce traitement de la guerre ; en effet, lorsque le premier écrit que le champ de bataille est « comme un prodige », le second, pour décrire la guerre de 1914-1918, évoque « l'armée prodigieuse des projectiles ». Pour les deux auteurs, le spectacle de **la guerre est hors norme.**

2. La proximité avec la mort

Dans leur vie quotidienne, ce n'est qu'exceptionnellement que les hommes sont en contact avec la mort. La guerre les extrait de leur contexte normal et les plonge dans ce **monde où la mort est omniprésente.** Paradoxalement, on retrouve cette opposition dans le texte de Barbusse. Les « poilus » terrés dans les tranchées sortent la tête pour voir le champ de bataille ; devant le spectacle apocalyptique qu'ils aperçoivent, ils sont contents de se réfugier dans « la petitesse caressante des abris » : les tranchées deviennent la normalité parce qu'elles les éloignent du spectacle de la mort. **Cette rupture d'avec la vie normale transforme celui qui plonge dans le monde de la guerre.** Bardamu, le narrateur du *Voyage au bout de la nuit*, emploie l'image du dépucelage. Le contact avec la guerre le déniaise. Ainsi, Fabrice, ce « blanc-bec » qui ne connaît pas encore la guerre, devient « enfin » « un vrai militaire » : il a changé de monde et de statut.

3. La dimension sacrée du chef

Fabrice rêve des exploits de Napoléon, il l'idolâtre, il est prêt à tout pour pouvoir l'approcher : jeune italien, il s'introduit, à ses risques et périls, dans les lignes françaises. Il faut remarquer que Bouthoul, pour évoquer la nature du **sentiment que porte le peuple à ses chefs en temps de guerre**, emploie le terme de « **cristallisation** ». Or, ce terme est justement celui qu'emploie Stendhal pour expliquer la **naissance de l'amour** : « Ce que j'appelle cristallisation, c'est l'opération de l'esprit, qui tire de tout ce qui se présente la découverte que l'objet aimé a de nouvelles perfections » (*De l'amour*, 1822).

Hugo, quant à lui, magnifie l'arrivée de Napoléon : d'abord, le martèlement des sabots des chevaux, ensuite le silence « redoutable », le bruit des sabres qui vient interrompre le silence, les bras levés, enfin les cris de « vive l'empereur » lancés par « trois mille têtes grises ». Ces trois mille têtes grises, unies dans le même cri, font référence aux fameux « grognards », soldats fidèles de Napoléon prêts à sacrifier leur vie pour leur chef.

II. La guerre désacralise les chefs

1. L'effet de la défaite

Bouthoul l'écrit, « lorsque les choses tournent mal, les dirigeants peuvent servir de bouc émissaire à la culpabilité collective ». Il évoque les cas de Mussolini et d'Hitler. Malgré la magnificence du registre épique choisi par Hugo pour raconter la bataille de Waterloo, c'est bien d'une défaite qu'il s'agit. En effet, la même scène racontée par Stendhal, pourtant grand admirateur de l'empereur, est tout autre. La **confusion** est totale et l'ironie du narrateur qui semble ne toucher que le héros atteint aussi les chefs. Le fait que c'est seulement après avoir appris l'identité du maréchal Ney que Fabrice le contemple avec admiration montre bien que **le général est en réalité un homme comme un autre**, qui ne se distingue de son voisin que par un air d'autorité. C'est sa **réputation** que Fabrice admire plus que l'homme lui-même ; il suffit que le général perde la bataille et il ne sera plus qu'un gros homme autoritaire qui parle en jurant.

2. L'horreur de la mort

Si la guerre nous plonge dans un monde hors du commun, où règnent le danger et la mort, il n'en reste pas moins que celle-ci peut toucher tout le monde, nul n'est préservé. **Elle rend les hommes égaux** ; ainsi Bardamu le prédit : « on y passerait tous, le colonel comme les autres, tout mariole qu'il semblait être ». Le spectacle de la mort n'est en rien glorieux dans l'extrait de Stendhal : les chevaux piétinent les soldats anglais, les hussards tombent avec « un cri sec ». Il n'y a pas de héros, sauf peut-être un cheval qui veut continuer à combattre mais il prend « ses pieds dans ses propres entrailles », ce qui montre l'impossibilité de toute poursuite héroïque. On retrouve ce **cynisme** chez Céline, dont le personnage-narrateur dit préférer la prison à la guerre : **seule la vie compte, même au prix de la honte.**

3. Une imagerie moins glorieuse

À la vision épique de Hugo et au lyrisme de Barbusse, Céline répond par une imagerie beaucoup moins glorieuse. La guerre n'est plus cette allégorie capable de sacraliser les chefs. La métaphore du charbon et de ce courant qui passe, pour une durée non maîtrisable, entre deux camps adverses ne renvoie pas aux grandes épopées. Mais de plus, et surtout, elle n'est plus sujet de l'action. Dans la phrase « On venait d'allumer la guerre », qui est ce « on » ? On ne le sait pas, mais **il y a des responsables et ces responsables sont des hommes** ; la guerre n'est plus une entité autonome, même si, une fois allumée, elle n'est plus contrôlable. Ces responsables, ou plutôt ces irresponsables, ne serait-ce pas ces « gens sérieux » qui s'amusent avec « le tirage au sort, les fiançailles, la chasse à courre » ?

III. Peut-on trouver un sens à la guerre ?

1. Sens ou non-sens ?

Même s'il n'argumente pas sur le sens ou le non-sens de la guerre, en l'inscrivant dans la grande tradition des épopées Hugo confère du sens à la guerre : elle semble entrer dans les **grands conflits de la création du monde, ceux qui créent des légendes, ceux**

qui créent l'Histoire. En contrepoint, dans le texte de Barbusse, on peut remarquer le symbole que constitue le « fin squelette d'une église » qui se découpe comme une feuille de papier déchiré sur l'horizon de la plaine. Quel sens peut bien avoir cette église, où est le sacré ? On a l'impression qu'il a disparu et que l'église n'est plus que le symbole de la mort. Il n'y a plus de sens, il ne reste qu'une ossature aussi fragile qu'une feuille. **Le sacré ne résiste pas à la guerre.** Comment pourrait-il y avoir sacralisation, si la notion même de sacré n'existe plus ? C'est sans doute aussi la découverte de Bardamu : il ne peut plus croire en personne, il est passé de la confiance de l'enfance à un **pessimisme fondamental**.

2. Absence de sens

Ce qui est implicite chez Barbusse est explicite chez Céline. Les mots prononcés par les hommes pour expliquer la guerre ne sont pas crédibles, ils n'ont pas de sens. Et comment croire que l'on puisse accepter ce qui était inacceptable auparavant, c'est bien la question que pose le début de notre extrait. En effet, par un retournement incroyable, **le « tu ne tueras pas » biblique se transforme en une obligation de tuer**. Ce qui était le pire des crimes devient un acte héroïque digne de toutes les récompenses ! Ce non-sens, c'est aussi ce que nous donne à voir l'immensité du paysage de guerre décrit par Barbusse. En effet, dans cette immensité, quelle est la place de l'homme ? Une tâche minuscule à laquelle on refuse de reconnaître pensée, souvenir, images, humanité. **L'homme disparaît dans un univers trop vaste pour lui, qu'il ne saurait maîtriser.**

3. La guerre a-t-elle au moins des raisons d'être ?

Quelles sont les causes des guerres, d'après Bouthoul ? Si l'on suit son analyse, elles semblent se trouver plutôt dans le domaine des **pulsions** que de la raison. En effet, la distinction qu'il opère entre classes dirigeantes et élite place, dans un premier temps, l'intelligence du côté de l'élite et l'exercice du pouvoir du côté des dirigeants. Le peuple semble préférer les dirigeants à l'élite à cause justement de ce déficit d'intelligence. Dans une seconde étape, l'auteur montre que les dirigeants suivent les désirs de guerre du peuple. Une double bêtise alors ? Sans doute, puisque **ce désir de guerre n'est pas explicable par la raison** dans la mesure où le peuple ne s'attache pas à ceux qui possèdent cette raison. Revenons à Fabrice. S'intéresse-t-il aux raisons du combat ? Certainement pas ; au contraire, il ne comprend rien à ce qui se passe autour de lui. Bardamu, quant à lui, réfute toute raison raisonnable dans la mesure où il associe la guerre à un jeu de loterie.

Conclusion

Si les conditions extrêmes dans lesquelles se déroule toute guerre peuvent conduire le peuple au désir de sacraliser ceux qui le conduisent dans cette épreuve, nous avons vu que les mêmes éléments peuvent se retourner contre ces derniers. En fait, il faut bien comprendre que débattre de la sacralisation ou de la désacralisation revient au même et nous conduit à une impasse. Pour en sortir, il faut comprendre que sacraliser les chefs revient à masquer le non-sens de la guerre, à lui donner une raison d'être. Il s'agit de faire croire aux hommes qu'ils se sacrifient pour quelque chose de grand qui les dépasse, pour un guide. Mais cette couverture tombe, il ne reste que la mort et son horreur : c'est ce que nous montrent les textes du corpus.

Le texte théâtral et sa représentation, du XVIIe siècle à nos jours

INTRODUCTION

Le théâtre : littérature ou art vivant ?

- Étudier le théâtre comme un genre littéraire, en lisant et en commentant des pièces, est nécessairement réducteur. En effet, le théâtre est d'abord écrit pour être représenté, il appartient aux arts vivants, c'est-à-dire aux spectacles comme la danse, le cirque ou encore les arts de rue dans lesquels interviennent des artistes présents en chair et en os devant les spectateurs.
- Ainsi, au-delà des questions proprement littéraires, le théâtre soulève-t-il un certain nombre de questions spécifiques, qu'on ne se pose pas à propos de la poésie ou du roman : la fidélité d'une mise en scène, la part de création du comédien, ou bien encore le rôle du public dans la construction de l'illusion théâtrale.

Les règles du théâtre à travers les âges

- L'histoire du théâtre, ce n'est donc pas seulement l'histoire des auteurs et des genres dramatiques, c'est aussi l'histoire de l'institution théâtrale, de sa place dans la société, des conditions matérielles de la représentation. Si, au Moyen Âge, les représentations théâtrales sont très différentes de celles nous connaissons, c'est dès le XVIe siècle que, renouant avec l'Antiquité, les humanistes inventent les formes théâtrales qui nous sont familières.
- Le XVIIe est cependant la période essentielle : c'est le véritable âge d'or du théâtre, celui de Corneille, Racine et Molière, au cours duquel se construisent les règles dramatiques, en particulier de la tragédie et dans une moindre mesure de la comédie. Il n'est pas exagéré de dire qu'à partir de cette époque, toute l'histoire du théâtre est faite des transformations, des contestations et des résurgences de ces règles.

Les langages du théâtre

- Le théâtre est en effet d'abord un travail sur le matériau verbal. La communication théâtrale est très particulière, puisqu'elle suppose à la fois le dialogue entre les personnages et l'apport d'informations au public. Bien des pièces sont aussi, en même temps, des réflexions sur les pouvoirs du langage, du mensonge et de l'illusion.
- Mais la communication théâtrale se caractérise également par la présence simultanée de nombreux éléments de langage non verbal : costumes, décors, lumières, musique contribuent à en faire un système de signes très dense et très divers, où coexistent de multiples langages.

CHAPITRE 4

Histoire du théâtre du XVIIe siècle à nos jours

COURS

Histoire du théâtre du XVIIe siècle à nos jours

Tout au long de l'Antiquité et du Moyen Âge, le théâtre se dégage progressivement de son origine religieuse. Au XVIIe siècle, il devient un art spécifique qui se dote de ses propres règles. La contestation de ces règles, en particulier par les romantiques, aboutit à la diversité actuelle du genre.

I. Genèse du théâtre : entre cérémonie religieuse et divertissement

Le théâtre grec et latin a eu une grande influence sur le théâtre français à partir du XVIIe siècle. Le théâtre médiéval, lui, est tout à fait à part dans l'histoire du genre.

1. Aux origines du genre

a. Du rituel dionysiaque aux jeux de scène romains

- C'est au VIe siècle avant J.-C. qu'apparaissent à Athènes les **Grandes Dionysies,** fêtes célébrées au début du printemps, en l'honneur de Dionysos, dieu de la vigne et du vin. Des concours sont organisés chaque année entre trois poètes, chacun faisant représenter trois tragédies et une comédie, comprenant paroles, chants et danses.
- Le théâtre est introduit brusquement à Rome, en 240 avant J.-C., lorsque les magistrats demandent à un Grec d'organiser les premiers *ludi scaenici* (« les jeux scéniques »). Comme en Grèce, **le théâtre s'insère dans des grandes fêtes civiles et des rites religieux** au cours desquels la collectivité réaffirme son unité.

b. Les premières tragédies

- Le premier concours tragique a lieu en 534 avant J.-C., mais la première tragédie qui nous soit parvenue date de 472. Il s'agit des ***Perses* d'Eschyle,** qui raconte le retour du roi de Perse, Xerxès, vaincu par les Grecs : la pièce oscille entre **récit épique et plainte lyrique.**
- Les tragédies grecques exploitent des **thèmes épiques, bien connus des spectateurs de l'époque** : la guerre de Troie, l'histoire d'Œdipe ou encore les douze travaux d'Hercule.
- La tragédie latine reprend les thèmes du théâtre grec. L'auteur de tragédies le plus connu est **Sénèque** (Ier siècle apr. J.-C.). Son théâtre met en scène des crimes commis par des personnages souvent monstrueux, jusqu'à des meurtres d'enfants.

c. L'apparition de la comédie

- Longtemps, il n'y a eu que des tragédies dans les cérémonies théâtrales grecques : la comédie est apparue ensuite. À l'origine, il s'agissait de **se moquer de la tragédie.**
- Chez les Grecs, **les premières comédies** (Ve siècle av. J.-C.) recourent à un comique grivois et scatologique tandis que les comédies suivantes (IVe siècle av. J.-C.) évoquent en

général un amour contrarié, qui s'achève avec un mariage, et abondent en **personnages stéréotypés** (le vieillard amoureux, le soldat fanfaron, l'esclave rusé...).

- Les deux plus fameux auteurs de comédies latines, **Plaute et Térence** (IIIe et IIe siècles av. J.-C.) proposent le plus souvent des **variations à partir d'un canevas de base** : un jeune homme et une jeune fille s'aiment, mais la jeune fille est la propriété d'un proxénète ; heureusement, un esclave ingénieux invente une ruse pour voler la fille au proxénète ou de l'argent au père du jeune homme.

Les trois grands tragiques grecs

Les trois auteurs de tragédie grecs les plus connus (Ve siècle av. J.-C.) ont en commun de mettre en scène les relations entre les dieux et les hommes.

– Chez Eschyle : les mythes sont exploités à travers des « trilogies liées » (séries de trois tragédies dont les histoires se suivent). Dans l'*Orestie*, Agamemnon raconte l'assassinat du roi, dans les *Choéphores* la vengeance de son fils Oreste, et dans les *Euménides* le procès de celui-ci. Les dieux peuvent se venger sur les enfants des crimes des parents et la vengeance divine dure longtemps.

– Chez Sophocle : chaque destin est individuel, les dieux s'éloignent et leurs actions sur les hommes deviennent plus difficiles à comprendre. Les héros, à l'image d'Antigone, agissent de façon résolue, non parce qu'ils obéissent aux dieux mais parce qu'ils sont animés d'une force morale inébranlable.

– Chez Euripide : les personnages paraissent beaucoup plus ordinaires, sans qualités exceptionnelles, souvent faibles et influençables. On est passé d'un héros admirable à un héros pathétique, la pitié devenant la principale émotion tragique.

2. Théâtre religieux et théâtre profane au Moyen Âge

a. De l'église au parvis

- Parler de « théâtre » médiéval est délicat. La littérature de cette époque étant une **littérature orale,** toute littérature est d'une certaine manière théâtrale : chansons de geste, fabliaux ou contes sont récités par un **jongleur**, qui y mêle du mime ou de l'acrobatie.

- Les premières formes à proprement parler théâtrales sont liées à la **liturgie chrétienne**, c'est-à-dire l'ensemble des rites et des cérémonies publiques instituées officiellement par la religion.

- Cependant, au milieu du XIIe siècle, le théâtre commence à sortir de l'église : on suppose qu'il a d'abord été joué sur le parvis, autrement dit juste devant l'édifice. Le texte est désormais **en français et non plus en latin, langue de la liturgie.** *Le Jeu d'Adam*, qui raconte des épisodes de la *Genèse* (l'histoire d'Adam et Ève et de leurs fils Abel et Caïn), est considéré comme la première œuvre dramatique française.

b. Les différents genres du théâtre

- Cette origine religieuse se retrouve dans le théâtre sacré :

– Les **miracles** mettent en scène l'irruption du surnaturel dans la vie quotidienne.

– Les **passions** retracent la passion du Christ (l'ensemble des souffrances qui ont précédé sa mort).

– Les **mystères** racontent la vie d'un saint ou de Jésus. Mélangeant la plainte élégiaque des saints persécutés et le comique le plus trivial, c'est un spectacle total.

Le théâtre non religieux se divise en deux ensembles, les pièces didactiques et les pièces comiques :
– La **moralité** est allégorique. Elle évoque le plus souvent la vie d'un homme qui doit choisir entre Vice et Vertu, aidé par Raison, mais succombe à Vice et se retrouve aux mains de Diable…
– Dans la **farce**, le comique est caricatural, volontiers obscène. Les scénarios sont riches en rebondissements, mensonges et quiproquos. *La Farce de Maître Pathelin* (XVe s.) repose ainsi sur le schéma du trompeur trompé.
– Dans la **sottie**, sont mis en scène des fous, usant d'un langage incohérent permettant d'évoquer de façon satirique l'actualité.

DOC. 1 Hubert Cailleau, décor de la *Passion et Résurrection de notre sauveur et rédempteur Jésus-Christ*. Ce mystère de 35 000 vers fut joué dans cet immense décor à Valenciennes en 1547, soit 100 ans après avoir été écrit.

3. Le théâtre du XVIe siècle

a. Le théâtre humaniste

Les genres théâtraux propres au Moyen Âge continuent d'exister jusque dans la seconde moitié du XVIe siècle. Les mystères finissent par être interdits par les autorités religieuses, les miracles disparaissent, mais les **moralités** subsistent plus longtemps, parce qu'on les voit comme des **équivalents des tragédies antiques**.

Dans le contexte de l'humanisme, les savants traduisent le théâtre antique ou écrivent des pièces en latin, destinées à instruire les étudiants. ***Abraham sacrifiant*, de Théodore de Bèze** (1550), est la première tragédie écrite en français, s'inspirant d'un **épisode biblique**.

De la même façon, la comédie renaît au XVIe siècle par l'imitation de Plaute et Térence. Il s'agit de renouveler le genre en **s'opposant à la grossièreté de la farce.** Pourtant, la première comédie régulière (c'est-à-dire : qui obéit aux règles) française, *L'Eugène de Jodelle* (1552), en reste très proche : elle raconte l'histoire d'un benêt, Guillaume, que sa femme Alix trompe avec un abbé.

b. Le théâtre baroque

- De 1580 à 1640 environ, la sensibilité baroque traverse toute l'Europe. Le théâtre, plus qu'un autre genre, est à même de mettre en scène les **thèmes de l'illusion et du jeu des apparences**. Le monde est vu comme un théâtre, ce qui se traduit sur scène par le recours au procédé du « **théâtre dans le théâtre** ».
- En France, les principaux représentants du baroque sont **Jean Rotrou** (*Le Véritable Saint Genest*, 1647) et le jeune **Corneille** (*L'Illusion comique*, 1636).

II. Le théâtre classique : le triomphe des règles

Stricto sensu, le classicisme correspond à la période 1660-1680, mais on peut l'élargir à la seconde moitié du XVIIe siècle. Le théâtre y occupe une place éminente.

1. Les principes du théâtre classique

- **L'imitation** : l'auteur de théâtre n'est pas censé faire une œuvre originale ; il doit **imiter les auteurs de l'Antiquité**. Le théâtre est soumis à des règles, rappelées par les doctes (c'est-à-dire les savants qui critiquaient les ouvrages et formulaient les règles) ; ils se réclament d'un traité antique, la *Poétique* d'Aristote (IVe siècle av. J.-C.).
- **La vraisemblance** : est vraisemblable ce que le public est susceptible de croire d'après ses préjugés, pas forcément ce qui est vrai. La célèbre **règle des trois unités** découle du principe de vraisemblance. Le spectateur doit avoir l'impression que ce qu'il voit sur scène se déroule vraiment, donc la durée de la représentation doit coïncider avec la durée de l'histoire représentée : c'est l'**unité de temps**. Or, en un temps si réduit, seule une action unique peut avoir lieu, dans un espace lui-même réduit, ce qui justifie la règle de l'**unité d'action et de lieu**.
- **La bienséance** : il ne faut pas choquer le public. La **querelle du *Cid* (1636)** témoigne de l'imbrication de la vraisemblance et de la bienséance. Les doctes ont en effet reproché à Corneille d'avoir mis sur scène une héroïne, Chimène, qui pardonne à l'assassin de son père, Rodrigue. Ce passage de la pièce a été jugé à la fois choquant et invraisemblable, alors même qu'il s'agit de la vérité historique.

2. La tragédie classique : le triomphe des conventions

a. Comment définir la tragédie ?

- La tragédie française apparaît avec la tragédie humaniste, culmine à l'âge classique avec **Corneille** (1606-1684) et **Racine** (1639-1699), puis s'éteint au XVIIIe siècle, les dernières tragédies étant des œuvres de Voltaire.
- Elle se définit par le fait de mettre en scène des **personnages de rang élevé** : rois et reines, princes et princesses. Elle doit donc être écrite dans un **style noble**, en alexandrins. Elle ne se définit donc pas par une fin malheureuse tirant des larmes aux spectateurs. Il existe ainsi des tragédies à dénouement heureux telles que *Cinna* de Corneille (1640) : l'Empereur Auguste gracie Cinna, Maxime et Émilie, bien qu'ils aient tous ourdi de terribles complots contre lui.
- Attention, **il ne faut pas confondre le registre tragique** propre à des œuvres où le héros est écrasé sous le poids de sa destinée, obéissant à des forces qui lui sont supérieures, **avec le genre de la tragédie,** où la fatalité n'est pas forcément présente.

b. L'effet produit sur le spectateur

- Comme l'écrit Aristote dans la *Poétique,* l'effet propre à la tragédie, ce ne sont pas forcément les larmes, mais la **terreur** et la **pitié**, suscitées par les actions nobles de personnages de haut rang.

- Pour susciter ces émotions, la tragédie classique met souvent en scène **la violence au sein des familles.** Dès sa première tragédie, *La Thébaïde,* Racine met ainsi en scène le motif des frères ennemis. On le retrouvera tout au long de son théâtre : dans *Britannicus,* par exemple, où Néron fait empoisonner son frère adoptif.

- Pour justifier la mise en scène de la violence, les dramaturges invoquent une notion trouvée dans la *Poétique* d'Aristote, la ***catharsis*** : la représentation des passions des personnages permet l'identification et donc la **purgation de ces passions chez le spectateur.**

c. Les métamorphoses du héros tragique

- Les deux plus grands représentants de la tragédie classique, Corneille et Racine, ont une façon très différente de représenter le héros tragique.

- Pour **Corneille**, la tragédie est d'abord **politique**. Dans *Andromaque* (1667), **Racine** innove en faisant passer la dimension politique au second plan et fait de l'**intrigue amoureuse** le cœur de la tragédie.

- Le **héros cornélien** doit susciter l'admiration. Dernier avatar de l'idéal chevaleresque médiéval, il doit d'abord défendre son honneur. Le **héros racinien,** dévoré par la passion amoureuse, suscite davantage la pitié que l'admiration.

3. La comédie classique : la fusion des traditions

a. Comment définir la comédie ?

- La comédie à l'âge classique se définit, en opposition à la tragédie, par la présence sur scène de **personnages socialement peu élevés** : bourgeois, marchands, maîtres et valets. On s'y exprime dans une langue quotidienne.

- Attention, **la comédie ne se définit pas nécessairement par le fait de faire rire**. La première comédie de Corneille, *Mélite* (1629), cherche seulement à faire sourire, avec une intrigue romanesque, incluant jalousies et stratagèmes amoureux. Jusqu'à Molière, **le rire est associé à la farce** et, de ce fait, il est l'ennemi de la comédie.

- **C'est avec Molière que la comédie devient intimement liée au rire.** Molière fusionne les diverses traditions : celle de la farce, celle de la *commedia dell'arte* venue d'Italie, celle de la comédie latine de Plaute et de Térence.

b. Les multiples formes de la comédie

- Contrairement à la tragédie, la comédie connaît des formes multiples :
  - des **comédies brèves**, en un acte, comme les premières comédies de Molière, qui cherchent à divertir avec des personnages peu individualisés et des histoires conventionnelles. Le comique est d'abord un **comique de geste et de situation ;**
  - des **comédies longues, en cinq actes,** parfois en alexandrins. Leur but n'est pas tant de divertir que de **tendre un miroir au public**. Cette dimension satirique s'accompagne d'une recherche de réalisme dans la représentation des mœurs. Molière en donne un exemple avec *Le Misanthrope* (1666).

La *commedia dell'arte* et le théâtre français

La *commedia dell'arte* est une forme de théâtre apparue en Italie dans la seconde moitié du XVIe siècle, qui consiste en un jeu improvisé à partir d'un canevas, donnant une grande place à la gestuelle. Les personnages sont reconnaissables au premier coup d'œil :

– les jeunes amoureux, Isabelle et Léandre, non masqués ;

– les vieillards, comme Pantalon, vieillard amoureux et avare, souvent trompé, célèbre pour son habit rouge ; Harpagon, dans *L'Avare* de Molière, s'en inspirera ;

– les soldats, comme le Capitan, aussi vantard que lâche, qu'on retrouvera sous les traits de Matamore dans *L'Illusion comique* de Corneille ;

– les *zanni*, c'est-à-dire les valets, Arlequin, Polichinelle par exemple, auteurs de *lazzi*, jeux de scène et jeux de mots improvisés. Ils fourniront les modèles des valets de comédie, notamment Scapin chez Molière.

Enfin, pour contenter Louis XIV, est inventé le genre de la **comédie-ballet.** Molière s'associe à des musiciens pour produire ces pièces entrecoupées de danse, qui peuvent **raconter des histoires d'amour**, comme *Psyché* (co-écrite avec La Fontaine et Lully, en 1671), ou être **purement comiques,** comme *Le Bourgeois gentilhomme* (1670) ou *Le Malade imaginaire* (1673).

c. La comédie après Molière

Les comédies de **Marivaux** (1688-1763) n'ont plus rien à voir avec celles de Molière. Désormais, l'amour est au centre de l'intrigue, dans des pièces qui ne cherchent plus à être le miroir du monde réel. La **dissimulation de l'identité** est ainsi au cœur de nombreuses pièces comme *Le Jeu de l'amour et du hasard* (1730), et sert aux personnages principaux le plus souvent à révéler, au terme de discussions aussi raffinées qu'interminables, leurs sentiments réciproques, comme dans *Les Fausses Confidences* (1737).

Tout aussi indifférent à la question de la vraisemblance est le théâtre de **Beaumarchais** (1732-1799), dans des pièces comme *Le Barbier de Séville* et sa suite, *Le Mariage de Figaro*. L'essentiel est ici la **mécanique comique**, les nombreux stratagèmes et les jeux scéniques, auxquels se mêle la satire politique et sociale. Si tous ces procédés sont traditionnels, leur accumulation fait du théâtre de Beaumarchais un véritable feu d'artifices.

III. Le théâtre romantique ou le rejet des conventions classiques

Dans la seconde moitié du XIXe siècle, une révolution a lieu au théâtre : c'est l'apparition du drame romantique, qui refuse les règles héritées du théâtre classique.

1. La naissance du drame

a. Le drame et le mélodrame, inventions du XVIIIe siècle

Au XVIIIe siècle, le système mis en place par les doctes est de plus en plus mis à mal. La tragédie et la comédie fusionnent en un genre unique : le **drame bourgeois**, qui met en scène marchands, juges, banquiers, notaires… Il s'agit de représenter des **conditions sociales** plutôt que des caractères.

- À côté du drame se développe le **mélodrame**. Sa dramaturgie est simple : il s'agit de montrer en trois actes l'**affrontement manichéen du bien et du mal**. La vertu est persécutée par le vice mais finit, dans un ultime rebondissement, par triompher.

b. Les influences étrangères

- La naissance du drame romantique est liée à l'**influence de littératures étrangères**, dans lesquelles on puise des modèles qu'on ne trouve pas en France.
- Le **drame romantique allemand**, qui s'écrit contre le modèle de la tragédie classique française, exerce une influence importante. *Les Brigands* de Schiller (1781), par exemple, mettent des marginaux en position de héros.
- Mais c'est surtout la redécouverte de **Shakespeare** et du **drame élisabéthain** qui a une influence considérable sur l'avènement du drame romantique : la composition y est très libre ; le comique et le tragique y sont étroitement mêlés.

2. Le drame romantique : une esthétique scandaleuse

a. Une esthétique de la liberté et du mélange

- Le soir de la première d'***Hernani* de Victor Hugo**, le 25 février 1830, **la bataille fait rage entre les conservateurs**, attachés au respect des règles du théâtre classique, **et les romantiques** qui soutiennent la pièce. Cette première représentation est l'acte de naissance du drame romantique.

DOC. 2 Albert Besnard (1849-1934), *La Première* d'Hernani (1903). Romantiques et classiques se font face. On reconnaît, en bas à gauche, le gilet rouge de Théophile Gautier, chef de file des romantiques.

En 1827, Hugo publie ***Cromwell*, drame précédé d'une préface** qui explique les principes du drame romantique :
– le **mélange des genres** : le drame doit mêler le **sublime** et le **grotesque**. Dans le drame *Cromwell* lui-même, à côté d'une sombre histoire de conspiration contre le roi, Hugo invente quatre personnages de fous, Trick, Giraff, Gramadock et Elespuru, qui commentent l'action de façon comique ;
– l'arbitraire des règles aristotéliciennes et le **refus des unités de temps, de lieu et d'action** : *Hernani* nous conduit ainsi d'une chambre de Saragosse à un palais à Aix-la-Chapelle, en passant par les montagnes d'Aragon, et met en scène une action qui se déroule sur plusieurs mois ;
– l'importance de la **couleur locale** : le texte et la mise en scène doivent viser l'exactitude historique. Chez Hugo, c'est l'Espagne qui sera privilégiée comme cadre pour de nombreuses pièces.

b. Le héros et l'histoire

Le drame romantique accorde une grande place à l'histoire : pour Hugo, le théâtre doit être un « **miroir de concentration** » qui donne à voir l'ensemble d'une époque. En 1835, *Lorenzaccio* de Musset offre un tableau de Florence au XVIe siècle, donnant la parole aux autorités religieuses et politiques autant qu'à la révolte populaire.

Le héros est le plus souvent un **marginal** : un bandit comme Hernani, qui se révèle être un noble en exil, ou un valet comme Ruy Blas.

Ce héros solitaire est souvent un **être pur et incompris** : Lorenzo de Médicis, dans *Lorenzaccio*, dégoûté par la tyrannie et la débauche du duc de Florence, l'assassine avant d'être assassiné à son tour, honni de tous.

IV. Le théâtre moderne ou les ambivalences d'un genre

Le théâtre au XXe siècle est extrêmement varié, allant de pièces respectueuses de la tradition à des pratiques novatrices qui repoussent les limites de la représentation et du langage.

1. Rupture ou tradition ?

a. Modernité et conservatisme

Dès la fin du XIXe siècle, apparaît un **théâtre que l'on peut qualifier d'« avant-gardiste »** : en 1896, Alfred Jarry fait jouer *Ubu roi*, où le personnage caricatural d'Ubu devient roi de Pologne. La pièce est caractérisée par son invention verbale et son sens de la provocation : le premier mot d'Ubu est « merdre » ! Jarry peut être considéré comme un **précurseur du surréalisme.**

Le surréalisme aura aussi son théâtre : le **drame burlesque** d'Apollinaire, *Les Mamelles de Tirésias* (1917), raconte la transformation d'une femme, Thérèse, en homme.

À côté de ce théâtre radicalement novateur, existe un théâtre plus conservateur, qualifié parfois de « **théâtre littéraire** » : dans certaines de ses pièces, comme *Ondine* (1939), Giraudoux allie des sujets merveilleux à une langue précieuse.

b. La reprise des mythes

Les mythes antiques séduisent de nouveau, permettant le **mariage de la modernité et de la tradition**. Dans *La Machine Infernale* (1934), par exemple, Jean Cocteau reprend le mythe d'Œdipe en l'intégrant dans l'univers onirique qui est le sien.

La Machine infernale de Cocteau

Histoire des art

Adaptation libre d'*Œdipe roi* de Sophocle, la pièce de Cocteau est montée pour la première fois par Louis Jouvet en 1934. Le décor et les costumes de Christian Bérard font écho à la réécriture moderne du mythe antique.

– On retrouve les éléments d'une mise en scène conventionnelle de l'Antiquité, à savoir les colonnes pour le décor, les toges blanches pour les costumes des personnages de droite (Œdipe et le Sphinx).

– Le décor du fond, déchiré et laissant entrevoir un mur de brique, symbolise l'irruption de la modernité dans l'Antiquité. La confrontation avec le dieu égyptien Anubis (le personnage de gauche), reconnaissable à son masque de canidé, donne à la scène une coloration surréaliste qui correspond parfaitement au mélange des genres, des styles et des époques que Cocteau souhaitait pour sa réécriture.

– Plus fondamentalement, le décor du fond déchiré semble donner à voir le véritable mur du théâtre. C'est l'illusion théâtrale qui est ici dénoncée : la « machine infernale » dont il est question, c'est le théâtre lui-même. Avec ce décor et ces costumes, Jouvet montre l'artifice du théâtre, qui s'emploie à créer l'illusion à l'aide d'outils stéréotypés.

DOC. 3 *La Machine infernale* de Cocteau, mise en scène par Louis Jouvet en 1934. De gauche à droite : Anubis, Œdipe et le Sphinx.

- Mais la reprise des mythes peut aussi être plus irrévérencieuse : dans *Électre* de Giraudoux (1937), l'auteur multiplie les formes de **parodie du tragique** utilisant des anachronismes ou des termes triviaux.

- La réécriture des mythes au XXe siècle a enfin vocation à **entrer en résonnance avec l'actualité**. Ainsi, la pièce de Giraudoux *La guerre de Troie n'aura pas lieu* (1935) renvoie-t-elle au contexte de la menace d'une guerre avec l'Allemagne.

c. La révolution du Nouveau Théâtre

- Dans les années 1950, les pièces de **Beckett, Ionesco, Adamov et Genet** vont renouveler en profondeur le théâtre. C'est le succès d'***En attendant Godot* de Beckett** (1952) qui attire l'attention sur ce « Nouveau Théâtre », même si la voie a été ouverte par *La Parodie* d'Adamov (1949), *Les Bonnes* de Jean Genet (1947), *La Cantatrice chauve* d'Eugène Ionesco (1950).

- Ce théâtre d'avant-garde, héritier de Jarry, s'oppose à toute la tradition théâtrale. Il ne s'agit pas d'imiter le réel ou de raconter une histoire, pas plus que d'instruire le spectateur. **Ce théâtre refuse aussi bien le réalisme que le didactisme.**

- Les personnages sont **sans nom, sans identité, sans histoire**. L'espace est irréel (*En attendant Godot* se déroule dans un non-lieu : « Route de campagne avec arbre ») et le temps incohérent. C'est surtout la **répétition** qui prime : dans *La Leçon* de Ionesco, le professeur en est à son quarantième assassinat d'élève de la journée.

2. Sens ou absurdité ?

a. Théâtre, religion et philosophie

- Le théâtre du XXe siècle est traversé de tendances contradictoires concernant le **sens à donner à l'existence.**
– D'un côté, un théâtre empreint de catholicisme : la plus célèbre des pièces de **Claudel**, *Le Soulier de satin* (1943), relate une histoire d'amour impossible, cherchant à illustrer la tension entre la séparation des corps sur Terre et la **réunion des âmes dans l'au-delà**.
– À l'inverse, un théâtre affirmant son athéisme : celui de **Sartre** illustre l'**existentialisme**, une philosophie qui place au premier plan la liberté de l'homme. Grâce aux trois personnages de *Huis-Clos* (1944), condamnés à se heurter éternellement les uns aux autres, nous comprenons que le jugement d'autrui sur nos actes nous enferme.

- **Camus** est souvent associé à Sartre mais il insiste davantage sur la dimension **absurde**, incompréhensible, de l'existence humaine. Sa première pièce, *Le Malentendu* (1844), est une transposition de son essai philosophique *Le Mythe de Sisyphe*.

b. Théâtre et politique

- Le théâtre du XXe siècle pose également la question de l'engagement politique. Pour Sartre, **le théâtre doit résolument être engagé** : il pose ainsi la question de la torture dans *Morts sans sépulture* (1946), du racisme dans *La Putain respectueuse* (1946), de l'utilisation de la violence par les révolutionnaires dans *Les Mains sales* (1948).

- Le Nouveau Théâtre peut, à l'inverse, sembler **apolitique**, mais on rencontre des contre-exemples comme *Rhinocéros* (1959), de Ionesco, généralement interprétée comme une allégorie de la montée des totalitarismes.

- Le théâtre devient ainsi le lieu des **revendications sociales.** Armand Gatti prône un théâtre révolutionnaire et donne la parole aux opprimés, notamment dans *La Passion du général Franco* (1968), pièce censurée pendant les répétitions.

3. Théâtre, métathéâtre ou antithéâtre ?

a. Les jeux de miroir du théâtre moderne

- L'une des caractéristiques du théâtre moderne est de délaisser la représentation de la réalité au profit d'une représentation du théâtre par lui-même : c'est ce qu'on appelle la « **métathéâtralité** ».

- Il peut s'agir d'une reprise du procédé du **théâtre dans le théâtre**, qui peut devenir vertigineux comme dans *La Nuit de Madame Lucienne* (1985) de Copi (1939-1987) : on croit assister à une répétition mais, à force de rebondissements, le spectateur perd tous ses repères et ne peut plus discerner le faux du vrai.

- Mais c'est plus généralement tout le théâtre qui en vient à **explorer ses propres limites** : dans la pièce *Dans la Solitude des champs de coton* (1985), **Bernard-Marie Koltès** met en scène une relation assez énigmatique entre un dealer et un client anonymes. Au-delà de la transaction commerciale, il faut voir dans le **deal** une **métaphore du théâtre**, de l'échange verbal incessamment relancé.

b. Le langage en question

- La mise en question du langage est au cœur du théâtre moderne. Elle passe par un **jeu avec les stéréotypes**, les phrases toutes faites qui, à force de se répéter, perdent leur sens : dans *La Cantatrice chauve*, Ionesco se moque des méthodes d'apprentissage de l'anglais, en prêtant à ses personnages des phrases totalement artificielles tirées de ces méthodes.

- La crise du langage tient surtout à la mise en scène de l'**incommunicabilité**, qui rompt le principe fondamental du théâtre ; c'est pourquoi on a aussi pu appeler le Nouveau Théâtre un « **antithéâtre** ». Les personnages ont l'air de dialoguer mais ne se comprennent jamais. Le **vide du langage** est illustré par la prolifération d'une parole vaine et répétitive, comme l'immense *Monologue d'Adramelech* (1985), de **Novarina** (né en 1947), ou à l'inverse, comme chez **Beckett**, par une tension vers le dépouillement et la brièveté, voire le silence.

- Malgré cet accent mis sur l'impuissance du langage, la volonté de représentation demeure présente chez de nombreux auteurs. La **peinture du quotidien** est ainsi un thème important chez **Michel Vinaver** (né en 1927) qui met en perspective, à travers le regard de personnages banals, de grands événements, comme la guerre d'Algérie vue par des touristes (*Iphigénie Hôtel,* 1960). Le théâtre de **Jean-Luc Lagarce** (1957-1995) réalise la synthèse des tendances du théâtre à la fin du XXe siècle, en mêlant la **déconstruction du langage** (les personnages ne cessent d'hésiter et de se corriger) à l'évocation du quotidien, comme dans sa pièce *Juste la fin du monde* (1990), où un jeune homme venu annoncer à sa famille qu'il va mourir repart en n'ayant échangé que des banalités.

MÉTHODES ET STRATÉGIES

1 Question sur un corpus – La relation maître / valet

Expliquez comment les textes du corpus illustrent la relation entre maître et valet.

> Voir la méthode de traitement d'une question sur corpus (Annexes, p. 470).

> Voir le sujet 1 p. 129.

TEXTE A **Molière** (1622-1673), *Le Malade imaginaire* (1673), acte I, scène 5 p. 124

TEXTE B **Beaumarchais** (1732-1799), *Le Mariage de Figaro* (1784), acte III, scène 5 p. 125

TEXTE C **Victor Hugo** (1802-1885), *Ruy Blas* (1838), acte III, scène 5 p. 126

TEXTE D **Jean Genet** (1910-1986), *Les Bonnes* (1947) p. 127

Analyser le sujet au brouillon

> Cerner le sujet

- La question fait référence à un couple de personnages – le maître et le valet – parmi les plus courants au théâtre, et ce depuis l'Antiquité, où les comédies représentaient déjà les actions d'un esclave ingénieux au service – ou à l'encontre – de son maître.
- Issus d'époques variées et racontant des histoires différentes, les quatre textes du corpus mettent en scène une relation entre maître et valet. L'objectif est d'analyser leurs points de convergence et les variations introduites par chaque extrait à partir de ce thème.

> Analyser le corpus de textes

- Identifier la relation maître / valet dans les textes.

– Texte A : Argan est le vieux maître, Toinette est la servante qui lui tient tête tout en prétendant le servir et vouloir son bien.
– Texte B : le Comte est le maître, Figaro est le valet. Il déjoue les tentatives de son maître auprès de sa fiancée et fait la satire des grands qui abusent de leur pouvoir.
– Texte C : Don Salluste est le maître, déguisé en valet, et Ruy Blas est le valet, déguisé en noble. Il découvre qu'il est l'instrument de la vengeance de son maître.
– Texte D : Claire et Solange sont les deux domestiques qui jouent à simuler les relations entre leur maîtresse tyrannique et elles.

- Dégager des axes de comparaison.

– Texte A : jeu comique entre personnages, reprenant un schéma de farce. Stichomythie : alternance de répliques brèves et symétriques.
– Texte B : comédie comportant une dimension satirique. Longue tirade de Figaro montrant la réflexion sociale sur sa condition.
– Texte C : tonalité élégiaque et pathétique des propos du valet, inférieur au plan social mais supérieur au plan moral. Longue tirade de Don Salluste montrant un maître cynique qui manipule son valet comme une marionnette.
– Texte D : genre difficile à identifier, hésitation du spectateur entre comique et tragique. Répliques brèves marquant la violence de la situation, la dureté et la cruauté des rapports de domination.

> Dégager la problématique

Cette analyse doit conduire à la question : dans les quatre textes du corpus, l'opposition entre maître et valet est-elle utilisée pour mettre en cause les hiérarchies sociales ? N'est-elle pas d'abord utilisée comme ressort théâtral ?

Structurer la réponse

> Construire le plan de la réponse

L'analyse fait ressortir deux idées majeures : l'opposition plus ou moins exacerbée des personnages et l'utilisation de cette opposition comme ressort théâtral. Il semble donc nécessaire d'opter pour un plan thématique.

> Élaborer un plan détaillé

Les textes sont nommés ci-dessous à l'aide des lettres A, B, C, D. Dans la copie du baccalauréat, penser à les désigner de manière plus précise, en variant les formulations.

I. Une relation conflictuelle illustrant une hiérarchie sociale

1. Le valet, opposant du maître

– Joute verbale : la servante n'hésite pas à moquer ouvertement son maître, prouvant qu'elle ne risque pas grand-chose (texte A).
– Mais le maître peut vouloir atteindre un objectif amoureux qui le met en concurrence avec le valet : texte B.
– L'opposition a également pour objet une femme dont le valet est amoureux dans le texte C, mais le maître ne ressent pour elle qu'un sentiment de vengeance.
– Texte D : ce sont les bonnes elles-mêmes qui représentent la violence de la relation.

2. L'évolution de la figure du valet et la mise en cause des hiérarchies sociales

– C'est dans le texte B, contemporain des Lumières, qu'apparaît le plus clairement la remise en cause de la hiérarchie sociale.
– Les textes C et D illustrent la façon dont les maîtres peuvent continuer à se présenter en manipulateurs tout-puissants, voire cruels. Toutefois, les spectateurs seront d'autant plus sensibles à l'humiliation subie par le valet ou les bonnes que, désormais, leur infériorité sociale n'est plus considérée comme appartenant à l'ordre naturel.

II. Un ressort théâtral plus qu'une représentation de la réalité sociale

1. Un jeu avec la tradition théâtrale

– Texte A : exemple de couple maître / valet qui rappelle le couple formé par Pantalon et Arlequin dans la *Commedia dell'arte* ; les personnages sont trop stéréotypés, leur échange trop mécanique pour qu'on puisse y chercher une véritable représentation réaliste d'une réalité sociale. Pur divertissement ici. Cette scène est d'ailleurs une pure et simple réécriture d'une scène des *Fourberies de Scapin*.
– De même, le texte D est davantage une exploration de la tradition théâtrale qu'une réflexion sur la condition des domestiques au XXe siècle.

2. Une représentation en abyme du jeu théâtral

– Mise en abyme évidente dans le texte D puisque nous avons affaire à deux personnages qui jouent des rôles, mais aussi dans le texte C, où les rôles de maître et valet sont inversés.
– Texte B : le Comte et Figaro se mentent et jouent donc un rôle.

– Texte C : si traditionnellement c'est le valet qui joue la comédie au maître, cette fois, c'est le maître qui échafaude un plan pour se venger et qui joue le rôle de dramaturge, le valet n'étant qu'un personnage, bien malgré lui.

Rédiger la réponse

> Rédiger le développement

- On peut notamment citer un bref passage du texte A illustrant les effets de répétition et la stichomythie, ou les didascalies du texte C illustrant le jeu de dupes.
- Ne pas hésiter, également, à relever tout ce qui, dans le lexique du texte C, montre que Don Salluste voit Ruy Blas comme une marionnette qu'il fait agir à sa guise.

> Rédiger une brève conclusion

La relation entre maître et valet est un thème récurrent au théâtre, de l'Antiquité à nos jours. Se révélant tour à tour l'allié ou l'ennemi, le confident ou la victime, le souffre-douleur ou l'alter ego, le valet permet de jouer sur deux ressorts fondamentaux de l'action dramatique, le conflit et la complicité.

2 Commentaire littéraire – Beaumarchais, *Le Mariage de Figaro*

Vous commenterez le texte de Beaumarchais extrait du *Mariage de Figaro*.

> Voir la méthode du traitement du commentaire littéraire (Annexes, p. 471).
> Voir les sujets 2 et 3 p. 129 et 1 p. 161.

Prendre connaissance du texte

> Faire les premiers repérages

- L'objet d'étude est le théâtre : il faut donc s'intéresser à l'échange de répliques, aux rapports entre personnages, à l'effet que l'échange produira sur le spectateur.
- La question sur corpus ouvre une première piste d'analyse : il faut s'interroger sur le sens de la reprise par Beaumarchais du couple traditionnel maître / valet.

> Établir la fiche d'identité du texte

- On identifie facilement le genre : on est dans une comédie. Toutefois, il n'y a pas ici d'effets comiques aussi marqués que dans la scène de Molière (texte A), mais plutôt une vivacité de ton et de rythme qu'il faut analyser précisément.
- Le thème principal du texte est la rivalité amoureuse entre le comte et Figaro : le comte cherche à savoir si Figaro est au courant de son amour pour Suzanne et Figaro, malin, ne cesse de faire diversion.

Analyser le texte au brouillon

> Entrer dans les détails en croisant deux méthodes

- L'analyse linéaire permet d'identifier les différentes caractéristiques de l'échange, qui est composé de deux parties distinctes : d'abord des répliques brèves, symétriques, puis une longue tirade, où Figaro se lance dans une satire du monde politique.
- La lecture transversale permet de dégager des éléments récurrents : l'habileté rhétorique de Figaro, le caractère conflictuel de l'échange, d'abord esquivé par Figaro qui finit par passer à l'attaque, et, enfin, le thème de la dissimulation.

Structurer le commentaire

> Établir un projet de lecture

- On en tirera une problématique synthétique : en quoi cette scène exploite-t-elle toutes les ressources de la comédie au service d'une vision du monde satirique ?
- On commencera par la partie la plus descriptive, où on étudiera la structure de ce duel verbal, pour analyser ensuite comment cet échange illustre de nouvelles relations entre maîtres et valets, et on montrera enfin comment tous ces éléments se rejoignent dans le thème de la dissimulation.

> Élaborer un plan détaillé

I. Un duel verbal

1. Un échange vif et alerte

– Répliques d'abord brèves et échanges rapides : stichomythie.
– Les symétries et les répétitions donnent du dynamisme à l'ensemble.

2. La violence de l'échange

– Véritable joute verbale, avec des attaques et des contre-attaques.
– La violence augmente progressivement, les reproches du comte et les répliques cinglantes du valet allant *crescendo*.

3. L'habileté rhétorique de Figaro

– Art de l'esquive : il répond aux questions par d'autres questions ou par des généralités (à l'aide du pronom « on »).
– Longue tirade très élaborée, avec des jeux de répétitions et d'antithèses, de juxtapositions et d'accumulations.
→ La forme de l'échange entre maître et valet traduit une nouvelle répartition des rôles.

II. Une réécriture du couple maître / valet

1. Une nouvelle répartition des rôles

– Habileté de Figaro qui le fait apparaître comme lucide et malin : c'est lui que le public doit admirer aux dépens de son maître.
– La structure du dialogue et le volume des répliques montrent que le valet tient tête à son maître et qu'il finit par devenir le personnage dominant de la scène.

2. Un conflit inédit

– Rivalité amoureuse : nous n'avons plus vraiment de hiérarchie mais une relation d'égalité entre deux concurrents.

– Le comte et Figaro se ressemblent donc beaucoup : deux personnages en miroir l'un de l'autre, ce qui souligne l'arbitraire des conventions sociales.

3. Une satire sociale et politique

– La forme de l'échange fournit ainsi déjà une première remise en cause de la hiérarchie sociale traditionnelle.
– La longue tirade de Figaro ridiculise la politique en la transformant en un jeu d'apparences purement mécanique, par l'énumération de verbes à l'infinitif.
→ Le propos social et politique est exprimé par le jeu proprement théâtral sur les mensonges et les illusions.

III. Une mise en abyme du texte théâtral au service d'une vision du monde

1. La double énonciation

– Le comte et Figaro se mentent l'un à l'autre. Le public, lui, est au courant de tout, et s'amuse de voir chacun des deux tenter d'obtenir des informations de l'autre.
– Figaro et le comte se jouent la comédie l'un à l'autre ; cf. les deux apartés, que seul le public est censé entendre.

2. Le thème de la dissimulation

– Thème de la dissimulation dès le départ : le comte accuse Figaro de lui cacher des choses, alors qu'autrefois il lui disait tout.
– Ce même thème revient dans la grande tirade de Figaro : le monde entier n'est qu'un jeu de tromperies, de fourberies et d'illusions.

3. Le topos du *theatrum mundi*

Cette mise en abyme renvoie au topos du *theatrum mundi*, issu de la philosophie stoïcienne : le monde est un théâtre dans lequel chacun joue un rôle.

Rédiger le commentaire

> Rédiger l'introduction

- En guise d'accroche, on peut faire référence au fait que la comédie a, traditionnellement, un rôle de satire, le plus souvent morale : sa devise est *castigat ridendo mores*, « châtier les mœurs par le rire ».
- La présentation du texte doit donc montrer l'originalité de celui-ci : la satire s'applique ici aux hiérarchies sociales et politiques. On est à cinq ans de la Révolution.
- L'énoncé de la problématique et l'annonce du plan doivent faire apparaître la logique du propos : il s'agit de montrer comment la réflexion politique, la situation théâtrale et l'écriture de Beaumarchais concourent à produire une même vision, critique et subversive, du monde.

> Rédiger le développement

Il faut faire attention à ce que chaque partie commente l'ensemble du texte : ici le risque est que la deuxième partie ne concerne que la longue tirade de Figaro.

> Rédiger la conclusion

- On retiendra de cette analyse le fait que, sous des dehors ludiques et divertissants, la comédie se charge de sérieux, et même de gravité. Figaro est un valet éblouissant et sympathique mais la vision du monde qui se dégage de ses propos est amère et sombre.

- En guise d'ouverture, on rapprochera cet extrait d'autres grandes scènes de comédie qui critiquent le mensonge dans lequel se complaisent les puissants : on peut penser à la tirade de l'hypocrisie dans *Dom Juan*, acte V, scène 2.

CORPUS

TEXTE A **Molière (1622-1673), *Le Malade imaginaire* (1673), acte I, scène 5**

Argan, malade imaginaire, vient d'annoncer à sa fille, en présence de la servante Toinette, son projet de la marier à Thomas Diafoirus, le fils de son médecin.

TOINETTE. – Ma foi, Monsieur, voulez-vous qu'en amie je vous donne un conseil ?
ARGAN. – Quel est-il ce conseil ?
TOINETTE. – De ne point songer à ce mariage-là.
ARGAN. – Hé la raison ?
TOINETTE. – La raison ? C'est que votre fille n'y consentira point.
ARGAN. – Elle n'y consentira point ?
TOINETTE. – Non.
ARGAN. – Ma fille ?
TOINETTE. – Votre fille. Elle vous dira qu'elle n'a que faire de Monsieur Diafoirus, ni de son fils Thomas Diafoirus, ni de tous les Diafoirus du monde.
ARGAN. – J'en ai affaire, moi ; outre que le parti est plus avantageux qu'on ne pense ; Monsieur Diafoirus n'a que ce fils-là pour tout héritier ; et, de plus, Monsieur Purgon[1], qui n'a ni femme, ni enfants, lui donne tout son bien, en faveur de ce mariage ; et Monsieur Purgon est un homme qui a huit mille bonnes livres de rente.
TOINETTE. – Il faut qu'il ait tué bien des gens, pour s'être fait si riche.
ARGAN. – Huit mille livres de rente sont quelque chose, sans compter le bien du père.
TOINETTE. – Monsieur, tout cela est bel et bon ; mais j'en reviens toujours là. Je vous conseille entre nous de lui choisir un autre mari, et elle n'est point faite pour être Madame Diafoirus.
ARGAN. – Et je veux, moi, que cela soit.
[...]
TOINETTE. – Bagatelles.
ARGAN. – Il ne faut point dire « bagatelles ».
TOINETTE. – Mon Dieu je vous connais ; vous êtes bon naturellement.
ARGAN, *avec emportement.* – Je ne suis point bon, et je suis méchant quand je veux.
TOINETTE. – Doucement, Monsieur ; vous ne songez pas que vous êtes malade.
ARGAN. – Je lui commande absolument de se préparer à prendre le mari que je dis.
TOINETTE. – Et moi je lui défends absolument d'en faire rien.
ARGAN. – Où est-ce donc que nous sommes ? et quelle audace est-ce là à une coquine de servante de parler de la sorte devant son maître ?
TOINETTE. – Quand un maître ne songe pas à ce qu'il fait, une servante bien sensée est en droit de le redresser.

1 Oncle de Thomas Diafoirus.

TEXTE B Beaumarchais (1732-1799), *Le Mariage de Figaro* (1784), acte III, scène 5

Marié à Rosine, le Comte convoite sa femme de chambre, Suzanne, qui n'est autre que la fiancée de son valet Figaro. Dans cette scène, le comte essaie de voir si Figaro est au courant de son amour pour Suzanne. Ce dernier, qui sait tout depuis le début, fait semblant de ne rien savoir.

LE COMTE. – ...Autrefois tu me disais tout.

FIGARO. – Et maintenant je ne vous cache rien.

LE COMTE. – Combien la Comtesse t'a-t-elle donné pour cette belle association[2] ?

FIGARO. – Combien me donnâtes-vous pour la tirer des mains du docteur ? Tenez, Monseigneur, n'humilions pas l'homme qui nous sert bien, crainte d'en faire un mauvais valet.

LE COMTE. – Pourquoi faut-il qu'il y ait toujours du louche en ce que tu fais ?

FIGARO. – C'est qu'on en voit partout quand on cherche des torts.

LE COMTE. – Une réputation détestable !

FIGARO. – Et si je vaux mieux qu'elle ? Y a-t-il beaucoup de seigneurs qui puissent en dire autant ?

LE COMTE. – Cent fois je t'ai vu marcher à la fortune, et jamais aller droit.

FIGARO. – Comment voulez-vous ? La foule est là : chacun veut courir, on se presse, on pousse, on coudoie, on renverse, arrive qui peut ; le reste est écrasé. Aussi c'est fait ; pour moi, j'y renonce.

LE COMTE. – À la fortune ? (*À part*) Voici du neuf.

FIGARO (*À part.*) – À mon tour maintenant. (*Haut.*) Votre Excellence m'a gratifié de la conciergerie du château ; c'est un fort joli sort ; à la vérité, je ne serai pas le courrier étrenné des nouvelles intéressantes ; mais, en revanche, heureux avec ma femme au fond de l'Andalousie...

LE COMTE. – Qui t'empêcherait de l'emmener à Londres[3] ?

FIGARO. – Il faudrait la quitter si souvent que j'aurais bientôt du mariage par-dessus la tête.

LE COMTE. – Avec du caractère et de l'esprit, tu pourrais un jour t'avancer dans les bureaux.

FIGARO. – De l'esprit pour s'avancer ? Monseigneur se rit du mien. Médiocre et rampant ; et l'on arrive à tout.

LE COMTE. – ...Il ne faudrait qu'étudier un peu sous moi[4] la politique.

FIGARO. – Je la sais.

LE COMTE. – Comme l'anglais, le fond de la langue[5] !

FIGARO. – Oui, s'il y avait ici de quoi se vanter. Mais feindre d'ignorer ce qu'on sait, de savoir tout ce qu'on ignore, d'entendre ce qu'on ne comprend pas, de ne point ouïr ce qu'on entend, surtout de pouvoir au-delà de ses forces ; avoir souvent pour grand secret de cacher qu'il n'y en a point ; s'enfermer pour tailler des plumes, et paraître profond, quand on n'est, comme on dit, que vide et creux ; jouer bien ou mal un personnage ;

2 À l'acte II, Rosine et Figaro se sont associés pour jouer un tour au Comte, qui a fini par les découvrir.

3 Le Comte a annoncé à Figaro qu'il voulait l'emmener avec lui à Londres où il deviendrait « courrier des dépêches », c'est-à-dire porteur de messages envoyés à grande distance, ce qui permettrait de l'éloigner.

4 Sous moi : sous ma direction.

5 Juste avant cet échange, Figaro a démontré qu'il ne connaissait rien à la langue anglaise.

répandre des espions et pensionner des traîtres ; amollir des cachets[6] ; intercepter des lettres ; et tâcher d'ennoblir la pauvreté des moyens par l'importance des objets : voilà toute la politique, ou je meure !

LE COMTE. – Eh ! c'est l'intrigue[7] que tu définis !

FIGARO. – La politique, l'intrigue, volontiers ; mais comme je les crois un peu germaines[8], en fasse qui voudra !

TEXTE C Victor Hugo (1802-1885), *Ruy Blas* (1838), acte III, scène 5

Don Salluste a été exilé de la cour par la reine d'Espagne et souhaite se venger. Découvrant que son valet, Ruy Blas, aime la reine en secret, il l'introduit à la cour sous le nom de Don César, et lui demande de séduire la reine. Ainsi déguisé, Ruy Blas, sincèrement épris de la reine, en est aimé en retour. C'est alors que ressurgit Don Salluste, déguisé en valet, qui lui découvre ses plans.

RUY BLAS, *chancelant et le regardant avec épouvante.*
Oh ! vous êtes un homme effrayant. Mes genoux
Tremblent... Vous m'entraînez vers un gouffre invisible.
Oh ! Je sens que je suis dans une main terrible !
Vous avez des projets monstrueux. J'entrevoi[9]
Quelque chose d'horrible... – Ayez pitié de moi !
Il faut que je vous dise, – hélas ! jugez vous-même !
Vous ne le saviez pas ! cette femme, je l'aime !
DON SALLUSTE, *froidement.*
Mais si. Je le savais.
RUY BLAS
Vous le saviez !
DON SALLUSTE
Pardieu !
Qu'est-ce que cela fait ?
Ruy Blas, *s'appuyant au mur pour ne pas tomber, et comme se parlant à lui-même.*
Donc il s'est fait un jeu,
Le lâche, d'essayer sur moi cette torture !
Mais c'est que ce serait une affreuse aventure !
(Il lève les yeux au ciel.)
Seigneur Dieu tout-puissant ! mon Dieu qui m'éprouvez,
Épargnez-moi, Seigneur !
DON SALLUSTE
Ah çà, mais – vous rêvez !
Vraiment ! vous vous prenez au sérieux, mon maître.
C'est bouffon. Vers un but que seul je dois connaître,
But plus heureux pour vous que vous ne le pensez,
J'avance. Tenez-vous tranquille. Obéissez.
Je vous l'ai déjà dit et je vous le répète,

6 Il s'agit d'amollir en les réchauffant les cachets de cire qu'on utilisait autrefois pour sceller les enveloppes, afin de pouvoir les ouvrir secrètement et espionner le courrier sans laisser de trace.

7 Une intrigue est une action secrète et complexe, combinée en général entre plusieurs personnes, comme un complot, en vue d'obtenir un succès ou de nuire à quelqu'un.

8 Germaines : cousines.

9 Entrevoi : au lieu de « j'entrevois », pour la rime.

Je veux votre bonheur. Marchez, la chose est faite.
Puis, grand'chose après tout que des chagrins d'amour !
Nous passons tous par là. C'est l'affaire d'un jour.
Savez-vous qu'il s'agit du destin d'un empire ?
Qu'est le vôtre à côté ? Je veux bien tout vous dire,
Mais ayez le bon sens de comprendre aussi, vous.
Soyez de votre état[10]. Je suis très bon, très doux,
Mais, que diable ! Un laquais, d'argile humble ou choisie,
N'est qu'un vase où je veux verser ma fantaisie.
De vous autres, mon cher, on fait tout ce qu'on veut.
Votre maître, selon le dessein qui l'émeut,
À son gré vous déguise, à son gré vous démasque.
Je vous ai fait seigneur. C'est un rôle fantasque,
– Pour l'instant. – Vous avez l'habillement complet.
Mais, ne l'oubliez pas, vous êtes mon valet.
Vous courtisez la reine ici par aventure,
Comme vous monteriez derrière ma voiture.
Soyez donc raisonnable.

TEXTE D Jean Genet (1910-1986), *Les Bonnes* (1947)

Claire et Solange sont deux domestiques au service de « Madame ». Elles jouent souvent, lorsqu'elles sont seules, à tour de rôle, l'une à être la bonne, et l'autre à être Madame. Il en est ainsi quand débute la pièce, mais le spectateur l'ignore.

CLAIRE, *debout, en combinaison, tournant le dos à la coiffeuse. Son geste – le bras tendu – et le ton seront d'un tragique exaspéré.* – Et ces gants ! Ces éternels gants ! Je t'ai dit assez souvent de les laisser à la cuisine. C'est avec ça, sans doute, que tu espères séduire le laitier. Non, non, ne mens pas, c'est inutile. Pends-les au-dessus de l'évier. Quand comprendras-tu que cette chambre ne doit pas être souillée ? Tout, mais tout ! ce qui vient de la cuisine est crachat. Sors. Et remporte tes crachats ! Mais cesse ! (*Pendant cette tirade, Solange jouait avec une paire de gants de caoutchouc, observant ses mains gantées, tantôt en bouquet, tantôt en éventail.*) Ne te gêne pas, fais ta biche. Et surtout ne te presse pas, nous avons le temps. Sors ! (*Solange change soudain d'attitude et sort humblement, tenant du bout des doigts les gants de caoutchouc. Claire s'assied à la coiffeuse. Elle respire les fleurs, caresse les objets de toilette, brosse ses cheveux, arrange son visage.*) Préparez ma robe. Vite le temps presse. Vous n'êtes pas là ? (*Elle se retourne.*) Claire ! Claire ! (*Entre Solange.*)

SOLANGE. – Que Madame m'excuse, je préparais le tilleul (*elle prononce* tillol) de Madame.

CLAIRE. – Disposez mes toilettes. La robe blanche pailletée. L'éventail, les émeraudes.

SOLANGE. – Tous les bijoux de Madame ?

CLAIRE. – Sortez-les. Je veux choisir. Et naturellement les souliers vernis. Ceux que vous convoitez depuis des années. (*Solange prend dans l'armoire quelques écrins qu'elle ouvre et dispose sur le lit.*) Pour votre noce sans doute. Avouez qu'il vous a séduite ! Que vous êtes grosse[11] ! Avouez-le ! (*Solange s'accroupit sur le tapis et, crachant dessus, cire des escarpins vernis.*) Je vous ai dit, Claire, d'éviter les crachats. Qu'ils dorment en

10 Soyez de votre état : comportez-vous comme doit se comporter un valet.

11 Grosse : enceinte.

vous, ma fille, qu'ils y croupissent. Ah ! ah ! (*Elle rit nerveusement.*) Que le promeneur égaré s'y noie. Ah ! ah ! vous êtes hideuse, ma belle. Penchez-vous davantage et vous regardez[12] dans mes souliers. (*Elle tend son pied que Solange examine.*) Pensez-vous qu'il me soit agréable de me savoir le pied enveloppé par les voiles de votre salive ? Par la brume de vos marécages ?

SOLANGE, *à genoux et très humble.* – Je désire que Madame soit belle.

CLAIRE. – Je le serai. (*Elle s'arrange dans la glace.*) Vous me détestez, n'est-ce pas ? Vous m'écrasez sous vos prévenances, sous votre humilité, sous les glaïeuls et le réséda[13]. (*Elle se lève et d'un ton plus bas.*) On s'encombre inutilement. Il y a trop de fleurs. C'est mortel. (*Elle se mire encore.*) Je serai belle. Plus que vous ne le serez jamais. [...]

12 Et vous regardez : et regardez-vous. Cette manière de mettre le pronom avant le verbe est une façon de parler ancienne, qu'on retrouve souvent dans le théâtre classique. C'est donc un clin d'œil de la part de Jean Genet.

13 Le réséda est une plante de couleur jaune verdâtre. Elle est censée avoir des vertus thérapeutiques apaisantes.

SUJETS DE TYPE BAC

1 Question sur un corpus – Théâtre et réalité

60 min.

Vous vous demanderez quelles questions les textes du corpus soulèvent concernant le rapport entre le théâtre et la réalité.

Ce sujet est un bon classique : il permet de montrer ses connaissances sur le genre théâtral mais suppose que vous ayez aussi une bonne capacité d'analyse du procédé du théâtre dans le théâtre, qui est parfois complexe.

> Voir la méthode du traitement d'une question sur corpus (Annexes, p. 470).
> Voir les Méthodes et stratégies 1, chapitre 4.

TEXTE A **William Shakespeare** (1564-1616), *Hamlet* (1600), acte III, scène 2 p. 130

TEXTE B **Jean Rotrou** (1609-1650), *Le Véritable Saint Genest* (1647), acte II, scène 4 p. 131

TEXTE C **Marivaux** (1688-1763), *Les Acteurs de bonne foi* (1757), scène 4 p. 132

TEXTE D **Luigi Pirandello** (1867-1936), *Six personnages en quête d'auteur* (1921) p. 133

2 Commentaire littéraire – Rotrou, *Le Véritable Saint Genest*

180 min.

Vous commenterez le texte de Jean Rotrou, extrait du *Véritable Saint Genest*.

Ce texte peut vous paraître difficile à commenter car il s'agit d'un seul monologue qui ne comporte pas beaucoup d'éléments variés. Mais une bonne exploitation de la question sur corpus vous permettra d'en dégager aisément des pistes d'analyse.

> Voir la méthode du traitement du commentaire littéraire (Annexes, p. 471).
> Voir les Méthodes et stratégies 2, chapitre 4 et les Méthodes et stratégies 1, chapitre 5.

3 Commentaire littéraire – Marivaux, *Les Acteurs de bonne foi*

180 min.

Vous commenterez le texte de Marivaux, extrait des *Acteurs de bonne foi*.

Ce texte est plus facile à commenter car il mêle différents registres et différents thèmes. Faites en sorte de bien construire le commentaire pour les intégrer de façon logique et cohérente.

> Voir la méthode du traitement du commentaire littéraire (Annexes, p. 471).
> Voir les Méthodes et stratégies 2, chapitre 4 et Méthodes et stratégies 1, chapitre 5.

CORPUS

TEXTE A **William Shakespeare (1564-1616),** ***La Tragédie d'Hamlet, prince de Danemark*** **(1600), acte III, scène 2**

Hamlet a appris que son père, le roi du Danemark, a été empoisonné par son propre frère, Claudius, qui a aussi épousé la reine, la mère d'Hamlet. Soucieux de se venger, Hamlet a demandé à des comédiens de jouer devant le roi une scène de crime, dans l'espoir que Claudius soit troublé et se trahisse.

LE ROI. – Connaissez-vous le sujet ? N'a-t-il rien qui puisse offenser ?
HAMLET. – Offenser ? Absolument pas ; ce n'est qu'un jeu, ils s'empoisonnent pour rire.
LE ROI. – Quel est le titre de la pièce ?
HAMLET. – *Le Piège de la Souris*. Et pourquoi diable ? Eh bien, au figuré. Cette pièce a pour sujet un meurtre commis à Vienne. Gonzague est le nom du duc, Baptista, celui de sa femme, et vous allez voir qu'il s'agit d'un joli tour de coquin, mais n'est-ce pas, peu importe ! Votre Majesté et nous qui avons la conscience pure, cela ne nous émeut pas. Que bronche le cheval blessé, nous notre garrot[14] est indemne…
Entre Lucianus avec une fiole de poison. Il se dirige vers le dormeur[15].
[…]
LUCIANUS
Pensée noire, main prompte, drogue sûre,
Convenance de l'heure, absence des témoins !
Ô toi faite à minuit, ô fétide mixture[16]
Qu'Hécate[17] a infectée de ses funestes soins
Par l'affreuse magie de tes propriétés
Dévaste sans retard la vie et la santé.
Il verse le poison dans les oreilles du dormeur.
HAMLET. – Il l'empoisonne dans son jardin pour lui ravir ses états. Son nom est Gonzague, on peut en lire l'histoire, elle est écrite dans l'italien le plus pur. Et maintenant vous allez voir comment le meurtrier se fait aimer de la femme de Gonzague.
OPHÉLIE[18]. – Le roi se lève !
HAMLET. – Quoi, effrayé par un tir à blanc ?
LA REINE. – Êtes-vous souffrant, monseigneur ?
POLONIUS. – Qu'on interrompe la pièce !
LE ROI. – Donnez-moi un flambeau ! Partons !
POLONIUS. – Des flambeaux, des flambeaux, des flambeaux !

14 Garrot : partie du corps située au-dessus de l'épaule et qui prolonge l'encolure.
15 Dans la pièce jouée par les comédiens, Gonzague, endormi, est empoisonné par l'oreille par son neveu, Lucianus.
16 Fétide mixture : mélange à l'odeur désagréable.
17 Hécate : déesse maléfique, liée aux Enfers et à la sorcellerie.
18 Ophélie est la fiancée d'Hamlet et la fille de Polonius, conseiller du roi.

TEXTE B Jean Rotrou (1609-1650), *Le Véritable Saint Genest* (1647), acte II, scène 4

Genest est un acteur païen. Il doit jouer un drame retraçant le martyre du chrétien Adrien, devant l'empereur romain Dioclétien, qui persécute les chrétiens. Genest va s'identifier au cours de cette scène à son personnage, Adrien.

GENEST, *seul, repassant son rôle, et se promenant.*
« Il serait, Adrien, honteux d'être vaincu
Si ton dieu veut ta mort, c'est déjà trop vécu ;
J'ai vu, Ciel, tu le sais, par le nombre des âmes
Que j'osai t'envoyer, par des chemins de flammes,
Dessus les grils ardents, et dedans les taureaux[19],
Chanter les condamnés, et trembler les bourreaux. »
Il répète ces quatre vers.
« J'ai vu, Ciel, tu le sais, par le nombre des âmes
Que j'osai t'envoyer, par des chemins de flammes,
Dessus les grils ardents, et dedans les taureaux,
Chanter les condamnés, et trembler les bourreaux. »
Et puis ayant un peu rêvé, et ne regardant plus son rôle, il dit :
Dieux, prenez contre moi ma défense et la vôtre ;
D'effet, comme de nom, je me trouve être un autre ;
Je feins moins Adrien, que je ne le deviens,
Et prends avec son nom, des sentiments chrétiens ;
Je sais, pour l'éprouver, que par un long étude[20],
L'art de nous transformer nous passe en habitude ;
Mais il semble qu'ici, des vérités sans fard,
Passent[21], et l'habitude, et la force de l'art,
Et que Christ me propose une gloire éternelle,
Contre qui[22] ma défense est vaine et criminelle ;
J'ai pour suspects vos noms de Dieux et d'immortels ;
Je répugne aux respects qu'on rend à vos autels ;
Mon esprit à vos lois secrètement rebelle,
En conçoit un mépris qui fait mourir son zèle
Et comme de profane, enfin sanctifié[23],
Semble se déclarer pour un crucifié[24] ;
Mais où va ma pensée, et par quel privilège
Presque insensiblement, passé-je au sacrilège,
Et du pouvoir des Dieux, perds-je le souvenir ?
Il s'agit d'imiter, et non de devenir.

19 Dessus les grils ardents et dedans les taureaux : allusion aux supplices infligés aux chrétiens par les païens, qu'on faisait notamment brûler dans des taureaux de bronze.
20 Étude : mot masculin à l'époque.
21 Passent : surpassent.
22 Contre qui : contre laquelle.
23 Sanctifié : rendu saint.
24 Crucifié : Jésus-Christ.

TEXTE C **Marivaux (1688-1763), *Les Acteurs de bonne foi* (1757), scène 4**

Merlin, valet de chambre, veut offrir une comédie improvisée à sa maîtresse. Faute de comédiens, il recrute Blaise et Colette, deux paysans promis l'un à l'autre, et sa propre fiancée Lisette, femme de chambre. Il répète donc la pièce dans laquelle il doit courtiser Colette, avec laquelle il s'est préalablement mis d'accord pour éveiller la jalousie des deux autres.

MERLIN. – Bonjour, ma belle enfant, je suis bien sûr que ce n'est pas moi que vous cherchez.

COLETTE. – Non, Monsieur Merlin, mais ça n'y fait rien, je suis bien aise de vous y trouver.

MERLIN. – Et moi, je suis charmé de vous rencontrer, Colette.

COLETTE. – Ça est bien obligeant.

MERLIN. – Ne vous êtes-vous pas aperçue du plaisir que j'ai à vous voir ?

COLETTE. – Oui, mais je n'ose pas bonnement m'apercevoir de ce plaisir-là, à cause que j'y en prendrais aussi.

MERLIN, *interrompant.* – Doucement, Colette, il n'est pas décent de vous déclarer si vite.

COLETTE. – Dame, comme il faut avoir d'l'amiquié pour vous dans cette affaire-là, j'ai cru qu'il n'y avait pas de temps à perdre.

MERLIN. – Attendez que je me déclare tout à fait, moi.

BLAISE, *interrompant de son siège.* – Voyez en effet comme alle se presse, an dirait qu'alle y va de bons jeux, je crois que ça m'annonce du guignon[25].

LISETTE, *assise et interrompant.* – Je n'aime pas trop cette saillie-là[26], non plus.

MERLIN. – C'est qu'elle ne sait pas mieux faire.

COLETTE. – Eh bien, velà ma pensée tout sens dessus dessous ; pisqu'ils me blâmont, je sis trop timide pour aller en avant, s'ils ne s'en vont pas.

MERLIN. – Éloignez-vous donc pour l'encourager.

BLAISE, *se levant de son siège.* – Non morguié, je ne veux pas qu'alle ait du courage, moi ; je veux tout entendre.

LISETTE, *assise et interrompant.* – Il est vrai, ma mie, que vous êtes plaisante de vouloir que nous nous en allions.

COLETTE. – Pourquoi aussi me chicanez-vous ?

BLAISE, *interrompant, mais assis.* – Pourquoi te hâtes-tu tant d'être amoureuse de Monsieur Merlin ? Est-ce que tu en sens de l'amour ?

COLETTE. – Mais vrament je sis bien obligée d'en sentir, pisque je sis obligée d'en prendre dans la comédie. Comment voulez-vous que je fasse autrement ?

LISETTE, *assise, interrompant.* – Comment, vous aimez réellement Merlin ?

COLETTE. – Il faut bien, pisque c'est mon devoir.

MERLIN, *à Lisette.* – Blaise et toi, vous êtes de grands innocents tous deux ; ne voyez-vous pas qu'elle s'explique mal ? Ce n'est pas qu'elle m'aime tout de bon, elle veut dire seulement qu'elle doit faire semblant de m'aimer, n'est-ce pas, Colette ?

COLETTE. – Comme vous voudrez, Monsieur Merlin.

MERLIN. – Allons, continuons, et attendez que je me déclare tout à fait, pour vous montrer sensible à mon amour.

COLETTE. – J'attendrai, Monsieur Merlin ; faites vite.

MERLIN, *recommençant la scène.* – Que vous êtes aimable, Colette, et que j'envie le sort

25 Guignon : malchance.

26 Saillie : plaisanterie.

de Blaise, qui doit être votre mari !
COLETTE. – Oh ! oh ! est-ce que vous m'aimez, Monsieur Merlin ?
MERLIN. – Il y a plus de huit jours que je cherche à vous le dire.
COLETTE. – Queu dommage ! car je nous accorderions bien tous deux.
MERLIN. – Et pourquoi, Colette ?
COLETTE. – C'est que si vous m'aimez, dame... dirai-je ?
MERLIN. – Sans doute.
COLETTE. – C'est que si vous m'aimez, c'est bian fait, car il n'y a rien de pardu.
MERLIN. – Quoi, chère Colette, votre cœur vous dit quelque chose pour moi ?
COLETTE. – Oh ! il ne me dit pas queuque chose, il me dit tout à fait.
MERLIN. – Que vous me charmez, bel enfant, donnez-moi votre jolie main, que je vous en remercie.
LISETTE, *interrompant.* – Je défends les mains.
COLETTE. – Faut pourtant que j'en aie.
LISETTE. – Oui, mais il n'est pas nécessaire qu'il les baise.
MERLIN. – Entre amants les mains d'une maîtresse sont toujours de la conversation.
BLAISE. – Ne permettez pas qu'elles en soient, Mademoiselle Lisette.
MERLIN. – Ne vous fâchez pas, il n'y a qu'à supprimer cet endroit-là.
COLETTE. – Ce n'est que des mains au bout du compte.

TEXTE D Luigi Pirandello (1867-1936), *Six personnages en quête d'auteur* (1921)

Une troupe de comédiens est interrompue au cours d'une répétition par six personnages qui cherchent un auteur. Ils parviennent à convaincre le directeur du théâtre de transcrire leur histoire, qu'ils rejoueront sous ses yeux. La répétition commence.

LE DIRECTEUR (*au Souffleur*). – Vous, pendant ce temps, allez à votre place. Regardez : ça, c'est le plan des scènes, acte par acte.
Il lui tend quelques feuilles de papier.
Mais il va falloir que vous fassiez une prouesse.
LE SOUFFLEUR. – Sténographier[27] ?
LE DIRECTEUR (*avec une joyeuse surprise*). – Ah, mais très bien ! Vous connaissez la sténographie ?
LE SOUFFLEUR. – Je ne sais peut-être pas souffler ; mais la sténographie...
LE DIRECTEUR. – Mais alors, ça va de mieux en mieux !
S'adressant à un Monteur :
Allez prendre du papier dans ma loge : beaucoup, beaucoup, tout ce que vous trouvez !
Le Monteur part en courant, et revient peu après avec une jolie quantité de papier, qu'il tend au Souffleur.
LE DIRECTEUR (*enchaînant, au Souffleur*). – Suivez les scènes, au fur et à mesure qu'elles seront représentées, et essayez de fixer les répliques, au moins les plus importantes.
Puis, s'adressant aux Acteurs :
Faites de la place, Mesdames et Messieurs ! Tenez : mettez-vous de ce côté
il montre à sa gauche :
et soyez très attentifs.
LA PREMIÈRE ACTRICE[28] – Mais, pardon, nous...

27 Sténographie : code permettant de prendre très rapidement des notes.
28 La Première actrice, le Premier acteur : c'est ainsi que sont désignés les vrais acteurs, qui répétaient au début de la pièce.

LE DIRECTEUR (*prenant les devants*). – Il n'y aura pas à improviser, soyez tranquille !
LE PREMIER ACTEUR. – Et que devons-nous faire ?
LE DIRECTEUR. – Rien ! Écouter et regarder, pour l'instant ! Chacun de vous aura, ensuite, son rôle écrit. Maintenant on va faire, tant bien que mal, une répétition ! C'est eux qui la feront !
Il montre les Personnages.
LE PÈRE[29] (*comme tombant des nues, au milieu de l'agitation qui règne sur la scène*). – Nous ? Qu'est-ce à dire, je vous demande pardon : une répétition ?
LE DIRECTEUR. – Une répétition – une répétition pour eux !
Il montre les Acteurs.
LE PÈRE. – Mais puisque c'est nous, les personnages…
LE DIRECTEUR. – D'accord, « les personnages » ; mais ici, cher Monsieur, ce ne sont pas les personnages qui jouent. Ici, ceux qui jouent, ce sont les Acteurs. Les personnages sont là-bas, dans le texte
il montre le trou du Souffleur
– quand il y a un texte.
LE PÈRE. – Justement ! Puisqu'il n'y en a pas et que, Mesdames et Messieurs, vous avez la chance de les avoir ici, vivants devant vous, les personnages…
LE DIRECTEUR. – Ça, c'est la meilleure ! Vous voudriez tout faire tout seuls ? Jouer, vous présenter vous-mêmes devant le public ?
LE PÈRE. – Sans doute, pour être tels que nous sommes.
LE DIRECTEUR. – Eh bien, je vous assure que vous offririez un fameux spectacle !
LE PREMIER ACTEUR. – Et nous serions ici pour quoi faire, nous autres, alors ?
LE DIRECTEUR. – Vous n'allez quand même pas vous imaginer que vous savez jouer ? Vous nous faites rire… […]

29 Le Père, la Mère, la Belle-Fille, le Fils : il s'agit des personnages sortis de la fiction et qui ont fait intrusion dans le monde réel.

CORRIGÉS

1 Question sur un corpus – Théâtre et réalité

Analyser le sujet

> Cerner le sujet

Il faut être très attentif au sujet : il ne s'agit pas de parler du procédé du théâtre dans le théâtre en général, mais plus précisément du rapport entre le théâtre et la réalité. On montrera donc que l'on a identifié le procédé, mais cela ne constitue pas le cœur de la réponse.

Il faut éviter impérativement de traiter le sujet en deux parties (I. la réalité ; II. le théâtre), mais cerner les rapports entre les deux et les organiser de façon logique. Pour cela, se demander en quoi le théâtre s'oppose à la réalité (ce que le sujet présuppose) et mettre en cause le lien implicitement fait entre théâtre, illusion et mensonge.

> Reformuler le sujet

On peut montrer que les dramaturges, dans les textes du corpus, utilisent le procédé du théâtre dans le théâtre pour réfléchir aux rapports entre réalité et illusion. L'illusion théâtrale est-elle toujours source de mensonge, ou ne nous conduit-elle pas à sa façon à la vérité ?

Les titres de parties et de sous-parties ne doivent pas apparaître dans la copie.

Introduction

Le corpus de textes débute par un extrait de *Hamlet* de Shakespeare, le plus grand dramaturge du théâtre élisabéthain, extrait où les personnages assistent à une représentation théâtrale. Dans le texte de Rotrou, extrait du *Véritable Saint Genest*, pièce baroque, le personnage principal se laisse influencer par le rôle qu'il répète. Le texte de Marivaux, extrait des *Acteurs de bonne foi,* nous fait assister à la répétition de quatre personnages, tandis que le dernier texte, de l'Italien Pirandello, extrait de *Six personnages en quête d'auteur*, fait apparaître des personnages de fiction qui en viennent à concurrencer les acteurs réels.

I. Le théâtre n'est qu'illusion et mensonge

1. Le théâtre imite la réalité

Tous les textes mettent en évidence le fait que le théâtre imite la réalité. Ainsi, dans *Hamlet*, la pièce jouée devant le roi et sa cour est une transposition d'un crime qui a réellement eu lieu. De la même façon, Genest répète le rôle d'un personnage historique qui a réellement existé, un chrétien persécuté par des païens. Les personnages de Marivaux, eux, répètent une pièce qui renvoie à leur situation amoureuse réelle, même si les couples sont ici inversés. Enfin, chez Pirandello, les personnages en quête d'auteur sont directement sortis d'une fiction, mais possèdent des rôles bien déterminés qui renvoient à la vie réelle : père, mère, fils, belle-fille.

2. Cette imitation entraîne un risque de confusion entre réalité et fiction

Le **procédé du théâtre dans le théâtre commun aux quatre textes** permet de montrer les risques d'une confusion entre le théâtre et la réalité. Certains spectateurs se prennent en effet au jeu de l'illusion : c'est le cas de Claudius, chez Shakespeare, qui est troublé par la représentation de son propre crime. C'est aussi le cas de Genest qui doute de son identité à mesure qu'il s'identifie à son rôle. Les personnages de Blaise et Lisette, chez Marivaux, sont également victimes de cette illusion quand ils se montrent jaloux de Merlin et Colette qui ne font que répéter un rôle. Ce n'est pas du tout la même chose chez Pirandello, puisque dans cette pièce, les personnage sortent vraiment de la fiction pour se mêler à la réalité : la confusion n'est pas le fait d'un spectateur ou d'un comédien qui se laisserait prendre au jeu, mais un choix du dramaturge, qui relève du genre fantastique.

II. Le théâtre permet de révéler la vérité

1. Le recours à l'illusion permet la révélation des vérités cachées

Le recours au théâtre dans le théâtre permet d'éclairer les **ressorts intérieurs des personnages**. C'est le détour par l'illusion qui permet ainsi de révéler la mauvaise conscience du roi dans *Hamlet* ou qui conduit Genest à ressentir au fond de lui qu'il doit se convertir. De même, la répétition de la pièce dans *Les Acteurs de bonne foi* permet d'exprimer de façon plus ou moins explicite les penchants de Colette envers Blaise. Dans *Six personnages en quête d'auteur*, enfin, les personnages et le directeur de théâtre laissent paraître leur mépris et leur condescendance.

2. La réalité elle-même n'est souvent qu'illusion

Le mélange entre fiction et réalité a ainsi pour fonction de montrer que **l'illusion est parfois plus vraie que la réalité**. Chez Shakespeare, elle permet de démasquer un coupable : le théâtre, art de la dissimulation, permet ainsi de dévoiler les mensonges. De même, pour Genest, le théâtre permet de s'interroger sur le caractère illusoire des fausses idoles païennes et de découvrir des « vérités sans fard ». Marivaux, pour sa part, met en scène l'ambiguïté de toute relation amoureuse qui comporte toujours une part de convention rappelant le théâtre. Enfin, l'irruption de personnages de fiction dans le monde réel conduit à se demander, chez Pirandello, qui des personnages ou des acteurs sont les plus réels, puisque les personnages vivent leur vie, alors que les acteurs ne font que la simuler.

Conclusion

Les quatre textes célèbrent les pouvoirs du théâtre en montrant qu'il n'est pas que vaine apparence et dangereux mensonge. Le théâtre n'est qu'illusion, mais il permet de montrer à quel point la réalité elle-même est remplie d'illusions.

2 Commentaire littéraire – Rotrou, *Le Véritable Saint Genest*

Analyser le sujet

> Trouver une problématique

Ce monologue met en scène un personnage qui répète un rôle : c'est donc un personnage qui est double. Progressivement, il se met à s'identifier à son personnage, se pose des questions et manifeste un trouble : plus que d'un monologue, il s'agit ici d'un dialogue avec soi-même.

La problématique devra donc relier la question de la mise en abyme, déjà exploitée dans la question sur corpus, et le thème de l'identité du personnage, qui est tiraillé entre deux identités. Il est aussi tiraillé entre deux religions : la première, païenne, comporte plusieurs dieux, et la seconde, chrétienne, n'en comporte qu'un. Le thème qui donne son unité à ce texte est donc l'opposition entre la pluralité et l'unité.

> Construire un plan

Le plan doit reprendre l'opposition évoquée dans la problématique. Il faudra placer avant tout la question de la mise en abyme, qui détermine les autres aspects du texte, à savoir la perte de l'identité et le questionnement religieux.

Voici un exemple de plan détaillé (semi-rédigé). Les titres de parties et de sous-parties ne doivent pas apparaître dans la copie.

Introduction

Rotrou est, avec Molière, Racine et Corneille, le quatrième dramaturge le plus important du XVIIe siècle. Ses pièces fournissent des exemples particulièrement aboutis du théâtre baroque. Dans *Saint Genest, comédien et martyr*, il offre ainsi un exemple saisissant du thème du *theatrum mundi* en mettant en scène un comédien, Genest, qui va s'identifier à son personnage, Adrien, au point de ne plus distinguer réalité et fiction. La scène 4 de l'acte II est l'un des moments essentiels de cette évolution, qui est aussi bien une transformation d'un comédien en son personnage qu'une conversion d'un païen en chrétien. Mise en abyme et questionnement religieux s'entremêlent donc dans ce passage : en quoi, paradoxalement, le choix de la forme du monologue permet-il de mettre en scène la perte de l'unité et la multiplicité des identités du personnage ?
On verra que la division du héros transparaît d'abord par le jeu de la mise en abyme, puis par le vacillement de son identité, et enfin, par le questionnement religieux.

I. Le jeu inquiétant de la mise en abyme

1. Une structure complexe

– Nous avons ici un personnage qui répète un rôle : autrement dit, les spectateurs ont devant les yeux **un comédien qui joue le rôle d'un comédien qui joue un rôle**.
– L'extrait peut se découper en **trois moments** : d'abord, Genest répète le rôle d'Adrien en lisant son texte, puis répète les mots sans se servir de son texte, et enfin, avec ses propres mots, exprime ses doutes sur ses sentiments religieux.

2. L'hésitation du spectateur

– Le spectateur peut donc hésiter : lorsque Genest redit les quatre vers de son texte, est-ce encore Adrien qui parle ? Est-ce déjà Genest ? Ce moment sert de **transition entre les deux personnages**.
– Le monologue se caractérise ainsi par une **énonciation brouillée** : à la confusion du personnage répond l'hésitation du spectateur.

3. Le discours sur le théâtre

– La mise en abyme permet d'introduire une **interrogation sur le théâtre** et sur le rapport entre personnage et comédien que montre la répétition du verbe « devenir » : « Je feins moins Adrien que je ne le deviens » ; « Il s'agit d'imiter et non de devenir. »
– Toute une dialectique de l'illusion et de la vérité se met ainsi en place, notamment grâce à la rime « fard » / « art ».
La mise en abyme permet donc d'introduire le thème de la division et de l'apparence. Genest ne sait plus exactement qui il est ni où se trouve la vérité.

II. Le vacillement de l'identité

1. La quête de la lucidité

– Assailli par les doutes religieux, le personnage tente de faire preuve de **rationalité**, en s'appuyant sur l'expérience ; il tente donc de construire un raisonnement logique : « je sais », « il semble ».
– Cette quête de la lucidité apparaît aussi dans les affirmations au présent qui ont la forme de **vérités générales** sur lesquelles le personnage peut se reposer : « L'art de nous transformer nous passe en habitude », « Il s'agit d'imiter, et non de devenir. »

2. Les marques de la confusion

– L'identité du personnage devient confuse, comme le montre la formule « je me trouve être un autre ».
– Cette dualité est exprimée par le jeu paradoxal des pronoms : « prenez contre moi ma défense ».

3. Le dialogue au cœur du monologue

– Ce monologue est de type délibératif : le personnage est **tiraillé entre paganisme et christianisme**. La progression du monologue le montre : d'abord, le personnage apostrophe les dieux, qui sont ses interlocuteurs comme le montre le pronom « vous ».
– Les quatre derniers vers montrent cependant que Genest revient à la raison : « les dieux » sont désormais désignés à la troisième personne, et **le monologue devient un dialogue avec lui-même**, ce que soulignent l'interrogation et l'injonction finales.
– Le trouble que ressent le personnage est donc lié au fait qu'il n'arrive plus à distinguer la réalité et la fiction, mais aussi et surtout au fait que la fiction semble lui indiquer la voie de la vérité, à savoir la **conversion religieuse**.

III. Le questionnement religieux

1. Une « psychomachie[30] »

– Genest est donc un **personnage divisé**, qui mène un combat intérieur, comme le montrent les termes « mon esprit » ou « ma pensée ». Tout se passe **comme si l'âme du personnage avait une existence autonome**, dont il n'est lui-même que spectateur.
– Ce combat est clairement signifié par la répétition du terme « défense » ; celui-ci introduit le **thème de la guerre** et rappelle les premiers vers qui évoquent les combats entre païens et chrétiens. Ces combats sont ici intériorisés : l'âme de Genest devient le théâtre de l'affrontement.

2. Une prise de distance vis-à-vis du paganisme

– Le paganisme est évoqué à l'aide du pluriel : « les dieux », « vos lois », auxquels s'oppose le singulier du christianisme, « un crucifié », « une gloire ».
– Les sentiments qu'inspire le **christianisme** sont évoqués en **termes de haut degré** (« suspects », « répugne », « mépris »), accentués par la rime interne « suspects » / « respects ». Le christianisme est évoqué en des termes également hyperboliques : « gloire éternelle », « vérités sans fard ».

3. Un rejet fragile du christianisme

– Le personnage sent en lui les effets de la conversion : son esprit qui était « profane » devient « sanctifié ». Mais tous ces sentiments religieux sont marqués par une **certaine irréalité** avec la répétition du verbe « sembler ».
– **Le rejet du christianisme, par lequel se conclut ce monologue, paraît bien fragile** et laisse attendre la conversion qui aura lieu dans la suite de la pièce. Le volte-face des quatre derniers vers, introduit par « Mais », paraît artificiel : en effet, « Il s'agit d'imiter et non de devenir » est une remarque concernant le théâtre et non la religion.

Conclusion

[Réponse à la problématique] La forme du monologue permet ici de mettre en scène un personnage en butte à ses contradictions, incapable de résister face à l'évidence de la foi qui s'impose à lui. Pour Rotrou, le théâtre est bien un mensonge qui dit la vérité.
[Ouverture] Un tel paradoxe est typique de la littérature baroque : on pourrait le rapprocher de *L'Illusion comique* de Corneille où, de façon similaire, c'est en voyant son fils jouer une pièce de théâtre qu'un père comprend enfin l'amour qu'il lui porte.

30 Psychomachie : combat de l'esprit avec lui-même.

3 Commentaire littéraire – Marivaux, *Les Acteurs de bonne foi*

Analyser le sujet

> Trouver une problématique

On observe immédiatement le langage très particulier des personnages de Blaise et Colette, qui signale mélange des styles et recherche du décalage propre à la comédie.

On repère également assez vite la présence de didascalies. Elles permettent de distinguer les moments où les personnages répètent et les moments où ils parlent en leur nom propre. Mais elles montrent aussi que la scène doit être rythmée, vive, plaisante.

La problématique devra donc être centrée sur la dimension comique de l'extrait, la virtuosité du dramaturge qui utilise tous les procédés à sa disposition pour façonner un jeu de miroirs vertigineux entre apparence et réalité.

> Construire un plan

Le plan devra montrer comment la mise en abyme, les relations entre les personnages, aussi bien que l'échange amoureux concourent à cet effet comique.

Voici un exemple de plan détaillé (semi-rédigé). Les titres de parties et de sous-parties ne doivent pas apparaître dans la copie.

Introduction

Le théâtre de Marivaux met l'amour et le langage au centre de ses pièces. Les personnages doivent découvrir la vérité sur leurs sentiments dans un monde où tout est irréalité, illusion et artifice.

Les Acteurs de bonne foi en fournit une remarquable illustration, en exploitant le procédé de la mise en abyme de façon très savante. Toute la virtuosité de Marivaux, singulièrement dans la scène 4, consiste à tirer une scène divertissante d'un procédé au demeurant assez complexe. On se demandera donc comment cet extrait parvient à créer cette alchimie entre une scène de comédie fondée sur un savoureux trio amoureux et une réflexion amusée sur les pouvoirs du théâtre.

Pour cela, on étudiera tout d'abord le procédé du théâtre dans le théâtre, dont on montrera ensuite qu'il permet de mettre en évidence les relations entre les personnages, pour finir en nous interrogeant sur la dimension comique de ce singulier échange amoureux.

I. Une mise en abyme divertissante

1. Une scène en abyme

– Les personnages répètent une pièce dont le texte n'est toutefois pas clairement établi : ils improvisent autour d'un canevas élaboré par Merlin.

– La pièce en question met **en abyme les relations amoureuses entre les personnages**, en formant un couple entre Merlin et Colette, qui sont respectivement fiancés à Lisette et Blaise.

2. La confusion entre théâtre et réalité

– De **ce chassé-croisé amoureux** découle **le principal ressort comique** de ce passage, à savoir la confusion entre théâtre et réalité qui s'opère pour Blaise et Lisette.
– Les deux personnages réagissent toutefois de façon différente : Blaise, personnage de benêt un peu rustre, confond clairement théâtre et réalité, tandis que Lisette, plus subtilement, refuse que la fiction soit le prétexte à des manifestations bien réelles, comme de se tenir la main.

3. Interruptions et intrusions

– La jalousie de Lisette et Blaise se manifeste par une série d'interruptions et d'intrusions signalées par des **didascalies nombreuses**, qui ont ici une fonction de démarcation entre les paroles fictives et les paroles réelles des personnages.
– Ces didascalies n'empêchent pas pour autant une **ambiguïté générale de la scène** qui explique que Merlin soit obligé d'intervenir pour clarifier la situation.
– Marivaux utilise donc le procédé du théâtre dans le théâtre en lui donnant une dimension divertissante, au service d'une **écriture vive et rythmée**. Mais cette mise en abyme permet surtout de mettre en évidence les relations entre ces personnages de comédie.

II. Les relations entre les personnages

1. Merlin, figure de dramaturge

– Merlin, qu'on peut qualifier, en termes modernes, d'auteur et de metteur en scène, contrôle tout ce qui se passe sur scène. Sa **position sociale supérieure** (c'est un valet, alors que Blaise et Colette sont des paysans et Lisette une femme de chambre) est confortée par sa position de maître du jeu.
– Mais Merlin est aussi un **manipulateur** qui prend les autres personnages comme sujets d'une expérimentation. Il s'amuse à tirer les ficelles et à voir leurs réactions.

2. L'ambiguïté de Colette

– Les réactions de Colette semblent montrer qu'elle éprouve une certaine inclination envers Merlin. **Beaucoup de ses répliques sont ainsi à double entente** : le pronom « je » qu'elle emploie renvoie aussi bien au personnage qu'elle doit jouer qu'à elle-même.
– Ce n'est peut-être pas de sa part de la naïveté ou de la tendresse pour Merlin : elle est de mèche avec lui, et peut-être y a-t-il une certaine **jubilation** de sa part à faire enrager les deux autres personnages.

3. Blaise et Lisette, figures de spectateurs

– Lisette et Blaise sont ici des figures de spectateurs, comme le montre l'insistance des didascalies sur le fait qu'ils sont assis. Le jeu de scène de Blaise, se levant et s'asseyant au rythme de ses intrusions dans la pièce enchâssée, relève du **comique de geste**.
– De façon amusante, Lisette et Blaise incarnent aussi une **forme de censure** qui refuse que les deux amants fictifs se prennent les mains, ce qui donnerait une réalité plus concrète au rapprochement entre Merlin et Colette.
– Les relations entre les personnages sont donc complexes : c'est un **jeu de faux-semblants, de mensonges et de manipulations**. Cela, toutefois, n'entame en rien le caractère aimable et bon enfant de la comédie amoureuse.

III. Le comique de l'échange amoureux

1. Les effets de décalage

– L'échange amoureux fait rire en raison de sa dissymétrie entre Merlin et Colette, sensible dans le **niveau de langue des personnages**. Blaise et Colette trahissent leur origine paysanne par leur accent populaire. Merlin et Lisette appartiennent au monde des valets, mais leur niveau de langage est plus élevé, mimétique de celui de leurs maîtres.
– **Le décalage est également social**, ce qui se traduit par le fait que Blaise demande à Lisette de veiller à ce que les amants fictifs ne se prennent pas les mains, comme si sa position sociale plus élevée lui donnait davantage d'autorité sur des événements fictifs.

2. Le comique de mots

– Colette donne également une dimension comique à l'échange amoureux en soulignant le fait qu'**elle sait déjà à l'avance que le personnage de Merlin va lui déclarer sa flamme.** Lorsque celui-ci lui demande d'attendre qu'il se soit déclaré, elle répond : « J'attendrai, Monsieur Merlin ; faites vite », exprimant l'empressement d'une amoureuse.
– Colette est-elle si naïve ou bien ne fait-elle pas preuve à sa façon d'**ironie** et de **malice** ? On peut se poser la même question lors de l'échange « Je défends les mains » / « Faut pourtant que j'en aie. » Le comique repose ici sur le fait de prendre à la lettre une tournure elliptique. Mais s'agit-il de naïveté ou d'un trait d'esprit ?

3. Une parodie de marivaudage

– Les répliques échangées par Merlin et Colette doivent s'analyser comme une parodie de marivaudage : formules précieuses, répétitions, retardements de la déclaration par des conversations futiles (« Il y a plus de huit jours que je cherche à vous le dire. »). On peut déceler une forme d'**autodérision du dramaturge.**
– Il faut aussi interpréter cet extrait comme une démonstration du fait qu'il entre toujours une part de convention, d'artificialité, dans l'échange amoureux, même sincère. **L'amour, nous dit Marivaux, est un théâtre**.

Conclusion

On voit donc que la force comique du passage ne le cède en rien à sa profondeur dramaturgique. En ce sens, cet extrait est bien représentatif de l'art de Marivaux, tout en subtilité et délicatesse, cachant sa finesse sous les multiples détours du langage et jeux de miroir du théâtre. L'originalité de cet extrait tient cependant au fait qu'ici, le jeu avec les apparences ne se fait pas de façon masquée, comme dans *Le Jeu de l'amour et du hasard* ou *Les Fausses Confidences*, où les amoureux dissimulent leur véritable identité. Chacun sait ici que l'autre joue un rôle, et se laisse cependant prendre au piège : ne sommes-nous pas là au cœur même du théâtre ?

CHAPITRE 5

Les composantes du texte théâtral

COURS

MÉTHODES ET STRATÉGIES

SUJETS DE TYPE BAC

CORRIGÉS

COURS

Les composantes du texte théâtral

La spécificité du genre théâtral réside dans le fait que le texte est fait pour être joué. Le texte de théâtre doit donc contribuer à produire l'illusion de la réalité, à partir d'un unique matériau, qui est la parole des personnages. Il comporte cependant d'autres éléments qui en font un dispositif énonciatif complexe.

I. L'illusion théâtrale

La production de l'illusion au théâtre repose sur des conventions. Un dramaturge peut toutefois choisir de jouer avec ces conventions dans le but de rompre l'illusion théâtrale.

1. La double énonciation

a. La double énonciation, une contrainte

- Le texte de théâtre raconte une histoire, comme le récit. Mais à la différence du récit, il ne comporte **pas de narrateur** : l'histoire est racontée uniquement grâce aux paroles des personnages. Ceux-ci se parlent entre eux, mais leurs propos sont destinés à être entendus par le public. La parole des personnages a ainsi deux destinataires : c'est ce qu'on appelle la « **double énonciation** ». La parole théâtrale a donc une double contrainte : elle doit donner l'impression d'être un **échange** et doit, de plus, fournir des **informations au spectateur.**

- C'est toute la difficulté, par exemple, des **scènes d'exposition dans le théâtre classique** : jusqu'au début du XVIIe siècle, la pièce de théâtre commence avec un chœur qui raconte l'histoire et en situe les enjeux, fonctionnant ainsi comme un **substitut du narrateur.** Lorsque le chœur disparaît, **l'histoire commence *in medias res***, on est directement plongé dans le feu de l'action. Les personnages doivent paraître s'exprimer naturellement tout en fournissant au spectateur un résumé de la situation dans laquelle ils se trouvent lorsque la pièce commence.

- Un dramaturge peut recourir alors à divers procédés :
- le **monologue**, comme celui d'Émilie dans *Cinna* (1641) de Corneille ou celui d'Argan dans *Le Malade imaginaire* (1673) de Molière ;
- le **dialogue d'un personnage principal avec un personnage secondaire qui ignore tout de la situation**, comme Pylade qui, ayant été absent pendant six mois, écoute les explications de son ami Oreste dans *Andromaque* (1667) de Racine ;
- le **dialogue d'un personnage principal avec un personnage secondaire qui sert de confident**, comme dans *Le Cid* (1637) où Chimène demande à Elvire de lui raconter à nouveau ce que son père lui a dit à propos de son amour pour Rodrigue ;
- le **dialogue entre deux personnages secondaires,** comme les deux valets Sganarelle et Gusman au début de *Dom Juan* (1665).

b. La double énonciation, une source de jeu

- La double énonciation n'est cependant pas seulement source de contraintes : elle permet au dramaturge de **multiples jeux**. C'est le cas dès que le public sait quelque chose que les personnages ignorent.

Cela se produit dans toutes les scènes où un personnage ment à un autre alors que le public connaît la vérité, ou bien encore quand **un personnage est caché sur scène**, écoutant une conversation qu'il n'est pas censé entendre. Une scène célèbre du *Tartuffe* met ainsi en scène Elmire, qui souhaite révéler à son mari Orgon, crédule et aveugle, la vraie nature de son protégé Tartuffe. Elle lui demande de se cacher sous la table afin qu'il puisse entendre une conversation où Tartuffe n'hésitera pas à lui faire la cour. Durant cette conversation, Elmire multiplie les phrases à double sens, que seul le public peut comprendre en en savourant le comique.

DOC. 1 *Le Tartuffe* de Molière, mise en scène de Marion Bierry au théâtre de Paris (2011), avec Beata Nilska et Patrick Chesnais. Tartuffe se montre très entreprenant vis-à-vis d'Elmire, tandis qu'Orgon est caché sous la table.

Le même procédé peut être à l'œuvre dans la tragédie : un personnage peut **annoncer, involontairement, sa propre fin funeste**, qu'il ne peut évidemment pas connaître, contrairement au spectateur. C'est ainsi que, dans *Phèdre*, Hippolyte déclare à propos de son père Thésée :

« Neptune[1] le protège et ce dieu tutélaire
Ne sera pas en vain imploré par mon père. »

■ Jean Racine, *Phèdre* (1677), acte II, scène 5.

Il ne croit pas si bien dire, car c'est un monstre marin surgi des eaux, invoqué par Thésée, qui tuera Hippolyte à la fin de la pièce. Ici, seul le spectateur peut comprendre le double sens des paroles d'Hyppolite et le présage fatal qu'elles contiennent, parce qu'il connaît à l'avance l'histoire telle que la mythologie la raconte. Les paroles du personnage prennent ainsi, là encore, un **double sens** pour le spectateur : on parle d'« **ironie tragique** ».

1 Neptune : dieu de la mer dans la mythologie romaine.

c. La rupture de l'illusion théâtrale

Pendant la représentation, l'espace théâtral est limité le plus souvent par le mur du fond et les coulisses de chaque côté de la scène. On appelle « quatrième mur », selon l'expression forgée par Diderot, un **mur imaginaire situé entre la scène et la salle**. Ce mur existe pour les personnages dans la fiction, s'ils se trouvent dans un lieu clos, mais n'existe évidemment pas pour les acteurs et les spectateurs.

Des dramaturges peuvent choisir de briser le quatrième mur, rompant ainsi l'illusion théâtrale. C'est le cas **chaque fois qu'un personnage s'adresse directement aux spectateurs**. Par exemple, Harpagon, dans *L'Avare*, alors qu'il cherche, éperdu, sa cassette remplie d'or, soupçonne tout le monde et finit, dans son délire, par soupçonner le public :

> « N'est-il point caché là parmi vous ? Ils me regardent tous, et se mettent à rire. Vous verrez qu'ils ont part, sans doute, au vol que l'on m'a fait. »
>
> ■ Molière, *L'Avare* (1668), acte IV, scène 7.

2. Illusion et conventions

a. L'impératif de vraisemblance

La vraisemblance est une **notion essentielle du théâtre classique.** Ce qui est vraisemblable, c'est ce que le public est susceptible de croire, ce qui est conforme aux croyances communément partagées. Des événements historiques qui ont vraiment eu lieu mais qui ont un caractère étonnant ou inattendu ne peuvent donc pas être représentés au théâtre ; comme l'écrit Boileau dans son *Art poétique* (chant III, 1674) : « Le vrai peut quelquefois n'être pas vraisemblable. »

Le dénouement dans le théâtre classique

La question de la vraisemblance se pose particulièrement pour le dénouement, qui doit mettre fin à l'action de façon nécessaire, complète et rapide.

– « Nécessaire » signifie qu'il doit découler logiquement de ce qui précède, et non être l'effet du hasard ou d'une force extérieure. Il arrive cependant que le théâtre classique recoure au *deux ex machina* : le dénouement de *Tartuffe* (1664) est ainsi jugé invraisemblable car il est fondé uniquement sur l'arrivée inattendue d'un représentant du roi qui vient arrêter l'imposteur.

– « Complète » signifie que le dénouement ne doit laisser le sort d'aucun personnage irrésolu. Dans *Britannicus* (1669) de Racine, après la mort du personnage éponyme, il faut encore quatre scènes pour que l'on sache ce qu'il advient des autres.

– « Rapide » signifie que le dénouement doit intervenir au tout dernier moment pour tenir les spectateurs en haleine. Racine offre donc dans *Britannicus* un contre-exemple, mais ses autres tragédies tendent à respecter ce principe. Ainsi, ce n'est que dans les derniers vers de *Bérénice* (1670) qu'intervient le dénouement, la reine annonçant sa décision de se séparer de celui qu'elle aime et qui l'aime.

Les dramaturges modernes n'hésiteront pas à mettre en évidence le caractère arbitraire et artificiel, et donc toujours invraisemblable, du dénouement. Comme le dit Ionesco : « S'il faut une fin, c'est parce que les spectateurs doivent aller se coucher. » (*Entretiens avec Claude Bonnefoy*, 1966, © Gallimard)

Après le classicisme, la plupart des conventions sont dénoncées comme arbitraires, notamment par le drame romantique. **Dans le théâtre du XXe siècle, c'est l'idée même d'illusion qui est remise en question :** apparaît alors un théâtre anti-illusionniste dont le « Nouveau Théâtre » est l'emblème (voir p. 117).

b. L'espace et le temps

Une représentation théâtrale se déroule dans un temps donné (le temps de la représentation), dans un espace donné (le lieu théâtral), mais doit donner **l'illusion que l'histoire se déroule en un autre lieu, pendant une durée généralement plus longue que celle de la représentation.**

L'énonciation des personnages en porte la marque ; leurs paroles sont au **présent d'énonciation**, et l'espace qui les entoure est désigné à l'aide de **déictiques**, comme dans ces paroles de Phèdre :

> « Il me semble déjà que ces murs, que ces voûtes
> Vont prendre la parole et prêts à m'accuser
> Attendant mon époux pour le désabuser. »
>
> ■ Jean Racine, *Phèdre* (1677), acte III, scène 3.

Quel que soit le décor sur scène, le langage seul suffit à accréditer la fiction selon laquelle le personnage est entouré de murs et de voûtes.

À l'époque classique, les théoriciens considèrent que la pièce doit créer l'illusion que le temps de la représentation coïncide avec le temps de l'histoire. C'est pour cela qu'est imposée la fameuse **règle de l'unité de temps**, selon laquelle l'histoire doit se dérouler en vingt-quatre heures au maximum. Comme la pièce elle-même ne dure pas vingt-quatre heures, le rôle des entractes est essentiel. Les entractes sont liés aux conditions matérielles de la représentation : il faut changer les chandelles. On considère alors que, le spectateur étant distrait par la musique ou la conversation avec ses voisins, il peut admettre que **quelques heures se sont écoulées entre les deux actes.**

L'**unité de lieu** découle de l'unité de temps : **une histoire qui se déroule en peu de temps ne peut se produire qu'en un seul endroit.** L'unité de lieu sera particulièrement critiquée par les dramaturges postérieurs au classicisme. Ainsi, Hugo écrit dans la préface de *Cromwell :*

> « Quoi de plus invraisemblable et de plus absurde en effet que ce vestibule, ce péristyle, cette antichambre, lieu banal où nos tragédies ont la complaisance de venir se dérouler, où arrivent, on ne sait comment, les conspirateurs pour déclamer contre le tyran, le tyran pour déclamer contre les conspirateurs, chacun à leur tour ? »
>
> ■ Victor Hugo, préface de *Cromwell* (1827).

Le théâtre, après le classicisme, pourra donc aussi bien multiplier les lieux et allonger la durée de l'histoire, ou bien se situer dans un non-lieu indéfini et brouiller totalement les repères temporels.

3. Le personnage de théâtre

a. Le nom du personnage

La spécificité du théâtre par rapport au roman est que le personnage est incarné par un **acteur de chair et d'os sur scène**, ce qui contribue davantage à l'illusion.

- Dans le texte, **le personnage est d'abord défini par un nom.** Le nom emprunté à la tradition (comme Arlequin) ou à la mythologie (comme Antigone) situe d'emblée le personnage, indique le genre de la pièce et oriente les attentes du spectateur.
- Ce nom a souvent une **signification**, notamment pour les personnages de comédie : les diminutifs sont ainsi fréquents pour les valets (Lisette, Perrette ou Philippin). Il peut créer un effet comique, s'il joue sur les sonorités (Chouilloux et Ventroux chez Feydeau), s'il est ironique (le valet L'Éveillé de *L'Avare* n'est pas très malin) ou satirique (Trissotin, le pédant des *Femmes savantes*, est d'après son nom « trois fois sot »).

b. La caractérisation du personnage

- Le personnage fait également l'objet de **caractérisations**, soit par lui-même quand il fait son autoportrait par exemple à un confident, soit par les autres qui le dépeignent, généralement en son absence.
- Un dramaturge peut également jouer sur le **contraste entre deux caractérisations** : au début de *Dom Juan*, Sganarelle présente son maître comme un « grand seigneur méchant homme », et lorsque Dom Juan paraît, il se présente comme un noble conquérant.

c. La fonction actantielle

- Enfin, le personnage est pris dans un réseau de **fonctions actantielles,** c'est-à-dire de relations avec d'autres personnages qui lui permettent ou qui l'empêchent d'atteindre son but.
- Dans la comédie, le valet est ainsi le plus souvent l'**adjuvant** des jeunes amoureux et l'**opposant** du vieux barbon. C'est le cas exemplairement dans *Le Barbier de Séville* (1775) où Figaro aide son maître, le comte Almaviva, à arracher la jeune orpheline Rosine des mains de son tuteur, le vieux Bartholo.

II. Les didascalies

Le texte de théâtre est constitué de deux éléments : d'une part, les paroles des personnages, d'autre part le texte qui n'a pas vocation à être prononcé devant le public, les didascalies.

1. Histoire des didascalies

a. De l'Antiquité au XVIe siècle

- **Les dramaturges de l'Antiquité n'ont pas recours aux didascalies** pour la simple raison qu'ils participent directement à l'élaboration du spectacle. Les indications scéniques seraient donc inutiles. Le mot « didascalies » désigne alors des informations concernant les circonstances de la représentation, par exemple la date.
- **Au Moyen Âge, les indications scéniques sont très nombreuses.** Elles encadrent le dialogue et semblent être à la fois des indications de mise en scène et une véritable trame narrative, autrement dit un ensemble de directives pour les comédiens aussi bien qu'un récit à destination de lecteurs.
- **Au XVIe siècle,** le théâtre humaniste recourt aux didascalies de façon parcimonieuse : comme ce théâtre est très souvent lu, et non seulement joué, il importe de **limiter les didascalies** pour ne pas rompre l'illusion pendant la lecture.

b. Du XVIIe au XVIIIe siècle

- Dans le **théâtre classique**, les didascalies demeurent **très rares**. Condamnées par les doctes, elles n'ont pas lieu d'être à une époque où l'auteur est en général un comédien de la troupe qui peut directement donner ses indications aux autres comédiens.

- L'évolution des moyens techniques explique que ce soit **au XVIIIe**, notamment sous l'impulsion de Diderot puis Beaumarchais, que **les didascalies deviennent de plus en plus abondantes**. Les scènes sont plus grandes et le comédien est davantage libre de ses mouvements. D'un point de vue moins technique et plus esthétique, dans le drame bourgeois, **le geste devient aussi important que la parole**. Le théâtre est désormais conçu comme un objet composite fondé sur la complémentarité des dialogues avec les indications scéniques.

c. Du XIXe au XXe siècle

- À partir du drame romantique, les didascalies ne cessent d'augmenter dans le texte théâtral. Chez Hugo, ce sont de véritables **blocs de didascalies** qui, au début de chaque acte, décrivent avec un grand luxe de détails les décors et les costumes, afin de faire respecter l'**impératif de couleur locale** propre au drame romantique.

- Les didascalies sont également liées à l'**importance croissante attribuée au corps**, corollaire de la **mise en question du langage.** Dans *Fin de partie* (1957) de Beckett, les didascalies, presque aussi nombreuses que les répliques, occupent un tiers du texte. On peut ainsi aller jusqu'au cas extrême d'*Acte sans parole*, du même Beckett, qui ne comporte que des didascalies et aucun dialogue. L'argument commence ainsi :

> « Projeté à reculons de la coulisse droite, l'homme trébuche, tombe, se relève aussitôt, s'époussette, réfléchit. »
>
> ▪ Samuel Beckett, *Acte* sans parole (1957), © Les Éditions de Minuit.

- Les didascalies, de plus en plus nombreuses, passent du statut de simples indications utilitaires à celui de composante essentielle du texte théâtral. Elles acquièrent ainsi une **véritable valeur littéraire.**
– S'affranchissant du dialogue, la didascalie peut se faire **poétique**, comme quand Cocteau indique que le dernier acte de *La Machine infernale* (1934) doit être éclairé d'une « lumière de peste ».
– Elle peut aussi se faire **romanesque**, par exemple quand Marguerite Duras, dans sa pièce *Savannah Bay* (1983) évoque dans une didascalie le passé de deux personnages, que les spectateurs ne peuvent absolument pas connaître.
– Elle atteint enfin une dimension **ironique**, voire franchement **comique**, et offre un plaisir réservé uniquement au lecteur, par exemple au début de *La Cantatrice chauve* de Ionesco :

> « Mme Smith, Anglaise, raccommode des chaussettes anglaises. Un long moment de silence anglais. La pendule anglaise frappe dix-sept coups anglais. »
>
> ▪ Eugène Ionesco, *La Cantatrice chauve* (1950), scène 1, © Gallimard.

2. Fonctions des didascalies

a. Didascalies initiales

- On appelle « didascalies initiales » l'**ensemble du texte que l'on peut lire en début de pièce ou en début d'acte**. En général, on trouve au début de la pièce la liste des personnages ainsi que les relations qui les unissent : père et fils, amant et amante, maître et valet… On trouve parfois des précisions sur l'âge, le caractère ou le costume de chaque personnage. Ainsi, dans *Le Barbier de Séville*, Beaumarchais fournit-il, sous le titre « Habillement des personnages, suivant l'ancien costume espagnol », une description précise du costume de chacun, notamment celui du comte, qui change à chaque acte : au premier acte, cape espagnole et chapeau noir, au deuxième, uniforme de cavalier, au troisième, habit de bachelier, et au dernier, riche manteau. On devine, rien qu'à la lecture, que l'un des thèmes clés de l'œuvre sera la dissimulation et la révélation finale de l'identité du riche comte.

- Les didascalies initiales fournissent aussi un **cadre spatio-temporel** plus ou moins précis. **Le théâtre classique** apporte des **indications brèves**, en donnant le plus souvent un lieu géographique : « La scène est à Paris », dans *L'Avare, Tartuffe* ou *Le Misanthrope* ; « La scène est à Séville » dans *Le Cid* ; « La scène est à Trézène, ville du Péloponnèse » dans *Phèdre*. Le **théâtre moderne** n'hésite pas à **allonger les didascalies initiales.** Ainsi, dans *Fin de partie,* Beckett leur consacre trois pages, dont une entière pour décrire le décor pourtant pauvre : un intérieur grisâtre et sans meubles.

DOC. 2 ***En attendant Godot*** **(1953) de Samuel Beckett.** Mise en scène de J. Lambert-Wild, M. Bozonnet et L. Malaguerra, à la Comédie de Caen (2014), avec F. Assande et M. Bohiri.

b. Didascalies fonctionnelles

- Les didascalies fonctionnelles sont les **indications données par l'auteur qui ne concernent pas le jeu des comédiens**. Il s'agit donc en premier lieu des grandes divisions du texte théâtral : actes, scènes, tableaux.

- Les didascalies fonctionnelles comportent une grande variété d'éléments, car elles signalent tous les **éléments ponctuels** que les didascalies initiales ne peuvent par définition mentionner : le nom du personnage avant chaque réplique, le nom du personnage auquel il s'adresse, l'apparition d'un accessoire, un changement de décor ou de lumière au milieu d'un acte ou d'une scène. Ces didascalies indiquent enfin les **mouvements** et **les gestes d'un personnage** ou, au contraire, l'absence de mouvement et de geste, comme à la fin d'*En attendant Godot*. Vladimir dit à Estragon : « Alors, on y va ? » Estragon répond : « Allons-y. » Mais la didascalie : « *Ils ne bougent pas* » symbolise l'absence d'évolution des personnages prisonniers d'un temps immobile.

Le découpage de l'action : actes, scènes, tableaux

L'action dramatique est, dans la grande majorité des pièces, découpée en actes et en scènes, plus rarement en tableaux.

– Le découpage en actes s'impose vers 1650 et concerne donc principalement le théâtre classique. Dans la tragédie, la répartition en cinq actes est la règle, chacun possédant une fonction particulière : le premier sert à l'exposition, le deuxième contient le nœud de l'action, le troisième et le quatrième les péripéties, le cinquième le dénouement. Dans la comédie, on peut aller de la petite comédie en un acte, proche de la farce, comme *Les Précieuses ridicules* de Molière, jusqu'à la grande comédie en cinq actes, plus ambitieuse, comme *Le Misanthrope*.

– À l'intérieur des actes, le découpage en scènes repose sur les changements de personnages : on change de scène chaque fois qu'un personnage entre ou sort, sauf s'il s'agit d'un personnage peu important dont le rôle est très bref, ou bien si l'un des personnages resté seul en scène prononce un court monologue.

– Avec l'essor du drame, les conventions se modifient. Au XVIIIe siècle, Diderot invente le mot « tableau », qui désigne un moment de la pièce où les personnages sont disposés d'une façon qui produit l'illusion du naturel, à la façon d'une toile en peinture. Au XIXe siècle, le mot en vient à désigner l'ensemble des scènes qui se déroulent dans un décor donné, le découpage en tableaux pouvant éventuellement se combiner avec le découpage en scènes et actes.

c. Didascalies expressives

- Les didascalies expressives s'adressent, pour leur part, à la fois au lecteur, au metteur en scène et au comédien. Elles doivent permettre de mieux comprendre le **jeu de scène souhaité par l'auteur** en précisant **le ton et les sentiments d'un personnage.**
- De telles didascalies prennent en générale la forme d'un adjectif, d'un participe présent ou d'un adverbe, qui suivent le nom d'un personnage ou s'intercalent entre deux phrases prononcées. Ainsi, dans *Les Fausses Confidences* (1737) de Marivaux peut-on lire : « DORANTE, *embarrassé* » ; « MARTON, *riant* » ; « ARAMINTE, *tristement* ».

d. Didascalies internes

- On parle parfois de « didascalies internes » pour désigner un cas tout à fait à part : les **indications que l'on peut déduire du dialogue entre les personnages.** Lorsque Sganarelle entre dans le tombeau du Commandeur dans *Dom Juan*, il s'écrie :

> « Ah, que cela est beau ! Les belles statues ! le beau marbre ! les beaux piliers ! »
> ■ Molière, *Dom Juan* (1665), acte III, scène 5.

Cela permet au lecteur, au metteur en scène et au spectateur de comprendre que le tombeau comporte statues, marbre et piliers, sans que des didascalies fonctionnelles soient nécessaires.

- Il ne s'agit donc pas de didascalies au sens rigoureux du terme, puisque celles-ci sont définies par le fait qu'elles ne doivent pas être lues. Elles montrent néanmoins que **la frontière entre dialogue et didascalies est parfois ténue.**

III. Les paroles des personnages

Bien plus que les didascalies, la matière première du texte théâtral est le dialogue entre personnages, texte qui peut être aussi bien lu par le lecteur qu'entendu par le spectateur.

1. L'enchaînement des répliques

a. Les types d'enchaînement

- Le dialogue théâtral doit donner l'**illusion de la conversation**. Cependant, dans la mesure où il est écrit, il est le plus souvent beaucoup **plus construit et plus cohérent** que nos conversations courantes.

- Il existe plusieurs types d'enchaînement des répliques :

– l'**interruption**. Elle peut être **volontaire**, quand un personnage, sous l'effet de l'émotion, ne peut continuer à parler, comme Titus dans *Bérénice* :

« TITUS. – Jamais, puisqu'il faut vous parler,
Mon cœur de plus de feux ne se sentit brûler.
Mais…
BÉRÉNICE. – Achevez. »

■ Jean Racine, *Bérénice* (1670), acte II, scène 4.

L'interruption peut également être **involontaire** quand un autre personnage coupe la parole à celui qui était en train de parler, comme Arnolphe dans *L'École des femmes* :

« AGNÈS. – Mais quoi ? Voulez-vous ?
ARNOLPHE. – C'est assez. Je suis maître, je parle : allez, obéissez. »

■ Molière, *L'École des femmes* (1662), acte II, scène 5.

– l'**enchaînement syntaxique**. Les deux répliques sont liées par la grammaire. Il peut s'agir d'un jeu de questions-réponses qui se complètent mutuellement, par exemple dans *Fin de Partie* :

« HAMM. – Juré ?
CLOV. – Oui.
HAMM. – Sur quoi ?
CLOV. – L'honneur. »

■ Samuel Beckett, *Fin de partie* (1957), © Les Éditions de Minuit.

Il peut s'agir aussi de l'ajout par un personnage d'un élément inattendu à une phrase affirmative d'un premier :

« FIGARO. – Est-ce ma noce avec Suzon qui vous attire au château ?
BARTHOLO. – Ah ! mon cher Monsieur, point du tout.
FIGARO. – Cela serait bien généreux !
BARTHOLO. – Certainement, et par trop sot. »

■ Beaumarchais, *Le Mariage de Figaro* (1784), acte I, scène 3.

– l'**enchaînement sémantique**. C'est le sens des mots qui permet de lier les répliques entre elles, par exemple dans ce jeu d'oppositions entre deux verbes antonymes, tiré de *La Fausse Suivante* :

« LA COMTESSE. – Lélio commence bien à me déplaire.
LE CHEVALIER. – Qu'il achève donc et nous laisse en repos. »

■ Marivaux, *La Fausse Suivante* (1724), acte II, scène 8.

– l'**enchaînement lexical**. C'est la répétition d'un mot qui permet de lier les répliques, comme dans la fameuse réplique d'*Horace*, de Corneille :

« HORACE. – Et préfère du moins au souvenir d'un homme
Ce que doit ta naissance aux intérêts de Rome.
CAMILLE. – Rome, l'unique objet de mon ressentiment ! »

■ Pierre *Corneille, Horace* (1640), acte IV, scène 5.

Les quiproquos dans *L'Avare* de Molière

Un cas particulier de l'enchaînement lexical est le quiproquo, très fréquent au théâtre. Dans ce cas, l'enchaînement des répliques se fait autour d'un mot dont le référent n'est pas identifié de la même façon par les protagonistes. C'est un procédé central de la comédie classique. Dans *L'Avare* de Molière, c'est un véritable feu d'artifices de quiproquos qui nous est offert.

– À la scène 5 de l'acte IV, Harpagon et son fils Cléante se réconcilient, le père croyant que le fils a abandonné le projet de mariage qu'il réprouve, et le fils croyant que le père l'accepte.

– À la scène 2 de l'acte V, Harpagon se figure que le cuisinier Maître Jacques demande qu'on égorge, qu'on ébouillante et qu'on pende un voleur, alors qu'il ne s'agit que d'un cochon de lait.

– À l'acte V, Harpagon est persuadé que Valère lui a volé sa cassette remplie d'argent, tandis que Valère est convaincu qu'Harpagon a découvert son mariage secret avec sa fille Élise. La répétition du pronom « elle » permet d'enchaîner les répliques tout en maintenant assez longuement le quiproquo :

« HARPAGON. – Hé, dis-moi donc un peu ; tu n'y as point touché ?
VALÈRE. – Moi, y toucher ? Ah ! vous lui faites tort, aussi bien qu'à moi ; et c'est d'une ardeur toute pure et respectueuse, que j'ai brûlé pour elle.
HARPAGON. – Brûlé pour ma cassette ! »

b. Le cas des dialogues incohérents

Considérer que le théâtre doit toujours créer l'illusion de la conversation est vrai pour le théâtre classique, mais le théâtre moderne, dans son interrogation sur le langage, a cherché à remettre en question des conventions. Cela tient notamment à des **répliques** qui ne se répondent pas. Ainsi, dans *La Cantatrice chauve* :

« M. MARTIN. – Le plafond est en haut, le plancher est en bas.
Mme SMITH. – Quand je dis oui, c'est une façon de parler.
Mme MARTIN. – À chacun son destin. »

■ Eugène Ionesco, *La Cantatrice chauve* (1950), scène 1, © Gallimard.

Cette mise en scène de l'**incommunicabilité** passe aussi par des **répliques redondantes**, qui exagèrent sciemment le jeu des répétitions.

« VLADIMIR. – Dis, Je suis content.
ESTRAGON. – Je suis content.
VLADIMIR. – Moi aussi.
ESTRAGON. – Moi aussi.
VLADIMIR. – Nous sommes contents.
ESTRAGON. – Nous sommes contents. »

■ Samuel Beckett, *En attendant Godot* (1952), acte II, © Les Éditions de Minuit.

2. Le volume des répliques

a. Les répliques brèves

- Le rythme du dialogue est aussi important que l'enchaînement des répliques. Les répliques brèves permettent d'obtenir un **rythme vif, enlevé**, qui peut signaler un moment d'intensité dramatique dans la tragédie ou bien un échange divertissant dans la comédie.

- La **stichomythie** est ainsi un échange rapide de répliques brèves, en général accompagné d'effets d'échos et de symétrie. Dans *Le Cid*, l'échange entre le vieux Don Diègue et le comte, jaloux de l'honneur qui vient de lui être accordé, signale par le recours à la stichomythie la montée de la violence :

> « LE COMTE. – Ce que je méritais, vous l'avez emporté.
> DON DIÈGUE. – Qui l'a gagné sur vous l'avait mieux mérité.
> LE COMTE. – Qui peut mieux l'exercer en est bien le plus digne.
> DON DIÈGUE. – En être refusé n'en est pas un bon signe. »
>
> ■ Pierre Corneille, *Le Cid* (1637), acte I, scène 5.

b. Les répliques longues

À l'inverse, les répliques longues, que l'on appelle des « **tirades** », constituent forcément une pause dans le dialogue. Elles peuvent avoir trois fonctions :
– une **fonction descriptive** lorsqu'un personnage fait le portrait d'un autre, comme Arsinoé et Célimène dans *Le Misanthrope* (1666) ;
– une **fonction narrative** lorsqu'un personnage rapporte un événement qui ne peut être représenté sur scène, comme Théramène racontant la mort d'Hippolyte à la fin de *Phèdre* ;
– une **fonction argumentative** comme quand Dom Juan justifie, avec beaucoup d'éloquence, le libertinage amoureux.

3. La parole solitaire

a. Le monologue

- Il est question de « monologue » exclusivement quand **le personnage parle alors qu'il est seul en scène** et semble s'adresser à lui-même. Il ne faut donc pas confondre le monologue avec les longues tirades prononcées en présence d'autres personnages : on parle alors de « soliloques ». La logorrhée incompréhensible de Lucky dans *En attendant Godot*, par exemple, se fait en présence d'autres personnages, dont les didascalies marginales indiquent les réactions.

- Le monologue peut avoir deux fonctions :
– **fonction délibérative** : il retarde une prise de décision en pesant le pour et le contre. Dans *Le Cid*, Rodrigue hésite entre l'amour et l'honneur ;
– **fonction élégiaque**. Le personnage exprime sa tristesse et le monologue se transforme en plainte. Dans *Lorenzaccio* (1834), le recours à cette forme permet d'accentuer le lyrisme du héros romantique (voir chapitre 6, p. 191).
De tels monologues peuvent aussi bien se retrouver dans la comédie. Ainsi, dans *L'École des femmes*, Arnolphe se parle à lui-même à plusieurs reprises, ce qui crée une discordance entre le comique de l'ensemble de la pièce et quelques moments de pur **pathétique**.

DOC. 3 Pierre Corneille, *Le Cid*. Francis Huster dans le rôle de Rodrigue, mis en scène par lui-même (théâtre Renaud-Barrault, 1985).

b. L'aparté

- L'aparté est une forme particulière qui se définit par le fait qu'**un personnage, au cours d'un dialogue, parle sans être entendu par les autres**. Cette convention permet, par le jeu de la double énonciation, de connaître les intentions et les ressorts cachés des personnages. Elle a principalement une **fonction d'explicitation** de la situation pour les spectateurs, comme dans la scène du *Mariage de Figaro* où chacun des personnages fait semblant de ne pas savoir ce que l'autre sait, ce qui se traduit par deux apartés symétriques :

> « Le Comte, *à part*. – Il veut venir à Londres ; elle n'a pas parlé.
> Figaro, *à part*. – Il croit que je ne sais rien ; travaillons-le un peu dans son genre ».
>
> ■ Beaumarchais, *Le Mariage de Figaro* (1784), acte III, scène 5.

- Mais cette convention peut aussi permettre au dramaturge d'exprimer sa propre lecture de la pièce, quand l'aparté devient le lieu de **commentaires idéologiques** sur l'action. Ainsi dans *Le Tartuffe*, le portrait très élogieux qu'Orgon fait de Tartuffe est entrecoupé par les apartés ironiques de la servante Dorine. Les valets et servantes sont les vecteurs de la **complicité entre l'auteur et le public**, aux dépens des personnages de maîtres.

- Le principal effet produit par l'aparté est un **effet comique** dû au contraste entre ce que les personnages disent tout haut et ce qu'ils pensent tout bas. Le procédé est systématique dans le **vaudeville**. Mais l'aparté peut aussi bien avoir un effet tragique ou pathétique, comme quand Atalide, dans *Bajazet*, s'exclame pour elle-même :

> « Cache tes pleurs, malheureuse Atalide. »
>
> ■ Jean Racine, *Bajazet* (1672), acte IV, scène 3.

1 Commentaire littéraire – Beckett, *En attendant Godot*

Vous commenterez le texte de Beckett extrait d'*En attendant Godot*.

> Voir la méthode du traitement du commentaire littéraire (Annexes, p. 471).
> Voir les sujets 2 et 3 p. 129 et 1 p. 161.

TEXTE Samuel Beckett (1906-1989), *En attendant Godot* (1952), acte II

Deux vagabonds, Vladimir et Estragon, se retrouvent sur une route de campagne – avec arbre – à la tombée de la nuit pour attendre Godot, qui leur a promis qu'il viendrait. Au milieu du premier acte, ils rencontrent Pozzo, qui se dit propriétaire des lieux, et Lucky, une sorte d'esclave tenu en laisse. À la fin du premier acte, un jeune garçon annonce que Godot ne viendra que le lendemain. Au début du second acte, la lumière se rallume sur le même décor.

Silence.

VLADIMIR. – Il y a du nouveau ici depuis hier.
ESTRAGON. – Et s'il ne vient pas ?
VLADIMIR (*après un moment d'incompréhension*). – Nous aviserons. (*Un temps.*) Je te dis qu'il y a du nouveau ici, depuis hier.
ESTRAGON. – Tout suinte.
VLADIMIR. – Regarde-moi l'arbre.
ESTRAGON. – On ne descend pas deux fois dans le même pus.
VLADIMIR. – L'arbre, je te dis, regarde-le.
Estragon regarde l'arbre.
ESTRAGON. – Il n'était pas là hier ?
VLADIMIR. – Mais si. Tu ne te rappelles pas. Il s'en est fallu d'un cheveu qu'on ne s'y soit pendu. (*Il réfléchit.*) Oui, c'est juste (*en détachant les mots*) qu'on - ne - s'y - soit - pendu. Mais tu n'as pas voulu. Tu ne te rappelles pas ?
ESTRAGON. – Tu l'as rêvé.
VLADIMIR. – Est-ce possible que tu aies oublié déjà ?
ESTRAGON. – Je suis comme ça. Ou j'oublie tout de suite ou je n'oublie jamais.
VLADIMIR. – Et Pozzo et Lucky, tu as oublié aussi ?
ESTRAGON. – Pozzo et Lucky ?
VLADIMIR. – Il a tout oublié !
ESTRAGON. – Je me rappelle un énergumène qui m'a foutu des coups de pied. Ensuite il a fait le con.
VLADIMIR. – C'était Lucky !
ESTRAGON. – Ça, je m'en souviens. Mais quand c'était ?
VLADIMIR. – Et l'autre qui le menait, tu t'en souviens aussi ?
ESTRAGON. – Il m'a donné des os.
VLADIMIR. – C'était Pozzo !
ESTRAGON. – Et tu dis que c'était hier, tout ça ?
VLADIMIR. – Mais oui, voyons.
ESTRAGON. – Et à cet endroit ?

VLADIMIR. – Mais bien sûr ! Tu ne reconnais pas ?
ESTRAGON (*soudain furieux*). – Reconnais ! Qu'est-ce qu'il y a à reconnaître ? J'ai tiré ma roulure de vie au milieu des sables ! Et tu veux que j'y voie des nuances ! (*Regard circulaire*) Regarde-moi cette saloperie ! Je n'en ai jamais bougé.

Prendre connaissance du texte

> Faire les premiers repérages

À la première lecture, ce texte peut paraître difficile : il ne se passe rien, les répliques s'enchaînent mal, on ne comprend pas vraiment ce qui se dit. Mais c'est justement sur ces difficultés que l'analyse peut s'appuyer.

> Établir la fiche d'identité du texte

- Nous sommes dans un texte du théâtre moderne. La distinction des genres est donc difficile. Sommes-nous dans la comédie ou le drame ? Faut-il en rire ou en pleurer ? C'est précisément le mélange des tonalités qui est intéressant.
- L'un des thèmes les plus évidents du texte est l'attente, comme le titre nous incite à le penser. De plus, nous sommes au second acte, avec des rappels récurrents de ce qui s'est passé au premier. Une réflexion sur le temps, thème central de l'extrait, est donc indispensable.

Analyser le sujet au brouillon

> Entrer dans les détails en croisant deux méthodes

- L'analyse linéaire permet de s'apercevoir qu'il n'y a aucune progression et qu'il y a même, à l'inverse, une circularité de l'extrait. On a le sentiment que les personnages reviennent sans arrêt aux mêmes idées obsédantes.
- La lecture transversale permet donc de dégager des éléments fondamentaux : le caractère immobile des personnages, le temps qui passe alors que rien ne change, le ressassement et la répétition.

Structurer le commentaire

> Établir un projet de lecture

On en tirera une problématique synthétique : comment cet extrait met-il en scène l'impossibilité de donner du sens à l'écoulement du temps par le langage ?

> Élaborer un plan détaillé

I. La décomposition du temps

1. Une réflexion sur le changement

– Dès la première réplique, opposition : Vladimir incarne la conscience du changement, Estragon symbolise l'oubli.
– Cette dualité se manifeste par un jeu de questions-réponses toujours brèves durant lequel Vladimir mène le jeu.

2. Une mise en scène de la permanence

– Nombreux éléments du premier acte qui reviennent à l'identique : décor, personnages.
– La narration par Vladimir des épisodes de l'acte I et la confusion d'Estragon

conduisent le spectateur à se demander si les personnages ne revivent pas sans cesse la même journée.

3. Répétition et circularité

– Répétition de certains verbes : « oublier », « reconnaître » « souvenir ».
– Le texte semble ainsi ressasser de façon circulaire les mêmes motifs.
→ La remise en cause de la temporalité trouve un écho dans la remise en cause du langage.

II. Le langage en miettes

1. L'absence de communication

– Incohérence de certaines répliques qui donne une tonalité absurde à l'extrait.
– Ainsi, de même que le passé ne parvient pas à se lier au présent pour former un temps permettant une évolution, les paroles des personnages ne parviennent pas à se lier entre elle pour former un dialogue progressant vers un véritable échange.

2. Un texte creusé par le silence

– Le silence prend une place massive dans l'extrait et dilate infiniment la durée de la scène.
– Il permet notamment de séparer les répliques, accentuant plus nettement encore la désarticulation du dialogue.

3. Le langage, substitut de l'action

– Dans cet extrait où il ne se passe rien, le langage est un moyen d'occuper l'attente.
– Thème de l'immobilité des personnages.
→ Temporalité et langage : ce sont deux attributs fondamentaux de l'être humain qui sont remis en cause pour mieux mettre en scène l'absence de sens.

III. Une réflexion existentielle entre comique et tragique

1. Le mélange des tonalités

– Ruptures de registres : métaphores insolites (le « pus »), termes triviaux (« faire le con », « roulure », « saloperie »).
– Les personnages s'étonnent à l'inverse d'être capables de recourir à des registres élevés, par exemple quand Vladimir vérifie la correction de sa syntaxe (« qu'on - ne - s'y - soit - pendu »).

2. Une dimension humoristique et parodique

– Texte teinté d'humour : les ressassements du dialogue peuvent aussi bien être lus comme du comique de répétition.
– Les paroles d'Estragon « Tout suinte » et « On ne se baigne deux fois dans le même pus » constituent, de même, une parodie des paroles philosophiques d'Héraclite, selon qui « tout passe » et « on ne se baigne jamais deux fois dans le même fleuve ».

3. Une farce tragique

– Composantes de la farce : goût pour la scatologie, scène où un personnage est roué de coups, comique d'insistance et exclamations de Vladimir face à l'énormité de l'attitude de son comparse (« Il a tout oublié ! »).
– Le duo de clowns, qui fait rire autant qu'il inquiète, apitoie autant qu'il fait réfléchir, contribue ainsi à faire de la pièce une véritable farce tragique.

Rédiger le commentaire

> Rédiger l'introduction

- En guise d'accroche, on peut rappeler que, dans le théâtre classique, le temps constitue un cadre précis (les fameuses vingt-quatre heures) tandis que, dans le théâtre moderne, il devient la matière même, infiniment malléable, de la pièce.
- La présentation du texte doit cependant montrer son originalité : il ne faut pas se contenter de généralités sur le théâtre moderne, il faut préciser d'emblée qu'il est ici question de l'écoulement du temps, à l'intérieur d'un second acte qui apparaît comme la reprise à l'identique du premier.
- L'énoncé de la problématique et l'annonce du plan doivent ainsi faire apparaître la cohérence d'une analyse, où la réflexion sur le temps, le langage et les personnages aboutit à caractériser une vision du monde et une réflexion existentielle.

> Rédiger la conclusion

- On retiendra de cette analyse le fait que tous les aspects du texte sont liés : le temps, le silence, le dialogue ne peuvent évoluer, les personnages restent prisonniers d'une attente dont l'objet reste inconnu.
- En guise d'ouverture, on pourrait évoquer le fait que Vladimir et Estragon s'inscrivent dans la longue tradition des couples, soit tragiques, comme Abel et Caïn, soit ridicules, comme Bouvard et Pécuchet, et apprécier la plasticité de cette figure du double à travers les âges.

2 Écriture d'invention – Rédiger un dialogue théâtral

Vous composerez un dialogue théâtral mettant en scène, comme le fait Beckett dans *En attendant Godot*, des personnages qui ne parviennent pas à se comprendre.

> Voir la méthode de traitement de l'écriture d'invention (Annexes, p. 473).

> Voir les sujets 2 et 3 p. 163.

Analyser le sujet au brouillon

> Repérer les mots clés du sujet

- On demande ici de composer un dialogue théâtral. Il ne faut pas écrire la suite du dialogue entre Vladimir et Estragon, mais inventer des personnages et une situation originale.
- Il faut donc proscrire tout récit, et en particulier ne pas faire figurer de paragraphe narratif d'introduction. En revanche, une didascalie initiale précisant le cadre spatio-temporel sera bienvenue.

> Dresser un cahier des charges

- Il faut d'abord respecter la typographie propose au texte de théâtre : nom des personnages en majuscules suivis de la réplique, didascalies entre parenthèses.
- Le sujet ne précise pas le registre du dialogue : vous pouvez donc choisir de rédiger un texte comique ou sérieux, ou de mêler les registres comme chez Beckett.
- Une scène où deux personnages se contentent de parler sans se comprendre risque de tourner court ou d'être monotone, il faut donc prévoir une évolution de la situation en plusieurs étapes. Par exemple, l'un des deux personnages peut se rendre compte au bout d'un moment qu'il y a quiproquo et essayer de le résoudre, ce qui ne fait qu'empirer la situation.
- Vous êtes libres de choisir le niveau de langue. S'il est familier, vous devrez être cohérent dans ce choix, afin que le correcteur comprenne que vous le faites à dessein, et non parce que vous n'avez pas su adapter votre niveau de langue à l'écrit.

S'appuyer sur le corpus

> Analyser le texte sur lequel s'appuie le sujet

- Pour illustrer le thème de l'incompréhension, il faut utiliser toutes les ressources du théâtre, comme le fait Beckett : nombreuses didascalies, dialogue incohérent, répliques qui s'enchaînent mal, répétitions, questions et réponses, interrogations et exclamations.
- Vous pouvez ajouter d'autres composantes qui montrent que l'échange ne fonctionne pas : répliques qui se répondent à contretemps, interruptions volontaires et involontaires, apartés, tirades pendant lesquelles un personnage ne parle qu'à lui-même et oublie son interlocuteur ; en résumé, donc, tout ce qui peut faire que l'échange ne fonctionne pas.

Rédiger le devoir

> Apporter une réflexion personnelle

- Il faut choisir une raison pour laquelle les personnages ne se comprennent pas. L'absence de compréhension peut être due à la différence entre les personnages qui, par exemple, viennent de deux cultures ou de deux milieux sociaux différents, ou bien sont séparés par une grande différence d'âge. L'un des deux personnages peut aussi être imperméable à toute discussion, par exemple s'il a une idée fixe, une obsession, s'il est troublé par une grande émotion. On peut enfin penser à recourir au procédé du quiproquo, qui pourra donner lieu à un texte comique avec de nombreux apartés, où vous montrerez que vous avez bien compris le système de la double énonciation.
- Les personnages devront avoir une identité précise et un nom. Vous êtes libre de choisir le contexte : optez plutôt pour une scène se déroulant de nos jours, afin de vous prémunir contre tout anachronisme. Le début de la scène doit justifier la rencontre, et l'on doit en comprendre rapidement les circonstances.

SUJETS DE TYPE BAC

1 Commentaire littéraire – Corneille, *Le Cid*

180 min.

Vous commentez le texte de Corneille, extrait du *Cid*.

Ce texte comporte de nombreux parallélismes et répétitions, il suppose donc une analyse technique assez poussée. Néanmoins, pour ne pas fournir un commentaire trop aride, attention, ne perdez pas de vue la situation générale.

> Voir la méthode du traitement du commentaire littéraire (Annexes, p. 471).

> Voir les Méthodes et stratégies 2, chapitre 4 et les Méthodes et stratégies 1, chapitre 5.

TEXTE Pierre Corneille (1606-1684), *Le Cid* (version de 1660), acte I, scène 6

Don Rodrigue aime Chimène et est aimé d'elle. Le père de Chimène, le comte Don Gomès, favorable à leur union, a cependant humilié le vieux Don Diègue, père de Rodrigue. Juste avant cette scène, Don Diègue a demandé à son fils de venger son honneur en provoquant le comte en duel, malgré son amour pour Chimène.

DON RODRIGUE, *seul*

Percé jusques au fond du cœur
D'une atteinte imprévue aussi bien que mortelle,
Misérable vengeur d'une juste querelle,
Et malheureux objet d'une injuste rigueur,
Je demeure immobile, et mon âme abattue
Cède au coup qui me tue.
Si près de voir mon feu récompensé,
Ô Dieu ! l'étrange peine !
En cet affront mon père est l'offensé,
Et l'offenseur le père de Chimène !

Que je sens de rudes combats !
Contre mon propre honneur mon amour s'intéresse,
Il faut venger un père, et perdre une maîtresse,
L'un m'anime le cœur, l'autre retient mon bras.
Réduit au triste choix ou de trahir ma flamme,
Ou de vivre en infâme,
Des deux côtés mon mal est infini.
Ô Dieu ! l'étrange peine !
Faut-il laisser un affront impuni ?
Faut-il punir le père de Chimène ?

Père, maîtresse, honneur, amour,
Noble et dure contrainte, aimable tyrannie,
Tous mes plaisirs sont morts, ou ma gloire ternie,
L'un me rend malheureux, l'autre indigne du jour.
Cher et cruel espoir d'une âme généreuse,

Mais ensemble amoureuse,
Digne ennemi de mon plus grand bonheur,
Fer, qui causes ma peine,
M'es-tu donné pour venger mon honneur ?
M'es-tu donné pour perdre ma Chimène ?

Il vaut mieux courir au trépas ;
Je dois à ma maîtresse aussi bien qu'à mon père.
J'attire en me vengeant sa haine et sa colère,
J'attire ses mépris en ne me vengeant pas.
À mon plus doux espoir l'un me rend infidèle,
Et l'autre, indigne d'elle.
Mon mal augmente à le vouloir guérir,
Tout redouble ma peine,
Allons, mon âme, et puisqu'il faut mourir,
Mourons du moins sans offenser Chimène.

Mourir sans tirer ma raison !
Rechercher un trépas si mortel à ma gloire !
Endurer que l'Espagne impute à ma mémoire
D'avoir mal soutenu l'honneur de ma maison,
Respecter un amour dont mon âme égarée
Voit la perte assurée !
N'écoutons plus ce penser suborneur,
Qui ne sert qu'à ma peine,
Allons, mon bras, sauvons du moins l'honneur,
Puisque après tout il faut perdre Chimène.

Oui, mon esprit s'était déçu,
Je dois tout à mon père avant qu'à ma maîtresse :
Que je meure au combat, ou meure de tristesse,
Je rendrai mon sang pur comme je l'ai reçu.
Je m'accuse déjà de trop de négligence ;
Courons à la vengeance,
Et tout honteux d'avoir tant balancé,
Ne soyons plus en peine,
Puisque aujourd'hui mon père est l'offensé,
Si l'offenseur est père de Chimène.

2 Écriture d'invention – Rédiger un monologue délibératif

180 min.

Vous rédigerez le monologue délibératif d'un personnage de théâtre confronté à un choix douloureux, comme Rodrigue dans le texte de Corneille.

Ce sujet est relativement simple, mais il ne faut oublier aucune des composantes du monologue délibératif. N'hésitez donc pas à vous appuyer le plus possible sur une analyse du texte de Corneille.

> Voir la méthode du traitement d'une écriture d'invention (Annexes, p. 473).
> Voir les Méthodes et stratégies 2, chapitre 5.

3 Écriture d'invention – Rédiger une suite de dialogue

180 min.

Vous écrirez la suite du dialogue de Bérenger et Dudard, dans le texte de Ionesco (voir chapitre 6, p. 190) : Bérenger est décidé à résister et parvient à reprendre le dessus dans la conversation.

Ce sujet est plus difficile, car il comporte beaucoup plus de contraintes. Il faut en effet conserver les mêmes personnages et inverser leur relation de la façon la plus naturelle possible. Mais vous trouverez sans doute un certain plaisir à renverser ainsi les rôles et à faire triompher le personnage sympathique !

> Voir la méthode du traitement d'une écriture d'invention (Annexes, p. 473).
> Voir les Méthodes et stratégies 2, chapitre 5.

CORRIGÉS

1 Commentaire littéraire – Corneille, *Le Cid*

Analyser le sujet

> Trouver une problématique

On observe immédiatement que ce texte est un monologue, ce qui correspond à une pause dans l'action. On constate également qu'il présente de nombreuses répétitions, de nombreux parallélismes.

Cela signifie que l'action cède la place à une parole qui se fait poétique, pour mieux exprimer l'intériorité tourmentée du héros. Rodrigue pèse ici le pour et le contre et paraît incapable de sortir de l'impasse. Cependant, il aboutit finalement à une résolution ferme. Il s'est donc bien passé quelque chose.

La problématique devra donc opposer d'un côté l'inaction, et de l'autre, l'intense débat intérieur et la transformation du personnage.

> Construire un plan

Le plan doit reprendre l'opposition établie dans la problématique. Il faut évoquer d'abord ce que le texte semble décrire en apparence, à savoir : l'inaction et la stagnation. Il faut ensuite en venir à ce qu'il révèle en profondeur, avec deux parties : le débat intérieur, puis la métamorphose du héros.

Les titres de parties et de sous-parties ne doivent pas apparaître dans la copie.

Introduction

Don Diègue a été nommé gouverneur du prince, mais le comte Don Gomès, jaloux que cet honneur ne lui revienne pas, lui a donné un soufflet. Sentant ses forces l'abandonner à cause de son âge, le vieil homme se lance dans un monologue : « Ô rage ! ô désespoir, ô vieillesse ennemie ! »… C'est à son fils Rodrigue qu'il demande de venger son honneur, de défendre sa lignée, d'être fidèle à son rang. Mais Rodrigue aime Chimène qui n'est autre que la fille de Don Gomès… Voilà ce qui s'appelle un « dilemme cornélien ».

Le monologue de Rodrigue, à la fin du premier acte du *Cid*, répond à celui de son père. Mais contrairement à Don Diègue, Rodrigue ne se contente pas de se lamenter du malheur qui le frappe : il hésite d'abord, penchant tantôt pour l'amour, tantôt pour l'honneur. Ses hésitations prennent la forme d'un monologue qui interrompt l'action. Peut-on pourtant dire qu'il ne se passe plus rien ? N'est-ce pas la parole qui devient ici une véritable action ?

Avec ce monologue délibératif, il semble d'abord que l'action s'immobilise en s'attardant sur les hésitations du personnage. Mais ces hésitations se traduisent par l'apparition d'un lyrisme qui, loin de diminuer la tension dramatique, la relance. En réalité, au cours de cette scène, il se produit un événement majeur : la naissance d'un héros.

I. Un monologue délibératif : une absence d'action ?

1. Une apparence d'inaction

Loin d'agir comme son père le lui a ordonné, Rodrigue reste prostré et se lance dans un **long monologue qui semble tourner en rond**. Rodrigue se présente comme un

« objet », qui subit les événements, et il faut attendre le cinquième vers du monologue pour qu'enfin apparaisse le « je » en position de sujet de la phrase. Mais cette phrase elle-même, avec le verbe « demeurer » et l'adjectif attribut « immobile », constate sa propre inaction. Le personnage ne fait qu'hésiter, comme le montrent les nombreuses structures doubles en « ou » / « ou » ou en « l'un » / « l'autre ». Ce monologue est en réalité un dialogue entre deux dimensions de Rodrigue, l'amoureux de Chimène et le fils de Don Diègue.

2. De l'inaction à la résolution

À bien y regarder cependant, tout au long des six strophes, nous allons voir le personnage passer de l'inaction à la résolution. Dans la première strophe, le personnage résume l'**impasse** où il se trouve et exprime son désarroi. Puis les deux strophes suivantes marquent l'hésitation du personnage : ni l'amour ni l'honneur ne prennent encore le dessus, chacun est à égalité. Dans la quatrième strophe, Rodrigue semble choisir l'amour, mais se rend compte également que ne pas venger son honneur le rend indigne de Chimène : l'impasse est encore plus évidente, et Rodrigue songe même à se donner la mort. À cette idée, il semble soudain se réveiller, et **la cinquième strophe est le moment où tout bascule** : Rodrigue ne souhaite pas cette mort honteuse et choisit l'honneur. Enfin, la dernière strophe est celle de la résolution : l'impératif « courons » indique un retour à l'action ; désormais, Rodrigue se donne à lui-même ses ordres.

II. Un monologue lyrique : l'expression de l'intériorité

1. L'enfermement du personnage

Jusqu'ici, toute la pièce était en alexandrins ; désormais, chaque strophe comporte un octosyllabe, quatre alexandrins, puis une alternance d'hexasyllabes et de décasyllabes. Ce changement dans la versification montre que **la parole a changé de fonction** : ce ne sont plus des personnages qui dialoguent, mais une intériorité qui s'épanche. L'enfermement du personnage, **prisonnier de son dilemme**, est marqué par la régularité des strophes, le retour à la fin de chacune d'elles du nom de Chimène, qui rime systématiquement avec le substantif « peine ». Les parallélismes abondent et expriment le caractère insoluble de la situation.

2. La tonalité élégiaque

L'**émotion du personnage** est rendue sensible d'abord par l'apparition du thème de la douleur, dès le premier mot, « percé » : la métaphore est ici celle de la blessure physique. Les exclamations et les apostrophes contribuent également au lyrisme de ce monologue, comme dans « Ô Dieu ! l'étrange peine ! ». Rodrigue peut apostropher un objet : « Fer, qui causes ma peine », le fer représentant par métonymie l'épée, ou bien une partie de lui-même : « Allons, mon âme », ou « Allons, mon bras ». Enfin, une énumération telle que « Père, maîtresse, honneur, amour », où disparaît toute coordination, montre que le personnage est submergé par l'émotion face aux malheurs qui s'accumulent.

III. La métamorphose du jeune homme amoureux en héros

1. Les attributs du héros cornélien

Dans la scène qui précède, Don Diègue a remis à son fils son épée : le fils doit devenir un double du père, **incarner à son tour l'héroïsme chevaleresque.** Les mots employés par Rodrigue relèvent du lexique héroïque. Ainsi la « gloire », mentionnée dans la troisième et la cinquième strophe, possède-t-elle le sens précis qui est le sien au XVIIe siècle : il s'agit d'une valeur aristocratique, qui désigne l'estime, la réputation et qui provient du mérite d'une personne. De même, l'adjectif « généreuse », dans la troisième strophe, est formé sur le latin *gens* qui désigne la lignée : **être généreux, c'est être bien né.** La générosité, héritée de l'ordre féodal, désigne ainsi la capacité à agir noblement. Le monologue insiste donc sur le lien entre héroïsme, honneur et fidélité à la lignée, qui doit passer avant toute autre valeur.

2. De la comédie galante à la tragédie

Ainsi le monologue de Rodrigue marque-t-il sa transition du jeune homme amoureux de la comédie galante au héros tragique. Des éléments propres à la tragédie apparaissent donc : le **thème de la mort** est présent à plusieurs reprises dans le texte. Dès le départ il est question d'une « atteinte imprévue aussi bien que mortelle », et l'expression « cède au coup qui me tue », avec ses sonorités dentales [d, t] et gutturales [k], semble imiter les coups portés au héros. Le héros se voit de la sorte confronté à de grands périls. Il suscite désormais la **crainte** et la **pitié**, au moment où surgit la violence au sein des alliances. Tous les éléments de la tragédie sont réunis.

Conclusion

[Réponse à la problématique] Jusqu'à ce moment de la pièce, on a à peine vu ou entendu Rodrigue. Le spectateur découvre donc ce personnage grâce à ce monologue qui lui permet de voir les deux facettes de sa personnalité, et surtout le conflit particulièrement intense qu'elles font naître.

[Ouverture] Cette opposition entre l'amoureux éperdu et le noble représentant de la caste aristocratique annonce la suite de la pièce. En choisissant l'honneur, Rodrigue devient le héros que le spectateur va pouvoir admirer dans la suite de l'histoire, et qui connaîtra une autre transformation, décisive, quand, ayant vaincu les Maures, il deviendra le Cid.

2 Écriture d'invention – Rédiger un monologue délibératif

Analyser le sujet

> Repérer les mots clés

On attend ici un texte appartenant au genre dramatique. Il faut donc exclure tout récit et respecter la typographie du texte théâtral : nom du personnage en majuscules, didascalies entre parenthèses (et en italiques, si le texte est dactylographié).

Il s'agit de rédiger un monologue délibératif. Il faudra donc que le personnage, confronté à un choix, soit seul en scène et confronte les avantages et les inconvénients qu'offre chaque solution. La dimension argumentative du texte est ici centrale et doit transparaître dans des structures argumentatives, notamment hypothétiques (« Si je choisis…, alors… ») et adversatives (« Mais si je choisis…, alors… »).

Cependant, le choix doit également être douloureux pour le personnage. Son conflit intérieur doit apparaître à l'aide de nombreuses interrogations et exclamations, et de tous les procédés qui permettront de faire en sorte que le monologue soit aussi de registre élégiaque.

> Dresser un cahier des charges

Le monologue doit présenter une structure claire et cohérente, et évidente à la lecture. Il faut d'abord énoncer le dilemme, ensuite examiner les différents choix possibles, et enfin résoudre le dilemme en prenant une décision qui sera de toute façon douloureuse. Il n'est pas obligatoire de procéder en trois temps : le personnage peut revenir autant qu'il le veut sur chacun des choix possibles.

Il est donc recommandé de s'inspirer de la structure du monologue de Rodrigue. On n'oubliera pas notamment de réinvestir les procédés aptes à rendre la scène pathétique. On n'attend nullement d'un candidat qu'il propose un texte versifié. En revanche, quelques allusions intertextuelles vous permettront de montrer votre culture littéraire.

Cet exemple est une proposition, parmi bien d'autres possibles. Il n'a pas valeur de corrigé. Il vous propose seulement quelques pistes.

SOPHIE (*seule*). – Me voici la plus infortunée des femmes ! Dois-je encore garder l'espoir de revoir mon bien-aimé Victor ? Il est parti sur la mer depuis si longtemps, pour parcourir la Grèce… Cela fait plus de dix ans, je m'en souviens, c'était au printemps de 1902… Quand il a cessé d'envoyer des nouvelles, si grande était mon inquiétude ! Si vive était ma peine ! Hélas ! Toutes les tentatives pour le retrouver sont demeurées vaines, et depuis longtemps abandonnées. Dois-je encore continuer à espérer son retour ? Ou bien dois-je définitivement en faire le deuil ? Mon cœur me semble parfois vouloir l'oublier, tant il soupire après Léopold qui m'entoure de tant de soins et de prévenances depuis toutes ces années. Mais, dans le même temps, il s'obstine à vouloir garder vivant le souvenir de Victor et la fidélité que je lui dois.
Je ne puis me résoudre à croire Victor mort. Pourtant, chacun m'assure que je suis bien

folle de m'entêter ainsi et de croire à l'impossible. Mais si je me range à l'avis de tous, n'est-ce pas manquer à ma parole ? Il me semble parfois qu'il va surgir d'un moment à l'autre, et je crois le voir, devant ma porte, revenant enfin de ce périple, me racontant les dangers et les périls qu'il a traversés, au cours desquels jamais, grands dieux ! il n'a cessé de penser à moi ! Et je serais l'ingrate et l'épouse déloyale qui l'aura remplacé !
Pourtant, il faudra bien que je me raisonne. Si je l'attends encore, je ruinerai ma vie à espérer en vain. Je ne puis continuer ainsi à rêver, comme Pénélope guettant le retour d'Ulysse… Que de récits et de chimères l'on nous raconte, à nous, les femmes, pour faire de nous des modèles de vertu ! Mais la vie n'est pas comme dans les livres. Accepter la mort de Victor ne signifie pas le trahir mais, bien au contraire, le garder dans ma mémoire et chérir le moindre de nos souvenirs.
Mais quelle femme serais-je si j'accueillais d'un bon œil les propositions d'un autre ? Léopold a toujours été présent auprès de moi durant ces dix longues années, et mon cœur s'est attendri à son contact. Ô mon pauvre Victor ! Que dirait-il s'il me voyait ? Que je cède au premier venu ! Comment ai-je pu ainsi laisser les sentiments que je devais à un mari devenir le bien d'un autre ? Léopold n'a-t-il pas profité de la faiblesse d'une femme affligée par le chagrin et l'angoisse ? Quel homme est-il pour s'insinuer ainsi parmi des soupirs et des pleurs destinés à un autre ? Que dira-t-on de moi, que dira-t-on de nous ?
Mais la douleur m'égare. Léopold est la bonté même. Tout ce qu'il a fait n'était guidé que par la générosité de son âme. Et cet amour naissant que j'éprouve pour lui a mille bonnes raisons. Et l'idée d'en être séparée, ou n'être à jamais qu'amie avec lui, me met au supplice. Au nom de quoi devrais-je renoncer à la vie ? Je ne suis pas Andromaque… Victor m'a-t-il été fidèle, lui, quand il est parti en mer, en dépit de tant de dangers et malgré mes préventions ? Et je devrais subir le même sort que lui, le sort qu'il s'est choisi ?
Hélas ! Voilà que je t'accuse, mon cher et tendre époux. J'ai peur de te trahir en acceptant ta mort, mais mon cœur souffre trop de ce nouvel amour. Tu n'es plus, cher époux ! Mais si je vis encore, si un nouvel amour me tient désormais attachée à lui, tu sais que je ne t'oublierai pas. Tu resteras en moi jusqu'à la fin de mes jours, et c'est en souvenir de toi que je continuerai à vivre cette nouvelle vie où tu ne seras pas.

3 Écriture d'invention – Rédiger une suite de dialogue

Analyser le sujet

> Repérer les mots clés

Il s'agit ici d'écrire la suite d'un dialogue théâtral. Même s'il ne s'agit pas d'un commentaire, il faut malgré tout se livrer à une analyse rapide du texte de départ pour repérer tous les éléments à reprendre : le nom des personnages, la structure du dialogue, la présence de didascalies.

Au-delà de ces contraintes formelles, il faut bien repérer la situation évoquée par le texte de Ionesco : bien que Bérenger soit ici le héros courageux et Dudard le lâche, c'est ce dernier qui a le dessus dans cette conversation. Le dialogue doit inverser la situation et faire en sorte que Bérenger affirme les valeurs de la résistance et du non-conformisme. Il faudra donc montrer clairement comment Dudard est dominé par Bérenger dans ce nouveau dialogue.

> Dresser un cahier des charges

Il s'agit donc ici d'écrire une suite qui comportera des répliques brèves avec éventuellement une tirade argumentative sur le modèle de celle de Bérenger. Les répliques s'enchaîneront de façon naturelle, chaque personnage répondant aux arguments de l'autre à tour de rôle. La première réplique doit être de Dudard et répondre à la dernière de Bérenger. Pour bien montrer que Bérenger prend le dessus dans la conversation, il faut utiliser les didascalies : c'est cette fois Bérenger qui devra interrompre Dudard ; de même, c'est Dudard qui devra sursauter, ou avoir une réaction corporelle, pour montrer que c'est lui désormais qui est fragilisé.

On structurera donc le texte en deux temps, sur le modèle du texte de départ : d'abord, les personnages semblent être d'accord, puis Bérenger prend clairement l'ascendant. Entre ces deux moments, une didascalie pourra signaler un nouveau passage des rhinocéros, déclenché par le fait qu'un personnage prononce leur nom. Cette didascalie doit cependant constituer une variation par rapport à celle du texte de départ : ne vous contentez pas de la recopier.

Cet exemple est une proposition, parmi bien d'autres possibles. Il n'a pas valeur de corrigé. Il vous propose seulement quelques pistes.

DUDARD. – Vous n'acceptez pas, et qu'est-ce que cela change selon vous ?
BÉRENGER. – Je ne sais pas. Mais je crois que, si chacun s'imagine que de toute façon il sera seul à refuser, si chacun se dit que c'est inutile et perdu d'avance, alors oui, c'est perdu d'avance. Il ne faut pas sous-estimer la capacité des êtres humains à résister individuellement aux forces collectives qui veulent les entraîner là où ils ne veulent pas aller. Il ne faut pas sous-estimer la capacité de chacun à ressentir profondément ce dégoût, cette inquiétude, cet écœurement face à ce qui se passe devant nous. C'est quand on sous-estime l'être humain qu'on le laisse se transformer en autre chose.
DUDARD. – Bien sûr, vous n'avez pas tout à fait tort. Mais ne croyez-vous pas que c'est déjà trop tard ?

BÉRENGER. – Eh bien tant pis, même si c'est trop tard, rien ne peut me faire changer d'avis.
DUDARD. – C'est tout de même bien triste de voir un homme s'accrocher ainsi à ses utopies et à ses rêves de…
BÉRENGER, *l'interrompant.* – Je ne dis pas que c'est facile. Je ne dis pas que c'est reposant. Je dis simplement qu'il y va de notre humanité, qu'il faut se défendre contre les rhinocéros…

Nouveaux bruits de rhinocéros passant, cette fois, au fond de la scène, de cour à jardin.

DUDARD, *regardant de tous côtés, pris de panique.* – Pourvu qu'ils ne vous entendent pas ! Et je suis là avec vous. Pourvu que personne ne m'ait vu venir ici ! Êtes-vous fou pour tenir de tels propos ? Regardez : je tremble.
BÉRENGER. – Calmez-vous. La situation n'est pas plus grave que tout à l'heure.
DUDARD. – Je ne peux pas me calmer. Les gens comme vous me terrifient. Toujours à chercher la petite bête, toujours à traîner des pieds, toujours à vouloir l'impossible…
BÉRENGER. – Il semblerait que vous ayez quelque chose sur la conscience. Comme un scrupule peut-être ? Un sentiment de culpabilité ? Un dernier reste d'humanité ?
DUDARD. – Non, je vous assure, aucun sentiment de cette sorte.
BÉRENGER. – Voyez comme vous êtes. Vous vous accommodez de la situation et vous prétendez qu'elle vous convient, mais en réalité vous craignez pour vos jours, ou en tout cas pour votre sécurité, votre confort, votre maison, votre fauteuil et vos pantoufles. Vous vous livrez volontairement pieds et poings liés à votre tyran. Mais il n'est tyran que parce que chacun d'entre vous surveille l'autre du coin de l'œil. Toute leur puissance ne vient que de là. C'est un château de cartes, et si une seule carte commençait à s'affaisser, bientôt… plus de château !
DUDARD. – Vous l'avez lu dans un livre. Dans la réalité, il faut bien vivre au jour le jour, s'arranger comme on peut, puisque de toute façon on ne peut faire autrement.
BÉRENGER. – Voilà votre refrain habituel : les choses ne peuvent être autrement qu'elles ne sont. Je crois surtout que vous cherchez à vous en convaincre car, si d'aventure vous veniez à penser que l'on peut changer quelque chose, cela demanderait peut-être du courage, peut-être de la peine, peut-être même un peu de sacrifice de soi. Vous n'êtes pas prêt à cela.
DUDARD. – Bien sûr que si ! En cas de réel danger, de réelle menace, je n'hésiterais pas…
BÉRENGER. – Et la situation actuelle ne vous paraît pas représenter un réel danger, une réelle menace ? Nos collègues, nos amis, notre famille ? Tous transformés ? Ces masses rocailleuses, verdâtres, cette force brutale, ces troupeaux dévastateurs ?
DUDARD, *hésitant.* – J'ai tendance à voir le bon côté de la chose…
BÉRENGER, *sans l'écouter.* – Et qui se ressemblent tous ? La jolie fleuriste ? Le vieux gardien du square ? Le jeune couple avec enfant ? Tous transformés ! On ne les distingue plus ! Vous ne voulez plus être un individu ? Vous ne voulez plus être unique ? Vous voulez n'être qu'un dans la masse ?
DUDARD, *timidement.* – Est-ce que cela changerait grand-chose ?
BÉRENGER. – Alors, laissez-moi en paix. Allez rejoindre le troupeau puisque cela semble tant vous satisfaire ; quant à moi, je resterai ici, et rien ne saura me faire changer.
DUDARD. – Vous prenez-vous pour un héros ?
BÉRENGER, *le mettant à la porte.* – Non, je vous l'ai dit : pour un homme qui entend rester un homme.

CHAPITRE 6

Théâtre et représentation

COURS

MÉTHODES ET STRATÉGIES

SUJETS DE TYPE BAC

CORRIGÉS

COURS

Théâtre et représentation

La plupart des pièces de théâtre sont conçues dans la perspective d'une représentation publique. Le processus qui conduit du texte écrit au spectacle est complexe : il fait intervenir d'autres éléments, en particulier sonores et visuels, et d'autres intervenants, notamment le metteur en scène et les comédiens. Cet ensemble complexe d'interactions autour du texte s'appelle « la théâtralité ».

I. Le lieu théâtral

La première chose qu'apporte la représentation au texte théâtral, c'est une dimension spatiale : les comédiens évoluent dans l'espace de jeu, qui lui-même appartient à un lieu particulier, le théâtre, lequel a connu de multiples formes au fil du temps.

1. L'espace du théâtre antique

a. Le théâtre grec

Dans la Grèce antique, près d'une centaine de théâtres sont construits entre le Vᵉ et le IIIᵉ siècle avant notre ère. À l'origine, ils épousent le relief naturel des lieux : le public peut s'asseoir directement sur le sol, en formant un **arc de cercle de plus de 180 degrés tout autour de l'espace réservé aux acteurs.**

DOC. 1 Le théâtre de Dionysos, à Athènes. D'abord théâtre en bois au VIᵉ siècle avant J.-C., il fut reconstruit au IVᵉ siècle avant J.-C., cette fois en pierre. Après cette reconstruction, il pouvait contenir 17 000 spectateurs.

- L'*orchestra* est une surface circulaire propre aux chants et aux danses du chœur, et au centre de laquelle se trouve l'autel de Dionysos, dieu du vin, des arts et de la fête. Le théâtre est en effet à l'origine un rituel en l'honneur de ce dieu.
- Le ***théatron*** est l'espace réservé au public, en forme d'arc de cercle et composé de gradins avec des bancs de bois.
- Les acteurs jouent sur une **estrade située devant la *skènè*** (dont le nom a donné le mot « scène » en français), qui est à l'origine une simple baraque de bois. On y entrepose costumes et masques, et les acteurs viennent s'y changer.

b. Le théâtre romain

- Jusqu'au milieu du Ier siècle avant notre ère, à Rome, il n'existe pas de théâtre permanent. On monte des tréteaux de bois provisoires pour les représentations. Lorsqu'apparaissent les théâtres en pierre, ce ne sont plus des édifices religieux comme en Grèce : le théâtre devient un **lieu de divertissement**. Il en résulte une séparation plus nette entre le spectacle et les spectateurs, qui ne sont plus considérés comme des participants d'une cérémonie.
- Les théâtres à Rome comportent donc une vaste scène surélevée ainsi qu'une grande façade, le « front de scène », comprenant plusieurs portes et permettant de figurer le plus souvent un palais, dans les tragédies, ou une place publique, dans les comédies. Le théâtre romain devient ainsi un **lieu clos**, tandis que celui des Grecs était ouvert sur la Cité.

Le théâtre élisabéthain

À la fin du XVIe siècle et pendant la première moitié du XVIIe en Angleterre, apparaît le théâtre élisabéthain, dont le principal représentant est Shakespeare. Les troupes doivent jouer dans des théâtres de bois, à l'architecture particulière.

De forme circulaire, le théâtre comporte trois galeries surmontées d'un toit, pour les spectateurs assis, ainsi qu'une partie centrale à ciel ouvert, pour les spectateurs debout.

Contrairement au théâtre français qui se déroule dans un lieu clos, ce qui nécessite de moucher les chandelles régulièrement, et donc de séparer les pièces en actes, en Angleterre, les représentations ont lieu à la lumière du jour. Les pièces ne sont donc pas découpées en actes, elles ne le deviennent que dans les éditions imprimées.

Le théâtre élisabéthain fait coexister plusieurs espaces :
- la scène, que le public du parterre entoure sur trois côtés ;
- la maison des acteurs, dont les spectateurs voient la façade, et qui rappelle le front de scène des théâtres romains ;
- la galerie, située au premier étage de la maison des acteurs : c'est là par exemple que se trouvait Juliette dans la fameuse scène du balcon de Roméo et Juliette ;
- l'étage supérieur qui pouvait également être utilisé pour les personnages fantastiques ou encore les effets pyrotechniques.

2. L'influence du théâtre italien

a. Une architecture fondée sur la perspective

- La grande majorité des salles de théâtre que nous connaissons aujourd'hui obéissent au **modèle du théâtre à l'italienne, d'abord conçu pour l'opéra**. Élaboré en Italie au XVIe siècle, ce modèle emprunte à la peinture italienne de la Renaissance la **technique de la perspective**. Le spectateur, placé face à la scène et immobile, doit, en regardant une image située à l'intérieur d'un cadre et obéissant au principe de la perspective, avoir l'**illusion de la réalité**.

- Le théâtre à l'italienne hérite du théâtre romain la **séparation entre les spectateurs et l'espace de la représentation**, qui ne fera que se renforcer avec le temps, avec la systématisation du rideau de scène ou de la fosse d'orchestre où s'installent les musiciens, devant la scène.

- Le lieu de la représentation devient dans le théâtre à l'italienne le **lieu de l'illusion** par excellence. Il est le centre d'un vaste volume dont la majeure partie est invisible pour le public : la **cage de scène**. Celle-ci comprend :
– la **scène**, qui comporte un plancher sur lequel évoluent les artistes. Elle est limitée à droite et à gauche par les coulisses, et au fond, par les décors ; ceux-ci sont à l'origine des panneaux coulissants permettant de jouer sur des effets de superposition pour renforcer la perspective ;
– les **dessous**, qui se répartissent en plusieurs étages sous le plancher de scène et permettent de manœuvrer des éléments de décor ;
– les **cintres**, espace surplombant la scène, où l'on peut faire remonter les décors.

DOC. 2 L'Opéra Garnier, à Paris. Inauguré en 1875, le bâtiment comporte une salle conçue sur le modèle du théâtre à l'italienne.

b. Un public hiérarchisé

La salle, en arc de cercle, en demi-ovale ou en U, se répartit ainsi sur plusieurs étages :
– L'**orchestre** est constitué de l'ensemble des places assises situées au rez-de-chaussée, en face de la scène. Derrière les places d'orchestre se trouvait aux XVIIe et XVIIIe siècles le **parterre**, où le public populaire se tenait debout. Cette zone est délimitée au fond par les **baignoires**, loges situées au rez-de-chaussée, au même niveau que la scène.
– Le **balcon** est l'ensemble des places en hauteur, au premier niveau au-dessus du rez-de-chaussée. Ce sont les places d'où l'on peut avoir la meilleure vue : elles sont réservées aux familles nobles, et à partir du XIXe à la bourgeoisie, qui affiche sa réussite sociale. Le balcon se termine de chaque côté de la scène par les **loges d'avant-scène**, où s'asseyait traditionnellement la famille royale. On distinguait ainsi le côté du roi, à gauche de la scène pour le spectateur, et le côté de la reine, à droite pour le spectateur. Ces deux appellations ont été modifiées à la Révolution, devenant respectivement le **côté jardin** et le **côté cour**, en référence à la cour et au jardin du Palais des Tuileries où la Comédie-Française s'est installée en 1770.
– Les **galeries** sont l'ensemble des places situées en hauteur, sur plusieurs étages, face à la scène. Moins coûteuses que les places de balcon, elles offrent une vue de moindre qualité sur la scène. Le **poulailler**, ou « paradis », est le dernier étage, où la vue est la plus médiocre. On y trouve les spectateurs les moins fortunés.

c. Le spectacle sur scène et dans la salle

- Le théâtre à l'italienne a été conçu pour permettre à ceux qui le fréquentent de **voir autant que d'être vus** : le spectacle est sur scène mais aussi dans la salle.

- Certaines places sont donc plus importantes que d'autres, car elles permettent aux spectateurs ayant les rangs les plus élevés dans la société de se montrer, ce qui renforce leur prestige. **L'architecture du lieu théâtral coïncide ici avec la hiérarchie sociale du public.**

3. Le théâtre en France

a. Les conditions de la représentation au XVIIe siècle

- Le modèle italien ne s'impose pas tout de suite en France : tout au long du XVIIe siècle, **les conditions de la représentation sont encore rudimentaires**.

- On joue le plus souvent dans une **salle de jeu de paume** (l'ancêtre du tennis) aménagée. En effet, ces salles, longues et étroites, avaient l'avantage de comporter des loges sur plusieurs niveaux, le long de trois murs, destinées à l'origine au public venant assister aux parties de jeu de paume. Au rez-de-chaussée, une scène surélevée est installée, faisant face au public du parterre qui se tient debout pendant toute la représentation.

- Même les salles construites spécifiquement pour le théâtre obéissent à ce modèle et restent longtemps **rectangulaires** : les courbes du théâtre à l'italienne ne seront adoptées qu'à partir de la fin du XVIIe.

b. Le triomphe du modèle italien aux XVIIIe et XIXe siècles

- C'est dans la seconde moitié du XVIIIe que **le modèle italien s'impose en France**, notamment parce que les salles rectangulaires produisaient une grande inégalité entre les spectateurs, ce que l'esprit des Lumières ne pouvait tolérer.

- Mais les conditions de la représentation demeurent médiocres. L'acoustique est mauvaise et la scène exiguë. L'éclairage est faible et les comédiens sont obligés de jouer très près des chandelles. Le parterre est souvent agité, rixes et éclats de voix interrompent le spectacle. Enfin, **des spectateurs privilégiés peuvent s'asseoir sur scène** : cet usage perdurera jusqu'en 1759 !

- Ce n'est qu'à partir de ce moment que la scène, vidée de ses spectateurs, s'agrandit, permettant la **recherche de plus en plus raffinée de l'illusion**, conformément aux principes esthétiques qui s'affirment au XIXe siècle.

c. Contestations et réinterprétations du modèle italien au XXe siècle

- Le théâtre tel qu'on le connaît aujourd'hui est l'aboutissement d'un processus qui va du théâtre grec, où spectateurs et acteurs communient dans le rituel religieux, jusqu'au théâtre italien, nettement séparé en deux espaces étanches, la scène et la salle. Au XXe siècle, pour des raisons politiques et artistiques, metteurs en scène et dramaturges nourrissent le désir de **retrouver la communication entre le public et les spectateurs**.

- Le lieu théâtral au XXe siècle retrouve ainsi des traits du théâtre grec, médiéval ou élisabéthain, médiéval, voire oriental, avec un retour à la **scène ouverte** et à l'**unification de la scène et de la salle**. Les spectateurs peuvent faire face à la scène, ou bien encore l'entourer, voire être entourés par elle.

- Le modèle italien peut être contesté de façon plus radicale par la pratique du **théâtre hors les murs** : on investit alors des lieux non théâtraux, comme la Cartoucherie de Vincennes, une ancienne fabrique d'armes et de poudre, transformée en théâtre par Ariane Mnouchkine et sa compagnie, le Théâtre du Soleil, à partir de 1970.

II. Histoire et théorie de la mise en scène

Jusqu'au XIXe siècle, le rôle du metteur en scène se limite à la direction des acteurs, à la supervision des décors, des costumes, des éclairages, de la musique ou encore des accessoires, en somme au travail de régie. La mise en scène au sens moderne n'apparaît qu'à partir du moment où on considère qu'une représentation théâtrale apporte une interprétation de la pièce représentée, en donnant un point de vue général sur l'œuvre de l'auteur.

1. La mise en scène avant la lettre

a. La direction des spectacles jusqu'au XVIIe siècle

- Dans le **théâtre grec** de l'Antiquité, le ***didascalos*** a pour fonction de faire répéter les acteurs et le chœur, et c'est souvent l'auteur lui-même qui s'acquitte de ces tâches. **À Rome**, celui qu'on appelle l'***actor*** est à la fois metteur en scène et acteur principal d'une troupe de trois à cinq personnes, parfois aussi auteur de la pièce qu'il joue. On retrouve également le **« meneur de jeu » dans le théâtre médiéval**, en particulier les mystères dont les dimensions démesurées exigeaient une certaine coordination.

- À l'âge classique, le rôle de metteur en scène est assuré par l'**auteur de la pièce**, le directeur de la troupe ou bien le comédien le plus important. Par exemple, **Racine**, soucieux de la **déclamation**, fait répéter les acteurs afin qu'ils respectent la poésie de ses vers.

- **Molière** cumule ces trois fonctions à la fois. On le voit **diriger les acteurs** dans *L'Impromptu de Versailles*, dans laquelle lui-même et ses comédiens jouent leur propre rôle pendant une répétition :

  « Je vous dis tous vos caractères, afin que vous vous les imprimiez fortement dans l'esprit. Commençons maintenant à répéter, et voyons comme cela ira. »
  ■ Molière, *L'Impromptu de Versailles* (1663), scène 1.

b. L'auteur-metteur en scène aux XVIIIe et XIXe siècles

- Aux XVIIIe et XIXe siècles, un changement radical dans la façon dont on conçoit le théâtre a lieu : il n'est plus considéré uniquement comme un art de la parole, mais aussi comme un **art visuel**. C'est pourquoi se développent dans les pièces elles-mêmes des **didascalies abondantes** concernant le décor, les costumes, les accessoires et les couleurs : la dimension du spectacle est intégrée à l'œuvre même, même si c'est toujours l'auteur qui veut garder le contrôle.
- La **figure de l'auteur-metteur en scène** perdure. Ainsi en est-il de **Voltaire**, auteur, metteur en scène et même décorateur, cherchant à contrôler l'ensemble des aspects techniques de la pièce afin de s'assurer de la plus parfaite fidélité entre son texte et la représentation. Les auteurs de drames romantiques comme **Victor Hugo** ou **Alexandre Dumas**, qui devient même directeur de théâtre, cherchent à mieux superviser les comédiens, en assistant aux répétitions et en prodiguant leurs conseils.

2. La mise en scène moderne

a. La naissance de la mise en scène au XIXe siècle

- C'est dans le **contexte du naturalisme** qu'émerge la notion moderne de mise en scène : le romancier Émile Zola, notamment, critique dans de nombreux essais et articles le théâtre de son temps, figé dans des conventions artificielles. **C'est au nom de l'illusion de la réalité que l'importance de la mise en scène s'impose.**
- On date en général de **1887** l'avènement de la mise en scène proprement dite, avec la fondation du Théâtre Libre d'**André Antoine, le premier metteur en scène moderne**, lui-même partisan du naturalisme. Le Théâtre Libre se veut un théâtre libéré : il propose des spectacles qui ne cherchent pas nécessairement le succès facile auprès du grand public. Il s'agit donc de renoncer aux grosses ficelles et aux recettes toutes faites, en mettant en avant l'idée que **chaque pièce appelle une mise en scène spécifique et originale.**
- Le **symbolisme**, bien qu'opposé au naturalisme, est l'autre mouvement essentiel dans la naissance de la mise en scène. Les symbolistes, en particulier **Lugné-Poe** qui fonde le Théâtre de l'Œuvre à Paris, en 1893, refusent la matérialité, s'opposent à la représentation exacte du réel, au profit d'un **théâtre fondé sur la suggestion.**

b. L'âge d'or du metteur en scène au XXe siècle

- Les metteurs en scène prennent une importance considérable au XXe siècle, en raison notamment de leur volonté de **renouveler le théâtre, qui reste un divertissement bourgeois.**

- C'est ainsi qu'en 1927, est fondé **le Cartel**, groupe de metteurs en scène (Georges Pitoëff, Charles Dullin, Louis Jouvet et Gaston Baty) qui se mettent d'accord pour pratiquer des tarifs permettant de proposer des spectacles de qualité à un public le plus large possible.

- À cette époque, coexistent trois types de théâtre :
– le **théâtre d'art**, qui s'adresse à une élite cultivée qu'il veut faire réfléchir, à la manière de Jacques Copeau, fondateur du théâtre du Vieux-Colombier, à Paris, en 1913 ;
– le **théâtre populaire**, qui s'adresse à l'ensemble de la société, et dont le plus célèbre représentant est Jean Vilar, directeur du Théâtre National Populaire, à Paris, et créateur du festival d'Avignon, en 1947 ;
– le **théâtre d'avant-garde**, qui veut choquer le public bourgeois : Antonin Artaud, qui a créé le théâtre Alfred Jarry en 1927, s'interrompt pendant une représentation pour interpeller et même insulter les spectateurs.

- **Le théâtre contemporain est très diversifié**, mais ces lignes de partage perdurent. Il existe un théâtre divertissant, qui s'illustre notamment dans le théâtre de boulevard. On retrouve un théâtre davantage tourné vers la reprise des classiques dans des mises en scène plus ou moins innovantes, comme à la Comédie-Française. Il existe enfin un théâtre expérimental, qui cherche à renouveler le genre en y mêlant le cirque, la danse, les arts de rue ou encore la vidéo.

3. Les débats sur la mise en scène

a. Une mise en scène est-elle une interprétation ?

- Un metteur en scène peut vouloir rester **fidèle à l'intention de l'auteur**. C'est le cas de **Jacques Copeau** (1879-1949) qui affirme : « Je pense que pour une œuvre bien conçue pour la scène, il existe une mise en scène nécessaire et une seule. » Il propose ainsi des mises en scène sobres et épurées.

- Mais une mise en scène peut aussi bien être perçue comme une interprétation de l'œuvre, **une lecture parmi d'autres.** On peut ainsi transposer une pièce dans un autre cadre spatio-temporel pour la faire résonner avec l'actualité, comme le fait Ariane **Mnouchkine** lorsqu'elle monte en 1995 un *Tartuffe* transposé en Orient pour dénoncer l'intégrisme qui y sévit.

- Certains metteurs en scène choisissent une solution intermédiaire, consistant à préserver **tous les sens possibles de l'œuvre. Louis Jouvet** (1887-1951) propose ainsi un Dom Juan (en 1947) ou un Tartuffe (en 1951) tout à fait ambigus : le premier est un séducteur autant qu'un homme en quête de spiritualité, le second un religieux fanatique dont on ne sait s'il est hypocrite.

b. Le metteur en scène doit-il servir le texte ou s'en servir ?

- On appelle **« textocentrisme »** l'attitude consistant à faire du texte l'élément central de l'œuvre et à réduire la mise en scène à la nécessité de « servir » le texte.

- Mais un metteur en scène peut très bien affirmer son **indépendance vis-à-vis du texte. Gaston Baty** (1885-1952), un des fondateurs du Cartel, qui ironise contre la tyrannie de « Sire le mot », monte ainsi en 1929 un *Malade imaginaire* où Argan est véritablement malade, incompris de son entourage.

- N'oublions pas, enfin, qu'**une bonne partie du théâtre contemporain se passe purement et simplement de texte** : les spectacles de Pippo Delbono (metteur en scène italien né en 1959), par exemple, mêlent monologues autobiographiques, mouvements, danse, vidéo, apparitions de comédiens qui ne sont plus là pour raconter une histoire ni même créer un sens, mais pour être **pure présence** sur scène.

c. La mise en scène est-elle une création ?

- Tant que l'on considère que **la mise en scène sert le texte** et qu'elle est entièrement **déterminée** par lui, on ne peut accorder au metteur en scène le statut de créateur. Charles Dullin (1885-1949) illustre cette modestie quand il déclare : « Le metteur en scène est l'assistant du poète et non son égal. »

- Mais à partir du moment où on considère que la mise en scène comporte une certaine autonomie, il faut considérer **l'auteur et le metteur en scène comme deux créateurs**, chacun dans son domaine, le premier dans la littérature, le second dans le spectacle vivant.

- Il arrive assez souvent que le travail d'un auteur et d'un metteur en scène soit si étroitement lié qu'on peut véritablement parler de **« co-création »** : la première pièce de Giraudoux, *Siegfried* (1928), vient de l'adaptation de son roman, sur laquelle il a travaillé six mois avec Jouvet, qu'il n'hésitait pas à qualifier de « muse ». Cette collaboration se renouvelle pour de nombreuses autres pièces.

Le *Dom Juan* de Daniel Mesguich Une interprétation très libre ?

Le *Dom Juan* de Daniel Mesguich, créé au théâtre de l'Athénée en 2001, offre un exemple assez complexe de la question de la liberté du metteur en scène et du respect du texte :

– À l'acte I, alors qu'il prononce l'éloge du tabac qui ouvre la pièce, Sganarelle commet systématiquement un lapsus entre « théâtre » et « tabac » avant de se corriger. Cet ajout du metteur en scène explicite un parallèle qui n'était qu'implicite chez Molière, surlignant la signification pour accentuer la mise en abyme au seuil du spectacle.

– À l'acte II, qui se déroule habituellement dans la campagne paysanne, on découvre un atelier de peintre. Le paysan Pierrot est ici un véritable Pierrot blanc, dormant sur un croissant de lune et évoluant dans un cadre onirique. C'est une lecture extrêmement littérale du texte qui aboutit à une mise en scène que l'on peut juger incongrue, mais qui ajoute une dimension poétique insoupçonnée à un acte sans doute conçu par Molière comme purement farcesque.

– À l'acte IV, de la même façon, la scène comique avec M. Dimanche devient sombre et terrifiante. Le metteur en scène transforme le marchand et les siens en famille juive, arguant que rien dans le texte de Molière ne s'oppose à cette lecture. La fin de la scène, où M. Dimanche se retrouve entouré de flambeaux, évoque directement l'Holocauste.

– À l'acte V, la statue du commandeur est remplacée par trois statues féminines qui prennent soudainement vie et entraînent Dom Juan dans un lit.

III. Les composantes de la mise en scène

La représentation théâtrale suppose le plus souvent une alchimie entre les différentes composantes de la mise en scène, dont le rôle a pu varier au fil du temps.

1. Les éléments visuels

a. Le décor

- Longtemps, les représentations théâtrales n'ont pour décor que l'architecture fixe du théâtre antique ou le dispositif mobile des tréteaux médiévaux. Dans le théâtre baroque, on utilise un **décor multiple,** comprenant **plusieurs compartiments**, qui rappellent les « mansions » (édifices situés autour de la scène et représentant divers lieux) des mystères médiévaux. Les comédiens se placent devant le compartiment correspondant au lieu où ils sont censés se trouver. La règle de l'unité de lieu propre au théâtre classique conduit à l'utilisation d'un **décor unique,** le « palais à volonté » de la tragédie.
- La naissance de la mise en scène dans le contexte du **naturalisme** explique l'**accent mis sur les décors** : pour André Antoine, la pièce de théâtre doit montrer l'action du milieu sur le personnage, il faut donc qu'il évolue dans le décor le plus exact possible. Pour Zola, les décors « ont pris au théâtre l'importance que la description a prise dans nos romans ».
- Depuis, **les choix du décorateur peuvent osciller entre dépouillement et somptuosité**. Lorsqu'il crée le festival d'Avignon, **Jean Vilar** (1912-1971) installe dans la cour du palais des Papes un décor minimaliste, avec peu d'accessoires, pour concentrer l'attention sur les acteurs. À l'inverse, certains metteurs en scène choisissent des dispositifs très spectaculaires, comme par exemple **Patrice Chéreau** (1944-2013), montant en 1972 *Massacre à Paris* du dramaturge élisabéthain Christopher Marlowe, sur une scène qui se couvre progressivement d'eau, donnant l'illusion que les personnages pataugent dans le sang.

b. L'éclairage

- Jusqu'au début du XIXe siècle, les salles de spectacle sont éclairées du début à la fin de la représentation par des **chandelles,** puis par des **quinquets** (c'est-à-dire des lampes à huile). Il faut attendre l'apparition vers 1820 du **gaz d'éclairage,** qui permet de régler la luminosité, pour commencer à jouer avec la lumière afin de construire l'espace, suggérer des atmosphères ou mettre en valeur les personnages, ce que l'**électricité** ne fera qu'accentuer.
- L'éclairage concerne non seulement la scène, amis aussi la salle. C'est en 1876, à Bayreuth, que le compositeur Wagner impose pour la première fois **le noir dans la salle,** permettant aux spectateurs de se concentrer sur la scène. De nos jours encore, la tradition des trois coups n'ayant plus cours, l'extinction des feux dans la salle marque le début de la représentation et l'entrée dans la fiction. Certains metteurs en scène font parfois éclairer la salle, geste politique destiné à symboliser l'implication du spectateur dans ce qu'il voit.

c. Machines et effets spéciaux

- Les machines ont toujours existé au théâtre : dès l'Antiquité grecque, la *mèchanè* est une sorte de grue qui permet de soulever un acteur pour le faire apparaître sur le toit. De cet usage vient l'expression *apo mèchanès théos*, en latin ***deus ex machina***, qui désigne à l'origine l'apparition d'un dieu grâce à une machine, mais finit par signifier toute intervention inattendue à la fin d'une pièce, qui permet de la dénouer de façon rapide.

- L'irruption, à la fin du ***Dom Juan* de Molière**, de la statue du Commandeur qui vient chercher le personnage principal pour l'entraîner dans les Enfers est ainsi souvent présentée comme un exemple de *deus ex machina*. *Dom Juan* fait partie du genre des « **comédies à machine** » très en vogue auprès de spectateurs avides de merveilleux, de changements de décor, de feux d'artifice et autres illusions.
- Le recours à la **vidéo**, omniprésente au théâtre depuis les années 1990, s'inscrit dans ce sillage.

2. Les éléments sonores

a. La musique

- **À l'origine, le théâtre est indissociable de la musique.** Les dramaturges antiques, comme Eschyle, sont à la fois auteurs du texte pour les acteurs et compositeurs de la musique pour le chœur.
- **La musique se dissocie progressivement du théâtre**, excepté dans certains genres comme la comédie-ballet inventée par Molière (*Les Fâcheux*, *Le Malade imaginaire* ou encore *Le Bourgeois Gentilhomme*), mêlant théâtre, musique et danse, l'opéra, ou encore les genres populaires de l'opérette et de la comédie musicale.
- **La musique sert davantage aujourd'hui d'illustration sonore**, mais peut encore avoir une importance considérable, comme dans la mise en scène d'*Andromaque* par Muriel Mayette à la Comédie-Française en 2010, où la musique dure tout au long du spectacle, créant l'atmosphère solennelle et étrange requise par la tragédie.

b. Le chœur

- Le chœur est un **élément central du théâtre antique grec**. À partir du IVe siècle, toutefois, les théâtres comportent une scène surélevée, qui a pour effet de séparer le chœur et les acteurs. Le chœur ne fait plus partie de la pièce, il ne collabore plus à l'action, mais sert d'intermède. **Il disparaît ainsi progressivement.**
- **La tragédie humaniste**, qui s'efforce d'imiter les Anciens, réintroduira le chœur, mais celui-ci disparaîtra de nouveau bien vite, malgré quelques exceptions, notamment les deux pièces de Racine *Esther* et *Athalie*, pièces religieuses écrites dans un contexte très particulier, pour les jeunes filles de Saint-Cyr, alors que Racine a renoncé au théâtre.

3. Le personnage et l'acteur

a. L'acteur, incarnation du personnage

- Dans le **théâtre grec antique**, il n'y a d'abord qu'**un seul acteur** (*hypokritès*, qui a donné le mot français « hypocrite ») pour tous les rôles, puis deux, à partir d'Eschyle, et enfin trois à partir de Sophocle. En outre, **les rôles sont toujours interprétés par des hommes**, comme dans le théâtre élisabéthain.
- À l'origine, l'acteur n'incarne pas le personnage au sens où il lui prêterait ses traits individuels, lui donnerait une existence et une figure singulières : il se contente de reprendre **des gestes et des attitudes stéréotypés** qui, pour le public, renvoient de façon codifiée à tel ou tel type. Longtemps les acteurs étaient ainsi répartis en fonction des « **emplois** » qu'ils pouvaient occuper en fonction de leur âge, leur physionomie ou de leur tempérament : jeune premier, barbon, roi, paysan…

- Le rapport de l'acteur et du personnage suscite donc des réflexions à partir du moment où s'impose l'idée qu'**à chaque personnage correspond une psychologie originale. Diderot**, dans *Le Paradoxe sur le comédien* (1773), affirme que l'acteur ne doit surtout pas éprouver les émotions qu'il joue. À l'inverse, le metteur en scène russe **Constantin Stanislavski** (1863-1938), dans *La Formation de l'acteur* et *La Construction du personnage*, prône l'identification comme méthode de jeu : l'acteur doit partir d'**émotions** qu'il éprouve réellement.

b. Le costume

- Dans le théâtre grec, le costume de l'acteur est constitué de robes à longues manches vivement colorées pour les acteurs tragiques, de tuniques courtes rembourrées de faux ventres et fausses fesses pour les acteurs comiques. À Rome, les costumes sont eux aussi **très codifiés**, correspondant au genre de la pièce et au type de personnage incarné.
- Au début du XVIIe siècle, les comédiens sont pauvres et mal vêtus, mais après 1630, ils possèdent des costumes fort coûteux, souvent offerts à la troupe par de grands seigneurs. Il n'y a **pas le moindre souci de vraisemblance** dans les costumes, qui sont souvent anachroniques : des personnages de l'Antiquité portent ainsi des habits de cour du temps de Louis XIV.
- À partir du XVIIIe, le costume se caractérise par une recherche de plus grande vraisemblance, notamment dans le drame romantique qui met l'accent sur la « **couleur locale** ».
- Le costume aura un rôle clé dans les mises en scène récentes qui transposent une pièce à une autre époque, l'**anachronisme** étant désormais délibéré et riche de sens. Lors du 55e festival d'Avignon en 2001, Lambert Wilson met ainsi en scène *Bérénice* de Racine transposée dans les années 1930, trouvant des accents fascistes dans le personnage de Titus.

c. Le masque

- Le masque de théâtre est associé à certaines époques ou certains genres, en particulier le théâtre antique, la *Commedia dell'arte*, ou encore le nô japonais. Il est lié à un **jeu avec les codes** : un masque renvoie à une personnage ou à un type donné.
- L'utilisation du masque aujourd'hui relève ainsi le plus souvent d'une **volonté de retrouver une tradition** éloignée dans le temps ou dans l'espace.

Mère Courage de Bertolt Brecht

Histoire des arts

La mise en scène de *Mère Courage et ses enfants* par Bertolt Brecht et Erich Engel, à Berlin en 1949, et à Paris en 1954, illustre les théories de Brecht, qui prône un théâtre poussant le spectateur à l'engagement politique et à l'action sociale.

– Il s'agit d'abord de briser l'illusion et d'empêcher l'identification au héros, afin que la réalité n'apparaisse plus comme naturelle mais comme modifiable. C'est la théorie de la « distanciation », qui a pour conséquence de donner de l'étrangeté aux choses familières.

– Le décor est une grande toile peinte gris clair. Seuls quelques accessoires symboliques subsistent, comme une roulotte ou une cabane. Les lieux ne sont pas représentés de façon réaliste mais désignés à l'aide de grandes lettres (comme ci-dessus : *Sachsen*, autrement dit la région de la Saxe).

– Entre les scènes, l'action à venir est résumée, ce qui supprime toute surprise et toute immersion dans la fiction qui ferait perdre le contact avec la réalité.

– L'exactitude des accessoires et du jeu des acteurs est en revanche très étudiée, ce qui aboutit à un mélange très paradoxal de réalisme et de distanciation.

DOC. 3 ***Mère Courage et ses enfants* par le Berliner Ensemble, troupe créée à Berlin en 1949, par Bertolt Brecht (1898-1956).**

MÉTHODES ET STRATÉGIES

1 Dissertation – L'acteur et son personnage

Dans quelle mesure peut-on dire que l'acteur crée son personnage ? (On s'appuiera sur le corpus du chapitre 4, p. 130.)

> Voir la méthode du traitement de la dissertation (Annexes, p. 475).
> Voir le sujet 1, p. 190.

Analyser le sujet au brouillon

> Repérer la logique du sujet

Tout le problème, ici, réside dans l'emploi du terme « créer » : que signifie-t-il exactement ? On ne peut pas dire que l'acteur crée son personnage de toutes pièces, à partir de rien : il part d'un texte, mais il a aussi affaire à un metteur en scène, et peut-être aussi à d'autres éléments dont il faudra faire l'inventaire. D'un autre côté, aucun acteur ne joue un personnage de la même façon, chacun en donne une version, certaines restant dans la mémoire collective. Il faut donc faire le lien entre création et liberté.

> Problématiser et choisir la démarche à adopter

- La problématisation doit donc faire apparaître d'emblée cette contradiction. Autrement dit, le sujet invite à se demander de quelle façon on peut se montrer original à partir d'éléments préexistants, comment on peut produire une création individuelle tout en se montrant fidèle à un texte et en s'intégrant à une mise en scène.
- La formulation du sujet, qui commence par « dans quelle mesure... », et le fait que l'analyse fasse apparaître une contradiction, invitent à recourir à un plan dialectique.

Structurer la réponse

> Rechercher les arguments

I. La liberté limitée de l'acteur

1. Le texte, véritable lieu de la création

– Personnage déterminé par l'histoire racontée par le texte : dialogues et didascalies.
– L'auteur est le véritable créateur du personnage, dont il a forgé la fiction.

2. La mise en scène, transformation de l'être de papier en incarnation vivante

– Le metteur en scène décide aussi bien de l'apparence visuelle du personnage que de la façon dont il est joué.
– L'acteur doit donc s'intégrer à une mise en scène qui détermine ses choix.

3. Les traditions qui contraignent le comédien

– Le personnage peut d'abord être un type, ou une figure conventionnelle.
– L'auteur peut aussi reprendre une tradition.

II. La dimension créative du travail de l'acteur

1. Une incarnation chaque fois originale

– Avec le romantisme, fin du système des « emplois » et reconnaissance de l'originalité de chaque interprétation.

– L'acteur prête ses caractéristiques individuelles, notamment physiques, au personnage.

2. L'interprétation, une véritable création

– Même déterminée par le texte et la mise en scène, une interprétation comporte une part de liberté.
– Certains acteurs apportent ainsi leur marque à certains personnages auxquels ils demeurent attachés pour la postérité.

3. Une création visant à produire la fiction

– Le travail du comédien consiste à rendre vraisemblable le personnage.
– Il le crée, au sens fort où il lui donne une réalité.

III. Le regard du public et la création du personnage

1. Le personnage, ou l'illusion de la personne

– Le personnage ne peut être véritablement créé que s'il est perçu par le public.
– Certaines interprétation marquantes ont même pour effet que le personnage continue à exister dans l'imagination du spectateur après la représentation.

2. Les attentes du public

– Le public ne se prête au jeu que si certaines de ses attentes sont comblées.
– Le public a une certaine idée du personnage qui ne coïncide pas nécessairement avec la vision qu'un acteur va en proposer.

3. Les conventions partagées qui permettent de créer en liberté

– Le public accepte de jouer le jeu de la fiction pour donner vie au personnage.
– Le rôle du public est ainsi ambivalent : il limite la liberté de l'acteur, mais collabore avec lui à la création du personnage.

> Rechercher les exemples

- Le corpus proposé est intéressant parce qu'il propose des scènes incluant des personnages d'acteurs. Le texte de Rotrou montre un comédien totalement dévoré par le personnage qu'il doit incarner, ce qui supprime toute création de sa part. Cet exemple nous invite à réfléchir sur la notion d'identification telle qu'on la trouve chez Stanislavski : si le comédien doit uniquement copier la réalité, quelle part de création reste-t-il ?
- Il faudra emprunter les autres exemples de la dissertation à sa culture personnelle. Il sera important de comparer notamment plusieurs mises en scène différentes d'une même pièce que l'on aura eu l'occasion d'étudier, afin de mesurer ce qui sépare plusieurs interprétations d'un même personnage, de préférence un grand rôle du théâtre classique.

Rédiger la dissertation

> Rédiger l'introduction

- En guise d'accroche, on peut rappeler que l'expression « créer un personnage » est employée régulièrement pour désigner le fait qu'un comédien joue un rôle dans une pièce qui montée pour la première fois. On se demandera dès lors si on peut prendre cette expression au pied de la lettre et considérer qu'un comédien crée son personnage.

- Il faudra ensuite problématiser cette expression en insistant sur le fait que le personnage se trouve à la croisée de multiples instances : l'auteur, le metteur en scène, le comédien, mais aussi le public. Le risque est ici soit d'ignorer l'apport spécifique de l'acteur, soit de trop lui accorder.
- L'énoncé de la problématique et l'annonce du plan doivent ainsi faire apparaître la logique du propos qui récuse d'abord l'idée que l'acteur n'a aucune liberté, montre ensuite quelle peut être sa part de création, et rappelle enfin qu'il n'est pas seul à intervenir dans cette fabrique du personnage théâtral.

> Rédiger le développement

- Les transitions devront montrer le jeu dialectique qui organise la copie. Entre la première et la deuxième partie, il s'agit d'opérer une concession pour dépasser une thèse simpliste :

Certes, le personnage est déterminé par le texte et la mise en scène, ce qui semble laisser une faible marge de manœuvre au comédien. Mais celui-ci peut interpréter le personnage de bien des façons et livrer une lecture inventive du personnage qui, sans lui, resterait lettre morte.

- De même, la transition entre la deuxième et la troisième partie doit permettre de nuancer un éventuel excès de liberté concédée à l'acteur :

Toutefois, la création du personnage ne se fait pas sans la participation du public qui, à son tour par ses attentes, vient limiter la liberté de l'acteur.

> Rédiger la conclusion

Insister sur l'idée de co-création, qui est fondamentale dans tout le processus de la représentation théâtrale. La conclusion peut donc ouvrir logiquement sur les autres dimensions de ce processus où les différents intervenants de l'ombre (décorateur, éclairagiste, compositeur…) sont aussi essentiels à la création.

2 Question d'oral – Molière, *Dom Juan*

Vous répondrez à la question suivante, à propos de l'extrait de *Dom Juan* : « Comment un metteur en scène peut-il exploiter toutes les possibilités de cette scène ? »

> Voir la méthode du traitement de la question d'oral (Annexes, p. 476).
> Voir le sujet 1, p. 190 et le sujet 2, p. 191.

TEXTE Molière (1622-1673), *Dom Juan* (1665), acte II, scène 4

Dom Juan, séducteur incorrigible, a promis le mariage à une jeune paysanne, Charlotte, qui vient de le sauver de la noyade. Mais il a également promis la même chose à une autre paysanne, Mathurine. Cette dernière survient alors qu'il s'entretient avec Charlotte.

DOM JUAN, *bas, à Mathurine.* – Ne lui dites rien, c'est une folle.
CHARLOTTE. – Je pense…
DOM JUAN, *bas, à Charlotte.* – Laissez-la là, c'est une extravagante.
MATHURINE. – Non, non, il faut que je lui parle.
CHARLOTTE. – Je veux voir un peu ses raisons.
MATHURINE. – Quoi…

DOM JUAN, *bas, à Mathurine.* – Je gage qu'elle va vous dire que je lui ai promis de l'épouser.
CHARLOTTE. – Je…
DOM JUAN, *bas, à Charlotte.* – Gageons qu'elle vous soutiendra que je lui ai donné parole de la prendre pour femme.
MATHURINE. – Holà, Charlotte, ça n'est pas bien de courir sur le marché des autres.
CHARLOTTE. – Ça n'est pas honnête, Mathurine, d'être jalouse que Monsieur me parle.
MATHURINE. – C'est moi que Monsieur a vue la première.
CHARLOTTE. – S'il vous a vue la première, il m'a vue la seconde, et m'a promis de m'épouser.
DOM JUAN, *bas, à Mathurine.* – Eh bien, que vous ai-je dit ?
MATHURINE. – Je vous baise les mains, c'est moi, et non pas vous qu'il a promis d'épouser.
DOM JUAN, *bas, à Charlotte.* – N'ai-je pas deviné ?
CHARLOTTE. – À d'autres, je vous prie, c'est moi, vous dis-je.
MATHURINE. – Vous vous moquez des gens, c'est moi, encore un coup.
CHARLOTTE. – Le vlà qui est pour le dire, si je n'ai pas raison.
MATHURINE. – Le vlà qui est pour me démentir, si je ne dis pas vrai.
CHARLOTTE. – Est-ce, Monsieur, que vous lui avez promis de l'épouser ?
DOM JUAN, *bas, à Charlotte.* – Vous vous raillez de moi.
MATHURINE. – Est-il vrai, Monsieur, que vous lui avez donné parole d'être son mari ?
DOM JUAN, *bas, à Mathurine.* – Pouvez-vous avoir cette pensée ?
CHARLOTTE. – Vous voyez qu'al le soutient.
DOM JUAN, *bas, à Charlotte.* – Laissez-la faire.
MATHURINE. – Vous êtes témoin comme al l'assure.
DOM JUAN, *bas, à Mathurine.* – Laissez-la dire.
CHARLOTTE. – Non, non, il faut savoir la vérité.
MATHURINE. – Il est question de juger ça.
CHARLOTTE. – Oui, Mathurine, je veux que Monsieur vous montre votre bec jaune[1].
MATHURINE. – Oui, Charlotte, je veux que Monsieur vous rende un peu camuse[2].
CHARLOTTE. – Monsieur, videz la querelle, s'il vous plaît.
MATHURINE. – Mettez-nous d'accord, Monsieur.
CHARLOTTE, *à Mathurine.* – Vous allez voir.
MATHURINE, *à Charlotte.* – Vous allez voir vous-même.
CHARLOTTE, *à Dom Juan.* – Dites.
MATHURINE, *à Dom Juan.* – Parlez.
DOM JUAN, *embarrassé, leur dit à toutes deux.* – Que voulez-vous que je dise ? Vous soutenez également toutes deux que je vous ai promis de vous prendre pour femmes. Est-ce que chacune de vous ne sait pas ce qui en est, sans qu'il soit nécessaire que je m'explique davantage ? Pourquoi m'obliger là-dessus à des redites ? Celle à qui j'ai promis effectivement n'a-t-elle pas en elle-même de quoi se moquer des discours de l'autre, et doit-elle se mettre en peine, pourvu que j'accomplisse ma promesse ? Tous les discours n'avancent point les choses, il faut faire, et non pas dire, et les effets décident mieux que les paroles. Aussi n'est-ce rien que par là que je vous veux mettre d'accord, et l'on verra quand je me marierai, laquelle des deux a mon cœur. (*Bas, à Mathurine.*)

1 Vous montre votre bec jaune : vous fasse voir votre ignorance.
2 Vous rende un peu camuse : vous rende honteuse de votre erreur.

Laissez-lui croire ce qu'elle voudra. (*Bas, à Charlotte.*) Laissez-la se flatter dans son imagination. (*Bas, à Mathurine.*) Je vous adore. (*Bas, à Charlotte.*) Je suis tout à vous. (*Bas, à Mathurine.*) Tous les visages sont laids auprès du vôtre. (*Bas, à Charlotte.*) On ne peut plus souffrir les autres quand on vous a vue. J'ai un petit ordre à donner, je viens vous retrouver dans un quart d'heure.

Préparer l'exposé au brouillon

> Analyser la question posée

- La question posée s'inscrit pleinement dans l'objet d'étude puisqu'il invite à considérer le texte dans la perspective de la représentation. L'analyse qui sera conduite doit donc à la fois décrire précisément les procédés utilisés dans le texte, mais aussi imaginer les réactions du public face à sa transposition sur scène.

- Les possibilités que le metteur en scène peut exploiter relèvent en effet de tout ce qui concerne les jeux de scène, les gestes, les rapports entre les personnages, la perception que peut avoir le public. Il s'agit de montrer comment tous les éléments concourent à l'efficacité de la scène pour le public.

> Proposer une problématique

- La problématique portera donc sur la remarquable complexité de cet extrait : quelles sont les composantes, savamment imbriquées, de cette véritable mécanique verbale permettant de produire le rire ?

- Il ne faudra pas perdre de vue le fait que qui dit mise en scène dit présence d'un public. Il faudra donc commencer en évoquant la double énonciation, fondement du dialogue théâtral, qu'il est pertinent de convoquer ici puisque nous avons affaire à un personnage qui ment à deux autres en même temps. Mais il faudra aussi étudier dans le détail le mélange des différentes formes de comique.

> Travailler le texte en fonction de la question posée

- De nombreux aspects du texte, perceptibles au premier coup d'œil, permettent de répondre à la question : les nombreuses didascalies, la structure de l'échange, la progression jusqu'à la tirade finale s'interprètent par rapport à la double énonciation. Les parallélismes, le rythme de la stichomythie, la façon de parler des paysannes relèvent de la dimension comique.

- On prendra garde toutefois à ne pas tomber dans le hors-sujet : si le texte présente un mélange des différentes formes de comique, on aura soin de souligner celles qui concernent particulièrement le metteur en scène, au premier chef desquelles le comique de geste.

Présenter l'exposé

> Introduire le sujet

- On peut d'abord rappeler que *Dom Juan* est une pièce marquée par le mélange : on passe sans transition d'un registre à l'autre. Ici, nous sommes dans le registre comique.

- Toutefois, Molière ne peut aller jusqu'à retrouver l'univers de la farce dans une grande comédie mettant en scène un grand seigneur. Cette scène est donc surtout l'occasion d'une démonstration de virtuosité de la part de l'auteur, qui était aussi directeur de troupe et dramaturge, et par conséquent tout à fait conscient, quand il écrivait, des effets produits sur scène.

> Développer l'exposé

I. Le jeu sur la double énonciation

1. La situation d'ensemble : un double mensonge

– Dom Juan ment à ses deux interlocutrices tour à tour.
– Seul le public est à même de saisir la scène dans son ensemble.

2. Le jeu des apartés

– Multiplication des apartés et des didascalies qui fait de cet extrait un véritable tour de force, pour l'auteur comme pour le personnage.
– On peut imaginer comment un metteur en scène pourrait s'y prendre pour rendre vraisemblable le fait que les paysannes n'entendent qu'une phrase sur deux prononcée par Dom Juan : mise en évidence du rôle des conventions dans la production de l'illusion théâtrale.

3. La progression de l'échange

– L'échange est structuré en trois temps : Dom Juan parle à chacune des deux paysannes séparément / elles communiquent entre elles / elles s'adressent à Dom Juan.
– Présence de suspense : Dom Juan semble pris au piège, et l'injonction des paysannes « Dites » / « Parlez » constitue l'acmé de la scène. La tirade finale constitue une ultime manœuvre du séducteur.

II. Une mécanique comique

1. Les formes du comique

Synthèse de toutes les grandes formes du comique :
– confrontation entre Dom Juan et ses deux victimes = comique de situation ;
– façon de parler et tournures pittoresques des paysannes = comique de mot ;
– mise en scène de Dom Juan, passant d'une interlocutrice à l'autre = comique de geste.

2. Rythme et parallélisme

La stichomythie suppose de la part du metteur en scène une attention au rythme : les répliques sont brèves et s'enchaînent avec un effet de surenchère, dans un ballet étourdissant de mots.

3. Une mécanique verbale

Nombreux parallélismes entre les répliques de Dom Juan d'une part, de Charlotte et Mathurine d'autre part. Cette scène obéit clairement à la définition du rire proposée par Bergson : du mécanique plaqué sur du vivant.

> Conclure

[Réponse à la problématique] On voit donc comment un metteur pourrait tirer parti de toutes les possibilités qu'offre cette scène : toute la gamme des procédés du comique semble défiler, et le passage semble finalement célébrer les pouvoirs du théâtre. Le spectateur s'amuse de la rouerie du séducteur, tout en admirant sa maîtrise verbale, jamais prise en défaut.
[Ouverture] Dom Juan est bien la figure du comédien par excellence, comme on le voit à d'autres endroits de la pièce, face à M. Dimanche sur un mode toujours comique, face à Elvire ou dans la tirade sur l'hypocrisie, dans un registre plus grave.

SUJETS DE TYPE BAC

1 Dissertation – Le texte de théâtre et sa visée

180 min.

Le théâtre est-il fait pour être lu ou pour être vu ?

Ce sujet est extrêmement classique. Sa difficulté tient au fait que de nombreux exemples doivent être sollicités, aussi bien de pièces que vous aurez lues que de pièces que vous aurez vues. Enfin, il demande un peu d'habileté pour trouver une troisième partie qui ne soit pas seulement la recherche d'un « juste milieu » mais propose une véritable troisième voie.

> Voir la méthode du traitement de la dissertation (Annexes, p. 475).
> Voir les Méthodes et stratégies 1, chapitre 6.

2 Question d'oral – Ionesco, *Rhinocéros*

10 min.

Vous répondrez à la question suivante à propos du texte d'Eugène Ionesco : « Par quels moyens théâtraux la relation entre les deux personnages est-elle exprimée ? »

Ce texte peut sembler difficile à comprendre en raison de sa dimension symbolique : que signifie exactement la présence du rhinocéros ? Mais il présente aussi des éléments formels faciles à repérer sur lesquels le commentaire peut s'appuyer. Sachez avoir l'œil !

> Voir la méthode du traitement de la question d'oral (Annexes, p. 476).
> Voir les Méthodes et stratégies 2, chapitre 6.

TEXTE **Eugène Ionesco (1909-1994), *Rhinocéros* (1959), acte III**

Rhinocéros est une pièce qui met en scène une réflexion sur le totalitarisme. Bérenger est un homme ordinaire, qui reste un être humain alors que tout le monde autour de lui est atteint de « rhinocérite » et se transforme en animal monstrueux. Enfermé chez lui, il reçoit la visite d'un de ses collègues de bureau.

BÉRENGER. – Je me sens solidaire de tout ce qui arrive. Je prends part, je ne peux pas rester indifférent.

DUDARD. – Ne jugez pas les autres, si vous ne voulez pas être jugé. Et puis si on se faisait des soucis pour tout ce qui se passe, on ne pourrait plus vivre.

BÉRENGER. – Si cela s'était passé ailleurs, dans un autre pays et qu'on eût appris cela par les journaux, on pourrait discuter paisiblement de la chose, étudier la question sur toutes ses faces, en tirer objectivement des conclusions. On organiserait des débats académiques, on ferait venir des savants, des écrivains, des hommes de loi, des femmes savantes, des artistes. Des hommes de la rue aussi, ce serait intéressant, passionnant, instructif. Mais quand vous êtes pris vous-même dans l'événement, quand vous êtes mis tout à coup devant la réalité brutale des faits, on ne peut pas ne pas se sentir concerné directement, on est trop violemment surpris pour garder tout son sang-froid. Moi, je

suis surpris, je suis surpris, je suis surpris ! Je n'en reviens pas.
DUDARD. – Moi aussi, j'ai été surpris, comme vous. Ou plutôt je l'étais. Je commence déjà à m'habituer.
BÉRENGER. – Vous avez un système nerveux mieux équilibré que le mien. Je vous en félicite. Mais vous ne trouvez pas que c'est malheureux…
DUDARD, *l'interrompant.* – Je ne dis certainement pas que c'est un bien. Et ne croyez pas que je prenne parti à fond pour les rhinocéros…
Nouveaux bruits de rhinocéros passant, cette fois, sous l'encadrement de la fenêtre à l'avant-scène.
BÉRENGER, *sursautant.* – Les voilà encore ! Les voilà encore ! Ah, non, rien à faire, moi je ne peux pas m'y habituer. J'ai tort peut-être. Ils me préoccupent tellement malgré moi que cela m'empêche de dormir. J'ai des insomnies. Je somnole dans la journée quand je suis à bout de fatigue.
DUDARD. – Prenez des somnifères.
BÉRENGER. – Ce n'est pas une solution. Si je dors, c'est pire. J'en rêve la nuit, j'ai des cauchemars.
DUDARD. – Voilà ce que c'est que de prendre les choses trop à cœur. Vous aimez bien vous torturer. Avouez-le.
BÉRENGER. – Je vous jure que je ne suis pas masochiste.
DUDARD. – Alors, assimilez la chose et dépassez-la. Puisqu'il en est ainsi, c'est qu'il ne peut en être autrement.
BÉRENGER. – C'est du fatalisme.
DUDARD. – C'est de la sagesse. Lorsqu'un tel phénomène se produit, il a certainement une raison de se produire. C'est cette cause qu'il faut discerner.
BÉRENGER, *se levant.* – Eh bien, moi, je ne veux pas accepter cette situation.

3 Question d'oral – Musset, *Lorenzaccio*

10 min.

Vous répondrez à la question suivante à propos du texte de Musset : « De quelle façon ce monologue doit-il être mis en scène ? »

Ce texte peut paraître assez obscur au premier abord. Il faut donc vous attacher à en révéler la cohérence, mais aussi – et c'est là tout ce qui fait le sel de l'exercice – à étudier les procédés utilisés qui rendent cette cohérence difficile à saisir au départ. Il vous restera ensuite à laisser libre cours à votre créativité pour imaginer quelle mise en scène serait la plus appropriée…

> Voir la méthode du traitement de la question d'oral (Annexes, p. 476).
> Voir les Méthodes et stratégies 2, chapitre 6.

TEXTE Alfred de Musset (1810-1857), *Lorenzaccio* (1834), acte IV, scène 9

À Florence, en janvier 1537, le pouvoir est entre les mains du duc Alexandre de Médicis, un jeune débauché qui règne en tyran. Son cousin Lorenzo de Médicis, surnommé Lorenzaccio, projette de l'assassiner pour restaurer la République. Alexandre croit se rendre à un rendez-vous galant, mais en réalité, Lorenzo le fait venir pour le tuer. Auparavant, Lorenzo répète pour lui-même le déroulement du meurtre.

LORENZO. – Je lui dirai que c'est un motif de pudeur, et j'emporterai la lumière – cela se fait tous les jours – une nouvelle mariée, par exemple, exige cela de son mari pour entrer dans la chambre nuptiale, et Catherine[3] passe pour très vertueuse. – Pauvre fille ! qui l'est sous le soleil, si elle ne l'est pas ? – Que ma mère mourût de tout cela, voilà ce qui pourrait arriver. Ainsi donc, voilà qui est fait. Patience ! une heure est une heure, et l'horloge vient de sonner. Si vous y tenez cependant – mais non, pourquoi ? – Emporte le flambeau si tu veux ; la première fois qu'une femme se donne, cela est tout simple. – Entrez donc, chauffez-vous donc un peu. – Oh ! mon Dieu, oui, pur caprice de jeune fille ; et quel motif de croire à ce meurtre ? – Cela pourra les étonner, même Philippe[4]. Te voilà, toi, face livide ? (*La lune paraît.*)

Si les républicains étaient des hommes, quelle révolution demain dans la ville ! Mais Pierre est un ambitieux ; les Ruccellaï seuls valent quelque chose[5]. – Ah ! les mots, les mots, les éternelles paroles ! S'il y a quelqu'un là-haut, il doit bien rire de nous tous ; cela est très comique, très comique, vraiment. – Ô bavardage humain ! ô grand tueur de corps morts ! grand défonceur de portes ouvertes ! ô homme sans bras !

Non ! non ! je n'emporterai pas la lumière. – J'irai droit au cœur ; il se verra tuer… Sang du Christ ! on se mettra demain aux fenêtres.

Pourvu qu'il n'ait pas imaginé quelque cuirasse nouvelle, quelque cotte de mailles[6]. Maudite invention ! Lutter avec Dieu et le diable, ce n'est rien ; mais lutter avec des bouts de ferraille croisés les uns sur les autres par la main sale d'un armurier ! – Je passerai le second pour entrer ; il posera son épée là – ou là – oui, sur le canapé. – Quant à l'affaire du baudrier à rouler autour de la garde[7], cela est aisé. S'il pouvait lui prendre fantaisie de se coucher, voilà où serait le vrai moyen. Couché, assis, ou debout ? assis plutôt. Je commencerai par sortir ; Scoronconcolo[8] est enfermé dans le cabinet. Alors nous venons, nous venons – je ne voudrais pourtant pas qu'il tournât le dos. J'irai à lui tout droit. Allons, la paix, la paix ! l'heure va venir. – Il faut que j'aille dans quelque cabaret ; je ne m'aperçois pas que je prends du froid, et je viderai un flacon. – Non ; je ne veux pas boire. Où diable vais-je donc ? les cabarets sont fermés.

Est-elle bonne fille ? – Oui, vraiment. – En chemise ? – Oh, non, non, je ne le pense pas. – Pauvre Catherine ! Que ma mère mourût de tout cela, ce serait triste[9]. – Et quand je lui aurais dit mon projet, qu'aurais-je pu y faire ? au lieu de la consoler, cela lui aurait fait dire : Crime ! Crime ! jusqu'à son dernier soupir.

Je ne sais pas pourquoi je marche, je tombe de lassitude. […]

3 Catherine Ginori, la femme qu'Alexandre convoite.

4 Philippe Strozzi fait partie du clan des républicains, qui sont les adversaires des Médicis.

5 Pierre et les Ruccellaï sont aussi des républicains. Ici, Lorenzo doute que le meurtre qu'il va commettre soit vraiment suivi d'effets, car le camp républicain n'est pas fiable.

6 Lorenzo a subtilisé la cote de mailles d'Alexandre afin de pouvoir lui porter un coup fatal.

7 Le baudrier est la bande de tissu ou de cuir servant à porter l'épée, la garde est la partie de l'épée qui sert à couvrir la main.

8 Lorenzo a également invité Scoronconcolo, un spadassin, à être présent et à intervenir si son ennemi se défend.

9 La mère de Lorenzo ignore la vérité, à savoir que son fils fait semblant d'être un débauché pour pouvoir approcher Alexandre.

CORRIGÉS

1 Dissertation – Le texte de théâtre et sa visée

Analyser le sujet

> Trouver une problématique

Le sujet se présente sous la forme d'un choix à faire. On identifie aisément les deux termes de l'alternative, « lire » et « voir », qui coïncide avec les deux dimensions du théâtre, texte et représentation.

Il faut surtout s'interroger sur l'expression « être fait pour » : on s'interroge sur le but du théâtre, mais pour qui ? Pour les auteurs ou pour le public ? Est-il si évident qu'une œuvre peut se voir assigner un but unique ? Tout lecteur n'a-t-il pas le droit et la possibilité d'user d'une œuvre comme il l'entend ?

Ces questions posent ainsi le problème : le théâtre est le plus souvent conçu comme destiné à la représentation, mais il est aussi possible de le lire. Cette lecture n'est-elle cependant qu'une pratique marginale et de second ordre ? Qu'apporte-t-elle de particulier à la pièce de théâtre ? Et qu'apporte-t-elle de particulier au lecteur ?

> Construire un plan

Ce sujet impose une alternative, ce qui signifie que la solution la plus efficace est de recourir à un plan dialectique. Il faudra donc commencer par l'élément le plus évident : le texte de théâtre est destiné à être représenté, mais il faudra ensuite envisager l'élément qui demande plus de réflexion – le texte de théâtre peut aussi être destiné à la lecture. Dans la mesure où il n'existe pas de juste milieu entre lire et voir, et pas non plus de troisième possibilité à explorer, il faudra alors, dans une troisième partie, s'interroger sur la spécificité de cette lecture du texte de théâtre.

Les titres de parties et de sous-parties ne doivent pas apparaître dans la copie.

Introduction

Dans la Grèce antique, berceau du théâtre occidental, le mot *théatron* signifie d'abord le « lieu d'où l'on peut voir ». Le théâtre est donc fondamentalement lié à sa dimension spatiale et visuelle. Cependant, de nos jours, le mot « théâtre » renvoie aussi bien à un genre littéraire, à des textes, qu'à un art du spectacle vivant, à des représentations. Peut-on dire que le théâtre a conservé de son origine étymologique la primauté de la représentation sur le texte ? Le théâtre est-il fait pour être lu ou pour être vu ? Se poser la question en ces termes suppose que le théâtre posséderait un but en soi. Or, chaque auteur, chaque spectateur ou chaque lecteur peut décider pour lui-même quel but il assigne au théâtre. Si la perspective de la représentation semble le plus souvent le but évident de toute pièce de théâtre, la lecture du texte théâtral ne possède-t-elle pas son intérêt propre ?

Nous verrons donc que le théâtre semble d'abord n'exister que dans le but d'être représenté. Mais nous montrerons cependant qu'il peut aussi viser des effets qui ne se réalisent qu'à la lecture. Nous nous demanderons alors en quoi consiste la spécificité de la lecture théâtrale.

I. Le théâtre n'existe que dans le but d'être représenté

1. Un texte incomplet

On dit souvent que le texte théâtral est un texte « troué » ou « incomplet », qui ne saurait être complété que par la représentation. Il a pu être comparé à la partition qu'utilisent les musiciens d'un orchestre : la partition doit être interprétée pour devenir de la musique. **Le rôle du metteur en scène est donc de combler les lacunes et les manques du texte** en donnant corps aux personnages, en transposant les indications du texte en un spectacle cohérent. Le début du *Misanthrope* fournit un bon exemple de cette incomplétude : on ignore tout des relations entre les personnages, or le rapport entre Alceste et Philinte est déterminant pour toute la pièce. Le choix du metteur en scène est donc fondamental : il doit pallier les silences du texte. Dans la mise en scène de Jean-Pierre Vincent, en 1977, on découvre un Alceste hautain et un Philinte penaud. Cette relation asymétrique de domination sera un élément essentiel de la pièce, que seul son passage à la scène permet de faire exister.

2. Un texte qui vise une représentation visuelle

Le théâtre est un spectacle total, composé d'éléments visuels et sonores. Mais si la dimension visuelle est souvent considérée comme plus importante, comme l'atteste la formule « être vu », c'est parce que c'est elle que le texte de théâtre vise le plus explicitement. En effet, les déplacements et les gestes des personnages sont fondamentaux au théâtre, où **le corps de l'acteur est une réalité centrale.** La scène de *Dom Juan* où le personnage éponyme rencontre les deux paysannes Mathurine et Charlotte le manifeste clairement : le texte ne peut fournir que le jeu verbal, d'une extrême virtuosité, mais seule la mise en scène peut nous donner à voir la gestuelle qui fait toute l'efficacité comique d'une telle scène. Le texte de théâtre indique par de multiples didascalies qu'une telle mise en scène est nécessaire, mais sans en préciser les modalités concrètes. On peut en outre aller plus loin et considérer, comme Artaud dans *Le Théâtre et son double*, que le texte n'est qu'un élément secondaire au théâtre, dont on peut éventuellement se passer, l'essentiel étant le langage des corps, les gestes, les cris.

Il semble donc difficile de définir le texte de théâtre autrement que comme un texte qui vise la représentation et n'existe que dans l'attente de la mise en scène. Toutefois, assigner un but unique et prédéterminé à un texte est sans doute réducteur.

II. Le texte vise aussi des effets à la lecture

1. Les lacunes de la représentation

Considérer que le texte atteint sa plénitude par la mise en scène, c'est oublier que l'**on perd une part importante du texte lors de sa représentation**. En effet, les didascalies ne sont pas prononcées, or celles-ci sont parfois sciemment écrites pour être lues. On pense aux didascalies ironiques dans *La Cantatrice chauve*. Mais il faut aussi songer à la dimension proprement littéraire de certaines pièces. Par exemple, le théâtre de Racine est finalement peu théâtral, il semble n'offrir guère de possibilité de spectacle. Il était d'ailleurs, du temps de Racine, non pas réellement joué, mais déclamé par des acteurs dans une mise en scène minimale, assez statique. Dans ce cas, la lecture a vocation à permettre d'éprouver la nature poétique de son écriture.

2. La tradition du théâtre à lire

Mais si l'on peut aisément voir ce que la lecture du texte théâtral peut apporter au lecteur, il faut aussi envisager ce qu'elle peut apporter à l'auteur. Il existe une **longue**

tradition du théâtre à lire, dont le représentant le plus célèbre est **Musset**, avec les pièces recueillies dans *Un spectacle dans un fauteuil*. Après l'échec de *La Nuit vénitienne* en 1830, celui-ci a en effet renoncé à faire jouer ses pièces. Écrire pour être lu lui permet de préserver sa liberté de créateur, sans se soucier de plaire au public, sans se préoccuper des contraintes matérielles. S'il ne renonce pas à la forme du théâtre, c'est que celle-ci lui permet à la fois de mettre en scène des confrontations d'idées grâce au dialogue, et de parvenir à un lyrisme exacerbé dans les tirades grandiloquentes et désabusées, à la manière de celle de Lorenzo dans *Lorenzaccio*, acte IV, scène 9. D'autres **pièces réputées « injouables » en raison de leur longueur**, comme *Cromwell* de Victor Hugo ou *Le Soulier de satin* de Paul Claudel, relèvent aussi de ce théâtre bien particulier qui semble ne pouvoir exister que par la lecture. L'erreur serait cependant de croire qu'il ne s'agit là que d'une solution pour laquelle les dramaturges opteraient par défaut. En réalité, le théâtre à lire relève de choix esthétiques, possède ses moyens et ses buts propres.
Toutefois, nous n'avons jusqu'ici considéré la lecture du texte de théâtre que comme une activité marginale ou secondaire. N'y a-t-il pas cependant une spécificité de la lecture théâtrale qui en ferait une pratique à part entière ?

III. La spécificité de la lecture théâtrale

1. Une mise en scène mentale

Molière écrit, dans l'adresse « au lecteur » de *L'Amour Médecin* : « On sait bien que les comédies ne sont faites que pour être jouées ; et je ne conseille de lire celles-ci qu'aux personnes qui ont des yeux pour découvrir dans la lecture tout le jeu du théâtre. » La bonne lecture théâtrale est donc celle qui parvient à visualiser, à **se représenter mentalement la façon dont le texte sera mis en scène**. On retrouve ici la primauté de la représentation, mais on dépasse aussi l'alternative entre lire et voir : le théâtre peut être vu en étant lu. Cette mise en scène mentale est très différente d'une représentation : quand on assiste à une représentation, en effet, le metteur en scène ajoute au texte un ensemble de signes, décors, costumes, accessoires, qui restent présents tout au long de la pièce et accaparent son attention. En revanche, quand on lit, cette mise en scène personnelle demeure à l'arrière-plan et permet d'être plus attentif à la pluralité des sens de la pièce.

2. Lire le théâtre comme le roman

Mais la lecture d'une pièce de théâtre suppose-t-elle nécessairement que nous visualisions une mise en scène ? **Ne peut-on imaginer que nous lisions une pièce de théâtre comme un roman, en nous représentant directement la fiction ?** Ce type de lecture paraît surtout possible pour les textes qui présentent peu de didascalies du type de celle de Ionesco dans *Rhinocéros* : « toute cette scène doit être jouée très vite », car ces didascalies brisent l'illusion fictionnelle entretenue par le dialogue en venant rappeler que le texte n'est qu'un texte de théâtre, à la différence de ce qui se passe dans le roman où tout ce qui entoure les dialogues, à savoir la narration, contribue à l'illusion fictionnelle. À l'inverse, une didascalie comme « Les bruits de galop d'un animal puissant et lourd sont tout proches, très accélérés ; on entend son halètement. », qui épouse le point de vue des personnages et crée un certain suspense, permet une lecture de la pièce semblable à celle d'un roman. Une dernière preuve de la possibilité d'une telle lecture est la présence dans certains récits, par exemple au début de *Jacques le Fataliste*, de dialogues dépourvus de narration qui s'apparentent formellement à des dialogues de théâtre.

Conclusion

Les deux dimensions du théâtre, lire et voir, le texte et la représentation, sont donc complémentaires bien plus qu'antagonistes. La lecture théâtrale, si elle n'est pas le but que l'on reconnaît traditionnellement au théâtre, a donc non seulement un intérêt, mais aussi une spécificité qui font qu'on ne peut dire que le théâtre n'est fait que pour être vu.

2 Question d'oral – Ionesco, *Rhinocéros*

Analyser le sujet

> Trouver une problématique

Répondre à la question « Par quels moyens théâtraux la relation entre les deux personnages est-elle exprimée ? » suppose d'identifier clairement les rôles et de caractériser la relation. Ensuite, l'analyse précise des modalités du dialogue viendra étayer l'interprétation.

Nous avons ici affaire un dialogue où chaque personnage peut être lu comme un symbole : Bérenger est le héros ordinaire, celui qui résiste à la tyrannie de la majorité, tandis que Dudard est la figure du collaborateur, celui qui s'accommode de la situation qu'il prétend déplorer du bout des lèvres.

Ce dialogue doit donc d'abord être vu comme la confrontation de deux attitudes, visant à dénoncer la collaboration active et servile de l'homme aux phénomènes d'aliénation collective. Mais en étudiant de plus près cette conversation, son caractère général et stéréotypé finit par laisser apparaître une dimension ironique au service d'une dérision généralisée, bien plus propre au théâtre de Ionesco.

> Élaborer un plan détaillé

Le plan devra donc faire apparaître ces différents niveaux de lecture. D'abord, on verra que le texte possède toutes les marques de la conversation, pour ensuite s'intéresser à la façon dont l'antagonisme des deux personnages est construit. Une dernière partie devra montrer, au-delà de cet antagonisme, comment l'ironie de l'auteur et la dérision généralisée se font entendre.

Voici un exemple de plan détaillé (semi-rédigé).

Introduction

Rhinocéros, pièce écrite en 1959 par Ionesco, a une visée didactique : il s'agit de mettre en scène le totalitarisme, sous la forme inquiétante de la maladie de la « rhinocérite », qui transforme les hommes en rhinocéros, animal étrange, massif, brutal et grégaire. Le héros de la pièce, Bérenger, incarne le résistant. Enfermé chez lui pour échapper à la contagion, il reçoit Dudard qui semble, lui, sur le point de rejoindre la masse des rhinocéros.

Le dialogue entre les deux personnages semble ainsi n'avoir qu'un rôle symbolique au sein de cette longue allégorie que constituerait *Rhinocéros* : d'un côté, le résistant solitaire, refusant opiniâtrement de céder à la pression de la majorité ; de l'autre, le collaborateur qui minimise le mal que représentent les rhinocéros, avant de se laisser happer par eux. Mais au-delà de cette opposition un peu trop simple, ne peut-on

déceler dans ce texte, conformément aux principes du théâtre de la dérision qu'incarne Ionesco, une ironie généralisée vis-à-vis des deux personnages ?
Ce dialogue présente les formes les plus classiques de la conversation. Celles-ci sont mises au service d'une opposition nette entre deux personnages, et à travers eux, deux visions du monde. Mais c'est surtout l'ironie partagée entre le lecteur et le spectateur qui donne à cette scène toute sa portée.

I. L'illusion de la conversation

1. La construction de l'échange argumentatif

À première vue, ce dialogue semble conforme à toutes les règles du théâtre classique. Les répliques sont brèves et s'organisent grâce à quelques connecteurs argumentatifs. Seule la troisième réplique prend la forme d'une longue tirade délibérative, en forme de **concession,** qui montre la **volonté de dialoguer de deux personnages qui argumentent en se répondant.**

2. L'enchaînement des répliques

Les répliques s'enchaînent de façon classique. On relève :
– des répliques syntaxiquement parallèles : « C'est du fatalisme. » / « C'est de la sagesse. » ;
– des enchaînement lexicaux, sur le verbe « se passer » (répliques 2 et 3), l'adjectif « surpris » (répliques 3 et 4) ;
– des interruptions, dont la seconde est la plus importante : le mot « rhinocéros » fait surgir les rhinocéros eux-mêmes.
À partir de ce moment, le dialogue devient une **confrontation nettement plus explicite.**

II. L'antagonisme des personnages

1. La violence sous-jacente

Les didascalies fonctionnelles, « sursautant » et « se levant », montrent que le personnage de **Bérenger est atteint dans son corps, dans sa chair**. Ce climat de violence est sous-jacent dans l'ensemble de l'échange, comme le montrent les nombreux impératifs de Dudard. Face à cette attitude, Bérenger ne fait qu'approuver.

2. L'opposition entre rationalité et émotion

Si **Dudard** peut asseoir son autorité et dominer l'échange avec autant d'assurance, c'est qu'il présente son propos comme un **raisonnement objectif à portée universelle.** À l'inverse de cette figure du raisonneur, **Bérenger**, dont le discours est marqué par le « je » ou les exclamations, apparaît comme **celui qui se laisse gouverner par ses affects**. Cette opposition entre l'objectivité et la subjectivité est redoublée par l'opposition entre l'abstrait et le concret, que signale l'importance du vocabulaire physiologique de Bérenger : « système nerveux », « insomnies », et même « prendre les choses à cœur ».

III. La dérision généralisée

1. La dimension satirique de l'extrait

Ionesco est célèbre pour la dénonciation du caractère stéréotypé du langage : à partir de l'invasion des rhinocéros, le dialogue s'apparente à une satire de consultation chez un psychothérapeute, Dudard s'efforçant de caractériser un désir inconscient chez Bérenger, comme le montre la réplique « Je ne suis pas masochiste ».

2. Un dialogue qui tourne à vide

Derrière son apparence de rigueur, ce dialogue est extrêmement général, comme le montrent l'omniprésence du pronom neutre « on » ou les termes génériques « chose », « la question », « l'événement », « les faits », « la situation ». La dimension fantastique de l'apparition des rhinocéros perturbe le spectateur et ruine l'illusion théâtrale. L'allusion intertextuelle aux *Femmes savantes* rappelle, enfin, que **tout cela n'est que du théâtre**.

Conclusion

On aurait donc tort de faire une interprétation trop simpliste de cet extrait comme la simple allégorie manichéenne de l'opposition entre résistants et collaborateurs, et la dénonciation d'un mal clairement identifié. La dérision est ici généralisée et emporte avec elle toutes les institutions, y compris les plus fondamentales : le langage et le théâtre.

3 Question d'oral – Musset, *Lorenzaccio*

Analyser le sujet

> Trouver une problématique

Le texte appartient à l'ensemble des pièces parues sous le titre *Un spectacle dans un fauteuil*. Il s'agit d'un texte qui n'a pas été conçu pour être représenté mais pour être lu.

Répondre à la question « De quelle façon ce monologue doit-il être mis en scène ? » suppose donc que ce texte comporte malgré tout une certaine théâtralité, un certain nombre d'éléments qui orientent la mise en scène et déterminent la représentation.

Le personnage répète une scène qui va réellement avoir lieu peu de temps après : autrement dit, il se met en scène lui-même. Il convoque également d'autres personnages qu'il prétend faire agir à sa guise : il met aussi en scène le monde. La question de la mise en scène est ainsi mise en abyme.

> Construire un plan

Il faut ici reconnaître le thème du théâtre dans le théâtre et en déduire les applications en termes de mise en scène. Mais le monologue, comme souvent, comporte aussi de nombreux éléments relevant du dialogue, avec soi-même ou avec des absents. C'est là une autre forme de théâtralité.

Introduction

Lorenzaccio est un drame romantique publié en août 1834, dans le premier tome de la seconde livraison d'*Un spectacle dans un fauteuil*. Après l'échec de *La Nuit vénitienne* en 1830, Musset a en effet renoncé à faire représenter ses pièces. *Lorenzaccio* ne sera joué pour la première fois qu'en 1896.

Dans ces conditions, se demander comment on doit mettre en scène ce passage présuppose que, en dépit des circonstances de publication et du but assigné par l'auteur à son œuvre, on peut déceler dans ce monologue une certaine théâtralité qui impose une

certaine mise en scène. Le principal procédé sur lequel repose le texte semble en effet être la mise en abyme : le personnage qui prépare un meurtre est lui-même comme un metteur en scène qui prépare une représentation. La question se pose donc de savoir comment mettre en scène cette mise en abyme, comment faire exister concrètement ce jeu de miroirs.
La mise en scène de ce texte suppose d'abord que l'acteur, seul en scène, parvienne à rendre cohérents les divers moments d'un monologue discontinu, voire décousu. Mais il s'agit aussi, en portant ce texte à la scène, de montrer comment il constitue un jeu de miroirs avec le dispositif théâtral.

I. Mettre en scène un monologue

1. La multiplicité du personnage

À première vue, ce monologue semble singulièrement décousu. **L'agitation du personnage transparaît dans le mélange des différentes strates de son discours** : préparation du meurtre, dialogue fictif avec Alexandre, réflexions personnelles, expression de l'angoisse. Une mise en scène efficace de ce monologue supposerait donc de **bien détacher ces différents moments**, en demandant à l'acteur d'opter pour une posture, une gestuelle, un débit et un volume sonore particuliers pour chacun. Il s'agit en effet de montrer que le personnage de Lorenzo tend à se démultiplier en plusieurs personnalités : le héros sûr de lui qui va tuer un tyran et sauver la république, le jeune homme inquiet face à la perspective du meurtre, l'enfant angoissé qui pense à sa mère. La discontinuité du monologue et l'exaltation du personnage, rendus à l'écrit par une ponctuation abondante, à savoir, respectivement, des tirets et des traits d'union, doivent trouver leur équivalent visuel à la scène.

2. Le dialogue fictif omniprésent

Le dialogue fictif avec Alexandre doit être particulièrement mis en valeur : c'est là le cœur du drame. C'est aussi la source essentielle du manque d'unité et de cohésion de ce monologue, sans cesse ponctué de bribes de dialogue. Ici, c'est une véritable **petite scène qui se joue entre Lorenzo et un absent.** L'acteur devra donc **rendre la scène la plus compréhensible possible pour le public.** Non seulement Lorenzo a plusieurs personnalités, mais il doit aussi incarner Alexandre dans le jeu de questions-réponses qu'il invente et qui permet de dresser le portrait en creux du tyran comme un rustre. De nouveau, ce monologue suppose en réalité que l'acteur soit capable d'interpréter plusieurs rôles à la fois.
Lorenzo est donc de toute évidence, ici, une figure d'acteur. Mais il est aussi, et plus encore, une figure de metteur en scène qui s'efforce de contrôler la scène qu'il s'apprête à vivre.

II. Mettre en scène une mise en abyme

1. Lorenzo metteur en scène

Lorenzo répétant le meurtre d'Alexandre a des **attitudes de metteur en scène**. Il s'intéresse à la lumière, celle du flambeau comme celle de la Lune, et prévoit que la scène qu'il va vivre sera dans la pénombre. Il se préoccupe des accessoires (le baudrier, la cotte de mailles). Il s'occupe également de la direction d'acteurs, prévoyant les gestes, les déplacements, l'ordre d'entrée en scène (« Je passerai le second pour entrer »), les positions (« Couché, assis, ou debout ? »), l'intervention du personnage secondaire, Scoronconcolo.

Mettre en scène une telle mise en abyme est nécessairement complexe : en effet, cette scène de répétition doit être la plus explicite possible, pour que les spectateurs comprennent exactement quel est le plan de Lorenzo, mais elle doit avoir aussi une **dimension symbolique**. On peut par exemple faire parler Lorenzo depuis les coulisses, ou bien descendre dans la salle, utiliser tous les moyens par lesquels on peut **briser le quatrième mur et révéler l'artifice de l'illusion théâtrale.**

2. Lorenzo acteur

Lorenzo est également acteur : c'est vrai depuis le début de la pièce qui repose sur le **thème de la dissimulation**, du masque, de la fausse identité. Dans ce monologue, sa véritable identité, ou plutôt ses véritables identités, se dévoilent. Le personnage alterne en permanence entre des **moments où il joue le rôle qu'il joue depuis le début de la pièce** et des **moments où il s'exprime en toute sincérité**, de façon particulièrement lyrique, notamment quand il apostrophe la Lune ou médite de façon très shakespearienne sur la vanité de la vie humaine. On peut donc imaginer que l'acteur qui joue Lorenzo adopte une certaine façon de se comporter tout au long de la pièce, qu'il n'abandonne qu'en de rares moments, ceux où précisément Lorenzo s'abandonne à sa vraie nature. Ce sera toute la difficulté pour cet acteur que de **jouer un personnage qui lui-même joue un personnage**, et surtout de faire en sorte que le public le comprenne. On peut très bien imaginer ici que Lorenzo joue avec un masque, qu'il pourrait porter et avec lequel il pourrait converser, afin de souligner cette thématique du théâtre généralisé.

Conclusion

Les problèmes de mise en scène que pose ce monologue sont donc redoutables. La difficulté ne tient pas tant au caractère décousu et même contradictoire du monologue qu'à la mise en abyme permanente et vertigineuse qui s'y déploie. Il s'agit ici de mettre en scène une figure du metteur en scène et tout à la fois d'interpréter une figure de l'acteur. Ce jeu de miroirs nous révèle ainsi que, si Musset prétend abandonner la représentation de ses pièces, il n'hésite pourtant pas à en faire un thème majeur dans ses pièces.

REPÈRES

À lire et à voir...

Voici quelques propositions de lectures et de films. Cette liste n'est pas exhaustive.

Des pièces de théâtre à connaître

- Pierre Corneille, *L'Illusion comique* (1636), *Le Cid* (1637).
- Molière, *Tartuffe* (1664), *Dom Juan* (1665), *Le Misanthrope* (1666).
- Jean Racine, *Andromaque* (1667), *Phèdre* (1677).
- Marivaux, *Le Jeu de l'amour et du hasard* (1750).
- Beaumarchais, *Le Barbier de Séville* (1775).
- Victor Hugo, *Hernani* (1830), *Ruy Blas* (1838).
- Eugène Ionesco, *La Cantatrice chauve* (1950).
- Samuel Beckett, *En attendant Godot* (1952), *Fin de partie* (1957).

Des films à voir

- *Molière*, d'Ariane Mouchkine (1978) : une biographie offrant de remarquables reconstitutions du théâtre au XVIIe siècle.
- *Cyrano de Bergerac*, de Jean-Paul Rappeneau (1990), avec Gérard Depardieu : adaptation de la pièce d'Edmond Rostand.
- *Beaucoup de bruit pour rien*, de Kenneth Branagh (1993) : adaptation magistrale de la pièce de Shakespeare.
- *L'Esquive*, d'Abdellatif Kechiche (2002) : l'histoire d'une bande de lycéens qui répètent une pièce de Marivaux.

Quelques citations

William Shakespeare (1564-1616)

« Je tiens ce monde pour ce qu'il est : un théâtre où chacun doit jouer son rôle. »
- *Le Marchand de Venise* (1596).

Jean Racine (1639-1699)

« La principale règle est de plaire et de toucher : toutes les autres ne sont faites que pour parvenir à cette première. »
- Préface de *Bérénice* (1670).

Beaumarchais (1732-1799)

« On ne peut corriger les hommes qu'en les faisant voir tels qu'ils sont. »
- Préface de *La Folle Journée ou Le Mariage de Figaro* (1778).

Victor Hugo (1802-1885)

« Le théâtre est un point d'optique. Tout ce qui existe dans le monde, dans l'histoire, dans la vie, dans l'homme, tout doit et peut s'y réfléchir, mais sous la baguette magique de l'art. »
- Préface de *Cromwell* (1827).

Louis Jouvet (1887-1951)

« Rien de plus futile, de plus faux, de plus vain, rien de plus nécessaire que le théâtre. »
- *Le Comédien désincarné* (1954), © Flammarion.

Antonin Artaud (1896-1948)

« L'action du théâtre comme celle de la peste est bienfaisante, car poussant les hommes à se voir tels qu'ils sont, elle fait tomber le masque, elle découvre le mensonge, la veulerie, la bassesse, la tartufferie. »

▪ *Le Théâtre et son double* (1938), © Gallimard.

Eugène Ionesco (1909-1994)

« Tout est langage au théâtre, les mots, les gestes, les objets. Il n'y a pas que la parole. »

▪ *Notes et contre-notes* (1962), © Gallimard.

Des repères historiques

	Périodes ou mouvements	Dramaturges essentiels	Contexte politique et culturel
XVIIe siècle	Le baroque Le classicisme	Pierre Corneille (1606-1684) Jean Rotrou (1609-1650) Molière (1622-1673) Jean Racine (1639-1699	1617-1643 : règne de Louis XIII 1641 : ordonnance royale réhabilitant les comédiens 1661-1715 : règne de Louis XIV 1680 : fondation de la Comédie-Française
XVIIIe siècle	Les Lumières	Marivaux (1688-1763) Voltaire (1694-1778) Denis Diderot (1713-1784) Beaumarchais (1732-1799)	1715-1723 : Régence 1723-1774 : règne de Louis XV 1774-1792 : règne de Louis XVI
XIXe siècle	Le romantisme Le naturalisme Le symbolisme	Alfred de Vigny (1797-1863) Alexandre Dumas (1802-1870) Victor Hugo (1802-1885) Alfred de Musset (1810-1857) Émile Zola (1840-1902) Maurice Maeterlinck (1862-1949)	1804-1814 : Premier Empire 1814-1830 : Restauration 1830 : bataille d'*Hernani* 1830-1848 : Monarchie de Juillet 1848-1852 : IIe République 1852-1870 : Second Empire 1870-1940 : IIIe République 1887 : fondation du Théâtre-Libre par Antoine 1893 : fondation du Théâtre de l'Œuvre par Lugné-Poe
XXe-XXIe siècles	Le surréalisme L'existentialisme Le Nouveau Théâtre	Alfred Jarry (1873-1907) Guillaume Apollinaire (1880-1918) Jean-Paul Sartre (1905-1980) Samuel Beckett (1906-1989) Eugène Ionesco (1909-1994) Jean Genet (1910-1986) Bernard-Marie Koltès (1948-1989)	1914-1918 : Première Guerre mondiale 1939-1945 : Deuxième Guerre mondiale 1940-1944 : Régime de Vichy 1945-1958 : IVe République 1958 à aujourd'hui : Ve République

POST BAC

SUJET D'APPROFONDISSEMENT

Dissertation type concours ENS A/L – Théâtre et violence

360 min.

Vous discuterez la proposition d'Eugène Ionesco, en vous appuyant plus particulièrement sur les œuvres au programme.

Ce sujet a été donné à l'épreuve de composition française au concours d'entrée de l'ENS en 2014. Le programme comportait les thèmes suivants : « Le théâtre », « L'œuvre littéraire, ses propriétés, sa valeur », « Littérature et morale ». Le corpus d'œuvres étudiées dans l'année comportait *Les Tragiques* d'Agrippa d'Aubigné, *Le Siècle de Louis XIV*, ouvrage historique de Voltaire, *Le Faiseur*, comédie d'Honoré de Balzac, *Cromwell* de Victor Hugo et *Dans la solitude des champs de coton* de Bernard-Marie Koltès.

Ce sujet vous semblera sans doute très difficile : par rapport à un sujet de type baccalauréat, on est immédiatement frappé par sa longueur, sa densité, et la multiplicité des perspectives qu'il entremêle. Mais c'est aussi ce qui rend cette épreuve – qui suppose une réflexion exigeante et approfondie – particulièrement passionnante !

> Voir la méthode du traitement d'une dissertation (Annexes, p. 475).
> Voir les Méthodes et stratégies 1, chapitre 6.

TEXTE **Eugène Ionesco (1909-1994), *Notes et contre-notes* (1958), « Expérience du théâtre »**

Si donc la valeur du théâtre était dans le grossissement des effets, il fallait les grossir davantage encore, les souligner, les accentuer au maximum. Pousser le théâtre au-delà de cette zone intermédiaire qui n'est ni théâtre, ni littérature, c'est le restituer à son cadre propre, à ses limites naturelles. Il fallait non pas cacher les ficelles, mais les rendre plus visibles encore, délibérément évidentes, aller à fond dans le grotesque, la caricature, au-delà de la pâle ironie des spirituelles comédies de salon. [...] Pousser tout au paroxysme, là où sont les sources du tragique. Faire un théâtre de violence : violemment comique, violemment dramatique.

CORRIGÉ

Dissertation type concours ENS A/L – Théâtre et violence

Analyser le sujet

> Trouver une problématique

Face à un sujet aussi dense, il faut d'abord trouver l'élément commun, qui donne cohérence au propos. Dans le corrigé ci-dessous, on propose de trouver cette cohérence dans l'idée de destruction, qui entre en outre en résonnance avec la violence du propos et la dérision propre au théâtre de Ionesco.

Il faut ensuite trouver le présupposé de l'auteur. Ici, le sujet propose une réflexion sur la nature du théâtre en général, que l'auteur prétend pousser à son paroxysme, pour en révéler l'essence. Mais il repose sur une esthétique très particulière, celle de Ionesco, qui est manifestement en train de revenir sur les raisons pour lesquelles il a, dès l'origine, choisi d'écrire pour le théâtre de façon si singulière, ce qui explique le recours à l'imparfait : « il fallait… ». Partant d'une affirmation selon laquelle la valeur du théâtre est dans le « grossissement des effets », qui n'est en réalité qu'une hypothèse, un point de vue parmi d'autres, le propos de Ionesco, fortement normatif, peut néanmoins être relativisé.

> Construire un plan

Comme la plupart des sujets comportant une citation, celui-ci appelle un plan dialectique. Face à l'entreprise de destruction de Ionesco, il faut opposer d'autres entreprises qui, de façon peut-être moins radicale, remettent en cause les conventions théâtrales ou la capacité du théâtre à représenter la réalité. Mais il ne suffit pas, cependant, de renvoyer dos à dos ces deux esthétiques, il faut aussi montrer comment, paradoxalement, elles se rejoignent.

> Travailler le corpus

Comme la dissertation aux concours scientifiques, la dissertation aux concours littéraires comporte un corpus qu'il convient de lire et de maîtriser pendant l'année. Mais, ici, seules certaines œuvres du corpus doivent être utilisées. Il est évident que les trois pièces de théâtre doivent être mobilisées en priorité, mais *Les Tragiques* d'Agrippa d'Aubigné, qui font référence dès leur titre à un genre théâtral, et dont l'esthétique est marquée par la violence et l'outrance, pourraient être évoqués. En revanche, introduire des analyses sur l'œuvre de Voltaire, œuvre d'historien où la dimension théâtrale est absente, introduirait artificiellement des connaissances déconnectées du sujet.

Le candidat peut également citer et analyser d'autres œuvres pertinentes pour cette problématique.

Les titres de parties et de sous-parties ne doivent pas apparaître dans la copie.

Introduction

« Il me semble parfois que je me suis mis à écrire du théâtre parce que je le détestais », confie Ionesco. Cette haine du théâtre, ou plus exactement du théâtre traditionnel, l'a conduit à refuser les formes consacrées, à démolir les intrigues, à déconstruire le langage.

On retrouve cette rage destructrice, cette jubilation à ruiner les conventions dans *Notes et contre-notes*, lorsqu'il affirme que « la valeur du théâtre » étant « dans le grossissement des effets », il a fallu « les grossir davantage encore, les souligner, les accentuer au maximum », ou « pousser le théâtre au-delà de cette zone intermédiaire qui n'est ni théâtre, ni littérature » pour « le restituer à son cadre propre, à ses limites naturelles ». À cette esthétique de l'outrance correspond une exhibition de l'illusion théâtrale qui doit « non pas cacher les ficelles, mais les rendre plus visibles encore, délibérément évidentes, aller à fond dans le grotesque, la caricature, au-delà de la pâle ironie des spirituelles comédies de salon ». Il s'agissait de « pousser tout au paroxysme, là où sont les sources du tragique » ou encore de « faire un théâtre de violence : violemment comique, violemment dramatique ». Ionesco présente ainsi son œuvre comme portant à la limite ce qui est, selon lui, l'essence même du théâtre, en rompant avec les idées reçues de la tradition : le théâtre ne copie pas la réalité mais la déforme, il ne crée pas l'illusion mais dénonce son artificialité, n'oscille pas entre les pôles du comique et du tragique mais combine en permanence les deux registres. Il s'agit donc, en résumé, d'une entreprise de destruction : destruction du théâtre traditionnel, destruction de l'illusion théâtrale et du rapport au réel, destruction des genres et des conventions. En somme, il s'agit là d'un manifeste de l'antithéâtre. Sans contester la pertinence de l'analyse que le dramaturge fait de son œuvre, on peut estimer que cette essence du théâtre qu'il présuppose n'est qu'une certaine conception parmi d'autres. Dans quelle mesure cette destruction du théâtre traditionnel permet-elle donc de révéler la vraie nature du théâtre ?

Nous verrons d'abord que Ionesco propose ici une esthétique du paroxysme censée exprimer pleinement la nature profonde du théâtre. Mais nous verrons ensuite qu'elle fait aussi apparaître les limites d'une entreprise qui serait purement destructrice. De la sorte, nous serons à même de comprendre comment ce propos révèle la nature profondément paradoxale de cet antithéâtre.

I. Une esthétique du paroxysme : détruire le théâtre

1. Outrance et déréalisation

Le propos de Ionesco présuppose un critère de valeur pour le théâtre : « le **grossissement des effets** ». Comme souvent, ce critère de valeur, loin d'être objectif et universel, reflète surtout les principes esthétiques de l'auteur. Les « effets » désignent ici les procédés, ce qui signifie que c'est d'abord de la mécanique théâtrale qu'il est question, et par extension des « effets » produits sur le spectateur (le rire pour la comédie, la pitié et la crainte pour la tragédie). Pour Ionesco, le théâtre ne peut être lui-même que dans l'outrance.

En ce sens, son propos s'inscrit dans une tradition bien établie : celle de la farce médiévale, du mélodrame des XVIIIe et XIXe siècles. Mais il fait aussi partie des dramaturges du XXe siècle ayant en commun de refuser les conventions, en particulier celles du théâtre classique : on peut penser au théâtre de Jarry et à son personnage du Père Ubu, aux *Bonnes* de Genet qui d'ailleurs se réclament du genre de la farce. Cette tradition théâtrale ne prétend pas imiter le réel mais le déformer, jusqu'à la déréalisation, c'est-à-dire la **perte de l'impression de réalité**, la rupture de l'illusion théâtrale obtenue à force d'exagération. Cette forme de théâtre assume pleinement son caractère conventionnel, récuse l'impératif d'imitation de la réalité, déshumanise à l'envi ses personnages.

2. Violence, comique et tragique

À cette outrance vient s'ajouter la violence. Cette violence est au cœur du théâtre, qu'il soit comique ou tragique : il suffit de songer aux scènes de coups de bâtons de la farce, ou aux multiples meurtres et suicides de la tragédie. Mais cette violence, dans le théâtre classique, est souvent euphémisée, expulsée hors de scène (par exemple la mort d'Hippolyte dans *Phèdre*) : pour Ionesco, **il s'agit donc de mettre au grand jour cette violence étouffée**. Le théâtre révèle la violence inhérente au langage, ou sous-jacente dans toute relation à autrui. Plus fondamentalement, il suppose la présence de plusieurs corps sur scène et s'apparente au conflit, au combat. Les deux personnages de *Dans la solitude des champs de coton* sont ainsi pris dans un véritable duel verbal, où se dessine l'intérêt de Koltès pour la boxe et les arts martiaux. Comme le dit le Dealer : « Deux hommes qui se croisent n'ont pas d'autre choix que de se frapper ».

Cependant, il ne s'agit pas tant de la violence représentée que de la **violence du comique et du tragique**. Ionesco semble ici refuser cette distinction classique, achevant son propos sur le terme neutre « dramatique ». Il y a en effet une violence du comique qui confine au tragique : lorsque les personnages sont écrasés par le poids de la mécanique théâtrale, en perdent toute humanité, s'apparentant à de pures marionnettes soumises aux aléas de l'intrigue. *Le Faiseur* de Balzac, histoire d'un homme, Mercadet, accablé de dettes et cherchant tous les moyens pour s'en sortir, reprend ainsi des procédés moliéresques (on pense à Dom Juan face à Monsieur Dimanche) mais en les accentuant : les subterfuges et stratagèmes de Mercadet se retournent contre lui, l'enserrent et l'emprisonnent. La mise en scène de Demarcy-Mota en 2014 au Théâtre de la Ville de Paris, dans laquelle les personnages se tenaient tant bien que mal sur des praticables qui ne cessaient de s'incliner, de monter et de descendre, mettait l'accent sur cette précarité des personnages, devenus de simples pantins, à la fois comiques et tragiques, subissant rebondissements et coups de théâtre, dans une instabilité générale mimant les fluctuations de la Bourse.

Cette violence, c'est donc fondamentalement le **déchaînement de la mécanique théâtrale**. Elle peut se traduire par exemple par des effets de rythme, aussi bien chez Balzac que chez Koltès. Dans leurs deux pièces, en effet, le rythme s'accélère, faisant monter la tension dramatique, d'une manière que l'on peut rapprocher du théâtre de Ionesco, dont la mécanique implacable finit souvent par s'emballer : épidémie de rhinocérite dans *Rhinocéros*, langage devenu fou dans *La Cantatrice chauve*, ou encore long monologue onirique saccadé de la reine dans *Le Roi se meurt*.

II. Repenser le rapport au réel : les limites de la destruction

1. Représentation du réel et convention

Le théâtre tel que le définit Ionesco, par opposition aux « comédies de salons », conteste radicalement une **conception du théâtre qui remonte à la mimèsis aristotélicienne**, reprise et arrangée par l'esthétique du vraisemblable dans le classicisme français, et qui reste jusqu'à aujourd'hui perçue comme la norme par rapport à laquelle il convient de **marquer une rupture**.

Mais il existe d'autres façons de marquer cette rupture : le théâtre d'Hugo l'illustre parfaitement, en particulier avec *Cromwell*, dont la célèbre préface synthétise les principes fondamentaux du drame romantique. Celui-ci entend rompre avec l'esthétique classique, en particulier les règles arbitraires qui fondent la vraisemblance, mais cette rupture se fait au nom d'une volonté de dire le réel. Comme Ionesco, Hugo entend réintroduire la violence au théâtre, refuser l'euphémisation du réel que pratique le classicisme, et c'est à cela que sert en particulier l'alliance du sublime et du grotesque. De même, en privilégiant la représentation du haut et du bas degré, en faisant l'impasse sur toutes les formes moyennes, Hugo semble lui aussi prôner une esthétique de l'extrême. Cependant, **le grotesque selon Hugo diffère passablement du grotesque selon Ionesco**, qui l'associe ici directement à la caricature : il n'est pas un outil de déformation du réel, mais une composante du réel. Le grotesque existe dans la réalité, aux côtés du sublime, et un théâtre qui entend montrer vraiment la réalité ne peut l'ignorer. Cette esthétique du contraste est au service d'un projet de représentation complète du réel, le drame devenant, comme le dit Hugo dans la préface de *Cromwell*, un « miroir de concentration ». Au miroir hugolien, Ionesco préfère le **jeu de miroirs d'un théâtre qui ne cherche plus à dire le réel**.

2. Le sens de la dérision

De ce point de vue, les relations entre comique et tragique s'éclairent sous un nouveau jour. Ionesco écrit dans ses notes que « le comique est tragique, et la tragédie de l'homme, dérisoire ». La substitution de la « tragédie » comme réalité vécue au « tragique » comme genre théâtral, et du « dérisoire » comme expérience malheureuse de la condition humaine au « comique » comme registre littéraire, est significative. En effet, le théâtre de Ionesco a pu être qualifié de « **théâtre de la dérision** ». Or, si la dérision se définit comme une moquerie volontiers méprisante, la dérision généralisée, purement destructrice, a aussi pour effet de tout relativiser, de considérer que rien n'a de sens ou de valeur.

Mais la dérision a en réalité, malgré tout, un sens, et n'est pas entièrement destructrice : représenter le dérisoire, c'est encore représenter quelque chose. Tourner l'homme en dérision, c'est **représenter la condition humaine dans sa précarité, voire son absurdité**. Or cette mise en scène du dérisoire peut passer par des moyens qui ne relèvent pas de cette esthétique du paroxysme et de l'outrance pour laquelle plaide Ionesco. Le personnage de Mercadet, chez Balzac, incarne ainsi l'homme qui se débat dans un monde où l'argent devient roi. Les bouffons de *Cromwell* révèlent la folie universelle du monde qui les entoure, mais cette dérision généralisée a pour enjeu de subvertir toutes les valeurs esthétiques ou morales, qui ne sont plus que de grands mots. En somme, cette entreprise de dérision coïncide avec l'entreprise de rénovation du théâtre que promeut Hugo dans sa préface.

III. Les paradoxes de l'antithéâtre : quand détruire c'est construire

1. Les jeux de miroirs du théâtre

La formule « non pas cacher les ficelles, mais les rendre plus visibles encore » évoque le **théâtre dans le théâtre**, largement répandu de l'Antiquité à nos jours et notamment à l'âge baroque, chez Shakespeare, Calderón, Rotrou ou le jeune Corneille. Le théâtre dans le théâtre est souvent associé à la comédie, qui recourt plus souvent que les autres genres à des procédés tels que l'adresse au spectateur ou la mise en abyme, pour rompre l'illusion théâtrale et rappeler au public qu'il se trouve au théâtre. La tragédie, à l'inverse, semble devoir toujours conserver l'illusion théâtrale, pour se situer dans un monde clos et lointain. De fait, dans les pièces fondées sur le mélange des genres, ce sont le plus souvent les passages comiques qui relèveront du métathéâtre : ainsi des intermèdes comiques chez Shakespeare, comme les artisans qui préparent un spectacle dans *Le Songe d'une nuit d'été*, ou, chez Hugo, les bouffons de *Cromwell*, véritables doubles des spectateurs sur scène, comme le montrent plusieurs répliques telles que « Nous, dans l'ombre, muets, spectateurs philosophes / Laissons Charles et Cromwell combattre aveuglément ».

Mais la métathéâtralité existe en dehors du procédé du théâtre, dans le théâtre proprement dit : **bien souvent, les pièces de théâtre proposent implicitement une réflexion sur le théâtre**. C'est le cas dans *Le Faiseur* où les mensonges et les ruses de Mercadet en font une figure de dramaturge, de comédien et de metteur en scène, et surtout où la réflexion sur l'argent, qui à cette époque commence à devenir de plus en plus virtuel, renvoie à une réflexion sur la fiction. C'est aussi le cas dans la pièce de Koltès, où le « deal » entre le Dealer et le Client peut apparaître comme une métaphore de l'échange de langage et d'illusion entre l'acteur et le spectateur.

2. Les enjeux de la métathéâtralité

Cependant, cette métathéâtralité n'est pas un jeu de miroirs purement gratuit. Réfléchissant sur lui-même, **le théâtre réfléchit aussi sur le monde**, pour souligner la vanité des apparences, la vacuité de l'humanité. Balzac, qui représente le théâtre dans certain de ses romans où il entend dévoiler les coulisses du monde et les rouages de la société, l'utilise ainsi avec une visée réaliste : il s'agit de montrer que la Bourse est un théâtre, une comédie menée par les spéculateurs, dont le nom est étymologiquement lié au miroir (*speculum*). En ligne de mire, c'est la Monarchie de Juillet qui est présentée comme reposant sur du vide. De la même façon, chez Koltès, la métathéâtralité permet d'inviter le spectateur à se contempler lui-même et à se demander ce qu'il vient chercher au théâtre.

Conclusion

Le caractère destructeur du propos de Ionesco doit ainsi être relativisé : on ne peut, en définitive, supprimer la représentation de la réalité au théâtre, parce que celle-ci se fait de manière paradoxale, bien plus complexe qu'on ne le pense si l'on s'en tient à une conception traditionnelle. Forcer le trait, exhiber les ficelles, faire un théâtre violent, c'est encore représenter le monde, ses outrances, ses illusions, sa violence. Ce paradoxe est finalement celui de la formule « antithéâtre » qu'on accole souvent au théâtre de Ionesco : l'antithéâtre est encore du théâtre – et l'on serait tenté de dire aussi que tout théâtre est aussi un antithéâtre.

Écriture poétique et quête du sens, du Moyen Âge à nos jours

INTRODUCTION

La poésie : une définition impossible ?

- Toute définition stable de la poésie se heurte à la grande diversité de ses formes et aux nombreuses fonctions qui lui ont été attribuées. André Gide (1869-1951) avait pour cela une réponse, sous forme de plaisanterie : « Une bonne définition de la poésie ? Je n'en vois plus d'autre valable, que celle-ci : la poésie consiste à passer à la ligne avant la fin de la phrase. »
- Mais on ne peut pas opposer le vers, censé caractériser le langage poétique, à la prose. Le poème en prose, le vers libre et le verset ont perturbé les limites entre prose et poésie.

La diversité du genre dans l'Histoire

- Dans l'Histoire, il n'y a en fait pas une, mais des poésies. Du Moyen Âge aux tentatives contemporaines, ce genre a été l'objet de nombreuses évolutions. Au XVIe siècle, les poètes de La Pléiade assurent son renouveau, en s'appuyant sur l'usage de la langue française. Les XVIIe et XVIIIe siècles, dominés par le rationalisme, sont peu propices à l'expression des passions.
- C'est à partir de la fin du XVIIIe siècle que s'exprime une sensibilité nouvelle, qui donne naissance au « mal du siècle » romantique. Le langage du poète s'adapte à l'expression des émotions.
- Du XXe siècle à aujourd'hui, la poésie connaît un nouveau temps de libération : les surréalistes bouleversent la syntaxe et le sens ; de nombreux poètes s'inspirent du quotidien, d'une culture populaire, parfois urbaine et orale, très éloignée des exigences « classiques ».

Les fonctions de la poésie

- Le lyrisme traverse probablement les siècles. Associé à la lyre, instrument d'Apollon ou d'Orphée, il se nourrit de l'intimité du poète et témoigne d'une quête de l'Idéal.
- La poésie peut néanmoins aussi être didactique, religieuse, polémique ou engée ; elle a parfois pour ambition de révéler le monde. Ses pouvoirs sont multiples.
- Le poète est surtout celui qui s'intéresse au langage pour lui-même. Il ne l'utilise pas seulement comme un outil de communication ou d'accès à la connaissance. Il s'efforce de le travailler pour faire entendre la musique des mots. La poésie, dont l'étymologie renvoie au grec *poiein*, « créer », transporte ainsi le lecteur dans un autre monde, où les mots sont plus riches de sens et ne renvoient pas toujours à leur référent habituel.

CHAPITRE 7

Histoire de la poésie du XVIe siècle à nos jours

COURS

MÉTHODES ET STRATÉGIES

SUJETS DE TYPE BAC

CORRIGÉS

COURS

Histoire de la poésie du XVIe siècle à nos jours

Depuis les trouvères et les troubadours, poètes du Moyen Âge, la poésie est le fruit d'une longue histoire. Différents mouvements l'ont marquée, en particulier celui de la Pléiade au XVIe siècle. Mais c'est le XIXe siècle que l'on peut considérer comme son âge d'or : les formes fixes ou traditionnelles, parfois héritées de la culture antique, laissent place à des formes nouvelles, comme le poème en vers libre ou en prose, caractéristiques de la modernité. Mais d'hier à aujourd'hui, les poètes visent toujours à exprimer leurs sentiments personnels, à faire comprendre le monde, et parfois, à le changer.

I. Les poètes de la Pléiade

La Pléiade est un groupe de poètes d'abord nommé « la Brigade », dont Ronsard (1524-1585) et Du Bellay (1522-1560) sont les deux figures les plus célèbres. Ces poètes s'inscrivent dans le mouvement humaniste du XVIe siècle. La Pléiade, dans l'Antiquité, désignait les sept filles du titan Atlas, devenues les étoiles d'une constellation. Les poètes se placent aussi dans la continuité d'un groupe de sept poètes d'Alexandrie du IIIe siècle avant J.-C. qui avaient choisi ce nom. Ils ont une haute conception de leur mission : ils veulent rompre avec la poésie et la langue du Moyen Âge, perçues comme décadentes, et défendent une libre imitation des œuvres antiques.

1. Des principes humanistes

a. La référence à la culture antique

- Ronsard, Du Bellay et Jean-Antoine de Baïf (1532-1589) ont reçu la formation de l'humaniste Jean Dorat (1508-1588) au collège de Coqueret, à Paris. Les poètes de la Pléiade connaissent bien la **culture antique**, et en particulier la poésie grecque et latine.
- Dans leurs œuvres, ils s'inspirent des **genres antiques** et multiplient les références aux **héros de l'Antiquité**. Les *Odes* (1550-1552) de Ronsard, par exemple, font référence à celles d'**Horace** (Ier siècle av. J.-C.). Du Bellay lui-même, bien qu'il se méfie de l'imitation, exprime les douleurs de son exil à Rome (1553-1557) en reprenant les accents élégiaques du poète latin **Ovide** (Ier siècle apr. J.-C.) dans *Les Tristes*[1]. Loin de son Anjou natal, il se dit « heureux » comme Ulysse, qui espère retrouver sa patrie, après avoir « fait un beau voyage ».

b. L'aspiration à la liberté et au bonheur

- Les poètes de la Pléiade regardent parfois les **contraintes du monde avec mépris**. Du Bellay, dans des poèmes dominés par le registre satirique, raille la situation des courtisans romains, qui ont renoncé à toute forme de liberté de parole et de pensée[2].

1 Ovide est contraint à l'exil par l'empereur Auguste (8 apr. J.-C.).

2 Les poètes de la Pléiade ne sont pas des écrivains que l'on peut considérer comme engagés. Mais il leur arrive de prendre position sur certaines grandes questions de leur temps. Ronsard, par exemple, dénonce les guerres de Religion dans son *Discours sur les Misères de ce temps* (1562).

Pour les poètes de la Pléiade, inspirés par la **morale épicurienne**, la sagesse suppose d'accepter un certain retrait du monde, nécessaire à la tranquillité d'esprit et au bonheur. Il importe surtout de prendre conscience du temps qui passe, pour **profiter de la vie avec modération et sans tarder**, en préservant l'équilibre des passions. Ronsard pointe l'importance de l'amour dans le bonheur individuel :

« Celui qui n'aime point, celui-là se propose
Une vie de Scythe[3], et ses jours veut passer
Sans goûter la douceur des douceurs la meilleure. »
■ Ronsard, *Continuation des Amours* (1555).

2. Une poésie nouvelle

a. La défense de la langue française

Les poètes de la Pléiade écrivent en **langue française** et non en latin. La *Défense et illustration de la langue française* (1549) de Du Bellay constitue leur manifeste. L'auteur y soutient la nécessité d'enrichir la langue, pour lui donner une véritable **dignité littéraire**. Il propose de recourir à des archaïsmes ou à des néologismes, d'emprunter des termes aux langues régionales ou au vocabulaire des métiers.

Les poètes de la Pléiade veulent rompre avec les différents genres caractéristiques de la poétique du Moyen Âge, qui donneraient une image dégradée de la langue française : la ballade, le rondeau (voir p. 248), la chanson. Ils choisissent des **genres plus nobles**, hérités de l'Antiquité, tels que l'hymne[4] ou la tragédie. Étienne Jodelle, par exemple, fait représenter en 1553 *Cléopâtre captive*, parfois considérée comme la première tragédie humaniste, en langue française.

b. Une imitation bien comprise

Les poètes de la Pléiade ne s'inspirent pas exclusivement de l'Antiquité. Ils empruntent à la littérature italienne une forme fixe rendue célèbre par le poète italien Pétrarque (1304-1374) et introduite en France par Marot (1497-1544) : le **sonnet** (voir p. 232). C'est l'occasion pour eux de montrer qu'ils rompent avec les formes médiévales. Ils vont également imposer l'**alexandrin** comme le vers majeur de la poésie française.

Pour eux, **l'imitation ne doit pas être un esclavage**. Elle suppose que l'on ait assimilé les sources[5] et qu'on se les soit appropriées. Elle doit être au service d'une **expression sincère** des sentiments personnels. Du Bellay évoque ainsi son rapport intime à l'écriture :

« Je me plains à mes vers, si j'ai quelque regret,
Je me ris avec eux, je leur dis mon secret,
Comme étant de mon cœur les plus sûrs secrétaires[6]. »
■ Du Bellay, *Les Regrets* (1558).

3 Une vie de Scythe : une vie excessivement austère, contraire aux règles de la civilisation.
4 Ronsard est l'auteur d'un recueil intitulé *Hymnes* (1555).
5 Cette assimilation est appelée « innutrition » (voir p. 422).
6 Secrétaires : confidents.

c. Le lyrisme poétique

- L'expression des **sentiments amoureux** est l'un des thèmes privilégiés par les poètes de la Pléiade, qui rendent hommage à la femme aimée et à sa puissance d'inspiration. Ronsard a eu de multiples muses : Cassandre Salviati, dont il chante la beauté dans *Les Amours de Cassandre* (1552), est l'une des plus célèbres.

- Mais lorsqu'ils comparent la femme à une rose, tel Ronsard (« Mignonne, allons voir si la rose »), les poètes lancent également un **avertissement** : la jeunesse est éphémère, il faut vivre sans regret. La devise latine ***carpe diem*** (littéralement : « cueille le jour ») le dit bien. Aussi la femme ne devrait-elle pas mépriser les désirs du poète :

> « Vivez, si m'en croyez, n'attendez à demain :
> Cueillez dès aujourd'hui les roses de la vie. »
>
> ■ Ronsard, *Sonnets pour Hélène* (1578), « Quand vous serez bien vieille ».

II. La poésie des XVIIe et XVIIIe siècles

Après le formidable succès de la Pléiade, la poésie connaît un certain **déclin**. Mais au début du XVIIe siècle, elle semble renaître. Le retour à la paix, suite aux troubles religieux de la période précédente, favorise les arts et les lettres. Le **classicisme**, qui triomphe dans la deuxième moitié du siècle, est une période de grand rayonnement culturel. Ce mouvement, qui se fonde sur la méfiance à l'égard des passions, laisse toutefois peu de place à la poésie. La critique de l'imagination et le triomphe du rationalisme sont à l'origine d'une certaine **crise du lyrisme**.

1. Une nouvelle renaissance poétique

- Entre 1598 et 1630, la poésie vit une ère nouvelle. De nombreux poètes rencontrent le succès. Leur inspiration est parfois qualifiée de « **baroque** » : ils évoquent les **métamorphoses de leur moi et du monde**. Ils écrivent avec sensibilité sur l'amour, la nature, le temps qui passe ; ils explorent les liens complexes entre l'être et le paraître, entre le réel et les images.

- **Théophile de Viau** (1590-1626) et **Tristan L'Hermite** (1601-1655) s'expriment dans des poésies personnelles, qui traduisent leur aspiration à la liberté et au plaisir. Ils sont considérés comme des poètes libertins, qui manifestent avec audace leur distance à l'égard des certitudes philosophiques et religieuses. Théophile de Viau est même poursuivi pour athéisme et persécuté.

- La poésie est aussi le genre privilégié pour la **préciosité**. **Vincent Voiture** (1597-1648) est l'exemple d'un poète précieux, qui évoque l'amour avec raffinement, dans un langage riche en images et en effets de style.

2. La période classique

- Mais le poète qui met le plus nettement à distance la tradition poétique est **Malherbe** (1555-1628). Il écrit sur ses sentiments personnels, la religion, la politique. Il défend une **esthétique fondée sur la mesure, l'ordre et l'équilibre**. Soucieux de la pureté de la langue, il refuse, par exemple, les néologismes.

- Malherbe a de nombreux disciples. Son influence est telle que **Boileau** (1636-1711), dans son ***Art poétique***, lui rend hommage :

> « Enfin Malherbe vint et le premier en France
> Fit sentir dans les vers une juste cadence. »
> ■ Malherbe, *Art poétique* (1674), chant I.

- Il fait de lui le précurseur de l'esthétique classique. C'est Boileau qui va faire la **synthèse des règles du classicisme**. Poète lui-même, il considère l'écriture comme le fruit d'un travail rigoureux et précis. Il présente aux jeunes poètes de son temps un art d'écrire fondé sur le naturel et la vraisemblance.

- Le plus grand poète lyrique de l'âge classique est sans doute **La Fontaine** (1621-1695). Ses ***Fables*** (1668-1694) témoignent de sa sensibilité. Il y évoque la nature, l'amour, la souffrance humaine. Il s'y laisse aussi aller à quelques confidences personnelles. Au « je » qu'il met en scène dans ses fables, il accorde une valeur universelle.

- Au **théâtre, Racine** (1639-1699) est très attentif à la poésie de ses vers. Le chant racinien, indissociable de l'expression des passions, est souvent caractérisé par son lyrisme.

III. La poésie romantique

Au XIXe siècle, les écrivains ne se reconnaissent plus dans l'esthétique classique, indissociable pour eux de l'Ancien Régime. À l'universel, ils préfèrent l'**analyse de l'individu** ; aux règles, la **liberté de l'inspiration**. Ils s'éloignent de la littérature d'idées, pour exprimer davantage leurs **émotions** et laisser libre cours aux manifestations du moi.

1. La mise en cause de l'esthétique classique

a. Une révolution poétique

- Dès la fin du XVIIIe siècle, le **romantisme, mouvement européen**, s'installe en Angleterre et en Allemagne. Il se développe, en France, au début du siècle suivant. On considère généralement qu'il s'affirme en 1820, avec les *Méditations poétiques* de Lamartine (1790-1869). Il se présente comme une **révolution poétique**, qui prolonge les bouleversements politiques qui traversent l'histoire.

- Les poètes, en se libérant des contraintes du classicisme, redonnent ses lettres de noblesse au lyrisme. Parce qu'ils ont éprouvé les **limites du rationalisme**, ils **réhabilitent les passions** et analysent les sentiments personnels. La sensibilité et les émotions ne sont plus considérées, comme elles l'étaient à l'âge classique, comme contraires à la sagesse.

b. La recherche de l'originalité

- Pour les romantiques, **il ne s'agit plus d'imiter les grands auteurs de l'Antiquité**. Le **Moyen Âge**, qu'ils regardent en poètes plus qu'en historiens, devient une source importante d'inspiration. Elle leur offre des images pittoresques et des références populaires.

- Les poètes recherchent surtout l'originalité en s'appuyant sur l'**expression de leur moi**. Ils se perçoivent comme uniques, parfois incompris. Ils accordent de l'importance à l'**imagination**, aux **rêves** et à la **mélancolie**. Jacques Delille (1738-1813), précurseur du romantisme, fait dans le chant III de *L'Imagination* (1806) un éloge de la mélancolie : ce « penchant plus flatteur, plus doux que la folie ».

- Ils choisissent aussi le **renouvellement des formes**, ce qui leur vaut quelques succès de scandale ! Les lecteurs n'acceptent pas tous la **dislocation de l'alexandrin traditionnel**, qu'Hugo (1802-1885) qualifie de « grand niais ». La césure est moins marquée, ce qui donne naissance au trimètre, alexandrin organisé en trois fois quatre syllabes. Les rejets et contre-rejets mettent également à mal la régularité classique.

2. La poésie d'un monde qui change

a. Le « mal du siècle » romantique

- Pour les poètes romantiques, la liberté de l'écriture est indissociable de la **liberté politique**. L'**héritage de la Révolution**, qui proclame la République, avant de condamner à mort en 1794 le poète André Chénier (1762-1794), leur donne parfois confiance en l'avenir, parfois leur fait craindre la menace du chaos.
- Pour ces enfants de l'Empire de Napoléon Ier, le monde est plus complexe et incertain que pour leurs aînés. Quel sens a donc cette histoire qui semble avancer par violents soubresauts ? Les déceptions qu'ils éprouvent, leur sentiment de ne pas trouver leur place dans une société en évolution permanente leur inspirent ce que Musset appelle le « **mal du siècle** ».
- Les poètes romantiques se perçoivent comme déchirés. Nerval se décrit ainsi dans « El Desdichado » (*Les Chimères*, 1854), que l'on peut considérer comme son autoportrait poétique : « le Ténébreux, – le Veuf, – l'Inconsolé ».
- Les poètes romantiques voient toutefois la **souffrance** comme une **source d'inspiration essentielle**. Pour Musset, dans « La nuit de mai » (1835), « les plus désespérés sont les chants les plus beaux ».

b. Le sentiment de la nature

- Les poètes romantiques, qui ont le sentiment d'être incompris et seuls, trouvent souvent **refuge dans la nature**. Ils échappent ainsi aux artifices et se sentent plus en paix. Ils considèrent les forêts et les montagnes comme des espaces privilégiés pour la **méditation**. Ils font l'expérience d'une certaine **proximité avec le sacré**. Hugo, dans « Aux Arbres » (*Les Contemplations*, 1856), fait de sa communion avec la nature une condition de sa quête de Dieu.
- Les poètes parlent de la nature pour mettre en évidence la **correspondance entre des paysages mélancoliques ou tourmentés et leur paysage intérieur**. Pour Lamartine, par exemple, le lac est l'occasion d'une réflexion sur la fuite du temps et les amours perdues (*Méditations poétiques*, « Le Lac », 1820).

c. La mission du poète

- Pour les poètes romantiques, la poésie offre aux hommes la lumière : elle les guide vers la connaissance du monde et vers le sacré. **Les poètes seraient des intermédiaires entre Dieu et les hommes.** Dans « Fonction du poète » (*Les Rayons et les Ombres*, 1840), Hugo définit la poésie comme « l'étoile / Qui mène à Dieu rois et pasteurs ».
- **Certains romantiques, révoltés et épris de liberté, s'engagent**. Hugo, par exemple, écrit de nombreux vers contre Napoléon III, qu'il baptise « Napoléon le Petit ». Dans *Les Châtiments* (1853), il fait de lui une satire féroce. Dans *La Légende des Siècles* (1859-1883), il a même pour ambition de retracer l'histoire de l'humanité. La poésie, portée par un souffle épique, affirme la **confiance du poète en l'Homme**.

Hugo, *Les Contemplations*
Un recueil poétique majeur du romantisme

En 1856, Hugo fait paraître un recueil de poèmes inspirés par une tragédie personnelle : la mort de sa fille Léopoldine en 1843, à l'âge de dix-neuf ans. Dès la préface, il signale la dimension autobiographique de son œuvre : il affirme en effet écrire « les Mémoires d'une âme ».

Les deux grandes parties du recueil, intitulées « Autrefois » et « Aujourd'hui », font de la mort de Léopoldine l'événement structurant de sa vie et de sa poésie. Dans *Les Contemplations*, Hugo développe un lyrisme du souvenir et du deuil. Il évoque aussi le bonheur, l'amour et la religion, qui le console de ses souffrances. Ce poète, capable de dénoncer les injustices et d'éclairer ses contemporains, entend user d'un langage libéré des contraintes classiques. C'est pourquoi il proclame avoir « mis un bonnet rouge au vieux dictionnaire » (*Les Contemplations*, vol. I, « Aurore »).

Son œuvre est une réflexion à la fois personnelle et universelle sur la condition humaine et les pouvoirs du verbe poétique.

IV. Le Parnasse et le symbolisme

Dans la deuxième moitié du XIXe siècle, le romantisme n'est plus le mouvement dominant. Le **mouvement du Parnasse** (du nom de la montagne des Muses, dans la mythologie grecque) renonce à l'expression libre des émotions. Il s'inscrit dans le prolongement de la théorie de « **l'Art pour l'Art** », définie par Théophile Gautier. Il invite à privilégier l'impersonnalité et le travail sur la forme. Le **symbolisme**, représenté par des poètes majeurs tels que Verlaine, Rimbaud, Mallarmé, repose sur le pouvoir de suggestion des images, qui permettent d'accéder à une réalité éloignée des simples apparences.

1. « L'Art pour l'Art »

a. La critique du romantisme

- Si les romantiques assignaient aux poètes une mission auprès des hommes, les Parnassiens choisissent plutôt de **refuser l'engagement**. Pour eux, les poètes ne sont pas censés intervenir dans la vie politique de leur époque. La poésie perd une partie de sa noblesse, si on considère qu'elle doit servir à quelque chose. **Théophile Gautier** (1811-1872) affirme même qu'il n'y a « de vraiment beau que ce qui ne peut servir à rien » (préface de *Mademoiselle de Maupin*, 1835).
- Les Parnassiens mettent à distance le présent et la réalité. Ils vont plutôt chercher leur inspiration dans **de lointains ailleurs**. **Leconte de Lisle** (1818-1894), par exemple, s'appuie sur ses origines réunionnaises pour donner un cadre exotique à certains de ses poèmes. « Le rêve du jaguar », extrait des *Poèmes barbares* (1862), se déroule « sous les noirs acajous ». Dans les *Poèmes antiques* (1852), le dépaysement est lié à l'évocation de civilisations du passé.
- Les poètes parnassiens refusent aussi les épanchements lyriques des romantiques, qu'ils considèrent comme impudiques. Leur esthétique s'appuie plutôt sur l'**indifférence** et l'**impersonnalité**. La poésie, pour Leconte de Lisle, ne se confond pas avec une vulgaire mise en scène de soi.

b. La quête du Beau

- Les poètes du Parnasse sont animés par **le culte du Beau**, la recherche de la beauté pure. Ils donnent à l'art une dimension presque religieuse. Ils valorisent l'intemporalité.

> « Tout passe. – L'art robuste
> Seul a l'éternité. »
>
> ▪ Théophile Gautier, *Émaux et Camées* (1852).

- Cet idéal suppose un **travail rigoureux sur la forme**. Les Parnassiens conçoivent presque l'écriture comme un **artisanat**. Ils se présentent comme des sculpteurs, des ciseleurs. Ils choisissent souvent la forme contraignante du sonnet. *Les Trophées*, de Jose-Maria de Heredia (1893), est un recueil composé pour l'essentiel de sonnets.

c. Baudelaire : du Parnasse au symbolisme ?

- **Baudelaire** (1821-1867) est certes un héritier du romantisme. À sa mélancolie, il donne le nom de « **spleen** ». Mais il est aussi un **héritier du Parnasse** : il a le souci de travailler sur la forme ; il a conscience des pouvoirs du verbe poétique, qui doit proposer au lecteur une autre vision du monde, loin des représentations traditionnelles. Il dédie d'ailleurs *Les Fleurs du mal* (1857), son recueil de poèmes, à Théophile Gautier.

- Baudelaire définit surtout une esthétique nouvelle, qui s'appuie sur les **correspondances**. Il fait ainsi surgir des rapprochements inattendus entre les différentes sensations et s'efforce de révéler une réalité cachée, idéale, à laquelle les lecteurs n'auraient pas accès. Il est considéré comme l'un des **précurseurs du symbolisme**.

2. La poésie des symboles

a. Des apparences aux mystères du monde

- Les **symbolistes**, qui refusent toute forme de réalisme et de matérialisme, ont pour ambition de révéler aux lecteurs une **réalité cachée**. Ils mettent en évidence les mystères du monde. Pour Jean Moréas (1856-1910), auteur du *Manifeste du symbolisme* (1886), « la poésie symbolique cherche à vêtir l'Idée d'une forme sensible ».

- Les **correspondances** permettent de créer des rapprochements entre la réalité sensible et le monde immatériel (correspondances verticales). Elles montrent également que les sensations sont en lien les unes avec les autres (correspondances horizontales). C'est **Baudelaire** qui les définit, dans son poème « Correspondances », extrait des *Fleurs du Mal* (1857) : « Les parfums, les couleurs et les sons se répondent. » **Rimbaud**, dans son sonnet « Voyelles » (*Une Saison en enfer*, 1873) attribue une couleur aux voyelles : il s'agit pour lui de se « faire voyant », de rompre avec la réalité immédiate.

- Les poètes ne décrivent donc pas le monde tel qu'il est. Ils suggèrent aux lecteurs des images. Leurs œuvres sont marquées par des nombreuses **comparaisons, métaphores et allégories**. Pour **Mallarmé** (1842-1898), il n'importe pas de nommer un objet :

> « Nommer un objet, c'est supprimer les trois-quarts de la jouissance du poème qui est faite du bonheur de deviner peu à peu ; le suggérer, voilà le rêve ».
>
> ▪ Mallarmé, *Sur l'évolution littéraire : réponse à l'enquête de Jules Huret* (1891).

Baudelaire et la modernité

Baudelaire occupe une place à part dans l'histoire de la poésie. Le jeune homme, mélancolique et passionné, révolté contre un beau-père qu'il déteste, est sans doute romantique de tempérament. L'expérience du voyage, qui lui fait rencontrer la sensuelle Jeanne Duval, dont il chante la beauté dans de nombreux poèmes des *Fleurs du mal*, contribue à l'éloigner des préoccupations du quotidien et à nourrir sa quête de l'Idéal.

Mais il entend maîtriser l'expression des sentiments personnels et renouveler le lyrisme. Il est l'un des premiers poètes de la modernité. Dans son œuvre critique, qui est l'occasion pour lui de préciser sa vision de la poésie, il définit ainsi la « modernité » : « C'est le fugitif, le transitoire, le contingent, la moitié de l'art, dont l'autre moitié est l'éternel et l'immuable. » (*Le Peintre de la vie moderne*, 1885)

Rimbaud (1854-1891), ainsi que les surréalistes, qui reconnaissent la place décisive qu'il laisse à l'imaginaire, sauront s'approprier son héritage pour ouvrir d'autres voies à la poésie.

DOC. 2 Gustave Courbet (1819-1877), *Portrait de Baudelaire* (1848).

b. Le renouvellement des formes

- Les symbolistes renouvèlent considérablement la poésie : ils utilisent le **vers impair** et le **vers libre** ; ils donnent ses lettres de noblesse au **poème en prose**. **Verlaine** (1844-1896), par exemple, écrit son « Art poétique » en heptasyllabes, vers impairs :

> « Plus vague et plus soluble dans l'air,
> Sans rien en lui qui pèse ou qui pose. »
> ■ Verlaine, *Jadis et naguère* (1884), « Art poétique ».

- Avec ses *Illuminations* (1886), Rimbaud exalte le pouvoir poétique de la prose.
- La **syntaxe complexe** des symbolistes est très éloignée du langage ordinaire. Ils recherchent aussi des **mots rares**. Leurs œuvres ne sont, de ce fait, pas toujours faciles à comprendre. Le risque qu'ils courent est celui de l'**hermétisme**. Mais cette exigence intellectuelle et esthétique a pour ambition d'élever le lecteur, de lui offrir « toute l'âme résumée » (Mallarmé, « Hommage », *Poésies*, 1870-1898).

V. La révolution surréaliste

La poésie du XXe siècle est caractérisée par une grande diversité des formes. Les poètes vont aussi chercher leur inspiration dans tous les domaines : ils n'excluent aucun sujet *a priori* du champ poétique. Ils s'intéressent au monde dans sa complexité, sans se détourner ni du quotidien, ni même de la laideur. Le surréalisme, mouvement majeur de la modernité, propose une vraie révolution : il réinvente l'écriture poétique, en la libérant de toutes les contraintes de la tradition.

1. Le surréalisme ou la modernité poétique

a. Des précurseurs

- Le surréalisme est né du **mouvement Dada**, qui apparaît à Zürich en 1916, puis à Paris en 1919. Ce mouvement, dont **Tristan Tzara** (1896-1963) est le père, est une réaction au désastre de la Première Guerre mondiale. Les jeunes artistes dadaïstes veulent rompre avec les valeurs esthétiques et morales d'un monde qui a connu l'horreur. Ils font le choix de l'anticonformisme et défendent la liberté absolue du créateur.
- **Apollinaire** (1880-1918) est l'un des précurseurs majeurs du surréalisme. C'est d'ailleurs dans l'une de ses œuvres que l'on trouve le nom du mouvement : *Les Mamelles de Tirésias* (1917) est sous-titrée « drame surréaliste ». Par ailleurs, dans ***Alcools*** (1913), il fait le choix de supprimer la ponctuation, comme vont le faire les surréalistes, dans les années suivantes.

b. Une révolution poétique

- Le mouvement hérite des **théories de Freud, père de la psychanalyse**. Pour les surréalistes, l'écriture doit faire surgir l'**inconscient** et laisser toute sa place au **rêve**. Les poètes s'attachent donc à restituer leurs visions. **Robert Desnos** (1900-1945), par exemple, dans *Rrose Sélavy* (1922-1923), livre un recueil d'aphorismes, écrits en état de sommeil hypnotique.
- **André Breton** (1896-1966), **chef de file du groupe**, est appelé « le Pape du surréalisme ». En 1924, il publie un *Manifeste du Surréalisme*. Voici comment il définit son mouvement : « dictée de la pensée, en l'absence de tout contrôle exercé par la raison, en dehors de toute préoccupation esthétique ou morale ».

L'**écriture automatique** est censée répondre à cette ambition : elle permet aux poètes de laisser parler leur inconscient, très vite, en bannissant toute forme de censure.

Les poètes surréalistes entendent ainsi **renouveler les formes.** Ils recherchent les **images inattendues** et les **jeux d'écriture**, comme le « **cadavre exquis** », jeu collectif qui donne lieu à des phrases insolites, fruits du seul hasard. Ils ne dédaignent pas non plus l'humour ! **Louis Aragon** (1897-1982) joue ainsi avec les métaphores et les sons :

« Semeur
La poudre aux yeux n'est que le sable du sommeil
Le sabre du soleil comme c'est déjà vieux. »

■ Louis Aragon, *Le Mouvement perpétuel* (1926), « Poésie ».

c. Une révolution politique et morale

Les surréalistes défendent non seulement la liberté d'écrire, mais aussi la liberté de désirer, sans se préoccuper des valeurs morales traditionnelles. La **femme** et l'**amour fou** sont au cœur de leurs œuvres. **Paul Éluard** (1895-1952), dans *Capitale de la douleur* (1926), rend hommage à Gala, sa muse. Son blason[7] « La courbe de tes yeux » est l'occasion de faire l'éloge de la beauté féminine.

Pour les surréalistes, la **liberté** doit également être **politique**. Les poètes ont été marqués par les théories de Marx, prônant la lutte contre le capitalisme. C'est pourquoi certains d'entre eux adhèrent au **Parti communiste**. Pendant la Seconde Guerre mondiale, ils s'engagent dans la **Résistance**. Dans *Le Musée Grévin* (1942), Aragon décrit ce « pays dévasté par la peste » qu'est devenue la France occupée.

Apollinaire ou la fin du « monde ancien »

Alcools, publié en 1913, est un recueil majeur de la modernité poétique. Le titre choisi par Apollinaire renvoie au « Bateau ivre » de Rimbaud. Pour lui aussi, la poésie a le charme et la puissance de l'ivresse.

Apollinaire hérite de la tradition du lyrisme : dans « Le Pont Mirabeau », par exemple, l'un de ses poèmes les plus célèbres, il évoque, non sans nostalgie, la fuite du temps, qui est un lieu commun (un thème fréquemment abordé par les poètes). Mais il regarde également vers le présent et l'avenir. « Zone », poème qu'il place en ouverture de son recueil, peut même être considéré comme un manifeste pour la modernité poétique. Il y fait l'éloge de la Tour Eiffel et le premier vers résonne comme une provocation contre la tradition : « À la fin tu es las de ce monde ancien. »

Dans ses *Calligrammes* (1918), il continue à montrer son originalité et son goût pour le nouveau. Le recueil, par la disposition typographique du texte, jette un pont entre la poésie et le dessin ou la peinture. Le sous-titre de l'œuvre, « Poèmes de la paix et de la guerre », témoigne des préoccupations du poète, qui s'est engagé en 1914. Blessé en 1917, il est réformé. C'est la grippe espagnole qui l'emporte en 1918.

7 Blason : poème dans lequel on fait l'éloge d'une partie du corps féminin, ici les yeux de la femme aimée.

2. Des expériences poétiques contemporaines

a. Une poésie de la modernité et du quotidien

- Pour les poètes du XXe siècle, **la poésie s'inspire de la modernité** : elle parle des villes, de voyages, de publicité. **Blaise Cendrars** (1887-1961), par exemple, dans *Du monde entier* (1912), s'appuie sur ses aventures personnelles pour évoquer New York, ville symbole de modernité. Il va aussi parler de la publicité comme de la « fleur de la vie contemporaine » (*Aujourd'hui*, 1927). La poésie n'est plus réservée à une élite, et les poètes dressent des ponts entre les différentes formes de langages.

- Les **objets** et le **quotidien** entrent aussi en poésie. **Francis Ponge** (1899-1988) s'intéresse aux « choses ». Dans *Le Parti pris des choses* (1942), recueil de poèmes en prose, il met en évidence la poésie du cageot, du galet, du pain, de l'huître. Les images font de chacun d'entre eux des petits mondes dont le lecteur est invité à découvrir l'originalité.

- **Yves Bonnefoy** (né en 1923), qui a d'abord été inspiré par le surréalisme, accorde une grande importance aux **images**. Dans *Du Mouvement de l'immobilité de Douve* (1953), il présente au lecteur Douve, une créature mystérieuse, peut-être morte, à laquelle seul le langage, dans son pouvoir de création, donne une présence. La **conscience de la mort**, préoccupation récurrente dans la réflexion de Bonnefoy, serait une condition de la vraie vie.

b. Une poésie humaniste

- Le désastre de la Seconde Guerre mondiale conduit les poètes à s'interroger sur ce qu'est **l'homme** et sur **sa place dans le monde**. Après avoir été influencé par le surréalisme, **René Char** (1907-1998), qui recherche la solitude après la guerre et son engagement dans la résistance, trace son propre chemin poétique. *Fureur et Mystère* (1948) est le témoin de sa recherche d'une voie originale et libre.

- Bien d'autres poètes sont marqués par les **soubresauts de l'histoire du XXe siècle**. **Eugène Guillevic** (1907-1997) exprime sa révolte à l'égard de la barbarie qui a déchiré l'Europe dans *Exécutoire* (1947). Pour **Alain Bosquet** (1909-1998), qui a combattu les nazis en débarquant aux côtés des Américains, le renouveau et la paix passent en partie par le choix de formes classiques ; il se montre très respectueux de l'alexandrin traditionnel.

- Les poètes s'interrogent aussi sur les pouvoirs de la parole. **Philippe Jaccottet** (né en 1925), qui est poète et traducteur, tente sans cesse de rechercher la **parole juste**, susceptible de traduire le plus fidèlement possible l'émotion. Cette **quête de la transparence entre le monde et le verbe poétique** est forcément exigeante et se heurte parfois à des impasses. Dans *Chants d'en bas* (1974), par exemple, Philippe Jaccottet en éprouve les limites. Sa poésie est menacée par le silence et le deuil.

Le surréalisme et la photographie

Histoire des arts

Le surréalisme a eu de nombreux représentants en peinture et en photographie. Man Ray (1890-1976) est l'un de ceux qui ont contribué à donner à la photographie ses lettres de noblesse artistique. Dans son *Autoportrait* (1963), il affirme : « Je photographiais comme je peignais, transformant le sujet comme le ferait un peintre. »

Avec *Noire et Blanche* (1928), Man Ray confronte une icône de la beauté occidentale avec un masque, symbole de la culture africaine. La femme est Kiki de Montparnasse, reine des nuits parisiennes de l'entre-deux guerres, l'une des modèles et des compagnes de Man Ray. Elle est photographiée les yeux fermés. On peut penser qu'elle rêve, le rêve étant l'un des thèmes privilégiés par les surréalistes. Le masque, qui évoque la magie ou la spiritualité, nous montre que le sommeil l'a peut-être transportée dans une autre réalité. Cet objet introduit l'imaginaire, le surréel dans l'image.

La photographie est structurée par un certain nombre de contrastes. Le titre, qui forme une antithèse, souligne l'opposition entre la blancheur du visage de la jeune femme et la couleur noire du masque. Il renvoie aussi au noir et blanc du cliché. On peut relever un autre contraste : celui qui est créé entre la ligne horizontale du visage et la verticalité du masque.

Les oppositions n'excluent pas cependant une certaine unité, ou des effets d'échos. La chevelure très brune de la femme rappelle la couleur du masque ; la lumière qui éclaire le masque rappelle la blancheur de la femme. Les deux visages sont également très figés, sculpturaux. La photographie, comme un message d'ouverture et de tolérance, fait le lien entre la beauté occidentale, classique, et la beauté africaine. Man Ray le surréaliste invite les Européens à remettre en question ce qu'ils croient être leur supériorité artistique et culturelle.

DOC. 3 **Man Ray (1890-1976), *Noire et Blanche* (1926).**

1 Question sur un corpus – La mélancolie

Pour les poètes, la mélancolie est-elle seulement une souffrance ? En vous appuyant sur une analyse précise des textes du corpus, vous montrerez que la mélancolie peut aussi être féconde.

> Voir la méthode du traitement d'une question sur corpus (Annexes, p. 470).
> Voir le sujet 1 p. 232.

TEXTE A **Joachim du Bellay** (1522-1560), *Les Regrets* (1558), « Las, où est maintenant ce mépris de Fortune ? » p. 229

TEXTE B **Théophile de Viau** (1590-1626), *Œuvres poétiques* (1621), « D'un sommeil plus tranquille à mes Amours rêvant » p. 230

TEXTE C **Alfred de Musset** (1810-1857), *Poésies nouvelles* (1850), « Tristesse » p. 230

TEXTE D **Charles Baudelaire** (1821-1867), *Les Fleurs du mal* (1857), « Spleen » p. 231

Analyser le sujet au brouillon

> Cerner le sujet

- Le terme essentiel ici est *mélancolie*. La mélancolie est un sentiment de tristesse, qui n'a pas toujours de cause précise. Elle est souvent liée au génie, depuis l'Antiquité. Le lyrisme permet au poète de l'exprimer et de la sublimer.
- Le sujet invite à s'interroger sur l'ambiguïté du rapport des poètes à la mélancolie : elle n'est pas qu'une souffrance, elle est aussi un motif important d'inspiration. Elle peut même être, paradoxalement, un plaisir.

> Analyser le corpus de textes

- La mélancolie est un thème omniprésent dans *Les Regrets* de Du Bellay, recueil dominé par le registre élégiaque. Alors qu'il admire la culture antique, Du Bellay est déçu par son voyage à Rome et craint d'y avoir perdu à la fois l'inspiration et la liberté.
- Au XVIIe siècle, Théophile de Viau, souvent rapproché de l'esthétique baroque, évoque sa souffrance amoureuse, qui n'est pas sans charmes, pour lui.
- Le XIXe siècle est bien celui où la mélancolie s'exprime le plus nettement : le romantisme y fait la part belle, ce dont Alfred de Musset, avec « Tristesse », nous offre l'exemple.
- Pour Baudelaire, cette mélancolie prend le nom de « spleen ». Elle est liée à l'ennui, à la souffrance, à la crainte de la mort et de l'impuissance poétique.

Structurer la réponse

> Construire le plan de la réponse

- La formulation du sujet en deux temps (la mélancolie est une souffrance qui est aussi féconde) invite à adopter un plan en deux grandes parties : I. La souffrance du poète mélancolique ; II. Une mélancolie féconde.

- Pour chaque partie, proposer au moins deux sous-parties pour enrichir l'argumentation en s'appuyant sur la diversité du corpus. Dans la première, on peut distinguer plusieurs causes de souffrances : la crainte de la perte d'inspiration (Du Bellay), la souffrance amoureuse (Théophile de Viau), un sentiment diffus et presque métaphysique d'ennui (Baudelaire).

> Élaborer un plan détaillé

I. La souffrance du poète mélancolique

1. La crainte de la perte d'inspiration

– Mélancolie : des causes parfois clairement identifiées.
– Ex : Du Bellay a peur de ne plus pouvoir écrire.

2. La souffrance amoureuse

– Amour = souffrance, voire folie.
– Pour Théophile de Viau, c'est presque une folie. Ex : le terme de « flamme » dans le dernier vers du sonnet (la chute).

3. Un sentiment vague d'ennui et de désenchantement

– Au XIXe siècle (prolongement : le « spleen » de Baudelaire), les poètes ressentent la difficulté à être au monde ; ils sont prisonniers d'un quotidien oppressant et médiocre.
– Baudelaire : victoire du spleen, qui a imposé le « drapeau noir » de la mort dans son âme.

II. Une mélancolie féconde

1. Un plaisir paradoxal

– Théophile de Viau : la mélancolie a des « appas ». Elle est constitutive de son existence et de son identité.

2. Un motif majeur d'inspiration poétique

– Crainte de la perte d'inspiration = thème intemporel du lyrisme poétique, présent dans le sonnet de Du Bellay.
– Musset et Baudelaire : la poésie permet de sublimer les larmes, la seule richesse que le désespoir leur a laissée.

Rédiger la réponse

> Rédiger le développement

Les citations doivent venir illustrer chacun de vos paragraphes. Voici un exemple de paragraphe rédigé pour la partie I, 1 intégrant des citations du poème de du Bellay :

La mélancolie de Du Bellay trouve son origine dans la crainte de la perte d'inspiration. Les « Muses » se sont « enfuies » : elles lui sont devenues étrangères, car lui-même est un étranger à Rome, victime de l'exil. L'anaphore de « Où est » insiste sur cette conscience douloureuse de la perte : le poète ne bénéficie plus à Rome de la liberté qui était la sienne en France, et qu'il considère comme essentielle à l'écriture. Le sonnet se structure d'ailleurs sur une opposition entre le passé et le présent, introduit à deux reprises par l'adverbe « maintenant ». Son présent est dominé seulement par la souffrance, comme le montre l'hyperbole « mille maux et regrets ».

> Rédiger une brève conclusion

La mélancolie est un lieu commun poétique : des « regrets » de Du Bellay au « spleen » baudelairien, en passant par le « mal du siècle » romantique. Le poète, épris d'idéal, est toujours insatisfait par sa condition d'homme, prisonnier d'un quotidien médiocre et ennuyeux. De son désenchantement, il fait toutefois un élément essentiel d'inspiration. Grâce au verbe poétique, il sublime sa souffrance et lui donne une dimension universelle.

2 Commentaire littéraire – Baudelaire, *Les Fleurs du mal*

Vous commenterez le texte de Baudelaire : « Spleen » (*Les Fleurs du mal*, 1857).

> Voir la méthode du traitement du commentaire littéraire (Annexes, p. 471).
> Voir les sujets 2 p. 232, 3 p. 233 et 2 p. 258.

Prendre connaissance du texte

> Faire les premiers repérages

- Le paratexte permet de situer Baudelaire au XIXe siècle et de le présenter comme un héritier à la fois du romantisme et du Parnasse. On sait que le thème de la mélancolie est un lieu commun du romantisme. Baudelaire donne à ce sentiment le nom de « spleen ». On rappellera aussi que le poème appartient au recueil intitulé *Les Fleurs du mal* (1857), recueil traversé par une tension constante entre le « spleen » et l'aspiration à l'idéal.
- Si l'on s'appuie sur les premières impressions de lecture, on voit qu'il s'agira d'expliquer comment (par quels procédés littéraires) Baudelaire a réussi à inspirer un profond sentiment de mélancolie à son lecteur.

> Établir la fiche d'identité du texte

- Dans un poème, les remarques de versification sont nécessaires. Par exemple, dans le premier quatrain, la rime, qui fait entendre la voyelle [i], traduit le cri de révolte du poète. Plus généralement, on remarque que le texte est constitué de cinq quatrains en alexandrins (dont le dernier est isolé par le tiret, marque typographique qui invite à faire une pause), organisés selon un système de rimes croisées.
- L'analyse du registre dominant dans le texte est aussi un élément essentiel. Le poète, ici, évoque ses sentiments personnels : on relève la présence de la première personne (du singulier et du pluriel). Le lyrisme semble donc dominer (même si on peut aussi relever, en particulier dans la dernière strophe, la présence du registre tragique). On pourra s'interroger sur l'originalité du lyrisme tel que Baudelaire le développe dans ce poème. De quelle souffrance nous parle-t-il vraiment ? Est-il seulement question de ses sentiments personnels ?
- Le thème principal du poème est la souffrance (physique et morale), l'emprisonnement. En s'intéressant à la composition du poème, on peut montrer que la mélancolie progresse et finit par gagner. On relève, dans les derniers vers, de nombreuses images liées à la mort (« et de longs longs corbillards », « Sur mon crâne incliné »...).

- On sera attentif, entre autres, aux champs lexicaux et aux images (comparaisons, et en particulier la première d'entre elles : « comme un couvercle » ; métaphores, et en particulier celle du « drapeau noir », qui clôt le poème).

Analyser le texte au brouillon

> Entrer dans les détails en croisant deux méthodes

- L'analyse linéaire permet d'identifier la structure du poème et la progression dans l'expression du spleen, jusqu'à la chute (dernier vers), particulièrement frappante.
- La lecture transversale permet d'identifier ce qu'est le spleen et les éléments récurrents qui le caractérisent. Elle facilite le relevé des champs lexicaux et des grands thèmes (souffrance, mort...).

Structurer le commentaire

> Établir un projet de lecture

- Il s'agit de montrer que Baudelaire a voulu faire partager au lecteur la souffrance liée au spleen, qui finit par triompher en lui.
- Pour analyser le poème, on peut d'abord montrer que Baudelaire met en évidence la souffrance liée pour lui au spleen (I), avant d'insister sur le caractère vain de toute résistance (II). On terminera le commentaire en évoquant la dimension universelle qu'il donne à cette expérience de défaite de l'espoir (III).

> Élaborer un plan détaillé

I. La souffrance du poète confronté au spleen

1. La correspondance entre le monde extérieur et le monde intérieur

Le spleen de Baudelaire trouve une partie de ses causes dans un environnement inquiétant et sombre. Il pleut. L'élément liquide, omniprésent, est indissociable du sentiment mélancolique.

2. Des sensations douloureuses

Le poète ressent une vraie souffrance physique. La douleur, pour lui, est aussi celle qu'il ressent à la tête, qu'il se « cogne » pour échapper à sa prison.

3. Une souffrance morale intense

– Le terme « ennui » (sens fort de « tourment »), exprime la souffrance que le poète éprouve. Il n'a plus d'espoir, plus d'« horizon ». Il se sent enfermé, prisonnier d'un quotidien dont il ne parvient pas à se libérer.
– Le poète lutte contre le spleen, qui finit par triompher.

II. L'inévitable triomphe du désespoir

1. Une vaine tentative de résistance

– « L'Espérance » a tenté de résister. Mais le combat était disproportionné, l'Angoisse ne laisse aucune place à la liberté individuelle. La victime peut se battre, mais elle ne peut pas gagner.
– Le poète se présente ainsi comme un héros tragique, face à la fatalité du désespoir.

2. De la souffrance vers l'Enfer

– Composition du poème = importante progression dans l'expression de la souffrance.
– Le lecteur voit petit à petit le poème se peupler de créatures inquiétantes, presque infernales.

3. La victoire du spleen

– Le spleen est finalement vainqueur. Sa victoire = celle de la mort (nombreuses images). Le « drapeau noir » = symbole de l'aliénation du poète, qui n'est plus le maître en lui-même. L'Angoisse, comme un pirate, s'est installée chez lui.
– Il doit aussi affronter le vide du ciel (seulement comparé à un « couvercle », objet du quotidien). Dans ce ciel, aucun dieu ne peut lui venir en aide.
– Le poète nous parle de sa propre souffrance, à laquelle il donne toutefois une dimension universelle.

III. Une souffrance universelle et intemporelle

1. Du *je* au *nous*

– Poème dominé par le registre lyrique. Baudelaire fait certainement à plusieurs reprises son autoportrait, mais il ne parle pas que de lui.
– Il s'adresse au lecteur, en utilisant la 1re personne du pluriel. Pour lui, chacun est concerné par ces questions existentielles majeures : la difficulté à penser l'avenir, la peur de la mort. Tout homme = un prisonnier, qui a parfois seulement l'illusion de sa liberté.

2. Une malédiction éternelle

– L'humanité, maudite, ne peut donc trouver aucun salut. La mort n'en est même pas un, car elle laisse les individus à l'état de fantômes « sans patrie » : aucun dieu ne vient à leur secours pour leur ouvrir les portes du ciel.
– Le poème est écrit au présent (qui peut être interprété comme un présent d'habitude). Pour Baudelaire, la souffrance est récurrente et durable. La seule éternité que l'homme semble pouvoir espérer est celle du spleen.

Rédiger le commentaire

> Rédiger l'introduction

Présenter le texte, puis annoncer la problématique et le plan : comment Baudelaire met-il en évidence la souffrance que le spleen lui inspire et sa victoire progressive en lui ? On analysera d'abord ce qu'il dit de sa souffrance physique et morale. Ensuite, il s'agira de montrer que le poème fait de lui un condamné au désespoir. On verra enfin que cette malédiction, loin d'être seulement personnelle, est pour lui universelle et intemporelle.

> Rédiger le développement

Il importe, dans chaque paragraphe, de proposer au moins un exemple et de l'analyser. Pour analyser un exemple : identifier un procédé littéraire (ex : une figure de style, une ponctuation particulière, le choix d'un temps ou d'un mode verbal…) et s'interroger sur l'effet de sens de ce procédé (ex : un rapprochement inattendu, un effet d'insistance, une exagération, une répétition…).

Un exemple d'analyse :

Identification du procédé	Interprétation
Comparaison du ciel avec un « couvercle » (comparaison introduite par « comme »)	Mise en évidence du sentiment d'oppression qui accable le poète. Allusion à la mort ? (voir le « couvercle » du tombeau)

> Rédiger une brève conclusion

Dans ce poème, Baudelaire ne laisse aucune place à l'idéal. Le spleen l'assaille et finit par triompher. La défaite du poète semble totale. La souffrance va toutefois être pour Baudelaire un motif essentiel d'inspiration poétique. Il rédige quatre poèmes exclusivement sur le spleen, dans *Les Fleurs du mal*. À l'éternité de souffrance à laquelle il tente d'échapper, ainsi qu'à l'éternité promise par une foi probablement illusoire pour lui, il substitue l'éternité du verbe poétique.

CORPUS

TEXTE A Joachim du Bellay (1522-1560), *Les Regrets* (1558), sonnet 6

Les Regrets sont un recueil de sonnets qui témoignent du séjour de Du Bellay à Rome. Le poète humaniste n'y retrouve pas la ville idéale, héritière de la grandeur antique, qu'il s'était imaginée. Dans ce poème élégiaque, il exprime sa crainte de perdre l'inspiration.

Las[8], où est maintenant ce mépris de Fortune[9] ?
Où est ce cœur vainqueur de toute adversité,
Cet honnête désir de l'immortalité,
Et cette honnête flamme au peuple non commune ?

Où sont ces doux plaisirs, qu'au soir sous la nuit brune
Les Muses me donnaient, alors qu'en liberté
Dessus le vert tapis d'un rivage écarté
Je les menais danser aux rayons de la Lune ?

Maintenant la Fortune est maîtresse de moi,
Et mon cœur qui soulait[10] être maître de soi
Est serf de mille maux et regrets qui m'ennuient[11].

De la postérité je n'ai plus de souci,
Cette divine ardeur, je ne l'ai plus aussi,
Et les Muses de moi, comme étranges[12], s'enfuient.

8 Las : hélas.
9 Fortune : destin.
10 Soulait : avait l'habitude de.
11 M'ennuient : me tourmentent.
12 Étranges : étrangères.

TEXTE B **Théophile de Viau (1590-1626), *Œuvres poétiques* (1621), sonnet VIII**

Théophile de Viau est un poète libertin, réputé pour sa pensée audacieuse sur les mœurs et sur la religion. Il écrit également de nombreux poèmes d'amour.

D'un sommeil plus tranquille à mes amours rêvant
J'éveille avant le jour mes yeux et ma pensée,
Et cette longue nuit si durement passée,
Je me trouve étonné de quoi je suis vivant.

Demi désespéré je jure en me levant
D'arracher cet objet à mon âme insensée,
Et soudain de ses vœux ma raison offensée
Se dédit et me laisse aussi fol que devant.

Je sais bien que la mort suit de près ma folie,
Mais je vois tant d'appas en ma mélancolie,
Que mon esprit ne peut souffrir sa guérison.

Chacun à son plaisir doit gouverner son âme,
Mithridate[13] autrefois a vécu de poison,
Les Lestrygons[14] de sang, et moi je vis de flamme.

TEXTE C **Alfred de Musset (1810-1857), *Poésies nouvelles* (1850), « Tristesse »**

Dans son poème, Musset traduit le « mal du siècle » propre aux écrivains romantiques. Il affirme avoir perdu toute raison de vivre et succombé au désenchantement.

J'ai perdu ma force et ma vie,
Et mes amis et ma gaieté ;
J'ai perdu jusqu'à la fierté
Qui faisait croire à mon génie.

Quand j'ai connu la Vérité,
J'ai cru que c'était une amie ;
Quand je l'ai comprise et sentie,
J'en étais déjà dégoûté.

Et pourtant elle est éternelle,
Et ceux qui se sont passés d'elle
Ici-bas ont tout ignoré.

Dieu parle, il faut qu'on lui réponde.
Le seul bien qui me reste au monde
Est d'avoir quelquefois pleuré.

---

13 Mithridate est un roi qui se serait habitué à absorber régulièrement de petites quantités de poison, afin de s'immuniser.

14 Lestrygons : peuple cannibale, dans la mythologie grecque.

TEXTE D Charles Baudelaire (1821-1867), *Les Fleurs du mal* (1857), « Spleen »

Dans *Les Fleurs du mal*, Baudelaire se présente comme déchiré entre le spleen, nom qu'il donne à la mélancolie, et l'idéal. Quatre poèmes de son recueil reçoivent le titre de « Spleen ». Dans le texte suivant, la crise mélancolique semble être à son paroxysme.

Quand le ciel bas et lourd pèse comme un couvercle
Sur l'esprit gémissant en proie aux longs ennuis,
Et que de l'horizon embrassant tout le cercle
Il nous verse un jour noir plus triste que les nuits ;

Quand la terre est changée en un cachot humide,
Où l'Espérance, comme une chauve-souris,
S'en va battant les murs de son aile timide
Et se cognant la tête à des plafonds pourris ;

Quand la pluie étalant ses immenses traînées
D'une vaste prison imite les barreaux,
Et qu'un peuple muet d'infâmes araignées
Vient tendre ses filets au fond de nos cerveaux,

Des cloches tout à coup sautent avec furie
Et lancent vers le ciel un affreux hurlement,
Ainsi que des esprits errants et sans patrie
Qui se mettent à geindre opiniâtrement[15].

– Et de longs corbillards, sans tambours ni musique,
Défilent lentement dans mon âme ; l'Espoir,
Vaincu, pleure, et l'Angoisse atroce, despotique,
Sur mon crâne incliné plante son drapeau noir.

15 Opiniâtrement : avec obstination.

SUJETS DE TYPE BAC

1 Question sur un corpus – La forme du sonnet

60 min.

Vous vous demanderez dans quelle mesure les poètes, dans ce corpus, respectent la forme traditionnelle du sonnet.

Le sonnet, forme très rigoureuse, est aussi l'une des plus fécondes de l'histoire de la poésie. En voici quatre exemples très différents, choisis pour faire sentir une évolution de plus de quatre siècles ! Mais attention, pour mieux sentir les libertés formelles – jusqu'à la parodie – prises par les poètes, vous devez d'abord bien connaître les règles d'écriture du sonnet traditionnel.

> Voir la méthode du traitement d'une question sur corpus (Annexes, p. 470).
> Voir les Méthodes et stratégies 1, chapitre 7.

2 Commentaire littéraire – Louise Labé, « Je vis, je meurs… »

180 min.

Vous commenterez le texte de Louise Labé : « Je vis, je meurs… » (sonnet VIII).

Une fois surmontées les éventuelles difficultés de vocabulaire, vous serez probablement frappé(e) par le jeu d'antithèses qui structure le poème. Peut-être percevrez-vous alors l'originalité de cette peinture très expressive de l'amour au féminin.

> Voir la méthode du traitement du commentaire littéraire (Annexes, p. 471).
> Voir les Méthodes et stratégies 2, chapitre 7 et les Méthodes et stratégies 1, chapitre 8.

3

Commentaire littéraire – Corbière, *Les Amours jaunes*

180 min.

Vous commenterez le texte de Tristan Corbière : « I sonnet avec la manière de s'en servir » (*Les Amours jaunes*).

Tristan Corbière, dans ce sonnet, a relevé le pari de faire œuvre originale ! Vous touchez là aux rives de la modernité poétique… Dans votre commentaire, il sera question d'évaluer la distance parcourue par rapport au sonnet traditionnel et d'analyser le registre parodique.

> Voir la méthode du traitement du commentaire littéraire (Annexes, p. 471).

> Voir les Méthodes et stratégies 2, chapitre 7 et les Méthodes et stratégies 1, chapitre 8.

CORPUS

TEXTE A Louise Labé (1524-1566), *Œuvres* (1555), sonnet VIII

Dans ce sonnet, Louise Labé reprend la tradition pétrarquiste : elle s'inspire du poète italien Pétrarque (1304-1374), qui chante l'amour idéalisé. Elle insiste sur la puissance de l'amour, qui lui fait éprouver des sentiments violents et contradictoires.

Je vis, je meurs ; je me brûle et me noie ;
J'ai chaud extrême en endurant froidure :
La vie m'est et trop molle et trop dure.
J'ai grands ennuis entremêlés de joie.

Tout à un coup[16] je ris et je larmoie,
Et en plaisir maint grief[17] tourment j'endure ;
Mon bien s'en va, et à jamais il dure ;
Tout en un coup je sèche et je verdoie[18].

Ainsi Amour inconstamment me mène ;
Et, quand je pense avoir plus de douleur,
Sans y penser je me trouve hors de peine.

Puis, quand je crois ma joie être certaine,
Et être au haut de mon désiré heur[19],
Il me remet en mon premier malheur.

■ Orthographe modernisée.

16 Tout à un coup : en même temps, au même moment.
17 Grief : grave.
18 Verdoie : verdis, retrouve vie.
19 Heur : bonheur.

TEXTE B Tristan Corbière (1845-1875), *Les Amours jaunes* (1873), « I sonnet avec la manière de s'en servir »

Tristan Corbière, souvent considéré comme un poète maudit, est l'auteur d'un unique recueil : *Les Amours jaunes*, dans lequel il multiple les marques d'ironie et de dérision, y compris à l'égard de lui-même. Dans ce poème, il se moque des conventions de la poésie classique.

Réglons notre papier et formons bien nos lettres :
Vers filés à la main et d'un pied uniforme,
Emboîtant bien le pas, par quatre en peloton ;
Qu'en marquant la césure, un des quatre s'endorme...
Ça peut dormir debout comme soldats de plomb.

Sur le *railway* du Pinde[20] est la ligne, la forme ;
Aux fils du télégraphe ; – on en suit quatre, en long ;
À chaque pieu, la rime – exemple : *chloroforme*.
– Chaque vers est un fil, et la rime un jalon.

– Télégramme sacré – 20 mots. – Vite à mon aide...
(Sonnet – c'est un sonnet –) ô Muse d'Archimède[21] !
– La preuve d'un sonnet est par l'addition :
– Je pose 4 et 4 = 8 ! Alors je procède,
En posant 3 et 3 ! Tenons Pégase[22] raide :
« Ô lyre ! Ô délire : Ô... » – Sonnet – Attention !

TEXTE C Paul Valéry (1871-1945), *Charmes* (1922), « Le Sylphe »[23]

Paul Valéry a une conception très exigeante de la poésie : il est en quête d'un idéal formel et intellectuel. Le titre du recueil renvoie au nom latin *carmina*, qui désigne des chants, auxquels on accorde une dimension presque magique. Dans ce poème, Valéry respecte la tradition poétique, tout en manifestant son originalité.

Ni vu ni connu
Je suis le parfum
Vivant et défunt
Dans le vent venu !

Ni vu ni connu,
Hasard ou génie ?
À peine venu
La tâche est finie !

Ni lu ni compris ?
Aux meilleurs esprits
Que d'erreurs promises !

Ni vu ni connu,
Le temps d'un sein nu
Entre deux chemises !

---

20 Pinde : montagne grecque, dédiée à Apollon et aux Muses.
21 Archimède : savant grec (IIIe siècle av. J.-C.)
22 Pégase : cheval ailé de la mythologie, souvent associé à la poésie.
23 Sylphe : génie de l'air, qui apparaît souvent dans les contes.

TEXTE D Blaise Cendrars (1887-1961), « Académie Médrano » (1947)

Le poème de Cendrars, qui s'inscrit dans l'univers du cirque, met à distance les règles classiques de l'écriture poétique. Il est dédié à un mystérieux destinataire : Conrad Moricand, dont le nom est presque l'anagramme de « Académie Médrano ».

À Conrad Moricand

Danse avec ta langue, Poète, fais un entrechat
Un tour de piste
        sur un tout petit basset
                noir ou haquenée[24]
Mesure les beaux vers mesurés et fixe les formes fixes
Que sont ***LES BELLES LETTRES*** apprises
Regarde :
        Les affiches se fichent de toi te
                mordent avec leurs dents
                en couleur entre les doigts
                de pied
La fille du directeur a des lumières électriques
Les jongleurs sont aussi les trapézistes
                xuellirép tuaS[25]
        teuof ed puoC
aç-emirpxE
Le clown est dans le tonneau malaxé
Il faut que ta langue { passe à la caisse / fasse l'orchestre } les soirs où
Les **Billets de faveur** sont supprimés.

■ *Poésies complètes* (1947, 1963, 2001, 2005), © Denoël, extraits tirés du vol. 1 de *Tout autour d'aujourd'hui*, nouvelle édition des œuvres complètes de Blaise Cendrars dirigée par Claude Leroy.

24 Haquenée : cheval ou jument, généralement monté(e) par les dames.
25 Lire ces trois vers de droite à gauche.

CORRIGÉS

1 Question sur un corpus – La forme du sonnet

Analyser le sujet

> Cerner le sujet

L'expression « dans quelle mesure » doit être bien comprise : il est demandé de montrer que les poètes ont tous en tête la forme du sonnet, mais que certains d'entre eux en détournent les règles, en prenant simplement des libertés par rapport aux exigences traditionnelles, ou en les parodiant.

La question porte sur l'écriture poétique, mais il ne faut pas oublier la question du sens : l'objectif est de montrer que la forme est au service du sens.

Attention, le sujet suppose que l'on connaisse les règles traditionnelles de la forme du sonnet, pour mesurer les écarts éventuels que les poètes instaurent par rapport à celles-ci.

> Reformuler le sujet

On peut montrer que les poètes, dans les textes du corpus, reprennent la forme du sonnet en faisant preuve d'une certaine liberté. Dans le cadre contraint de cette forme, comment manifestent-ils leur originalité ?

Les titres de parties et de sous-parties ne doivent pas apparaître dans la copie.

Introduction

Le corpus s'étend du XVIe siècle, siècle de l'humanisme, à la modernité poétique. Louise Labé, même si son poème témoigne d'une expression très personnelle des sentiments, offre un exemple de reprise respectueuse de la forme du sonnet. Les autres poètes se positionnent à des distances variables de la forme traditionnelle, mais font tous preuve d'une liberté plus grande. Tristan Corbière va jusqu'à la parodie. Dans le texte de Blaise Cendrars, la forme du sonnet est tellement déstructurée qu'elle devient même difficile à identifier. Le titre du recueil, *Sonnets dénaturés*, nous révèle l'intention de rompre avec les règles imposées, pour proposer des vers irréguliers et une typographie originale. Afin de rendre évidente sa mise à distance du lyrisme traditionnel, Cendrars travaille sur la dimension visuelle du poème : son sonnet « dénaturé » n'est pas seulement un chant, il constitue aussi un tableau sur la page.

I. L'hommage à une forme traditionnelle

1. Les règles du sonnet

Les règles du sonnet sont respectées dans le sonnet de Louise Labé. Il est écrit en alexandrins et composé de deux quatrains et de deux tercets. Les rimes sont embrassées dans les quatrains, puis croisées et enfin suivies. On peut considérer que le dernier vers constitue la chute : Louise Labé, après avoir décrit son espoir de bonheur, finit par rappeler qu'elle ne peut échapper au malheur. L'antithèse, à la rime, entre les noms « heur » et « malheur », est certainement l'une des plus frappantes du poème.

Ces règles formelles sont également respectées par Tristan Corbière, qui désigne d'ailleurs clairement son poème comme un « sonnet », dès le titre. Les vers du poème, bien qu'ils semblent désarticulés par une ponctuation complexe et abondante, sont bien des alexandrins. La structure des strophes est claire. On peut toutefois noter que les rimes des quatrains sont croisées, et non embrassées. On peut également se demander quel statut accorder à ce premier vers « Réglons notre papier et formons bien nos lettres » : il est exclu du système des rimes et il constitue soit un avertissement, en forme de préambule, soit le quinzième vers du poème.

Paul Valéry met davantage à distance les contraintes formelles du sonnet. Le choix d'un vers court et impair n'est pas classique. Il écrit en effet en pentasyllabes, ce qui donne une dimension plus familière et plus légère à son poème : pour l'évocation du Sylphe, génie de l'air, il était bienvenu d'utiliser le vers impair, qui est pour Verlaine « plus soluble dans l'air » que le vers pair (Verlaine, « Art poétique », 1884).

Ces règles sont absentes dans le poème de Cendrars, qui ne comporte ni vers réguliers, ni rimes, ni strophes clairement identifiables.

2. L'inspiration amoureuse

Louise Labé s'inspire de Pétrarque, qui a lui-même utilisé la forme du sonnet pour chanter les sentiments amoureux. Son sonnet est structuré par de nombreuses antithèses (vie / mort, feu / eau, chaleur / froid...). L'antithèse est un procédé traditionnel du pétrarquisme. Louise Labé montre ainsi que l'amour lui a fait perdre toute maîtrise d'elle-même. Elle ne nous révèle cependant la cause de son désordre intérieur qu'au vers 9 : « Amour » n'était auparavant pas cité. Elle ne s'adresse pas non plus à un destinataire particulier. Elle donne à son sonnet une dimension à la fois personnelle et universelle.

Paul Valéry, dans la chute de son sonnet, fait lui aussi allusion à l'amour. Il semble revenir, dans cette conclusion, à une **forme de tradition poétique** : il évoque le « sein nu » d'une femme, qui pourrait s'offrir au Sylphe. Ce personnage merveilleux et évanescent est peut-être une image du poète, « ni lu ni compris », que l'inspiration rend insaisissable, pour les autres hommes.

II. Le détournement des règles du sonnet

1. La liberté poétique

Pour Paul Valéry, la liberté poétique ne va pas jusqu'à la parodie, car la structure des strophes est respectée. Mais on peut noter que le deuxième quatrain est en rimes croisées, ce qui est inhabituel. La ponctuation donne un souffle particulier au poème. Les points d'interrogation et d'exclamation y sont nombreux. Ils font du Sylphe une figure à la fois plaisante, presque joueuse, et mélancolique. Le poète répète également « ni vu ni connu », qui apparaît presque comme un refrain. **Valéry s'inscrit donc avec originalité dans un cadre qui reste classique.**

2. La parodie

Le détournement de la forme du sonnet répond à un désir d'affranchissement à l'égard de la tradition poétique. **Corbière écrit un sonnet sous la forme d'un mode d'emploi.** Très éloigné du lyrisme poétique classique, son texte propose des images audacieuses, par leur caractère concret. Une métaphore rapproche les vers, par exemple, des « fils » du télégraphe. Les règles du sonnet sont réduites ensuite à une simple addition. « 4 et 4 = 8 » et « en posant 3 et 3 » : c'est ainsi que Corbière traduit l'exigence de faire se succéder deux quatrains et deux tercets. Il mentionne également des termes caractérisant la modernité : « railway », un anglicisme, auquel on peut ajouter « télégraphe », « chloroforme ». Ces termes se mêlent à des références à l'Antiquité : Pinde, Archimède, Pégase. Cette **Antiquité** est **parodiée, désacralisée**.

Blaise Cendrars va jusqu'au bout de la déstructuration de la forme du sonnet. Il abandonne la disposition classique des vers, introduit des blancs, modifie la taille des caractères, utilise l'italique et le gras. **Il fait de son sonnet un jeu**, une danse. À la forme classique, il fait accomplir un véritable « saut périlleux », comme il le suggère dans son vers écrit en miroir, ludique et énigmatique. Il se moque des « belles lettres », qu'il place ironiquement en gros caractères. La beauté, pour lui, doit être en mouvement. Elle n'est pas « fixe ». L'écriture du poète doit être à l'image de la vie des hommes du cirque, « jongleurs » et « trapézistes » : elle suppose la liberté du corps et de l'esprit.

Conclusion

Fixé, puis déconstruit, le sonnet est une forme qui a été l'objet de nombreuses évolutions. Pour les poètes de la modernité, le jeu avec la tradition traduit un désir d'affranchissement à l'égard des contraintes et permet de rendre compte d'un monde plus complexe, qui a en partie renoncé à la recherche d'un idéal formel perçu comme archaïque et artificiel. Même lorsqu'ils le parodient, les poètes rendent toutefois un hommage paradoxal au sonnet, forme exigeante, qui est sans doute aussi l'une des plus fécondes de l'histoire de la poésie.

2 Commentaire littéraire – Louise Labé, « Je vis, je meurs... »

Prendre connaissance du texte

> Faire les premiers repérages

La lecture du paratexte permet de situer Louise Labé au XVIe siècle. Cette dernière n'appartient pas à la Pléiade, mouvement poétique important de cette époque, mais plutôt à l'école lyonnaise (groupe de poètes et de savants lyonnais, d'inspiration humaniste). Elle est l'auteur de très nombreux sonnets sur l'amour. Dans son œuvre, elle chante les tourments du désir au féminin. Le registre lyrique lui permet de livrer ses sentiments personnels.

> Analyser le texte

La lecture du poème, un sonnet en décasyllabes et en rimes embrassées, amène à constater que l'amour en est bien le thème essentiel. Amour lui apparaît même comme un dieu qui dirige sa vie par sa toute-puissance. Il importe de relever que le texte repose entièrement sur une figure de style essentielle : l'antithèse. Cette figure permet d'exprimer la souffrance physique et morale liée au sentiment amoureux, ainsi que le plaisir. Si l'on s'intéresse à la composition du texte, on peut constater que les deux quatrains décrivent sa souffrance, et les tercets en donnent le responsable : Amour.

Mais attention : il faut éviter de proposer un plan de commentaire qui suive l'ordre du texte.

Les titres de parties et de sous-parties ne doivent pas apparaître dans la copie.

Introduction

Louise Labé, poétesse de l'école lyonnaise, est l'une de celles qui, au XVIe siècle, donne ses lettres de noblesse au sonnet. Dans son recueil de sonnets amoureux, elle livre sa vision du désir au féminin. Le sonnet étudié témoigne de sa réappropriation originale du lyrisme amoureux traditionnel. Comment Louise Labé met-elle en évidence la toute-puissance de l'amour et la diversité des sentiments contradictoires qu'il lui cause ? Nous montrerons dans un premier temps que la poétesse traduit l'inconstance et les tourments liés au sentiment amoureux, dans ce sonnet. Nous verrons ensuite que c'est, pour elle, l'occasion d'insister sur la puissance du dieu Amour sur les hommes. Nous nous demanderons enfin si elle en tire, ou non, une leçon de sagesse.

I. Les tourments de l'amour

1. Des sensations exacerbées

Pour Louise Labé, les **conséquences de l'amour** ne sont pas seulement morales ; elles sont **aussi physiques.** Les sensations évoquées par le « je » nous donnent une vision assez incarnée, voire charnelle de l'amour. Ces sensations sont indissociables d'une certaine violence. On relève le vocabulaire de l'excès : « extrême », « trop », « grands », « maint ». La violence est liée à la succession brutale des différents états (« Tout à un coup »...). Ces états peuvent même être simultanés. Le gérondif « en endurant » traduit la simultanéité d'états pourtant radicalement contraires. C'est aussi le cas de la conjonction de coordination « et ».

2. L'inconstance

La figure majeure du poème est l'antithèse. Le vers 1 oppose la vie et la mort, le feu et l'eau. Dans le premier quatrain, les termes « noie » et « joie », à la rime, ont également des connotations opposées. On peut aussi noter les antithèses entre « molle » et « dure », « ennui » et « joie ». Dans le deuxième quatrain, « ris » et « larmoie » s'opposent, de même que « plaisir » et « tourment », « sèche » et « verdoie ». Le poème se clôt par une antithèse frappante, à la fin des deux derniers vers, entre « heur » et « malheur ». Ces antithèses multiples traduisent l'**instabilité que crée l'amour dans l'existence.** C'est un facteur d'inconstance. On remarque d'ailleurs que l'adverbe « inconstamment » est bien mis en valeur au milieu du premier vers du premier tercet.

3. Un tourment sans fin

Le sonnet évoque la souffrance du « je ». Le verbe « endurer » y est d'ailleurs répété à deux reprises. Cette souffrance semble être décrite au moment où elle est subie, car le texte est écrit au présent. Même le verbe « mourir » est conjugué au présent (v. 1). Ce présent évoque l'habitude et la durée. Louise Labé est prisonnière de cette **alternance d'états opposés qui dure « à jamais »**, c'est-à-dire pour toujours. La chute du sonnet produit une impression de rapport cyclique au temps : elle revient à son « premier malheur » alors qu'elle croyait en être sortie. On peut relever également le chiasme qui structure les deux tercets : la « douleur » fait écho au « malheur final », alors que le fait d'être « hors de peine » renvoie à la « joie ». L'histoire du « je » n'est pas linéaire. Louise Labé ne peut pas avancer, tant qu'elle est sous la puissance de l'amour.

II. La toute-puissance de l'Amour

1. L'alliance des contraires

L'amour inspire des sentiments contradictoires, que l'individu ne maîtrise pas. Le risque est presque celui d'une forme de folie. On sait que Louise Labé est l'auteur du

Débat de Folie et d'Amour, dans lequel elle montre que la folie sert toujours de guide à l'amour. Cette **alliance des contraires liée à l'amour** est l'une des causes de l'**intérêt que l'on prête à la vie**. Elle interdit à l'individu de succomber au désespoir. Elle peut même être féconde, comme le montre le verbe « verdoie ». À tout moment, le « je », ainsi rapproché d'une fleur, peut renaître.

2. Le dieu Amour

Le responsable de la souffrance du « je » est présenté au début du premier tercet, ce qui résout en quelque sorte l'énigme posée par les deux quatrains. « Amour » est mis en valeur, en tête du vers. Il est caractérisé par son « inconstance ». Il **joue avec le « je »**, qui est placé en position d'objet par le pronom personnel « me ». Le « je » est privé de la possibilité d'agir librement. Dans les deux tercets, Amour est le sujet des verbes d'action (« mener » et « remettre »). Le « je » est sujet des verbes « penser » et « croire ». Il n'a que des illusions sur ce qu'il est et ce qu'il ressent.

III. Une leçon de sagesse ?

1. Le refus de condamner ou d'exalter l'amour

Louise Labé ne condamne pas l'amour, même s'il est pour elle une cause de souffrance. Dans le premier vers, le parallélisme de la construction permet de rapprocher « vis » et « brûle ». Pour elle, la vie est sans doute indissociable du feu, c'est-à-dire de l'amour et du désir. Mais ce feu est aussi une cause fondamentale de « malheur ». C'est sur ce terme que se termine le sonnet. Il serait certainement vain de prétendre lutter contre l'amour. Louise Labé nous invite seulement à **avoir conscience des tourments qu'il nous inflige**.

2. Une leçon poétique ?

Pour Louise Labé, l'amour confronte à l'**expérience de l'indicible**. Les sentiments qu'il inspire échappent en partie à la conscience. « Sans y penser », Louise Labé passe en effet d'un sentiment à l'autre. L'écriture doit donc démêler ce qui est « entremêlé », retrouver le fil, pour reconstituer le texte (remarque : étymologiquement, le texte est lié au tissu).

Conclusion

[Réponse à la problématique] Louise Labé, une femme du XVIe siècle, évoque avec une grande liberté les tourments que l'amour lui cause. La première personne, très présente, nous montre qu'elle parle d'elle-même : elle évoque le désir, la souffrance physique et morale qu'elle ressent, ainsi que le plaisir. Mais elle parle à tous les lecteurs. L'absence de marque spécifique du féminin garantit la dimension universelle de son propos.
[Ouverture] Cette peinture de l'amour par une femme reste assez rare. Pernette du Guillet, poétesse née à Lyon à la même époque, va elle aussi chanter les joies et les obstacles à l'amour.

3 Commentaire littéraire – Corbière, *Les Amours jaunes*

Voici un exemple de plan détaillé (semi-rédigé). Les titres de parties et de sous-parties ne doivent pas apparaître dans la copie.

Introduction

Le titre du sonnet révèle l'audace de Tristan Corbière : il veut livrer au lecteur un mode d'emploi du sonnet, comme si son œuvre était un objet utile, fait pour « servir », au même titre que beaucoup d'autres objets du quotidien. Pour le poète, il s'agit de se détourner d'une vision très noble de l'art, en partie héritée du romantisme et du Parnasse. Comment Tristan Corbière, avec cette parodie de la forme du sonnet, parvient-il à mettre à distance la tradition poétique et à affirmer la modernité de son esthétique ?

I. La mise à distance de la tradition poétique

1. La critique des contraintes liées à la forme du sonnet

– Le poète rejette le **formalisme du sonnet**, qu'il juge excessif et sclérosant (voir « délire » : les règles sont une folie ?). Formalisme qui fait du poète un petit écolier (ou un soldat : voir le champ lexical lié à la guerre), qui doit s'appliquer pour respecter les règles (voir le premier quatrain). Le sonnet est un exercice mis en parallèle avec les additions. **Exercice d'école primaire**, sans intérêt et ennuyeux, qui peut conduire à s'endormir.
– « Vers filés à la main » : voir « La Belle au Bois dormant » (conte de Perrault) ? Le poète risque, en écrivant un sonnet, de **se piquer sur le fuseau** et de s'endormir pendant un siècle ? L'éternité ainsi atteinte serait seulement celle du sommeil, et non celle de la gloire… Univers du conte. **Monde de l'enfance** aussi convoqué avec les « soldats de plomb ».

2. La parodie du lyrisme

– Multiplication des tirets, ponctuation abondante. Syntaxe et rythme relativement heurtés. Usage inhabituel des parenthèses. Faire **comme si le sonnet était un « télégramme »**. Éviter tout élan lyrique, toute forme trop emphatique d'expression des émotions.
– Au contraire, **appel à la raison** : voir les références aux mathématiques, symboles d'un certain rationalisme qui devrait trouver sa place en poésie.
– Dernier tercet : interjection « Ô » caractéristique du lyrisme. Rime intérieure : « lyre - délire ». **La lyre, instrument du lyrisme, est liée à la folie**. Dernier « Ô » suivi des points de suspension : interruption. Il cesse d'écrire, parce que l'inspiration lyrique est pour lui dépassée. Laisser place à une autre forme d'écriture, probablement à une écriture de la dissonance.

II. L'affirmation d'une esthétique originale

1. Le quotidien et les objets

– Pour Tristan Corbière, **l'écriture poétique n'est plus sacrée** et le poète ne saurait être considéré comme un prophète. Il laisse donc place à l'**humour**, aux jeux de mots (ex : « dormir debout », expression à prendre au sens propre pour les soldats de plomb, mais aussi expression qui renvoie à une forme de déraison, d'incohérence). Il n'hésite pas non plus à utiliser un niveau de langue courant, voire familier (ex : « ça »).
– Le poète évoque divers éléments du quotidien caractéristiques de la modernité : « railway », « télégraphe », « chloroforme », « télégraphe ». La poésie n'est pas intemporelle. Elle est **inscrite dans un monde concret**. Elle existe au présent.

2. Une poésie utile ?

– La forme du mode d'emploi : relever les impératifs. Un sonnet doit être utile. La poésie doit avoir un autre but qu'elle-même. Elle doit **parler au lecteur du monde qui est le sien**. Le message doit être efficace : voir la référence au « télégramme ».
– Avertissement final : « Sonnet - Attention ! » Pour le lecteur, le poème est surtout un appel à la prudence. Ne pas être dupe des promesses d'une poésie prétentieuse, qui éloigne du réel en invitant à contempler un idéal illusoire.

3. La liberté d'écriture

Pas de motif d'inspiration privilégié. **Tout peut être évoqué en poésie.** Ne pas tenir « Pégase raide », c'est-à-dire laisser l'inspiration filer comme elle le souhaite, en liberté. Ne pas restreindre le cheval fougueux, symbole de l'inspiration. Il est donc possible d'évoquer un objet aussi trivial qu'un « pieu », par exemple, et de le rapprocher de la rime. Association libre et audacieuse.

III. Un hommage paradoxal à la tradition poétique

1. Le rappel des règles du sonnet et leur relatif respect

– Tristan Corbière rappelle que le sonnet est composé de quatrains et de tercets ; voir le vocabulaire qui désigne ces **règles de versification** : « césure », « 4 et 4 », « 3 et 3 »...
– D'ailleurs, le poète respecte globalement les règles de cette forme fixe : deux quatrains et deux tercets, alexandrins. Il place même le mot « césure » à la césure de son vers. Il montre qu'**il connaît la tradition poétique**. Mais quelques signes de **discordance**. Par exemple : avertissement en sous-titre qui ajoute l'équivalent d'un vers, vers 12 qui est un vers impair, usage des chiffres qui serait proscrit par la tradition... Dans la parenthèse, il éprouve le besoin de préciser : « c'est un sonnet ». Désigner explicitement (et avec un certain humour) son texte comme relevant de cette forme traditionnelle, au cas où le lecteur aurait eu l'idée de le contester.

2. La modernité, ou la tradition en héritage

– Rappel de la tradition poétique, et en particulier antique (voir « Pinde », « Pégase »). Références qui montrent la **culture du poète** et qui en font un **héritier**.
– Pas de remise en question du vers et de la rime. **Le vers est un « fil »** que le lecteur doit suivre. Fil d'Ariane, qui lui permet de se repérer dans le labyrinthe du monde. La rime est aussi un repère, une marque d'étape.
– Faire de la poésie un « télégramme sacré », en juxtaposant des références à la tradition et à la modernité, en toute liberté. **La modernité serait dans ces effets de décalage, de discordance.** Référence aux mathématiques et à la science : la poésie doit oser l'expérimentation de formes nouvelles.

Conclusion

[Réponse à la problématique] Corbière se détourne donc de la tradition poétique, pour ouvrir la voie à la modernité. Ce sonnet parodique est toutefois un hommage indirect à la poésie classique, dont il est aussi l'héritier.
[Ouverture] Dans *Les Amours jaunes*, Corbière propose souvent des formes détournées. L'œuvre est marquée par le rire « jaune », la dérision. « Le crapaud », par exemple, est un sonnet inversé (deux tercets, puis deux quatrains) dans lequel il fait son autoportrait en animal ignoble, ne suscitant que « l'horreur » : le crapaud, dont le chant se confond avec un coassement fort peu harmonieux, c'est lui.

CHAPITRE 8

L'écriture poétique

COURS

MÉTHODES ET STRATÉGIES

SUJETS DE TYPE BAC

CORRIGÉS

COURS

L'écriture poétique

Le langage poétique a longtemps été défini par opposition à la prose. La poésie supposait, au moins jusqu'à la deuxième moitié du XIXe siècle, d'obéir à un certain nombre de règles liées au type de vers et de rimes, à la structure de la strophe, afin de rompre avec le langage ordinaire. Les règles censées s'imposer aux poètes ont toutefois été remises en cause à partir de la deuxième moitié du XIXe siècle. Les formes fixes ont été détournées ; le vers libre et le poème en prose ont affranchi la poésie de nombreuses contraintes, pour lui permettre de se recentrer sur l'essentiel : le travail sur la forme, en particulier sur les images, les sonorités et le rythme.

I. Les règles essentielles de versification

Si, comme M. Jourdain, on retient que « tout ce qui n'est point prose est vers » (Molière, *Le Bourgeois gentilhomme*), il faut s'interroger sur les règles spécifiques qui éloignent le texte en vers du langage commun. Ces règles d'écriture, à l'origine, étaient censées faciliter la mémorisation du poème, qui était fait pour être transmis oralement. Elles sont ensuite devenues un élément important de la valeur esthétique attribuée à la poésie.

1. Le vers

a. Prose / vers régulier

- Le **vers** (du latin *versus*, c'est-à-dire le sillon) est défini par le **retour à la ligne**. Cette présentation particulière est soulignée par la majuscule, que l'on retrouve au début de chaque vers.
- Le **vers régulier**, au contraire de la prose, est défini par une certaine **régularité rythmique** et par le **retour de sonorités**. Il est aussi caractérisé par la présence de la rime.
- Attention : on ne parle de « pieds » qu'en versification latine ou grecque. Pour la littérature française, on parle de « syllabes ».

b. Les différents types de vers

- L'un des vers les plus fréquents est l'**alexandrin**, aussi appelé « dodécasyllabe ». C'est un vers de douze syllabes, divisé en deux hémistiches de six syllabes, séparés par une césure. Il tient son nom du *Roman d'Alexandre*, un poème en vers du XIIe siècle. De binaire (6/6), son rythme devient ternaire au XIXe siècle. On parle de « **trimètre romantique** » (4/4/4). Hugo proclame sa liberté à l'égard des règles de versification classique dans ce vers, qui est un exemple de trimètre :

  « J'ai disloqué / ce grand niais / d'alexandrin. »
  ■ Victor Hugo, *Les Contemplations* (1856).

- D'autres vers pairs sont aussi très fréquents. Le vers de dix syllabes est appelé « **décasyllabe** ». Il est souvent utilisé pour traiter de sujets supposés moins nobles que l'alexandrin. Il se divise souvent de manière inégale en quatre et six syllabes ou en deux fois cinq syllabes. On peut également citer le vers de huit syllabes ou « **octosyllabe** », qui est le plus long vers sans césure. Le vers de six syllabes est appelé « **hexasyllabe** ».

- Les **vers impairs** sont beaucoup plus rares que les vers pairs. Ils sont peu classiques. Ils apparaissent toutefois dans les chansons ou dans les genres légers. On parle d'« **ennéasyllabe** » pour un vers de neuf syllabes, d'« **heptasyllabe** » pour un vers de sept syllabes et de « **pentasyllabe** » pour un vers de cinq syllabes.

c. Le compte des syllabes

- Dans un vers, **les [e] muets doivent être comptés** devant une consonne. Ils s'élident devant une voyelle ou un [h] muet, pour éviter un hiatus (prononciation de deux sons vocaliques l'un à la suite de l'autre). Ils ne sont pas comptés à la fin du vers. Si l'on compte correctement les syllabes, le vers suivant est donc un alexandrin.

  « Les étoiles, points d'or, percent les branches noir(es) »
  ■ Victor Hugo, *Les Contemplations* (1856).

- Dans certains cas, une syllabe compte pour deux. On parle alors de « **diérèse** ».

  « Le gibier du Lion, ce ne sont pas moineaux »
  ■ Jean de La Fontaine, *Fables* (1668-1694), « Le Lion et l'âne chassant ».

C'est bien un alexandrin, à condition que soit effectuée la diérèse sur « Lion », qui doit compter pour deux syllabes. Ce procédé crée un effet de mise en valeur.

- Au contraire, lorsque deux syllabes (avec deux sons vocaliques consécutifs) comptent pour une seule, on parle de « **synérèse** ».

  « Vois-le, poète tondu, sans aile »
  ■ Tristan Corbière, *Les Amours jaunes* (1873), « Le Crapaud ».

Tristan Corbière utilise une synérèse peu harmonieuse sur le mot « poète », en signe d'autodérision. La synérèse fait de ce vers un octosyllabe. Ce procédé n'a pas toujours à être interprété.

Le vers impair à l'honneur

Le vers impair le plus courant est certainement l'heptasyllabe. On le rencontre dans certains poèmes médiévaux. Il est parfois utilisé par La Fontaine lui-même, qui n'hésite pas à ouvrir son recueil des *Fables* avec un heptasyllabe devenu célèbre, suivi d'un vers de trois syllabes (ou trisyllabe) : « La Cigale ayant chanté / Tout l'été » (« La Cigale et la Fourmi »).

Mais c'est Verlaine qui assure vraiment le succès du vers impair (et en particulier de l'ennéasyllabe), en chantant ses qualités dans son « Art poétique ».

« De la musique avant toute chose / Et pour cela préfère l'Impair / Plus vague et plus soluble dans l'air, / Sans rien en lui qui pèse ou qui pose. » (*Jadis et naguère* (1884), « Art poétique »)

L'hendécasyllabe, lui aussi assez rare, est utilisé par certains poètes à partir de la fin du XXe siècle. Pour Yves Bonnefoy, ce vers qui a tout d'un « alexandrin manqué » séduit par son étrangeté. Il l'emploie par exemple dans *Hier régnant désert* (1958) : « Tu es seul maintenant malgré ces étoiles ».

2. « De la musique avant toute chose[1] »

a. Le rythme

– Le vers est rythmé par des **pauses**, appelées « **coupes** ». Certaines pauses sont plus fortes : c'est le cas à la fin du vers, ainsi qu'au milieu de l'alexandrin, à la **césure**.

– La structure du vers ne coïncide pas toujours avec celle de la phrase. Ces effets de **discordance** ont une valeur expressive. Ils soulignent certains éléments, importants pour le sens.
– L'**enjambement** permet à la phrase de se prolonger de manière significative au-delà de la fin d'un vers. Lorsque ce prolongement renvoie un élément bref au début du vers suivant, on parle de « **rejet** ». C'est le cas pour le groupe de mots « Des rimes » dans les deux vers suivants.

« Petit-Poucet rêveur, j'égrenais dans ma course
Des rimes. Mon auberge était à la Grande-Ourse. »
■ Arthur Rimbaud, *Poésies* (1895), « Ma Bohême ».

– Lorsqu'un élément est isolé à la fin d'un vers qui se prolonge sur le vers suivant, on parle de « **contre-rejet** ».

« Je dis à cette nuit : Sois plus lente ; et l'aurore
Va dissiper la nuit. »
■ Alphonse de Lamartine, *Méditations poétiques* (1820), « Le lac ».
« L'aurore » est en position de contre-rejet.

b. Les rimes

– La rime est le **retour d'un ou plusieurs sons à la fin d'au moins deux vers**. La rime peut se définir par sa qualité. Elle est dite « **pauvre** » lorsqu'un seul son est repris. Elle est dite « **suffisante** » lorsque deux sons sont en commun. Elle est « **riche** », lorsqu'elle concerne trois sons au moins.

– La rime se définit aussi par sa nature. Elle est « **féminine** » lorsqu'elle se termine par un [e] muet, ou « **masculine** » dans tous les autres cas. Jusqu'au XIXe siècle, le poète doit obéir à un principe d'alternance entre rimes masculines et féminines.

– Le système des rimes est essentiel dans l'organisation de la strophe. Des rimes semblables qui se suivent (*aabb*) sont dites « **plates** » ou « **suivies** ». Les rimes « **croisées** » alternent selon le schéma *abab*. Les rimes « **embrassées** » répondent au schéma *abba*.

c. Les sonorités

– Le jeu sur les sonorités est essentiel à la dimension musicale du poème. Il peut intervenir à l'intérieur même du vers. L'**allitération** est la répétition d'un même son consonantique. L'**assonance** est la répétition d'un même son vocalique.

– L'interprétation de ces sonorités est difficile. Mais la répétition contribue à structurer le vers, à lui donner un pouvoir suggestif et crée parfois un effet d'**harmonie imitative,** c'est-à-dire qu'elle reproduit un son existant. C'est le cas du sifflement dans ce vers d'*Andromaque*, caractérisé par une allitération en [s] :

« Pour qui sont ces serpents qui sifflent sur vos têtes ? »
■ Jean Racine, *Andromaque* (1667).

1 Verlaine, *Jadis et naguère* (1884), « Art poétique ».

DOC. 1 Raphaël (1509-1511), *Le Parnasse* (1509-1511), détail. Dans cette fresque monumentale, Raphaël représente Apollon, dieu de la poésie de l'Antiquité gréco-romaine, entouré des Muses ainsi que de nombreux poètes.

3. La strophe

a. Une tentative de définition

- La strophe, dans la **tragédie antique**, est liée aux **mouvements effectués sur scène par le chœur** pour souligner les différentes parties du chant. À la strophe (mouvement à droite) doit répondre l'antistrophe (mouvement de retour).
- Dans la poésie française, une strophe est un **ensemble de vers, caractérisé par une disposition des rimes régulière** et souvent par une certaine unité de sens, même s'il ne s'agit pas d'une condition nécessaire. Chaque strophe est séparée de la suivante par un blanc typographique.

b. Les différents types de strophe

- Les strophes sont définies par le nombre de vers qu'elles comportent. Une strophe de deux vers est un « **distique** ». Le « **tercet** », strophe de trois vers, et le **quatrain**, strophe de quatre vers, sont essentiels à la structure du sonnet. Une strophe de cinq vers est un « **quintil** » ; une strophe de six vers est un « **sizain** ».
- Il existe d'autres strophes plus rares : celles de sept vers, appelées « **septains** » ; celles de huit vers, appelées « **huitains** ». On parle encore de strophes de neuf vers (« **neuvains** ») et l'on va, le plus souvent, jusqu'à douze vers (« dizains, onzains, douzains »). Au-delà de douze vers, il existe des tentatives, mais il devient difficile de percevoir l'unité rythmique de la strophe.

4. Les formes fixes

a. Le sonnet

- Le sonnet est une forme fixe, c'est-à-dire que sa composition obéit à des règles précises. Il est d'origine italienne. **Pétrarque**, humaniste italien du XIVe siècle, dédie à Laure, celle qu'il aime, un recueil composé principalement de sonnets : le *Canzoniere*. Les poètes de **la Pléiade**, au XVIe siècle, mettent à l'honneur cette forme en France, qui permet tout particulièrement d'exprimer le sentiment amoureux.
- Après un temps d'oubli relatif, il faut attendre le XIXe siècle pour que le sonnet retrouve les faveurs des poètes. **Baudelaire** apprécie cette forme contraignante, qui permet à l'idée, selon lui, de jaillir « plus intense » (lettre à Armand Fraysse).
- Le sonnet obéit à des règles de versification précises. L'alexandrin n'y est pas obligatoire. Il se compose de **deux quatrains**, en rimes embrassées, et de **deux tercets**, que l'on peut également considérer comme une strophe unique de six vers. L'organisation de ce sizain est assez variable. Il commence généralement par deux rimes plates. Lorsque celles-ci sont suivies par des rimes embrassées, on parle de sonnet « italien » (*ccd/eed*). Lorsqu'elles sont suivies par des rimes croisées, on parle de sonnet « français » (*ccd/ede*).

b. Autres formes fixes

- Parmi les formes fixes les plus courantes, on peut également citer la **ballade**. Elle connaît un certain succès aux XIVe et XVe siècles. On connaît la « Ballade des pendus » de François Villon (1462). Elle se compose de trois strophes dont le nombre de vers est variable et d'un **envoi**, à la fin, d'une longueur d'une demi-strophe. Chaque strophe se termine par un **refrain** d'un ou deux vers.

> « Mais priez Dieu que tous nous veuillent absoudre ! »
> ■ François Villon, « Ballade des pendus » (1462).

- Le **rondeau** comporte souvent trois strophes. Il est construit sur deux rimes. Un refrain est énoncé au début, repris au milieu puis à la fin du poème. Cette forme médiévale, longtemps peu appréciée, revient en grâce sous la plume de Musset, par exemple, au XIXe siècle.

> « Fut-il jamais douceur de cœur pareille »
> ■ Alfred de Musset, *Poésies nouvelles* (1857).

II. Le renouvellement de l'écriture poétique

À partir du XIXe siècle, les poètes contestent les règles poétiques traditionnelles. Ils revendiquent une liberté nouvelle et inventent des formes inédites. Le vers libre et le poème en prose, expression qui pourrait être considérée comme un oxymore, changent la définition de la poésie : si l'on peut être poète, même en prose, c'est que le compte des syllabes et la rime cessent d'être des critères essentiels pour définir la poésie. L'essence de la poésie est désormais considérée comme distincte de ses caractéristiques formelles. Le langage lui-même est bouleversé : il devient l'objet d'une recherche parfois ludique, parfois esthétique ou spirituelle. Cette réflexion, qui conduit à un profond renouvellement de l'écriture poétique, est fondatrice de la modernité.

1. L'invention de formes nouvelles

a. Le vers libre

- Un poème en vers libres n'obéit à **aucune régularité** : il présente différents types de vers et de strophe ; il n'a pas de rimes. Il ne comporte parfois aucune ponctuation.

« Il dort
Il est éveillé
Tout à coup, il peint »

■ Blaise Cendrars, *Dix-neuf poèmes élastiques* (1919), « Portrait ».

- Le poème en vers libres est toutefois caractérisé par des **retours à la ligne**, qui ne coïncident pas forcément avec la fin des phrases. On relève souvent des majuscules en début de ligne.
- La mise en page est plus originale dans le **calligramme**, pratiqué en particulier par Apollinaire. Ce poème, qui forme un dessin, fait le lien entre le texte et l'image.

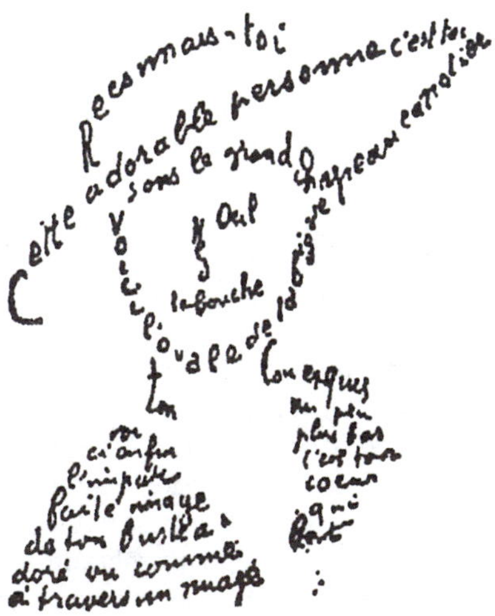

DOC. 2 Guillaume Apollinaire, calligramme, extrait du poème du 9 février 1915 (*Poèmes à Lou*).
« Reconnais-toi
Cette adorable personne c'est toi
Sous le grand chapeau canotier
Œil
Nez
La bouche
Voici l'ovale de ta figure
Ton cou Exquis
Voici enfin l'imparfaite image de ton buste adoré
Vu comme à travers un nuage
Un peu plus bas c'est ton cœur qui bat »

b. Le verset

- À l'origine, le verset est utilisé dans la **Bible**. Il devient relativement fréquent au XIXe siècle. **Paul Claudel** (1868-1955), en particulier, l'apprécie. Il en consacre l'importance pour lui dans ses *Cinq Grandes Odes* (1906-1910). On le retrouve aussi dans les œuvres de **Charles Péguy** (1873-1914) ou de **Saint-John Perse** (1887-1975), par exemple. Il est lié, pour beaucoup de poètes, à une haute ambition esthétique et spirituelle.
- Le verset est un cas particulier du vers libre. Un poème en versets, comme un poème en vers libres, comporte **divers alinéas, d'inégale longueur**. Chacun d'entre eux est défini par une certaine unité sémantique, sonore et rythmique. Le verset peut occuper plusieurs lignes. Pour Claudel, il s'agit de traduire le souffle de la pensée, non seulement ses élans, mais aussi ses intermittences et ses silences.

c. Le poème en prose

- Le poème en prose n'a pas vraiment de date de naissance. De nombreux auteurs, tels que Rousseau ou Chateaubriand, ont fait l'expérience d'une **prose poétique**, définie par une vraie recherche musicale et stylistique. Mais on considère généralement qu'**Aloysius Bertrand** (1807-1841), auteur de *Gaspard de la nuit*, est à l'origine de ce nouveau genre. De nombreux poètes tels que Baudelaire avec le recueil des *Petits Poèmes en prose* (1869), Rimbaud avec les *Illuminations* (1886) ou encore Francis Ponge avec *Le Parti pris des choses* (1942) ont ensuite assuré son succès.
- Le poème en prose est souvent caractérisé par une mise en page élaborée et le recours aux alinéas, qui rappelle la structure strophique du poème en vers. Il se distingue de la prose surtout par sa dimension musicale, fruit du **travail sur les sonorités et le rythme**, ainsi que par l'importance accordée aux **images**.
- La poème en prose est une forme poétique nouvelle au service d'un questionnement nouveau sur le monde. Il est l'occasion pour les poètes de décrire ou de raconter la **modernité** : les villes, le mystère du monde et des objets, les foules, l'identité complexe et fragmentaire du moi.

Aloysius Bertrand, l'inventeur du poème en prose

Gaspard de la nuit, fantaisies à la manière de Rembrandt et de Callot est une œuvre de Louis Bertrand, dit Aloysius Bertrand (1807-1841). Parue en 1842, elle ne rencontre que peu de succès. Son auteur est mort dans la misère un an auparavant. *Gaspard de la nuit* est l'œuvre de sa vie. Il y présente des personnages inquiétants, fantastiques et démoniaques : des brigands, des sorcières, des alchimistes... Ces personnages pittoresques se retrouvent dans l'œuvre du graveur Jacques Callot (XVIIe siècle), qui représente les pauvres, les bohémiens. La référence à Rembrandt renvoie à la technique du clair-obscur, familière au peintre hollandais.

C'est après avoir lu *Gaspard de la nuit* que Baudelaire écrit ses *Petits Poèmes en prose* (1869). À Arsène Houssaye, dans la préface de cette œuvre, il écrit : « C'est en feuilletant, pour la vingtième fois au moins, le fameux *Gaspard de la Nuit*, d'Aloysius Bertrand [...], que l'idée m'est venue de tenter quelque chose d'analogue [...]. Quel est celui de nous qui n'a pas, dans ses jours d'ambition, rêvé le miracle d'une prose poétique, musicale sans rythme et sans rime, assez souple et assez heurtée pour s'adapter aux mouvements lyriques de l'âme, aux ondulations de la rêverie, aux soubresauts de la conscience ? »

2. La réinvention du langage

a. D'autres mots

- Les poètes, qui font du langage un jeu, n'hésitent pas à utiliser des **néologismes**. Pour Rimbaud, par exemple, les mouches « bombinent », c'est-à-dire « bourdonnent » (« Voyelles »). Le verbe « bombiner » est issu du latin. Le poète le retient pour ses sonorités expressives.

- La poésie accueille également des mots qui n'y auraient pas eu leur place auparavant. Les poètes n'hésitent pas à utiliser des **mots étrangers**, des **termes techniques, familiers ou du quotidien**...

« La rouille ronge en leurs spleens kilométriques
Les fils télégraphiques des grandes routes où nul ne passe. »
■ Jules Laforgue, *Derniers vers* (1890), « L'hiver qui vient ».

b. Une liberté nouvelle

- Certains poètes tentent aussi de se libérer des contraintes liées à la **syntaxe**. Ils choisissent de construire des phrases dont le rythme doit avant tout traduire leurs émotions et leur pensée.

- L'**absence de ponctuation**, dans beaucoup de poèmes contemporains, permet au lecteur d'interpréter le texte plus librement, en se livrant à des associations originales. Dans *Alcools*, Apollinaire ne ponctue pas ses poèmes. La première strophe de « Le pont Mirabeau » révèle les ambiguïtés liées à ce choix.

« Sous le pont Mirabeau coule la Seine
Et nos amours
Faut-il qu'il m'en souvienne
La joie venait toujours après la peine »
■ Guillaume Apollinaire, *Alcools* (1913), « Le Pont Mirabeau ».

On peut comprendre que les amours « coulent » avec la Seine, ou que le poète cherche à se souvenir de ses amours.

- Les poètes expérimentent leur liberté d'écriture en poussant le langage **aux limites du sens. Robert Desnos** (1900-1945), par exemple, dans *Corps et biens* (1930), en perturbe les codes traditionnels, ce qui donne des énoncés obscurs, voire absurdes.

« Remontons ! mais en vain, les souvenirs se sardine ! »
■ Robert Desnos, *Corps et biens* (1930), « Idéal maîtresse ».

Il désorganise ainsi le lexique et la syntaxe, remplaçant le verbe par un substantif pour explorer la possibilité de dire un monde dont tous les repères sont devenus contestables.

III. La poésie ou le travail sur le style

La poésie suppose un travail particulier sur le style. Les figures d'analogie, qui invitent le lecteur à déchiffrer l'implicite du texte, y jouent un rôle particulièrement important. Les comparaisons, les métaphores, les personnifications, entre autres, favorisent les rapprochements entre des réalités distinctes. C'est sur elles que repose le pouvoir de suggestion d'un poème. Bien d'autres procédés peuvent contribuer à la musicalité du texte poétique et à la construction originale de son sens. S'ils sont souvent plus fréquents en poésie, ils n'appartiennent toutefois pas en propre à ce genre littéraire.

1. Des figures d'analogie

a. La comparaison

- La comparaison rapproche un **comparant** et un **comparé** par l'intermédiaire d'un **terme comparatif**. Elle établit entre eux un rapport d'analogie, en s'appuyant sur un motif (élément de ressemblance). « Comme » est l'outil comparatif le plus banal de tous. Pour Mallarmé, il fallait même « rayer » le mot du dictionnaire. « Tel que », « de même que », « pareil à »... sont d'autres outils comparatifs.

- La comparaison a pour effet de **séduire ou d'émouvoir le lecteur**, de le faire accéder à la vision personnelle et originale du poète. Pour Baudelaire, elle révèle l'unité du monde, constituée par des **correspondances** entre le réel et l'Idéal, ainsi qu'entre les différents sens (synesthésies). Le poète met ainsi en rapport l'odorat, le toucher, l'ouïe et la vue.

> « Il est des parfums frais comme des chairs d'enfants,
> Doux comme les hautbois, verts comme les prairies »
>
> ■ Charles Baudelaire, *Les Fleurs du mal* (1857), « Correspondances ».

b. La métaphore

- La métaphore est moins explicite que la comparaison. Elle ne comporte **pas d'outil comparatif**. Elle ne propose pas non plus toujours de motif. « Zone » d'Apollinaire, le poème liminaire d'*Alcools*, débute par cette métaphore, qui rapproche directement le comparant et le comparé :

> « Bergère ô tour Eiffel le troupeau des ponts bêle ce matin »
>
> ■ Guillaume Apollinaire, *Alcools* (1913), « Zone ».

- Parfois, seul le comparant peut être exprimé.

> La nature est un temple où de vivants piliers
> Laissent parfois sortir de confuses paroles.
>
> ■ Charles Baudelaire, *Les Fleurs du mal* (1857), « Correspondances ».

Les « vivants piliers » sont une métaphore pour évoquer les arbres. Mais le comparé n'est pas mentionné.

- Lorsque la métaphore est développée, on parle de « **métaphore filée** ».

> « Il rayonne ! il jette sa flamme
> Sur l'éternelle vérité !
> Il la fait resplendir pour l'âme
> D'une merveilleuse clarté. »
>
> ■ Victor Hugo, *Les Rayons et les Ombres* (1840), « Fonction du poète ».

La métaphore filée de la lumière renvoie à la fonction du poète pour les hommes.

- La métaphore fait appel à l'**imagination du lecteur**. Elle doit être interprétée. Dans *Les Yeux d'Elsa*, Aragon n'énonce pas clairement la métaphore qui rapproche les yeux de la femme d'une étendue d'eau.

> « Tes yeux sont si profonds qu'en me penchant pour voir
> J'ai vu tous les soleils y venir se mirer. »
>
> ■ Louis Aragon, *Les Yeux d'Elsa* (1942), « Les Yeux d'Elsa ».

Déconcertante ou mystérieuse, la métaphore n'a parfois qu'une fonction esthétique, ornementale. Elle éloigne de la banalité du quotidien.

c. La personnification

- La personnification permet de **prêter à une abstraction, à un objet ou à un animal des caractéristiques humaines**. Par exemple, Ronsard, dans « Sur la mort de Marie », évoque les « pleurs » de l'aube, pour renvoyer à la rosée.
- La personnification peut être considérée comme un cas particulier de la métaphore.

2. D'autres figures de style

a. Des figures de répétition, d'exagération ou d'atténuation

- L'**anaphore** est la répétition d'un même mot ou d'un groupe de mots en tête de vers. Elle contribue à structurer le poème, en le rythmant et en créant un effet d'écho. L'anaphore d'« Il y a », dans « Enfance » de Rimbaud, par exemple, rapproche le texte d'une comptine.

« Au bois il y a un oiseau, son chant vous arrête et vous fait rougir.
Il y a une horloge qui ne sonne pas.
Il y a une fondrière avec un nid de bêtes blanches. »

■ Arthur Rimbaud, *Illuminations* (1886), « Enfance ».

- L'**hyperbole** est une figure d'exagération. Elle va rendre un énoncé plus expressif, plus frappant. Elle est liée à une certaine emphase du discours.

« J'ai plus de souvenirs que si j'avais mille ans. »

■ Charles Baudelaire, *Les Fleurs du mal* (1857), « Spleen ».

- La **litote** et l'**euphémisme** sont deux procédés d'atténuation. Avec la litote, le poète feint d'atténuer son énoncé, car il dit moins pour faire entendre plus. Avec l'euphémisme, il atténue réellement un énoncé désagréable ou supposé tel. Dans « Le Lion, le Loup et le Renard », La Fontaine parle du « long âge » pour désigner la vieillesse. Cet euphémisme est destiné à ménager la susceptibilité du vieux roi. Mais le fabuliste utilise une litote pour évoquer la malhonnêteté de ceux qui promettent de trouver un remède au vieillissement :

« Alléguer l'impossible aux rois, c'est un abus. »

■ Jean de La Fontaine, *Fables* (1678), VIII, 3.

b. Des figures d'opposition

- L'**antithèse** et l'**oxymore** sont deux figures fréquentes d'opposition. L'antithèse se définit par l'opposition entre deux mots ou expressions dans une même phrase.

« Je vis, je meurs ; je me brûle et me noie »

■ Louise Labé, *Œuvres* (1555), sonnet VIII.

Pour l'oxymore, les termes opposés sont très proches. Ils appartiennent au même groupe de mots.

« Ma seule Étoile est morte, – et mon luth constellé
Porte le Soleil noir de la Mélancolie »

■ Gérard de Nerval, *Les Chimères, in Les Filles du feu* (1854), « El Desdichado ».

- Le chiasme est une figure d'opposition plus complexe (parfois considérée comme une figure de construction), qui donne à la phrase une structure croisée. Il concerne quatre éléments (mots ou groupes de mots) qui sont présentés selon un schéma *ab/b'a'*. Cette figure crée un effet de symétrie.

« La **neige** fait au nord ce qu'au sud fait le **sable**. »

■ Victor Hugo, *La Légende des Siècles* (1859).

MÉTHODES ET STRATÉGIES

1 Commentaire littéraire – Rimbaud, *Illuminations*

Vous commenterez le texte d'Arthur Rimbaud : « Aube » (*Illuminations*).

> Voir la méthode du traitement du commentaire littéraire (Annexes, p. 471).
> Voir les sujets 2 p. 232, 3 p. 233, 1 et 2 p. 258.

TEXTE Arthur Rimbaud (1854-1891), *Illuminations* (1886), « Aube »

Avec *Illuminations*, Rimbaud révèle son ambition poétique : se faire voyant. Il suggère toutefois que cette ambition a ses limites. Sa quête de l'absolu, aventureuse et exaltante, est menacée par l'échec.

J'ai embrassé l'aube d'été.

Rien ne bougeait encore au front des palais. L'eau était morte. Les camps d'ombres ne quittaient pas la route du bois. J'ai marché, réveillant les haleines vives et tièdes, et les pierreries regardèrent, et les ailes se levèrent sans bruit.

La première entreprise fut, dans le sentier déjà empli de frais et blêmes éclats, une fleur qui me dit son nom.

Je ris au wasserfall[2] blond qui s'échevela à travers les sapins : à la cime argentée je reconnus la déesse.

Alors je levai un à un les voiles. Dans l'allée, agitant les bras. Par la plaine, où je l'ai dénoncé au coq. À la grand'ville elle fuyait parmi les clochers et les dômes, et courant comme un mendiant sur les quais de marbre, je la chassais.

En haut de la route, près d'un bois de lauriers, je l'ai entourée avec ses voiles amassés, et j'ai senti un peu son immense corps. L'aube et l'enfant tombèrent au bas du bois.

Au réveil il était midi.

Prendre connaissance du texte

> Faire les premiers repérages

- Le texte doit être étudié dans le cadre de l'objet d'étude sur la poésie. Il s'agit d'un poème en prose du recueil *Illuminations* de Rimbaud. Commenter le titre : il renvoie aux enluminures, ou à une vision soudaine, à l'origine d'une forme de révélation.

- Le poème a la forme d'un récit, à la première personne. Il y est question d'une expérience de rencontre avec l'aube, qui est personnifiée. L'aube est forcément un moment symbolique, riche de potentialités, au commencement du jour.

> Établir la fiche d'identité du texte

- On peut relever les indices textuels de la première personne. Mais à noter : le passage à la troisième personne, à la fin du poème (« l'aube et l'enfant »). Rimbaud est-il bien cet enfant ? Nous parle-t-il d'une expérience passée ? Pourquoi ce glissement vers la troisième personne ?

2 Wasserfall : chute d'eau.

- Pour définir l'enjeu essentiel du texte, il faut aussi se demander de quoi Rimbaud nous parle vraiment. L'expérience qu'il raconte pourrait être un rêve (voir la conclusion du récit et la mention du « réveil »). Rêve amoureux ? Rencontre mystique avec une « déesse » ? On s'intéressera à la progression de la narration, de l'ouverture (avec l'octosyllabe initial) jusqu'à sa chute.

- Dès le début de l'analyse, on sera attentif à la richesse des images proposées par Rimbaud. Il évoque les « pierreries », la « cime argentée ». Il joue sur des effets de lumière, ce qui renvoie directement au moment qu'il décrit : l'aube.

Analyser le texte au brouillon

> Entrer dans les détails en croisant deux méthodes

L'analyse linéaire permet de percevoir la progression de la quête du « je » : la mise en mouvement, la course, le dévoilement et la chute. La lecture transversale permet d'identifier les enjeux essentiels du texte : le rêve, le désir, la nature.

Structurer le commentaire

> Établir un projet de lecture

Le projet de lecture est lié à l'enjeu cette expérience de rencontre avec l'aube. Comment Rimbaud donne-t-il à cette expérience un sens symbolique et poétique ?

> Élaborer un plan détaillé

I. Le récit d'une expérience personnelle

1. La progression de la narration

– Rimbaud développe son expérience dans un rythme qui va croissant.
– Le facteur déclencheur de la magie : la mise en mouvement du « je ». Le poète est libre.

2. Une expérience sensuelle

– Expérience sensuelle du « je ». S'adresse aux différents sens et parle du désir.
– Le contact physique (qui semble avoir eu lieu) est évoqué de manière très indirecte : « l'aube et l'enfant tombèrent au bas du bois. »
→ Avec l'aube, Rimbaud vit une expérience sensuelle et amoureuse. Pour lui, ce moment de la journée est magique. C'est l'occasion pour lui de s'échapper aux contraintes du réel.

II. Un moment de transfiguration de la nature

1. Un rêve ?

– Le récit de Rimbaud = peut-être celui d'un rêve.
– À la fin, le charme s'évanouit ; voir le verbe « tomber ». On passe de la course (mouvement horizontal) à la chute (mouvement vertical).

2. L'aube, l'heure des possibles

– Le symbole de l'aube : celui du retour à la vie, du « réveil » de la nature.
– À l'aube, tout est possible, même une certaine magie : une fleur qui dit son nom, par ex.
→ L'aube est le moment où tout est possible, et surtout où l'enfant peut rêver qu'il rencontre la poésie. Sa quête est celle du poète, qui poursuit l'idéal.

III. Une expérience poétique et mystique

1. Une rencontre avec la poésie

– S'unir avec la poésie suppose d'abord de se libérer de tout (des conventions, de ses attaches…). Rimbaud, à la fin, laisse peut-être parler l'adulte, qui mettrait à distance les illusions de l'enfant.
– *Illuminations* = le dernier recueil avant le silence poétique de Rimbaud. Il y éprouve non seulement les pouvoirs, mais aussi les limites du verbe.

2. Une rencontre avec la « déesse »

– « Je » nous dit qu'il a finalement « reconnu la déesse ». Son expérience = un moment d'extase, de révélation, dont le sens peut être mystique.
– Pour lui, la poésie = certainement cette déesse avec laquelle il veut s'unir, qui lui fait espérer le plaisir et la liberté absolue.

Rédiger le commentaire

> Rédiger l'introduction

- On peut rappeler quelques éléments de contexte, pour présenter le texte. On peut préciser, par exemple, que le recueil des *Illuminations* comporte de nombreux poèmes en prose. Rimbaud y livre les enthousiasmes et les échecs auxquels il est confronté. Dans « Aube », il fait le récit d'une rencontre qui peut être considérée, dans un premier temps, comme amoureuse. Un jeune homme, dans un élan de liberté et de sensualité, tente d'embrasser l'aube, ainsi personnifiée. Mais quel sens exact donner à cette poursuite, qui semble se solder par un échec ? Rimbaud ne traduit-il pas là les difficultés de la quête poétique du verbe ?

- Mais sa description est loin d'être réaliste. Le poète, par la richesse des images qu'il propose, nous décrit une nature transfigurée. Il exalte finalement ainsi les pouvoirs du verbe poétique, qui ne peut toutefois éviter à personne la déception du réveil. L'aube serait à la fois la poésie et une déesse que le « je » aurait eu la folle ambition de vouloir maîtriser.

> Rédiger une brève conclusion

- Montrer, pour répondre à la problématique posée en introduction, que l'expérience racontée par Rimbaud est à la fois amoureuse, poétique et mystique.

- On peut faire référence, en ouverture, à la « Lettre du voyant ». Rimbaud y définit son ambition : « il faut être voyant, se faire voyant ». Il veut voir ce que personne n'a vu et le faire partager en poésie.

2 Écriture d'invention – Rédiger une lettre

Vous êtes poète et vous proposez à un éditeur votre recueil de poèmes en prose. Dans une lettre que vous lui adressez pour lui demander de publier votre texte, vous expliquez pourquoi vous avez choisi la forme du poème en prose et vous montrez que l'on peut être poète, même en prose. Vous écrirez cette lettre.

> Voir la méthode du traitement de l'écriture d'invention (Annexes, p. 473).
> Voir les sujets 4 p. 259 et 3 p. 286.

Analyser le sujet au brouillon

> Repérer les mots clés du sujet

- Le sujet demande que l'on se mette dans la position d'un auteur qui veut persuader un éditeur que son œuvre doit être publiée. Il faudra donner des arguments qui mettent en évidence l'intérêt du poème en prose.
- On demande d'écrire une lettre. Il faudra respecter les contraintes de ce type de texte : la mention de l'expéditeur, du destinataire, les formules de politesse… Attention, on s'adresse à un éditeur : il est essentiel d'utiliser un niveau de langue soutenu, adapté au destinataire.

> Dresser un cahier des charges

Il s'agit d'abord de se présenter à l'éditeur et d'évoquer l'œuvre proposée en quelques mots qui mettront en évidence ses qualités. Il serait bon de donner un titre à cette œuvre, pour que le texte soit crédible et, éventuellement, un titre aux différents poèmes qui la composent. Il faudrait également expliciter son désir de de la voir publiée.

S'appuyer sur le corpus

> Analyser le(s) textes sur le(s)quel(s) s'appuie le sujet

- Ce sujet s'inscrit dans un corpus sur le poème en prose (non donné ici). Il s'agit d'analyser rapidement les caractéristiques essentielles des poèmes de ce corpus. Se demander, en particulier, ce qui en fait la dimension poétique.
- Ne pas hésiter à se servir de ces textes pour proposer des exemples. Le poète pourra défendre ses choix esthétiques en s'inscrivant dans la continuité des poètes du corpus.

Rédiger le devoir

> Apporter une réflexion personnelle

- Consacrer l'introduction de la lettre à se présenter et à parler de son recueil (pourquoi on l'a écrit, à quel moment de sa vie, ses sujets d'inspiration…).
- Proposer des arguments que l'on organisera du plus évident au plus subtil. Il s'agit de montrer que le poème en prose est une forme poétique à part entière, qui mérite toute l'attention d'un éditeur et des lecteurs.
  - On peut d'abord se présenter comme l'héritier d'une illustre tradition : celle de Baudelaire dans *Le Spleen de Paris*, et de Rimbaud dans les *Illuminations*, par exemple.
  - On peut ensuite contester la tradition classique et affirmer que la poésie n'est pas le vers et la rime. Ces contraintes sont aussi des limites posées à la créativité du poète.
  - En effet, le poème en prose offre une forme plus libre, probablement plus adaptée à la modernité. Il permet d'exprimer avec souplesse les mouvements de l'âme et les évolutions du monde.
  - Dans le poème en prose les poètes jouent avec le rythme, les sonorités. Ils multiplient aussi les images. On peut parfaitement être poète, même en prose…
- Ne pas oublier la conclusion de la lettre. Le poète qui écrit à son éditeur doit forcément achever son propos en lui demandant de publier son œuvre.

SUJETS DE TYPE BAC

1 Commentaire littéraire – Baudelaire, *Les Fleurs du mal*

180 min.

Vous commenterez le texte de Baudelaire : « La cloche fêlée » (*Les Fleurs du mal*, 1857).

Le poème de Baudelaire « La cloche fêlée » est caractéristique du « spleen » baudelairien, dont il permet de mieux comprendre les ressorts. Dans une forme assez classique, il vous invite à vous interroger sur la violence des sentiments exprimés par le « je ».

> Voir la méthode du traitement du commentaire littéraire (Annexes, p. 471).
> Voir les Méthodes et stratégies 2, chapitre 7 et Méthodes et stratégies 1, chapitre 8.

TEXTE Charles Baudelaire (1821-1867), *Les Fleurs du mal* (1857), « La cloche fêlée »

Dans ce poème, extrait de la section « Spleen et Idéal » (LXXIV), Baudelaire fait de lui un autoportrait en « cloche fêlée ». Il exprime la profondeur de sa mélancolie, à laquelle il donne le nom de « spleen ».

II est amer et doux, pendant les nuits d'hiver,
D'écouter, près du feu qui palpite et qui fume,
Les souvenirs lointains lentement s'élever
Au bruit des carillons qui chantent dans la brume.
Bienheureuse la cloche au gosier vigoureux
Qui, malgré sa vieillesse, alerte et bien portante,
Jette fidèlement son cri religieux,
Ainsi qu'un vieux soldat qui veille sous la tente !
Moi, mon âme est fêlée, et lorsqu'en ses ennuis
Elle veut de ses chants peupler l'air froid des nuits,
II arrive souvent que sa voix affaiblie
Semble le râle épais d'un blessé qu'on oublie
Au bord d'un lac de sang, sous un grand tas de morts,
Et qui meurt, sans bouger, dans d'immenses efforts.

2 Commentaire littéraire – Ponge, *Le Parti pris des choses*

180 min.

Vous commenterez le texte de Francis Ponge : « Le cageot » (*Le Parti pris des choses*, 1942).

« Le cageot » est un poème en prose qui porte sur un objet particulièrement inhabituel ! Francis Ponge nous prouve que la poésie peut s'inspirer du quotidien. Il feint de proposer une définition du « cageot », mais son regard subjectif de poète finit par s'imposer. À vous de le montrer…

> Voir la méthode du traitement du commentaire littéraire (Annexes, p. 471).
> Voir les Méthodes et stratégies 2, chapitre 7 et Méthodes et stratégies 1, chapitre 8.

TEXTE Francis Ponge (1899-1988), *Le Parti pris des choses* (1942), « Le cageot »

Ponge, dans ses poèmes en prose, a pour ambition de « céder l'initiative » aux choses. Il livre de nombreuses descriptions des objets du quotidien. Mais il parvient à métamorphoser la représentation de l'objet, qui devient vivant et poétique.

À mi-chemin de la cage au cachot la langue française a cageot, simple caissette à claire-voie vouée au transport de ces fruits qui de la moindre suffocation font à coup sûr une maladie.

Agencé de façon qu'au terme de son usage il puisse être brisé sans effort, il ne sert pas deux fois. Ainsi dure-t-il moins encore que les denrées fondantes ou nuageuses qu'il enferme.

À tous les coins de rues qui aboutissent aux halles, il luit alors de l'éclat sans vanité du bois blanc. Tout neuf encore, et légèrement ahuri d'être dans une pose maladroite à la voirie jeté sans retour, cet objet est en somme des plus sympathiques – sur le sort duquel il convient toutefois de ne s'appesantir longuement.

3 Dissertation – La poésie et le réel

180 min.

Pensez-vous que la poésie doive nous montrer le réel tel qu'il est ? Vous répondrez en vous appuyant sur votre cours et sur votre culture personnelle.

Ce sujet de dissertation permet de s'interroger sur les fonctions de la poésie. À quoi sert la poésie ? C'est peut-être une question que vous vous posez. Dans la dissertation, demandez-vous même si elle sert à quelque chose, ou si elle n'a pas d'autre objectif que la beauté.

> Voir la méthode du traitement de la dissertation (Annexes, p. 475).
> Voir les Méthodes et stratégies 2, chapitre 9.

4 Écriture d'invention – Rédiger une description

180 min.

En vous inspirant des poèmes que vous connaissez, vous choisirez un objet que vous décrirez de manière poétique. Votre texte comportera des images, qui mettront en évidence le regard personnel que vous portez sur cet objet.

Ce sujet est un exercice d'écriture qui valorise les élèves dotés de facilités d'écriture. Soignez votre style et n'hésitez pas à laisser libre cours à votre imagination !

> Voir la méthode du traitement d'une écriture d'invention (Annexes, p. 473).
> Voir les Méthodes et stratégies 2, chapitre 8.

CORRIGÉS

1 Commentaire littéraire – Baudelaire, *Les Fleurs du mal*

Prendre connaissance du texte

> Faire les premiers repérages

Il faut replacer le poème dans l'œuvre complète : *Les Fleurs du mal* (1857), œuvre majeure de Baudelaire. Le poème appartient à la section « Spleen et Idéal ». Le spleen est la mélancolie baudelairienne ; avec l'Idéal, qui révèle les aspirations du poète, il traverse l'œuvre entière. Baudelaire n'appartient à aucun mouvement précis : il hérite du romantisme ainsi que du Parnasse et annonce la modernité poétique.

« La cloche fêlée » est un sonnet (deux quatrains - deux tercets). Il est écrit en alexandrins. Les rimes sont croisées dans les quatrains, puis suivies ou plates. On peut remarquer que la structure des rimes n'est pas totalement conforme à la tradition du sonnet (rimes embrassées, puis deux rimes suivies ou plates, puis un quatrain de rimes croisées ou embrassées).

> Structurer la réponse

La réponse doit être structurée autour du grand enjeu du poème : l'expression de la mélancolie ou spleen du poète. On peut choisir de proposer un plan articulé autour du rapport causes / conséquences du spleen.

Les titres de parties et de sous-parties ne doivent pas apparaître dans la copie.

Introduction

« La cloche fêlée » est un sonnet de Baudelaire, extrait des *Fleurs du mal* (1857), recueil majeur du poète et de la littérature du XIXe siècle. Baudelaire y présente son spleen, c'est-à-dire sa mélancolie profonde, et ses difficultés à accéder à l'Idéal. Dans ce poème, qui propose son autoportrait en « cloche » abîmée, il évoque sa crainte de perdre l'harmonie, de ne plus pouvoir traduire en mots la musique de son âme. Comment Baudelaire met-il en évidence, à travers l'évocation de la cloche, son spleen et ses difficultés à écrire ? Nous montrerons dans un premier temps qu'il se présente comme une « cloche fêlée », en proie à la souffrance. Nous verrons ensuite qu'il insiste sur ce qui le sépare de l'Idéal, avant d'étudier les conséquences du spleen sur sa voix poétique.

I. Un autoportrait du poète en « cloche fêlée »

1. La souffrance

Le poète nous parle de lui, lorsqu'il évoque la « cloche ». Le pronom « moi » (repris par l'adjectif possessif « ma »), au début du premier tercet, introduit un **discours très personnel**, marqué par le registre lyrique. Il nous parle de sa **souffrance physique et morale** (« fêlée », « voix affaiblie », « blessé », « sang »...). Le terme « ennui », qui a un sens fort dans ce contexte, renvoie à ses tourments. Le « lac » est aussi un symbole de la mélancolie, du spleen. Cette souffrance est, entre autres, liée à sa **solitude**. Il se compare à « un blessé qu'on oublie », un homme seul, dont plus personne ne partage la douleur.

2. La menace de la mort

Le poète, dans le deuxième tercet, se présente comme menacé par la mort. Il est **presque devenu un cadavre au milieu d'autres cadavres.** Il dit être « sous un grand tas de morts ». Le terme « tas » a une connotation péjorative. Les corps entassés n'ont pas plus de valeur que des objets. L'image du « lac de sang » suggère que beaucoup d'autres hommes ont connu le même sort. Le rouge du sang constitue un écho tragique au feu chaud et rassurant, dans le premier quatrain. La cloche peut aussi être un symbole de mort. Elle sonne le glas, pour annoncer la mort.

II. L'impossible Idéal

1. Un autre rapport au temps

La « cloche au gosier vigoureux », personnifiée, semble échapper au temps qui passe. Elle est en bonne santé, malgré sa vieillesse. Elle n'a pas perdu ses liens avec le passé, car les « souvenirs lointains » ne l'ont pas abandonnée. Elle peut aussi envisager l'avenir sereinement. Son « cri religieux » montre qu'elle n'a pas perdu la foi. **L'homme confiant, ainsi désigné par l'image de la cloche, attend la bataille sans crainte.** Baudelaire fait de lui un « vieux soldat ». Il montre que la vie est une guerre. Certains attendent tranquillement de livrer leur dernière bataille, qui se terminera par la mort, alors que d'autres agonisent lentement et seuls.

2. Le poète, spectateur envieux du bonheur ?

Baudelaire « écoute », à la veillée, un bonheur qui lui est étranger. Il évoque l'ambiguïté de ses sentiments dès le premier quatrain : ce spectacle est pour lui « amer et doux », à la fois douloureux, parce qu'il ne peut pas le partager, et rassurant. Il sait en effet que **le bonheur est possible**. L'adjectif « bienheureuse » évoque d'ailleurs les Béatitudes de l'*Évangile* (« Bienheureux les... »). **Mais le poète n'a probablement plus la foi,** condition nécessaire à ce bonheur. Il n'a plus l'énergie nécessaire pour lutter contre le froid des « nuits d'hiver » et la « brume ».

III. La crainte de l'affaiblissement du lyrisme

1. Le « râle » ou le chant de la dissonance

La voix du poète ne fait plus vivre les souvenirs, personnifiés dans le premier quatrain. Le « carillon » s'oppose au « râle », qui est le seul chant dont la « voix affaiblie » est capable. Baudelaire montre qu'il aurait pourtant la volonté de « chanter ». Au vers 10, le verbe « vouloir » révèle qu'il n'a pas renoncé. Mais « l'air froid », que le chant ne parvient pas à réchauffer, s'oppose au « feu » du premier quatrain. On peut certainement faire le lien entre l'évolution de la rime et cet **affaiblissement du lyrisme**. Dans les deux tercets, les rimes sont suivies. Le poète semble nous dire qu'il ne parvient plus à écrire, que les règles du sonnet traditionnel sont devenues trop pénibles pour lui.

2. Le risque du silence ?

La cloche du poète est « fêlée », peut-être parce qu'il a chanté souvent et avec force. Cette « fêlure » est le signe de l'ambition poétique qu'il a essayé d'assouvir. Mais elle menace aussi sa parole. Le poète pourrait se taire, ne plus pouvoir écrire. **Mais tout espoir ne semble pas perdu**. L'adverbe « souvent » (v. 11) suggère qu'il parvient encore, parfois, à s'exprimer, et le poème montre que la « fêlure » est, en elle-même, un motif d'inspiration poétique. Même s'il est menacé par la mort, il ne l'est pas par l'oubli (voir v. 12), car il fait de son combat héroïque un chant de souffrance, que chacun peut lire.

Conclusion

[Réponse à la problématique] « La cloche fêlée » est un des multiples poèmes du spleen baudelairien. L'Idéal, pour le poète, est bien lointain et inaccessible. La mort a presque triomphé.
[Ouverture] Dans la dernière section des *Fleurs du mal*, intitulée « La Mort » (poème « Le voyage »), Baudelaire en fait paradoxalement une raison d'espérer, car elle permet d'aller au « fond de l'Inconnu / pour trouver du nouveau ».

2 Commentaire littéraire – Ponge, *Le Parti pris des choses*

Voici un exemple de plan détaillé (semi-rédigé). Les titres de parties et de sous-parties ne doivent pas apparaître dans la copie.

Introduction

Le Parti pris des choses est un recueil qui présente de nombreux objets : l'huître, le pain, l'orange sont les héros du monde que Francis Ponge feint de décrire avec objectivité. En réalité, cette description révèle son point de vue très subjectif sur le monde. L'écriture poétique donne une vie aux objets, qu'elle transfigure. Ponge met ainsi en évidence le pouvoir des mots. Dans « Le cageot », le lecteur pourrait croire qu'il est face à la définition d'un objet. Il prend conscience, au fil du texte, que ce cageot est personnifié et qu'il acquiert une vraie dimension poétique.
Comment Ponge transfigure-t-il un objet du quotidien pour en faire un motif d'inspiration poétique ? On montrera d'abord qu'il s'intéresse à l'objet dans ses caractéristiques concrètes. Mais le cageot est personnifié : les images lui donnent une vie. C'est finalement à la poésie et au pouvoir des mots que Ponge semble rendre hommage.

I. Le parti pris des choses

1. Un texte sous forme de définition

Ponge commence par ce qui semble être une **définition**, en apposition au nom « cageot » : « simple caissette à claire-voie vouée au transport [des] fruits ». Le vocabulaire est précis, presque technique. Le poète fait même référence à la place de l'objet dans le dictionnaire. « Cageot » serait situé entre « cage » et « cachot ».

2. La référence précise à l'objet

Ponge renvoie à la **fonction de cet objet**, qui apparaît comme utilitaire. Il est destiné à renfermer des « denrées » périssables. Il est particulièrement utilisé aux « halles ». C'est un élément incontournable de notre modernité, dans les villes. On le découvre « à tous les coins de rue » et il est jeté à la « voirie ». **Nul ne peut échapper au spectacle du cageot.**

II. Une description subjective

1. La personnification de l'objet

– Mais d'emblée, la description glisse vers la **subjectivité**. Les fruits sont susceptibles de « suffoquer » et d'en « faire une maladie ». Cette expression montre la fragilité de ce que renferme le cageot. Les fruits doivent être protégés. Ils sont aussi suspects d'être capricieux. Ils ont des exigences, auxquelles le cageot doit se conformer.

– Le cageot est également lié à la **lumière** (voir champ lexical : « luit, éclat, blanc »). Ponge lui confère ainsi une certaine beauté.
– Il lui prête enfin une vraie **personnalité**. Le cageot serait caractérisé par son humilité. L'adjectif « simple » peut *a posteriori* être rapproché de son « éclat sans vanité ». Le cageot a une « pose maladroite ». Il ne parvient pas à trouver sa place dans le monde et il sait qu'il est condamné au sacrifice.

2. Un objet fragile et éphémère

– Cet objet doit se sacrifier pour les fruits qu'il transporte. C'est son **destin** (voir « vouée », « sort »). Mais Ponge n'y voit rien de tragique. S'il trouve cet objet « sympathique », c'est-à-dire qu'il nous invite probablement à **souffrir avec lui**, selon le sens étymologique de la « sympathie », il n'en précise pas moins qu'il ne faut pas « s'appesantir » sur ce qui lui arrive. Il ne saurait être question d'avoir pitié de lui. Il évoque cet objet avec **légèreté**. Toute pesanteur est d'ailleurs exclue dans cette petite forme qu'est le poème en prose.
– Pour le lecteur, ne pas « s'appesantir » permet peut-être aussi d'**éviter de s'apitoyer sur le caractère fragile et éphémère de sa propre existence**. Lui non plus ne « servira pas deux fois ». Pour parler de la mort, Ponge nous montre, dans ce poème, qu'il ne livre aucune méditation métaphysique. Il évoque, plus modestement, la poésie de l'objet.

III. Le parti pris des mots

1. Le jeu avec les mots

Ponge joue avec les **mots, dont le pouvoir transfigure un objet du quotidien**. Il exploite la matérialité du langage, en s'appuyant sur les sonorités (voir les assonances : « cageot », « cage », « cachot » ; « caissette », « claire-voie »...). Il joue aussi sur le sens propre et le sens figuré, qui s'entrecroisent.

2. Fragilité de l'objet, fragilité du poème

Le cageot, qui serait entre « cage » et « cachot » (deux termes symboles d'emprisonnement), témoigne de la **liberté poétique, qui autorise l'évasion**, même lorsque l'on pourrait se croire prisonnier du quotidien. Cette liberté est toutefois fragile et éphémère. Elle permet d'accéder à des « denrées fondantes ou nuageuses ». Ce trésor, bien à l'abri du cageot, se révèle à ceux qui savent **voir derrière les apparences banales du monde**. Il fait naître le plaisir et il élève, vers les « nuages ». Mais il est insaisissable, évanescent. Il doit rencontrer quelqu'un qui sache le reconnaître, le goûter et s'en enrichir.

Conclusion

Pour Ponge, les nourritures terrestres sont des nourritures poétiques, dont on doit profiter avec d'autant plus de délectation que l'on aura été averti du sacrifice qui a garanti leur survie.

3 Dissertation – La poésie et le réel

Voici un exemple de plan détaillé (semi-rédigé). Les titres de parties et de sous-parties ne doivent pas apparaître dans la copie.

Introduction

Le lien entre le réel et la poésie est un lien complexe. Les poètes, qui auraient pour mission de créer le Beau, ne pourraient pas rendre compte du réel avec fidélité. Mais certains poètes, en particulier contemporains, ont porté leur regard sur la réalité du monde. La poésie a-t-elle une ambition réaliste ? L'écriture poétique doit-elle, au contraire, transfigurer le réel ?

I. Le réalisme en poésie ?

1. Des sujets du quotidien

– Le poète s'inspire du monde et de la vie. Il ne peut pas négliger les sujets du quotidien. Voir Ponge, *Le Parti pris des choses* : il y est question d'huîtres, de pain et de cageot. **Ponge voudrait porter un regard objectif sur les objets.**
– Le poète peut même **s'intéresser à la violence du monde et à la laideur**. Pour Baudelaire, dans « Une Charogne » (*Les Fleurs du mal*), le corps en décomposition est un objet d'inspiration poétique.

2. Le poète, un homme comme les autres ?

Le poète rend compte aux autres hommes d'émotions personnelles, qui sont aussi des émotions universelles. Il parle à ses lecteurs de son angoisse face au temps qui passe, de ses sentiments amoureux, de son émotion face à la nature. **Le lyrisme poétique permet aux hommes de mieux se connaître**, de se voir tels qu'ils sont ou tels qu'ils voudraient être. Rimbaud, par exemple, est pour bien des lecteurs un poète qui parle aux adolescents de leurs incertitudes, de leurs fuites et de leur aspiration à l'absolu (voir « Ma Bohême », entre autres).

3. L'engagement

Le poète s'intéresse au monde, parce qu'**il veut aussi s'exprimer en tant que citoyen**. Il prend position pour la liberté, contre le travail des enfants, contre la peine de mort. C'est le cas de Victor Hugo, dans *Les Châtiments*, qui s'engage contre Napoléon III et la dictature qu'il impose.

II. Le pouvoir de transfiguration des mots

1. L'écriture poétique et la mise à distance du monde

Le poète s'inspire du monde, mais c'est le plus souvent pour mieux montrer qu'il importe de prendre conscience que **le seul réel digne d'intérêt échappe aux servitudes matérielles**. C'est ainsi, par exemple, que René-Guy Cadou définit la poésie : « La poésie n'est rien que ce grand élan qui nous transporte vers les choses usuelles – usuelles comme le ciel qui nous déborde. » (*Usage interne*). Le poète joue sur le terme « usuelles », pour nous suggérer que notre réalité n'est pas concrète et matérielle. Ce qui nous habite est, pour l'essentiel, une **question existentielle sur laquelle la poésie met des mots.**

2. Le poète, un « phare »

Le poète n'est donc pas un homme comme les autres. Pour Baudelaire, il est ce « phare » qui révèle aux autres ce que pourraient être la beauté du monde et l'itinéraire pour y parvenir. Il est un intermédiaire entre Dieu et les hommes. D'ailleurs, ces derniers ne le reconnaissent pas forcément comme l'un des leurs. Le poète est souvent incompris, rejeté. René-Guy Cadou, toujours dans *Usage interne*, évoque ainsi cette position particulière des poètes, à la fois hommes parmi les hommes, mais aussi hommes voués à une mission supérieure : « Les poètes sont les aristocrates du peuple. »

3. La poésie et le dévoilement du mystère

Le poète voit la réalité de manière plus précise et plus intense que les autres hommes. Rimbaud dit de lui qu'il sait se faire « voyant », au prix d'une certaine forme de folie, de dépassement de ce qui semble rationnel et raisonnable. Les poètes symbolistes voient le mystère par-delà la réalité. Ils éprouvent la puissance des mots qui recréent le monde. Pour Mallarmé, par exemple, la fleur dont il parle, en poésie, est forcément « l'absente de tous bouquets ». **La poésie fait surgir l'idée, l'essence du monde.**

III. La poésie pour changer notre regard sur le monde

1. Nous inviter à changer le monde ?

La poésie peut être un mode indirect d'argumentation. **Les poètes s'efforcent parfois d'éveiller les consciences.** La poésie invite les hommes à corriger leurs défauts. C'est le cas des fables, par exemple. La Fontaine, même s'il ne se fait guère d'illusions sur la capacité des hommes à changer, leur fait prendre conscience de leur immaturité et de leurs faiblesses.

2. L'audace de rêver

La poésie peut aussi insuffler aux hommes l'envie de faire coïncider davantage le réel et leurs rêves. Le poète, ce « rêveur sacré » pour Victor Hugo, donne au peuple de l'espoir. Il lui rappelle qu'**un autre monde est possible**. Il lui donne aussi de l'ambition. Les hommes, à son exemple, peuvent se faire « voleurs de feu » (Rimbaud) et **oser rechercher les moyens de maîtriser leur propre destin**.

3. Rendre le réel plus supportable

La poésie est toujours une échappatoire à la dureté du monde réel, parce qu'elle propose, au moins, un **espace de liberté**. Le verbe poétique ne se soumet jamais entièrement aux contraintes, même à celles, très violentes, de la censure et de la tyrannie. En nous détournant de la réalité du monde, il nous divertit. Pour Ponge, l'objet devient, par le pouvoir des mots, un « objeu » et un « objoie », à l'origine d'un plaisir, voire d'une jubilation, qui nous console de notre condition humaine.

Conclusion

Les poètes nous montrent parfois le réel tel qu'il est, parfois tel qu'il devrait être ou tel qu'il pourrait être, si les consciences des hommes s'éveillaient. La poésie n'a pas pour fonction d'être réaliste. Les poètes ne sont pas tout à fait des hommes comme les autres. Ils ne peuvent toutefois pas ignorer le réel. Ils n'écrivent pas dans une tour d'ivoire, loin des réalités souvent brutales ou laides auxquelles les hommes sont confrontés au quotidien. La poésie nous parle donc de nous et du monde, mais pour en révéler les mystères, et ainsi nous aider à mieux vivre avec nos interrogations, nos insuffisances et nos peurs.

4 Écriture d'invention – Rédiger une description

Analyser le sujet

> Repérer les mots clés du sujet

Le sujet suppose que l'on connaisse quelques poèmes sur des objets et que l'on ait pu analyser la manière dont les poètes utilisent les images pour transfigurer la description. Choisir plutôt un objet qui aura une valeur affective ou symbolique. La description de cet objet permettra d'exprimer des sentiments personnels (registre lyrique) ou de transmettre son regard sur le monde.

Il est important de respecter les contraintes du sujet, et en particulier l'une d'entre elles : écrire « de manière poétique ». Cela signifie que l'on doit être attentif aux sonorités et au rythme de son propre texte. Le sujet précise qu'il faut proposer des images, c'est-à-dire des comparaisons et / ou des métaphores. La description n'aura pas pour vocation d'être réaliste. Ne pas hésiter à faire parler son imagination.

> Rédiger le devoir

Un conseil : n'écrire en vers que si l'on maîtrise vraiment les règles de versification. Il est préférable de composer un poème en prose, si l'on est mal à l'aise avec le vers. Mais si l'on écrit en prose, il faut s'efforcer de travailler sur la musicalité du texte.

Cet exemple est une proposition, parmi bien d'autres possibles. Il n'a pas valeur de corrigé. Il vous propose seulement quelques pistes.

Le berceau

Lit de l'enfance, petit nid où la chaleur des couvertures protège des rigueurs du monde, c'est le berceau. Lieu d'origine, où se reposent les petits après la naissance, le premier de leur combat. Lieu où ils préparent les nombreux combats qui vont suivre, suspendus dans les limbes de l'innocence.

Bien à l'abri dans son berceau, l'enfant voit les adultes se pencher sur sa vie. Comme des bonnes fées, ils lui promettent des merveilles. Ils lui chantent des comptines pour enchanter ses veilles enfantines. Les yeux embués, ils voient en lui un prince. Son oreiller est sa couronne et son ours est le premier de ses sujets.

Et les illusions le bercent, dans l'infini babillement de ces visages aimants, qui lui cachent les nuages dans son ciel. Lui, petit poisson devenu oiseau, il voudrait s'envoler, quitter son berceau pour aller plus haut.

Plus tard, des années plus tard, il voudra peut-être retrouver ce berceau, se pelotonner à nouveau bien au chaud à l'origine du monde, pour ralentir l'inexorable déroulement des heures.

Mais il sera trop tard. Après minuit, le berceau se transforme en crapaud ! Condamné à errer sans fin, jusqu'à ce qu'il soit rattrapé par l'ultime lit, l'homme attend debout. Très doux et fou était le temps des promesses. Après les contes vint le temps du coassement.

CHAPITRE 9

Poésie et quête du sens

COURS

Poésie et quête du sens

Pour de nombreux lecteurs, la poésie est inutile. La société n'aurait aucun avantage à attendre des créations immatérielles, qui ont si peu de conséquences concrètes. Les poètes se sont eux-mêmes interrogés sur les fonctions de l'écriture. La poésie leur donnerait l'occasion d'« expliquer [leur] inexplicable cœur », pour reprendre les mots de Chateaubriand, qui fait de ses *Mémoires d'outre-tombe* (1809) un chef-d'œuvre de la prose poétique. Le lyrisme s'appuie en effet sur l'expression des sentiments personnels. Mais les poètes savent aussi se tourner vers le monde et assumer leurs responsabilités face à l'Histoire et aux autres hommes. Ceux qui choisissent l'engagement font de leurs mots une arme contre l'oppression et les injustices. Ils placent ainsi la poésie au service d'une cause qui la dépasse, ce que certains leur ont reproché.
Pourquoi la poésie aurait-elle un autre but qu'elle-même ? Elle est avant tout une quête des mots pour dire le monde, dans une langue originale, radicalement différente de celle du quotidien.

I. Poésie et événement privé : la poésie lyrique

Le lyrisme renvoie à la « lyre ». Cet instrument de musique d'origine divine, attribut d'Hermès, d'Apollon et d'Orphée, accompagnait les chants dans l'Antiquité. Au Moyen Âge, la poésie est chantée par les troubadours (en langue d'oc, au sud de la France) et par les trouvères (en langue d'oïl, au nord). Les formes médiévales – ballades, lais et virelais[1], par exemple – peuvent mêler le texte, la musique et la danse. La musicalité, indissociable du lyrisme, est ensuite recherchée par les mots eux-mêmes. Le lyrisme est également caractérisé par l'expression de sentiments personnels. Le poète évoque sa mélancolie et ses souffrances, qui sont aussi les nôtres.

1. Le lyrisme et la musicalité

a. De l'harmonie…

- Le poème lyrique, au moins jusqu'à la deuxième moitié du XIXe siècle, s'appuie sur le **rythme** et les **sonorités du vers**. Les poètes recherchent l'harmonie formelle, au risque que cette codification de l'écriture ne voile la sincérité de l'expression. **Tristan L'Hermite**, par exemple, conclut ainsi son poème « Sur un tombeau » :

> « Car je meurs en ta cendre et tu vis dans ma flamme. »
> ■ Tristan L'Hermite, *Les Plaintes d'Acante* (1633).

L'équilibre créé par le chiasme (« je meurs – ta cendre / / tu vis – ma flamme ») semble figer le désordre des sentiments amoureux.

- Le respect des règles d'écriture signale toutefois la **quête de l'idéal et de la sagesse**. Cette exigence poétique est indissociable d'une exigence morale. **Malherbe**, pour pleurer la mort de son fils, tué en duel, choisit la forme fixe du sonnet. Il adresse à Dieu une prière très digne.

1 Ballades, lais et virelais : formes à l'origine chantées et/ou dansées, qui comportent plusieurs strophes et souvent un refrain.

« Fais que de ton appui je sois fortifié ;
Ta justice t'en prie, et les auteurs du crime
Sont fils de ces bourreaux qui t'ont crucifié. »

■ Malherbe, « Sur la mort du fils de l'auteur » (1627-1628).

Le poète ne s'abandonne pas à la tentation de la vengeance. Il maîtrise ses sentiments, comme son écriture.

Il existe de nombreuses formes d'expression du lyrisme : l'**hymne** (poème qui chante les louanges des dieux ou des héros), l'**ode** (forme destinée à l'origine à être chantée), la **chanson** (forme plus populaire, dans laquelle peut se révéler l'intimité) ou l'**élégie** (poème exprimant la souffrance), par exemple. Dans ses *Regrets* (1558), **Du Bellay** propose de nombreux poèmes dominés par le registre élégiaque. En exil à Rome, il chante sa nostalgie de la France. Il se confie à ses vers, « Comme étant de [s]on cœur les plus sûrs secrétaires » (sonnet 1).

DOC. 1 Camille Corot (1796-1875), *Orphée ramenant Eurydice des enfers* (1861), détail. La lyre est l'instrument d'Orphée, héros mythologique. Elle lui permet de chanter ses souffrances, pour mieux les sublimer. Ici, Eurydice et lui semblent partager un moment idéal, au sein d'une nature paisible, presque enchanteresse. Mais le regard des deux amants exprime une certaine mélancolie. Le chant d'Orphée s'adresse autant à Eurydice qu'aux dieux, qui lui promettent un destin tragique, comme l'annonce la menace du serpent, en bas à droite du tableau.

b. ...aux dissonances de la modernité poétique

- Les poètes vont progressivement prendre conscience que **la musicalité de la poésie n'est pas liée au compte des syllabes et à la rime.** Les assonances et les allitérations, les anaphores et les procédés de construction traduisent à eux seuls la musique du monde et de la conscience. Pour **Verlaine**, qui justifie son choix du vers impair dans son « Art poétique », la poésie est « De la musique avant toute chose » (*Jadis et naguère*, 1884). Mais **la rime n'est qu'un élément musical parmi d'autres.** Il la présente comme un « bijou d'un sou », qui peut contribuer à la beauté d'un poème en même temps qu'il peut sembler artificiel.
- Le lyrisme n'est donc pas incompatible avec le **vers libre** ou la **prose**. **Baudelaire** considère même que le poème en prose, par sa souplesse, est une forme plus adaptée aux « mouvements lyriques de l'âme » (lettre à Ernest Houssaye). Pour les poètes de la modernité, le cri du « mauvais vitrier », dans *Le Spleen de Paris* (1864), et le « bruit éclatant » de ses vitres brisées sont aussi constitutifs du lyrisme, dans un monde où l'harmonie n'a plus de place. La poésie peut être **à la fois lyrique et dissonante**.

Poésie et musique

La poésie, d'abord chantée, a toujours été indissociable de la musique. Les poètes recherchent la musicalité des mots, en s'appuyant sur le rythme et la rime. Ils chantent d'ailleurs la force évocatoire de la musique. Baudelaire, par exemple, s'exclame : « La musique parfois me prend comme une mer ! » (*Les Fleurs du mal*, « La musique », 1857).

Certains poètes collaborent même avec des musiciens. Liszt (1811-1886) s'inspire probablement du poème de Baudelaire « Harmonie du soir » pour composer l'une de ses études d'exécution transcendante. Fauré (1845-1924) reprend les paroles de Verlaine, extraites de son premier poème du recueil des *Fêtes galantes* (1869), pour son « Clair de lune » (1887). Le texte est à nouveau mis en musique par Debussy (1862-1918), en 1905. Ce dernier s'inspire librement de Mallarmé pour composer son « Prélude à l'Après-midi d'un faune » (1892-1894). Les poètes symbolistes, soucieux de suggérer les mystères du monde, ont été particulièrement proches des musiciens de leur époque.

De nombreux poèmes ont aussi été adaptés en chansons. Léo Ferré, Jean Ferrat, Georges Brassens ont chanté Baudelaire, Aragon ou Prévert. Serge Gainsbourg, dans « Je suis venu te dire que je m'en vais », rend hommage à Verlaine et au « vent mauvais » de sa « Chanson d'automne » (*Poèmes saturniens*, 1866).

La chanson peut être lyrique, ou engagée, comme « Le temps des cerises », de Jean-Baptiste Clément et Antoine Renard (1866), qui dénonce la répression de la Commune de Paris, ou « Le chant des partisans », écrit par Joseph Kessel et Maurice Druon (1943), pour appeler à la Résistance pendant la Seconde Guerre mondiale. Elle apparaît aujourd'hui comme l'un des derniers refuges d'une poésie qui n'est plus vraiment en tête des ventes. Parfois issue de la culture populaire, elle peut aussi rejoindre les formes d'écriture les plus nobles. Elle appartient incontestablement à notre patrimoine poétique.

2. L'expression des sentiments personnels

a. Dire « je »

- Le lyrisme est souvent caractérisé par l'emploi de la **première personne**. Le poète évoque ses sentiments, auxquels il donne une **dimension universelle**. Dans *Les Poèmes de l'humour triste* (1919), **Jules Supervielle** demande d'être « bon pour le Poète », car « Il se fait notre jumeau ». Le lecteur, qui éprouve les mêmes souffrances et les mêmes joies que lui, se reconnaît dans la poésie lyrique.

- Le lexique et les figures de style traduisent l'**omniprésence de la subjectivité** dans le poème lyrique. **Nerval**, dans « El Desdichado » (*Les Chimères*, 1854), présente son autoportrait en mélancolique : « Je suis le Ténébreux, – le Veuf, – l'Inconsolé ». Son « luth » porte « Le Soleil noir de la Mélancolie » . L'oxymore « Soleil noir » traduit la complexité de sentiments parfois contradictoires.

- Le lyrisme s'exprime aussi par l'emploi d'une **ponctuation affective** : les exclamatives et les interrogatives y sont nombreuses. Pour **Paul Valéry** (*Tel Quel*, 1941), « le lyrisme est le développement d'une exclamation ». C'est un cri de joie ou de tristesse, que le poète fait partager au lecteur et dont les pouvoirs du langage font un chant.

b. La souffrance et la mélancolie

- Le **temps qui passe** est un thème privilégié du lyrisme. Il est figuré par l'alternance des saisons, par exemple. **Apollinaire** aime particulièrement l'automne, qui précède le silence de l'hiver. Il chante le vent et les feuilles qui tombent, comme autant de symboles de « la vie » qui « s'écoule » (« Automne malade », *Alcools*, 1913).

- Au sein de la **nature**, qui lui fait éprouver le **sentiment de l'infini**, le poète se sent fragile et il sait que chaque instant de bonheur est éphémère. **Lamartine** se souvient d'un passé heureux sur « le lac », qui lui inspire cette exclamation :

> « Ô temps ! suspends ton vol, et vous, heures propices !
> Suspendez votre cours »
> ■ Alphonse de Lamartine, *Méditations poétiques* (1820).

- Les poètes, qui ont conscience de la fragilité de toute chose, font souvent de la poésie une **méditation sur la mort**. Dans *Les Contemplations* (1856), **Victor Hugo** (1802-1885) veut écrire les « mémoires d'une âme ». Particulièrement affecté par la mort de sa fille Léopoldine, le poète fait du deuil un thème récurrent de son recueil. Le poème « Paroles sur la dune » révèle son inquiétude d'être arrivé au bout de ce que pouvait lui offrir l'existence :

> « Ai-je donc vidé tout, vie, amour, joie, espoir ?
> J'attends, je demande, j'implore ;
> Je penche tour à tour mes urnes pour avoir
> De chacune une goutte encore. »
> ■ Victor Hugo, *Les Contemplations* (1856), livre V, poème XIII.

c. Les sentiments amoureux

- Le lyrisme nous parle aussi d'**amour**. Au Moyen Âge, l'amour courtois, qui place l'homme au service de sa dame, est à l'origine de nombreux poèmes lyriques. La quête amoureuse du poète est parfois vaine, ou l'amour décevant. **Christine de Pisan** (1364 - vers 1430) évoque son sentiment de **solitude** dans un poème qui repose sur l'anaphore de « seulette ».

« Seulette suis et seulette veux être,
Seulette m'a mon doux ami laissée ;
[...] Seulette suis, sans ami demeurée. »
■ Christine de Pisan, *Cent ballades d'amant et de dame* (1394-1399).

La **beauté de la femme aimée** est souvent comparée à celle de la **nature**. **Ronsard**, par exemple, rapproche la femme d'une rose, dont le teint lui rappelle les couleurs du ciel à l'Aube (« Sur la mort de Marie », *Second Livre des Amours*, 1578). L'**amour fou** est un motif d'inspiration traditionnel du lyrisme, renouvelé par la liberté de l'écriture et des images surréalistes. Pour **Aragon**, le monde entier se reflète dans les yeux de la femme aimée. Le poète lui adresse cet éloge :

« Tes yeux sont si profonds qu'en me penchant pour boire
J'ai vu tous les soleils y venir se mirer »
■ Louis Aragon, *Les Yeux d'Elsa* (1942), « Les Yeux d'Elsa ».

II. Poésie et événement public : la poésie engagée

Les poètes écrivent pour exprimer leurs sentiments personnels. Mais ils ne peuvent pas se soucier seulement du langage et de la beauté, comme s'ils étaient enfermés dans une tour d'ivoire. Beaucoup d'entre eux savent qu'ils ont une responsabilité à l'égard des hommes et face à l'Histoire. Plus lucides, parce que leur conscience est en éveil, ils peuvent agir en assumant directement des fonctions politiques ou s'attacher, dans leurs œuvres, à défendre des causes qu'ils jugent importantes. Aux XIXe et XXe siècles, la poésie est l'un des instruments de lutte pour la liberté et le progrès. Elle informe, émeut et dénonce, pour inviter les lecteurs à la réflexion et à l'action, si nécessaire.

1. La rencontre entre un poète et l'histoire

a. Poésie et révolutions

Pour les **poètes romantiques**, la revendication d'une écriture libérée des contraintes classiques accompagne la **lutte pour la liberté politique**. À la fin du XVIIIe siècle, **André Chénier** (1762-1794), considéré comme l'un des précurseurs du romantisme, s'enthousiasme pour la Révolution. Il est toutefois guillotiné en 1794, victime de son opposition aux Jacobins. Avant d'être exécuté, il exprime sa révolte pour « ces bourreaux barbouilleurs de lois ». Il ne veut pas « mourir sans vider [s]on carquois », sans décocher toutes ses flèches contre les adversaires du peuple et de la liberté (*Iambes*, 1794).

Face aux **révolutions du XIXe siècle**, des poètes font le choix de l'**engagement dans l'action**, en occupant des fonctions officielles. Victor Hugo est plusieurs fois député, puis sénateur. Lamartine (1790-1869) est député de 1833 à 1851, avant d'être ministre des Affaires étrangères et chef du gouvernement provisoire de la deuxième République en 1848.

Un poète s'engage tout particulièrement **contre le Second Empire** : **Victor Hugo**. Il dénonce le coup d'État de Louis Napoléon Bonaparte, qui devient Napoléon III le 2 décembre 1851. Dans *Les Châtiments*, il veut être cette **voix républicaine** qui rappelle inlassablement au tyran ses abus et au peuple ses droits. C'est pourquoi il s'exclame :

« Et s'il n'en reste qu'un, je serai celui-là ! »
■ Victor Hugo, *Les Châtiments*, « Ultima verba » (1853).

Son combat lui vaut vingt ans d'exil à Jersey et Guernesey.

L'engagement romantique : en poésie et en peinture

Histoire des arts

DOC. 2 Eugène Delacroix (1798-1863), *Scènes des massacres de Scio ; familles grecques attendant la mort ou l'esclavage* (1824), détail.

De nombreux poètes romantiques ont choisi de s'engager pour défendre la liberté, l'égalité et la paix. C'est aussi le cas de certains peintres. Eugène Delacroix, par exemple, s'engage à l'occasion d'un événement historique qui frappe les esprits européens : en 1822, alors que la Grèce se proclame indépendante, des populations sont massacrées par les Turcs, et en particulier les habitants de l'île de Scio (ou Chio).

Le tableau de Delacroix, représentatif du romantisme en peinture, informe et invite chaque spectateur à s'indigner de ce qui s'est passé à Scio. Les couleurs choisies, qui évoquent le sang et la noirceur, soulignent la dramatisation de la scène. On peut noter également le contraste entre la posture triomphante du Turc, sur son cheval qui se cabre, et la souffrance des vaincus, dévêtus et à terre. Cet homme à cheval n'a aucune pitié pour ses victimes, y compris pour les femmes. L'enfant, nu sur le ventre de sa mère, à droite du tableau, incarne l'innocence sacrifiée par la guerre. À l'arrière-plan, on n'aperçoit que des ruines en feu, sur une terre qui semble presque brûlée. Delacroix dénonce ainsi, à travers le sort tragique des habitants de cette île, la violence de toute guerre, qui ne laisse derrière elle que terreur, mort et désolation.

En 1829, Victor Hugo dans *Les Orientales*, avec le poème « L'Enfant », dénonce lui aussi la cruauté du sort réservé aux populations civiles innocentes. Il fait ce tragique constat : « Les Turcs ont passé par là. Tout est ruine et deuil ». Seul rescapé des combats, un enfant paraît triste et humilié. Il pourrait être un symbole d'espoir, mais Hugo lui prête ces propos : « Ami, dit l'enfant grec, dit l'enfant aux yeux bleus, / Je veux de la poudre et des balles. » Hugo demande ainsi à ses lecteurs de réfléchir sur les conséquences de la guerre, à laquelle répond toujours la vengeance, dans un cycle sans fin de violence.

b. Poésie et guerres

- Au XVIe siècle, les **guerres de Religion**, entre catholiques et protestants, conduisent les poètes à s'engager. Ronsard évoque les souffrances des catholiques dans le *Discours sur les misères de ce temps* (1562), tandis qu'Agrippa d'Aubigné, poète protestant, déplore la violence qui oppose les Français dans *Les Tragiques* (1616).

- Les **surréalistes** se trouvent confrontés à l'histoire du XXe siècle. Ils font le choix de la **Résistance**, au cours de la Seconde Guerre mondiale. Ils résistent en publiant des poèmes contre l'occupant allemand, ce qui les oblige à contourner la censure. Pour eux, l'écriture est en elle-même un acte de résistance. En juillet 1943, par exemple, *L'Honneur des poètes* est une anthologie poétique qui réunit Éluard, Tardieu, Aragon, Guillevic dans une même opposition au nazisme. L'œuvre est publiée clandestinement aux Éditions de Minuit, avec une préface non signée d'Éluard. Pour les poètes, écrire, c'est déjà agir. Certains le paient de leur vie. Desnos (1900-1945), le résistant, meurt en déportation au camp de Theresienstadt. Cet engagement est indissociable de la proximité de beaucoup d'entre eux – Breton, Aragon, par exemple – avec le **parti communiste**. Au nom d'une exigence à la fois esthétique et morale de liberté, ils rejettent les conventions, qu'ils considèrent comme bourgeoises. Mais face aux dérives du stalinisme, beaucoup vont prendre leurs distances avec le communisme et s'engager plus généralement en faveur des droits de l'homme.

c. Poésie et colonisation

- **Aimé Césaire** (1913-2008), Martiniquais, et **Léopold Sédar Senghor** (1906-2001), Sénégalais, s'adressent aux hommes de couleur et aux peuples colonisés pour les inciter à défendre leur liberté. Senghor devient le premier président élu du Sénégal en 1960.

- L'un et l'autre sont à l'origine du concept de « **négritude** », qui valorise ce qu'ils considèrent comme l'unité de l'identité noire. Dans *Cahier d'un retour au pays natal* (1947), un texte de combat, Césaire voudrait que les Martiniquais en finissent avec les humiliations. Il leur demande de se relever et de se révolter contre la servitude. Césaire affirme brutalement détester « les larbins de l'ordre et les hannetons de l'espérance », c'est-à-dire les hommes qui se soumettent.

2. Écrire pour changer le monde

a. Émouvoir

- Pour persuader son lecteur, le poète peut s'adresser à ses **émotions**. Il doit proposer des **descriptions** et des **images frappantes**, qui s'appuient sur des comparaisons, des métaphores, des hyperboles. C'est ainsi qu'**Agrippa d'Aubigné**, par exemple, évoque la guerre civile dans *Les Tragiques* :

> « Là de mille maisons on ne trouva que feux,
> Que charognes, que morts, ou visages affreux. »
>
> ■ Agrippa d'Aubigné, *Les Tragiques* (1616).

- De nombreux poèmes sur la guerre insistent sur les **souffrances des peuples**. **Aragon**, dans *Le Musée Grévin* (1943) décrit l'horreur qui s'est abattue sur la France en 1940. Le poème renvoie aux circonstances historiques à travers des images d'un Moyen Âge terrifiant. Aragon dit écrire « dans un pays dévasté par la peste », un pays « qui n'est plus qu'un monceau de douleurs et de plaie. »

- La poésie engagée tend à nous **présenter la souffrance d'autrui comme universelle. Victor Hugo**, pour présenter les effets néfastes de la révolution industrielle qui précipite dans les usines des travailleurs exploités, insiste sur l'horreur du travail des enfants dans « Melancholia », extrait des *Contemplations* (1830-1843). Ces enfants au travail n'ont pas d'identité précise. Ils incarnent tous les enfants du monde, innocents et victimes. Le poème est dominé par le **registre pathétique**.

b. Dénoncer

- Le rire est parfois le moyen le plus efficace pour faire entendre aux hommes la vérité. Les poètes n'ignorent pas l'**efficacité du registre satirique. Du Bellay** par exemple, dans *Les Regrets* (1558), s'attaque aux vices des courtisans et des membres d'une Église qui a renoncé à toute exigence morale. Dans un de ses sonnets, il définit ce que propose la satire :

> « un public exemple
> Où comme en un miroir, l'homme sage contemple
> Tout ce qui est en lui ou de laid, ou de beau ».
>
> ■ Joachim Du Bellay, *Les Regrets* (1558), sonnet 62.

La satire fait **rire, pour mieux inciter à la réflexion.**

- Les poètes surréalistes voient la poésie comme une **arme de guerre contre l'occupant**. Leurs textes, qui paraissent de manière clandestine, informent sur les circonstances historiques, sans désespérer. Il s'agit surtout d'inciter à l'action. « Liberté » d'Éluard, poème écrit en 1942, est destiné à appeler à la Résistance. Le poème est structuré par de nombreuses répétitions et écrit avec un vocabulaire simple. Il peut être facilement retenu par ses lecteurs, invités à s'engager par le dernier mot du poème : « Liberté. »

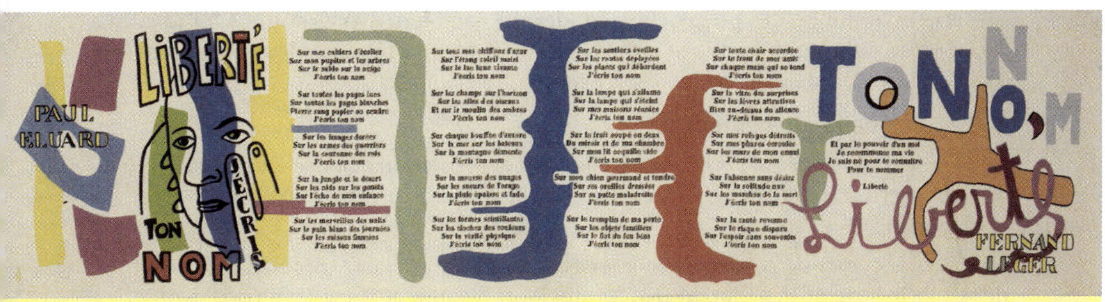

DOC.3 « Liberté » (1953), poème de Paul Éluard (1895-1952) illustré par Fernand Léger (1881-1955). Le poème de Paul Éluard, extrait du recueil *Poésie et Vérité* (1942), est l'un des plus symboliques de l'engagement de certains poètes dans la Résistance française à l'Occupation. La Royal Air Force britannique l'avait même diffusé comme un tract d'appel à la Résistance. Fernand Léger, en 1953, en fait un poème-objet, plié en accordéon, dont les couleurs vives et les choix graphiques sont autant de témoignages de liberté artistique.

III. Poésie et recherche formelle

La poésie peut n'être ni lyrique ni engagée. Elle n'est alors asservie ni aux émotions ni aux questions politiques et sociales. Elle est considérée avant tout comme une recherche sur le langage, guidée par une exigence formelle, derrière laquelle le « je » est censé s'effacer. Cet effacement ne met pas en valeur le poète, mais la poésie, qui est parfois sacralisée. La création est vue comme un travail qui doit viser à la beauté et à l'invention d'une langue nouvelle, destinée à révéler la vérité du monde.

1. La mise à distance du romantisme

a. La critique du lyrisme

- Pour les générations de poètes qui suivent le romantisme, le lyrisme se dégrade trop souvent en **sentimentalisme vain**. **Rimbaud**, par exemple, se méfie des épanchements du moi. C'est le sens de sa célèbre affirmation, qui libère le « je » des contraintes du lyrisme : « Je est un autre. » (Lettre à Paul Demeny, 15 mai 1871).
- Il ne s'agit pas forcément de renoncer à parler de soi. Pour **Henri Michaux** (1899-1984), par exemple, l'écriture personnelle passe par l'**invention d'un « autre »**, à la fois tragique et dérisoire : le personnage de Plume. Mais le poète insiste sur son attachement à l'exploration du moi par l'écriture :

> « J'écris pour me parcourir. Peindre, composer, écrire : me parcourir. Là est l'aventure de la vie.»
>
> ■ Henri Michaux, *Plume* (1938).

- Le lyrisme peut aussi être l'objet de **parodies**. Dans « Ma bohème » (1870), **Rimbaud** se moque du lyrisme traditionnel. Il compare les « élastiques » de ses « souliers blessés » à « des lyres ». Le lyrisme, porté par un jeune garçon sans argent et en fuite, n'est plus ni sérieux ni noble. Les poètes de la modernité semblent avoir **renoncé à l'idéal**. La médiocrité du quotidien, la vulgarité et les souffrances physiques leur paraissent être une fatalité à laquelle il est illusoire de prétendre échapper.

b. Le refus de l'engagement

- Pour certains poètes, l'engagement asservit la poésie à la défense d'une cause qui lui est étrangère. **Théophile Gautier** (1811-1872), poète du Parnasse, affirme avec force :

> « Il n'y a de vraiment beau que ce qui ne peut servir à rien ; tout ce qui est utile est laid, car c'est l'expression de quelque besoin. »
>
> ■ Théophile Gautier, préface de *Mademoiselle de Maupin* (1835).

- Le poète ne peut se présenter comme un révolutionnaire parmi le peuple. La **distance** qu'il s'impose est d'ailleurs considérée comme le signe d'une certaine hauteur.
- La poésie ne saurait être dépendante des conditions historiques, car ses ambitions sont plus hautes. Les poètes n'évoquent pas l'ici et le maintenant. Dans les *Poèmes antiques* (1852) et les *Poèmes barbares* (1862), **Leconte de Lisle** (1818-1894), lui aussi poète du Parnasse, renvoie à des **temps anciens** et à des **ailleurs exotiques**.

2. Le travail de l'écriture

a. Le choix de l'impersonnalité

- Certains poètes, en particulier issus du **Parnasse**, ont recherché l'**impersonnalité**. La beauté repose, pour eux, sur la mise à distance des émotions personnelles et le refus du « je ». Pour Leconte de Lisle, « le thème personnel et ses variations trop répétées ont épuisé l'attention ; l'indifférence s'en est suivie à juste titre » (*Poèmes antiques*, préface, 1852).
- Les poètes de la modernité proclament le nécessaire **effacement du « je »**. Pour **Mallarmé**, il importe de déclarer la « disparition élocutoire du poète, qui cède l'initiative aux mots ». Ces mots, qui doivent faire taire les maux, sont des « pierreries », la vraie richesse de la poésie (*Crise de vers*, 1897).
- L'ambition de **Ponge** dans *Le Parti pris des choses* (1942) est même l'**objectivité**. Il met en valeur les objets en évoquant leurs caractéristiques précises, presque comme s'il en livrait une définition. Mais il lui arrive parfois d'exprimer une certaine sympathie à l'égard du « cageot » (voir p. 259) ou de l'admiration pour le « pain », objets personnifiés.

b. La recherche d'une langue nouvelle

- De nombreux poètes considèrent que la poésie ne doit pas décrire le monde, mais qu'elle doit le révéler, voire le recréer. Ils travaillent pour « donner un sens plus pur aux mots de la tribu » (Mallarmé, « Le Tombeau d'Edgar Poe »). **Ils bouleversent notre regard sur les mots du quotidien**, en proposant des rapprochements inattendus, en se libérant des strictes contraintes de la syntaxe classique.

DOC. 4 Édouard Manet (1832-1883), *Portrait de Stéphane Mallarmé* (1876).
En 1876, année de publication de *L'Après-midi d'un faune*, Manet fait le portrait de Mallarmé, son ami, qu'il veut certainement remercier d'avoir écrit un article élogieux sur son œuvre. Ce portrait révèle l'importance de Mallarmé, élu « prince des poètes » en 1896, dans la vie littéraire et culturelle de son époque.

Certains se lancent même dans la quête d'une langue nouvelle. Cette quête fait de l'artiste un **artisan** ou un **architecte**, soucieux de la composition de son œuvre, qui doit traduire parfois l'unité du monde, parfois son désordre. Cette maîtrise formelle, presque technique, est une préoccupation essentielle pour **Paul Valéry** (1871-1945), admirateur de Stéphane Mallarmé. Cette haute exigence le conduit à longtemps refuser de publier ses poèmes. Pour lui, l'écriture n'est pas le fruit de l'inspiration. Elle est un travail long et inabouti. La **quête de la « poésie pure »** est toujours menacée par le silence.

Pour les membres de l'**Ouvroir de Littérature Potentielle** (ou **Oulipo**), fondé en 1960 par François Le Lionnais et **Raymond Queneau** (1903-1976), ce travail peut apparaître comme essentiellement ludique. Les poètes multiplient les jeux d'écriture, en s'appuyant sur des contraintes qui donnent à la création une dimension presque scientifique. **Georges Perec** (1936-1982), par exemple, s'adonne au **lipogramme** : il écrit des poèmes dans lesquels une lettre n'est jamais employée. Le **S+7** est une autre technique qui lui fait remplacer chaque nom par le septième après lui dans le dictionnaire. Cette méthode est à l'origine d'une plaisante réécriture de « La Cigale et la Fourmi », fable de La Fontaine, qui devient, sous la plume de Raymond Queneau, « La Cimaise et la Fraction ».

Du poète de cour… au poète maudit

La position des poètes dans la société a beaucoup évolué au fil des siècles. Jusqu'au XVIIIe siècle, le poète, pour vivre, avait souvent besoin d'un mécène, c'est-à-dire d'un Grand du royaume, qui lui donne de l'argent en échange d'œuvres de commande. Ronsard est un poète de Cour, soutenu par Henri II. Du Bellay le lui reproche : « Tu courtises les Rois. » (*Les Regrets*, sonnet 16). Il voit cette position de courtisan comme un obstacle à la liberté d'écriture.

Au XVIIe siècle, Fouquet (surintendant du royaume jusqu'en 1661, date de sa chute) et Louis XIV sont d'illustres mécènes. Fouquet soutient La Fontaine, qui lui reste toujours fidèle. Le poète écrit pour lui *Le Songe de Vaux* et l'*Élégie aux Nymphes de Vaux*, poèmes en l'honneur du château de Vaux-le-Vicomte, que Fouquet s'est fait construire.

Au XIXe siècle, il semble bien plus difficile pour le poète de trouver sa place dans la société. Verlaine qualifie lui-même de « poètes maudits » (dans un recueil du même nom, 1884) ceux qui sont incompris du public et seuls, pauvres et souvent malades, prisonniers de leur quête de l'Absolu. Cette malédiction, que les romantiques avaient déjà identifiée, est à l'origine du destin tragique de ces poètes, que la société punit parce qu'ils ont eu l'audace de se faire « voleurs de feu », à l'image de Rimbaud. Verlaine retient en effet le nom de Rimbaud, dont la vie est une « saison en enfer » (1873), mais aussi celui de Corbière et de Mallarmé, entre autres. Il se dit lui-même maudit et se fait appeler « Pauvre Lélian » (anagramme de Paul Verlaine).

D'autres poètes peuvent toutefois être considérés comme maudits. C'est le cas de François Villon (1431-1463), par exemple, pauvre et exilé, condamné à plusieurs reprises. Tous ont en commun ce sentiment d'être plus à l'aise dans le ciel que sur terre, comme l'albatros de Baudelaire : « Exilé sur le sol au milieu de huées, / Ses ailes de géant l'empêchent de marcher » (*Les Fleurs du mal*, « L'Albatros », 1857).

MÉTHODES ET STRATÉGIES

1 Question d'oral – Hugo, *Les Châtiments*

Le texte de Victor Hugo « Fable ou histoire » est-il un poème engagé ?

> Voir la méthode du traitement de la question d'oral (Annexes, p. 476).

> Voir le sujet 1, p. 285.

TEXTE Victor Hugo, *Les Châtiments* (1853), III, 3, « Fable ou histoire »

« Fable ou histoire » est le troisième poème du livre III des *Châtiments* (1853). Victor Hugo y dénonce la tyrannie de Napoléon III, présenté comme un « singe » vêtu d'une peau de « tigre ». Sur le modèle des *Fables* de La Fontaine, il invite les lecteurs à une réflexion morale et politique, en s'appuyant sur un bref récit qui met en scène des animaux.

Un jour, maigre et sentant un royal appétit,
Un singe d'une peau de tigre se vêtit.
Le tigre avait été méchant ; lui, fut atroce.
Il avait endossé le droit d'être féroce.
Il se mit à grincer des dents, criant : Je suis
Le vainqueur des halliers[2], le roi sombre des nuits !
Il s'embusqua, brigand des bois, dans les épines
Il entassa l'horreur, le meurtre, les rapines[3],
Égorgea les passants, dévasta la forêt,
Fit tout ce qu'avait fait la peau qui le couvrait.
Il vivait dans un antre, entouré de carnage.
Chacun, voyant la peau, croyait au personnage.
Il s'écriait, poussant d'affreux rugissements :
Regardez, ma caverne est pleine d'ossements ;
Devant moi tout recule et frémit, tout émigre,
Tout tremble ; admirez-moi, voyez, je suis un tigre !
Les bêtes l'admiraient, et fuyaient à grands pas.
Un belluaire[4] vint, le saisit dans ses bras,
Déchira cette peau comme on déchire un linge,
Mit à nu ce vainqueur, et dit : Tu n'es qu'un singe !

Jersey, septembre 1852.

2 Halliers : buissons touffus.
3 Rapines : vols.
4 Belluaire : gladiateur, qui combat les bêtes féroces.

Préparer l'exposé au brouillon

> Analyser la question posée

- Il faut définir ce qu'est un poème engagé : poème dans lequel un auteur prend position pour une grande cause (politique, sociale, en particulier). Un poème engagé est directement inscrit dans l'histoire. Il fait référence à des événements précis.

> Proposer une problématique

- Hugo lui-même nous met sur la voie : son poème est une « fable », ou une « histoire ». C'est peut-être une « histoire » sous le masque d'une fable, un poème engagé qui ne s'afficherait pas explicitement comme tel (ou qui nous proposerait une réflexion à la fois particulière et générale). Si le poème est une histoire, il renvoie à des événements précis, de l'actualité du poète.
- Rappel : une fable est un court récit, accompagné d'une morale. La fable propose une réflexion relativement générale, à visée universelle et intemporelle. On peut d'ailleurs voir que le poème ne fait aucune allusion évidente à l'actualité politique de la deuxième moitié du XIXe siècle.
- La question posée invite donc à prendre au sérieux l'alternative proposée par Hugo. Il s'agit de discuter la notion d'engagement. Le poème propose-t-il une réflexion à visée universelle et intemporelle, ou témoigne-t-il plus précisément de l'engagement du poète contre la tyrannie de Napoléon III ?

Présenter l'exposé

> Introduire le sujet

- Dire quelques mots sur Hugo et ses engagements (pour la liberté, contre la peine de mort, en faveur de l'Europe…). *Les Châtiments* sont un recueil de poèmes exemplaire de l'engagement en poésie. Les positions du poète contre le Second Empire et Napoléon III, qu'il appelle « Napoléon le Petit », lui valent l'exil. Hugo quitte Paris en décembre 1851.
- Rappeler également le contexte historique : Louis-Napoléon Bonaparte est l'auteur d'un coup d'État, le 2 décembre 1851, qui vise à instaurer le Second Empire. Il met fin, ainsi, à la IIe République.

> Développer l'exposé

I. Une « fable » : plaire et instruire

Remarque : analyser le texte à la fois comme un récit (dont il faut identifier la structure) et comme un poème (ce qui impose des remarques de versification).

1. Un récit plaisant

– Une fable qui met en scène des animaux personnifiés (voir les paroles du singe, par exemple).
– Un cadre spatio-temporel qui n'est pas précisé (« Un jour… ») et même référence à l'Antiquité (« belluaire »).
– Un récit en vers (alexandrins, rimes suivies), relativement court et bien structuré.
– Situation initiale : un singe qui a de l'ambition. Élément déclencheur : le déguisement en tigre. Péripéties : les meurtres et les vols. Élément de résolution : l'intervention du belluaire. Situation finale : l'imposteur est démasqué.

2. La morale de la fable

– Se méfier des apparences, ne pas être dupe.
– Ne pas se laisser dicter son comportement par la peur.
– Dénonciation du mensonge.
– Éloge du courage du belluaire, combattant pour la vérité.

II. Une « histoire » : dénoncer Napoléon III

Remarque : bien identifier les personnages de la fable. Le « singe » déguisé en « tigre » renvoie à Napoléon III. Les « passants », les « bêtes » désignent le peuple, qui est dupe du déguisement du tigre. Ce peuple a peur et n'a pas la force de résister. Qui est le « belluaire » ? On peut émettre l'hypothèse qu'il s'agit du poète, qui fait courageusement tomber le masque de l'imposteur.

1. Napoléon III, un usurpateur

Mensonges de Napoléon III (« Je suis un tigre » s'oppose au « tu es un singe ») :
– Mensonge sur son identité. Le singe = celui qui imite (Napoléon III = pâle imitation de Napoléon Ier).
– Mensonge sur sa puissance : il se fait passer pour plus brillant et plus puissant qu'il ne l'est en vérité. Personnage médiocre, mais rusé.

2. Napoléon III, un tyran

– Ambition (« royal appétit ») et cruauté sans limite du personnage (voir le champ lexical de la violence). Le tyran règne par la peur. Passivité du peuple, voire naïveté (« chacun croyait »).
– « Admirez-moi » : ordre qui témoigne du narcissisme du personnage, pour le culte de la personnalité.

3. Le poète : un « belluaire » au combat

– Apparition de ce personnage = coup de théâtre, qui fait tomber le masque (voir chute, au discours direct + retour à la réalité avec la négation restrictive « ne… que » : « tu n'es qu'un singe » = condamnation sans appel).
– Poète = un combattant. Hugo lance à Napoléon III un avertissement : il n'a pas peur. Arme de ce combat = les mots.

> Conclure

- Répondre à la problématique en rappelant que le texte est bien un poème engagé, mais qu'il propose aussi une réflexion plus générale sur la liberté et la tyrannie.
- On peut proposer, en élargissement, un rapprochement avec La Fontaine. Ce texte rappelle en effet « Le Loup devenu Berger » (livre III, fable 3) : un loup se déguise avec la peau d'un renard et se fait passer pour un berger ; mais son subterfuge échoue. La Fontaine propose donc cette morale : « Quiconque est loup agisse en loup : / C'est le plus certain de beaucoup. »

2 Dissertation – L'engagement du poète

Pensez-vous, comme Malherbe (1555-1628) l'affirme, qu'un poète n'est « pas plus utile à l'État qu'un bon joueur de quilles » ? Vous répondrez à cette question en vous appuyant sur votre cours et sur votre culture générale.

> Voir la méthode du traitement de la dissertation (Annexes, p. 475).
> Voir le sujet 3, p. 259 et 3, p. 286.

Analyser le sujet au brouillon

> Repérer la logique du sujet

- Le sujet s'appuie sur une citation de Malherbe, poète qu'il ne vous est pas nécessaire de connaître pour répondre à la question.
- L'adjectif « utile » est le mot essentiel de la citation. Quelle est l'utilité de la poésie ? Pour Malherbe, la poésie serait un simple divertissement. Le poète n'a aucune influence politique. Malherbe ne croit pas qu'un poète puisse s'engager de manière efficace sur les questions politiques et sociales de son temps. On pourrait penser qu'il s'agit d'une remarque assez dévalorisante, ou sans illusion, sur le rôle du poète. Mais il faut aussi s'interroger sur ce qu'est une poésie utile : une poésie qui sert à quelque chose, qui a un autre but qu'elle-même n'est-elle pas dévalorisée ?

> Problématiser et choisir la démarche à adopter

- La poésie, comme l'affirme Malherbe, ne sert-elle à rien ? La poésie doit-elle en réalité servir à quelque chose ?
- Pour répondre à cette question, on choisira une démarche dialectique. Le sujet appelle effectivement une discussion.

Structurer la réponse

> Rechercher les arguments

I. Une poésie essentiellement divertissante

1. La poésie : un jeu ?

– Voir le « jeu de quilles ». La poésie est un jeu sur les mots, sur la langue (ex : l'Oulipo et ses divers jeux d'écriture).
– Un objectif essentiel : le plaisir (ex : La Fontaine, avec ses fables, veut « plaire et instruire »).

2. Une poésie qui console des violences du monde

– Une des fonctions du poète : rendre le monde plus vivable, sublimer les souffrances (ex : Du Bellay, *Les Regrets*, sonnet XII : en chantant ses regrets, il les « enchante »).
– Importance des images : faire entrer dans un monde autre, suggérer et faire rêver (ex : les images des poètes surréalistes).
→ La poésie doit plaire au lecteur et le faire rêver. Mais ce plaisir est souvent mis au service d'un autre objectif : la dénonciation de l'oppression et des injustices, la défense de la liberté.

II. Des poètes engagés

1. Informer et dénoncer

– Informer de la réalité sociale et politique (ex : Victor Hugo, dans *Les Contemplations*, sur la misère des enfants ou du mendiant ; dans *Les Châtiments* sur l'horreur de la tyrannie).
– Mission du poète : être un « phare », qui révèle aux autres hommes la vérité qu'ils ignorent.

2. Inviter à la révolte et à la résistance

– Hugo a pour objectif de « réveiller le peuple » (lettre à Hetzel). Il s'adresse aux consciences de ses lecteurs.
– Mission essentielle pour les poètes pendant la Seconde Guerre mondiale (ex : « Liberté », de Paul Éluard).
→ Les poètes s'engagent parfois dans la société de leur époque. Ils mettent leur plume au service de la liberté et de la vérité. On peut considérer que c'est une manière d'asservir la poésie, qui devrait rester essentiellement la recherche d'une belle forme.

III. Une poésie qui n'a pas « d'autre but qu'elle-même » (Baudelaire)

1. Le travail sur la langue

– Travail artisanal, technique (ex : pour les poètes du Parnasse, qui utilisent des images liées à la sculpture…).
– Travail sur la langue auquel Malherbe lui-même s'est livré (choix rigoureux du vocabulaire… = purisme).
– Originalité de la langue qui permet de renouveler notre vision du monde, voire de recréer un monde (ex : Ponge, qui décrit les objets d'une manière faussement objective, de telle sorte qu'il fait de chacun d'eux un petit monde).

2. La recherche de la beauté

– Poésie liée à l'harmonie, grâce au rythme et aux sonorités.
– Poésie qui est même sacralisée (beauté universelle et intemporelle).

Rédiger la dissertation

> Rédiger l'introduction

Soigner l'accroche de l'introduction. On peut introduire le sujet en rappelant que le lien entre les poètes et l'État est un lien problématique (lien avec le Roi, les mécènes ou les ministères…). Ce lien est perçu comme un obstacle à la liberté du poète. Le poète n'accepte en effet que rarement l'ordre établi. La poésie suppose le désir de liberté, la remise en cause des certitudes et des injustices. Rappeler, si on le connaît, le lien de Malherbe avec Henri IV.

> Rédiger le développement

- Proposer des exemples diversifiés, qui témoignent de sa culture générale. Des citations sont bienvenues. Mais ne pas faire de son devoir un catalogue de citations.

- Quelques propositions :

  « Il n'y a de vraiment beau que ce qui ne peut servir à rien. »
  ■ Théophile Gautier, préface de *Mademoiselle de Maupin* (1835).

  « Peuples ! écoutez le poète ! / Écoutez le rêveur sacré ! / Dans votre nuit, sans lui complète, / Lui seul a le front éclairé. »
  ■ Victor Hugo, *Les Rayons et les Ombres* (1840), « Fonction du poète ».

  « De la musique avant toute chose »
  ■ Paul Verlaine, *Jadis et naguère* (1884), « Art poétique ».

  « Les hommes se servent des mots ; le poète les sert. »
  ■ Octavio Paz, *L'Arc et la Lyre* (1956).

> Rédiger la conclusion

- Répondre à la problématique en prenant au sérieux la citation de Malherbe : la poésie n'a pas forcément à être utile. Poétique et politique ne sont pas forcément liées. Le beau, comme quête intemporelle et universelle, doit souvent s'affranchir de l'histoire.
- On peut proposer un élargissement en s'interrogeant sur ce que pourrait être l'engagement pour un poète au XXIe siècle. Évoquer, par exemple, la chanson engagée.

SUJETS DE TYPE BAC

1 Question d'oral – Apollinaire, *Alcools*

10 min.

Dans quelle mesure le poème renouvelle-t-il le lyrisme traditionnel ?

« Le Pont Mirabeau » est l'un des poèmes les plus célèbres d'Apollinaire. Il a d'ailleurs plusieurs fois été mis en musique (par Léo Ferré, Serge Reggiani, Marc Lavoine...). C'est un poème du XXe siècle, que l'on peut considérer comme caractéristique de la modernité poétique. Mais à y regarder de plus près, on découvre que les thèmes évoqués par Apollinaire – le temps qui passe, l'amour – sont assez traditionnels. Alors, ancien ou moderne, ce poème ? À vous de montrer que la modernité s'appuie bien souvent sur la tradition...

> Voir la méthode du traitement de la question d'oral (Annexes, p. 476).
> Voir les Méthodes et stratégies 1, chapitre 9.

TEXTE Guillaume Apollinaire, *Alcools* (1913), « Le Pont Mirabeau »

Sous le pont Mirabeau coule la Seine
Et nos amours
Faut-il qu'il m'en souvienne
La joie venait toujours après la peine

Vienne la nuit sonne l'heure
Les jours s'en vont je demeure

Les mains dans les mains restons face à face
Tandis que sous
Le pont de nos bras passe
Des éternels regards l'onde si lasse

Vienne la nuit sonne l'heure
Les jours s'en vont je demeure

L'amour s'en va comme cette eau courante
L'amour s'en va
Comme la vie est lente
Et comme l'Espérance est violente

Vienne la nuit sonne l'heure
Les jours s'en vont je demeure

Passent les jours et passent les semaines
Ni temps passé
Ni les amours reviennent
Sous le pont Mirabeau coule la Seine

Vienne la nuit sonne l'heure
Les jours s'en vont je demeure

2 Dissertation – Le lyrisme amoureux

180 min.

La poésie a-t-elle pour vocation essentielle d'exprimer les sentiments amoureux ? Vous répondrez à cette question en vous appuyant sur votre cours et votre culture générale.

Ce sujet vous invite à vous interroger sur les fonctions de la poésie. On peut penser que lorsqu'on veut parler de sentiments amoureux, la poésie est le genre privilégié. Le maître de philosophie explique bien à M. Jourdain, le « bourgeois gentilhomme » de Molière, que les vers sont une façon très élégante de dire son amour à la « belle marquise » ! Mais la poésie ne saurait se limiter à l'expression de l'amour. Il vous reste à trouver ce qu'elle pourrait exprimer d'autre...

> Voir la méthode du traitement de la dissertation (Annexes, p. 475).
> Voir les Méthodes et stratégies 2, chapitre 9.

3 Écriture d'invention – Rédiger une préface

180 min.

Vous écrivez la préface d'un recueil de poèmes amoureux dont vous êtes l'auteur. Vous montrerez, entre autres, que l'expression de vos sentiments personnels a une dimension universelle.

Ce sujet d'invention suppose de savoir argumenter. Il vous est demandé de réfléchir aux fonctions d'une préface et d'expliquer ce que signifie dire « je » en poésie. En quoi le « je » d'un poète peut-il me concerner, en tant que lecteur ? Son expérience personnelle est-elle universalisable ? Imaginez quelques instants : vous êtes poète et vous savez que le lyrisme a du sens parce qu'il chante des sentiments que chacun a un jour éprouvés. Imaginez... et écrivez.

> Voir la méthode du traitement d'une écriture d'invention (Annexes, p. 473).
> Voir les Méthodes et stratégies 2, chapitre 8.

CORRIGÉS

1 Question d'oral – Apollinaire, *Alcools*

Prendre connaissance du texte

> Faire les premiers repérages

Alcools (1913) est une œuvre majeure d'Apollinaire (1880-1918) et de la modernité poétique. « Le Pont Mirabeau » est certainement le plus célèbre des poèmes d'Apollinaire. Il lui est inspiré par sa rupture avec Marie Laurencin, qu'il a rencontrée en 1907. C'est le deuxième poème du recueil. Il est placé juste après « Zone », qui est considéré comme un manifeste de la modernité (voir le premier vers : « À la fin tu es las de ce monde ancien »).

« Le Pont Mirabeau » fait alterner deux types de strophe : quatrains, distiques. Le distique est un refrain : « Vienne la nuit sonne l'heure / Les jours s'en vont je demeure ». Le poème est proche d'une chanson. On remarque également qu'il ne comporte aucune ponctuation, caractéristique que l'on retrouve dans la poésie surréaliste, par exemple. Sa forme n'est donc pas classique. En revanche, les thèmes du poème semblent plus traditionnels. Apollinaire évoque l'amour et la fuite du temps, thèmes habituels du lyrisme.

> Structurer la réponse

Commencer par définir ce qu'est le lyrisme (expression des sentiments personnels, musicalité et aspiration à l'idéal). Dans la réponse, s'interroger sur ce qu'Apollinaire emprunte à la tradition poétique, et sur l'originalité de son écriture. Proposer un plan qui évoquera à la fois l'héritage et le renouvellement du lyrisme.

Voici un exemple de plan détaillé (semi-rédigé).

Introduction

Dans *Alcools*, Apollinaire livre un recueil annonciateur de la modernité poétique. Il ne prend toutefois pas radicalement distance avec la tradition, dont il se présente comme l'héritier.

Dans « Le Pont Mirabeau », écrit suite à sa rupture avec Marie Laurencin, il reprend des motifs du lyrisme traditionnel : l'amour, la fuite du temps. « Le Pont Mirabeau » est-il un poème traditionnel ou un poème dans lequel la tradition est réinventée ? Nous expliquerons dans un premier temps ce que le poète hérite de la tradition, pour ensuite montrer de quelle manière il se la réapproprie pour proposer une voie originale.

I. L'héritage du lyrisme traditionnel

1. La fuite du temps

– **L'eau est le symbole de cette fuite**. On peut relever le champ lexical qui s'y rapporte (« Seine », « onde », « eau courante »...). L'absence de ponctuation souligne cette fluidité, de même que l'allitération en consonnes liquides (allitération en [l], par exemple dans le vers 1).

– Par ailleurs, Apollinaire fait de **nombreuses références au temps.** Le poème comporte vingt-quatre vers, ce qui renvoie aux vingt-quatre heures de la journée. Il rappelle aussi que les jours et les semaines « passent » (v. 19), sans espoir de retour. C'est une **fatalité**, contre laquelle personne ne peut lutter.

2. L'échec amoureux

– **L'amour, comme la fuite du temps, est un thème traditionnel du lyrisme.** Apollinaire l'évoque, dans son poème, sans jamais citer précisément de femme. Il s'en tient à quelques constats universels et intemporels. La Seine (v. 1) est toutefois un nom propre féminin. Ce nom fait le lien entre l'amour et le temps qui passe.

– Dès le vers 2, Apollinaire met en évidence le thème de l'amour. « Et nos amours », un tétrasyllabe, fait contraste avec le premier vers, beaucoup plus long. On peut remarquer une incertitude sur l'analyse grammaticale de « et nos amours » : groupe qui se rapporte à « coule » (COD) ou à « souvienne » ? Les amours, qui « coulent » sous le pont, évoqueraient les **larmes**, la tristesse de l'éloignement, de l'échec.

– Le deuxième quatrain propose une référence plus incarnée à l'amour, comme le montre le vocabulaire du corps (« mains », « bras », « regards »). L'image du « pont de nos bras » traduit l'espoir d'un lien, d'une permanence de la relation amoureuse. Mais le quatrain se termine par l'adjectif « lasse ». **La relation semble épuisée.** Le poète en est réduit à le constater avec l'anaphore « l'amour s'en va » (troisième quatrain).

3. L'espoir du poète ?

– Le distique, qui revient comme un refrain, semble être un **défi au temps qui passe.** Le subjonctif « vienne » exprime le souhait. Le poète ne craint pas que vienne « l'heure » (probablement l'heure de sa mort). Il affirme avec assurance : « je demeure ». « L'espérance » est mise en valeur au vers 16. Elle est qualifiée par l'adjectif « violente », qui comporte une diérèse (« violente » : trois syllabes, et pas seulement deux).

– **Le pont** est un symbole d'immobilité. Il traduit la permanence. L'écriture constitue elle-même un pont entre le passé du souvenir (v. 4 : « venait ») et le présent. Visuellement, le poème constitue presque un pont. L'irrégularité des vers dans les quatrains suggère la fluidité (l'eau), qui s'oppose à la permanence du refrain. On peut rappeler qu'Apollinaire est un auteur de calligrammes (poèmes qui constituent en même temps des dessins). Il est sensible à la **dimension visuelle de l'écriture**.

II. Le renouvellement du lyrisme

1. La structure du poème

Apollinaire se réapproprie la tradition poétique, pour la renouveler. Le refrain introduit un effet de circularité dans le poème. On peut analyser également la structure brisée du vers (enjambements, rejets. Exemple d'enjambement : « Tandis que sous / Le pont de nos bras passe »). L'absence de ponctuation joue un rôle important. Elle est à l'origine d'une certaine fluidité du poème et d'ambiguïtés possibles. C'est en partie au lecteur de constituer le sens.

2. La simplicité de la chanson

– Le poème est caractérisé par sa **simplicité**. Une comparaison est introduite par « comme », le terme comparatif le plus banal (v. 13 : « L'amour s'en va comme cette eau courante »). Les métaphores sont liées à l'eau, pour l'essentiel.

– Le poème comporte également des vers impairs (heptasyllabes, dans le distique). **Ces vers sont particulièrement musicaux**, comme le suggère Verlaine dans son « Art poétique » : le vers impair est « sans rien en lui qui pèse ou qui pose ».

3. Du « je » au « nous »

– Le poème est dominé par le **registre lyrique**, défini par l'expression des sentiments personnels. Apollinaire dit « je » (« je demeure »). Mais le « je » reste relativement discret. Apollinaire n'est pas un écrivain romantique. Il témoigne de ses sentiments avec un effet de sourdine.

– Il dit aussi « **nous** » (« nos amours ») : la première personne du pluriel fait le lien entre le poète et la femme, ou entre le poète et le lecteur. Ce « nous » donne une dimension universelle au « je ».

Conclusion

[Réponse à la problématique] « Le Pont Mirabeau » fait d'Apollinaire un héritier du lyrisme traditionnel. Le poème est musical. Ses thèmes ont été développés par de nombreux poètes avant Apollinaire. Mais ce dernier les réinvente. Il renouvelle le lyrisme par des audaces formelles et une manière originale d'affirmer le « je », avec légèreté et simplicité.

[Ouverture] Apollinaire renouvelle également l'expression du sentiment amoureux dans « Colchique » (extrait d'*Alcools*). La femme est comparée à un colchique. Mais cette fleur n'est pas comme la rose à laquelle Ronsard compare la femme aimée. Elle est inquiétante et susceptible d'empoisonner.

2 Dissertation – Le lyrisme amoureux

Voici un exemple de plan détaillé (semi-rédigé). Les titres de parties et de sous-parties ne doivent pas apparaître dans la copie.

Introduction

Le lyrisme poétique est l'expression des sentiments personnels. Les sentiments amoureux y occupent une place importante. Orphée, pour séduire Eurydice, celle qu'il aime, se sert de sa lyre. L'expression poétique serait essentiellement liée à cette volonté de séduire, d'exprimer l'amour et de l'inspirer. Cet amour est non seulement ce que le poète ressent pour une femme, mais aussi ce qui le relie au monde, plus généralement. L'amour, bien plus qu'un simple thème poétique, est-il essentiel à la poésie ? La poésie peut-elle se détourner de l'expression des sentiments amoureux ?

I. L'expression des sentiments amoureux

1. L'éloge de la femme aimée

Les poètes ont, dès le Moyen Âge, choisi la poésie pour faire l'éloge de la femme aimée, qui est souvent considérée comme une muse. La poésie courtoise permet à l'homme de se présenter comme soumis à la femme. Il y exprime ses tentatives de séduction et ses chagrins d'amour. Au XVIe siècle, le blason est une forme de l'éloge amoureux. Ce blason peut être assez libre ! Clément Marot (1496-1544), par exemple, propose un « blason du beau tétin » (*Épigrammes*, 1535).

2. L'amour et la fuite du temps

Le thème amoureux est souvent lié à celui de la fuite du temps, essentiel au lyrisme. Pour Ronsard, par exemple, la femme est une rose, dont la beauté se fane. Il importe donc de profiter de sa jeunesse pour aimer, avant que le temps n'affaiblisse irrémédiablement les sentiments. Dans « Je vous envoie un bouquet » (*Continuation des Amours*, 1555), il donne à la femme ce conseil : « Pour c'aimez-moi, cependant qu'êtes belle. »

3. Les souffrances de la passion

Pour les poètes romantiques, la passion est généralement vécue comme une **souffrance**. Elle est violente et brève. Elle ne peut pas s'inscrire dans le temps. Pour Alfred de Musset, par exemple, la passion est malheureuse. On connaît sa relation aussi tumultueuse que douloureuse pour George Sand. Elle est à l'origine de nombreux poèmes. Il considère que « les plus désespérés sont les chants les plus beaux ».

II. L'amour du monde et des mots

1. L'amour du monde, ou le choix de l'engagement

L'amour que le poète exprime n'est pas seulement celui qu'il ressent pour la femme. C'est aussi celui qui lui permet de **se tourner vers le monde, avec l'ambition de le changer**. Victor Hugo, par exemple, est un poète humaniste, qui entend contribuer au progrès de l'humanité. Il défend, dans ses poèmes, un idéal de liberté et de justice. Dans *Les Châtiments*, par exemple, il dénonce la tyrannie de Napoléon III.

2. L'amour des mots

L'essence de la poésie est dans l'**amour des mots**. Les poètes du Parnasse, par exemple, ont avant tout recherché la beauté du langage. Ils refusent le lyrisme. C'est le souci de la création esthétique qui les guide. Mallarmé, lui aussi, aime les mots. Il les choisit avec soin, pour leur pouvoir de suggestion. Même si le sens est parfois hermétique, le poème transporte le lecteur loin du langage commun.

III. La poésie pour inspirer l'amour ?

1. Renouveler notre regard sur le monde

La poésie doit inspirer l'amour au moins autant que l'exprimer. En renouvelant notre regard sur le monde, qu'elle rend plus pénétrant, elle peut le réenchanter. Elle nous invite à voir avec plus d'**indulgence** ce que l'on considère comme les **insuffisances des hommes** et la **médiocrité de l'existence**. Francis Ponge, par exemple, dans *Le Parti pris des choses*, nous fait voir autrement les objets du quotidien, sur lesquels nous n'aurions pas forcément eu l'idée de poser le regard. Il nous inspire une certaine sympathie pour leur fragilité, leur petitesse.

2. Libérer les sentiments

La poésie est un exercice de liberté pour le poète et une incitation à vivre libre pour le lecteur. Chacun peut lire, dans les poèmes, un éloge de la liberté des sentiments. **En s'identifiant au poète, le lecteur sait qu'il n'est plus seul.** Les poètes surréalistes, par exemple, ont beaucoup parlé d'amour. Pour eux, l'amour est une folie, et c'est cette folie qui en fait la beauté.

Conclusion

[Réponse à la problématique] La poésie est indissociable de l'amour et, plus largement, de l'expression du désir. Elle repose sur le désir qu'un poète a de rencontrer un lecteur, pour lui faire partager ses sentiments et peut-être pour lui inspirer un certain amour du monde et davantage d'estime de lui-même. En se reconnaissant dans le « je » du poète, le lecteur trouve en effet des clés pour mieux se connaître et pour faire la paix avec ce qu'il est. La poésie tente aussi de réconcilier le monde avec lui-même, de restaurer une forme d'ordre, par le pouvoir des mots, par-delà le désordre. Les images (métaphores, comparaisons) ont pour fonction de traduire l'unité profonde de la création.

[Ouverture] Pour Baudelaire, c'est la fonction des correspondances, qui révèlent le lien entre les différents sens (vue, ouïe, odorat…) ainsi qu'entre le monde terrestre et le sacré.

3 Écriture d'invention – Rédiger une préface

Analyser le sujet

> Repérer les mots clés du sujet

Pour répondre à ce sujet, il faut connaître quelques poèmes sur l'amour ou la passion. On en aura besoin pour proposer des exemples.

On doit aussi connaître les fonctions d'une préface : elle sert à présenter le recueil de poèmes et à justifier la démarche esthétique du poète.

On demande d'insister sur la dimension universelle du « je ». Mais attention : « entre autres » suppose que ce n'est pas la seule question à développer. On peut aussi parler de l'importance pour soi du thème amoureux en poésie, par exemple, et du sens que l'on a voulu lui donner dans le recueil.

> Rédiger le devoir

Structurer le devoir. Le texte demandé est argumentatif. Il s'agit de persuader le lecteur de l'intérêt du recueil. À chaque argument doit donc correspondre un paragraphe.

Soigner également la langue. Attention : le texte est censé être celui d'un poète ! L'élégance de l'écriture est donc capitale.

Cet exemple est une proposition, parmi bien d'autres possibles. Il n'a pas valeur de corrigé. Il propose seulement quelques pistes.

Prélude à « L'après-midi d'un amant »

Alors que vous êtes au seuil de ce recueil, j'aurais quelques mots à vous dire. Avant de passer la porte, pour entrer dans mon monde, sachez que vous prenez un risque. Lire est une aventure. Lire des poèmes est la plus grande des aventures : il faut renoncer à ses attaches, à ses confortables certitudes, rompre les amarres pour accepter de voguer vers des cieux incertains.

Dans ce recueil, je vous parle de moi. Je vous expose mes bonheurs, mes souffrances et mes espoirs. Je vous confie en particulier mes amours. Ô lecteur, sois témoin de mes

amours blessées, meurtries, désolées… Accompagne-moi sur ce chemin de croix de la passion ; bénis ma quête infatigable de l'harmonie.
Au hasard de mes errances, j'ai rencontré une « fugitive beauté ». « Passante » baudelairienne, incarnation évanescente de l'Idéal, elle n'a cessé de m'échapper. La Beauté est peut-être insaisissable, et la solitude de l'être, inévitable. Mais je ne veux pas me résigner ! Je veux me battre, espérer et crier… avant de me déclarer vaincu.
Ce recueil n'est pas un cercueil. Je ne suis pas au soir de ma vie. Pour moi, c'est seulement l'après-midi. Mais depuis le petit matin, je suis comme dans un rêve, dont je sais qu'il va finir. Mon recueil est le récit d'un rêve, et d'un réveil annoncé. Verlaine sait que l'amour est « un rêve étrange et pénétrant ». « Une femme inconnue, et que j'aime, et qui m'aime »… Cette heureuse réciprocité des sentiments peut-elle être autre chose qu'un rêve ?
Qu'il est doux de rêver et que les réveils sont violents ! Je me souviens de ces mots d'Apollinaire, dans « Le Pont Mirabeau » : c'est l'espérance qui est « violente ». Après elle, vient toujours la désespérance.
« Hypocrite lecteur, mon semblable, mon frère », je te confie mon âme, parce que c'est aussi la tienne. Mes amours brûlent dans ton cœur ; mon cœur coule dans tes yeux. Lorsque je parle de moi, je te parle de toi. D'Athènes à Paris, de New York à Singapour, les pleurs de l'amant ne forment-ils pas un même chant ?
Ce chant d'amour et de mort, ce chant de la passion, j'ai voulu te le livrer. À toi de faire entendre ta voix, à toi de rejoindre le chœur universel. Le cœur a ses raisons, que la musique des mots doit connaître.
On n'est pas sérieux quand on est amoureux. Alors on se fait poète. Pardonne-moi mon recueil, cette folie, et pardonne-toi tes folies.
À toi, à jamais.

Alfred du Cygne

REPÈRES

À lire, à voir...

Voici quelques propositions de lectures et de films. Cette liste n'est pas exhaustive.

Des recueils poétiques à connaître

- Joachim Du Bellay, *Les Regrets* (1558).
- Victor Hugo, *Les Contemplations* (1856).
- Charles Baudelaire, *Les Fleurs du mal* (1857) et *Le Spleen de Paris* (1869, publ. posthume).
- Arthur Rimbaud, *Illuminations* (1886).
- Guillaume Apollinaire, *Alcools* (1913) et *Calligrammes* (1918).

Des films à voir

- *Rimbaud Verlaine*, d'Agnieszka Holland (1995), avec David Thewlis (Paul Verlaine) et Leonardo DiCaprio (Arthur Rimbaud).
- *Arthur Rimbaud, l'Homme aux semelles de vent*, de Marc Rivière (1995), avec Laurent Malet.

Quelques citations

Nicolas Boileau (1636-1711)

Hâtez-vous lentement, et, sans perdre courage,
Vingt fois sur le métier remettez votre ouvrage

- *Art poétique* (1674).

Victor Hugo (1802-1885)

J'ai mis un bonnet rouge au vieux dictionnaire.

- *Les Contemplations* (1856), vol. I, « Aurore ».

Peuples ! Écoutez le poète !
Écoutez le rêveur sacré !

- *Les Rayons et les Ombres* (1840), « Fonction du poète ».

Alfred de Musset (1810-1857)

Les plus désespérés sont les chants les plus beaux.
Et j'en sais d'immortels qui sont de purs sanglots.

- *Les Nuits* (1835), « Nuit de mai ».

Charles Baudelaire (1821-1867)

Le poète est semblable au prince des nuées.
Ses ailes de géant l'empêchent de marcher.

- *Les Fleurs du mal* (1857), « L'Albatros ».

Arthur Rimbaud (1854-1891)

Le poète se fait voyant par un long, immense et raisonné dérèglement de tous les sens.

- Lettre à Paul Démeny, dite « Lettre du voyant » (1871).

Des repères historiques

	Périodes ou mouvements	Poètes essentiels	Contexte politique et social
Moyen Âge - XVIe siècle	Moyen Âge La Pléiade	Rutebeuf (v. 1230 - v. 1285) Charles d'Orléans (1394-1465) François Villon (1431-1463) Joachim Du Bellay (1522-1560) Pierre de Ronsard (1524-1583)	1515-1547 : François Ier 1589-1610 : Henri IV 1562-1598 : guerres de Religion
XVIIe siècle	Le baroque Le classicisme	Théophile de Viau (1590-1626) Pierre de Marbeuf (1596-1645) Jean de La Fontaine (1621-1695) Nicolas Boileau (1636-1711)	1617-1643 : Louis XIII 1661-1715 : règne personnel de Louis XIV et période d'apogée du classicisme 1635 : fondation de l'Académie française
XVIIIe siècle	Les Lumières	Jacques Delille (1738-1813) André Chénier (1762-1794)	1774-1792 : Louis XVI 1789-1799 : Révolution française
XIXe siècle	Le romantisme Le Parnasse Le symbolisme	Alphonse de Lamartine (1790-1869) Alfred de Vigny (1797-1863) Victor Hugo (1802-1885) Théophile Gautier (1811-1872) Leconte de Lisle (1818-1894) Charles Baudelaire (1821-1867) Stéphane Mallarmé (1842-1898) Paul Verlaine (1844-1896) Arthur Rimbaud (1854-1891)	1804-1814 : Napoléon Ier, Premier Empire 1814-1830 : Louis XVIII, Restauration 1830-1848 : Louis-Philippe, Monarchie de Juillet 1848-1852 : IIe République 1852-1870 : Second Empire 1870-1940 : IIIe République
XXe-XXIe siècles	Le surréalisme La poésie contemporaine	Guillaume Apollinaire (1880-1918) Paul Éluard (1895-1952) André Breton (1896-1966) Louis Aragon (1897-1982) Yves Bonnefoy (né en 1923) Philippe Jacottet (né en 1925)...	1914-1918 : Première Guerre mondiale 1939-1945 : Deuxième Guerre mondiale 1940-1944 : Régime de Vichy 1945-1958 : IVe République 1946-1962 : décolonisation 1947-1991 : guerre froide 1958 à aujourd'hui : Ve République

SUJETS D'APPROFONDISSEMENT

POST BAC

1 Résumé de texte – allocution de Saint-John Perse

90 min.

Résumez le texte suivant en 150 mots (avec une tolérance de plus ou moins 10 %).

Le texte proposé est extrait d'un discours prononcé à l'occasion de la réception du prix Nobel. Il faut, pour le comprendre, tenir compte de ce contexte particulier : Saint-John Perse, le poète, réfléchit sur ce qu'est la poésie au XXe siècle, à un moment où on lui fait l'honneur de lui accorder un prix prestigieux. L'extrait retenu n'est pas très long, mais il est assez complexe. Il pose quelques problèmes d'interprétation, en particulier pour la phrase finale, qui fait du poète « la mauvaise conscience de son temps ». Soyez aussi attentif au nombre de mots, parce qu'il n'est pas facile de synthétiser un texte dense, écrit avec un niveau de langue très soutenu.

> Voir la méthode du traitement d'un résumé de texte (Annexes, p. 477).
> Voir le sujet 1 p. 455.

TEXTE Saint-John Perse (1887-1975), « Poésie. Allocution au Banquet Nobel du 10 décembre 1960 »

La poésie n'est pas souvent à l'honneur. C'est que la dissociation semble s'accroître entre l'œuvre poétique et l'activité d'une société soumise aux servitudes matérielles. Écart accepté, non recherché par le poète, et qui serait le même pour le savant sans les applications pratiques de la science.

Mais du savant comme du poète, c'est la pensée désintéressée que l'on entend honorer ici. Qu'ici du moins ils ne soient plus considérés comme des frères ennemis. Car l'interrogation est la même qu'ils tiennent sur un même abîme, et seuls leurs modes d'investigation diffèrent. [...]

Mais plus que mode de connaissance, la poésie est d'abord mode de vie – et de vie intégrale. Le poète existait dans l'homme des cavernes, il existera dans l'homme des âges atomiques : parce qu'il est part irréductible de l'homme. De l'exigence poétique, exigence spirituelle, sont nées les religions elles-mêmes, et par la grâce poétique, l'étincelle du divin vit à jamais dans le silex humain. Quand les mythologies s'effondrent, c'est dans la poésie que trouve refuge le divin ; peut-être même son relais. [...]

Elle n'attend rien pourtant des avantages du siècle. Attachée à son propre destin, et libre de toute idéologie, elle se connaît égale à la vie même, qui n'a d'elle-même à justifier. Et c'est d'une même étreinte, comme une seule grande strophe vivante, qu'elle embrasse au présent tout le passé et l'avenir, l'humain avec le surhumain, et tout l'espace planétaire avec l'espace universel. L'obscurité qu'on lui reproche ne tient pas à sa nature propre, qui est d'éclairer, mais à la nuit même qu'elle explore, et qu'elle se doit d'explorer : celle de l'âme elle-même et du mystère où baigne l'être humain. Son expression toujours s'est interdit l'obscur, et cette expression n'est pas moins exigeante que celle de la science. [...] Et c'est ainsi que le poète se trouve aussi lié, malgré lui, à l'événement historique. Et rien du drame de son temps ne lui est étranger. Qu'à tous il dise clairement le goût de vivre ce temps fort ! Car l'heure est grande et neuve, où se saisir à neuf. Et à qui donc céderions-nous l'honneur de notre temps ?

[...] Face à l'énergie nucléaire, la lampe d'argile du poète suffira-t-elle à son propos ?
– Oui, si d'argile se souvient l'homme.
Et c'est assez, pour le poète, d'être la mauvaise conscience de son temps.

■ *Œuvres complètes*, © Gallimard (1972).

POST BAC

2 Dissertation – Hugo, *Les Contemplations*

150 min.

Au sujet des *Contemplations* (1856), Victor Hugo déclare : « C'est une âme qui se raconte dans ces deux volumes. Autrefois, Aujourd'hui. Un abîme les sépare, le tombeau. » Dans quelle mesure cette affirmation vous semble-t-elle pouvoir s'appliquer à « Pauca Meae », le livre IV des *Contemplations* ?

Les Contemplations sont un recueil majeur du romantisme en poésie (voir focus, p. 217). Hugo fait de son œuvre les « Mémoires d'une âme ». Il y livre en effet sa douleur de père, endeuillé par la mort de sa fille. Ce sujet de dissertation vous invite donc à réfléchir sur le lyrisme, dans le recueil. Comment Hugo se raconte-t-il, dans ce recueil poétique très centré sur l'intime ? Vous devez en effet bien connaître l'œuvre sur laquelle porte le sujet : « Pauca meae » est un livre des *Contemplations*, auquel vous pouvez vous reporter facilement. Il est, de plus, assez court. Si vous ne le connaissez pas, profitez-en pour le lire !

> Voir la méthode du traitement d'une dissertation (Annexes, p. 475).
> Voir les Méthodes et stratégies 2, chapitre 9.

POST BAC

CORRIGÉS

1 Résumé de texte – allocution de Saint-John Perse

Méthode

> Lire le texte une première fois

Une première lecture doit vous permettre de comprendre que l'auteur s'interroge sur le rôle du poète face à l'histoire. Quelle importance le poète peut-il avoir dans son temps ?

La réflexion proposée par Saint-John Perse est assez générale. Elle ne laisse pas vraiment de place au « je ». Le poète s'y adresse aux hommes de son temps, qui n'accorderaient qu'une modeste place à la poésie, suspecte de ne pas être utile, de ne rien apporter de concret.

> Relire le texte de façon active

Ce texte comporte plusieurs paragraphes clairement distincts. Résumer chaque paragraphe à l'aide d'une « phrase-étiquette » qui en dise l'essentiel (exemple pour le premier paragraphe : « La poésie n'est pas reconnue dans une société où seul l'utile est valorisé. »). Ce travail permet d'identifier le plan du texte.

- 1er § : la faible place de la poésie dans une société qui ne s'intéresse qu'au concret, à l'utile.
- 2e § : rapprochement science-poésie, un objectif comparable (la pensée cultivée pour elle-même), des moyens différents.
- 3e § : originalité de la poésie, par rapport à la science ; elle est indissociable de la vie elle-même, dans toute sa plénitude, y compris spirituelle, et de ce fait, elle est intemporelle.
- 4e § : inévitable inscription du poète dans son temps, qu'il doit éclairer, pour nous donner envie de le vivre (optimisme de Saint-John Perse).
- Conclusion : optimisme nuancé. Le poète peut-il encore être compris ?

> Rédiger au brouillon une première version, puis une version plus courte du résumé

Il faut rester fidèle au niveau de langue très soutenu du texte et tenter de traduire la tension que l'on y ressent entre l'optimisme et une certaine méfiance à l'égard de l'histoire. Le poète s'y inscrirait « malgré lui » et il ne pourrait être entendu que si les hommes acceptent de prendre en compte le temps long et de ne pas être prisonniers du présent.

Le résumé suivant n'est qu'une proposition.

Le poète et le savant sont peu reconnus dans la société, car leur questionnement sur le monde n'a aucune utilité pratique.

La poésie constitue toutefois l'essence même de l'homme. Indissociable de la spiritualité, elle est indépendante des circonstances historiques. Elle protège le feu sacré, quelles que soient les époques.

Libre, elle dépasse les limites de l'humanité pour recréer l'unité du monde. Si son langage est difficile à comprendre, c'est parce qu'elle donne à voir l'Homme, dans ses dimensions les plus inexplorées.

Le poète, attaché à l'intemporel, est néanmoins face à l'histoire. Sa responsabilité est de nous inviter à en devenir les acteurs.
Ses moyens pour nous parler, archaïques, seront compris à condition que l'homme sache se souvenir de l'essentiel, et en particulier d'où il vient.
Le poète n'a pas à changer le monde. Il remplit sa mission lorsqu'il nous en donne à voir les dysfonctionnements.

■ 160 mots

2 Dissertation – Hugo, *Les Contemplations*

Les titres de parties et de sous-parties ne doivent pas apparaître dans la copie.

Introduction

Le 4 septembre 1843, Léopoldine Hugo se noie avec son mari, Charles Vacquerie. Pour Victor Hugo, c'est un drame immense. *Les Contemplations*, recueil dominé par le lyrisme, vont être l'occasion pour lui de faire partager son deuil. De nombreux poèmes ont donc une dimension autobiographique. Le recueil comporte deux volumes. *Pauca Meae* est le premier livre du second volume, intitulé « Aujourd'hui » (1846-1856). Dédié à Lépoldine, qui y est omniprésente, il occupe une place centrale dans le recueil. C'est le sens du titre qui signifie en latin « quelques vers pour ma fille ». L'âme de Victor Hugo serait traversée par un « abîme » : le « tombeau », qui renvoie à la mort de sa fille. Les mots auraient pour fonction de recréer du lien entre « Autrefois » et « Aujourd'hui », et d'aider le poète dans son travail de deuil. Mais l'œuvre est aussi politique. Le poète y regarde résolument vers l'avenir.

I. Une autobiographie lyrique

1. La figure omniprésente de Léopoldine

Le poète évoque sa fille dans tous les poèmes du livre, même s'il le fait parfois de manière indirecte. Dès le premier poème, les deux allégories « Pure Innocence ! Vertu sainte ! » renvoient à Léopoldine, dont le nom n'est pas cité, mais à laquelle il rend ainsi hommage. Dans « Trois ans après », il la désigne par cette périphrase : « L'humble enfant que Dieu m'a ravie ». Il l'appelle aussi sa « fée » et le « doux astre de [s]es yeux », dans le neuvième poème, sa « colombe » dans le poème consacré à Charles Vacquerie (XVII). Il nous propose un **autoportrait en père profondément aimant, tendre et inconsolable.**
Dans *Pauca Meae*, Léopoldine est à la fois omniprésente et absente. Le registre élégiaque, qui traduit la plainte, la souffrance de la perte, révèle la douleur de Hugo. L'absence de sa fille fait écho en lui à celle de sa mère, morte alors qu'il n'avait que dix-neuf ans, ainsi qu'à celle de la fille de Juliette Drouet, enterrée le 11 juillet 1846, date d'écriture du onzième poème du livre.

2. La reconstitution d'une douloureuse histoire personnelle

Peu à peu, Hugo reconstitue l'histoire de ses relations avec sa fille. Il fait référence à son enfance. Dans le cinquième poème, il rappelle avec nostalgie son « âge enfantin ». Il décrit de petits détails émouvants de leur quotidien. **L'enfance de Léopoldine est bien, pour lui, un paradis perdu.**
De nombreuses dates constituent des références au drame. Le deuxième poème est intitulé « 15 février 1843 », jour du mariage entre la jeune fille et Charles Vacquerie. La

tonalité très mélancolique du poème exprime une certaine ambiguïté : sur ce mariage pèse la **menace du deuil à venir**. Le livre garde aussi la trace du silence de Victor Hugo, à partir du 4 septembre 1843, date du drame. Cette date est suivie par une ligne de points de suspension. La parole poétique est suspendue, rendue impossible par l'intensité de la souffrance. Hugo ne retrouve les mots que « trois ans après », en 1846.

3. L'angoisse et la souffrance universelle du deuil

Le deuil inspire à Hugo de la colère dans « Trois ans après ». Il en veut à ce Dieu qui ne lui a pas laissé sa fille, ce « Dieu jaloux » de l'extase qu'il ressentait en sa présence. Il semble tenté par le renoncement, et peut-être par la mort. Dans le poème, il multiplie les métaphores liées à la lumière, opposées à celles de l'ombre, qui aurait triomphé. Il évoque donc sa révolte, son incrédulité face à l'impensable. Il croit même qu'il va encore entendre sa fille. Chacun peut s'identifier à cette figure de père torturé par la douleur. Il rapproche d'ailleurs sa situation de celle de tous les parents endeuillés. Dans le quatrième poème, il demande : « Pères, mères, dont l'âme a souffert ma souffrance, / Tout ce que j'éprouvais, l'avez-vous éprouvé ? » **Le « je » des *Contemplations* a une dimension universelle**. Il rejoint un « nous », par exemple dans le huitième poème. Ses réflexions portent plus largement sur la condition humaine, dont il souligne la fragilité : « À qui donc sommes-nous ? Qui nous a ? Qui nous mène ? ». Sa tragédie personnelle est l'occasion de s'interroger sur la liberté des hommes et sur la **versatilité du destin**, qui peut faire basculer si brutalement les existences individuelles.
Hugo évoque son itinéraire de deuil. Il traverse cette épreuve comme tous les pères confrontés à un drame aussi violent. Mais il est aussi un poète, qui peut, grâce aux mots, sublimer sa souffrance.

II. Le dépassement du deuil ?

1. La mise à distance du désespoir

Le recueil n'est pas seulement un chant de désespoir. Hugo veut encore croire en la vie. Il laisse aussi parler Hermann, qui lui parle des « tombes entr'ouvertes », dans « À quoi songeaient les deux cavaliers dans la forêt ». La tombe « entr'ouverte » est celle du Christ ressuscité. Elle permet d'**espérer que la vie retrouve ses droits**.
Après le temps de la révolte vient donc celui de l'apaisement. Dans « À Villequier », Hugo affirme : « je sens la paix de la grande nature / Qui m'entre dans le cœur ». Ce sentiment nouveau le conduit à retrouver le **chemin d'une foi plus sereine**. Il adresse à Dieu une prière très humble, qui met fin à l'impasse de la révolte. Il se soumet à la volonté de Dieu, certain que Ses volontés sont impénétrables et qu'il importe de s'abandonner à Lui avec confiance, même s'il demande l'indulgence pour son inconsolable tristesse.

2. La poésie pour l'éternité

La poésie est une **tentative pour aller au-delà du deuil et de la mort**. Elle conjure la malédiction du deuil. Hugo veut, par exemple, faire « asseoir une strophe sombre » devant le noir tombeau de sa fille (XVII). Le silence aurait été un signe du triomphe de la mort. Pour Hugo, écrire, c'est résister à la tentation de l'abandon à sa propre souffrance. Il doit cet effort à Charles Vacquerie, auquel il dédie le dernier poème du livre. À l'amour absolu du jeune homme, qui s'est sacrifié pour n'avoir pas pu sauver sa femme, répond l'énergie de Victor Hugo, qui défie la mort avec sa seule arme : la poésie.
La poésie permet même à Hugo de prêter à nouveau des mots à sa fille. Il peut la faire revivre et l'entendre. Dans « Demain, dès l'aube », il tente même de la rejoindre. Il veut

se rapprocher d'elle en allant sur sa tombe. Il s'adresse à elle, comme si elle était encore présente, avant de lui donner, en offrande, « Un bouquet de houx vert et de bruyère en fleur. » Le houx, symbole d'éternité, car il resterait toujours vert, ainsi que les fleurs de la bruyère, témoignent de son intention essentielle dans son œuvre : **permettre à sa fille d'accéder à l'immortalité**, par le pouvoir de la création poétique.

3. La foi : poésie et mystique

Le recueil témoigne aussi d'une réflexion sur la vie après la mort. La poésie de Victor Hugo prend parfois des accents mystiques. Dans « Mors », le poète décrit une allégorie traditionnelle de la mort : la « faucheuse ». Certes, la mort fait peur, mais elle est accompagnée par « un ange souriant » qui porte « la gerbe d'âmes ». Cet ange semble garantir le **salut des âmes**.

Pour Hugo, l'éternité est une promesse de la poésie et de la religion, et cette promesse n'est pas vaine. C'est d'ailleurs par un **élan de confiance en l'éternité** que *Pauca meae* se termine. À Charles Vacquerie et à sa fille, unis dans la mort, il demande : « Vivez ! aimez ! ayez les bonheurs infinis. » (XVII)

Dans *Pauca meae*, Hugo met donc des **mots sur ses maux**, pour tenter de les adoucir. Il n'oublie pas qu'il vit au présent et qu'il doit préparer l'avenir des hommes.

III. L'engagement au présent et pour l'avenir

1. Les mots de l'exilé

Hugo n'occulte pas, dans son œuvre, son engagement de poète. Dans sa préface, il dit d'ailleurs écrire ses « **Mémoires** ». Ce genre est bien celui des écrivains qui veulent évoquer l'histoire collective, et pas seulement l'histoire de leur personnalité, comme c'est le cas dans l'autobiographie.

Hugo inscrit son œuvre dans un **cadre historique et géographie précis**. Il mentionne les lieux où il écrit. Le quatrième poème du livre, par exemple, est écrit à Jersey. Cette mention renvoie à sa situation d'exilé. Il a dû quitter la France, qui constitue un paradis perdu, peut-être comparable à celui de l'enfance de Léopoldine. La nostalgie qu'il ressent dans son histoire personnelle croise celle que lui inspire l'histoire collective. Le passé est le temps du bonheur et de l'innocence.

2. L'espoir de la liberté

Le poète, même au cœur du désespoir, lorsqu'il n'en a provisoirement plus la force, se souvient de la mission dont il se sent investi à l'égard des autres hommes. Il sait qu'il est pour eux un phare, une lumière. Dans « Trois ans après », sa raison lui parle encore et lui dit qu'il lui faut « Guider les foules décrépites / Vers les lueurs de l'horizon. » Il se voit comme un **mage, dont la responsabilité est de guider l'humanité sur la voie du progrès et du bonheur**.

À la fin du livre, il retrouve l'espoir et déclare : « L'ange vole plus haut que l'aigle » (XVII). L'ange, symbole d'innocence, gagnerait contre l'aigle, symbole de l'Empire, allusion probable à Napoléon. Hugo suggère donc que le Second Empire n'est ni immortel, ni invincible. Il pourrait être vaincu par la **force de l'amour et de la vertu**.

Conclusion

Les Contemplations sont un chef-d'œuvre de la poésie romantique. Hugo y exprime sa souffrance, sans oublier qu'il est aussi un poète engagé, condamné à quitter la France suite au coup d'État de Louis-Napoléon Bonaparte. À l'exil intérieur du deuil s'ajoute l'exil politique. Il ne peut revenir en France qu'en septembre 1870, en héros du combat pour la République.

La question de l'homme dans les genres de l'argumentation, du XVIe siècle à nos jours

INTRODUCTION

La question de l'homme ou l'homme et ses questions

Parce qu'il est doué de raison, l'homme ne cesse de s'interroger : sur lui-même, sur la vie, sur le monde. Pourquoi est-ce comme cela et pas autrement ? Comment fonctionne tel organisme ? Qu'est-ce que le temps, le cosmos ? L'homme est un éternel interrogateur, tant reste inassouvi son besoin de savoir et de comprendre. Parce qu'il est en même temps un être social, un « animal politique » selon la formule d'Aristote, il est toujours en quête de la meilleure organisation possible de la société, de la cité (*polis*, en grec). Sauf à se retirer dans une hypothétique île déserte, vivre ensemble est une nécessité à laquelle nul n'échappe. Comment la transformer en atout et en élément de progrès ?

La littérature d'idées et la littérature (tout court)

- Parce qu'il est capable d'abstraction, l'homme peut élaborer des concepts, des théories et des systèmes. À ce titre, la littérature d'idées naît avec les philosophes grecs de l'Antiquité. En France, après une éclipse, elle renaît spectaculairement avec les *Essais* (1580-1588) de Montaigne qui en lance le genre. Sous des appellations et des formes diverses, elle ne cesse depuis de se développer en des genres dits non fictionnels (manifeste, traité, essai…).

- Parce qu'il est également un être d'émotions et pas seulement un pur esprit, l'homme s'invente par le biais du roman, du théâtre et de la poésie, un imaginaire culturel dans lequel s'exprime sa sensibilité. Toute œuvre reflète dès lors une certaine vision du monde, qui est porteuse de sens (même si le lecteur n'y adhère pas). Aucune frontière parfaitement étanche ne sépare en définitive les genres fictionnels de ceux qui ne le sont pas.

L'art d'argumenter : convaincre et persuader

Parce que véhiculer des idées ne se réduit pas à diffuser un contenu, mais implique de l'organiser, d'en choisir la meilleure présentation, ou la plus efficace, le fond est indissociable de la forme. Ce n'est pas un hasard si la rhétorique naquit en Grèce en même temps que la littérature d'idées. Les liens entre les deux sont organiques. Aborder la question de l'homme, c'est donc partir à une double découverte : celle des principaux systèmes de pensée élaborés de siècle en siècle et celle des moyens de leur présentation pour idéalement entraîner l'adhésion du plus grand nombre. C'est s'intéresser à une pensée et une manière de penser.

CHAPITRE 10

La littérature d'idées du XVIe siècle à aujourd'hui

COURS

MÉTHODES ET STRATÉGIES

SUJETS DE TYPE BAC

CORRIGÉS

COURS

La littérature d'idées du XVIe siècle à aujourd'hui

L'humanisme caractérise le XVIe siècle, la doctrine de l'honnête homme le XVIIe siècle, les « Lumières » le XVIIIe siècle. Les XIXe et XXe siècles voient, quant à eux, une floraison de courants de pensée. Chaque siècle élabore et diffuse ainsi son propre savoir et sa propre vision de l'existence, en prolongeant, contestant ou dépassant l'héritage de la période précédente. Comme l'Histoire politique ou économique, l'histoire des idées n'est qu'évolution, contestation et révolution.

I. De l'idéal humaniste au modèle de l'honnête homme

Dans l'Italie du XIVe siècle, le mot *umanista* désigne le professeur de rhétorique et de grammaire. Deux siècles plus tard, sa signification s'élargit en même temps qu'il se répand dans toute l'Europe. L'humaniste n'est plus forcément un professeur, mais il reste un homme avide de connaissances. Les *litterae humaniores* (selon l'expression latine consacrée) désignent dès lors l'étude des lettres « qui rend plus digne du nom d'homme ». L'épanouissement moral et intellectuel de l'individu au sein de la meilleure organisation politique possible s'affiche ainsi comme la finalité même du savoir.

1. L'idéal humaniste

a. Le savoir, l'éducation et l'esprit critique

- **Redécouvrant la culture antique, l'humanisme voue au savoir un culte passionné.** Afin de mieux comprendre les textes anciens, de grands érudits (Budé, Érasme, Dolet, Estienne…) élaborent de nouvelles disciplines intellectuelles (la philologie) et se dotent de nouveaux instruments de travail (grammaires et dictionnaires). Littéraire, ce savoir est aussi juridique et scientifique (médecine, mathématiques, astronomie…). Aucun domaine n'est ignoré. Gargantua, dans le *Pantagruel* de Rabelais, s'exclame avec enthousiasme :

> « Maintenant toutes les disciplines sont restituées. […] Tout le monde est plein de gens savants, de précepteurs très doctes, de librairies très amples. »
>
> ■ Rabelais, *Pantagruel* (1532).

- L'essor de l'imprimerie (inventée par Gutenberg à Mayence en 1448) assure une **diffusion de plus en plus large des livres.** L'**éducation** devient une préoccupation majeure tant chez Rabelais que dans les *Essais* (1580-1588) de Montaigne. De nombreux « collèges » (enseignement secondaire et universitaire) adoptent une pédagogie alors inédite, fondée sur l'observation, l'analyse et la réflexion. Il s'agit de former un esprit « bien fait » plutôt que « bien plein ». C'est la **naissance de l'esprit critique.**

b. Liberté religieuse et libre pensée

Presque tout naturellement, les humanistes appliquent les mêmes méthodes d'analyse aux textes sacrés. Contre l'Église officielle qui en interdisait la lecture personnelle, ils traduisent la Bible, la mettant ainsi à la portée des fidèles. Sous le terme d'« **évangélisme** »,

Lefèvre d'Étaples (1450-1536) prône un retour aux valeurs profondes des Évangiles (l'amour, la charité, le pardon), sans trop se soucier des rites. L'autorité de l'Église s'en trouve ébranlée. Si Lefèvre d'Étaples reste à l'intérieur du cadre chrétien, d'autres s'en extraient : un Bonaventure des Périers (1510 ? - 1544 ?) est athée ; rationaliste, Étienne Dolet (1509-1546) meurt sur le bûcher pour avoir nié l'immortalité de l'âme. À une époque où **l'athéisme est un crime passible de la peine de mort**, la reconnaissance de la liberté de conscience reste inimaginable. Il n'en demeure pas moins que, sur le plan intellectuel, apparaissent **diverses attitudes religieuses**, allant de la croyance plus ou moins orthodoxe à l'incroyance des libres penseurs, au « libertinage érudit », comme on dira au siècle suivant.

c. Une politique pacifique et réformatrice

- La réflexion humaniste s'étend également au domaine politique. Dans *L'Utopie* (1516), l'Anglais **Thomas More** décrit une société idéale, fondée sur la justice et l'égalité. Dans *Gargantua* (1534), **Rabelais** condamne la guerre, notamment de conquêtes : s'il arrive qu'il faille malgré tout se défendre contre un envahisseur, que ce soit avec le double souci d'épargner le maximum de vies et de préparer un retour rapide et durable de la paix. Cinquante ans plus tard, dans ses *Essais,* **Montaigne** reprend le sujet par le biais du colonialisme, qu'il dénonce avec virulence.
- **Tous critiquent le tyran** – figure de l'arbitraire et de la violence – qu'ils opposent au « bon monarque », soucieux de justice, de paix et de progrès : c'est par exemple le cas de Jean Bodin dans sa *République* (1576).
- L'humanisme est un pacifisme, plus réformateur que révolutionnaire – à l'exception peut-être du *Prince* de **Machiavel** (1513), qui, en détachant la sphère politique de la sphère religieuse, s'engage sur la voie de la laïcité (même s'il ne prononce jamais le mot).

d. Une philosophie optimiste de l'existence

- L'avènement de l'esprit critique et d'importantes découvertes scientifiques (en médecine avec Ambroise Paré, en astronomie avec Copernic) renouvellent l'idée qu'on se faisait de l'existence et de la condition humaine. L'humanisme est un **acte de foi – moins en Dieu qu'en l'homme**, en sa raison, en sa capacité de s'améliorer, en son pouvoir d'invention et de création. Rabelais, dans *Gargantua*, soutient :

> « Les hommes ont par nature un instinct et aiguillon qui toujours les pousse à faits vertueux et retire de vice.[1] »
>
> ■ Rabelais, *Pantagruel* (1532).

- Voilà qui s'écarte du dogme chrétien du péché originel, vouant l'homme au repentir et à l'expiation. La vie dans la rabelaisienne « abbaye de Thélème » (Rabelais, *Gargantua*) est l'exemple même de ce que peut être une **existence harmonieuse**, où se développent les joies de l'esprit et l'épanouissement physique, où la **liberté** est la condition du bonheur. Les guerres de Religion (1562-1593) assombrissent douloureusement cet idéal.

1 Retire de vice : éloigne du vice.

La réflexion sur l'homme dans l'Antiquité

Aristote (384-322 av. J.-C.) définit l'homme comme un « animal politique », naturellement porté à vivre dans la cité (*polis en grec*). De là, l'importance de la réflexion sur le meilleur type de gouvernement tant chez Platon (*De la République, Des Lois*) que chez Aristote (*Politique*), dont la définition des trois pouvoirs, législatif, exécutif, judiciaire, inspirera Montesquieu. De là aussi, d'innombrables traités moraux (de Plutarque, de Cicéron ou de Sénèque) sur les qualités nécessaires à toute vie sociale : l'amitié, la tolérance, les bienséances, dont s'inspireront les théoriciens de l'honnêteté.

Si tous les systèmes philosophiques s'efforcent de concilier bonheur et sagesse, ils se distinguent les uns des autres selon la finalité qu'ils attribuent à l'existence. Le platonisme croit en l'immortalité de l'âme, en des essences immuables dont le monde réel n'est que le très pâle reflet (théorie dite « du mythe de la Caverne »). Illustré par le Latin Lucrèce (*De Natura rerum*), l'épicurisme est à l'inverse une doctrine matérialiste, selon laquelle la recherche du plaisir réside d'abord dans l'absence de souffrances et de dépendances. Le stoïcisme, incarné par le Latin Sénèque, prône une morale du courage et de la rigueur devant l'adversité. Quant à la mythologie – qui fut à l'origine une cosmogonie, c'est-à-dire une tentative d'explication du monde –, elle établit une hiérarchie des vivants : les dieux, les héros, qui sont des demi-dieux, et le commun des mortels.

2. L'honnête homme du XVIIe siècle

« Honnêteté », « honnête homme », « honnête femme » : ces expressions, très en vogue durant tout le XVIIe siècle, possèdent un sens plus large et plus profond que de nos jours.

a. Une quête d'absolue perfection

Est « honnête » celui qui est honorable, digne et revêtu d'honneurs, celui qui est vertueux. À ce sens moral s'en ajoute un autre, plus mondain, désignant l'art de plaire en société. **L'« honnêteté » unit ainsi dans l'excellence l'être et le paraître, qui se réfléchissent l'un l'autre.** C'est dire que même si l'« honnête homme » est essentiellement un **homme de cour**, il ne doit pas être un courtisan, adepte de l'intrigue et de la flatterie. À la suite de l'Italien Baldassar Castiglione qui, dans *Le Courtisan* (Venise, 1528), dresse le portrait de l'homme de cour idéal, de nombreux auteurs français en détaillent les qualités. Les **traités de « civilité »** deviennent non seulement un genre à la mode mais un genre littéraire à part entière. Les plus célèbres sont, sous le règne de Louis XIII, *L'Honnête homme ou l'art de plaire à la cour* (1630) de Nicolas Faret et, sous le règne de Louis XIV, le *Discours sur la vraie honnêteté* (1677) du chevalier de Méré.

b. Un art de vivre en société

Le parfait « honnête homme » est un noble parce qu'une origine noble est censée prédisposer à la vertu. La nature l'a doté d'un physique agréable. Son éducation lui a enseigné les bonnes manières (façons de s'habiller, de se tenir, d'être à table, de s'exprimer…). L'instruction qu'il a reçue l'a rendu curieux des choses de l'esprit. « Animal social » par excellence, l'honnête homme ne s'épanouit qu'en société, à la cour ou dans les salons, dans la fréquentation des autres « honnêtes gens », notamment celle des femmes. Respectueux des bienséances, il observe en toutes circonstances un

« **juste milieu** ». L'honnêteté tend en définitive à civiliser l'homme et à le polir pour en faire quasiment une **création artistique**. Bien qu'ils aient toujours affirmé peindre l'universelle « nature humaine », c'est à ce public très particulier des « honnêtes gens » que se sont adressés les auteurs classiques.

c. Un idéal progressivement remis en question

- Un tel projet comporte évidemment une part d'**utopie.** La cour y est en effet conçue **comme un miroir du Ciel :** à l'image de Dieu, servi par les anges et les saints, le Roi, consacré par Dieu, s'entoure des meilleurs et des plus accomplis de ses serviteurs. Les romans héroïques de La Calprenède (*Cassandre, Cléopâtre, Faramond*, publiés de 1642 à 1670), ceux, plus précieux mais non moins héroïques, de Madeleine de Scudéry (*Le Grand Cyrus, Clélie,* publiés à partir de 1649) ont d'autant plus véhiculé cet idéal qu'il invitait au rêve et qu'il était en lui-même très romanesque.
- La confrontation avec le réel n'en a été que plus rude. À partir de 1660, Louis XIV réduit sa noblesse à une obéissance de plus en plus servile, afin d'en contrer les éventuelles velléités frondeuses. **L'homme de cour se mue en courtisan.** L'honneur n'appelle plus automatiquement les honneurs. Le paraître divorce d'avec l'être. L'idéal moral de l'honnêteté se dissipe. Parallèlement, la vertu devient elle-même suspecte sous l'influence des moralistes[2]. **La Rochefoucauld** (*Maximes,* 1664) décèle derrière tout comportement l'omniprésence de l'amour-propre. **La Bruyère** déplore dans ses *Caractères* (1688) que les civilités l'emportent sur la sincérité. Ne subsistent dès lors que l'étiquette d'un savoir-vivre et l'élégance de manières dont la cour continuera à donner le ton et l'exemple, mais qui ne représentent plus un idéal d'homme accompli. Au siècle suivant, à la veille de la Révolution, l'honnête homme deviendra même synonyme d'« hypocrite », d'« insincère ».

II. Le XVIIIe siècle, siècle des « Lumières »

Les « Lumières » caractérisent tout le XVIIIe siècle, français et européen. Ces « Lumières » sont celles de la Raison, qui permettent à l'homme de mieux se connaître et de mieux comprendre le monde dans lequel il vit. Elles reposent sur un principe fondamental : ni les préjugés sociaux ni les dogmes religieux ne peuvent se prévaloir contre une vérité expérimentalement établie ; et ils ne peuvent encore moins empêcher de l'établir. Ce principe est la condition même de la liberté – de recherches, de pensée – et de tout progrès.

1. Le temps des « philosophes »

Avec Montesquieu, Diderot, Voltaire, Rousseau, beaucoup d'autres encore, **la figure du « philosophe »** est l'incarnation de ce nouvel idéal. Elle succède à celle de « l'honnête homme ». Fréquentant les « salons », le philosophe en conserve la sociabilité ; mais sur tout le reste, il s'en sépare radicalement. **Homme de raison, il est un homme de combat**, engagé dans les grandes controverses de son temps, souvent d'ailleurs à ses risques et périls. **Faisant de l'écriture son arme préférée**, il pratique, selon son tempérament et les circonstances, tous les genres littéraires : fictionnels (roman, théâtre, conte…) ou non fictionnels (traité, essai…), dès lors qu'ils servent la cause qu'il entend défendre.

2 Moralistes : ceux qui étudient les mœurs.

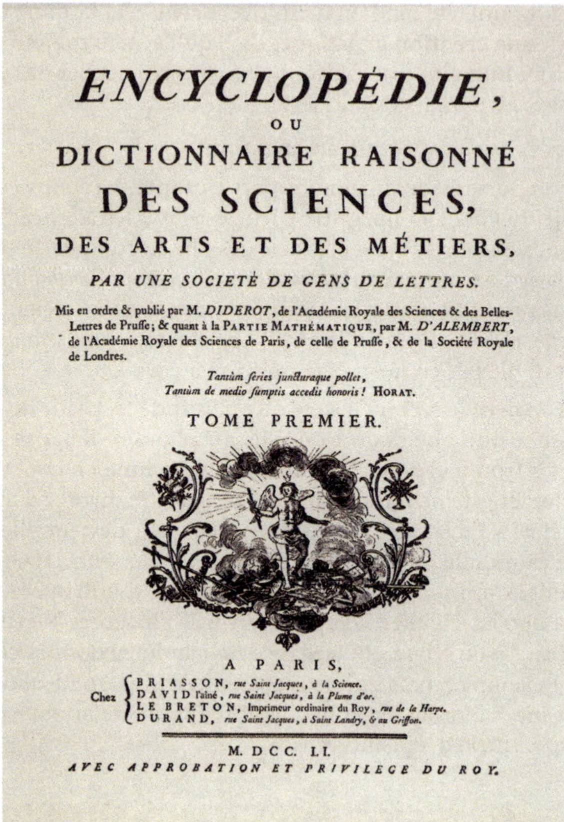

ENCYCLOPÉDIE,
OU
DICTIONNAIRE RAISONNÉ
DES SCIENCES,
DES ARTS ET DES MÉTIERS,
PAR UNE SOCIETÉ DE GENS DE LETTRES.

Mis en ordre & publié par M. DIDEROT, de l'Académie Royale des Sciences & des Belles-Lettres de Pruſſe; & quant à la PARTIE MATHÉMATIQUE, par M. D'ALEMBERT, de l'Académie Royale des Sciences de Paris, de celle de Pruſſe, & de la Société Royale de Londres.

Tantùm ſeries juncturaque pollet,
Tantùm de medio ſumptis accedit honoris! HORAT.

TOME PREMIER.

A PARIS,
Chez BRIASSON, rue Saint Jacques, à la Science.
DAVID l'aîné, rue Saint Jacques, à la Plume d'or.
LE BRETON, Imprimeur ordinaire du Roy, rue de la Harpe.
DURAND, rue Saint Jacques, à Saint Landry, & au Griffon.

M. DCC. LI.
AVEC APPROBATION ET PRIVILEGE DU ROY.

DOC.1 Page de titre de l'*Encyclopédie* de Diderot (1751-1766).

2. Apologie du savoir et foi dans le progrès

Tant par son ampleur (dix-sept volumes) que par la longue « bataille » qu'elle suscita (contre le pouvoir et l'Église), l'***Encyclopédie*** **de Diderot** (1751-1766) reste le symbole du savoir et de l'engagement philosophique. Son ambition est double : « Dictionnaire raisonné des sciences, des arts et des métiers » (son sous-titre), elle entend faire le point le plus complet possible des connaissances accumulées en tous domaines depuis un siècle ; et elle les passe au crible du **doute méthodique** et de l'**esprit critique.**

« Il faut tout examiner, tout remuer sans exception et sans ménagement. »
■ Diderot, article « Encyclopédie » (1755).

L'***Histoire naturelle générale et particulière*** **de Buffon**, dont le premier des trente-six volumes paraît en 1749 et le dernier posthumément en 1789, est une autre « encyclopédie » majeure de l'époque. Condamné par la Sorbonne mais admiré de ses contemporains, Buffon aborde tous les sujets : de la formation du système solaire à la description des plantes et animaux en passant par celle de l'homme. Scientifique laïc, il explique le monde sans recourir à la moindre transcendance.

- À la fin du siècle, **Condorcet** publie un véritable manifeste des « Lumières » avec son ***Esquisse d'un tableau historique des progrès de l'esprit humain*** (éd. posth. 1795). Deux grandes idées s'en dégagent : le « perfectionnement de l'espèce humaine [est] susceptible d'un progrès indéfini » ; et la nécessité d'« instruire la masse entière d'un peuple », condition première de tout épanouissement individuel et collectif.

3. Repenser l'État

- Si tous les philosophes ne partagent pas les mêmes idées politiques, tous s'accordent en revanche sur la **nécessité de réformer profondément l'État absolutiste**, construit et légué par Louis XIV.
- **Montesquieu** préconise dans *L'Esprit des lois* (1748) – vaste traité de sociologie politique – la **séparation des trois pouvoirs** (exécutif, législatif et judiciaire), le renforcement des corps intermédiaires, seuls capables d'assurer l'équilibre entre les intérêts particuliers, et le développement de l'instruction civique.
- Partisan d'une monarchie parlementaire à l'anglaise dans ses *Lettres philosophiques* (1734), **Voltaire** penche par la suite (dans *Candide*, 1759, puis dans son *Dictionnaire philosophique portatif*, 1764) vers un « **despotisme éclairé** » (un pouvoir fort mais sage) dont il croit un temps avoir trouvé un modèle en la personne du roi Frédéric II de Prusse.
- **Diderot** connaît la même illusion puis désillusion avec Catherine II de Russie, avant de revenir aux principes quasi démocratiques qu'il exposait dans l'*Encyclopédie* (article « Autorité politique ») : « Aucun homme n'a reçu de la nature le droit de commander aux autres ». Le pouvoir ne peut être exercé que par et sur délégation des citoyens.
- Dans *Du Contrat social* (1762), **Rousseau** aboutit à des conclusions légèrement différentes : le fondement de toute société et la légitimité de tout pouvoir résident dans la « volonté générale » et dans un « **contrat** » par lequel chacun reçoit de la collectivité la protection de sa personne et de ses biens en échange de l'abandon de sa liberté naturelle.

4. Réformer la société

Si repenser l'État peut paraître théorique, réformer la société est plus concret.

a. La tolérance religieuse

Chacun à leur façon, Montesquieu, Voltaire, Rousseau sont des déistes ; Diderot comme Condorcet sont athées : tous prônent la tolérance religieuse avec d'autant plus de force que, depuis la **révocation de l'Édit de Nantes** par Louis XIV en 1685, les persécutions contre les protestants ont repris. Ce sera le grand combat de Voltaire dans ses contes (*Zadig*, 1747 ; *L'Ingénu*, 1767) et plus encore dans son *Traité sur la tolérance* (1763).

b. Une justice plus juste

Voltaire comme les **Encyclopédistes** plaident pour un meilleur fonctionnement de la justice : suppression des lettres de cachet (*L'Ingénu*) et de tout arbitraire ; meilleure compétence des juges ; motivation des verdicts, fondés sur un examen scrupuleux des preuves ; proportionnalité des peines aux délits.

c. Bannir la guerre

- **La guerre fait l'objet d'une condamnation unanime.** Pour **Voltaire**, elle est une monstruosité morale (*Candide ; Micromégas*) :

> « Tant que le caprice de quelques hommes fera loyalement égorger des milliers de nos frères, la partie du genre humain consacrée à l'héroïsme sera ce qu'il a de plus affreux dans la nature entière. »
>
> ▪ Voltaire, *Dictionnaire philosophique portatif* (1764), article « Guerre ».

- Les **Encyclopédistes** n'ont de leur côté pas de mots assez durs pour dénoncer la guerre :

> « La guerre est un fruit de la dépravation des hommes ; c'est une maladie convulsive et violente du corps politique. »
>
> ▪ Damilaville, *Encyclopédie*, article « Paix ».

d. Améliorer le sort des individus

Tous appellent à **développer l'agriculture, le commerce et l'industrie** afin d'améliorer les conditions d'existence, notamment des pauvres, en luttant contre la disette et la famine.

5. Une nouvelle vision de l'homme

- L'homme se découvre libre, soumis à aucune autre fatalité que celle provoquée par ses erreurs et ses passions. Même **Rousseau** reconnaît dans son *Discours sur l'origine de l'inégalité* (1755) que « l'homme est né libre ». La nature a créé les hommes égaux ; de là vient la **condamnation sans appel de l'esclavage** (Montesquieu, *L'Esprit des lois* ; Voltaire, *Candide* ; Rousseau, *Du Contrat social*). Ceux-ci se découvrent également divers dans leurs mœurs, dans leurs cultures et systèmes de pensées (Diderot, *Supplément au voyage de Bougainville*, 1772). À l'exception de Rousseau qui voit dans la civilisation un principe corrupteur de la bonté naturelle de l'homme, les philosophes considèrent que le **progrès des arts, des sciences et des techniques** est une des sources du bonheur. C'est ce qu'exprime la métaphore voltairienne du jardin qui clôt *Candide* : « Il faut cultiver notre jardin. »

- Le révolutionnaire **Saint-Just** s'exclamera quelques années plus tard (1794) : « Le bonheur est une idée neuve en Europe. » La ***Déclaration des droits de l'homme et du citoyen*** (1789) est à bien des égards l'héritage des « Lumières ».

III. Débats politiques et esthétiques du XIXe siècle

1814 : abdication de Napoléon Ier et « restauration » de la monarchie (Louis XVIII puis Charles X) ; 1830 : les « Trois Glorieuses » et Monarchie de Juillet (Louis-Philippe) ; 1848 : IIe République ; 1852 : Second Empire ; 1870 : IIIe République. Le XIXe siècle est un siècle de révolutions. C'est aussi celui d'un prodigieux essor des sciences et des techniques. De toutes ces transformations, la littérature est le témoin et l'un des agents.

1. Une revendication de liberté

- De 1820 à 1848, le romantisme voit **triompher le « Moi »**, dont le culte est d'abord une proclamation de liberté : contre le rationalisme du XVIIIe siècle, contre les carcans moraux et sociaux qui le corsètent sous la Restauration, l'individu affirme son droit à dire ses rêves et ses joies, ses souffrances et ses déceptions. De nouvelles formes poétiques apparaissent (Lamartine et ses *Méditations*, 1820 ; Musset et *ses Nuits*, 1835-1837). Au théâtre, la « bataille d'*Hernani* » remportée par Hugo en 1830 marque la naissance du drame romantique (voir p. 114). Autant, sinon plus qu'un être de raison, **l'homme romantique se veut un être d'émotion**. Souvent désespéré, il souffre du « mal du siècle » – ce sentiment d'être né trop tard dans un monde trop vieux – diagnostiqué dès 1802 par Chateaubriand et analysé en 1836 par Musset (*Confession d'un enfant du siècle*).

2. L'élan humanitaire et la « question sociale »

- Le romantisme ne se réduit pourtant pas à ce « mal ». En affirmant les **droits de l'individu,** il en libère aussi les énergies. « Je suis une force qui va ! », s'exclame Hernani (III, 4).
- Les héros de Stendhal – Julien Sorel dans *Le Rouge et le Noir* (1830) et Fabrice del Dongo dans *La Chartreuse de Parme* – partent à la **conquête du bonheur.**
- Le « Moi » qui s'exalte est également une **ouverture aux autres**. « Ah ! insensé qui croit que je ne suis pas toi ! », dit Hugo (préface des *Contemplations*, 1856).
- Le poète, devenu « mage » selon la formule hugolienne, se doit de **guider les peuples** et de leur tracer la voie de l'avenir : celle d'une humanité en marche vers plus de progrès, de justice et de liberté. L'écrivain – qu'il soit poète, romancier, dramaturge ou historien – se sent chargé d'une **mission civilisatrice**. L'historien **Michelet** affirme de son côté dans sa monumentale *Histoire de France* (1833-1869), qui fait du « peuple », et non plus des puissants, l'acteur principal de l'Histoire : « L'homme est son propre Prométhée. »
- Les **préoccupations sociales** envahissent le domaine romanesque aussi bien chez Hugo (*Les Misérables*, publiés en 1862, mais commencés dès 1845) que chez George Sand (*Le Compagnon du Tour de France*, 1841).
- Les romantiques se saisissent ainsi de ce qu'on appelait alors la « **question sociale** » (le sort de la condition ouvrière). Ce n'est par exemple qu'en 1841 que sera limité à huit heures le travail journalier des enfants de huit à douze ans. Né aristocrate et royaliste, Vigny s'intéresse au christianisme social d'un Lamennais et, quoique lentement, évolue vers des idées républicaines.

3. L'engagement des écrivains

- 1848 : la IIe République est – à ses débuts – la république des romantiques ; depuis le balcon de l'Hôtel de Ville de Paris, Lamartine proclame la République et devient brièvement chef du gouvernement ; Hugo est élu député ; George Sand rédige des proclamations officielles. **Impliqués à titre personnel, les écrivains s'engagent aussi avec et par leurs œuvres.** Dès 1829, Hugo milite contre la peine de mort (*Le Dernier jour d'un condamné*). Avec les cafés, le théâtre devient le lieu de débats populaires et démocratiques :

> « Le théâtre est une tribune, le théâtre est une chaire. Le théâtre parle fort et parle haut. »
>
> ■ Hugo, préface de *Lucrèce Borgia* (1833).

- Le roman qui, avec Balzac, Stendhal et George Sand, connaît son âge d'or, offre de la société une image souvent accablante, où les plus forts, les plus ambitieux ou les plus cyniques l'emportent presque toujours.

4. De la déception au désenchantement

Pour réel qu'il soit, l'enthousiasme des romantiques n'est pas constant. Menées par les républicains, les « Trois Glorieuses », qui n'aboutissent qu'à changer de roi, consacrent leur **échec**. Beaucoup, dont Musset, en conçoivent de l'amertume : histoire d'un coup d'État avorté à Florence en 1530, son *Lorenzaccio* (1834) laisse transparaître en filigrane l'échec de la révolution parisienne de 1830. La Monarchie de Juillet inaugure le **règne de l'affairisme**, dénoncé par Balzac ou Flaubert. *L'Éducation sentimentale* (1869) de Flaubert dresse le portrait sans concession de la génération de 1848 qui, par passivité ou indifférence, renonça à ses rêves et aspirations démocratiques. Le coup d'État de Napoléon III accentue plus encore les **désillusions**. Pour protester contre ce qu'il considère comme un « crime abominable », Hugo s'exile dans l'île de Jersey, où il compose *Les Châtiments* (1853), brûlot jeté contre « Napoléon le Petit ».

5. Du rejet au dépassement du réel

- En poésie, la tentation devient alors forte de se réfugier dans un « art pur », étranger à toute idéologie, irréductible à toute utilité. Le recueil des *Émaux et Camées* (1852) de **Théophile Gautier** illustre et définit une nouvelle doctrine poétique, selon laquelle la forme doit l'emporter sur le contenu. En quête d'une beauté froide et souvent impassible, avec les **« Parnassiens »**, il tourne délibérément le dos au réel.
- D'autres vont l'intérioriser. Si, victime de son idéalisme et de son lyrisme, le romantisme décline après 1850, son influence demeure. Son affirmation du « Moi » inaugure l'**exploration des abîmes intérieurs** que mène **Baudelaire** dans ses *Fleurs du mal* (1857), expression tragique de la condition humaine en qui s'affrontent un Idéal mystique et un Spleen satanique.
- En posant la conscience – ce « je » qui regarde et pense le monde – comme instance de la perception, le romantisme ouvre en outre la voie au **symbolisme**, qui s'attache à dépasser le réel soit en pratiquant un art impressionniste et musical (chez Verlaine), soit en guettant l'Invisible derrière le Visible (chez Maeterlinck, Villiers de L'Isle-Adam ou Claudel).

6. Ambiguïtés et modernité du réalisme

- Réalisme : le mot est aussi usuel qu'ambigu. Aucun des romanciers aujourd'hui qualifiés de « réalistes » n'a revendiqué en son temps cette appellation. Le réalisme est en effet une illusion. Le réel est par essence fourmillement, confusion, désordre. Le romancier, lui, se doit de l'organiser : en choisissant les faits, en étirant ou condensant le temps, en donnant une finalité. **L'art ne peut être une plate reproduction du réel.** Ce réalisme est si peu « réel » qu'on lui adjoint souvent un adjectif qui le précise (on parle pour Flaubert de « réalisme subjectif »).
- **Le réalisme n'en a pas moins été un étendard brandi en signe de rupture avec le romantisme.** Les aspirations démocratiques de 1848 poussent les artistes à s'intéresser aux classes populaires, absentes jusque-là de l'univers littéraire. L'urbanisation et

l'industrialisation du pays ainsi que les progrès techniques ouvrent de nouveaux champs d'analyse. Le « document » pris sur le vif et les références scientifiques deviennent le **gage de la « vérité »** que prétendent atteindre les romanciers (voir p. 15) :

> « Le réalisme conclut à la reproduction exacte, complète, sincère du milieu social, de l'époque où on vit parce qu'une telle direction d'études est justifiée par la raison, les besoins de l'intelligence et de l'intérêt du public. »
>
> ■ L. E. Duranty, *Réalisme* (1856).

DOC. 2 Gustave Courbet (1819-1877), *Un enterrement à Ornans* (1849-1850).
Le réalisme fut d'abord pictural. Transgressant tous les codes académiques, ce tableau fut l'objet d'une vive polémique, qui lança le terme de « réalisme ».

7. Naturalisme et socialisme

▬ Après 1871, **Zola** s'impose comme le chef de file du **naturalisme.** Trois adjectifs caractérisent sa doctrine et sa fresque des *Rougon-Macquart* (composée de 1871 à 1893) : **scientifique, expérimental, social.** Il emprunte aux théories médicales et biologiques de son temps (notamment au docteur Lucas et à ses travaux sur l'hérédité, et plus encore, au docteur Claude Bernard et à son *Étude sur la médecine expérimentale*) pour analyser sur quatre générations les conséquences névrotiques (chez les Rougon) et alcooliques (chez les Macquart) des ancêtres fondateurs de la famille. Zola varie de roman en roman les milieux sociaux pour « expérimenter » leurs formes et évolutions. Les plus connus de ses romans sont ceux de la classe ouvrière (*L'Assommoir*, 1877 ; *Germinal*, 1885 ; *La Bête humaine*, 1890). Sous sa plume, les corps, les désirs, les pulsions, le peuple, avec sa misère, son courage et ses aspirations à l'égalité et à la dignité, obtiennent droit de cité.

▬ Zola ne conçoit pas le naturalisme en dehors de ses **convictions socialistes**. Son engagement en faveur du capitaine Dreyfus, injustement accusé de haute trahison, et sa célèbre lettre ouverte **« J'accuse »** (12 janvier 1898) marquent le début des grands affrontements idéologiques et la naissance de l'intellectuel engagé – comme autant de prémices du XXe siècle.

Le positivisme d'Auguste Comte (1798-1857)

Publié de 1830 à 1842, le *Cours de philosophie positive* d'Auguste Comte exerce une influence considérable sur les esprits du temps. Considérant que les idées mènent le monde, celui-ci recherche les lois qui régissent le fonctionnement de toute société. Trois « états » lui semblent en caractériser l'évolution : l'« état théologique », où l'homme explique la nature par l'intervention de puissances divines personnalisées ; l'« état métaphysique », qui recourt à des principes surnaturels mais abstraits ; l'« état scientifique », fondé sur la recherche et la formulation de lois mathématiques. Professant une foi inébranlable dans la science et le progrès, A. Comte insiste sur la nécessité de l'observation, du raisonnement et de « la liaison entre faits particuliers et généraux ». Il jette ainsi les bases des sciences sociales et de la sociologie en particulier.
Des savants comme Louis Pasteur, Marcelin Berthelot ou Claude Bernard se réclameront de lui. Dans le domaine littéraire, Zola le considérera comme l'une des références scientifiques du naturalisme. Le positivisme instaure durant la seconde moitié du XIXe siècle le règne de la raison, contre lequel protesteront par exemple les poètes symbolistes. Le paradoxe est que Comte s'est mué à la fin de sa vi en une sorte de prophète et de grand-prêtre d'une religion nouvelle, celle de l'Humanité.

IV. Littérature et engagement au XXe siècle

Le XXe siècle est un siècle d'engagements : personnels, artistiques, politiques et idéologiques.

1. D'une guerre à l'autre : littérature et résistances

- L'effroyable tuerie de la Première Guerre mondiale conduit de nombreux écrivains à **militer pour la paix**, dont les romanciers Roger Martin du Gard (*Les Thibault*, 1922-1940) et Jules Romains (*Les Hommes de bonne volonté*, 1932-1946). Écrivains combattants, Henri Barbusse (*Le Feu*, 1916) et Maurice Genevoix (*Ceux de 14*, 1949) témoignent de l'horreur vécue.
- La résistance contre la montée du fascisme puis la lutte, tant intellectuelle qu'armée, **contre la domination nazie** mobilisent des écrivains aussi différents qu'André Malraux (*L'Espoir*, 1937), Louis Aragon (*Les Voyageurs de l'impériale*, 1942), Vercors (*Le Silence de la mer*, 1942), François Mauriac (*Le Cahier noir*, 1943) ou Sartre (*Les Mouches*, 1943). Tandis que Brasillach et Drieu de La Rochelle sombrent dans la collaboration, Éluard publie *Poésie et vérité* (1942) qui renferme le célèbre poème : « Liberté ».

2. Le « cycle de l'absurde »

L'absurde est une philosophie athée, selon laquelle **aucune transcendance d'aucune sorte n'est à l'origine de l'univers et de la vie.** Sans justification métaphysique, l'existence devient donc une « **contingence** » (le produit du hasard) : elle est ce « qui est » mais qui, en l'absence de toute nécessité, pourrait « ne pas être ». Deux auteurs théorisent et illustrent cette philosophie de l'absurde : Jean-Paul Sartre (1905-1980) et Albert Camus (1913-1960). Mais s'ils partagent le même constat philosophique, s'ils furent longtemps proches l'un de l'autre avant de rompre avec éclat, les deux hommes n'en ont pas moins des sensibilités, des parcours et des engagements différents.

a. Sartre et l'existentialisme

- En 1938, Sartre publie ***La Nausée***. Sous la forme d'un journal intime, ce roman relate l'histoire d'Antoine Roquentin, un « garçon sans importance » : un jour qu'assis dans un parc, il se perd dans la contemplation d'un marronnier, l'évidence de la « contingence » l'étreint jusqu'à lui procurer « la nausée ».

> « Nous étions un tas d'existants gênés, embarrassés de nous-mêmes, nous n'avions pas la moindre raison d'être là. »
>
> ■ Jean-Paul Sartre, *La Nausée* (1938), © Gallimard.

- À cette illustration romanesque de l'**existentialisme** succède le vaste essai philosophique de ***L'Être et le Néant*** (1943), qui en expose la théorie. S'il récuse, dans *La Nausée*, l'humanisme classique, imprégné à ses yeux de valeurs trop spirituelles, Sartre n'en affirme pas moins : « L'existentialisme est un humanisme. »
- L'existentialisme est fondé sur deux valeurs clés : la **liberté** et la **responsabilité**. Laissant l'homme seul, face à lui-même, la « contingence » le laisse en même temps totalement libre. À lui, dès lors, de poser des « actes » qui justifieront son fait de vivre : « L'existence précède l'essence. »
- La liberté appelle la responsabilité. Deux pièces majeures de Sartre, *Les Mouches* (1943) et *Huis clos* (1944), le rappellent avec force : **l'homme est ce qu'il fait**. Les « autres », au regard desquels il est impossible de se soustraire, sont ses seuls juges : c'est en ce sens que, selon une formule devenue célèbre, « **l'enfer, c'est les autres** ».
- En 1945, Sartre fonde sa propre revue, *Les Temps modernes,* dans laquelle il prône l'**engagement de la littérature dans les luttes du présent** – conviction qu'il réitère dans son essai *Qu'est-ce que la littérature ?* (1948). Il entame à partir de 1945 un cycle romanesque au titre significatif : *Les Chemins de la liberté*, qui restera inachevé. Ses pièces abordent des sujets concrets et d'actualité : le **racisme** (dans *La P... respectueuse,* 1946), la **torture** (*Morts sans sépulture,* 1946), les **rapports entre la morale et la politique** (*Les Mains sales*, 1948). Lui-même devient un militant marxiste très actif. Défenseur du tiers-monde et des luttes anticoloniales, procureur implacable de l'Occident capitaliste, il soutient la **révolte étudiante de mai 1968** et cofonde le journal *Libération*. Il reçoit en 1964 le prix Nobel de Littérature, qu'il refuse.

b. Camus, « l'homme révolté »

- En 1942 paraît ***L'Étranger***, premier roman d'Albert Camus : petit employé, Meursault mène à Alger une vie mécanique, faite d'habitudes, que lui-même ne comprend pas et que, d'ailleurs, il ne cherche pas à comprendre. Un dimanche, sur une plage inondée de soleil, il tue un « Arabe » qui vaguement tournait autour de Marie, sa maîtresse. Arrêté, jugé, il est condamné à mort : moins en réalité pour avoir commis un assassinat que pour n'avoir pas pleuré à l'enterrement de sa mère, âgée et vivant dans une maison de retraite. Meursault sera guillotiné en vertu d'un verdict dicté par les conventions sociales, un verdict lui-même « absurde ».

- *L'Étranger* présente l'absurde sous forme d'un récit fictif. *L'Homme révolté* (1951) est, lui, un essai philosophique, recensant et analysant les différentes attitudes que les hommes adoptèrent au cours des siècles pour combattre l'absurde : révolte métaphysique contre notre mortelle condition ; révolte historique, menée par les révolutionnaires et les terroristes ; révolte artistique (Rimbaud). Née d'aucun ressentiment et ne propageant aucune haine, **la révolte est non seulement légitime mais elle est la seule possibilité acceptable**, sauf à demeurer un « esclave », à s'accommoder de l'intolérable. Pourquoi se révolter toutefois, puisque l'absurde ne saurait être définitivement vaincu ? Le suicide ne serait-il pas préférable ? *Le Mythe de Sisyphe* (1942) examine longuement cette question pour la rejeter. Même quand il est un acte de lucidité, le suicide est un renoncement. Si « vivre n'est jamais facile », **vivre reste ce qui fonde la dignité de l'homme**, qui fait face à l'inacceptable.

- Cette dignité appelle une **absolue sincérité.** Mal nommer les choses ajoute au malheur du monde. Aucun mensonge, fût-ce pour une prétendue bonne cause, n'est acceptable. Camus dénonce tous les totalitarismes, le stalinisme y compris, et rejette l'action révolutionnaire parce qu'elle débouche nécessairement sur le crime : cette position autant morale que politique sera cause de sa rupture avec Sartre. À la sincérité s'ajoute la **fraternité**. Camus éprouve tendresse et compassion pour l'homme. Comme son titre l'indique, *La Peste* (1947) est le récit d'une épidémie : la lutte contre ce fléau efface progressivement les divergences idéologiques des uns et des autres au profit d'une profonde solidarité. Même si cette lutte contre l'absurde ne peut être définitivement gagnée, il convient, tel Sisyphe, de toujours la recommencer. C'est pourquoi, contrairement à la mythologie grecque qui en faisait un damné, il faut imaginer « Sisyphe heureux ».

Le surréalisme : un projet révolutionnaire

Avant d'être littéraire et, plus largement, artistique, le surréalisme se veut scientifique. Instruisant le procès du rationalisme – trop utilitaire, superficiel et répressif – et s'appuyant sur les découvertes de Freud sur l'inconscient, il entend étudier « le fonctionnement réel de la pensée » en dehors de « toute préoccupation esthétique et morale ». Cette libération esthétique va de pair avec la volonté politique de changer la société et la vie. Avec André Breton (1896-1966), leur chef de file, de nombreux surréalistes (dont Éluard et Aragon) adhèrent au jeune Parti Communiste Français (fondé en 1920), tandis que d'autres (dont Robert Desnos) refuseront toujours de s'y rallier. Refusant les contraintes de la logique, les canons de la beauté académique, les tabous moraux et sexuels, le surréalisme appelle à la libération de l'individu pour qu'il soit mieux à même de comprendre et de réaliser ses rêves, de vivre en harmonie avec les grands principes vitaux surgis de l'inconscient.

3. Débats et combats d'aujourd'hui

- L'époque contemporaine n'est pas moins riche de débats, de controverses et d'idées nouvelles. Après la Seconde Guerre mondiale, la décolonisation fut l'objet d'âpres polémiques, que le cinéma évoque parfois aujourd'hui (*L'Ennemi intime* de Florent Emilio Siri, 2007 ; ou encore *Hors-la-loi* de Rachid Bouchareb, 2010). Le débat sur la peine de mort souleva également de vifs affrontements, qui s'achevèrent avec l'abolition, le 18 septembre 1981, de la peine capitale.

- Le mouvement féministe connaît une belle vigueur. En 1949, Simone de Beauvoir publiait le *Deuxième Sexe,* essai sur l'aliénation de la femme. Celle-ci y développait l'idée que le sort de la femme est façonné depuis des millénaires par son éducation et sa formation, qui la vouent à la soumission. Ce qui lui faisait dire en une formule devenue aussi célèbre que polémique : « On ne naît pas femme, on le devient. »

- Ce texte est considéré comme fondateur de la pensée féminine, que des écrivaines ont depuis largement élaborée et diffusée : telles, par exemple, Benoîte Groult (*Ainsi soit-elle*, 1975), Marguerite Duras (*La Création étouffée*, 1973).

- Des débats de société en naissent : droit des femmes à disposer de leur corps, à l'égalité effective avec les hommes dans le monde économique, à mener de front vie professionnelle et vie familiale, à se définir pour elle-même, pour ce qu'elles sont, et non plus par rapport à l'homme. Ces débats de société se poursuivent avec les questions de mariage pour tous, de procréation médicale assistée (PMA) ou de gestation pour autrui (GPA), dont l'actualité rend régulièrement compte.

- Il faut également mentionner les débats autour de l'écologie : celle-ci est d'autant plus devenue un enjeu majeur que le réchauffement climatique impose de prendre en compte l'impact sur l'environnement de nos activités.

DOC. 3 **Dessin de Plantu (01/04/2005).**

- La littérature d'idées reste ainsi vivace. Heureusement d'ailleurs. Sa disparition résulterait d'un pouvoir dictatorial ou d'un assèchement de la pensée.

1 Question sur un corpus – La notion de progrès

Quelle vision du progrès les auteurs du corpus proposent-ils ?

> Voir la méthode du traitement d'une question sur corpus (Annexes, p. 470).
> Voir le sujet 1 p. 325.

TEXTE A **Condorcet** (1743-1794), *Esquisse d'un tableau historique des progrès de l'esprit humain* (1795) p. 323

TEXTE B **Alphonse de Lamartine** (1790-1869), *Ode sur les révolutions* (1831) p. 323

TEXTE C **Paul Valéry** (1871-1945), *La Crise de l'esprit* (1919) p. 324

Analyser le sujet au brouillon

> Cerner le sujet

- La formule clé est « vision du progrès ». « Vision » est ici synonyme de « représentation », d'« idée » (et non d'apparition, d'hallucination). Quant au « progrès » envisagé, il est autant scientifique ou technique que politique.
- Il faut tenir grand compte de la date de publication de chacun de ces trois textes : juste après la Révolution française pour Condorcet ; après les « Trois Glorieuses » de 1830 pour Lamartine ; après la fin de la Première Guerre mondiale pour Valéry.
- Le sujet invite donc à faire le lien entre progrès scientifique et perfectionnement moral, social. Il s'agit de voir en quoi le progrès peut, individuellement et collectivement, être source de bonheur et de liberté.

> Analyser le corpus de textes

- Condorcet dit sa foi dans le progrès dans un texte qui revêt l'allure d'un manifeste de la pensée des Lumières.
- Lamartine célèbre lyriquement la marche de l'humanité, qui va de révolution en révolution.
- Valéry médite sur la fragilité et la mort des civilisations, suite à la Première Guerre mondiale.

> Dégager la problématique

De la confrontation des trois textes, on peut dégager une même et importante question : le progrès est-il la condition d'un avenir radieux ?

Structurer la réponse

> Construire le plan de la réponse

À l'absolue confiance que Condorcet manifeste envers le progrès, qu'il n'imagine que bénéfique, s'oppose le pessimisme de Valéry, qui constate que le progrès a été source de mort. L'ode de Lamartine occupe une place médiane entre ces deux positions : épique et enthousiaste en son début, elle laisse poindre un doute en sa conclusion.

> Élaborer un plan détaillé

I. Une vision optimiste du progrès

1. Un hymne au progrès

– Condorcet, héritier des Encyclopédistes : le développement des connaissances et de l'esprit critique sont la condition de l'épanouissement personnel et de la liberté de la cité.
– Lamartine : incessante marche en avant de l'humanité, vers plus de liberté ; registre épique.

2. Une utopie raisonnée

Hymne qui peut sembler utopique, mais que chacun de ces deux auteurs s'efforce de rendre crédible : Condorcet en établissant une équivalence méthodologique entre les progrès de la science et ceux des mœurs, de l'« esprit humain » ; Lamartine, en romantique, en méditant sur l'Histoire qui, siècle après siècle, voit les révolutions se succéder les unes aux autres.

II. Le progrès en question

1. Les démentis de l'Histoire

– Cette même Histoire assombrit, voire infirme cette vision radieuse du progrès.
– Derniers vers de l'ode lamartinienne : légère inquiétude sur la nature du devenir historique ; est-il toujours bénéfique ?
– Valéry : rien n'est jamais définitivement acquis ; tout, à tout moment, peut être remis en cause ; l'avenir peut être un tombeau.

2. Les ambiguïtés du progrès

– Réfléchissant sur ce qui a rendu possible l'effroyable hécatombe de la Première Guerre mondiale, Valéry souligne l'ambiguïté du progrès scientifique et des valeurs morales : il a fallu beaucoup de technologie, donc de « savoir », pour tuer sur une aussi grande échelle et beaucoup de courage, d'héroïsme chez les combattants.
– À plus d'un siècle de distance, Valéry contredit Condorcet.

Rédiger la réponse

> Rédiger une introduction

Bien qu'ils appartiennent à des époques différentes, ces trois textes font entendre une même préoccupation : que faut-il attendre du progrès ? Est-il la condition d'un avenir radieux ? Si Condorcet et Lamartine, bien qu'à un moindre degré, en ont une vision optimiste, Valéry, instruit par l'expérience de la Première Guerre mondiale, remet en question la finalité du progrès.

> Rédiger le développement

Exemple du début du premier paragraphe de la première partie :

Condorcet et Lamartine partagent la même conviction d'un progrès moral de l'humanité. Ils l'étayent toutefois différemment. En héritier des « Lumières », Condorcet transpose la méthode scientifique, soucieuse de dégager des « lois générales », au plan moral. En romantique, Lamartine médite sur l'évolution historique, qui voit les sociétés se modifier, fût-ce difficilement, siècle après siècle vers plus de liberté.

> Rédiger une brève conclusion

L'esprit des Lumières et l'onde de choc de la Révolution de 1789 nourrissent les idéaux de progrès et de liberté qui animent Condorcet et Lamartine, quelles que soient par ailleurs leurs différences de sensibilité. Cet espoir d'un avenir meilleur enfanté par la science se trouve démenti par les atrocités de la Première Guerre mondiale. S'il peut améliorer le sort des hommes, le progrès peut aussi fabriquer de terrifiantes machines à tuer. Et les vertus peuvent conduire à des tueries. « Savoir et Devoir, vous êtes donc suspects ? »

2 Commentaire littéraire – Paul Valéry, *La Crise de l'esprit*

Vous commenterez le texte de Paul Valéry extrait de *La Crise de l'esprit*.

> Voir la méthode du traitement du commentaire littéraire (Annexes, p. 471).
> Voir les sujets 2 p. 325, 3 p. 325 et 1 p. 350.

Prendre connaissance du texte

> Faire les premiers repérages

- La question sur le corpus a permis de voir que Valéry ne partage pas l'optimisme des Lumières, affiché par Condorcet (texte A).
- La « Science », estime-t-il, et même certaines « qualités morales » peuvent mortellement menacer les civilisations.

> Établir la fiche d'identité du texte

- Le titre de l'œuvre indique qu'il s'agit d'un essai de nature à la fois philosophique et historique. Sa date de publication (1919) laisse clairement entendre que « la crise de l'esprit » dont il est question est consécutive au choc de la Première Guerre mondiale.
- L'intérêt du texte réside non pas dans le constat, en soi banal, de la disparition des civilisations, victimes du temps qui passe, mais de leur mortalité accidentelle (provoquée par l'homme).
- Problématique à ce stade provisoire : le progrès est-il un risque potentiellement mortel ?

Analyser le texte au brouillon

> Entrer dans les détails en croisant deux méthodes

- La méthode linéaire permet de repérer :
  - le jeu des pronoms : « nous » qui ne renvoie pas aux mêmes entités (« civilisations » puis les humains) ;
  - les références à l'actualité ou à un passé récent (Keats, Baudelaire, journaux) ;
  - les expressions imprimées en italiques ;
  - le rythme tantôt binaire, tantôt ternaire des expressions ;
  - l'amplification oratoire, notamment dans les deux derniers paragraphes.
- La méthode transversale permet de repérer :
  - la forme fictivement dialoguée : au « nous » du début fait écho le « vous » final ;

– la prise de conscience qu'un événement inouï vient de se produire : « Nous voyons maintenant... » ; « nous sentons... » ;
– le type de raisonnement, progressif et déductif.

Structurer la réponse

> Établir un projet de lecture

Le texte, écrit juste après la Première Guerre mondiale, se présente comme une réflexion sur le devenir des civilisations : c'est une méditation historique, lyrique, argumentée, sur leur fragilité.

> Élaborer un plan détaillé

Les trois adjectifs utilisés ci-dessus constituent le thème et l'ordre de trois parties.

I. Une méditation historique sur le devenir des civilisations

1. Loin des lieux communs romantiques

Pas une banale réflexion sur la fuite du temps et les ruines qu'elle provoque (comme chez Chateaubriand ou Lamartine) : « Ces naufrages après tout n'étaient pas notre affaire ».

2. Centrée sur la responsabilité de l'homme

C'est la notion d'« accident » (de ce qui arrive sans avoir été voulu par une fatalité) que le progrès (la « Science ») peut provoquer : « beaucoup de science pour tuer tant d'hommes ».

3. Procédant par élargissement

– Ruines pas seulement matérielles, elles sont aussi morales ou spirituelles, de « l'ordre de la pensée ».
– Les « qualités morales » peuvent elles-mêmes favoriser cet « accident ». Toutes les certitudes s'en trouvent ébranlées.
→ Cette méditation sur le devenir des civilisations est d'autant plus puissante qu'elle emprunte au lyrisme ses principaux procédés oratoires.

II. Une méditation lyrique

1. Un locuteur unique et une double énonciation

Valéry commence par faire parler les « civilisations ». Procédé de la personnification : « nous autres, civilisations ». Sa parole devient ensuite plus personnelle, mais il utilise un autre « nous », qui englobe aussi le lecteur.

2. Une actualité dramatique

– Nombreuses références au présent ou à un passé très récent : « maintenant » ; « notre génération ».
– Sentiment que vient de se produire un événement exceptionnel dans l'histoire de l'humanité : « des phénomènes extraordinaires ».

3. Une amplification oratoire

– Rythme tantôt binaire, tantôt ternaire ; des phrases, de plus en plus en longues, de plus en plus scandées.
– Sens de la formule : la première phrase est devenue très célèbre ; « l'abîme de l'histoire est assez grand pour tout le monde ».

→ Valéry ne se contente pas toutefois d'émouvoir, il sait aussi argumenter et s'adresser tout autant à la sensibilité qu'à la raison de son lecteur.

III. Une méditation argumentée

1. S'appuyant sur l'expérience du lecteur

– Dernier § : destructions de la guerre que le lecteur de 1919 ne peut que connaître, et dont le lecteur des générations suivantes a entendu parler ; l'expérience est ici universelle.
– Technique de persuasion.

2. Un raisonnement progressif

Étapes fortement soulignées : « Et nous voyons maintenant » ; « Ce n'est pas tout. La brûlante leçon est plus complète encore. »

3. Un raisonnement déductif

– La première phrase pose un constat. Les conséquences en sont ensuite tirées.
– La conclusion ouvre un nouveau champ de réflexion. À l'affirmation initiale fait pendant l'interrogation oratoire finale : « Savoir et Devoir, vous êtes donc suspects ? »

Rédiger le commentaire

> Rédiger l'introduction

Au lendemain des hécatombes et destructions de la Première Guerre mondiale, Valéry s'interroge dans *La Crise de l'esprit* sur les conséquences philosophiques et spirituelles du conflit. Les certitudes et valeurs traditionnelles s'en trouvent selon lui ébranlées. Pour la première fois, les hommes ont failli anéantir une civilisation. Le texte se présente donc comme une méditation historique sur le devenir des civilisations. Sa facture lyrique et la rigueur de son argumentation lui confèrent une force exceptionnelle.

> Rédiger la conclusion

[Réponse à la problématique] L'Histoire apporte un démenti tragique à l'idéal des Lumières. Selon Paul Valéry, les progrès scientifiques peuvent concourir non à l'épanouissement mais à la mort d'une civilisation. Paradoxalement, ce processus de destruction s'accompagne de « qualités morales », telles que le « Devoir », l'héroïsme ou le sens du sacrifice.

[Ouverture] Méditation sur un récent passé, le texte est, dans son interrogation finale, une mise en garde lancée aux générations futures.

CORPUS

TEXTE A Condorcet (1743-1794), *Esquisse d'un tableau historique des progrès de l'esprit humain* (1795, éd. posthume), dixième époque

Le seul fondement de croyance dans les sciences naturelles est cette idée que les lois générales, connues ou ignorées, qui règlent les phénomènes de l'Univers, sont nécessaires et constantes ; et par quelle raison ce principe serait-il moins vrai pour le développement des facultés intellectuelles et morales de l'homme que pour les autres opérations de la nature ? Enfin, puisque des opinions formées d'après l'expérience du passé, sur des objets de même ordre, sont la seule règle de la conduite des hommes les plus sages, pourquoi interdirait-on au philosophe d'appuyer ses conjectures sur cette même base, pourvu qu'il ne leur attribue pas une certitude supérieure à celle qui peut naître du nombre, de la constance, de l'exactitude des observations ?

Nos espérances sur l'état à venir de l'espèce humaine peuvent se réduire à ces trois points importants : la destruction de l'inégalité entre les nations ; les progrès de l'égalité dans un même peuple ; enfin, le perfectionnement réel de l'homme. Toutes les nations doivent-elles se rapprocher un jour de l'état de civilisation où sont parvenus les peuples les plus éclairés, les plus libres, les plus affranchis de préjugés, tels que les Français et les Anglo-Américains ? […]

Y a-t-il sur le globe des contrées dont la nature ait condamné les habitants à ne jamais jouir de la liberté, à ne jamais exercer leur raison ?

TEXTE B Alphonse de Lamartine (1790-1869), « Ode sur les révolutions », III, 1 (1831), extrait

Marchez ! l'humanité ne vit pas d'une idée[3] !
Elle éteint chaque soir celle qui l'a guidée,
Elle en allume une autre à l'immortel flambeau :
Comme ces morts vêtus de leur parure immonde,
Les générations emportent de ce monde
    Leurs vêtements[4] dans le tombeau !

Là c'est leurs dieux ; ici les mœurs de leurs ancêtres,
Le glaive des tyrans, l'amulette des prêtres,
Vieux lambeaux, vils haillons de cultes ou de lois :
Et quand après mille ans dans leurs caveaux on fouille,
On est surpris de voir la risible dépouille
    De ce qui fut l'homme autrefois.

Robes, toges, turbans, tunique, pourpre, bure,
Sceptres, glaives, faisceaux, haches, houlette, armure,
Symboles vermoulus, fondent sous votre main,
Tour à tour au plus fort, au plus fourbe, au plus digne,
Et vous vous demandez vainement sous quel signe
    Monte ou baisse le genre humain.

3 D'une idée : d'une seule idée.
4 Leurs vêtements : au double sens (propre) d'habits et (figuré) d'objets.

TEXTE C **Paul Valéry (1871-1945),** ***La Crise de l'esprit*** **(1919)**

Nous autres, civilisations, nous savons maintenant que nous sommes mortelles.

Nous avions entendu parler de mondes disparus tout entiers, d'empires coulés à pic avec tous leurs hommes et tous leurs engins [...]. Mais ces naufrages après tout n'étaient pas notre affaire.

[...] Et nous voyons maintenant que l'abîme de l'histoire est assez grand pour tout le monde. Nous sentons qu'une civilisation a la même fragilité qu'une vie. Les circonstances qui enverraient les œuvres de Keats[5] et celles de Baudelaire rejoindre les œuvres de Ménandre[6] ne sont plus du tout inconcevables : elles sont dans les journaux.

Ce n'est pas tout. La brûlante leçon est plus complète encore. Il n'a pas suffi à notre génération d'apprendre par sa propre expérience comment les plus belles choses et les plus antiques, et les plus formidables et les mieux ordonnées sont périssables *par accident* ; elle a vu, dans l'ordre de la pensée, du sens commun, et du sentiment, se produire des phénomènes extraordinaires, des réalisations brusques de paradoxes, des déceptions brutales de l'évidence. [...] Tant d'horreurs n'auraient pas été possibles sans tant de vertus. Il a fallu, sans doute, beaucoup de science pour tuer tant d'hommes, dissiper tant de biens, anéantir tant de villes en si peu de temps ; mais il a fallu non moins de *qualités morales*. Savoir et Devoir, vous êtes donc suspects ?

▪ Texte repris dans *Variétés I* (1924), © Gallimard.

5 Keats : poète romantique anglais.

6 Ménandre : auteur comique de l'Antiquité grecque.

SUJETS DE TYPE BAC

1 Question sur un corpus – La notion d'existence

60 min.

Quelle conception de l'existence se dégage des textes du corpus ?

Qu'est-ce que vivre ? La réponse semble évidente. L'est-elle pourtant ? À dix-huit ans, on se demande ce qu'on va faire de sa vie ; à soixante ans, on se demande ce qu'on en a fait. Vivre, est-ce faire mille choses, s'étourdir, gagner de l'argent, être puissant ? Ce qui paraissait simple devient soudain complexe. Et ce l'est depuis que les hommes réfléchissent. Puisque nous sommes vivants, c'est notre tour de nous interroger.

> Voir la méthode du traitement d'une question sur corpus (Annexes, p. 470).
> Voir les Méthodes et stratégies 1, chapitre 10.

TEXTE A **Montaigne (1533-1592),** *Essais* (1580-1588), III, 13 — p. 326

TEXTE B **Blaise Pascal (1623-1662),** *Pensées* (1670, éd. posthume), fragment 126, « Divertissement » — p. 326

TEXTE C **Alfred de Musset (1810-1857),** *Lorenzaccio* (1834), III, 3 — p. 326

TEXTE D **Albert Camus (1913-1960),** *Le Mythe de Sisyphe* (1942) — p. 327

2 Commentaire littéraire – Musset, *Lorenzaccio*

180 min.

Vous commenterez le texte de Musset extrait de *Lorenzaccio*.

Pourquoi certains rêvent-ils de laisser leur nom dans l'Histoire ? Par mégalomanie, par volonté de puissance, pour dominer leurs propres faiblesses, pour nier la mort ? Réfléchissons : que nous disent nos ambitions et rêves éveillés ?

> Voir la méthode du traitement du commentaire littéraire (Annexes, p. 471).
> Voir les Méthodes et stratégies 2, chapitre 10 et les Méthodes et stratégies 1, chapitre 11.

3 Commentaire littéraire – Camus, *Le Mythe de Sisyphe*

180 min.

Vous commenterez le texte de Camus extrait du *Mythe de Sisyphe*.

La philosophie souvent intimide : trop abstraite, trop difficile à lire, trop éloignée de nos préoccupations concrètes. Camus nous prouve le contraire. En un style simple et en s'appuyant sur des exemples du quotidien, il soulève des questions capitales. À vous de les mettre au clair…

> Voir la méthode du traitement du commentaire littéraire (Annexes, p. 471).
> Voir les Méthodes et stratégies 2, chapitre 10 et les Méthodes et stratégies 1, chapitre 11.

CORPUS

TEXTE A Montaigne (1533-1592), *Essais* (1580-1588), III, 13

Œuvre d'une vie, les *Essais*, que Montaigne ne cessa d'enrichir, peuvent se lire comme le journal d'un homme à la recherche de la sagesse.

Nous sommes de grands fous : « Il a passé sa vie en oisiveté », disons-nous. « Je n'ai rien fait d'aujourd'hui. » Quoi ! N'avez-vous pas vécu ? C'est non seulement la fondamentale, mais la plus illustre de vos occupations. « Si on m'eût mis à même de brasser de grandes affaires, j'eusse montré ce que je savais faire ». Avez-vous su méditer et organiser votre vie ? Vous avez fait la plus grande besogne de toutes ; pour se montrer et porter tous ses fruits, Nature n'a que faire de fortune ; elle se montre également en tous étages, et derrière un rideau, comme sans rideau. Composer nos mœurs est notre devoir, non pas composer des livres et gagner, non pas des batailles et provinces, mais l'ordre et tranquillité à notre conduite. Notre grand et glorieux chef-d'œuvre, c'est vivre à propos. Toutes autres choses, régner, thésauriser, bâtir, n'en sont qu'appendicules[7] et adminicules[8] pour le plus. C'est aux petites âmes, ensevelies du poids des affaires, de n'en savoir purement démêler, de ne les savoir et laisser et reprendre.

■ Orthographe modernisée, *in Œuvres*, éd. A. Thibaudet et M. Rat, © Gallimard, « Bibliothèque de la Pléiade » (1962).

TEXTE B Blaise Pascal (1623-1662), *Pensées* (1670), fragment 126, « Divertissement »

Moraliste chrétien, Pascal s'interroge sur ce qu'il appelle le « divertissement », qui consiste dans le fait de se détourner (sens premier de « se divertir ») de la pensée de notre condition.

Quand je m'y suis mis quelquefois à considérer les diverses agitations des hommes et les périls et les peines où ils s'exposent dans la cour, dans la guerre, d'où naissent tant de querelles, de passions, d'entreprises hardies et souvent mauvaises, j'ai dit souvent que tout le malheur des hommes vient d'une seule chose, qui est de ne savoir pas demeurer en repos dans une chambre. Un homme qui a assez de bien pour vivre, s'il savait demeurer chez soi avec plaisir, n'en sortirait pas pour aller sur la mer ou au siège d'une place [...]. Mais quand j'ai pensé de plus près et qu'après avoir trouvé la cause de tous nos malheurs, j'ai voulu en découvrir les raisons, j'ai trouvé qu'il y en a une bien effective, qui consiste dans le malheur naturel de notre condition faible et mortelle, et si misérable que rien ne peut nous consoler lorsque nous y pensons de près.
[...] De là vient que les hommes aiment tant le bruit et le remuement.

■ Éd. M. Le Guern, © Gallimard (1977).

7 Appendicules : petits appendices.
8 Adminicules : petits compléments.

TEXTE C Alfred de Musset (1810-1857), *Lorenzaccio* (1834), III, 3

En 1537, Alexandre de Médicis règne en tyran sur Florence. Son cousin Lorenzaccio, tout aussi débauché que lui, s'est résolu à l'assassiner. Il s'explique sur ses motivations.

« [...] J'en ai assez d'entendre brailler en plein vent le bavardage humain ; il faut que le monde sache un peu qui je suis, et qui il est. Dieu merci, c'est peut-être demain que je tue Alexandre ; dans deux jours j'aurai fini. Ceux qui tournent autour de moi avec des yeux louches, comme autour d'une curiosité monstrueuse apportée d'Amérique, pourront satisfaire leur gosier et vider leur sac à paroles. Que les hommes me comprennent ou non, qu'ils agissent ou n'agissent pas, j'aurai dit tout ce que j'ai à dire ; je leur ferai tailler leurs plumes, si je ne leur fais pas nettoyer leurs piques, et l'Humanité gardera sur sa joue le soufflet de mon épée marqué en traits de sang. Qu'ils m'appellent comme ils voudront, Brutus[9] ou Érostrate[10], il ne me plaît pas qu'ils m'oublient. Ma vie entière est au bout de ma dague, et que la Providence retourne ou non la tête en m'entendant frapper, je jette la nature humaine à pile ou face sur la tombe d'Alexandre – dans deux jours les hommes comparaîtront devant le tribunal de ma volonté. »

TEXTE D Albert Camus (1913-1960), *Le Mythe de Sisyphe* (1942), I, 1

Que faire face à l'absurde ? s'interroge Camus. Vivre ou se suicider ? Avant de rejeter cette seconde hypothèse au nom de la dignité de la condition humaine, il commence par poser les enjeux du débat.

[...] je vois que beaucoup de gens meurent parce qu'ils estiment que la vie ne vaut pas la peine d'être vécue. J'en vois d'autres qui se font paradoxalement tuer pour les idées ou les illusions qui leur donnent une raison de vivre (ce qu'on appelle une raison de vivre est en même temps une excellente raison de mourir). Je juge donc que le sens de la vie est la plus pressante des questions.

[...] Se tuer, dans un sens, et comme au mélodrame, c'est avouer. C'est avouer qu'on est dépassé par la vie ou qu'on ne la comprend pas. N'allons pas trop loin cependant dans ces analogies et revenons aux mots courants. C'est seulement avouer que « cela ne vaut pas la peine ». Vivre, naturellement, n'est jamais facile. On continue à faire les gestes que l'existence commande, pour beaucoup de raisons, dont la première est l'habitude. Mourir volontairement suppose qu'on a reconnu, même instinctivement, le caractère dérisoire de cette habitude, l'absence de toute raison profonde de vivre, le caractère insensé de cette agitation quotidienne et l'inutilité de la souffrance [...]. Ce divorce entre l'homme et la vie, l'acteur et son décor, c'est proprement le sentiment de l'absurdité.

9 Brutus : assassin de Jules César (aux ides de mars 44 avant notre ère).

10 En 351 avant notre ère, un certain Érostrate incendia le temple d'Artémis à Éphèse (considéré comme l'une des sept merveilles du monde) afin de se rendre célèbre.

CORRIGÉS

1 Question sur un corpus – La notion d'existence

Les titres de parties et de sous-parties ne doivent pas apparaître dans la copie.

Introduction

Les quatre auteurs réunis dans le corpus s'interrogent sur ce qu'il convient de faire de sa vie. Tous ne s'expriment pas de la même façon. Dans des pages qui relèvent du genre de l'essai, Montaigne, Pascal et Camus parlent en leur nom propre. Dramaturge, recourant au genre fictionnel du drame, Musset fait parler l'un de ses personnages, qu'il serait aventureux de considérer comme son porte-parole. Si les statuts de l'énonciation diffèrent, une même question n'en traverse pas moins ces textes : qu'est-ce que vivre ? Deux conceptions, radicalement opposées, s'affrontent, qui elles-mêmes proviennent de philosophies différentes de l'existence.

I. Deux conceptions opposées

1. Un idéal d'humilité

Ni Montaigne ni Pascal ne défendent une conception héroïque de l'existence, qui consisterait dans l'accomplissement de grandes choses. La gloire pas plus que les honneurs ou la richesse ne leur semblent enviables. « Notre grand et glorieux chef-d'œuvre, c'est vivre à propos », écrit le premier dans une formule aussi frappante que paradoxale. « Le malheur des hommes vient d'une seule chose, qui est de ne savoir pas demeurer en repos dans sa chambre », affirme le second.

2. Un idéal héroïque

À l'inverse, Lorenzaccio rêve d'exploits, afin de se distinguer du commun des mortels : « Il faut que le monde sache qui je suis et qui il est », proclame-t-il avec une hauteur méprisante. Bravant autant « l'Humanité » que « la Providence », son défi est prométhéen. Qu'il soit vénéré comme Brutus ou maudit comme Érostrate lui importe peu : l'essentiel est qu'on ne l'oublie pas.

3. Un héroïsme du quotidien

Quoique pour des raisons différentes, Camus se rapproche plus de Montaigne que de Lorenzaccio. Toute perspective héroïque est bannie d'une vie dont il reconnaît qu'elle est largement dominée par « l'habitude ». Mais en soulignant que « vivre, naturellement, n'est pas facile », Camus suggère l'existence d'un héroïsme du quotidien, discret et sans éclat.

II. L'expression de philosophies différentes

1. Un refus de l'abandon et de la résignation

Montaigne pas plus que Camus ne prônent pour autant de s'abandonner aux facilités de la paresse. Montaigne parle de « composer » ses mœurs, comme s'il s'agissait d'en faire une œuvre d'art. Notre « chef-d'œuvre », précise-t-il d'ailleurs, « c'est de vivre à propos » : c'est-à-dire en harmonie avec soi-même et avec les autres. C'est une forme de sagesse épicurienne qui exige de l'effort et de l'intelligence. Camus appelle, lui, à une prise de conscience, celle de l'absurde, qui ne saurait en aucun cas aboutir à de la résignation, mais bien plutôt, à donner, au moins provisoirement, du sens à « l'agitation quotidienne ».

2. Un pessimisme radical

Pascal part d'un point de vue différent. En moraliste chrétien, il juge la condition humaine à jamais marquée par le péché originel. C'est pour lui « la cause de tous nos malheurs ». Pour oublier sa « condition faible et mortelle, et si misérable que rien ne peut [la lui] faire oublier », l'homme en est réduit à s'étourdir, à « se divertir ». De là vient la condamnation pascalienne de tout exploit ou rêve de grandeur, qui ne sont que des cache-misère.

3. Une volonté de puissance

Lorenzaccio réagit, lui, en romantique, tourmenté par le besoin de s'affirmer. Son « Moi » n'est ni repli ni retraite. Une volonté de puissance l'anime jusqu'à la grandiloquence quand il s'exclame : « Je jette la nature humaine à pile ou face sur la tombe d'Alexandre ». Il veut tout jouer sur un coup de dés : sa vie, la mort du tyran, la liberté de Florence.

Conclusion

Ces différentes conceptions de l'existence sont étroitement liées à l'époque qui les a vues naître. Montaigne rédige le troisième livre de ses *Essais* au soir de sa vie : de là, l'impression de sérénité qui en émane. Pascal a toujours été proche des milieux jansénistes de son temps : de là, son pessimisme. Musset donne à Lorenzaccio, Florentin du XVIe siècle, toutes les caractéristiques d'un héros romantique. En homme du XXe siècle, sceptique à l'égard de toutes les idéologies, Camus est un philosophe de l'absurde.

2 Commentaire littéraire – Musset, *Lorenzaccio*

Les titres de parties et de sous-parties ne doivent pas apparaître dans la copie.

Introduction

Résolu à assassiner Alexandre de Médicis qui règne en tyran sur Florence, Lorenzo, grand débauché méprisé de tous, s'explique sur ses motivations. Celles-ci sont moins politiques que personnelles, voire existentielles. À une rhétorique qu'il présente comme tournant à vide, il oppose l'efficience de l'action, qui lui permet de s'élever au-dessus du commun des mortels. Cette posture ne va toutefois pas sans ambiguïté.

I. Impuissance de la parole, puissance des actes

L'extrait se structure sur une opposition entre dire et faire.

1. Une dépréciation de l'éloquence

Lorenzo use de formules constamment péjoratives pour discréditer l'éloquence politique. La rhétorique est qualifiée de « bavardage », d'autant plus vain qu'il est « braill[é] en plein vent ». L'orateur, assimilé à « un sac à paroles », est quasiment ravalé au rang d'objet. Quant à l'expression « satisfaire leur gosier », elle évoque l'assouvissement trivial d'une sorte d'ivresse verbale. Aux yeux de Lorenzo, dire c'est ne rien faire. La parole est impuissance.

2. Une glorification de l'acte

À la vanité de l'éloquence, Lorenzo oppose l'efficacité de l'action. Le régicide qu'il s'apprête à commettre est l'acte sur lequel il joue physiquement et moralement sa vie : il en attend une justification de son existence. La diversité des adverbes et compléments de temps ainsi que la variété des temps verbaux l'expriment de manière obsessionnelle.

Le meurtre est d'abord présenté comme imminent : « demain », « dans deux jours », « je leur ferai tailler... » ; puis, comme déjà accompli par le recours au futur antérieur : « j'aurai fini... » ; « j'aurai dit... » ; enfin, comme actuel : « je jette la nature humaine ».

II. L'exaltation du « Moi »

Cette opposition entre dire et faire s'accompagne d'une autre opposition, entre Lorenzo et le monde. Son « Moi » triomphe d'autant plus facilement qu'il s'affirme sur l'abaissement d'autrui.

1. Le triomphe du « Moi »

Le régicide prend l'allure d'un défi. Lorenzo n'évoque pas les Florentins mais « les hommes », comme si les premiers se confondaient avec les seconds. C'est d'ailleurs non les habitants de la cité mais « l'Humanité » qu'il entend souffleter de son épée. Non sans grandiloquence, Lorenzo s'héroïse au point d'apparaître comme menant un combat gigantesque seul contre tous. Il va même jusqu'à braver la « Providence », dont les réactions l'indiffèrent. Dans une absolue volonté de puissance, il s'instaure juge suprême : « dans deux jours les hommes comparaîtront devant le tribunal de ma volonté ».

2. Le mépris d'autrui

Cette auto-héroïsation a pour corollaire un mépris quasi universel. « Il faut que le monde sache un peu qui je suis et qui il est », déclare-t-il avec hauteur et arrogance. Quand il ne s'affiche pas ouvertement, ce mépris se transforme en indifférence au qu'en-dira-t-on, à la rumeur, au « bavardage » : « que les hommes me comprennent ou non... », « qu'ils m'appellent comme ils voudront... ».

III. Une posture ambiguë

Cette affirmation de soi reste troublante dans ce qu'elle révèle de Lorenzo : un orgueilleux plus qu'un héros, pressentant en définitive son propre échec.

1. Un orgueil pathologique plus qu'un rêve héroïque ?

Décidant « à pile ou face » de son destin et de celui de Florence, Lorenzo s'exprime comme un joueur : voilà qui paraît éloigné de tout idéal héroïque. Lui-même semble par ailleurs douter de la grandeur de son geste. La référence à Brutus et à Érostrate est à cet égard significative : le premier, qui assassina César jugé trop autocrate, passe pour un républicain modèle ; le second, incendiaire criminel, pour un fou. Lorenzo ne se soucie pas de savoir quel nom, glorieux ou maudit, il laissera dans l'Histoire. Son désir de ne pas être oublié relève d'un immense orgueil.

2. Un discours de l'échec ?

Enfin, ce censeur du « bavardage humain » parle lui-même beaucoup. Lorenzo ne dit pas : « j'aurai fait tout ce que j'ai à faire », mais « j'aurai dit tout ce que j'aurai à dire ». Présenté comme réalisé, son acte redevient parole. La rhétorique, dont il dénonce la vacuité, lui fournit de belles formules métaphoriques, comme celle de souffleter la joue de l'Humanité ou de voir sa « vie entière » « au bout de sa dague ». Cette récupération de la rhétorique à son profit peut s'interpréter comme un signe annonciateur de l'inutilité de son meurtre.

Conclusion

Solitaire, rêvant d'une action d'éclat qui resterait à jamais dans la mémoire des hommes, conscient de la possible inanité de son projet, Lorenzo réunit en sa personne les principales caractéristiques du héros romantique.

3 Commentaire littéraire – Camus, *Le Mythe de Sisyphe*

Les titres de parties et de sous-parties ne doivent pas apparaître dans la copie.

Introduction

Philosophe de l'absurde, Camus aborde dans *Le Mythe de Sisyphe* la question du suicide, dont il juge qu'elle constitue le thème philosophique par excellence. À quoi bon vivre, en effet, dès lors qu'on est convaincu de la contingence de l'existence ? Par comparaison et conséquence, toutes les autres questions sont secondaires. Camus procède à la manière prudente d'un scientifique : il examine ce thème de manière rationnelle, pour ensuite construire progressivement une interprétation et la qualifier philosophiquement.

I. Un examen rationnel

Adoptant une démarche déductive, Camus mène un raisonnement aussi valide dans sa forme que dans son fond.

1. Une démarche déductive

Comme l'indique la récurrence du verbe « voir », Camus commence par se poser en observateur de ses contemporains. De ses observations, il tire un constat : certains se suicident par désintérêt ou dégoût de la vie ; d'autres, à l'inverse, se font tuer pour défendre l'idéal qui les fait vivre. Antinomiques, ces deux attitudes n'en soulèvent pas moins une même question : celle du « sens de la vie ». Procédant de manière déductive, Camus « juge donc » qu'elle est « la plus pressante des questions ».

2. Une démarche valide

Camus s'attache dans le même temps à montrer que, s'il est formellement logique, son raisonnement est aussi recevable sur le fond. Il prend en effet soin de préciser que, loin de s'attacher à des cas isolés, ses observations portent sur un vaste échantillon : il s'agit de « beaucoup de gens », auxquels s'en ajoutent « d'autres ». L'adverbe « paradoxalement » souligne l'honnêteté intellectuelle de l'observateur, qui ne cherche pas à gommer les résultats contradictoires auxquels il aboutit. Le « je » qui s'exprime, qui prend en charge l'écriture, étant en outre le « je » de l'observateur et du philosophe, sa crédibilité s'en trouve renforcée.

II. L'élaboration progressive d'une interprétation

Le constat étant dûment établi, reste à l'interpréter. Usant d'une écriture réflexive, Camus construit une explication par étapes.

1. Une écriture réflexive

Comme Montaigne dans ses *Essais,* Camus teste et précise sa pensée dans l'écriture. La phrase entre parenthèses développe l'adverbe « paradoxalement », dans une explication qui s'adresse autant au lecteur qu'à lui-même. Ce goût de la clarté le conduit à dialoguer avec lui-même pour se contraindre à toujours plus de rigueur, pour ne pas céder à des comparaisons faciles : « N'allons pas trop loin dans ces analogies… ». Le lecteur qui assiste, comme en direct, à l'élaboration de la pensée camusienne ne peut que la recevoir d'autant plus favorablement.

2. Une explication par étapes

La locution verbale « c'est », qui pose un principe d'équivalence, dégage une première signification du geste suicidaire : « c'est avouer qu'on est dépassé par la vie ». Cette définition, Camus la présente comme partielle : elle n'est valable, dit-il, que « dans un sens ». Elle se révèle aussi insuffisante. Comparaison n'étant pas raison, Camus rejette l'explication mélodramatique, à la fois trop spectaculaire et trop peu éclairante. « C'est seulement avouer que "cela ne vaut pas la peine" ». L'insuffisance de cette explication se trouve encore soulignée par la formulation d'une objection : « Vivre, naturellement, n'est jamais facile ». C'est une invitation à approfondir la réflexion.

III. Une attitude philosophique

Celle-ci réside en une prise de conscience, qui permet de nommer et définir l'absurde.

1. Une prise de conscience

Camus analyse dès lors de quoi la mort volontaire est l'expression et comme la conséquence : le refus d'une vie que seule l'habitude permet de supporter. Trois adjectifs, tous dépréciatifs, dépouillent cette « habitude » de la moindre valeur : « dérisoire », absence « profonde », « insensé ». C'est la prise de conscience de ce qu'on appelle en philosophie la « contingence », et qui rend l'existence et ses obligations quotidiennes intolérables. Deux voies, plus complémentaires que contradictoires, y conduisent : par la réflexion, qu'implique le verbe « reconnaître » ; ou par l'intuition, qu'implique l'adverbe « instinctivement ».

2. Nommer l'absurde

En soi, cette dénonciation de « l'habitude » et des habitudes n'est pas propre à Camus, ni d'ailleurs à la philosophie existentialiste. Pascal, en son temps, la formulait déjà, tout moraliste chrétien qu'il fût. La différence, majeure, vient de ce que, contrairement à l'anthropologie chrétienne qui donne un sens à la souffrance (comme expiation), la contingence la rend inexplicable, incompréhensible, inutile. Recourant à une comparaison théâtrale entre « l'acteur », l'homme, et « son décor », le monde, Camus définit enfin l'absurde : c'est un « divorce » entre les aspirations de l'être et les caractéristiques de sa condition d'homme.

Conclusion

Par l'accent mis sur ce sort de l'homme dans le monde et le caractère insupportable de la souffrance, cette définition philosophique de l'absurde comporte un projet humaniste : celui d'atténuer le poids de cette contingence.

CHAPITRE 11

Les procédés et les genres de l'argumentation

COURS

MÉTHODES ET STRATÉGIES

SUJETS DE TYPE BAC

CORRIGÉS

COURS

Les procédés et les genres de l'argumentation

Argumenter, c'est exposer et soutenir une thèse (une opinion, une idée) dans le but d'y rallier autrui. Deux stratégies – distinctes mais non exclusives l'une de l'autre – sont possibles : la première vise à convaincre, la seconde à persuader. Convaincre, c'est privilégier le raisonnement ; persuader, c'est jouer sur le registre des émotions. Les procédés mis en œuvre ne seront pas les mêmes selon que l'on cherche à convaincre ou à persuader.

I. Les procédés pour convaincre

1. Les types de raisonnement

Il existe plusieurs façons de cheminer intellectuellement, qui permettent d'emporter la conviction.

a. Le raisonnement déductif

- **Il va du général au particulier :** d'un principe posé en postulat ou comme une évidence, il tire (il « déduit ») des propositions qui en résultent nécessairement. Fréquent en mathématiques (le postulat d'Euclide, par exemple, en géométrie), s'apparentant également au schéma « cause-conséquence », il est une catégorie logique usuelle. La figure classique du **syllogisme** en relève :

« Tous les hommes sont mortels (*prémisse – proposition – dite majeure*).
Or Socrate est un homme (*prémisse dite mineure*).
Donc Socrate est mortel (*conclusion déduite*). »

- Le syllogisme n'est toutefois valide qu'à la condition expresse que les deux prémisses appartiennent à la même catégorie (celle des hommes, dans l'exemple cité). Faute de quoi, il dégénère en **sophisme** – raisonnement logique en apparence mais erroné sur le fond :

« Tout homme est mortel.
Or mon chat est mortel.
Donc mon chat est un homme ! »

La catégorie des « mortels » excédant celle des hommes, puisque les animaux meurent aussi, le syllogisme perd toute pertinence et devient ici sophisme.

b. Le raisonnement inductif

- C'est le pendant du raisonnement déductif : **il remonte des faits particuliers jusqu'au général**, jusqu'à la formulation d'une **hypothèse** ou d'une **loi** – qui demeurera valable tant qu'une série de nouveaux faits ne viendra pas la contredire. C'est le propre de la **méthode expérimentale**, utilisée par exemple en chimie, en biologie, mais aussi en sociologie et dans bien d'autres domaines, notamment en Histoire où il convient d'abord d'établir les faits avant d'en rechercher les causes.
- Dans le domaine littéraire, c'est la démarche de **Balzac** composant son immense fresque de la *Comédie humaine* : après les « faits sociaux » qu'il évoque dans ses « Études

de mœurs », il remonte aux « causes » qu'il présente dans ses « Études philosophiques », puis aux « principes » qu'il formule dans ses « Études analytiques ».

c. Le raisonnement concessif

- Il est très différent. **Il admet dans un premier temps une objection** de la partie adverse mais c'est pour mieux **contredire** cette dernière, et sur des points généralement plus importants que celui concédé. De forts connecteurs logiques en soulignent les deux volets : aux « certes », « il est vrai », « j'admets », « je concède » – annonciateurs d'un ralliement partiel et temporaire – s'opposent les « mais », « en réalité », « il n'en reste pas moins », « toutefois », qui n'en maintiennent que plus vigoureusement son propre point de vue.
- Ainsi, dans *L'École des femmes* (1662), **Molière** prête-t-il ces propos à Arnolphe, en grande conversation avec Chrysalde sur l'infidélité féminine :

> « Je crois, en bon chrétien, votre moitié fort sage, (*acceptation de la thèse de Chrysalde*)
> Mais une femme habile est un mauvais présage. » (*réfutation de cette thèse*)

■ Molière, *L'École des femmes* (1662), I, 1, v. 83-84.

d. Le raisonnement dialectique

- Il se révèle encore plus structuré. Connu par le fameux triptyque « **thèse-antithèse-synthèse** », il fait parfois l'objet de réductions simplistes. La thèse examine la validité d'une proposition ; l'antithèse n'en prend pas systématiquement le contre-pied (comme on le croit parfois trop), elle la nuance, en examine les failles et les limites, et le cas échéant la contredit. La synthèse résout l'antinomie par l'adoption d'un point de vue supérieur. C'est donc tout à la fois un **exercice logique** et, par le dépassement continuel d'idées contradictoires, un **mode de fonctionnement de la pensée**.
- **Faut-il, par exemple, dépénaliser l'usage du cannabis ?** Thèse : non, car il s'agit d'une drogue et, comme toutes les drogues, le cannabis n'est pas sans danger pour la santé des consommateurs. Antithèse : mais, selon de nombreux médecins toxicologues, le cannabis est la moins dangereuse des drogues, et il est de toute façon illusoire de prétendre en bannir la consommation. Synthèse : la question n'est peut-être pas de savoir s'il faut ou non interdire le cannabis, mais de chercher pourquoi certains éprouvent le besoin de se droguer.

e. Le raisonnement par analogie

- **Il tire des conclusions identiques de deux réalités différentes que rapproche un jeu de comparaisons** (« de même que… de même », « comme », « tel… tel »). Ainsi Baudelaire décèle-t-il dans l'albatros, majestueux dans les airs mais moqué pour sa maladresse sur terre, une analogie avec le sort du Poète, épris de beauté mais méprisé du plus grand nombre :

> « Le Poète est semblable au prince des nuées
> Qui hante la tempête et se rit de l'archer
> Exilé sur le sol au milieu des huées
> Ses ailes de géant l'empêchent de marcher. »

■ Charles Baudelaire, *Les Fleurs du mal* (1857), « L'albatros ».

- Cette démarche analogique repose toutefois sur un implicite postulat philosophique : celui de l'**homogénéité du réel** qui, seule, justifie qu'on en rapproche les éléments. Sans celle-ci, comme le dit un proverbe, « comparaison n'est pas raison ».

f. Le raisonnement par l'absurde

- Il démontre la validité d'une proposition non par l'examen intrinsèque de sa justesse mais par l'**affirmation que la thèse inverse aboutit à des conclusions irrecevables**, « absurdes ».

- **Voltaire**, qui rejette toute interprétation optimiste (providentialiste) du monde, fait, dans *Candide* (1759), défendre la thèse contraire par Pangloss :

> « Tout étant fait pour une fin, dit celui-ci, tout est nécessairement fait pour la meilleure fin. Remarquez bien que les nez ont été faits pour porter des lunettes ; aussi avons-nous des lunettes. »
>
> ■ Voltaire, *Candide* (1759), chap I.

Évidemment stupide, la démonstration déconsidère la thèse de Pangloss et renforce par contrecoup la position sinon pessimiste, du moins sceptique, de Voltaire.

2. Les preuves objectives : arguments et exemples

- Quelle qu'en soit la nature, tout raisonnement s'appuie sur des **arguments qui établissent sa validité et légitiment sa démonstration.** Inhérent au raisonnement lui-même, l'argument logique se révèle fondamental : sans lui, point de cohérence ni d'adhésion possibles. Sauf à vouloir induire en erreur, on ne peut faire passer un sophisme pour un syllogisme !

- Comme en appeler à la réflexion suppose souvent une certaine abstraction, **les exemples viennent concrétiser les arguments avancés** et rendre ainsi la thèse plus immédiatement compréhensible. Il en existe de deux sortes : les uns sont dits « démonstratifs », et les autres, « illustratifs ».
– Les **exemples démonstratifs** empruntent aux vérités ou faits universellement reconnus : aux lois scientifiques, aux valeurs universellement admises, aux caractéristiques de la condition humaine (le vieillissement, la mort) – toutes données vérifiables expérimentalement. Renforçant les arguments, ils se confondent parfois avec eux.
– Les **exemples illustratifs** donnent de la chair aux arguments. La réalité – historique, sociale, économique, judiciaire – en est l'inépuisable vivier.

3. Les preuves subjectives : la réputation de l'orateur et l'acceptabilité du discours

Force est toutefois de constater que, si rigoureuse soit-elle, **la démarche logique n'entraîne pas toujours l'adhésion. Montaigne** cite dans ses *Essais* (II, 2, « Apologie ») l'exemple d'un homme sérieux, de surcroît magistrat sévère, suspendu dans le vide dans une cage solidement arrimée entre les deux tours de la cathédrale Notre-Dame de Paris. Cet homme sait qu'il ne peut pas tomber, que sa cage ne peut pas s'ouvrir, que les câbles et nœuds sont solides : voilà autant d'arguments qui devraient le convaincre de ne pas avoir peur. Il y a pourtant de fortes chances, estime Montaigne, que l'homme craindra de chuter dans le vide. Nécessaire et indispensable, la preuve logique n'est donc pas toujours suffisante. N'est-ce pas **Pascal** qui, sans parler de la passion amoureuse, note dans ses *Pensées* (fragment 397 de l'éd. M. Le Guern) : « Le cœur a ses raisons, que la raison ne connaît point. » ? Pour être pleinement efficace, la preuve logique doit idéalement s'accompagner de **deux autres preuves, plus subjectives** celles-là : l'une concerne l'auteur du raisonnement, l'autre son destinataire.

a. L'« éthos » de l'orateur

Le crédit, la réputation – ce que l'on appelle l'« éthos » – que possède l'orateur (auteur, narrateur, personnage) est un puissant facteur d'adhésion. Un expert s'exprimant dans son domaine de compétences suscite plus facilement la confiance qu'un profane. À l'inverse, un adversaire ou un ennemi rencontre *a priori* une certaine méfiance – même si ce qu'il dit peut être objectivement sensé ! Ainsi s'exclame Dorine qui pointe, pour le dénoncer, l'écart existant entre les paroles et le comportement de Tartuffe :

> « Que d'affectation et de forfanterie ! »
>
> ■ Molière, *Tartuffe* (1667), III, 2, v. 857.

Notre époque, qui accorde tant d'importance à l'image – image que les autres ont de nous, que nous donnons de nous, parfois involontairement –, fait de l'éthos une composante majeure de la conviction. Il ne suffit pas de savoir si ce qui est dit est logique, encore faut-il savoir qui le dit et à qui il s'adresse.

b. L'acceptabilité du discours

Tout raisonnement n'est pas, en effet, acceptable ou recevable par tout le monde. Son acceptabilité dépend de l'auditoire (du lectorat). Tel est le cas, par exemple, des contes de **Voltaire**, dont l'ironie, la dénonciation du fanatisme religieux, de l'arbitraire royal ne peuvent être admises, comprises et appréciées que par ceux de ses lecteurs qui partagent son idéal des Lumières. Les autres seront choqués, indignés, et condamneront Voltaire. C'est d'ailleurs ce qui se passa. La frontière entre convaincre et persuader n'est pas toujours franche.

La structure de l'argumentation

- **La thèse (idée, opinion défendues) :** elle est exposée explicitement ou implicitement.
- **L'auteur et le destinataire de la thèse :** qui parle, et à qui ? Détermination du degré de vraisemblance et d'acceptabilité.
- **La présentation de la thèse :**

– par appel à la réflexion : nature du raisonnement ; rigueur de la démonstration (connecteurs marquant les rapports logiques) ;

– par appel à l'affectivité : procédés stylistiques censés susciter l'intérêt d'autrui ; nature des textes et techniques provoquant l'émotion.

- **Les constituants de la démarche :** nature et nombre des arguments ; types d'exemples utilisés.
- **La stratégie argumentative :** présence, ou non, d'une réfutation d'une idée ou position d'un adversaire (contre-thèse) ; nature de cette réfutation : partielle (concessive) ou frontale.

II. Les procédés pour persuader

Alors que convaincre nécessite du temps – le temps indispensable à l'analyse et à la réflexion –, la persuasion opère plus rapidement. Comment, en effet, ne pas adhérer à des propos émouvants ou passionnants ? Le fond est alors d'autant plus favorablement reçu que la forme touche, séduit, emporte. Le « comment dire ? » devient aussi important, voire davantage, que le « que dire ? ».

1. Favoriser l'empathie

- La création d'une **complicité avec autrui** s'impose comme le premier des procédés. Un « je » s'adresse à un « tu » (ou « vous ») dans un dialogue qui demeure certes le plus souvent fictif (puisque l'interlocuteur ne peut pas répondre), mais qui donne l'impression à chacun d'être reconnu, donc concerné. L'**apostrophe** en est par définition la traduction stylistique la plus adéquate. Les **questions oratoires (ou rhétoriques)** aboutissent au même résultat : l'auteur y répondant lui-même sans attendre de réponse de leurs destinataires, tout se passe comme si celui-ci parlait en leur nom et leur place.
- Lorsqu'il n'exprime pas un pluriel dit « de majesté », le « **nous** » participe de la même démarche : il englobe dans une même entité auteur et lecteur, orateur et auditeur. En 1919, réfléchissant sur l'effroyable hécatombe que fut la Première Guerre mondiale, l'écrivain **Paul Valéry** (1871-1945) rédige *La Crise de l'esprit*, qui s'ouvre sur cette phrase, devenue presque immédiatement célèbre :

> « Nous autres, civilisations, nous savons maintenant que nous sommes mortelles. »
>
> ■ Paul Valéry, *La Crise de l'esprit* (1919), © Gallimard.

Le « nous » engage ici l'humanité entière, capable de se détruire. La thèse n'en prend que plus de force, chacun étant de cette humanité.

2. Privilégier certains registres

Traduisant en mots sentiments et passions, **les registres jouent un rôle majeur dans l'art de persuader.** Trois d'entre eux sont plus importants et plus fréquents que d'autres : les registres lyrique, pathétique et polémique.

a. Le lyrisme

Expression des grandes émotions humaines, collectives ou personnelles, le lyrisme se veut **communicatif**, telle cette invitation à profiter du temps présent :

> « Aimons donc, aimons donc ! de l'heure fugitive
> Hâtons-nous, jouissons !
> L'homme n'a point de port, le temps n'a point de rive ;
> Il coule, et nous passons ! »
>
> ■ Lamartine, *Méditations poétiques* (1820), « Le Lac ».

b. Le registre pathétique

Le registre pathétique tend à créer la **compassion avec qui souffre**, moralement ou physiquement. Le vieux don Diègue, humilié et déshonoré, s'exclame :

> « Ô rage ! ô désespoir ! ô vieillesse ennemie !
> N'ai-je donc tant vécu que pour cette infamie ?
> Et ne suis-je blanchi dans les travaux guerriers
> Que pour voir en un jour flétrir tant de lauriers ? »
>
> ■ Corneille, *Le Cid* (1637), I, 4.

c. Le registre polémique

Le registre polémique vise non seulement à **déconsidérer un adversaire**, mais aussi à **enrôler autrui dans la condamnation de celui-ci. Rousseau** voit dans les comédies de Molière une « école des vices » et s'en explique de la manière suivante :

> « Quel est le plus blâmable d'un bourgeois sans esprit et vain qui fait sottement le gentilhomme, ou du gentilhomme fripon qui le dupe[1] ? [...] Quel est le plus criminel d'un paysan assez fou pour épouser une demoiselle, ou d'une femme riche qui cherche à déshonorer son époux[2] ? Que penser d'une pièce où le parterre applaudit à l'infidélité, au mensonge, à l'impudence de celle-ci, et rit de la bêtise du manant puni ? »
>
> ■ Rousseau, *Lettre à d'Alembert* (1758).

Enchaînant les questions oratoires, Rousseau privilégie le registre de l'indignation.

3. Multiplier les figures de style, destinées à retenir l'attention

- Si les mots ont en soi leur importance, leur organisation et présentation l'ont encore plus. Par son rythme et son insistance, l'**anaphore** – répétition d'un ou plusieurs mots en début de phrases – frappe les esprits et permet une meilleure mémorisation.
- Consistant en une énumération de termes de plus en plus forts et souvent de longueur croissante, l'**amplification** remplit un rôle voisin. L'**hyperbole**, quant à elle, force volontairement le trait pour lui donner plus d'impact. L'**hypotypose** agit directement sur l'imagination. Elle peint les choses si vivement qu'elle les met en quelque sorte sous les yeux – ainsi dans ce récit, par ailleurs pathétique, de la chute de Troie qu'Andromaque fait à Céphise, sa confidente :

> « Songe, songe, Céphise, à cette nuit cruelle
> Qui fut pour tout un peuple une nuit éternelle.
> Figure-toi Pyrrhus, les yeux étincelants,
> Entrant à la lueur de nos palais brûlants
> Sur tous mes frères morts se faisant un passage
> Et de sang tout couvert échauffant le carnage. »
>
> ■ Racine, *Andromaque* (1667), III, 8.

- Retenir l'attention, c'est encore surprendre par des jeux d'**antithèse**, par des **parallélismes** ou des **oxymores** (formules associant des termes en principe contradictoires).
- L'**ironie** est, enfin, un procédé plus subtil, puisqu'elle consiste à faire entendre le contraire de ce qu'on dit formellement. Son efficacité polémique est redoutable, comme dans ce pseudo-plaidoyer en faveur de l'esclavage qu'en 1748 Montesquieu insère dans *De l'esprit des lois :*

> « Si j'avais à soutenir le droit que nous avons eu de rendre les nègres esclaves, voici ce que je dirais : Les peuples d'Europe ayant exterminé ceux de l'Amérique, ils ont dû mettre en esclavage ceux de l'Afrique pour s'en servir à défricher des terres[3]. Le sucre serait trop cher si l'on ne faisait travailler la plante qui le produit par des esclaves[4]. »
>
> ■ Montesquieu, *De l'esprit des lois* (1748), XV, 5.

Interpréter ce texte au pied de la lettre, c'est commettre un contresens absolu !

---

1 Allusion au *Bourgeois gentilhomme*. 2 Allusion à *George Dandin*. 3 Exemple historiquement faux.
4 Reprise de l'un des arguments pro-esclavagistes pour en souligner ironiquement la monstruosité morale.

Les grands genres oratoires

Depuis l'Antiquité gréco-romaine, on distingue trois grands genres oratoires auxquels se rattachent la plupart des textes argumentatifs.

Genre oratoire	Activité de l'orateur (auteur)	Activité de l'auditoire (lecteurs)	Période envisagée	Type de texte
Délibératif	Conseiller / déconseiller	Décider	Avenir	Monologue, dialogue, essai, lettre…
Judiciaire	Accuser / défendre	Juger	Passé	Plaidoyer / réquisitoire.
Épidictique	Louer / blâmer	Évaluer	Présent Passé pour l'oraison funèbre	Satire, éloge, blâme, pamphlet, oraison funèbre.

III. Les genres de l'argumentation directe

Les textes exposant une doctrine philosophique, un projet politique, les résultats d'une recherche scientifique ou les principes d'une esthétique nouvelle sont innombrables. Si divers soient-ils de contenu, ils ont en commun d'être des écrits non fictionnels, de nature clairement argumentative. Leurs auteurs y développent franchement leurs thèses dans le but, avoué, d'expliquer, de mobiliser, de convaincre.

1. Manifeste, traité et essai

a. Le manifeste

- De tous les genres de l'argumentation directe, le manifeste est le plus solennel et le plus ambitieux : prise de position publique, il se veut **texte fondateur**, appelant à un ordre nouveau, en rupture avec les organisations et pratiques existantes. L'exemple le plus connu en est *Le Manifeste du Parti communiste* (1848) dans lequel **Karl Marx** voit dans la lutte des classes le moteur même de l'Histoire.

- Souvent politique, le manifeste ne l'est pourtant pas exclusivement. Le renouvellement des formes poétiques qui marque le début du XXe siècle voit une **floraison de manifestes** : *Manifeste de la littérature futuriste* (1909) de **Marinetti** ; *Manifeste Dada* (1918) de **Tristan Tzara** ; et surtout le *Manifeste du surréalisme* (1924) d'**André Breton**.

- La notion de manifeste est parfois délicate à définir précisément : la *Défense et illustration de la langue française* que le poète **Du Bellay** signe en 1549 est un manifeste par son intention – faire du français une langue poétique – sans toutefois en porter le titre.

b. Le traité

Le traité se veut, lui, plus **didactique**. Exposé systématique d'un sujet ou d'un thème, il existe dans tous les champs du savoir : scientifique avec par exemple le *Traité de radioactivité* (1910) de **Marie Curie** ; philosophique avec le *Traité des passions de l'âme* (1649) de **Descartes**, ou politique avec le *Traité sur la tolérance* (1763) de **Voltaire**.

c. L'essai

Développant un point de vue plus subjectif et sans prétention aucune à l'exhaustivité, l'essai est **plus personnel. Montaigne** (1533-1592) en a fondé le genre avec, précisément, ses *Essais*, à la fois fruit de l'expérience de leur auteur et tentative (« essai ») de construction d'une pensée, d'une manière de voir et de comprendre le monde. C'est en ce sens que *Le Mythe de Sisyphe* (1942) de **Camus** ou *L'Existentialisme est un humanisme* (1946) de **Sartre** sont des « essais », même si aucun des deux auteurs n'emploie le mot.

2. La lettre ouverte

La lettre ouverte ne relève pas, par définition, de la correspondance privée : publiée par un organe de presse, elle est lisible par le plus grand nombre ; et son destinataire est une personnalité, souvent de premier plan, connue de beaucoup, sinon de tous. Elle recherche donc un **effet médiatique**, non pour lui-même, mais pour **susciter un débat.** Ses registres sont des plus variés : elle peut allier l'ironie à l'invective, la satire à la dénonciation et au blâme. Son auteur n'en doit pas moins convaincre du bien-fondé de sa démarche. Persuadé de l'innocence du capitaine Dreyfus, accusé de haute trahison, **Zola** publie ainsi dans le journal *L'Aurore* du 13 janvier 1898 une « Lettre ouverte à M. le Président de la République », plus connue sous le nom de « J'accuse », en raison de l'usage anaphorique du verbe qu'il fait du verbe.

Deuxième Année. — Numéro 87

Cinq Centimes

JEUDI 13 JANVIER 1898

Directeur ERNEST VAUGHAN

ABONNEMENTS

POUR LA RÉDACTION : s'adresser à M. A. BERTHIER, Secrétaire de la Rédaction

Adresse télégraphique : AURORE-PARIS

L'AURORE

Littéraire, Artistique, Sociale

Directeur ERNEST VAUGHAN

LES ANNONCES SONT REÇUES : 142 — Rue Montmartre — 142 AUX BUREAUX DU JOURNAL

Les manuscrits non insérés ne sont pas rendus

ADRESSER LETTRES ET MANDATS : à M. A. BOUIT, Administrateur

Téléphone : 102-88

J'Accuse...!

LETTRE AU PRÉSIDENT DE LA RÉPUBLIQUE

Par ÉMILE ZOLA

LETTRE A M. FÉLIX FAURE

Président de la République

Monsieur le Président,

lieu, des papiers disparaissaient, comme il en disparaît aujourd'hui encore; et l'auteur du bordereau était recherché, lorsqu'un *a priori* se fit peu à peu que cet auteur ne pouvait être qu'un officier de l'état-major, et un officier d'artillerie : double erreur manifeste, qui montre avec quel esprit superficiel on avait étudié ce bordereau, car un examen raisonné

Est-ce donc vrai, les choses indicibles, les choses dangereuses, capables de mettre l'Europe en flammes, qu'on a dû enterrer soigneusement derrière ce huis clos ? Non ! il n'y a eu, derrière, que les imaginations romanesques et démentes du commandant du Paty de Clam. Tout cela n'a été fait que pour cacher le plus saugrenu des romans-feuilletons. Et il suffit, pour s'en assu-

profondément, s'inquiètent, cherchent, finissent par se convaincre de l'innocence de Dreyfus.

Je ne ferai pas l'historique des doutes, puis de la conviction de M. Scheurer-Kestner. Mais, pendant qu'il fouillait de son côté, il se passait des faits graves à l'état-major même. Le colonel Sandherr était mort, et le lieutenant-colonel Picquart lui avait

avec lui une correspondance amicale. Seulement, il est des secrets qu'il ne fait pas bon d'avoir surpris.

A Paris, la vérité marchait, irrésistible, et l'on sait de quelle façon l'orage attendu éclata. M. Mathieu Dreyfus dénonça le commandant Esterhazy comme le véritable auteur du bordereau, au moment où M. Scheurer-Kestner allait déposer, entre les mains

conseil de guerre déferait ce qu'un conseil de guerre avait fait ?

Je ne parle même pas du choix toujours possible des juges. L'idée supérieure de discipline, qui est dans le sang de ces soldats, ne suffit-elle à infirmer leur pouvoir même d'équité ? Qui dit discipline dit obéissance. Lorsque le ministère de la guerre, le grand chef, a établi publiquement,

DOC. 1 Reproduction de la Une de *L'Aurore* du 13 janvier 1898. « Monsieur le Président, me permettez-vous, dans ma gratitude pour le bienveillant accueil que vous m'avez fait un jour, d'avoir le souci de votre juste gloire et de vous dire que votre étoile, si heureuse jusqu'ici, est menacée de la plus honteuse, de la plus ineffaçable des taches ? »

3. Proverbes, sentences et maximes

- Appartenant aux formes brèves, les proverbes, sentences et maximes diffusent ouvertement une « **thèse** », généralement **facile à mémoriser**.
- Le **proverbe** exprime une vérité d'expérience ou un conseil de sagesse populaire, dont tout un chacun peut vérifier par lui-même le bien-fondé. La **sentence** enferme dans une formule courte et littérairement soignée une vérité morale, de portée universelle :

  « L'art de plaire est l'art de tromper. »

  ■ Vauvenargues, *Réflexions* (1746).

- Quant à la **maxime**, elle exprime un point de vue sur les hommes, leur comportement ou leurs mœurs. **La Rochefoucauld** (1613-1680) en a fait au XVIIe siècle un genre littéraire à part entière. Jouant volontiers sur les parallélismes, les antithèses ou les paradoxes, elle devient un éblouissant exercice de style :

  « Tout le monde se plaint de sa mémoire, et personne ne se plaint de son jugement. »

  « Les vieillards aiment à donner de bons préceptes pour se consoler de n'être plus en état de donner de mauvais exemples. »

  ■ La Rochefoucauld, *Maximes* (éd. de 1678), maximes n° 89 et 93.

IV. Les genres de l'argumentation indirecte

Les genres de l'argumentation indirecte sont tous des genres fictionnels : ils n'exposent pas, ils proposent par le biais d'un récit inventé. Toute création procède en effet d'une vision du monde et la véhicule implicitement. L'agencement des épisodes d'un récit, la typologie des personnages, leurs actes, paroles et destinée font sens. L'histoire racontée se transforme ainsi en argumentation indirecte. Dès lors qu'on la considère comme une représentation générale du réel, c'est à la limite toute la littérature qui se trouve concernée : le roman, le théâtre, la poésie, même les contes de fées ! Les genres reposant sur un mode de fonctionnement allégorique sont toutefois plus concernés que d'autres.

1. La parabole et l'apologue (la fable)

a. La parabole

Bref récit allégorique, la parabole délivre un **enseignement moral** ou un **message religieux.** Jésus-Christ en use fréquemment dans les Évangiles. Voici celle du « fils prodigue[5] » : un fils réclame, et obtient de son père, sa part d'héritage, puis s'en va joyeusement la dépenser. Ruiné par ses débauches, bientôt réduit à la misère, il retourne chez son père, dont il implore le pardon. Celui-ci l'accueille généreusement, à l'étonnement de son autre fils, resté auprès de lui pour l'aider. Le père s'en explique : ce fils qu'il croyait à jamais perdu lui est revenu ! Rien n'est donc plus légitime que de fêter son retour. L'interprétation de cette parabole doit se faire au second degré : le fils prodigue est l'homme pécheur ; le père est Dieu lui-même. Le message est des plus clairs : Dieu pardonne quiconque se repent de ses fautes passées, quelles qu'elles soient. La parabole fonctionne ainsi sur un rapport de similitude, de comparaison : le passage du monde connu (une famille) au monde inconnu (divin) n'est logiquement possible que parce que les deux mondes sont censés se ressembler.

5 Prodigue : dépensier.

b. L'apologue

- À la différence de la parabole, l'apologue (la fable) ne renvoie pas au divin. Récit le plus souvent animalier, également allégorique, il postule une **similitude de comportement entre les animaux et les hommes**. La tradition en attribue l'invention au Grec Ésope (VIe siècle avant notre ère).

- **Genre didactique** par excellence, l'apologue use de la fiction pour illustrer une « moralité ». « Je me sers d'animaux pour instruire les hommes », dit La Fontaine, car :

> « Une morale nue apporte de l'ennui,
> Le conte[6] fait passer le précepte avec lui. »
> ■ La Fontaine, *Fables* (1668), « Le Lion et le Chasseur », VI, 1.

- L'apologue présuppose ainsi que les mêmes lois régissent le monde animal et le monde des hommes : il fonctionne sur un **rapport d'analogie**. C'est pourquoi les animaux peuvent s'exprimer, agir et s'organiser comme des humains, et les hommes se comporter à leur tour comme les animaux.

2. Le conte philosophique

Même s'il n'invente pas le conte, dont le genre remonte à la plus haute Antiquité, **Voltaire** a su le renouveler en en faisant une **arme majeure de son combat philosophique**. Comme dans tout conte, l'intrigue en est fantaisiste : le merveilleux y est omniprésent et la vraisemblance souvent absente. Réduits à un trait de caractère, les personnages sont stylisés. Mais la visée en est toujours philosophique. *Micromégas* (1752) est une leçon de relativité. *Zadig* (1752), *Candide* (1759) et *L'Ingénu* (1767) sont autant de condamnations de l'intolérance et du fanatisme. Usant tour à tour de l'induction, de la déduction, d'une ironie mordante et d'une rhétorique émotive, ces contes sont un appel constant à la raison et définissent un art de gouverner et de vivre conforme à l'idéal des Lumières.

3. L'utopie et la dystopie

a. L'utopie

- En 1516, l'Anglais **Thomas More** (1478-1535) publie, en latin, un roman qu'il intitule *Utopia*. Étymologiquement, « utopie » signifie en grec « ce qui n'existe nulle part ». C'est le nom que Thomas More donne à la cité idéale qu'il imagine dans son récit. L'utopie use donc de la fiction pour présenter et décrire le fonctionnement d'une **société parfaite**, laquelle se situe par définition dans un ailleurs inaccessible et dans un temps fort lointain, dans le passé ou dans le futur. Simultanément, elle constitue une **critique en creux de la société réelle**. La thèse se double ici de son antithèse.

- Aussi de nombreux philosophes, penseurs et écrivains recourent-ils à l'utopie. C'est le cas de **Rabelais** qui, dans *Gargantua* (1534), évoque la vie idéale et heureuse des membres de l'abbaye de Thélème ; de **Voltaire** qui, dans *Candide*, décrit le « pays de l'Eldorado » ou de **Diderot** qui, dans son *Supplément au voyage de Bougainville* (1772), évoque la vie mythique et naturelle des Tahitiens ; de **Zola** dépeignant dans *Travail* (1901) la cité radieuse du futur ou même du pasteur **Martin Luther King** prononçant le 28 août 1963 son célèbre discours contre l'apartheid : « I have a dream ».

---

6 Le conte : la fable.

b. La dystopie

Rêve éveillé en quête de perfection, l'utopie connaît également son contraire : la dystopie (ou **contre-utopie**). L'édification d'une société idéale, où le bonheur et la vertu seraient obligatoires, peut en effet effrayer, voire engendrer un certain totalitarisme. C'est ce que, chacun à leur façon, dénoncent le roman d'**Aldous Huxley**, *Le Meilleur des mondes* (1932), celui de **George Orwell**, *1984* (1949), ou encore *Fahrenheit 451* de **Ray Bradbury** (1951).

DOC. 2 Caricature de Leslie G. Illingworth, parue dans le *Daily Mail* du 29/10/1962, lors de la crise des missiles nucléaires de Cuba. Le dessin, la caricature (et plus largement l'image) peuvent être une argumentation en action. Par définition, la caricature moque, décrédibilise ou condamne ; elle peut dans le même temps soutenir, fortifier, approuver. Son humour est toujours prise de position. Ce document mettant face à face le Soviétique Khrouchtchev et l'Américain Kennedy dénonce les lourdes tensions qui partageaient le monde pendant la « guerre froide » des années 1960 (voir aussi p. 368).

MÉTHODES ET STRATÉGIES

1 Commentaire littéraire – Voltaire, *Traité sur la tolérance*

Vous commentez le texte de Voltaire extrait du *Traité sur la tolérance*.

> Voir la méthode du traitement du commentaire littéraire (Annexes, p. 471).
> Voir les sujets 2 et 3 p. 325, 1 p. 350.

TEXTE Voltaire (1694-1778), *Traité sur la tolérance* (1763)

En 1761, à Toulouse, Marc-Antoine Calas, sur le point, dit-on, de se convertir au catholicisme, est découvert pendu chez son père, Jean Calas, protestant convaincu. Suicide ? Meurtre ? Le père est accusé d'infanticide, jugé, condamné à mort, exécuté par le supplice de la roue. Voltaire reprend le dossier.

Il paraissait impossible que Jean Calas, vieillard de soixante-huit ans, qui avait depuis longtemps les jambes enflées et faibles, eût seul étranglé et pendu un fils âgé de vingt-huit ans, qui était d'une force au-dessus de l'ordinaire ; il fallait absolument qu'il eût été assisté dans cette exécution par sa femme, par son fils Pierre Calas, par Lavaisse[7] et par la servante. Ils ne s'étaient pas quittés un seul moment le soir de cette fatale aventure. Mais cette supposition était encore aussi absurde que l'autre : car comment une servante zélée catholique aurait-elle pu souffrir que des huguenots assassinassent un jeune élevé par elle pour le punir d'aimer la religion de cette servante ? Comment Lavaisse serait-il venu exprès de Bordeaux pour étrangler son ami dont il ignorait la conversion prétendue ? Comment une mère tendre aurait-elle mis les mains sur son fils ? Comment tous ensemble auraient-ils pu étrangler un jeune homme aussi robuste qu'eux tous, sans un combat long et violent, sans des cris affreux qui auraient appelé tout le voisinage, sans des coups réitérés, sans des meurtrissures, sans des habits déchirés ?
Il était évident que, si le parricide avait pu être commis, tous les accusés étaient également coupables, parce qu'ils ne s'étaient pas quittés d'un moment ; il était évident qu'ils ne l'étaient pas ; il était évident que le père seul ne pouvait l'être ; et cependant l'arrêt condamna ce père seul à expirer sur la roue[8].

Prendre connaissance du texte

> Faire les premiers repérages

- Qui parle ? Voltaire. De qui ? De Jean Calas, accusé d'avoir tué l'un de ses fils par fanatisme religieux.

- Quelques mots méritent élucidation. « Parricide » désigne ici non le meurtre du père (sens moderne) mais tout meurtre d'un membre d'une famille par un autre membre (un infanticide, dans le cas présent). La forme verbale « eût étranglé », littérairement élégante, est un conditionnel passé seconde forme, équivalente d'« aurait étranglé ». La « roue » désignait sous l'Ancien Régime l'un des pires supplices qui soient, réservé pour cette raison aux crimes les plus odieux (régicide, parricide…). Enfin, « l'affaire

7 Un ami de la victime, soupant chez les Calas le soir du drame.
8 Roue : supplice consistant à briser les membres puis à démembrer le corps.

Calas » est, grâce à l'intervention de Voltaire, l'une des plus célèbres affaires et erreurs judiciaires du XVIIIe siècle.

> Établir la fiche d'identité du texte

Le titre de l'œuvre indique son genre et son objet. Il s'agit d'un essai portant sur « la tolérance ». Nous sommes donc en présence d'un texte relevant de l'argumentation directe.

Analyser le texte au brouillon

> Entrer dans les détails en croisant deux méthodes

- La méthode linéaire permet de repérer :

– les articulations logiques : « car », « parce que », « mais » ;
– les adverbes et locutions adverbiales : « absolument », « également ». « Cependant » soulève quelque difficulté : lui attribuer son sens moderne de « pendant ce temps » rendrait la phrase incompréhensible ; il s'agit de son sens ancien de « pourtant » ;
– le jeu des modes et des temps : les conditionnels sont nombreux et expriment tous un irréel du passé (une action qui ne s'est pas produite) ;
– les destinataires du texte ne sont pas précisés : c'est que Voltaire s'adresse à tous les « honnêtes gens », choqués par l'injustice et le fanatisme.

- La méthode transversale permet de mettre en rapport :

– le retournement du texte, pour souligner l'absurdité et l'injustice du verdict : au « il paraissait impossible » répond en effet « et cependant » ;
– les objections sous forme interrogative qui tendent à un double but : expliquer l'adjectif « impossible » et annoncer la locution « il était évident ».

Structurer la réponse

> Établir un projet de lecture

Voltaire s'emploie à établir l'innocence de Jean Calas : dans un plaidoyer à la fois argumenté et passionné, il dénonce une monstrueuse erreur judiciaire, d'autant plus scandaleuse à ses yeux qu'elle fut commise par intolérance.

> Élaborer un plan détaillé

I. Un plaidoyer passionné

1. Un verdict illogique

Verdict de mort prononcé à l'encontre de Calas logiquement incompréhensible. Deux solutions possibles :
– ou bien il était seul, ce qui est matériellement impossible, vu son âge et son état de faiblesse : première absurdité – établie par l'emploi de conditionnels passés et des formules comme « il paraissait évident » ;
– ou bien il avait des complices : seconde absurdité – fortement soulignée par les questions oratoires.

2. Une rhétorique efficace

Force de l'antithèse finale, qui accroît celle du raisonnement : « il était évident que le père seul ne pouvait l'être [coupable] ; et cependant l'arrêt condamna ce père seul à expirer sur la roue. » Le lecteur ne peut qu'adhérer à la démonstration.
→ Voltaire se sert de ce tragique fait divers pour dénoncer le fanatisme religieux.

II. Une dénonciation du fanatisme religieux

1. Un verdict inique

– Pour être absurde, le verdict n'en est pas moins explicable
– Motif de la condamnation : religieux. « Comment une servante zélée catholique aurait-elle pu souffrir que des huguenots assassinassent un jeune élevé par elle pour le punir d'aimer la religion de cette servante ? ». Aux yeux de la justice, Calas était coupable, non parce qu'il était assassin, mais parce qu'il était protestant !

2. Un fait divers significatif

Dénonciation tout à la fois de l'instrumentalisation de la justice, de son arbitraire et du fanatisme religieux. Ainsi s'explique qu'une affaire judiciaire soit évoquée dans un « traité » consacré à la « tolérance ».

Rédiger le commentaire

> Rédiger l'introduction

- Composer une accroche :

L'un des grands combats de Voltaire et des philosophes du XVIIIe siècle fut de dénoncer sans trêve l'arbitraire de la justice.

- Présenter le texte :

Le *Traité sur la tolérance* fait ainsi écho à l'un des grands procès que fut l'affaire Calas, du nom de ce protestant toulousain accusé d'avoir tué pour des motifs religieux.

- Énoncer la problématique :

Voltaire entreprend de démontrer que son exécution fut une atroce injustice.

- Annoncer le plan.

> Rédiger la conclusion

[Réponse à la problématique] Voltaire se saisit d'une affaire retentissante, et qu'il contribuera à rendre encore plus retentissante, pour stigmatiser ce qu'il estime être l'un des grands dysfonctionnements de son époque. Avec cette affaire Calas, Voltaire sculpte son image de philosophe – on ne disait pas à l'époque « intellectuel » – engagé dans la vie de la cité.
[Ouverture] Il ouvre ainsi une voie qu'à la fin du siècle suivant, Zola empruntera à son tour pour défendre le capitaine Dreyfus.

2 Écriture d'invention – Rédiger un monologue intérieur

Vous prolongerez et préciserez, dans le texte de V. Hugo, la réflexion du narrateur en proposant une solution à son débat intérieur.

> Voir la méthode du traitement de l'écriture d'invention (Annexes, p. 473).
> Voir le sujet 2 p. 351 et 1 p. 378.

TEXTE **Victor Hugo (1802-1885), *Le Dernier jour d'un condamné* (1829), VI**

En 1829, Victor Hugo publie *Le Dernier jour d'un condamné,* réquisitoire passionné contre la peine de mort. Le narrateur, qui vient d'être condamné à mort, attend en prison le jour de son exécution. Il vient d'obtenir de quoi écrire.

« Puisque j'ai le moyen d'écrire, pourquoi ne le ferais-je pas ? Mais quoi écrire ? Pris entre quatre murailles de pierre nue et froide, sans liberté pour mes pas, sans horizon pour mes yeux, pour unique distraction machinalement occupé tout le jour à suivre la marche lente de ce carré blanchâtre que le judas de ma porte découpe vis-à-vis sur le mur sombre, et, comme je le disais tout à l'heure, seul à seul avec une idée, une idée de crime et de châtiment, de meurtre et de mort ! Est-ce que je puis avoir quelque chose à dire, moi qui n'ai plus rien à faire dans ce monde ? Et que trouverai-je dans ce cerveau flétri et vide qui vaille la peine d'être écrit ?

Pourquoi non ? Si tout, autour de moi, est monotone et décoloré, n'y a-t-il pas en moi une tempête, une lutte, une tragédie ? »

Analyser le sujet au brouillon

> Repérer les mots clés du sujet

Ce sont les trois verbes du sujet :

– « prolonger », qui implique de ne pas redire, même sous une autre forme ce qui est déjà dit ;

– « préciser », qui oblige à analyser l'état d'esprit du narrateur ;

– « proposer » une solution à son débat intérieur : cette solution peut être positive (se mettre à écrire) ou négative (refuser d'écrire). Quelle qu'elle soit, elle doit logiquement découler de ce qui aura précédé.

> Dresser un cahier des charges

- Prendre en compte la situation du narrateur, qui n'a plus que quelques heures à vivre. Tout sursis ou toute grâce, toute forme de libération romanesque sont évidemment à exclure.
- Continuer à s'exprimer à la première personne (prendre la place et la succession du narrateur). La forme reste donc celle d'un journal.
- Le texte est de type délibératif : dois-je ou non continuer à consigner mes pensées ?
- Le ton ne peut qu'être soutenu. Toutefois, le narrateur peut maudire ses juges, la police. L'ironie tragique (exercée par le narrateur sur lui-même) peut également trouver sa place.

S'appuyer sur le corpus

> Analyser le texte sur lequel s'appuie le sujet

- Les phrases interrogatives sont nombreuses ; une seule mais longue phrase exclamative. Ce qui suggère une expression lyrique des sentiments.
- Pourquoi écrire ? Pour s'occuper, pour se délivrer du face à face avec soi, « avec une idée, une idée de crime et de châtiment, de meurtre et de mort » ?
- Mais quoi écrire : « que trouverai-je dans ce cerveau flétri et vide qui vaille la peine d'être écrit ? »
- Toutefois, il y a la possibilité de transcrire une expérience par définition unique, de décrire la « tempête », la « lutte » et la « tragédie » qui secouent le narrateur.

Rédiger le devoir

> Apporter une réflexion personnelle

Plan proposé :

I. Tenir son journal
– Livrer ses dernières pensées, comme une sorte de testament.
– Dire l'horreur de sa situation.
– Se retourner sur son passé heureux ou malheureux. Sur son crime (dont Hugo ne parle jamais).

II. Ne pas tenir son journal
– Qui lira son journal ?
– Quand il ne reste plus que quelques heures à vivre, il y a, même en prison, d'autres choses à faire qu'écrire : se préparer moralement à l'issue fatale, se réfugier dans certains souvenirs, prier ou, à l'inverse, blasphémer, s'en tenir à un certain stoïcisme.

Conclusion
– L'issue de la délibération : tenir son journal pour témoigner de l'atrocité des dernières heures dans l'espoir que ce journal servira un jour à l'abolition de la peine de mort. Être ainsi utile une dernière fois.
– Autre issue possible, inverse de la première (au choix) : « Tout ce que je pourrai écrire sera de toute façon jeté à la poubelle par les geôliers. »

SUJETS DE TYPE BAC

1 Commentaire littéraire – Hugo, préface de *Cromwell*

180 min.

Vous commenterez le texte de Hugo, extrait de la préface de *Cromwell*.

Quand on a vingt-cinq ans et qu'on souhaite devenir un grand dramaturge, comment s'y prend-on pour attaquer les gloires théâtrales précédentes ? Créateur du drame romantique, le jeune Hugo choisit délibérément de tourner le dos à la tragédie classique ! À vous de saisir l'originalité de ce manifeste théâtral !

> Voir la méthode du traitement du commentaire littéraire (Annexes, p. 471).

> Voir les Méthodes et stratégies 2, chapitre 10 et les Méthodes et stratégies 1, chapitre 11.

TEXTE **Victor Hugo, préface de *Cromwell* (1827)**

En 1827, Victor Hugo consacre une pièce à *Cromwell*, du nom de l'homme politique anglais qui, au XVIIe siècle, renversa la monarchie de son pays et instaura la république. Une longue préface accompagne sa publication ; il y expose ses idées nouvelles sur le théâtre.

Le théâtre est un point d'optique. Tout ce qui existe dans le monde, dans l'histoire, dans la vie, dans homme, tout doit et peut s'y réfléchir, mais sous la baguette magique de l'art. L'art feuillette les siècles, feuillette la nature, interroge les chroniques, s'étudie à reproduire la réalité des faits, surtout celle des mœurs et des caractères, bien moins léguée au doute et à la contradiction que les faits, restaure ce que les annalistes[9] ont tronqué, harmonise ce qu'ils ont dépouillé, devine leurs omissions et les répare, comble leurs lacunes par des imaginations qui aient la couleur du temps, groupe ce qu'ils ont laissé épars, rétablit le jeu des fils de la providence sous les marionnettes humaines, revêt le tout d'une forme poétique et naturelle à la fois, et lui donne cette vie de vérité et de saillie[10] qui enfante l'illusion, ce prestige de réalité qui passionne le spectateur, et le poète le premier, car le poète est de bonne foi. Ainsi le but de l'art est presque divin : ressusciter, s'il fait de l'histoire ; créer, s'il fait de la poésie.

C'est une grande et belle chose que de voir se déployer avec cette largeur un drame où l'art développe puissamment la nature ; un drame où l'action marche à la conclusion d'une allure ferme et facile, sans diffusion et sans étranglement ; un drame enfin où le poète remplisse pleinement le but multiple de l'art, qui est d'ouvrir au spectateur un double horizon, d'illuminer à la fois l'intérieur et l'extérieur des hommes ; l'extérieur, par leurs discours et leurs actions ; l'intérieur, par les *a parte* et les monologues ; de croiser, en un mot, dans le même tableau, le drame de la vie et le drame de la conscience. On conçoit que, pour une œuvre de ce genre, si le poète doit *choisir* dans les choses (et il le doit), ce n'est pas le *beau*, mais le *caractéristique*. Non qu'il convienne de *faire*, comme on dit aujourd'hui, de *la couleur locale*, c'est-à-dire d'ajouter après coup quelques touches criardes çà et là sur un ensemble du reste parfaitement faux et conventionnel. Ce n'est point à la surface du drame que doit être la couleur locale, mais au fond, dans le cœur même de l'œuvre [...].

9 Annalistes : mémorialistes. 10 Saillie : ce qui présente du relief.

2 Écriture d'invention – Rédiger un dialogue théâtral

180 min.

Œnone tente de raisonner Phèdre en l'encourageant à dominer sa passion. Vous rédigerez, en prose, le dialogue théâtral entre les deux femmes.
Si vous utilisez des didascalies, vous donnerez toutes les informations nécessaires au dispositif scénique de cet échange.

Qu'est-ce qu'aimer ? Quand se dit-on que l'on aime ? Écoutez Phèdre : l'amour est une brûlure et peut-être une folie ! Et sachez faire d'Œnone une confidente bienveillante mais ferme.

> Voir la méthode du traitement d'une écriture d'invention (Annexes, p. 473).
> Voir les Méthodes et stratégies 2, chapitre 11.

TEXTE Jean Racine (1639-1699), *Phèdre* (1677), I, 3, v. 273-290

Roi d'Athènes, Thésée vient d'épouser Phèdre en secondes noces. De son premier mariage, il a un fils, Hippolyte, dont Phèdre tombe éperdument amoureuse, comme elle le confie à Œnone son ancienne nourrice, désormais sa confidente.

PHÈDRE
Je le vis, je rougis, je pâlis à sa vue ;
Un trouble s'éleva dans mon âme éperdue ;
Mes yeux ne voyaient plus, je ne pouvais parler ;
Je sentis tout mon corps et transir[11] et brûler.
Je reconnus Vénus et ses feux redoutables,
D'un sang qu'elle poursuit, tourments inévitables.
Par des vœux assidus je crus les détourner :
Je lui bâtis un temple, et pris soin de l'orner ;
De victimes moi-même à toute heure entourée,
Je cherchais dans leurs flancs ma raison égarée !
D'un incurable amour remèdes impuissants !
En vain sur les autels ma main brûlait l'encens :
Quand ma bouche implorait le nom de la déesse,
J'adorais Hippolyte, et le voyant sans cesse,
Même au pied des autels que je faisais fumer,
J'offrais tout à ce dieu que je n'osais nommer.
Je l'évitais partout. Ô comble de misère !
Mes yeux le retrouvaient dans les traits de son père.

11 Transir : transir de froid, être traversé de froid.

3 Dissertation – La littérature et le monde

180 min.

Dans quelle mesure la littérature peut-elle changer le monde ?

Lire, entend-on souvent dire, c'est perdre son temps et d'ailleurs ça ne sert à rien. Vraiment ? Sans livres, que seraient les idées ? Posez-vous la question : et si la littérature contribuait à changer le monde ?

> Voir la méthode du traitement de la dissertation (Annexes, p. 475).
> Voir les Méthodes et stratégies 1, chapitre 12.

CORRIGÉS

1 Commentaire littéraire – Hugo, préface de *Cromwell*

Les titres de parties et de sous-parties ne doivent pas apparaître dans la copie.

Introduction

La préface figure parmi les genres de l'argumentation directe : elle présente l'œuvre qu'elle précède et accompagne, en définit les caractéristiques ou précise les circonstances de sa composition. Assumée par l'auteur qui s'y exprime directement, elle se veut toujours explication, proclamation ou revendication. La préface de *Cromwell* appelle, quant à elle, à révolutionner la scène française : elle est un manifeste théâtral proposant une nouvelle dramaturgie, marquant ainsi, au moins sur le plan théorique, la naissance du drame romantique.

I. Un manifeste théâtral

L'extrait définit une nouvelle esthétique, portant sur les rapports que le « théâtre » doit entretenir avec le réel, sur ce qu'il doit traiter, embrasser et, en définitive, montrer, dévoiler.

1. Le théâtre : une image rectifiée du réel

Hugo recourt, pour définir sa conception du théâtre, à un vocabulaire et à une métaphore scientifiques : c'est « un point d'optique » où « tout peut et doit s'y réfléchir ». Le théâtre est donc une image du réel. Mais, précise Hugo, cette image ne reproduit pas fidèlement la réalité, elle reste dépendante de « la baguette magique de l'art ». Quel que soit le sens qu'on lui donne, la « magie » a toujours pour but de transformer, voire de créer le réel – par des voies et moyens qui n'ont rien de scientifique ! Le paradoxe n'en est que plus significatif : **le théâtre est certes une image du réel, mais que l'art recrée**. C'est en somme un réel de l'irréel.

2. Le théâtre : un art de la totalité

Hugo assigne par ailleurs au théâtre une **ambition quasi prométhéenne : « tout ce qui existe dans le monde, dans la vie, dans l'homme » doit « s'y réfléchir ».** De nouvelles métaphores, cette fois littéraires, font de l'art (et de l'artiste) le lecteur et déchiffreur du grand livre du monde : « L'art feuillette les siècles, feuillette la nature, interroge les chroniques ». Une longue et enthousiaste période décrit la manière dont le dramaturge doit transposer l'Histoire sur scène : il « répare » les « omissions », comble les « lacunes, décèle le sens profond des événements ». La science historique n'approuverait sans doute pas une telle démarche. C'est que « le poète » n'a pas pour but de cerner les faits au plus près, mais de créer « l'illusion, ce prestige de la réalité », cet effet précisément produit par la magie ! Le théâtre n'est pas une imitation, mais une recréation du monde. Désireux sans doute de frapper les esprits, Hugo résume en une formule lapidaire, facile à retenir, sa conception de l'art : « ressusciter, s'il fait de l'histoire ; créer, s'il fait de la poésie ».

3. Le théâtre : un art du dévoilement

Cette création poétique devient recréation, dans la mesure où elle « développe puissamment la nature », c'est-à-dire qu'elle l'accroît, l'élargit, notamment dans deux directions : « l'intérieur et l'extérieur des hommes ». Très pédagogiquement, Hugo explicite ces deux termes. Montrer, représenter est certes nécessaire mais insuffisant. Encore faut-il dévoiler ce que cachent les apparences, ce que dissimulent ou ne disent pas les mots prononcés, ce que sont vraiment les actes effectués. **La totalité à laquelle aspire Hugo n'est pas seulement synonyme d'universalité, elle l'est aussi de profondeur, d'exploration des abîmes.**

II. Une dramaturgie nouvelle

À esthétique nouvelle, dramaturgie nouvelle. Hugo s'intéresse à trois points en particulier qu'aucune dramaturgie ne peut d'ailleurs ignorer : l'action, le vrai et la vraisemblance, et le « caractéristique ».

1. L'action

Deux adjectifs la qualifient, le premier concernant la poétique mise en œuvre par le dramaturge, le second visant plus particulièrement le spectateur. « Ferme », l'intrigue se doit d'être solidement nouée ; « facile », elle doit être aisément compréhensible par le public. Deux autres groupes nominaux la caractérisent. « Sans diffusion », l'action ne doit pas s'égarer dans des longueurs ou méandres inutiles ; « sans étranglement », elle ne doit pas, à l'inverse, se resserrer en de soudains condensés. **De l'exposition au dénouement, l'action doit en définitive aller d'un pas assuré.**

2. Le vrai et la vraisemblance

Au nom de la vraisemblance, les théoriciens de la tragédie classique déconseillaient l'emploi de l'aparté et du monologue, même s'ils estimaient impossible leur complète disparition. Quoi de plus artificiel en effet qu'un personnage se parlant à lui-même de façon à être entendu du public mais pas des autres personnages présents sur scène ? Telle est pourtant la définition de l'aparté. Quoi de plus artificiel également qu'un long monologue ? Hugo en réhabilite l'emploi ; non qu'il en ignore l'invraisemblance, mais parce que **cette invraisemblance même est création de vérité : elle dévoile « l'intérieur des hommes »**, l'invraisemblance des procédés permettant d'accéder à une vérité supérieure ou plus profonde.

3. Le « caractéristique »

Malgré l'ambition affichée de « reproduire la réalité des faits, surtout celle des mœurs et des caractères », tout dire, tout montrer est évidemment impossible. D'où la **nécessité de choisir entre les faits, entre les actes ou les paroles.** Mais selon quels critères ? Trop abstrait, trop imprécis, le « beau » ne peut en être un. Expression chère aux écrivains romantiques, la « couleur locale » censée rappeler l'époque et le lieu où se déroule l'action doit aussi révéler les comportements : elle est **autant une manière de penser qu'un décor,** une façon de voir le monde qu'un vêtement.

III. La naissance du drame romantique

Un manifeste importe autant par ses propositions que par ses rejets, par ce qu'il dit que par ce qu'il conteste, explicitement ou implicitement. Cette préface de *Cromwell* n'échappe pas à cette contrainte du genre. Critiquant la tragédie classique, elle marque la naissance officielle du drame romantique.

1. Une critique en creux de la tragédie classique

Hugo ne fait aucune référence, dans cet extrait, à la tragédie classique. Il s'en démarque pourtant, nettement et volontairement. Conséquence de sa quête de la totalité, **le drame tel qu'il le conçoit n'exclut aucun sujet, ancien ou moderne, géographiquement**

proche ou lointain, alors que la tragédie classique se devait de choisir ses sujets dans la Bible ou l'Antiquité gréco-romaine. Le « caractéristique » prôné se situe aux antipodes des bienséances qu'elle respectait. La dénonciation de ce qui est « parfaitement faux et conventionnel » vise le lieu et le décor classiques, de fait très souvent impersonnels. Le « beau » qu'elle se proposait d'atteindre cesse d'être une préoccupation première. **De la tragédie classique, Hugo ne retient en définitive que ce qui a trait à l'action**, moins d'ailleurs par adhésion que par nécessité : une action trop complexe ou mal menée désoriente ou décourage le spectateur. Avec Corneille et Racine, Hugo s'accorde sur ce qu'est le théâtre : une « illusion ». « Cette douce illusion qui est tout le plaisir du théâtre », écrivait La Bruyère dans ses *Caractères* (1688).

2. La naissance du drame romantique

Hugo parle du « théâtre » sans préciser s'il s'agit de la comédie ou de la tragédie. Il est évident, à le lire, qu'il ne s'agit pas de la comédie. De même, il parle de « drame », sans préciser davantage qu'il s'agit de ce que nous appelons aujourd'hui le « drame romantique », dont il est le créateur. De tels silences sont significatifs. Le XVIIIe siècle avait connu, avec Diderot et Beaumarchais, le « drame » dit « bourgeois » ou « sérieux ». Ne pas l'évoquer, fût-ce allusivement, c'est nier qu'il ait jamais existé. **Pour Hugo, il ne peut y avoir qu'un seul drame** : celui dont, dans cette préface de *Cromwell*, il théorise l'esthétique et façonne la dramaturgie. Ce drame – qui sera « romantique » – est la **révolution théâtrale** que Victor Hugo entend introduire, et dont il rêve qu'elle soit au moins l'égal de la tragédie classique.

Conclusion

En 1827, les partisans d'un nouveau théâtre n'ont pas encore bouleversé la scène. Long de plus de trois mille vers, *Cromwell* est un drame injouable. Sa préface est restée plus célèbre que la pièce elle-même : elle annonce *Hernani* (1830) qui, après une rude « bataille » contre les partisans de l'esthétique classique, consacrera le triomphe du drame romantique et fera de Victor Hugo le chef de file de la nouvelle génération.

2 Écriture d'invention – Rédiger un dialogue théâtral

Comprendre le sujet

Le thème central de cette écriture d'invention : lutter contre une folle passion.

Le contexte : c'est celui de la mythologie grecque ; il n'est donc pas interdit d'y faire allusion.

Les rapports entre les personnages : ancienne nourrice de Phèdre, Œnone est comme sa mère. Demeurent toutefois entre elles de grandes différences : d'âge d'abord ; sociales ensuite, car Phèdre est reine ; Œnone ne l'est pas et n'appartient sans doute pas au milieu aristocratique. Aucune égalité n'existe entre elles.

Le genre : *Phèdre* est la plus célèbre des tragédies de Racine. Les niveaux de langue ne peuvent qu'être soutenus.

Cet exemple est une proposition, parmi bien d'autres possibles.

ŒNONE (*indignée*). – Grands dieux ! Qu'entends-je ? Hippolyte !
PHÈDRE. – Oui ! Hippolyte ! Ne vois-tu pas son charme ? N'admires-tu pas sa prestance, son port de tête ? Ne sens-tu pas combien il est attirant ?
ŒNONE. – Mais c'est votre beau-fils ! Votre amour est sacrilège. Craignez la colère des dieux !
PHÈDRE. – Les dieux ! Tu choisis bien mal ton exemple. Le grand Zeus lui-même n'a jamais renoncé à la moindre de ses conquêtes amoureuses, au prétexte qu'elle pouvait être immorale. Dois-je te rappeler qu'il courtisa sa propre sœur, la déesse Déméter ?
ŒNONE (*se voulant persuasive*). – Les dieux ont des droits que nous autres humains n'avons pas. Songez qu'ici-même, Athènes honore Zeus comme le protecteur de la famille : il n'acceptera pas que vous donniez le spectacle d'un tel désordre.
PHÈDRE. – Mais Hippolyte n'est que mon beau-fils ! Mon amour pour lui n'est pas incestueux. Il n'est pas de mon sang. Le seul lien qui nous unit est Thésée, son père et mon époux pour mon malheur. Et il est bien fragile, ce lien que tu évoques. Thésée, parce qu'il est roi, peut me répudier à tout instant. Dois-je aussi te rappeler ses innombrables conquêtes ? Ariane, ma sœur, qu'il a séduite et abandonnée ? Même son fils en a honte.
ŒNONE (*sur la défensive*). – Les rois sont comme les dieux. Ils ont droit de se divertir des lourdes charges qui pèsent sur eux.
PHÈDRE. – Et moi, ne suis-je pas la fille de Minos, le défunt roi de Crète, et la petite-fille du Soleil ? Et je n'aurais aucun de ces droits que tu reconnais généreusement aux dieux et aux rois ?
ŒNONE. – N'ajoutez pas le blasphème au sacrilège. Si vous ne redoutez pas la colère des dieux, craignez celle de votre époux. Comment réagira-t-il quand il apprendra son déshonneur ? Car fatalement il l'apprendra un jour ou un autre. Il vous tuera.
PHÈDRE. – Qu'il me tue ! Je donnerai ma vie, cette éternité même que les dieux nous promettent pour un jour, que dis-je ? pour une heure auprès d'Hippolyte !
ŒNONE. – Vous perdez la raison. Reprenez-vous. Si on ne choisit pas d'aimer, on peut du moins résister à sa passion.
PHÈDRE (*soudain méprisante*). – Résister ? N'as-tu donc jamais aimé ? Il est aisé de prêcher la vertu quand on ignore tout de la tentation. Bien sûr que tu n'as jamais aimé, je le vois bien maintenant.
ŒNONE (*amère*). – Je n'ai jamais aimé, dites-vous ? Je t'ai consacré toute ma vie, je me suis sacrifiée pour toi. Aimer, je n'ai fait que cela, je n'ai fait que t'aimer. Mais insultez-moi autant que vous le voudrez : je suis vieille, et comme votre mère. Je supporterai tout de vous. Je vous sauverai malgré vous. Si vous n'avez plus d'honneur, ayez au moins le souci de votre réputation. Que dira votre père ? Que lui direz-vous quand vous comparaîtrez devant lui aux Enfers où il juge les âmes ?
PHÈDRE. – Ah ! Comme tu me connais, comme tu sais ce qui peut m'atteindre ! Perdre ma réputation n'est rien. Mais perdre celle des miens ! Déshonorer mes parents, mon jeune fils, à jamais déshonoré par mes crimes ! Continue, chère Œnone, sauve-moi malgré moi.
ŒNONE. – Je respire : je vous retrouve, fière sinon sage, digne de vos illustres ancêtres. Il n'est point d'amour que la raison ne puisse combattre.
PHÈDRE. – En vain j'ai supplié Vénus de me guérir. En vain je lui ai offert tous les présents imaginables ! En vain j'ai fait procéder à d'innombrables sacrifices. En vain j'ai fui cet homme trop aimé. Que puis-je faire d'autre ?

ŒNONE. – La raison triomphe de tous les obstacles, même les plus rudes. Songez à qui vous êtes, à ce que vous vous devez, à ce que vous devez à votre nom. Songez à ce que vous risquez de perdre et à ce que vous gagnerez si…
PHÈDRE. – Gagner, perdre ! Comme à un jeu ! Tu parles de l'amour comme d'une affaire. Tu es bien une femme du peuple, incapable de la moindre grandeur d'âme. Apprends donc que le cœur a ses raisons que la raison ne connaît pas. Je ne veux pas de tes prudences, de tes calculs. J'aime, j'aime et cela suffit.
ŒNONE. – Mais… Hippolyte vous aime-t-il seulement ? Ne regarde-t-il pas plutôt la belle Aricie ?
PHÈDRE. – Il m'aimera puisque je l'aime !
ŒNONE. – Hélas ! Je vois bien que vous n'entendrez jamais raison.
PHÈDRE. – Va, monstre ! Je te maudis ! Je ne veux plus te voir ! Mais sache que si je dois mourir, je mourrai de bonheur avec lui. (*Phèdre s'en va. Œnone reste seule sur scène.*)
ŒNONE. – Laisseras-tu ta reine, ta fille, ta Phèdre, se perdre sans que tu t'en épouvantes à la simple pensée de sa perte ? (*Comme s'adressant à Phèdre.*) Oui, je te sauverai malgré toi. Puisqu'Hippolyte, vivant, fait ton malheur, Hippolyte, mort, fera ton salut. Consultons sur le meilleur moyen de le perdre. (*Œnone quitte la scène.*)

3 Dissertation – La littérature et le monde

Comprendre le sujet

Le sujet porte sur l'efficacité supposée de la littérature et ce, dans un domaine précis : « changer le monde ». Si bref soit-il, il comporte deux expressions très vagues : « la » littérature, comme si elle constituait un ensemble homogène ; et « changer le monde »… de quelle façon, toutefois ?

En conséquence, les arguments et exemples devront être variés, empruntés à tous les secteurs de « la » littérature. Et il faudra jouer sur les diverses significations que peut revêtir l'expression « changer le monde ».

Les titres de parties et de sous-parties ne doivent pas apparaître dans la copie.

Introduction

Nombreux ont toujours été ceux qui doutent de l'utilité et de l'intérêt de la littérature. Le triomphe, de nos jours, de l'image semble même l'avoir reléguée dans un statut subalterne, voire moribond. Aussi se demander « dans quelle mesure la littérature peut changer le monde » peut-il apparaître comme une question dérisoire ou provocante. Pourtant, les mots – domaine par excellence de la littérature – ont souvent conduit à l'action. Pour d'autres, ils sont au contraire le lieu du repli, la littérature n'ayant que faire de l'action. Quête de la Beauté et source de découvertes, la littérature n'a pas pour fonction première de « changer le monde », mais il lui arrive de fréquemment et fortement l'influencer.

I. Des mots à l'action

1. S'engager : de la révolte à la révolution

Les écrivains interviennent souvent dans les débats de leur époque. Soldat, poète et protestant, Agrippa d'Aubigné prend parti dans *Les Tragiques* (1616) pour ses coreligionnaires, persécutés lors des guerres de Religion de la seconde moitié du XVIe siècle. Avec ses *Châtiments* (1853), virulente satire de Napoléon III, Hugo galvanise l'opposition républicaine à l'Empereur et au Second Empire. Rimbaud se proposait, quant à lui, de « changer la vie » ; à sa suite, les surréalistes ont toujours prétendu œuvrer pour « changer le monde » : Paul Éluard ou Louis Aragon, par exemple, ont mis leur talent poétique au service du communisme.

2. Favoriser une prise de conscience

Même si elle produit des œuvres de grande qualité, la littérature engagée reste souvent suspecte. C'est en effet la subordonner à des considérations idéologiques. Elle encourt en tout cas le risque de suivre le sort des idéologies qu'elle soutient et de passer aussi vite de mode que l'actualité. Plus généralement, **la littérature favorise l'évolution des esprits.** Les philosophes du XVIIIe siècle ont puissamment contribué à la diffusion de l'idéal des Lumières. Avec son *Encyclopédie*, « dictionnaire raisonné des arts et des techniques », Diderot promeut le rationalisme et le matérialisme. Derrière leur aspect merveilleux et fantaisiste, les contes de Voltaire (*Micromégas, Candide, Zadig*...) sont un plaidoyer en faveur d'une réforme profonde de la société française. Les utopies – dont Thomas More lance le genre avec son roman *Utopia* (1516) –, décrivant une société idéale, constituent par le fait même une critique des défauts et dysfonctionnements de la société réelle. Et, comme l'affirmait André Gide (1869-1951), « l'utopie d'aujourd'hui est la réalité de demain ».

3. Mobiliser les énergies

Cette prise de conscience précède souvent une mobilisation des énergies. Le romantisme véhicule un idéal de progrès, de justice et de bonheur (chez Hugo, Musset ou Lamartine) et cristallise autour de lui et sous son étendard les aspirations républicaines. Les romans devenus les plus célèbres de Zola (*Germinal, L'Assommoir*...) sont autant l'illustration d'une théorie littéraire – le naturalisme – qu'une protestation contre le sort qui est fait à la condition ouvrière.

4. Donner un sens

La littérature donne enfin un sens à l'existence : **elle porte prioritairement ce qu'il est convenu d'appeler « la question de l'homme ».** Même s'ils se transmirent oralement aux temps de leurs lointaines origines, **les mythes ne nous sont parvenus que grâce à la littérature**. Depuis l'Antiquité grecque, le théâtre s'est emparé des noms d'Oreste, d'Œdipe, d'Électre, d'Antigone... Ce sont autant d'interrogations sur la justice, sur la fatalité ou, sa forme moderne, l'hérédité, sur la paix et la guerre, sur le tabou de l'inceste... De leur côté, ce qu'il est convenu d'appeler « les grands textes fondateurs » – l'*Iliade* et l'*Odyssée* d'Homère, la Bible... – façonne une sensibilité, organise les rapports humains, fonde une civilisation.

II. La tentation du repli

La littérature est toutefois trop diverse pour qu'on puisse en parler comme d'un ensemble homogène et univoque.

1. Le refus de s'engager

Au romantisme militant et humanitaire s'oppose, dans la seconde moitié du XIXe siècle, la doctrine de **« l'art pour l'art » qui tourne délibérément le dos au monde** : « Il n'y a de vraiment beau que ce qui ne peut servir à rien, tout ce qui est utile et laid », soutient Théophile Gautier dans sa préface de *Mademoiselle de Maupin* (1835). Les poèmes de

Mallarmé sont moins une quête d'un Idéal inaccessible qu'une évasion hors du monde :
« Fuir ! Là-bas fuir ! Je sens que des oiseaux sont ivres
D'être parmi l'écume inconnue et les cieux ! »
(*Poésies*, 1870, « Brise marine »)
Avec Mallarmé, tous les poètes symbolistes (Verlaine, Valéry, Samain...) sont en quête d'une « poésie pure », capable de rivaliser avec la musique : « De la musique avant toute chose », écrit Verlaine dans son « Art poétique » (1884).

2. Un refuge contre le monde

La littérature peut aussi se révéler un refuge contre un monde agressif ou que l'on ne comprend plus – aussi bien pour l'écrivain que pour le lecteur. Écrire, c'est s'enfermer dans son bureau, rester à sa table de travail, chérir une certaine forme de solitude. Perclus de déboires et de calomnies, Rousseau trouve consolation et bonheur dans ses « rêveries » de « promeneur solitaire » au sein de la nature. Amer et désabusé, Vigny compose des poèmes philosophiques (*Les Destinées*, 1864, éd. posthume). **Certains lecteurs demandent simplement qu'un livre les fasse rêver et oublier leur propre existence.** Les romans d'aventures – sur fond historique chez Dumas (*Le Comte de Monte-Cristo*, 1844) ou à coloration scientifique chez Jules Verne (*Vingt mille lieues sous les mers*, 1870) –, les romans policiers et, de nos jours, de science-fiction répondent à ce besoin de rêver, de se dépayser. Ce qui ne va pas toujours sans risque : le « bovarysme », mot forgé sur le nom de l'héroïne du roman de Flaubert, *Madame Bovary* (1857), désigne une tendance presque maladive à fuir dans l'imaginaire, à prendre pour argent comptant ce que disent les livres.

III. Une influence majeure sur le monde

En fait, la littérature n'a pas pour vocation première de changer le monde, même si certains écrivains ont mis leur talent et leur plume au service d'un projet révolutionnaire. Elle n'est pas une idéologie, elle n'est pas davantage une technologie, elle est encore moins un grimoire de magie. Il lui est donc difficile de « changer le monde », mais si elle ne le change pas, elle peut indirectement le modifier et contribuer à son évolution.

1. Bouleverser les conformismes

Naissant souvent d'une protestation contre le monde qu'elle prétend recréer, **la littérature est une révolte, qui bouleverse les conformismes, sociaux et moraux.** Les conflits entre les écrivains (les artistes en général, notamment les peintres) et l'ordre établi sont fréquents : Rousseau reprochait à Molière son immoralisme ; les surréalistes dénoncent violemment les interdits moraux pesant sur la vie sexuelle. Les procès pour immoralisme intentés à Baudelaire pour ses *Fleurs du mal* et à Flaubert pour *Madame Bovary* illustrent assez les résistances auxquelles se sont heurtés ces deux auteurs. **Aujourd'hui encore, l'idée d'une autonomie de l'art n'est pas universellement admise.** *Le Deuxième sexe* (1949) de Simone de Beauvoir fonde la pensée féministe : il brise tant les tabous, la pensée et les comportements conventionnels que l'essai fit scandale.

2. Faire voir le monde autrement

Libérant des pesanteurs sociologiques ou idéologiques, la littérature conduit à jeter un regard neuf ou différent sur le monde. Au XVIe siècle, l'humanisme n'invente pas seulement un nouvel art d'écrire, il transforme la représentation du monde qu'on en avait jusqu'alors et la place que l'homme y occupait : naissance de la libre pensée, remise en question et redéfinition de la condition humaine, nouvelle vision des Anciens, critique de la politique. Baudelaire apprend à ses lecteurs l'existence de « correspondances » entre nos différents sens et entre le monde visible et le monde invisible. Qui a lu *Le Feu* (1915) d'Henri Barbusse ou *Des hommes* (2009) de Laurent Mauvignier ne regardent plus la guerre de la même façon et comprend qu'elle n'est pas seulement un monde de violences et de morts – ce que chacun sait – mais qu'elle conduit à une régression de l'humain, à une déshumanisation absolue. Dans un tout autre registre, *Le Parti pris des choses* (1942) de Francis Ponge fait regarder les choses les plus simples et les plus humbles d'une autre façon, en révélant toutes leurs caractéristiques, matérielles, usuelles et poétiques. Comme la peinture, la littérature est une éducation du regard.

3. Dévoiler un autre monde

Même si *Une saison en enfer* (1873) signe l'échec de l'idéal poétique du « Voyant » qui prônait le dérèglement de tous les sens pour mieux accéder à l'Inconnu, Rimbaud n'en laisse pas moins un legs majeur : celui que **le langage – le Verbe – est un espace de liberté et de nouveauté, qu'il est à lui seul et par lui seul un autre monde.** *À la recherche du temps perdu* de Marcel Proust a définitivement modifié notre rapport au temps, voire la conception que l'on peut en avoir. Après Nerval, les surréalistes réhabilitent l'inconscient et le monde du rêve. André Breton, leur chef de file, n'hésite pas à écrire dans *Légitime Défense* (1926) : « Ainsi le langage poétique, délivré de toutes les entraves scolaires ou autres, devient-il un élément éminemment constructeur puisque ce langage éveille au rêve et que le rêve, loin de s'opposer au concret, conduit à l'action positive, à l'acte libérateur. »

Conclusion

La littérature est souvent un questionnement de l'être, d'une société, du monde. Son influence se mesure moins à sa capacité d'action qu'à la profondeur de ce questionnement, porteur en germe et à terme d'évolutions majeures.

CHAPITRE 12

La question de l'homme : problématiques d'hier et d'aujourd'hui

COURS

La question de l'homme : problématiques d'hier et d'aujourd'hui

La question de l'homme : sous cette appellation, se regroupent toutes les questions que l'homme se pose sur lui-même. Parce qu'il est doté de la faculté de penser, l'homme ne peut pas ne pas s'interroger sur ce qui le distingue des autres espèces vivantes, sur son existence même. Qui suis-je ? Et peut-être plus encore : que suis-je ? Qu'est-ce qui me fait ou me rend homme ? Mené dès l'Antiquité, ce questionnement existentiel n'a cessé de traverser les siècles et les générations. Ses ramifications sont infinies, touchant à trois grands domaines : le religieux, le politique et l'éthique.

I. La place de l'homme dans le monde : problématiques métaphysiques

La physique étudie le monde tel qu'il est. Son champ d'investigation est celui du **comment** : comment le monde s'est-il formé ? Comment évolue-t-il ? La métaphysique se pose, quant à elle, la question du **pourquoi** (*meta-* signifiant en grec « ce qui vient après, qui est au-delà »). Pourquoi y a-t-il quelque chose plutôt que rien ? Pourquoi le monde, l'homme existent-ils ? Pourquoi le Bien, le Mal ? Ces interrogations soulèvent celles du divin, du sacré, de la pensée et des pratiques religieuses et, par voie de conséquence, de la nature de l'homme et de sa place dans le monde.

1. Le divin, le sacré et le profane

Le sacré renvoie originellement au domaine du surnaturel, du divin. Étymologiquement, il désigne ce qui est à part, ce qui est différent : il délimite **l'espace (spirituel et topographique) où se noue la relation de l'homme et du divin** (le temple, l'église, la synagogue, la mosquée). D'où son caractère inviolable. Le sacré s'oppose dès lors au **profane,** lieu de l'humain et de l'ordinaire (du latin *profanum* : étymologiquement, ce qui est « devant le temple »). Quelles qu'en soient les formes, les rites ont pour fonction d'établir un pont entre ces deux mondes, de permettre le passage de l'un à l'autre. Le sacré est ainsi au centre de toutes les religions. Il est le point fixe, d'où s'ordonne et se justifie le réel, en définissant par exemple ce que sont le Bien et le Mal.

2. Les religions révélées ou religions du Livre

- La religion postule la foi en une puissance supérieure : elle implique toutefois plus que la foi. Elle se constitue en effet d'un ensemble de croyances et de **pratiques collectives** qui instaurent et manifestent une relation particulière avec l'Au-delà. Elle **relie** les hommes entre eux (d'après l'une de ses étymologies latines, *religare* : « relier »). Et elle **recueille** (d'après le verbe latin *relegere*) la parole divine.

- Proclamant l'existence d'un Dieu unique, les trois grandes religions monothéistes que sont **le judaïsme, le christianisme et l'islam reposent ainsi sur la notion de « Révélation »** : Dieu a fait connaître la Vérité aux hommes, soit directement (au cours d'une apparition ou d'une vision), soit indirectement (en inspirant des prophètes).

C'est pourquoi ces religions révélées sont aussi dites « **religions du Livre** ». Professant toutes trois l'existence d'un **Au-delà** et l'**immortalité de l'âme**, elles appellent les hommes à œuvrer pour leur salut.

a. Le judaïsme

Le judaïsme remonte à Abraham (vers 1800 avant notre ère). L'***Ancien Testament* (première partie de la Bible)** en est la référence majeure : il contient notamment le « Décalogue », les dix commandements dictés par Dieu à Moïse dans le désert du Sinaï, et une série d'autres textes qui définissent la foi juive et qui constituent la ***Torah***. S'y ajoute le ***Talmud***, recueil de commentaires.

b. Le christianisme

Le christianisme s'appuie essentiellement sur les ***Évangiles*** (dans le ***Nouveau Testament***) qui relatent **la vie et l'enseignement du Christ.** Le Fils de Dieu (le Christ) s'est incarné et est mort sur la Croix (ce qu'on appelle « la Passion ») pour réconcilier Dieu le Père et l'Humanité pécheresse.

c. L'islam

L'islam, qui vénère **Allah (« Le Dieu » unique en arabe)**, est fondé au VIIe siècle de notre ère par Mahomet (571-632). Révélé directement à celui-ci par l'ange Gabriel (le même que celui de l'Annonciation dans les *Évangiles*), le **Coran** en est le texte fondateur. S'y ajoute également la **Tradition (ou *Sunna*)**, ensemble de prescriptions et de commentaires.

DOC. 1 Michel-Ange (1475-1564), *Moïse* (1515), basilique Saint-Pierre de Rome. Selon la tradition biblique, Dieu aurait dicté à Moïse, sur le mont Sinaï, les Tables de la Loi (les dix commandements). Moïse est généralement représenté barbu, portant ces Tables ; ses deux cornes au front symbolisent sa puissance surnaturelle.

3. Le déisme

Parce qu'il affirme l'existence d'une divinité, le déisme s'oppose au matérialisme et à l'athéisme. Mais parce qu'il ne croit pas en un Dieu personnel et qu'il récuse en conséquence toute notion de révélation, il s'oppose aux « religions du Livre ». Le déisme se résume à croire en un **principe créateur**, que par exemple Voltaire nomme tour à tour « l'Horloger », « l'Éternel Géomètre » ou encore « l'Éternel Architecte du monde » ou que Rousseau appelle l'« Être Suprême ». Sans dogme et sans rite, cette religion souvent qualifiée de « naturelle » insiste sur la **prééminence de la morale**, sur les **devoirs d'entraide et de tolérance**.

« Puissent tous les hommes se souvenir qu'ils sont frères ! qu'ils aient en horreur la tyrannie exercée sur les âmes, comme ils ont en exécration le brigandage qui ravit par la force le fruit du travail ! »

■ Voltaire, *Traité sur la tolérance* (1763), chap. XXXIII : « Prière à Dieu ».

4. La nature et la place de l'homme en question

- Selon ces doctrines religieuses, Dieu a créé l'Homme, qui a vocation à Le rejoindre dans l'éternité. Revêtu de la sorte d'une finalité surnaturelle, **l'Homme est donc plus que lui-même. Sa nature ne se réduit plus à sa réalité physique.** Sa place dans le monde devient prééminente. Ses responsabilités ne le sont pas moins, à l'égard de d'autrui ou de la planète par exemple. C'est en ce sens que l'on a pu parler d'un humanisme chrétien.
- À l'inverse, **les « Lumières » désacralisent l'univers** qu'elles étudient hors de toute référence divine. L'Homme perd du même coup sa vocation surnaturelle. « Il n'est rien d'autre que ce qu'il fait », selon l'expression de Jean-Paul Sartre. Il se définit dès lors par rapport à des situations (historiques, culturelles, socio-économiques…). Sa nature devient relative. La notion d'une nature humaine stable et universelle que défendaient les moralistes du XVIIe siècle s'en trouve contestée. Tout devoir n'en disparaît pas pour autant : sous l'horizon désormais borné par la mort, l'homme se doit de travailler à son bonheur personnel et à l'épanouissement collectif, à l'instar du docteur Rieux qui, dans *La Peste* de Camus, « ne pouvant être un saint et refusant d'admettre les fléaux, s'efforce cependant d'être médecin ».

5. Vers un sacré non religieux

De nos jours, le sacré s'est émancipé de sa sphère religieuse originelle. Certaines valeurs ont pris une importance capitale, telles que les **droits de l'homme**. Pourquoi l'homme a-t-il des droits ? Parce qu'il est homme et qu'il possède à ce titre une dignité inaliénable. En France, les valeurs de la République, inscrites au fronton des édifices publics, relèvent de cette forme laïque du sacré. Dans un tout autre domaine, **l'art est souvent considéré comme un substitut de la transcendance**, dans la mesure où il nous invite à nous interroger sur notre rapport au monde, à la mort, sur les limites de notre vision rationnelle des choses.

6. L'homme et l'univers

La question de l'Homme demeure ouverte, recevant des réponses multiples selon les époques et les systèmes de pensées. Philosophes et scientifiques, du moins certains d'entre eux, rappellent toutefois son **caractère provisoire.** Le biologiste Jean Rostand (1894-1977) la replace dans la très longue histoire de l'évolution : « L'espèce humaine passera comme ont passé les dinosaures » (*Pensées d'un biologiste*, 1954). Le philosophe Michel Foucault (1926- 1984) soutient dans son essai sur *Les Mots et les choses* (1966) que « l'homme n'est pas le plus vieux problème ni le plus constant qui se soit posé au savoir humain ». Et il ajoute que celui-ci s'effacera « comme à la limite de la mer un visage de sable ». En attendant ces temps (heureusement) lointains, tant qu'il y aura des hommes, ceux-ci ne cesseront de se demander qui ils sont.

Religions et laïcité

La loi de 1905 instaure la séparation des Églises et de l'État. « La République assure la liberté de conscience. Elle garantit le libre exercice des cultes », stipule son article Ier. Celle-ci s'affirme donc neutre et tolérante, même si, au moins durant la première moitié du XXe siècle, les relations entre l'État et l'Église catholique furent orageuses. C'est affirmer que les modalités de la vie collective ne dépendent d'aucun dogme religieux, chacun restant libre, à titre privé, d'avoir ses propres convictions.

La Constitution de la IVe République (1946) va plus loin en insistant dans son article Ier sur le lien intrinsèque entre la République et la laïcité : « La France est une République indivisible, laïque, démocratique et sociale ». Celle de la Ve République précise que celle-ci « assure l'égalité devant la loi de tous les citoyens d'origine, de race ou de religion. Elle respecte toutes les croyances ». C'est l'une des conséquences du combat des « Lumières ».

II. L'homme dans la société : problématiques politiques

S'il se définit comme un « animal raisonnable », capable de discernement, l'homme s'est aussi souvent défini comme un « animal social » (à l'exception notable toutefois de Rousseau, qui voit en la société un principe corrupteur). C'est poser la question de l'organisation de la société et d'abord de ce qui doit la régir : la loi. C'est aussi s'interroger sur les inégalités que cette organisation peut générer et sur ses dysfonctionnements qui peuvent aboutir à la guerre.

1. La loi

a. La source de la loi

- Dans *De l'esprit des lois* (1748), **Montesquieu distingue trois pouvoirs** : le pouvoir de faire des lois, le pouvoir de les exécuter et le pouvoir de juger. Ceux-ci doivent être absolument séparés :

> « Lorsque dans la même personne ou dans le même corps de magistrature la puissance législative est réunie à la puissance exécutive, il n'y a point de liberté. »
> ■ Montesquieu, *De l'esprit des lois* (1748), XI, VI.

- Cette « puissance législative » est le **Parlement**, constitué d'une part de l'**Assemblée Nationale** dont les membres (les députés) sont directement élus par les citoyens ; et, d'autre part, du **Sénat**, représentant des collectivités territoriales, élu au suffrage universel indirect.

b. La loi, expression de la volonté générale

Parce qu'elle est votée par ces Parlementaires qui, démocratiquement élus, sont juridiquement les représentants de la Nation, la loi est l'expression de la volonté générale – ce qui n'implique naturellement pas **un consensus unanime**. Dès lors, **elle s'impose à tous**. Elle organise et régule le fonctionnement de la société en fonction de l'**intérêt général**, lequel ne se confond pas davantage avec la somme des intérêts particuliers ou catégoriels.

c. Légalité et légitimité

- Est légal ce qui est conforme à la loi. Est légitime ce qui est conforme à l'équité, au bon droit, à la raison. **Dans un État démocratique, les deux notions se confondent : issu d'élections libres, le pouvoir y est légal et légitime.** Dans les périodes de trouble, il peut se produire que les deux notions ne se recouvrent plus. Un pouvoir légalement constitué peut de par son exercice se rendre illégitime : en instaurant par exemple un racisme d'État, en commettant, ou en laissant commettre, des crimes contre l'humanité.
- **Aucune Constitution ne reconnaît le droit à la révolte. Illégal dans son principe, ce droit est-il pour autant toujours illégitime ?** Cette question est fort ancienne. Dramaturge grec du Vᵉ siècle avant notre ère, Sophocle la posait déjà dans son *Antigone* : à Thèbes règne Créon, qui a interdit sous peine de mort l'inhumation de Polynice, traître à sa patrie. Laisser ce dernier sans sépulture le condamne à ne jamais connaître le repos éternel. Pour enterrer son frère, Antigone brave Créon. Elle le paiera de sa vie pour avoir témoigné de la supériorité des lois morales ou naturelles, ou de la conscience, sur les lois de l'État. Toujours posé, ce débat ne peut être jamais clos, tant il dépend des circonstances.

2. Les inégalités

a. Une égalité juridique

4 août 1789 : l'Assemblée Nationale Constituante vote dans la nuit l'abolition des privilèges, dont ceux liés à la naissance (cas des privilèges aristocratiques). Moins de trois semaines plus tard, est adoptée la ***Déclaration des droits de l'homme et du citoyen*** **dont l'article Iᵉʳ stipule : « Les hommes naissent libres et égaux en droits ».** Toutes les Constitutions de la République jusqu'à celle de la Vᵉ République s'y réfèrent depuis, notamment dans leur « Préambule ». C'est le triomphe des « Lumières » qui avaient mené ce combat de l'égalité. Après Diderot et avant Condorcet, Rousseau n'affirmait-il pas l'égalité fondamentale des hommes entre eux (*Discours sur l'origine de l'inégalité*, 1755) ? Celle-ci fut et reste un acquis de civilisation. Beaucoup, toutefois, lui ont reproché au cours des deux derniers siècles son caractère trop théorique, trop abstrait. Si, en droit, les hommes sont égaux, dans les faits, ils le sont beaucoup moins.

b. Des inégalités de fait

- Déjà **au XIXᵉ siècle, la « question sociale »**, comme on disait alors pour désigner la misère du monde ouvrier, a taraudé les esprits, provoqué l'émergence et le choc des idéologies : ici, la naissance d'un catholicisme libéral et social avec Lamennais (1782-1854) qui se heurte à la bourgeoisie conservatrice ; là, l'essor des socialismes qui voit s'affronter Marx et Joseph Proudhon, militant chacun pour des organisations différentes du travail.
- **De nos jours, les inégalités subsistent**, aggravées par la « crise ». Les **travaux des sociologues** en ont dessiné les divers visages : inégalités en fonction des origines sociales et ethniques, inégalités de niveau de vie, face au travail et au chômage, devant la maladie, inégalités scolaires, entre garçons et filles… Repérées, analysées, dénoncées, ces inégalités souvent se cumulent et offrent l'image d'une société déchirée.

c. État-providence et solidarité

- Dès la seconde moitié du XIXᵉ siècle, l'État adopte (souvent sous la pression de luttes et révoltes) un certain nombre de **mesures destinées à réduire ces inégalités.**

– 1848 : première réglementation sur la durée du temps de travail ;
– 1894 : retraite accordée aux ouvriers mineurs ;
– 1928 : loi sur les assurances sociales ;
– 1936 : création des conventions collectives, des congés payés ; augmentation des salaires, journées de huit heures.

À partir de 1945 se met en place l'**État-providence** avec la création, notamment, de la Sécurité Sociale, l'extension de la retraite, l'instauration d'un salaire minimum. Diverses allocations (dont les allocations familiales) et aides (au logement, à la personne, aux personnes âgées, dépendantes), la création du RMI (revenu minimum d'insertion), transformé en RSA (revenu de solidarité active), l'indemnisation du chômage... ont vu le jour. Bousculé depuis les chocs pétroliers de 1974 puis par la mondialisation, cet État-providence se trouve en grave difficulté financière.

Le secteur privé et les **associations caritatives** (Restos du cœur, Secours populaire, Secours catholique, Armée du Salut...) s'efforcent de leur côté de contenir, dans la mesure de leurs moyens, la **montée continue de la pauvreté et de la précarité.**

3. La guerre

a. Une dénonciation ininterrompue

Les hommes n'ont jamais cessé de dénoncer la guerre. L'humanisme, au XVIe siècle (voir le *Gargantua* de Rabelais, 1535), les « Lumières », au XVIIIe siècle (voir les articles « Paix et « Guerre » de l'*Encyclopédie*, 1766) ont toujours défendu un **idéal de paix**.

Les romans de guerre – dont Henri Barbusse crée le genre littéraire avec *Le Feu* (1917) – sont tous des **romans contre la guerre.** Leur réquisitoire est d'autant plus implacable que leurs auteurs ont eux-mêmes été des combattants. Barbusse, Roland Dorgelès (*Les Croix de bois*, 1919), Maurice Genevoix (*Ceux de 14*, éd. définitive de 1949) furent dans les tranchées de première ligne.

Quant à Giraudoux, c'est pour conjurer la fatalité d'un conflit qu'il pressent imminent qu'il intitule l'une de ses pièces : *La guerre de Troie n'aura pas lieu* (1935).

b. Une défaite de l'esprit

Guerre de 1914-1918 : un million et demi de morts du seul côté français, sans compter les blessés et les handicapés à vie. Guerre de 1939-1945 : entre cinquante et soixante-dix millions de victimes au total dans le monde. Le réquisitoire contre la guerre avance d'abord et toujours, comme il est naturel, le nombre des tués, civils ou militaires. **Toute guerre est une effroyable tuerie.** Les destructions matérielles s'accroissent avec les moyens technologiques.

Moralement, **la guerre bafoue les idéaux de fraternité.** Réveillant les instincts les plus primitifs, contre lesquels lutte toute civilisation, elle est une régression de l'humain. **Même gagnée, la guerre reste une défaite.**

> « La guerre est un fruit de la dépravation des hommes ; c'est une maladie convulsive et violente du corps politique. »
> ■ Damilaville, *Encyclopédie* (1751-1766), article « Paix ».

DOC. 2 Marcel Gromaire (1892-1971), *La Guerre* (1925). Ce tableau illustre de manière saisissante la déshumanisation des combattants (ici par le biais d'une minéralisation absolue).

c. La construction d'un ordre international contre la guerre

Les tueries de la Première Guerre mondiale ont provoqué un tel choc que dès 1919 est créée la **Société des Nations (SDN)**, dont la mission est de **régler pacifiquement les différends entre les nations.** Les Conventions de Genève de 1905 (laquelle approfondit celle de 1864), de 1929 et, plus tard, de 1949 ont instauré un droit international relatif à la protection des civils, des blessés et prisonniers de guerre. Même si elle a montré ses limites en n'empêchant pas la Seconde Guerre mondiale, l'action de la SDN fut loin d'être négligeable. En 1945, l'**Organisation des Nations Unies (ONU)** a pris sa suite. Depuis cette date, elle s'efforce de régler, au mieux ou au moins mal, les différends entre pays et parfois les luttes intestines à l'intérieur de tel ou tel pays. Elle seule, par le biais de son Conseil de Sécurité, est habilitée à autoriser une intervention armée.

d. Le retour de la guerre ?

La **« guerre froide »**, opposant les deux blocs de l'Est et de l'Ouest, a paradoxalement permis d'éviter des conflits majeurs dont chacun des deux camps savait qu'ils seraient apocalyptiques. Toute tension n'en disparut pas pour autant (crise de Cuba, en 1968), ni même tout conflit (parfois long et atroce, comme la guerre du Vietnam). La fin de la « guerre froide », en 1991, a provoqué une **résurgence des nationalismes** et l'**apparition de nouveaux conflits** : guerres de l'ex-Yougoslavie, en Irak, en Afghanistan... Illégitime moralement, illégale juridiquement (sauf décision du Conseil de Sécurité de l'ONU), la guerre est redevenue, ici et là, une réalité, dont l'actualité se fait tristement et tragiquement l'écho. La **lutte contre le terrorisme** et la protection de populations civiles contre toute forme d'exaction et de barbarie soulèvent la question de la nature, de l'efficacité et des limites des interventions militaires.

La notion de crime contre l'humanité

Cette notion a été élaborée par le Tribunal Militaire International de Nuremberg en 1945, chargé de juger les responsables du régime nazi. Elle concerne alors « l'assassinat, l'extermination, la réduction en esclavage, la déportation et tout acte inhumain commis contre toutes populations civiles avant ou pendant la guerre ». Cette notion s'est, depuis, étendue à d'autres crimes : au génocide à partir de 1948 et à l'apartheid depuis 1973. Elle constitue aujourd'hui le fondement du droit international humanitaire. Depuis 2003, siège de manière permanente à La Haye la Cour Pénale Internationale, chargée de juger les responsables de crimes génocidaires, de crimes de guerre, d'agression et de crimes contre l'humanité. En France, l'imprescriptibilité des crimes contre l'humanité date de 1964.

III. Moi et les autres : problématiques éthiques

Toute vie collective repose sur un équilibre toujours fragile entre le respect de la liberté de chacun de ses membres et l'observance des règles et contraintes inhérentes à toute communauté, entre le « Moi » et les Autres. C'est autant affaire de politique que d'éthique.

1. La montée de l'individualisme

L'affaiblissement des idéologies et des religions a provoqué la quasi-disparition des grands idéaux collectifs. Les liens qui unissaient traditionnellement l'individu au groupe (famille, village ou quartier, classe sociale, nation) se distendent. C'est le **triomphe du « Moi »**, analysé par de nombreux philosophes et sociologues. L'individu, constatent-ils, aspire de plus en plus à réaliser ses inclinations, ses désirs et ses rêves, dont il attend que les autres, le groupe ou l'État, l'aident à les concrétiser. C'est ce qu'il est désormais convenu d'appeler l'« invention de soi ». **Rétif aux notions mêmes d'obligations ou de contraintes, l'individu se sent d'abord porteur de droits et beaucoup moins de devoirs.** Pour qui, à part ceux qu'on aime, serait-on prêt à se sacrifier ? Question redoutable ! Même dans les rapports sociaux, l'individualisation se répand sous forme, par exemple, de « droit individuel à la formation », de « parcours personnalisé »...

a. Un incontestable progrès

Cette montée de l'individualisme marque un progrès dans la mesure où elle constitue une **libération**. Avec ses traditions, ses lois ou son système de pensées, le groupe enfermait souvent ses membres dans un carcan. Sa perpétuation niait la personnalité de chacun et impliquait une forme d'immobilisme et de conservatisme. Ce n'est pas un hasard si la plupart des grands mythes – de celui d'Antigone à celui de Roméo et Juliette, ou même de don Juan et de Faust – sont d'abord des **mythes de la révolte**, et d'une **révolte individuelle**, fondée sur des refus de l'ordre établi. L'« invention de soi » suppose la conquête et l'exercice de sa liberté, implique une part de créativité, d'imagination et… même de risques.

b. De possibles dérives

L'« invention de soi » n'est toutefois pas exempte de tout danger. Il convient d'abord de **ne pas confondre individualisme et repli sur soi.** L'individualisme peut être subi, notamment en période de crise économique et de chômage. Il peut alors déboucher sur un isolement des plus néfastes. Plus généralement, ce triomphe du Moi pose la **question du lien social et du « vivre ensemble »**. Dès lors que l'individu devient à lui-même son propre horizon et la satisfaction de ses désirs, sa seule (ou presque) préoccupation, le risque s'accroît d'une fragmentation de la société. À la limite, c'est le règne du chacun pour soi, de l'indifférence aux autres et de l'égoïsme. L'augmentation hélas croissante des incivilités et des fraudes en témoigne. Qu'importe autrui ? Ce Moi-là n'a plus rien à voir avec le Moi romantique du XIXe siècle, qui faisait dire à Hugo : « Ah ! insensé qui croit que je ne suis pas toi ! »

2. De nouvelles solidarités

- S'il revient à l'État d'assurer et de maintenir la cohésion sociale, **de nouvelles solidarités n'en surgissent pas moins de la sphère privée.** De nombreux Français pratiquent le bénévolat, s'organisent pour apporter aide et secours. Les Restos du cœur en sont l'exemple même. Les difficultés nées de la crise n'affectent pas la **générosité**. Les appels aux dons lors de grandes catastrophes ou pour soutenir la recherche médicale (lutte contre la myopathie, le cancer…) ne sont jamais lancés en vain.
- Le **lien social** se concrétise par ailleurs lors de grands rassemblements festifs, sportifs, religieux, où les participants communient dans un même enthousiasme, une même ferveur, un même idéal.

3. Droit ou vocation au bonheur ?

- Que chacun cherche à être heureux n'a rien que de très naturel. Depuis le XVIe siècle et le courant humaniste, le bonheur est le but avoué et recherché. Il l'est pour l'individu, il l'est aussi pour la société : « Le bonheur est une idée neuve en Europe ! », s'exclamait le révolutionnaire Saint-Just (1767-1794).
- Existe-t-il pour autant un **droit au bonheur** ? Dans un pays de tradition écrite comme la France, ce droit ne pourrait naître que d'une loi rédigée et votée par le législateur. On imagine aisément les difficultés qu'il y aurait à définir précisément ce droit ainsi que les conditions de son application. À supposer même que ces difficultés soient surmontées, resterait la crainte de voir un État définir ce qu'est le bonheur, et à l'inverse ce que celui-ci ne serait pas. Et qu'en serait-il de ceux qui ne s'estimeraient pas heureux ? Du moins peut-on et doit-on demander à un État de **favoriser les conditions du bonheur individuel** : accès à la santé, à l'éducation, politique sociale. À chacun ensuite de bâtir son propre bonheur.

4. Les enjeux de la tolérance

La tolérance consiste à **admettre chez autrui une manière d'être, de penser et d'agir différente de la sienne propre.** Elle repose sur la conviction que la diversité est source d'enrichissement. Et elle rejette l'idée d'une vérité absolue, à laquelle tous devraient se soumettre. Au XVIIIe siècle, la tolérance se fondait sur la raison et la morale. De nos jours, elle est devenue une notion plus juridique et politique. Elle est considérée comme une **valeur fondamentale des démocraties modernes.** Son autre nom est le respect d'autrui, sans lequel aucune vie collective n'est possible. En application d'une résolution de l'Assemblée générale des Nations Unies, adoptée en 1995, chaque 16 novembre est organisée la Journée internationale de la tolérance, qui a notamment pour but de dénoncer toute forme de discrimination. C'est dire que **la tolérance ne saurait se confondre avec l'indifférence** : elle est et se veut un principe d'action.

DOC. 3 Logo créé par Didier François pour l'association SOS Racisme (1985). Ce logo fut réalisé pour promouvoir l'intégration des jeunes gens d'origine étrangère et spécialement maghrébine, dans le cadre de l'antiracisme et du respect des différences. Le message devint un slogan repris par beaucoup : humoristes, acteurs, chanteurs...

La tolérance définie par l'UNESCO

L'UNESCO – Organisation des Nations Unies pour l'éducation, la science et la culture –, dans sa session du 16 novembre 1995 qui s'est tenue à Paris, a juridiquement défini ce qu'est la tolérance.

Article premier - Signification de la tolérance

« **1.1** La tolérance est le respect, l'acceptation et l'appréciation de la richesse et de la diversité des cultures de notre monde, de nos modes d'expression et de nos manières d'exprimer notre qualité d'êtres humains. Elle est encouragée par la connaissance, l'ouverture d'esprit, la communication et la liberté de pensée, de conscience et de croyance. La tolérance est l'harmonie dans la différence. Elle n'est pas seulement une obligation d'ordre éthique ; elle est également une nécessité politique et juridique. La tolérance est une vertu qui rend la paix possible et contribue à substituer une culture de la paix à la culture de la guerre.

1.2 La tolérance n'est ni concession, ni condescendance, ni complaisance. La tolérance est, avant tout, une attitude active animée par la reconnaissance des droits universels de la personne humaine et des libertés fondamentales d'autrui. En aucun cas la tolérance ne saurait être invoquée pour justifier des atteintes à ces valeurs fondamentales. La tolérance doit être pratiquée par les individus, les groupes et les États.

1.3 La tolérance est la clé de voûte des droits de l'homme, du pluralisme (y compris le pluralisme culturel), de la démocratie et de l'État de droit. Elle implique le rejet du dogmatisme et de l'absolutisme et conforte les normes énoncées dans les instruments internationaux relatifs aux droits de l'homme. »

MÉTHODES ET STRATÉGIES

1 Dissertation – Littérature d'idées et liberté

En quoi la littérature d'idées peut-elle favoriser la liberté de ses lecteurs ?

> Voir la méthode du traitement de la dissertation (Annexes, p. 475).
> Voir le sujet 2 p. 378.

Analyser le sujet

> Repérer la logique du sujet

- Le sujet se présente sous forme d'une question, à laquelle la dissertation devra apporter une réponse claire, mais nécessairement nuancée.
- La référence à la « littérature d'idées » délimite le champ référentiel. Aucun siècle n'est en revanche privilégié. L'autre mot clé est le mot « liberté », intellectuelle s'entend. Mais de cette liberté peut naître un engagement.

> Problématiser et choisir la démarche à adopter

La formulation même du sujet (« en quoi ») implique que la littérature favorise la liberté du lecteur. La problématique est donc posée. Il ne s'agit pas de savoir « si » mais « comment », ou « à quelles conditions » cette littérature d'idées favorise cette liberté.

Structurer la réponse

> Rechercher les arguments

I. S'enrichir par le savoir

1. Découvrir

– Connaître des idées ou des opinions nouvelles. C'était déjà le programme des humanistes au XVIe siècle.
– Mieux comprendre le monde qui nous entoure. Élargir son horizon.

2. Se découvrir

– Connaître ses propres centres d'intérêt (intellectuels, artistiques…). Programme que se fixaient déjà les philosophes grecs, la connaissance de soi n'étant pas innée.
– Affiner sa sensibilité, au contact des idées, de la science et des arts.

II. Développer son esprit critique

1. Interroger

– Ne pas confondre « esprit critique » et « esprit de critique ». L'esprit critique permet d'accéder à une connaissance plus profonde de ce qu'on lit. Qui en est l'auteur ? Quelle est son approche intellectuelle, son idéologie ? Dans quel contexte écrit-il ? Quel crédit accorder à sa thèse ?
– Mieux se situer dans l'espace et le temps, le savoir possédant son histoire, sa généalogie et même son archéologie : mieux saisir l'évolution des idées.

2. S'interroger

– Prendre le risque de penser contre soi, contre nos réactions spontanées. Montaigne parlait dans ses *Essais* de la nécessité de « frotter notre cervelle contre celle d'autrui ».

– Apprendre le relativisme, admettre que l'autre ne partage pas forcément nos opinions et qu'il n'a pas automatiquement tort.

III. Se construire

1. Devenir conscient

– Échapper aux déterminismes sociaux ou culturels. Affirmer en toute connaissance de cause son autonomie.
– Choisir ce que l'on veut faire (de sa vie, de ses engagements…). En décider lucidement.

2. Devenir homme

– En participant, par les compétences et l'expérience acquises, à la vie de la cité. Tout savoir implique sa transmission (quelle qu'en soit la façon).
– Constituer un savoir, élaborer des idées et des systèmes est le propre de l'homme. Les connaître même imparfaitement, même maladroitement, c'est affirmer notre spécificité d'être humain.

Rédiger la dissertation

> Rédiger l'introduction

La liberté naît de l'existence de multiples facteurs (politiques, juridiques, économiques…) qui en favorisent l'émergence. Le savoir en fait-il partie ? La question peut de prime abord étonner. Imaginons pourtant un ignare complet : serait-il libre ? L'Ingénu, dans le conte de Voltaire du même nom, accède à la liberté en même temps qu'à la lecture. S'il semble bien que la littérature d'idées favorise la liberté du lecteur, reste à voir de quelle façon. C'est le plus souvent en s'enrichissant (intellectuellement), en développant son esprit critique et en permettant de se construire.

> Rédiger la conclusion

Il n'y a donc pas de liberté sans savoir. Ce constat ne va pas sans conséquence. Il n'y a pas non plus de citoyen sans savoir. C'est pourquoi l'école – et plus largement la formation des individus – reste un enjeu majeur des démocraties et du monde moderne.

2 Question d'oral – Pascal, *Pensées*

Quelle place Pascal assigne-t-il à l'homme dans l'univers ? Et pour quelles raisons ?

> Voir la méthode du traitement de la question d'oral (Annexes, p. 476).

> Voir le sujet 3 p. 379.

TEXTE Blaise Pascal (1623-1662), *Pensées* (1670, éd. posthume), fragment 185 : « Disproportion de l'homme »

Qu'est-ce que l'homme ? s'interroge déjà Pascal dans ses *Pensées*. Après les philosophes grecs, après Montaigne au XVIe siècle, celui-ci réfléchit sur la place de l'homme dans l'univers. La mise au point, en 1609, de la lunette astronomique par Galilée (1564-1642) et du microscope en actualisait la problématique. Dans cette page, l'une des plus célèbres des *Pensées*, Pascal l'aborde en moraliste chrétien.

Que l'homme contemple donc la nature entière dans sa haute et pleine majesté, qu'il éloigne sa vue des objets bas[1] qui l'environnent. Qu'il regarde cette éclatante lumière mise comme une lampe éternelle pour éclairer l'univers, que la terre lui paraisse comme un point au prix du vaste tour que cet astre décrit, et qu'il s'étonne de ce que ce vaste tour lui-même n'est qu'une pointe très délicate[2] à l'égard de celui que ces astres qui roulent dans le firmament embrassent. Mais si notre vue s'arrête là, que notre imagination passe outre, elle se lassera plutôt de concevoir que la nature de fournir. Tout le monde visible n'est qu'un trait imperceptible dans l'ample sein de la nature. Nulle idée n'en approche ; nous avons beau enfler nos conceptions au-delà des espaces imaginables, nous n'enfantons que des atomes au prix de la réalité des choses. C'est une sphère infinie dont le centre est partout, la circonférence nulle part. Enfin c'est le plus grand caractère sensible de la toute-puissance de Dieu que notre imagination se perde dans cette pensée.

Que l'homme étant revenu à soi considère ce qu'il est au prix de ce qui est, qu'il se regarde comme égaré dans ce canton détourné de la nature ; et que, de ce petit cachot où il se trouve logé, j'entends l'univers, il apprenne à estimer la terre, les royaumes, les villes et soi-même son juste prix.

Qu'est-ce qu'un homme dans l'infini ?

Mais pour lui présenter un autre prodige aussi étonnant, qu'il recherche dans ce qu'il connaît les choses les plus délicates, qu'un ciron[3] lui offre dans la petitesse de son corps des parties incomparablement plus petites, des jambes avec des jointures, des veines dans ses jambes, du sang dans ses veines, des humeurs[4] dans ce sang, des gouttes dans ces humeurs, des vapeurs dans ces gouttes ; que, divisant encore ces dernières choses, il épuise ses forces en ces conceptions, et que le dernier objet où il peut arriver soit maintenant celui de notre discours. Il pensera peut-être que c'est là l'extrême petitesse de la nature.

1 Objets bas : les objets d'ici-bas, du monde terrestre.
2 Délicate : fine, imperceptible.
3 Ciron : insecte minuscule, invisible à l'œil nu.
4 Humeurs : selon les conceptions médicales du temps, le corps comportait quatre « humeurs », quatre substances liquides.

Je veux lui faire voir là-dedans un abîme nouveau. Je veux lui peindre non seulement l'univers visible, mais l'immensité qu'on peut concevoir de la nature dans l'enceinte de ce raccourci d'atome. […]
Qu'est-ce qu'un homme dans la nature ? Un néant à l'égard de l'infini, un tout à l'égard du néant, un milieu entre rien et tout, infiniment éloigné de comprendre les extrêmes.
■ Éd. M. Le Guern, © Gallimard (1977).

Préparer l'exposé au brouillon

> Analyser la question posée

- Le sujet pose deux questions. La première a pour mot clé « la place de l'homme dans l'univers ». La construction du texte et son examen attentif permettent aisément d'y répondre. Attention, toutefois, au sens du mot « univers ». La seconde question porte sur les intentions de Pascal, sur les finalités avouées ou implicites du texte.
- La brève présentation du texte donne des pistes de réflexion, même à ceux qui ignoreraient tout de Pascal. Celui-ci, est-il précisé, est un moraliste chrétien du XVIIe siècle.

> Proposer une problématique

Le texte possède une dimension apologétique : l'homme ne peut échapper à la condition tragique assignée par sa place dans l'univers qu'en trouvant refuge et consolation en Dieu.

> Travailler le texte en fonction de la question posée

- La construction du texte en éclaire le sens. Un premier mouvement place l'homme devant l'infiniment grand, puis un second devant l'infiniment petit. L'homme se trouve entre les deux : petit face à l'infiniment grand ; grand face à l'infiniment petit.
- Trois grands procédés littéraires sont à retenir :
  – l'usage anaphorique de « que » à valeur d'exhortation : « Que l'homme contemple… » ;
  – les procédés d'énumération, chaque groupe de mots constituant un agrandissement par rapport au précédent, dans le premier mouvement du texte, ou, à l'inverse, un amenuisement par rapport au précédent, dans le second mouvement du texte ;
  – la place des phrases interrogatives, à la fin de chacun de ces deux mouvements. Ce sont des questions oratoires dans la mesure où la réponse qu'elles appellent va de soi, vu le contexte.
- La finalité du passage : créer chez le lecteur un sentiment de vertige, voire d'angoisse afin de l'amener à Dieu.

Présenter l'exposé

> Introduire le sujet

- Présenter le texte : Pascal est tout à la fois un philosophe, un scientifique et un moraliste chrétien du XVIIe siècle. Dans ses *Pensées*, c'est surtout ce dernier aspect de sa personnalité qui domine. Ces « pensées » sont en réalité les fragments d'une œuvre qu'il préparait et que la mort l'a empêché de mener à son terme. Lui-même disait travailler à une « Apologie de la religion chrétienne ».
- Annoncer la problématique : placé entre l'infiniment grand et l'infiniment petit, l'homme ne peut qu'éprouver qu'angoisse et vertige, dont seul Dieu peut le guérir.

> Développer l'exposé

I. Une place moralement inconfortable

– Face à l'infiniment grand, l'homme n'est rien : rien par rapport à la Terre, qui n'est elle-même rien par rapport au système solaire, qui lui-même n'est rien par rapport au reste du cosmos.
– Face à l'infiniment petit, l'homme est tout : il est plus grand que le ciron qui lui-même est plus grand que chacun de ses composés, qui eux-mêmes sont encore plus grands que les composés qui le composent.

II. Un vertige intellectuel

– Du coup, l'homme ne sait plus qui il est et ce qu'il est dans l'univers. Son orgueilleuse raison ne peut que reconnaître sa défaite : il n'est qu'un « égaré dans ce canton détourné de la nature ».
– Le vertige ainsi créé est d'autant plus grand que Pascal fait appel à l'imagination et à l'émotion (que par ailleurs il dénonce comme des « puissances trompeuses ») : usage répétitif du « que » et de l'énumération graduée.
– Sens évident de la formule : « nous n'enfantons que des atomes » ; l'univers, « ce petit cachot ».

III. Un texte apologétique

– Dès la fin du premier mouvement, et comme en conclusion de celui-ci, Dieu est mentionné. L'incapacité de l'homme de penser la globalité de l'univers est pour Pascal « le plus caractère sensible de toute-puissance de Dieu ». L'argument vaut pour l'infiniment petit. C'est pourquoi Pascal ne le répète pas.
– Tout le texte tend à montrer que l'homme n'a pas en lui-même et par lui-même une grandeur quelconque : c'est « un néant à l'égard de l'infini, un tout à l'égard du néant, un milieu entre rien et tout ».
– Pas d'autre possibilité pour lui de se comprendre et de comprendre l'univers que de s'en remettre à un Dieu créateur.

> Conclure

[Réponse à la problématique] Selon Pascal, la place de l'homme dans l'univers est tragiquement médiane. Elle est relative, donc source d'angoisse ; elle est à la base de son apologétique.
[Ouverture] Cette page, littérairement très travaillée, est l'exemple même d'un texte argumentatif qui mêle rationalité et émotion. Sa rigueur et sa beauté en font non seulement une des pages les plus célèbres des *Pensées*, mais une référence pour les romantiques du XIXe siècle qui méditeront à leur tour sur la place de l'homme dans l'univers.

SUJETS DE TYPE BAC

1 Écriture d'invention – Rédiger un journal de bord

⏱ 180 min.

Écrivez la toute première page du journal de bord de Robinson.

Avoir son blog est aujourd'hui courant. Jadis, on tenait son journal. La différence entre les deux pratiques est parfois mince : dans les deux cas, il faut savoir retenir l'essentiel, hiérarchiser les informations, faire le point sur ses propres pensées. Au fait, est-ce si facile ? Essayons.

> Voir la méthode du traitement d'une écriture d'invention (Annexes, p. 473).

> Voir les Méthodes et stratégies 2, chapitre 11.

TEXTE Michel Tournier (né en 1924), *Vendredi ou les Limbes du Pacifique* (1967), chap. 3

En 1719, l'Anglais Daniel Defoe publie *Robinson Crusoé*, du nom de son personnage principal. Celui-ci est l'unique survivant du naufrage de la *Virginie*, qui s'est échoué sur la côte d'une île déserte. Cette histoire a été l'objet de nombreuses réécritures. Parmi celles-ci figure le roman de Michel Tournier : *Vendredi ou les Limbes du Pacifique* (1967). Voici Robinson tentant de récupérer ce qu'il peut de l'épave du bateau.

Les livres qu'il trouva épars dans les cabines avaient été tellement gâtés par l'eau de mer et de pluie que le texte imprimé s'en était effacé, mais il s'avisa qu'en faisant sécher au soleil ces pages blanches, il pourrait les utiliser pour tenir son journal, à condition de trouver un liquide pouvant tenir lieu d'encre. Ce liquide lui fut fourni inopinément par un poisson qui pullulait alors aux abords de la falaise du Levant. […] Il se hâta alors de tailler convenablement une plume de vautour, et il pensa pleurer de joie en traçant ses premiers mots sur une feuille de papier. Il lui semblait soudain s'être à demi arraché à l'abîme de bestialité où il avait sombré et faire sa rentrée dans le monde de l'esprit en accomplissant cet acte sacré : écrire.

2 Dissertation – Vers une disparition de l'écrit ?

⏱ 180 min.

Le développement des techniques et des pratiques audiovisuelles et numériques vous semble-t-il menacer l'écrit sinon de disparition, du moins de perte de son prestige millénaire ?

L'écriture est une des plus grandes inventions de l'homme, à tel point qu'on imagine mal une civilisation sans écriture. Sa disparition relève-t-elle de la science-fiction ou d'un film d'horreur ? La voici en tout cas menacée. Et voilà qui mérite bien qu'on y réfléchisse. Il n'y aurait certes plus de faute d'orthographe ! Mais existerait-il encore une pensée ?

> Voir la méthode du traitement de la dissertation (Annexes, p. 475).

> Voir les Méthodes et stratégies 1, chapitre 12.

3 Question d'oral – Ionesco, *Rhinocéros*

10 min.

De quelle façon la puissance dramatique de ce dénouement est-elle au service d'une certaine conception de l'homme ?

Chacun sait ou croit savoir ce qu'est un homme. Vraiment ? Imaginons ou cauchemardons. Que pensera de l'homme le dernier homme vivant sur terre ? Après tout, notre planète a existé bien avant que l'homme n'y apparaisse. Et celui-ci disparaîtra bien avant elle. Sommes-nous vraiment certains de savoir ce qu'est l'homme ?

> Voir la méthode du traitement de la question d'oral (Annexes, p. 476).
> Voir les Méthodes et stratégies 2, chapitre 12.

TEXTE Eugène Ionesco (1909-1994), *Rhinocéros* (1960), acte III

La population d'une ville puis bientôt d'un pays se métamorphose en rhinocéros, image et symbole des idéologies totalitaires. Reste un homme, un seul : Bérenger, qui décide dans un ultime monologue de rester ce qu'il est : un être humain, fût-il le dernier de l'espèce humaine.

(Lorsqu'il accroche les tableaux, on s'aperçoit que ceux-ci représentent un vieillard, une grosse femme, un autre homme. La laideur de ces portraits contraste avec les têtes de rhinocéros qui sont devenues très belles. Bérenger s'écarte pour contempler les tableaux.) Je ne suis pas beau, je ne suis pas beau. *(Il décroche les tableaux, les jette par terre avec fureur, il va vers la glace.)* Ce sont eux qui sont beaux. J'ai eu tort ! Oh ! comme je voudrais être comme eux. Je n'ai pas de corne, hélas ! Que c'est laid, un front plat. Il m'en faudrait une ou deux, pour rehausser mes traits tombants. Ça viendra peut-être, et je n'aurai plus honte, je pourrai aller tous les retrouver. Mais ça ne pousse pas ! *(Il regarde les paumes de ses mains.)* Mes mains sont moites. Deviendront-elles rugueuses ? *(Il enlève son veston, défait sa chemise, contemple sa poitrine dans la glace.)* J'ai la peau flasque. Ah ! ce corps trop blanc, et poilu ! Comme je voudrais avoir une peau dure et cette magnifique couleur d'un vert sombre, une nudité décente, sans poils, comme la leur ! *(Il écoute les barrissements.)* Leurs chants ont du charme, un peu âpre, mais un charme certain ! Si je pouvais faire comme eux. *(Il essaie de les imiter.)* Ahh, ahh, brr ! Non, ce n'est pas ça ! Essayons encore, plus fort ! Ahh, ahh, brr ! Non, non, ce n'est pas ça, que c'est faible, comme cela manque de vigueur ! Je n'arrive pas à barrir. Je hurle seulement. Ahh, ahh, brr ! Les hurlements ne sont pas des barrissements ! Comme j'ai mauvaise conscience, j'aurais dû les suivre à temps. Trop tard maintenant ! Hélas, je suis un monstre, je suis un monstre. Hélas, jamais je ne deviendrai rhinocéros, jamais, jamais ! Je ne peux plus changer. Je voudrais bien, je voudrais tellement, mais je ne peux pas. Je ne peux plus me voir. J'ai trop honte ! *(Il tourne le dos à la glace.)* Comme je suis laid ! Malheur à celui qui veut conserver son originalité ! *(Il a un brusque sursaut !)* Eh bien tant pis ! Je me défendrai contre tout le monde ! Ma carabine, ma carabine ! *(Il se retourne face au mur du fond où sont fixées les têtes des rhinocéros, tout en criant :)* Contre tout le monde, je me défendrai ! Je suis le dernier homme, je le resterai jusqu'au bout ! Je ne capitule pas !

1 Écriture d'invention – Rédiger un journal de bord

Cet exemple est une proposition, parmi bien d'autres possibles.

Je ne suis plus seul : les mots vont me tenir compagnie ! Chaque jour, je vais noter ce que j'ai fait, vu, pensé, rêvé. Si ma situation est tragique, elle est aussi exceptionnelle : sur cette île, ne suis-je pas comme le premier homme sur terre ? L'expérience mérite à coup sûr d'être consignée. Mais je dois aussi songer à économiser le papier : donc pas de ratures ni de brouillons. J'écrirai mes phrases d'abord dans ma tête et ne les coucherai sur le papier que lorsqu'elles seront au point. Méditer ce que je vais dire, et de quelle façon : précision et concision ! Je vais réapprendre mon français. Ces feuilles seront mon journal intime. Et mon calendrier ! Je trace en haut de la page « Jour 1 », et ainsi de suite, jour après jour. Comme ça, je saurai toujours depuis combien de temps je suis là. Ça me différenciera des animaux qui, eux, n'ont pas la conscience du temps qui passe. Et ce sera aussi mon bloc de correspondance ! Même s'ils ne les recevront jamais, j'écrirai des lettres aux amis. J'imaginerai leurs réponses, je conserverai ainsi ma vie sociale. Je pourrai aussi composer des poèmes : pas des épopées trop longues, trop dévoratrices de papier, mais des quatrains ou des tercets, pas plus que les quatorze vers d'un sonnet en tout cas. Je vais devenir le plus grand poète de tous les temps. Personne ne viendra me dire le contraire. Personne…Quand le désespoir m'envahira, je devrais songer à me relire à voix haute. Pour entendre autre chose que le cri des oiseaux ou des bêtes, pour écouter une voix humaine… même si c'est la mienne. Et pourquoi ne dessinerai-je pas ? Du moins quand je serai plus habile à manier ma « « plume de vautour », parce que ma main est pour l'heure encore très hésitante. J'ai toujours aimé dessiner. Ici je peux jouer au naturaliste. Les projets commencent à se bousculer dans ma tête. J'en pleurerai presque. Je ne suis plus un bipède uniquement préoccupé de se nourrir (tiens : noter mes menus !), je redeviens homme. Je vais donc écrire pour moi. Les mots sont ma survie.

P.S. Me constituer une réserve d'encre. Je pars pêcher le poisson qui va me la fournir. Ma nourriture terrestre et intellectuelle. Une pierre deux coups. La civilisation est en marche !

2 Dissertation – Vers une disparition de l'écrit ?

Les titres de parties et de sous-parties ne doivent pas apparaître dans la copie.

Introduction

L'invention de l'imprimerie vers 1450 par Gutenberg ouvrit une ère nouvelle : la diffusion des livres permit celle des idées, du savoir et de la culture. Sans l'écrit, l'humanisme n'aurait pu naître ni les « Lumières » se propager. Le développement, de nos jours, des nouvelles techniques d'information et de communication constitue une révolution comparable à celle de l'imprimerie, en plus rapide et peut-être plus importante encore. L'image est devenue omniprésente et l'oralité le premier moyen d'échanges. Pour paraphraser le titre d'un célèbre essai du philosophe et sociologue américain McLuhan, la « galaxie Marconi », du nom de l'inventeur de la radio, concurrence la « galaxie Gutenberg ». La menace-t-elle pour autant au point de la faire disparaître un jour ? Le recul de l'écrit est un fait constaté, et déploré, depuis déjà de nombreuses années. Sa disparition est toutefois loin d'être irrémédiable, dans la mesure où l'écrit ne se confond pas avec ses supports. Une révolution culturelle ne s'en produit pas moins qui modifie, pour le bonheur des uns et la crainte des autres, d'anciennes pratiques et habitudes.

I. Partout, les formes traditionnelles de l'écrit reculent

1. Une forte concurrence de l'audiovisuel

La littérature d'idées se trouve fortement concurrencée par l'interview, le débat télévisé ou l'enquête-documentaire. Voltaire écrirait-il aujourd'hui *Zadig* pour dénoncer le fanatisme religieux, ou préférerait-il réaliser un film sur le sujet ? Nos encyclopédies modernes sont désormais passées au numérique. Plus largement, **des pans entiers de la littérature sont fragilisés.** La satire oublie Boileau pour se transformer en sketches ou interventions d'humeur. Nous voyons plus de films que nous ne lisons de romans.

2. Une pratique en régression

L'écrit littéraire n'est pas seul en cause. **L'information dite « papier » disparaît progressivement dans de nombreux secteurs économiques** : les factures sont majoritairement transmises par Internet. La Poste souffre durement de la chute de son volume de courrier à distribuer. Les grandes maisons de vente par correspondance n'éditent plus leurs catalogues que sous forme numérique, et seulement à la marge sous forme classique. Nous rédigeons moins de lettres et expédions moins de cartes postales, au profit du téléphone, d'un SMS ou d'un courriel.

3. Vers une disparition de l'écriture manuscrite ?

Avec le rétrécissement des territoires de l'écrit, se perd, enfin, l'habitude même d'écrire, de tracer des lettres et des mots sur une feuille. L'apprentissage de l'écriture a même disparu de l'enseignement des écoles de certains États américains mais aussi de Suède, l'ordinateur ou la tablette ayant définitivement remplacé cahiers et livres.
L'écrit recule donc : c'est un fait, et, selon toute vraisemblance, de manière irréversible. En est-il pour autant irrémédiablement condamné et appelé à disparaître ?

II. L'écrit ne se confond pas avec ses supports, qui peuvent être variés

1. L'écrit et ses supports

Depuis l'invention de l'écriture, voilà quelques millénaires, l'écrit s'est confondu avec le papier – ou avec ce qui en tenait lieu : le papyrus et, dans des temps plus reculés encore, la tablette d'argile. L'imprimerie a naturellement accentué cette identification de l'écrit et du papier. Or, comme jadis le papyrus, **le papier n'est que le support de l'écrit. Il n'est pas l'écrit lui-même** (sinon, toute feuille blanche serait un écrit !). Il peut donc être dématérialisé sans cesser d'être un écrit. Le livre numérique (ou « ebook ») en est l'exemple même.

2. Le retour de certains genres littéraires

Certaines techniques de communication renouvellent même des genres littéraires très anciens, même si leurs utilisateurs ne le savent pas toujours. Avec son nombre limité de signes, le tweet, indépendamment de son contenu, est ce qu'on appelle une « forme brève », tout comme l'étaient et le demeurent la maxime, la sentence ou l'aphorisme. Dans leurs principe et finalité, les blogs ne sont guère différents des journaux intimes ou des « confessions » de naguère, dont beaucoup étaient rédigés en vue de leur publication.

3. La résistance du livre

Le livre traditionnel est, enfin, loin d'avoir disparu de nos pratiques culturelles. Chaque « rentrée littéraire » voit la parution d'un nombre impressionnant de premiers romans. Scientifiques et philosophes recourent encore, pour exposer leurs théories ou thèses, au genre traditionnel de l'essai. L'éminent philosophe Michel Serres, membre de l'Académie Française, a choisi d'écrire un livre (*La Petite Poussette*) pour… traiter des aspects et des conséquences de la révolution technologique. Mémoires et souvenirs rencontrent toujours un vif succès. Recul ne signifie donc pas disparition.
Nous n'en assistons pas moins à une évidente révolution culturelle.

III. À techniques nouvelles, pratiques nouvelles de lecture

1. De nouvelles pratiques de lecture

Qu'on le déplore ou qu'on s'en réjouisse, les pratiques de lecture se diversifient. Et sans doute faut-il et faudra-t-il préciser le sens de certains mots, même s'ils nous paraissent très courants. Si l'écrit subsiste en dehors de son support papier, **l'acte même de lire doit-il nécessairement se confondre avec celui de lire des mots.** Ne dit-on pas qu'on « lit » une image ? L'image est aussi une forme d'écriture. C'est ce que le surréalisme avait fort bien compris. Et quand, en 1937, Paul Éluard et Man Ray publient conjointement *Les Mains libres*, il est précisé : « Dessins de Man Ray illustrés par les poèmes de Paul Éluard ». Mots et images peuvent ainsi échanger leur rôle.

2. La fin d'un monopole

Il est donc fort probable que **coexisteront dans l'avenir diverses possibilités d'écrire et de lire sur différents supports.** L'apparition de la « galaxie Marconi » a incontestablement fait perdre à la « galaxie Gutenberg » son monopole dans le domaine des échanges et sa prééminence impériale dans la diffusion des idées. L'écrit n'en conserve pas moins de fortes positions. L'exemple de pays très en pointe dans les nouvelles technologies, comme le Japon où presque tout le monde possède Internet, au moins un téléphone portable et un ordinateur, où existent près de quatre-vingts chaînes de télévision, est à cet égard significatif : on y lit et donc écrit plus qu'en France.

3. Nouvelles techniques, nouvelles interrogations

Il n'en demeure pas moins que philosophes et linguistes s'interrogent sur les **conséquences à long terme d'une disparition de l'écriture manuscrite et son impact sur les facultés cognitives d'un enfant.** Dans le domaine des études littéraires proprement dites et notamment de la génétique (l'élaboration des œuvres), la quasi-disparition des manuscrits, de leurs ratures et ajouts, au profit des tapuscrits, toujours nettoyés et définitifs, complique les analyses et les interprétations. Nous possédons les diverses versions et étapes de *Madame Bovary* : les aurions-nous si Flaubert avait pu disposer d'un ordinateur dernier cri ?

Conclusion

Le prodigieux essor des nouvelles technologies de la communication façonne un monde nouveau, qui fascine et inquiète d'autant plus qu'il modifie de séculaires habitudes culturelles : une révolution est bel et bien en marche. La question est désormais de savoir quelle est la meilleure façon d'en faire usage. Car viendra un jour où le manuscrit passera non seulement pour définitivement démodé, mais pour une pratique étrange et bizarre relevant de temps anciens.

3 Question d'oral – Ionesco, *Rhinocéros*

Introduction

En 1960, Ionesco fait jouer *Rhinocéros*, pièce dans laquelle des hommes se changent en animaux et plus précisément en rhinocéros. Si le thème de la métamorphose n'est pas nouveau puisqu'il remonte à l'Antiquité, l'orchestration qu'en fait Ionesco et la signification qu'il lui donne sont en revanche nouvelles. Symbolisant historiquement le nazisme et par extension tous les totalitarismes, le rhinocéros est l'inhumain et la métamorphose traduit le basculement de l'humain vers l'inhumain. De là vient la puissance dramatique d'un texte où un antihéros se voit soudain chargé d'incarner et de défendre la condition humaine.

I. Un monologue dramatique

Ce texte est un monologue dramatique de par **ses conditions d'énonciation** : Bérenger est le dernier homme, entouré d'un troupeau d'innombrables rhinocéros, que des effets de régie rendent visuellement et bruyamment présents ; ceux-ci apparaissent sur des « tableaux », et se font entendre par leurs « barrissements ».

L'enjeu du monologue est grand : **devenir ou ne pas devenir rhinocéros ?** La question, véritablement existentielle, se révèle d'autant plus angoissante qu'elle repose sur un complet renversement de valeurs : à l'inhumain, un charme et un attrait réels ; à l'humain, la laideur physique et l'absence de tout talent artistique. De l'aveu même de Bérenger, la comparaison entre l'animal et l'homme tourne à l'avantage du premier.

La tension dramatique est forte : presque jusqu'au dernier moment, cet enjeu reste en suspens. Bérenger succombera-t-il à son tour à la « rhinocérite » ? Résistera-t-il ? Spectateur et lecteur sont maintenus en haleine.

II. Un homme, qui est un antihéros

Bérenger n'a rien, en même temps, du résistant héroïque. Sa peau est « flasque », ses mains sont « moites » : de peur ? Son corps est « trop blanc », « sans poils ». Tel qu'il est, il est « monsieur tout le monde », dépassé par des événements qu'il ne comprend pas. **Bérenger ne s'inscrit pas dans la lignée des héros de la tragédie classique ou du drame romantique.**

Longtemps, d'ailleurs, Bérenger n'envisage pas de résister. Il s'efforce bien au contraire de devenir rhinocéros, c'est-à-dire de trahir le camp de l'humain. Ses exclamations et les nombreuses didascalies qui précisent ses gestes et attitudes l'attestent : « Oh, comme je voudrais être comme eux ! » ; « Comme je voudrais avoir une peau dure » ; ou encore : « Je voudrais bien ! » La récurrence de l'interjection « Hélas ! » traduit son **regret de ne pouvoir se métamorphoser.**

Ses efforts pour se muer en animal ont même quelque chose de pathétique, voire de grotesque. Le voici qui imite – maladroitement – ceux à qui il voudrait tant ressembler. Mais même cette imitation, il ne la réussit pas. Bérenger se trouve aussi mauvais acteur qu'homme ordinaire. C'est en définitive **un homme sans qualités.**

III. Le douloureux triomphe de l'humain

C'est pourtant à cet antihéros qu'est confiée la cause de l'humain. **Qu'est-ce que l'homme, quand il n'existe plus qu'un seul homme ?** Cette question, la solitude de Bérenger l'illustre presque physiquement sur scène. Les rhinocéros représentent désormais la norme et le dernier représentant de l'espèce humaine, une anomalie. « Je suis un monstre », constate amèrement et tragiquement Bérenger, qui en vient à se sentir coupable de rester un homme.

Aussi son « sursaut » et sa résistance finale (« Je ne capitule pas ! ») peuvent-ils *a priori* paraître ambigus. Bérenger n'assume en effet sa condition que par incapacité d'en pouvoir changer. Son courage se colore de **résignation** : « Eh bien tant pis ! ».

Une interprétation plus optimiste, toutefois, est possible. Son impuissance à se métamorphoser révèle l'existence d'un caractère irréductible et intangible de l'humain, par-delà toutes les explications philosophiques. Et parce que Bérenger est un antihéros, sa résistance n'a rien d'exceptionnel. Le serait-elle qu'elle perdrait paradoxalement de son exemplarité, de sa force et de sa valeur. **Ce sont les rhinocéros qui lui font prendre conscience de ce qu'il est réellement et définitivement.** Ce dénouement n'est sûrement pas flatteur, mais il est rassurant : à travers et par Bérenger, l'humain triomphe, fût-ce douloureusement et momentanément.

Conclusion

Avec *Rhinocéros*, Ionesco a écrit l'une de ses plus grandes pièces, d'ailleurs devenue un « classique » du théâtre moderne. Le danger aurait été pour lui d'écrire une pièce à thèse. Ionesco y échappe en empruntant au thème mythologique par excellence qu'est la métamorphose son caractère universel : le rhinocéros peut être de tous les temps et de toutes les époques. Il y échappe en se refusant de disserter sur la condition humaine : il lui suffit de la « montrer » sur scène. C'est le propre même du théâtre.

REPÈRES

Repères historiques

	Grands courants intellectuels	Grandes découvertes	Principaux événements culturels et politiques
XVIe siècle	**L'humanisme** Mots clés : imitation de l'Antiquité ; foi en l'homme	Invention de l'imprimerie (1448-1455) Découverte de l'Amérique (1492)	Édit de Nantes (1598), mettant fin aux guerres de Religion
XVIIe siècle	**Doctrine de l'honnête homme** Mots clés : sociabilité, quête du juste milieu ; « cartésianisme »	Principes de la circulation sanguine par Harvey (1628) Télescope de Gregory (1663)	Fondation de l'Académie Française (1635), de l'Académie des Sciences (1666) Révocation de l'Édit de Nantes (1685)
XVIIIe siècle	**Les « Lumières »** Mots clés : primat de la raison ; relativisme et tolérance ; quête du bonheur	Machine à vapeur (1769) Télégraphe de Chappe (1793) Premiers éclairages au gaz (1799)	Fondation de l'Académie de chirurgie (1731), de l'Académie de médecine (1778)
XIXe siècle	**Le romantisme :** libération du « Moi » ; aspiration à la liberté **Le positivisme :** objectivité scientifique ; étude des phénomènes sociaux	Invention de la photographie par Niepce (1816), du cinématographe (frères Lumière, 1895) Téléphone par Bell (1876) Premier avion par Ader (1897)	Darwin et l'évolution des espèces (1859) Lois scolaires de Jules Ferry (1880-1882)
XXe siècle	**Le surréalisme :** réhabilitation des rêves **L'existentialisme :** sentiment de l'absurde **Le féminisme :** liberté et identité	Einstein et la théorie de la relativité (1904) Début de la « révolution » informatique (1973)	Loi de séparation des Églises et de l'État (1905) Front Populaire et accords de Matignon (1936) Mouvement de mai 1968 Premier homme sur la lune (1969)
XXIe siècle	**Grands débats de société :** nouveaux couples ; nouvelles familles	Premier « atterrissage » d'une sonde sur une comète (2014)	Création de l'euro Large diffusion du concept de développement durable

Quelques citations

- **Montaigne (1533-1592)**
  « Chaque homme porte la forme entière de l'humaine condition. »
  ■ *Essais* (1580-1588).
- **René Descartes (1596-1650)**
  « Je pense donc je suis. »
  ■ *Discours de la méthode* (1637).
- **Blaise Pascal (1623-1662)**
  « L'homme n'est qu'un roseau, le plus faible de la nature, mais c'est un roseau pensant. »
  ■ *Pensées* (1669-1670).
- **Paul Valéry (1871-1945)**
  « Nous autres, civilisations, nous savons maintenant que nous sommes mortelles. »
  ■ *La Crise de l'esprit* (1919).
- **Albert Camus (1913-1960)**
  « Il faut imaginer Sisyphe heureux. »
  ■ *Le Mythe de Sisyphe* (1942).
- **Jean-Paul Sartre (1905-1980)**
  « L'enfer, c'est les autres. »
  ■ *Huis clos* (1944).
- **Simone de Beauvoir (1908-1986)**
  « On ne naît pas femme, on le devient. »
  ■ *Le Deuxième sexe* (1949).
- **André Malraux (1901-1976)**
  « L'art est un anti-destin. »
  ■ *Les Voix du silence* (1951).

La littérature d'idées en quelques œuvres clés

■ 1580-1588 : *Essais* de Montaigne
L'homme mis en question.
■ 1637 : *Discours de la méthode* de Descartes
La première œuvre philosophique et scientifique en français.
■ 1669-1670 : *Pensées* de Pascal (éd. posthume)
Réflexions sur l'homme et sa condition mortelle.
■ 1748 : *De l'esprit des lois* de Montesquieu
L'étude des différents systèmes de gouvernement.
■ 1751-1772 : *Encyclopédie* de Diderot, d'Alembert et *alii*
Première grande somme du savoir humain.
■ 1762 : *Du contrat social* de Rousseau
L'étude du « contrat » entre la société et les individus.
■ 1795 (posthume) : *Esquisse d'un tableau historique du genre* de Condorcet
La profession de foi dans le progrès d'un héritier des Lumières.

■ 1830-1842 : *Cours de philosophie positive* d'Auguste Comte
Le manifeste du positivisme et l'avènement des sciences sociales.
■ 1835-1840 : *De la démocratie en Amérique* de Tocqueville
Étude des fondements de la démocratie.
■ 1919 : *La Crise de l'esprit* de Valéry
L'ébranlement des certitudes suite à la Première Guerre mondiale.
■ 1924 : *Le Manifeste du surréalisme* de Breton
Un manifeste autant littéraire qu'artistique et politique : l'art au service de la révolution.
■ 1942 : *Le Mythe de Sisyphe* de Camus
Pourquoi et comment vivre ? Un essai sur l'absurde.
■ 1946 : *L'existentialisme est un humanisme* de Sartre
L'existentialisme au service de l'engagement.
■ 1949 : *Le Deuxième sexe* de Simone de Beauvoir
Le texte fondateur du féminisme.
■ 1951 : *L'Homme révolté* de Camus
Un essai sur la « révolte » de l'homme contre sa condition mortelle.
■ 1955 : *Tristes tropiques* de Claude Lévi-Strauss
Le regard d'un anthropologue sur l'Autre.

SUJETS D'APPROFONDISSEMENT

1 POST BAC

Question sur une œuvre (Terminale L) – Camus, *La Peste*

120 min.

Vous venez de lire *La Peste* (1947) d'Albert Camus. Quelles significations donnez-vous à ce titre ?

Une œuvre ne commence pas avec le premier mot de la première ligne de la première page, mais avec son titre. Celui-ci, toujours soigneusement choisi par l'auteur, informe déjà sur l'œuvre. Rien de plus banal mais aussi de plus terrifiant et de plus polysémique que le mot « peste ». Quels sens a-t-il, au fait ?

2 POST BAC

Dissertation – L'écriture et son destinataire

180 min.

Commentez et discutez cette affirmation de Jean-Paul Sartre : « Il n'est pas vrai qu'on écrive pour soi-même : ce serait le pire échec [...]. Il n'y a d'art que pour et par autrui. » (*Qu'est-ce que la littérature ?* 1947)

Écrire ? Soit ou peut-être ! Mais à quoi bon écrire quand il y a de moins en moins de lecteurs ? Simple ou provocatrice, la question est en tout cas complexe. Sachez l'aborder sous ses multiples angles...

> Voir la méthode du traitement d'une dissertation (Annexes, p. 475).
> Voir les Méthodes et stratégies 1, chapitre 12.

POST BAC

CORRIGÉS

1 Question sur une œuvre (Terminale L) Camus, *La Peste*

Les titres de parties et de sous-parties ne doivent pas apparaître dans la copie.

Introduction

La Peste est l'œuvre la plus mondialement connue de Camus. Son importance tient à la simplicité de son écriture et à la richesse de ses significations. Son titre le dit exemplairement. « Peste » est un mot simple, chargé d'une angoisse millénaire et, sous la plume de Camus, ce mot revêt quatre sens possibles.

I. Au sens premier : la chronique d'une épidémie

Le livre est d'abord la chronique d'une épidémie. En 194… (date non totalement précisée), des rats envahissent progressivement la ville d'Oran. Ils s'y installent en nombre de plus en plus grand, et y meurent. Quelques habitants décèdent sans que le lien entre les rats et ces décès soit d'abord établi. Mais il faut bientôt se rendre à l'évidence : c'est la peste qu'ils ont apportée. **La chronique (Camus refusant l'appellation « roman ») décrit dès lors les ravages du fléau**, les réactions individuelles, l'organisation collective des soins, l'échec de la première tentative de vaccination, l'évolution des mentalités puis le lent déclin du fléau.

II. Au sens second : une évocation de l'Occupation allemande et de la résistance

Camus a placé en exergue de son livre une citation de l'Anglais Daniel De Foe (l'auteur de *Robinson Crusoé*) : « Il est aussi raisonnable de représenter une espèce d'emprisonnement par une autre que de représenter n'importe quelle chose qui existe réellement par quelque chose qui n'existe pas. » C'est évidemment inciter le lecteur à chercher un autre sens à cette chronique : celui d'une évocation de l'Occupation. Ne qualifiait-on pas d'ailleurs le nazisme de **« peste brune »** ?

Pour éviter la propagation de l'épidémie à d'autres villes du pays, l'état de siège, en l'occurrence l'état de peste, est déclaré : la ville est fermée, nul ne peut plus en sortir. Oran est isolée du reste du pays, qui se trouve désormais coupé en deux puisque la ligne de démarcation coupait la France en deux. **La vie des Oranais ressemble dès lors à celle des Français sous l'Occupation :** limitation puis rationnement alimentaire ; queue devant les magasins ; mise en quarantaine dans des écoles et des stades transformés en camps d'internement des pestiférés ; souffrances des malades comme autant de tortures ; l'inhumation des corps devenant impossible, la crémation ; les médecins luttant contre le fléau… Autant d'évocations indirectes mais très nettes des années 1940.

III. Au sens plus large encore : la dénonciation de tout totalitarisme

Le titre peut recevoir une interprétation plus large encore : celle d'une dénonciation de tous les totalitarismes, de toutes les formes d'oppression. Plusieurs éléments autorisent cette généralisation. **L'occupant allemand n'est pas expressément mentionné** : ce peut donc être – aussi – n'importe quel occupant, qui impose sa botte. La date (« 194… »), à la fois précise et imprécise, peut être en définitive n'importe quelle date. Enfin, Oran est volontairement décrite par Camus de manière si banale que ce pourrait être n'importe quelle autre ville. Ce n'est pas un hasard si, adaptant en 1992 *La Peste* à l'écran, le réalisateur argentin Luis Puenzo transpose l'épidémie dans un port d'Amérique du Sud – à une époque où plusieurs pays du continent sud-américain (dont le Chili et l'Argentine) sont soumis à des dictatures militaires, où les stades servent de camps d'internement, où la torture et les exécutions sommaires sont monnaie courante.

IV. Un sens symbolique et philosophique

La peste incarne, enfin, l'absurde. Pourquoi s'abat-elle sur Oran ? Pourquoi pas... ? C'est l'illustration de la **condition mortelle de l'homme.** Le docteur Rieux, dont on découvre à la fin du livre qu'il est le narrateur de cette chronique, incarne la révolte et la lutte de l'homme contre cet absurde. Rieux lutte de toutes ses forces contre le fléau – en toute lucidité amère. À la différence de ses concitoyens, il est le seul à ne pas se réjouir de la disparition du fléau – non qu'il n'en soit pas heureux, mais parce qu'il sait qu'on n'en a jamais définitivement fini avec la peste et qu'un jour celle-ci enverra ses rats « mourir dans une cité heureuse ». Le docteur Rieux sait qu'il n'a emporté qu'une victoire temporaire ; mais cette victoire, si fragile soit-elle, assure la **dignité de l'homme.**

Conclusion

Pour Camus, le combat contre la mort est toujours un combat contre l'absurde, qui révèle le meilleur de l'homme : son courage, son esprit de résistance, sa lucidité et dignité. C'est celui de toute son œuvre.

2 Dissertation – L'écriture et son destinataire

POST BAC

Les titres de parties et de sous-parties ne doivent pas apparaître dans la copie.

Introduction

« Pourquoi avez-vous écrit ce livre ? », demande-t-on traditionnellement à un auteur. Dans *Qu'est-ce que la littérature ?*, Sartre renverse la question et se demande « pour qui » écrit un auteur. Et de répondre catégoriquement : « Il n'est pas vrai qu'on écrive pour soi-même : ce serait le pire échec ». Il n'y aurait selon lui d'art « que pour et par autrui ». Affirmer l'intentionnalité de l'écriture semble en effet difficilement contestable. C'est pourtant négliger qu'écrire est aussi un acte intime, qu'on ne saurait qualifier de « pire échec », sauf à se situer dans une perspective particulière, qui est celle de Sartre. Écrire « pour soi » n'interdit pas de rencontrer en même temps « autrui ».

I. Une affirmation incontestable

1. Le primat du lectorat dans les genres non fictionnels

Que l'on n'écrive pas pour soi relève de l'évidence dans le cas de la littérature d'idées. **Les auteurs de manifestes, politiques ou littéraires, veulent par définition, sinon convaincre, du moins toucher le plus grand nombre.** Diffuser, exposer ses convictions, c'est ambitionner de les faire partager. Les essayistes ne font pas exception. Présentant ses *Essais*, Montaigne écrit : « C'est ici un livre de bonne foi, Lecteur ». S'expliquant sur sa démarche, Rousseau affirme dans le préambule de ses *Confessions* : « Je veux montrer à mes semblables un homme dans toute la vérité de la nature. » Qu'il soit ou non nommé, cet « autrui » qu'est le lecteur s'impose à l'esprit de l'auteur dès la conception de son ouvrage, avant même qu'il en ait tracé les premiers mots.

2. La prise à témoins de la littérature engagée

La littérature d'idées constitue toutefois un cas trop facile, même s'il demeure exemplaire, pour qu'on s'y limite. Qu'en est-il, en effet, lorsqu'il s'agit des genres fictionnels ? Un romancier, un poète, un dramaturge écrivent-ils pour autrui ? **Lorsqu'ils pratiquent une littérature engagée, le cas n'est pas très différent de celui de la littérature d'idées.**

Barbusse (*Le Feu*), M. Genevoix (*Ceux de 14*) témoignent dans leurs récits de ce qu'ils ont vécu dans les tranchées pour dénoncer la guerre. Sartre lui-même recourt au théâtre (*Les Mouches, Huis clos*) pour exposer sous une forme plus accessible sa pensée à un public que rebuterait la lecture de *L'Être et le Néant*. Des *Tragiques* de D'Aubigné, longue évocation des malheurs des protestants durant les guerres de Religion, aux *Poèmes politiques* d'Éluard, en passant par les *Châtiments* de Hugo, il existe toute une tradition de la poésie engagée, qui ne se conçoit que pour et par « autrui ».

3. Écrire pour autrui

La question demeure pour les auteurs qui ne se réclament pas ouvertement d'un engagement. Lamartine n'a-t-il composé ses *Méditations* que pour lui ? Les Parnassiens, adeptes de « l'Art pour l'Art », furent-ils indifférents à leurs contemporains ? Rien n'est moins certain. **Même lorsqu'ils dédaignent leur époque, les écrivains en appellent à un public futur, qui en quelque sorte les reconnaîtra et justifiera.** Stendhal dédie en anglais sa *Chartreuse de Parme* aux « happy few ». Grand contempteur de la bourgeoisie, Flaubert écrit pourtant pour elle. Baudelaire, qui n'aime guère son époque, place en tête de ses *Fleurs du mal* un poème qu'il adresse « Au lecteur ».

Il paraît donc évident que, comme l'affirme Sartre, on écrit pour « autrui ». Mais n'écrit-on que pour les autres et jamais pour soi ?

II. Écrire : un acte intime

1. Écrire pour se connaître

L'entreprise n'est pas nécessairement synonyme d'« échec », quelle que soit la raison pour laquelle on écrit : par plaisir, par narcissisme ou pour se comprendre. **Quel meilleur moyen que l'écriture pour voir clair dans ses idées, pour analyser ou dominer ses états d'âme et ses émotions ?** Quand les surréalistes s'adonnèrent à l'écriture automatique, leur intention première n'était pas de lui consacrer un livre (même s'ils le firent par la suite), mais d'explorer les mécanismes de l'inconscient et de la pensée. C'était en quelque sorte un exercice de laboratoire. Les journaux intimes ne sont pas en principe destinés à la publication. Quand ils le sont, c'est au soir de la vie de leur auteur (Gide ou Léautaud) ou posthumément (Jules Renard).

2. Écrire pour se délivrer ou s'inventer

L'écriture peut être par ailleurs une thérapie ou une compensation à ses déceptions et échecs. Lautréamont compose ses *Chants de Maldoror* en haine de la vie, du monde, de Dieu et de lui-même. S'il écrit pour « autrui », c'est pour le détruire. La violence et la cruauté de sa poésie peuvent se comprendre comme un exorcisme de son propre désespoir. **Inversement, on peut écrire pour forger une image plus ou moins idéale de soi,** l'exemple le plus spectaculaire et le plus littérairement réussi étant Chateaubriand sculptant sa propre statue dans ses *Mémoires d'outre-tombe*.

3. Écrire pour explorer

Le langage est enfin une aventure, intérieure ou spirituelle. Rimbaud ne s'est pas soucié de publier ses *Illuminations*. Quand le recueil paraît en 1886, il parcourt les déserts d'Afrique et d'Arabie. Pour qui écrit-il, sinon d'abord pour lui-même ? Sinon pour aborder un monde nouveau que le langage ne décrit pas mais qui est devenu le langage lui-même ? Et que se proposait le malheureux Aloysius Bertrand quand il écrivait *Gaspard de la nuit*, sinon d'inventer un genre littéraire : celui du poème en prose ? Il mourut pauvre, solitaire, sans même connaître la joie de se voir édité. Mallarmé ne s'est jamais soucié d'élargir son cercle de lecteurs, préoccupé qu'il était de purifier le langage afin d'atteindre « l'essence des choses ». **Écrire peut être une ascèse, une quête de l'Absolu,** dans laquelle « autrui » peut certes se reconnaître, mais qui n'est pas d'abord menée à son intention.

L'échec d'une écriture « pour soi » est donc loin d'être patent. Ne peut-on pas, dès lors, écrire pour soi en même temps que pour autrui ?

III. « "Je" est un autre » (Rimbaud)

1. Une affirmation trop tranchée

Sartre n'en voit ni n'en imagine la possibilité. Sa position est des plus tranchées : c'est l'un ou l'autre. L'histoire littéraire rend moins péremptoire. L'explosion romantique du « Moi » n'aurait pourtant pas rencontré tant d'échos, si l'autre ne s'était pas plus ou moins reconnu dans le « je » du poète. « Je m'exprimais moi-même pour moi-même », écrit Lamartine à propos de ses *Méditations*. Ce faisant, et fût-ce même sans en avoir une nette conscience, il exprimait les aspirations de toute une génération, lassée du rationalisme des Lumières. **L'antinomie entre soi et les autres n'est pas absolue.** « Ah ! insensé qui croit que je ne suis pas toi ! », s'exclame Hugo. « Hypocrite lecteur, – mon semblable, – mon frère ! », écrit de son côté Baudelaire.

2. Une position philosophique

Si Sartre écarte toute possibilité de conciliation, c'est qu'il considère que **l'écrivain, comme n'importe quel homme, est en « situation »** : il appartient à une époque, à un milieu, à une culture. Écrire, c'est choisir un langage, et choisir son langage, c'est choisir son public, son lectorat, capable de le recevoir et de l'apprécier. Selon Sartre, en effet, on écrit ni pour ses contemporains ni pour la postérité : ce sont des notions trop larges, trop floues, trop abstraites. **On écrit pour la fraction, plus ou moins grande, du lectorat possédant les mêmes références.** Toute œuvre est comme un signal de reconnaissance envoyé par son auteur. En ce sens, « autrui » s'inscrit au cœur de l'acte d'écrire.

3. De l'auteur au lecteur

Si on écrit pour « autrui », peut-être convient-il aussi de poser la question de savoir comment lit « autrui ». Selon Proust, « chaque lecteur est, quand il lit, le propre lecteur de soi-même », qui découvre ce que sans le livre il n'aurait pas discerné lui-même. Les théories critiques modernes en font même un « co-auteur ». Deux personnes peuvent lire le même texte, sans en faire la même « lecture ». **Le couple que forment l'auteur et le lecteur est à la fois unique et fusionnel.** La perspective se renverse autant qu'elle s'élargit puisque l'auteur peut finir par se reconnaître dans « autrui ».

Conclusion

La thèse de Sartre pousse ainsi à s'interroger sur l'acte le plus simple et le plus mystérieux qui soit : écrire, ainsi que sur ses intentionnalités explicites ou implicites.

Les objets d'étude
de 1re L

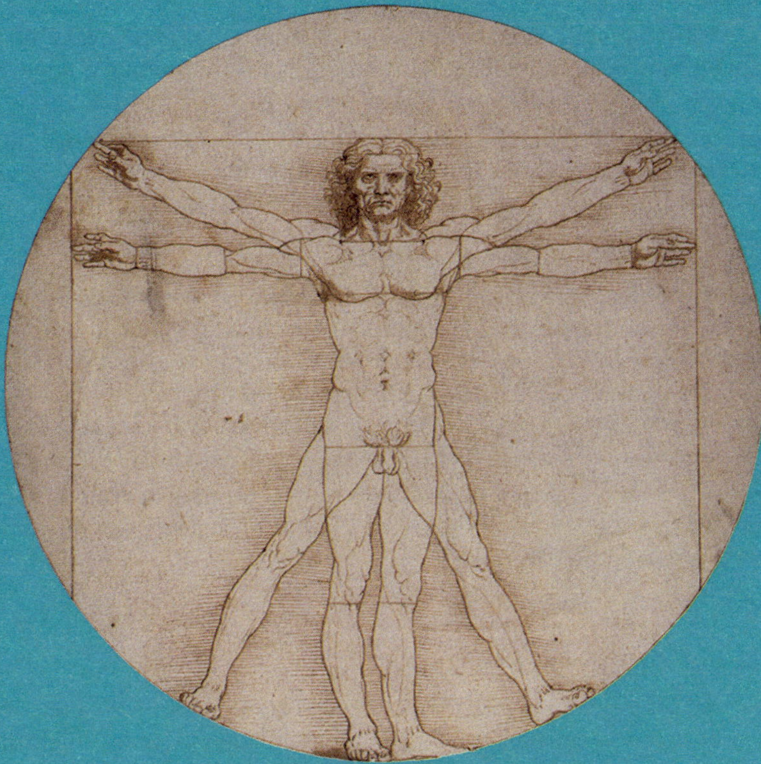

INTRODUCTION

Vers un espace culturel européen : Renaissance et humanisme

L'humanisme ou l'intérêt pour « l'humanité »

- Le terme « humanisme » apparaît dans notre langue vers la fin du XVIIIe siècle. Dès le Moyen Âge, celui qui fait ses « humanités » est un homme cultivé, qui se prépare au droit ou à la médecine.
- À partir du XIXe siècle, l'humanisme renvoie à une vision optimiste de l'homme, dont la dignité repose sur ses capacités à se réaliser, et en particulier à accéder à la culture. Les humanistes croient au progrès, condition du bonheur.

Un contexte historique spécifique

- L'humanisme est, au sens strict, la pensée des hommes de la Renaissance. Après la chute de Constantinople en 1453, la fuite des savants byzantins vers l'Italie permet la diffusion en Europe des sources antiques, qui vont nourrir l'inspiration de tous les penseurs et artistes. Cette époque est une vraie « renaissance ». De nombreux bouleversements favorisent la réflexion sur la place de l'Homme dans le monde.
- Aujourd'hui, beaucoup en appellent à un nouvel humanisme, au moment où le progrès technique et les soubresauts de l'histoire invitent plus que jamais à réfléchir à la question de l'Homme.

Les réécritures du XVIIe siècle à nos jours

La réécriture et les réécritures

- L'imitation des Anciens a longtemps été la règle pour les écrivains : durant des siècles, on trouvait normal et même souhaitable de puiser ses sujets dans la mythologie, ou de reprendre des thèmes et des formes de l'Antiquité.
- C'est seulement à partir du XVIIIe siècle qu'on commence à envisager le travail de l'écrivain comme une quête d'originalité. C'est le romantisme qui imposera durablement l'idée qu'une œuvre littéraire est l'expression d'un moi individuel.

Des formes et des fonctions variées

- Les formes de la réécriture se répartissent en deux ensembles : l'imitation d'un côté, la transformation de l'autre. Du côté de l'imitation, on trouvera le pastiche et les suites, et du côté de la transformation, la parodie et les transpositions.
- Les fonctions de la réécriture peuvent être sérieuses quand il s'agit de rendre hommage à un écrivain en l'imitant. Elles peuvent aussi être ludiques, voire satiriques quand la réécriture prend pour cible un écrivain dont il s'agit de se moquer.

CHAPITRE 13

Vers un espace culturel européen : Renaissance et humanisme

COURS

Vers un espace culturel européen : Renaissance et humanisme

L'humanisme désigne aujourd'hui une pensée qui prend en compte les droits de l'Homme et qui réfléchit aux conditions de son bonheur. Mais dans son sens restreint, il s'agit d'un mouvement littéraire et culturel européen, qui accompagne les progrès de la Renaissance et la redécouverte des sources grecques et latines. Les écrivains humanistes proposent une réflexion renouvelée sur les questions politiques, éducatives et religieuses. Au centre de cette réflexion, ils placent l'Homme, une exigence de liberté et de justice.

I. Qu'est-ce que la Renaissance ?

La Renaissance trouve son origine en Italie vers le XIVe siècle et s'achève au début du XVIIe siècle. Elle permet à l'Europe, progressivement, de tourner le dos au Moyen Âge. C'est une période de grande fécondité pour les arts et les sciences. Les hommes voient le monde différemment et s'interrogent sur la place qu'ils y occupent. La religion n'échappe pas aux questionnements de la Renaissance. La Réforme constitue une rupture considérable dans l'histoire de l'Europe ; celle-ci doit apprendre à faire cohabiter deux religions différentes, qui commencent par se combattre : le catholicisme et le protestantisme.

1. L'héritage de l'Antiquité

a. Le contexte historique

- La **chute de Constantinople en 1453** est généralement reconnue comme une date décisive pour la Renaissance. Des savants byzantins connaissant les sources gréco-romaines, qu'ils pouvaient consulter dans les bibliothèques de la ville, fuient alors vers l'Italie.

- Au XVIe siècle, en France, le roi **François Ier** (1494-1547) a conscience de l'importance des arts et des lettres pour son pays. Il admire les artistes de la Renaissance italienne, et en particulier **Léonard de Vinci** (1452-1519), qui va même s'installer, à la fin de sa vie, à côté du château royal d'Amboise. Mais il poursuit aussi les **guerres d'Italie** (1494-1559), commencées par ses prédécesseurs Charles VIII et Louis XII, ce qui permet à la France de découvrir l'esprit de la Renaissance.

b. L'importance de l'imprimerie

- Le perfectionnement par **Gutenberg** de la technique de l'**imprimerie**, au XVe siècle, facilite considérablement la diffusion des idées : la culture antique n'est plus réservée à une élite. De plus en plus de laïcs, d'étudiants, peuvent s'approprier l'héritage des Anciens.

- Ce changement majeur dans le rapport au livre facilite la **lecture de la Bible**, qui est non seulement traduite en langue vernaculaire[1] à partir de l'hébreu et du grec, mais qui est aussi plus largement diffusée. Les fidèles sont invités à affermir leur foi au contact des Écritures.

1 Langue vernaculaire : le français, par opposition à la langue savante, le latin.

- L'imprimerie permet à l'humanisme de se diffuser largement en Europe. L'Anglais **Thomas More** (1478-1535) et le Hollandais **Érasme** (vers 1469-1536) sont des exemples de la « **République des Lettres** » qui se crée entre savants européens.

2. Des savoirs nouveaux

a. Les Grandes découvertes

- Les voyages élargissent l'horizon des hommes du XVIe siècle. **Christophe Colomb**, en 1492, découvre l'Amérique ; **Vasco de Gama** ouvre une route maritime vers les Indes, en 1498 ; **Magellan**, entre 1519 et 1522, réalise la première circumnavigation[2] de l'histoire.
- Ces voyages sont à l'origine de nombreux progrès dans le domaine des **instruments de navigation**. Ils font également évoluer la **cartographie** : les hommes se représentent le monde de manière plus précise. Ils vérifient que la Terre est ronde.
- Les Européens sont surtout conduits à s'interroger sur leur **place dans le monde** : ils savent définitivement que tous les hommes ne partagent pas leurs modes de vie et leurs valeurs. Pour chacun, c'est une leçon de **relativisme**.

b. Les progrès de l'astronomie

- **Copernic**, qui défend l'**héliocentrisme**, c'est-à-dire que la Terre tourne autour du Soleil, contribue à mettre en cause les représentations et les certitudes communément admises. La Terre, création divine, n'est pas au centre de l'univers.
- Certains, dont **Giordano Bruno** (1548-1600), développent aussi l'idée d'**un univers infini**, au sein duquel l'homme, sur la Terre, n'aurait plus qu'une place limitée. Cette vision, très polémique, est contestée par des hommes habitués à se représenter un monde clos, bien organisé, dans lequel l'homme a une place centrale.

c. Une meilleure connaissance du corps humain

- Les savants de la Renaissance s'intéressent à l'anatomie du corps humain. On ose pratiquer des **dissections**, ce qui permet à la médecine et à la chirurgie de progresser. **Ambroise Paré** (1510-1590) est l'un des plus grands médecins français de cette époque.
- Les **artistes** s'appuient eux aussi sur une meilleure connaissance du corps humain. Ils en représentent les **proportions** de manière plus exacte, pour mettre en évidence la perfection de l'homme, créature de Dieu. C'est l'ambition de **Léonard de Vinci** dans *L'Homme de Vitruve* (vers 1492).

3. De grands bouleversements religieux

a. De l'évangélisme à la Réforme protestante

- L'**évangélisme** est un courant humaniste qui défend un **rapport direct aux Évangiles** et une relation personnelle avec Dieu, qui ne passerait pas par l'intermédiaire des prêtres. Mais ses défenseurs ne veulent pas rompre avec l'Église.
- La **Réforme protestante**, portée par **Luther** à partir de 1517, constitue au contraire une rupture fondamentale. Les protestants contestent l'autorité du Pape et l'organisation de l'Église. Ils défendent un contact plus direct des fidèles avec les textes sacrés et développent une nouvelle vision du salut.

2 Circumnavigation : voyage en bateau autour du monde.

b. Les conséquences de la Réforme

- La rupture des protestants avec l'Église déclenche de terribles **guerres de Religion**, dans la deuxième moitié du XVIe siècle. En 1572, le **massacre de la Saint-Barthélemy** fait des milliers de morts. L'**Édit de Nantes**, promulgué en 1598 par Henri IV, instaure une certaine tolérance entre catholiques et protestants.
- L'Église tente de répondre à la crise religieuse née de la Réforme protestante. La **Réforme catholique**, dont le Concile de Trente est l'un des actes majeurs, est à l'origine d'un renouveau de la spiritualité et de l'art : elle est liée, en particulier, à l'**esthétique baroque**, qui doit émouvoir les fidèles par sa richesse, voire par son exubérance.

Léonard de Vinci ou le génie humaniste

Histoire des art

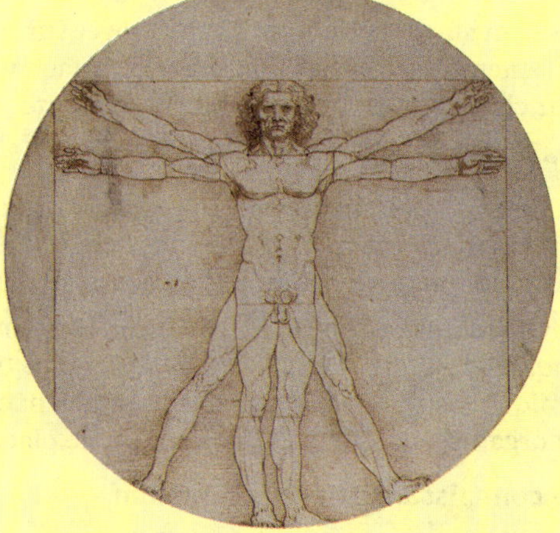

DOC. 1 Léonard de Vinci, *L'Homme de Vitruve* (vers 1492).

Léonard de Vinci (1452-1519) est l'une des figures les plus marquantes de l'humanisme. Il est non seulement peintre – chacun connaît *La Joconde* (1503-1506) –, mais aussi ingénieur et scientifique. Il dessine même un hélicoptère, un scaphandre, un parachute ! Il est considéré comme un esprit universel et visionnaire.

Son œuvre témoigne de sa recherche d'une connaissance globale du monde. Il ne fait aucune distinction entre la science et les arts. Comme beaucoup d'hommes de son époque, il s'intéresse à l'anatomie. *L'Homme de Vitruve* (vers 1492) témoigne de son sens de l'observation, de son goût pour les mathématiques et la géométrie.

Ce dessin est caractéristique de l'idéal humaniste. Il constitue en effet une référence au traité *De Architectura* de l'architecte romain Vitruve (Ier siècle av. J.-C.), source redécouverte à l'époque. Vitruve y étudie très précisément « l'architecture » du corps, que les constructions humaines devraient imiter pour être équilibrées.

L'œuvre de Léonard place l'homme au cœur de la création, à la fois dans un carré et un cercle (dont le centre est le nombril), figures géométriques considérées comme parfaites. Léonard dessine cet homme en mouvement et superpose deux croquis. Lorsqu'il lève les bras et écarte les jambes, l'homme de Vitruve quitte le cadre stable du carré, pour rejoindre les limites du cercle, symbole probable de l'univers.

Léonard de Vinci prête une attention particulière au corps, dont il représente les proportions idéales. L'homme dessiné n'a pas d'identité précise : c'est un modèle de perfection.

II. La littérature humaniste

La Renaissance est marquée par un mouvement littéraire et culturel majeur, qui concerne l'Europe : l'humanisme. Les humanistes sont des hommes qui se consacrent à l'étude des textes antiques. En littérature, comme dans les arts et la pensée, ils veulent rompre avec le Moyen Âge. L'inspiration des textes grecs et latins de l'Antiquité les conduit à examiner les connaissances humaines avec rigueur et esprit critique. Ils n'hésitent pas à dénoncer les inégalités et les guerres. Ils imaginent même des utopies, qui décrivent le monde tel qu'ils le rêvent.

1. Le retour aux sources antiques

a. Le souci des textes

- Les écrivains humanistes redécouvrent les textes de l'Antiquité. Ils les traduisent et les établissent pour en permettre la diffusion. L'époque est à la **philologie** : il faut restituer les œuvres antiques dans leur version d'origine, à partir des nombreux manuscrits altérés par les copistes du Moyen Âge. **Guillaume Budé** (1467-1540), un très grand helléniste, est l'un de ces philologues qui favorise la diffusion des Lettres.

- Cette attention aux textes s'accompagne d'une lecture précise de la **Bible**. **Érasme** (vers 1469-1536) travaille à une édition du Nouveau Testament. **Lefèvre d'Étaples** (1450-1536) publie en 1525 des *Épîtres* et *Évangiles* qui doivent permettre aux fidèles et aux prêtres de mieux saisir les Écritures.

b. Les sagesses antiques

- Les humanistes vont trouver dans les textes antiques de nombreuses raisons de **mettre en cause les certitudes inspirées par la morale et la foi**. Les hommes de l'Antiquité ignorent en effet le message chrétien, comme les « sauvages » découverts dans le Nouveau Monde. Les uns et les autres n'en sont pas moins heureux et sages.

- Pour **Montaigne** (1533-1592), les textes antiques sont des références essentielles. Les citations sont autant d'**arguments d'autorité** dont il parsème ses *Essais*. Il s'inspire en particulier de la pensée sceptique, telle qu'elle a pu être représentée par Pyrrhon, philosophe grec du IVe siècle avant J.-C. Mais il revendique sa liberté à l'égard de ces références qui doivent surtout le guider vers une meilleure connaissance de lui-même et du monde.

c. Entre imitation et originalité

- Pour certains humanistes, l'**imitation des Anciens** est la règle. Érasme, par exemple, choisit d'écrire en latin, et non en néerlandais, dans sa langue maternelle. **Du Bellay** (1525-1560), en exil à Rome, s'inspire, pour écrire *Les Regrets* (1558), des *Tristes* d'Ovide (Ier siècle apr. J.-C.), poète qui connut lui aussi l'exil.

- Cette imitation est toutefois assez libre. De nombreux humanistes promeuvent la **langue française comme langue de littérature**, qu'ils voudraient imposer aux dépens du latin. Du Bellay, dans sa *Défense et Illustration de la langue française* (1549), défend la richesse poétique du français. Il invite à oser inventer, à trouver sa propre voix, sans se contenter de traduire les auteurs antiques.

DOC. 2 Quentin Metsys (1466-1530), *Érasme* (1517). Quentin Metsys, peintre primitif flamand, représente Desiderius Érasme (vers 1469-1536) au travail, entouré de livres. L'humaniste hollandais donne une image de simplicité et de sagesse. Il est concentré sur l'écriture et sur la connaissance.

2. Un nouveau regard sur l'Homme et sur le monde

a. L'importance de l'éducation

- Les humanistes, qui croient au **progrès**, accordent une importance particulière à l'**éducation**. Ils refusent les méthodes des précepteurs du Moyen Âge, qui contraignaient excessivement les corps et les esprits, pour « gaver » les enfants de connaissances indigestes. Pour Montaigne, dans l'essai « De l'Institution des enfants » (1580), les bons précepteurs doivent prendre en compte la nature de leurs élèves et favoriser leur autonomie. Une « tête bien faite », capable de philosopher dès l'enfance, est plus intéressante qu'une « tête bien pleine », seulement capable de mémoriser et de répéter.
- Les humanistes considèrent que l'apprentissage peut passer par le jeu et le plaisir. **Marguerite de Navarre** (1492-1549) témoigne d'ailleurs de l'importance accordée au **divertissement par le récit**. Dans *L'Heptaméron*, un recueil de nouvelles, elle présente des personnages qui conjurent l'ennui en se racontant des histoires, dont l'amour et la religion sont les enjeux principaux.

Montaigne et le genre de l'essai

Pour Montaigne, les *Essais* (1580-1588) sont l'œuvre d'une vie. Il y présente les « essais » de sa pensée, dont il va nous montrer l'élaboration progressive. Dans son œuvre, il pose en effet plus de questions qu'il ne donne de réponses. On connaît la célèbre question qui révèle ses doutes sur lui-même et sur le monde : « Que sais-je ? »

À ce doute d'inspiration sceptique correspond une forme ouverte et libre, qui donne une impression d'inachèvement. Montaigne affirme lui-même que son œuvre n'est pas composée avec rigueur et qu'il y multiple les digressions ou « farcissures ». Dans chacun des essais, il accumule les réflexions, les exemples, les citations d'auteurs avec lesquels il entretient un véritable dialogue, par-delà les siècles. En érudit, il ne cesse de confronter sa pensée à celle des autres, qu'il place au cœur de sa propre argumentation.

Les *Essais* sont consacrés à l'Homme : Montaigne y analyse des questions de philosophie et de morale essentielles. Il en fait aussi l'occasion de réfléchir sur lui-même. Son œuvre est un autoportrait. Il nous parle de ses expériences et de ses souffrances, y compris physiques, avec une liberté qui a parfois été considérée comme de l'impudeur. Au lecteur, il dit d'ailleurs qu'il se serait volontiers « peint tout entier, et tout nu ». Il est lui-même « la matière de [s]on livre ». Cette « matière » est certes personnelle, mais elle a une valeur universelle. Chaque Homme peut s'identifier au questionnement sur la mort, la société, l'amitié, qu'il développe dans son œuvre.

- Certains humanistes rêvent aussi de **maîtriser tous les savoirs**. L'italien **Pic de la Mirandole** (1463-1494) incarne cette ambition de l'homme universel, à l'admirable érudition. Gargantua demande aussi à son fils de devenir « un abîme de science » (*Pantagruel*, 1532). Il rappelle toutefois que la « science sans conscience n'est que ruine de l'âme ». La connaissance et la morale sont indissociables.

b. Une réflexion politique originale

- Les humanistes s'intéressent à la question politique. **Machiavel** (1469-1527), dans *Le Prince* (1513), définit ce qui deviendra le machiavélisme : l'idée selon laquelle **la fin justifie les moyens**. Pour lui, la raison d'État, au nom du réalisme politique, légitime la mise à distance de la morale.

- **Thomas More** (1478-1535), dans ***L'Utopie*** (1516), décrit au contraire une **société idéale**. Sur leur île, les habitants ont un mode de vie pacifique et communautaire, fondé sur le travail et le partage des richesses.

c. La question religieuse

- Les humanistes défendent la paix. Ils regardent avec horreur les guerres de Religion que se livrent les catholiques et les protestants en France. Théodore **Agrippa d'Aubigné** (1552-1560), par exemple, dans *Les Tragiques* (1616), **dénonce les massacres**. Calviniste, il est profondément choqué par le déchaînement de violence que constitue la Saint-Barthélemy.

Pour Montaigne, cette violence « entre des voisins et concitoyens » invite même à **relativiser l'horreur qu'inspire la pratique du cannibalisme** par les peuples du continent américain, qui ne s'attaquent qu'à leurs ennemis avérés. Montaigne, dans son essai « Des cannibales », dénonce ainsi l'**européocentrisme**, c'est-à-dire la conviction contestable que les Européens ont de leur supériorité :

> « Nous les pouvons donc bien appeler barbares, eu égard aux règles de la raison, mais non pas eu égard à nous, qui les surpassons en toute sorte de barbarie. »
>
> ■ Montaigne, *Essais* (1580-1588), « Des cannibales ».

Même s'ils n'adhèrent pas tous aux thèses de la Réforme, les humanistes, parfois proches des évangélistes, se méfient des certitudes religieuses, qui conduisent aux affrontements. Érasme, Rabelais, Marguerite de Navarre n'hésitent pas à faire la **satire des moines, des prêtres et des théologiens**. Pour Érasme, dans son *Éloge de la folie* (1509), la folie est même préférable à leur prétendue sagesse.

Gargantua et Pantagruel, deux géants de l'humanisme

En 1532, Rabelais (vers 1494-1553) publie *Pantagruel*, sous le pseudonyme d'Alcofribas Nasier (anagramme de Rabelais). C'est le premier volume d'un ensemble romanesque qui en compte cinq. Il y présente les aventures d'une famille de géants, dont il livre les origines en 1535, avec la publication de *Gargantua*, récit de la vie du père de Pantagruel. Suivront le *Tiers Livre* (1546), le *Quart Livre* (1547-1552) et le *Cinquième Livre* (1564).

Pantagruel et Gargantua sont deux personnages dotés d'appétits hors du commun. Ils boivent et mangent beaucoup. Ils ont aussi une très grande soif d'apprendre. Pantagruel reçoit, de la part de son père, un programme d'éducation très exigeant. Gargantua lui demande d'apprendre à maîtriser l'essentiel des connaissances sur le monde. Après avoir souffert des méthodes d'éducation médiévales, peu respectueuses de l'individu, il a lui-même bénéficié des services d'un précepteur humaniste, qui fait de lui « un esprit sain dans un corps sain ». Il se confronte aussi à la guerre : il réussit à battre Picrochole, le tyran, et à faire revenir la paix.

Dans ses romans, sous le masque du rire qui est bien, pour lui, « le propre de l'homme », Rabelais décrit son idéal culturel, moral et politique. Il n'hésite pas à prendre distance avec l'Église. L'abbaye de Thélème, que Gargantua fait bâtir pour son ami, frère Jean, est une utopie. Elle n'est pas régie par des règles strictes, à la manière des abbayes traditionnelles. Hommes et femmes y vivent ensemble, librement, avec pour seule devise : « Fais ce que voudras ».

DOC. 3 Gustave Doré (1832-1883), *L'Enfance de Pantagruel* (vers 1873). Gustave Doré, graveur qui travaille souvent en tant qu'illustrateur, met en évidence le gigantisme de Pantagruel. L'enfant se saisit d'une vache dont il va probablement boire le lait.

MÉTHODES ET STRATÉGIES

1 Question sur un corpus – L'humanisme et l'éducation

Quel idéal pédagogique les auteurs proposent-ils dans leurs textes ?

> Voir la méthode du traitement d'une question sur un corpus (Annexes, p. 470).

TEXTE A **Érasme** (vers 1469-1536), *De l'éducation des enfants* (1529) p. 409

TEXTE B **François Rabelais** (vers 1494-1553), *Pantagruel* (1532) p. 410

TEXTE C **François Rabelais** (vers 1494-1553), *Gargantua* (1534) p. 411

TEXTE D **Michel de Montaigne** (1533-1592), *Essais* (1580-1588), I, XXVI, « De l'institution des enfants » p. 411

Analyser le sujet

> Cerner le sujet

- L'expression essentielle du sujet est « idéal pédagogique ». Les humanistes réfléchissent sur l'éducation et définissent en effet de nouvelles méthodes, qu'un précepteur idéal devrait appliquer, et de nouveaux objectifs à poursuivre. Ils s'interrogent aussi sur les savoirs à maîtriser pour l'enfant.
- Le sujet invite à faire le lien entre l'humanisme et la réflexion pédagogique. Il s'agit de voir en quoi l'idéal que les auteurs définissent se distingue de l'éducation médiévale. Comment renouvellent-ils la réflexion sur l'éducation, en s'appuyant sur l'intérêt de l'enfant ?

> Analyser le corpus de textes

- Érasme, dans *De l'éducation des enfants*, livre ses réflexions sur l'éducation sous une forme épistolaire. Il propose des conseils à un destinataire qui veut connaître la meilleure manière d'éduquer son fils.
- Rabelais place la question de l'éducation au cœur de *Pantagruel* et *Gargantua*, ses deux romans. Le programme d'éducation auquel ses personnages sont soumis est empreint des valeurs et des ambitions humanistes.
- Montaigne consacre à l'éducation un essai entier : « De l'institution des enfants ». Cet essai, adressé à Diane de Foix, qui attend un enfant, est le plus long du premier livre. Montaigne y développe une vision originale et étonnamment moderne du rôle du précepteur.

Structurer la réponse

> Construire le plan de la réponse

- L'idéal pédagogique des auteurs se définit de manière négative, en rupture avec l'éducation médiévale, et de manière plus positive, en référence aux valeurs humanistes. On peut donc proposer un plan en deux grandes parties : I. La rupture avec l'éducation médiévale ; II. Un idéal humaniste.

- Pour chaque partie, distinguer au moins deux sous-parties pour enrichir l'argumentation en s'appuyant sur la diversité du corpus. Dans la première partie, on peut montrer que l'éducation médiévale est néfaste pour au moins deux raisons : elle ne tient pas compte du corps de l'enfant (hygiène de vie…) ; elle est inefficace pour les apprentissages. Dans la deuxième partie, on s'intéressera aux différentes dimensions du renouvellement défendu par les humanistes : un précepteur nouveau, un élève plus respecté et heureux, des savoirs plus riches et plus adaptés.

> Élaborer un plan détaillé

I. La rupture avec l'éducation médiévale

1. Une éducation qui néglige le corps de l'enfant

– L'éducation médiévale ne respecte pas l'hygiène et le rythme de l'enfant (voir Rabelais, *Gargantua*).
– Les précepteurs font même violence au corps de l'enfant (voir Montaigne : images liées à la digestion).

2. Une éducation qui ne permet pas les apprentissages

– Éducation à la fois violente et inefficace, qui s'appuie sur la répétition. Elle génère donc l'ennui.
– Lorsque l'enfant répète des savoirs ingurgités sous la contrainte, cela ne signifie pas non plus qu'il les a compris.

II. Un idéal humaniste

1. Un précepteur respectueux de son élève

– Le précepteur doit s'adapter à son élève. Chaque enfant étant différent, il doit suivre un programme d'apprentissage individualisé.
– Le précepteur doit aussi savoir s'effacer derrière son élève et le laisser parler.
– La contrainte n'est pas une méthode d'éducation légitime.

2. Un élève dont les besoins et les désirs sont respectés

– Un enfant aime jouer. Il aime les récits (les fables, par ex.), est aussi capable d'imiter.
– Il faut s'appuyer sur ses capacités pour le guider vers les apprentissages, favoriser en lui l'autonomie et la curiosité.

3. Des savoirs essentiels à la formation

– Rabelais propose la longue liste des apprentissages qu'un humaniste doit maîtriser. Mais Gargantua écrit « d'Utopie » !
– Montaigne choisit plutôt de valoriser une « tête bien faite », se méfie de la « tête bien pleine », ne recherche pas l'érudition, mais l'esprit critique et l'autonomie de la pensée.

Rédiger la réponse

> Rédiger l'introduction

L'humanisme naît d'une redécouverte de la culture antique. C'est une époque où la connaissance se diffuse rapidement et où se pose donc la question de l'éducation. Le respect de la liberté individuelle et l'aspiration au bonheur sont au cœur de l'idéal pédagogique humaniste. Aux enfants, il importe de proposer des précepteurs plus attentifs à la fois aux besoins du corps et à ceux de l'esprit.

> Rédiger le développement

Voici un exemple de paragraphe rédigé pour la partie I, 1, intégrant des citations des textes de Rabelais (*Gargantua*) et de Montaigne :

Pour les humanistes, l'éducation pose la question du rapport au corps. Pour les précepteurs médiévaux, le corps est délaissé, voire maltraité. Gargantua se lève tard et ne se soucie pas de son hygiène : « il se peignait avec le peigne d'Almain ». Le point de vue des précepteurs, rapporté au discours indirect, nous montre qu'ils justifient cette négligence. Gargantua est invité à flatter ses « esprits animaux », et non à enrichir sa culture. Montaigne dénonce aussi cette violence faite aux enfants : « On ne cesse de criailler à nos oreilles d'enfants, comme si l'on versait dans un entonnoir ». L'enfant ne saurait être raisonnablement considéré comme une oie que l'on gave. La mauvaise éducation induit de vraies souffrances physiques.

> Rédiger une brève conclusion

- On insistera sur l'importance de l'éducation pour les humanistes, qui en font une condition de la liberté et du bonheur.
- Un exemple d'ouverture possible : Rousseau, au XVIIIe siècle, avec *L'Émile* (1762), poursuit cette réflexion humaniste. Pour les hommes des Lumières, l'éducation est un facteur essentiel de progrès.

2 Commentaire littéraire – Rabelais, *Pantagruel*

Vous commenterez le texte de Rabelais, extrait de *Pantagruel*.

> Voir la méthode du traitement du commentaire littéraire (Annexes, p. 471).
> Voir le sujet 1 p. 413.

Prendre connaissance du texte

> Faire les premiers repérages

- Le texte doit être étudié dans le cadre de l'objet d'étude sur l'humanisme. Pour Rabelais, il importe de présenter l'idéal humaniste.
- Il s'agit d'une lettre écrite par un père à son fils. Cette lettre est de nature argumentative. Elle témoigne toutefois de l'amour de Gargantua pour Pantagruel. Elle est rédigée sur un ton bienveillant et grave.

> Établir la fiche d'identité du texte

- On relèvera tous les indices textuels qui renvoient à la lettre (mention de l'expéditeur, date, lieu, destinataire). Cette lettre permet à Gargantua de transmettre un discours de sagesse à son fils. À la fin, elle est même assez proche d'un sermon.
- Préciser la composition du texte et répertorier la somme des savoirs que Gargantua propose à Pantagruel : Rabelais les organise sous la forme d'une gradation. On peut voir qu'il conclut en rappelant l'importance de la morale et de la religion, savoirs les plus importants.
- Montrer en quoi le programme qu'il fixe est inspiré par les valeurs humanistes (la confiance en l'Homme, l'idée de progrès, l'importance accordée à la liberté et au bonheur…).

Analyser le texte au brouillon

On relèvera les nombreux procédés qui viennent à l'appui de l'argumentation de Rabelais. Ne pas oublier, lorsqu'on identifiera des procédés, d'en dégager les effets de sens. Comment le texte parvient-il à nous persuader que l'éducation est essentielle ?

Structurer la réponse

> Établir un projet de lecture

Le projet de lecture doit faire le lien entre ce texte et l'idéal humaniste. Comment Rabelais permet-il au lecteur de mieux comprendre l'idéal humaniste, à travers le programme d'éducation que Gargantua propose à son fils ?

> Élaborer un plan détaillé

I. La lettre d'un père à son fils

1. Un ton bienveillant et solennel

Gargantua s'adresse avec bienveillance à son fils. Sa lettre témoigne de son estime pour lui. Mais il lui assigne aussi de nombreux objectifs : à l'impératif. Programme d'éducation particulièrement exigeant.

2. Un témoignage de l'expérience

– Gargantua veut faire partager à Pantagruel son expérience, parle en homme sage, qui connaît le monde. Il semble lui passer le relais, parce qu'il est déjà âgé et qu'il sait le caractère provisoire de l'existence humaine.
– La lettre est l'héritage intellectuel et moral qu'il lui livre.
→ Cette lettre est à la fois bienveillante et ferme : Gargantua propose en effet à son fils un vrai programme d'éducation, complet et rigoureux.

II. Des connaissances nouvelles pour un nouveau monde

1. La transmission des savoirs

– Transmission des savoirs facilitée pendant la Renaissance.
– Gargantua constate, non sans admiration, les progrès de l'humanité. Pour lui, il n'existe donc aucune excuse possible pour ne pas apprendre.

2. Un programme ambitieux d'apprentissage

– Le programme d'apprentissage que définit Gargantua est très riche : les langues, l'histoire, la cosmographie, l'astronomie (et non l'astrologie, qui n'est pas considérée comme scientifique)...
– Pantagruel ne doit pas non plus négliger les textes sacrés. Il doit connaître le monde, se connaître lui-même et aspirer à la connaissance de Dieu.
→ Ce programme d'éducation est l'occasion, pour Rabelais, de présenter et de défendre l'idéal humaniste.

III. Un idéal humaniste

1. Un idéal inaccessible ?

– Gargantua écrit « d'Utopie » = certainement une référence à Thomas More, humaniste anglais auteur de *L'Utopie* (1516). Les exigences qu'il pose sont en effet démesurées, probablement inaccessibles, même pour l'appétit de savoir d'un géant !
– Son idéal = celui de l'homme universel, qui maîtrise l'essentiel des connaissances humaines.

2. Une défense et illustration de l'humanisme

– Le texte nous rappelle que l'humanisme s'appuie sur la redécouverte des connaissances de l'Antiquité. Il vise la liberté et le bonheur.

– Les hommes doivent aussi avoir un contact direct avec les écritures et avec Dieu. À la fin de sa lettre, Gargantua fait peut-être référence à l'évangélisme.

Rédiger le commentaire

> Rédiger l'introduction

On peut donner quelques éléments sur l'humanisme et rappeler que Gargantua est le père de Pantagruel. Rabelais nous livre pourtant son histoire deux ans après celle de son fils. Les deux personnages sont des géants. Le programme d'éducation qui est présenté à Pantagruel est écrit « d'Utopie ». Il n'a donc pas forcément vocation à être réalisé. Il s'agit surtout, pour Rabelais, de présenter l'idéal humaniste. Comment fait-il de l'éducation un enjeu essentiel pour l'humanisme, dans cette lettre ? Le texte est bien une lettre personnelle. Mais son enjeu dépasse la simple leçon d'un père à son fils. Rabelais veut surtout livrer une réflexion sur l'éducation : il fait l'inventaire des savoirs à maîtriser pour trouver sa place dans un monde où les connaissances se diffusent. Il défend ainsi les valeurs de l'humanisme.

> Rédiger le développement

Attention : l'analyse de ce texte suppose des connaissances, mais ne pas faire du commentaire un exposé sur l'humanisme. Toujours relier les remarques au texte, qui n'est pas un prétexte à des développements généraux. Ex : pour montrer que Rabelais valorise la redécouverte des sources antiques, relever que Gargantua demande à son fils d'apprendre le grec et le latin.

> Rédiger la conclusion

- Rappeler, pour répondre à la problématique posée en introduction, que Rabelais place la question éducative au cœur de l'idéal humaniste.
- Rapprocher le texte de celui de Montaigne. « De l'institution des enfants » est en effet une réflexion sur l'éducation assez proche de celle de Rabelais, même si celui-ci insiste davantage que Montaigne sur la somme des connaissances à acquérir.

CORPUS

TEXTE A Érasme (1469-1536), *De l'éducation des enfants* (1529)

À celui qui lui a demandé des conseils en matière d'éducation, Érasme répond que les enfants doivent apprendre les langues et les fables. Le plaisir du récit leur permettra de s'instruire sans peine.

Tu vas me demander de t'indiquer les connaissances qui correspondent à l'esprit des enfants et qu'il faut leur infuser dès leur prime jeunesse. En premier lieu, la pratique des langues. Les tout-petits y accèdent sans aucun effort, alors que chez les adultes elle ne peut s'acquérir qu'au prix d'un grand effort. Les jeunes enfants y sont poussés, nous l'avons dit, par le plaisir naturel de l'imitation, dont nous voyons quelques traces jusque chez les sansonnets et les perroquets. Et puis — rien de plus délicieux — les fables des poètes. Leurs séduisants attraits charment les oreilles enfantines, tandis que les adultes y trouvent le plus grand profit, pour la connaissance de la langue autant que pour la formation du jugement et de la richesse de l'expression. Quoi de plus plaisant à écouter pour un enfant que les apologues[3] d'Ésope qui, par le rire et la fantaisie, n'en transmettent pas moins des préceptes philosophiques sérieux ? Le profit est le même avec les autres fables des poètes anciens. L'enfant apprend que les compagnons d'Ulysse ont été transformés par l'art de Circé[4] en pourceaux et en d'autres animaux. Le récit le fait rire mais, en même temps, il a retenu un principe fondamental de philosophie morale, à savoir : ceux qui ne sont pas gouvernés par la droite raison et se laissent emporter au gré de leurs passions ne sont pas des hommes mais des bêtes. Un stoïcien s'exprimerait-il plus gravement ? Et pourtant le même enseignement est donné par une fable amusante. Je ne veux pas te retenir en multipliant les exemples, tant la chose est évidente. Mais quoi de plus gracieux qu'un poème bucolique[5] ? Quoi de plus charmant qu'une comédie ? Fondée sur l'étude des caractères, elle fait impression sur les non-initiés et sur les enfants. Mais quelle somme de philosophie y trouve-t-on en se jouant ! Ajoute mille faits instructifs que l'on s'étonne de voir ignorés même aujourd'hui par ceux qui sont réputés les plus savants. On y rencontre enfin des sentences brèves et attrayantes du genre des proverbes et des mots de personnages illustres, la seule forme sous laquelle autrefois la philosophie se répandait dans le peuple.

■ Orthographe modernisée.

3 Apologues : fables. Ésope est un fabuliste de l'Antiquité, dont La Fontaine s'est inspiré pour écrire ses fables.

4 Circé est une magicienne qui apparaît dans l'*Odyssée* d'Homère.

5 Poème bucolique : poème qui s'inspire de la vie à la campagne.

TEXTE B **François Rabelais (vers 1494-1553), *Pantagruel* (1532), chapitre VIII**

Gargantua, le père de Pantagruel, écrit à son fils « d'Utopie », pour lui fixer un programme d'apprentissages très ambitieux. C'est l'occasion, pour Rabelais, d'insister sur l'importance qu'il accorde à l'éducation, en tant qu'humaniste.

Très cher fils,

[...] Le monde est si plein de gens savants, de précepteurs très doctes[6], de très grandes bibliothèques, qu'il m'est avis que ni au temps de Platon, ni de Cicéron, ni de Papinien[7], il n'y avait une telle commodité d'étude qu'il y a maintenant. Je vois les brigands, les bourreaux, les aventuriers, les palefreniers de maintenant plus doctes que les docteurs et les prêcheurs de mon temps.

[...] Donc mon fils je t'exhorte à employer ta jeunesse à bien profiter en étude. Tu es à Paris, tu as ton précepteur Épistémon ; les deux peuvent t'éduquer, l'un[8] par de vives et vocales instructions, l'autre[9] par de louables exemples. J'entends et veux que tu apprennes les langues parfaitement. Premièrement le grec comme le veut Quintilien[10]. Ensuite le latin. Et puis l'hébreu pour les saintes lettres, et le chaldéen et l'arabe de même : et que tu formes ton style, quant à la grecque, à l'imitation de Platon, quant à la latine, sur Cicéron. Qu'il n'y ait aucune histoire que tu ne tiennes présente en ta mémoire, ce à quoi t'aidera la Cosmographie de ceux qui ont écrit sur ce sujet.

Les arts libéraux, géométrie, arithmétique, et musique, je t'en donnai quelque goût quand tu étais encore petit à l'âge de cinq à six ans : poursuis le reste, et connais toutes les lois de l'astronomie ; laisse-moi l'astrologie divinatoire, et l'art de Lullius[11] car ils sont erronés et creux. Du droit civil je veux que tu saches par cœur les beaux textes, et que tu me les commentes en termes philosophiques.

[...] En somme que je voie un abîme de science : car quand tu deviendras un homme et que tu te feras grand, il te faudra sortir de cette tranquillité et du repos de l'étude : et apprendre la chevalerie et les armes, pour défendre ma maison, et secourir nos amis en toutes leurs affaires contre les assauts des malfaisants. Et je veux que très vite tu essaies combien tu as profité, ce que tu ne pourras mieux faire qu'en ayant des discussions publiques en tout savoir envers tous et contre tous : hantant[12] les gens lettrés, qui sont à Paris comme ailleurs.

Mais parce que selon le sage Salomon[13], le savoir n'entre point en âme malveillante, et que science sans conscience n'est que ruine de l'âme, il te faut servir, aimer, et craindre Dieu et mettre en lui toutes tes pensées, et tout ton espoir : et par foi formée de charité être proche de lui, de sorte que jamais tu ne sois désemparé par le péché, que tu tiennes en suspicion les abus du monde et ne mettes point ton cœur à vanité : car cette vie est transitoire, mais la parole de Dieu demeure éternelle. Sois serviable à tous tes prochains, et aime-les comme toi-même. Révère tes précepteurs, fuis la compagnie des gens auxquels tu ne veux point ressembler. Et les grâces que Dieu t'a données, ne les reçois point en vain. Et quand tu sauras que tu as acquis tout le savoir de par delà,

---

6 Doctes : savants.

7 Platon est un philosophe grec (428-348 ou 347 av. J.-C.). Cicéron est un homme politique et orateur romain (106-43 av. J.-C.). Papinien est un juriste romain du IIIe siècle apr. J.-C.

8 L'un : Épistémon, précepteur dont le nom renvoie étymologiquement à la science (*épistêmê*).

9 L'autre : renvoie à Paris.

10 Quintilien : rhéteur latin (vers 42-vers 100 apr. J.-C.).

11 Lulle (XIIIe siècle) est un alchimiste.

12 Hantant : fréquentant.

13 Salomon, roi d'Israël (971-930 av. J.-C.), est réputé pour sa sagesse.

retourne-t-en vers moi, afin que je te donne ma bénédiction avant de mourir.
Mon fils, la paix et la grâce de notre Seigneur soient avec toi. Amen.
D'Utopie, ce dix-septième jour du mois de Mars,

Ton père, GARGANTUA

■ Orthographe modernisée.

TEXTE C François Rabelais (vers 1494-1553), *Gargantua* (1534)

Avant de recevoir l'éducation humaniste de Ponocratès, Gargantua doit subir les méthodes médiévales, dont Rabelais nous décrit les mauvais effets sur l'enfant.

Il employait donc son temps de telle sorte que : il s'éveillait d'ordinaire entre huit et neuf heures, qu'il fasse jour ou non. C'est ce que qu'avaient ordonné ses anciens maîtres, alléguant les paroles de David[14] : C'est vanité que de vous lever avant la lumière. Puis il gambadait, sautillait, se vautrait sur la paillasse un bon moment pour mieux ragaillardir ses esprits animaux[15] ; et il s'habillait selon la saison, mais portait volontiers une grande et longue robe de grosse laine grège[16], fourrée de renard. Après, il se peignait avec le peigne d'Almain[17], c'est-à-dire avec les quatre doigts et le pouce, car ses précepteurs disaient que se peigner, se laver et se nettoyer de toute autre façon revenait à perdre son temps en ce monde. [...] Après avoir déjeuné bien comme il faut, il allait à l'église et on lui apportait dans un grand panier un gros bréviaire[18] emmitouflé, pesant tant en graisse qu'en fermoirs et parchemins, onze quintaux six livres, à peu de choses près. Là, il entendait vingt-six ou trente messes. À ce moment-là, venait son diseur d'heures[19] en titre, encapuchonné comme une huppe[20], ayant immunisé son haleine à coups de sirop de vigne[21]. Il marmonnait avec lui toutes ces kyrielles[22] et les épluchait si soigneusement que pas un seul grain n'en tombait à terre. Au sortir de l'église, on lui apportait sur un fardier[23] à bœufs un tas de chapelets de Saint-Claude[24], dont chaque grain était gros comme le moule d'un bonnet ; et en se promenant à travers les cloîtres, les galeries et le jardin, il en disait plus que seize ermites. Puis il étudiait pendant une méchante demi-heure, les yeux assis sur le livre, mais, comme dit le Comique[25], son âme était à la cuisine.

■ Orthographe modernisée.

14 David, roi d'Israël, est évoqué dans l'Ancien Testament.
15 Esprits animaux : énergie vitale.
16 Grège : beige clair.
17 Jacques Almain est un théologien. Mais Rabelais fait un jeu de mots (il se peignait à la main).
18 Bréviaire : livre de prières.
19 Heures : prières.
20 Encapuchonné comme une huppe : caché dans son capuchon comme la huppe dans ses plumes.
21 Sirop de vigne : périphrase plaisante pour désigner le vin.
22 Kyrielles : interminable suite de prières.
23 Fardier : char.
24 Saint-Claude : ville du Jura.
25 Comique : auteur de comédie. Il s'agirait de Térence ou de Plaute, sans certitude.

TEXTE D Michel de Montaigne (1533-1592), *Essais* (1580-1588), livre I, chapitre 26 : « De l'institution des enfants »

« De l'institution des enfants » est un essai que Montaigne écrit pour Diane de Foix, qui attend un enfant. Il est entièrement consacré à l'éducation. Montaigne définit les qualités qui devraient être celles d'un précepteur soucieux de la réussite des élèves.

Pour un enfant de maison noble qui recherche l'étude des lettres, non pour le gain (car un but aussi vil est indigne de la grâce et de la faveur des Muses ; d'autre part il concerne les autres et dépend d'eux), ni autant pour les avantages extérieurs que pour les siens propres et pour qu'il s'enrichisse et s'en pare au-dedans, moi, ayant plutôt envie de faire de lui un homme habile qu'un homme savant, je voudrais aussi qu'on fût soucieux de lui choisir un guide qui eût plutôt la tête bien faite que bien pleine et qu'on exigeât chez celui-ci les deux qualités, mais plus la valeur morale et l'intelligence que la science, et je souhaiterais qu'il se comportât dans l'exercice de sa charge d'une manière nouvelle.

On ne cesse de criailler à nos oreilles d'enfants, comme si l'on versait dans un entonnoir, et notre rôle, ce n'est que de redire ce qu'on nous a dit. Je voudrais que le précepteur corrigeât ce point de la méthode usuelle et que, d'entrée, selon la portée de l'âme qu'il a en main, il commençât à la mettre sur la piste, en lui faisant goûter les choses, les choisir et les discerner d'elle-même, en lui ouvrant quelquefois le chemin, quelquefois en le lui faisant ouvrir. Je ne veux pas qu'il invente et parle seul, je veux qu'il écoute son disciple parler à son tour. [...]

Quant aux maîtres qui, comme le comporte notre usage, entreprennent, avec une même façon d'enseigner et une pareille sorte de conduite, de diriger beaucoup d'esprits de tailles et formes si différentes, il n'est pas extraordinaire si, dans tout un peuple d'enfants, ils en rencontrent à peine deux ou trois qui récoltent quelque véritable profit de leur enseignement. Qu'ils ne demandent pas seulement à son élève de lui répéter les mots de la leçon qu'il lui a faite, mais de lui dire leur sens et leur substance, et qu'il juge du profit qu'il en aura fait, non par le témoignage de sa mémoire, mais par celui de sa vie. Ce que l'élève viendra apprendre, qu'il le lui fasse mettre en cent formes et adaptées à autant de sujets différents pour voir s'il l'a dès lors bien compris et bien fait sien, en réglant l'allure de sa progression d'après les conseils pédagogiques de Platon. Regorger la nourriture comme on l'a avalée est une preuve qu'elle est restée crue et non assimilée. L'estomac n'a pas fait son œuvre s'il n'a pas fait changer la façon d'être et la forme de ce qu'on lui avait donné à digérer.

■ Orthographe modernisée.

SUJETS DE TYPE BAC

1 Commentaire littéraire – Marguerite de Navarre *L'Heptaméron*

180 min.

Vous commenterez le texte de Marguerite de Navarre, extrait de *L'Heptaméron*.

En analysant le texte de Marguerite de Navarre, vous découvrirez le ton original de ses nouvelles. *L'Heptaméron* est un recueil essentiel pour ce genre, dont il contribue à assurer le succès. Marguerite de Navarre y témoigne d'une certaine liberté de pensée et d'écriture. Ne soyez pas étonné(e) : elle n'hésite pas à évoquer la violence et les passions.

> Voir la méthode du traitement du commentaire littéraire (Annexes, p. 471).
> Voir les Méthodes et stratégies 2, chapitre 13.

TEXTE Marguerite de Navarre (1492-1549), *L'Heptaméron*, Quatrième journée, trente et unième nouvelle

Profitant de l'absence du mari, un Cordelier (un moine) se rend chez celle dont il est amoureux. Il tue sans hésiter tous les membres de sa maison. Pour éviter elle-même la mort, la jeune femme doit lui obéir : elle se travestit en Cordelier pour fuir plus discrètement. Mais son mari est de retour. Son valet reconnaît la pauvre épouse…

Le gentilhomme lui accorda [d'aller voir si sa femme n'était pas déguisée en frère Jehan] et demeura pour voir ce que son valet lui apporterait. Mais quand le Cordelier ouït[26] derrière lui le valet qui appelait frère Jehan, se doutant que la demoiselle eut été connue[27], vint avec un grand bâton ferré qu'il tenait, et en donna un si grand coup par le côté au valet, qu'il l'abattit du cheval à terre ; incontinent[28] saillit[29] sur son corps et lui coupa la gorge. Le gentilhomme, qui de loin vit trébucher son valet, pensant qu'il fut tombé par quelque fortune[30], court après pour le relever. Et, sitôt que le Cordelier le vit, il lui donna de son bâton ferré, comme il avait fait à son valet, et le jeta par terre, et se jeta sur lui. Mais le gentilhomme, qui était fort et puissant, embrassa[31] le Cordelier de telle sorte qu'il ne lui donna pouvoir de lui faire mal, et lui fit saillir le poignard des poings, lequel sa femme incontinent alla prendre et le bailla[32] à son mari, et de toute sa force tint le Cordelier par le chaperon. Et le mari lui donna plusieurs coups de poignard, en sorte qu'il lui requit pardon et confessa sa méchanceté. Le gentilhomme ne le voulut point tuer, mais pria sa femme d'aller en sa maison quérir[33] ses gens et quelque charrette pour le mener, ce qu'elle fit : dépouillant son habit, courut tout en chemise, la tête rase[34], jusques en sa maison. Incontinent accoururent tous ses gens pour aller à leur maître l'aider à amener le loup qu'il avait pris ; et le trouvèrent dans

26 Ouït : entendit.
27 Connue : reconnue.
28 Incontinent : tout de suite.
29 Saillit : se jeta.
30 Fortune : accident.
31 Embrassa : saisit dans ses bras.
32 Bailla : donna.
33 Quérir : chercher.
34 Le Cordelier l'a contrainte à se raser la tête, pour que son travestissement soit plus crédible.

le chemin, où il fut pris, lié et mené en la maison du gentilhomme ; lequel après le fit conduire en la justice de l'Empereur en Flandres, où il confessa sa mauvaise volonté. Et fut trouvé, par sa confession et preuve, qui fut faite par commissaires, sur le lieu, qu'en ce monastère y avait été mené un grand nombre de gentilles[35] femmes et autres belles filles, par les moyens que ce Cordelier y voulait mener cette demoiselle ; ce qu'il eut fait, sans la grâce de Notre Seigneur, qui aide toujours ceux qui ont espérance en lui. Et fut ledit monastère spolié de ses larcins et des belles filles qui étaient dedans, et les moines y enfermés[36] dedans brûlèrent avec ledit monastère, pour perpétuelle mémoire de ce crime, par lequel se peut connaître qu'il n'y a rien plus dangereux qu'amour, quand il est fondé sur vice, comme il n'est rien plus humain ni louable, que quand il habite en un cœur vertueux.

■ Orthographe modernisée.

2 Dissertation – La figure de l'Autre

180 min.

Quel regard la littérature humaniste invite-t-elle à porter sur l'Autre ? Vous vous interrogerez sur la figure de l'Autre dans la littérature du XVIe siècle et sur les enjeux de sa représentation, en vous appuyant sur votre culture générale et sur votre cours.

La question de l'altérité est au cœur de la réflexion humaniste. Interrogez-vous sur cet « Autre » que les hommes du XVIe siècle tentent de regarder sans préjugé. Qui est-il ? Montrez que regarder « l'Autre », pour les humanistes, c'est apprendre à mieux se connaître.

> Voir la méthode du traitement de la dissertation (Annexes, p. 475).

3 Écriture d'invention – Rédiger une lettre

180 min.

À la manière de Gargantua, le père de Pantagruel, vous écrivez à votre fils ou à votre fille pour lui faire part des ambitions que vous avez pour lui / elle. Vous définissez un vrai programme d'éducation, en réfléchissant à ce que devrait être aujourd'hui une éducation humaniste. Vous rédigerez cette lettre.

L'humanisme peut vous sembler bien éloigné de nous. Quels points communs avons-nous avec ce XVIe siècle, soucieux de grec et de latin ? Pourtant, l'éducation reste pour nous un enjeu essentiel. Dans une société de plus en plus complexe, nul ne trouve facilement sa place sans disposer d'un niveau culturel satisfaisant. Et vous, si vous étiez à la place de Gargantua, que lui diriez-vous d'apprendre, à votre enfant ?

> Voir la méthode du traitement d'une écriture d'invention (Annexes, p. 473).

35 Gentilles : nobles.
36 Redondance grammaticale : comprendre « et les moines qui y étaient enfermés brûlèrent… ».

CORRIGÉS

1 Commentaire littéraire – Marguerite de Navarre *L'Heptaméron*

Les titres de parties et de sous-parties ne doivent pas apparaître dans la copie.

Introduction

Marguerite de Navarre (1492-1549), sœur de François Ier, est une femme de lettres proche du milieu humaniste. Elle protège Marot, Étienne Dolet, Rabelais, qui lui dédie même son *Tiers Livre*. *L'Heptaméron*, que Marguerite de Navarre a commencé d'écrire en 1542, est aujourd'hui son œuvre la plus célèbre. Ce recueil est une référence au *Décaméron* de Boccace, un recueil de nouvelles du XVIe siècle. Dans l'œuvre de Marguerite de Navarre, dix personnes se trouvent isolées par la crue du gave de Pau. Pour se divertir, elles se racontent des récits dont les femmes et les moines sont souvent les personnages principaux. Dans la nouvelle, qui est la première de la quatrième journée, dans un recueil qui en compte sept, c'est la cruauté et les vices d'un Cordelier qui sont dénoncés. Géburon, le narrateur de la nouvelle, répond bien au défi qui lui a été lancé : « qu'il n'épargne point les religieux ». Cette critique des moines est fréquente dans l'œuvre de Marguerite de Navarre. Elle est déjà présente dans les fabliaux du Moyen Âge. Dans ce texte, il ne s'agit toutefois pas de faire rire. La nouvelle est sombre, malgré un dénouement heureux, et elle a une visée morale : elle met en évidence la noirceur des passions.
Comment Marguerite de Navarre décrit-elle la violence du désir, non pas pour faire rire son lecteur, mais pour dénoncer l'amour non vertueux ?

I. Les éléments traditionnels de la critique des moines

1. Les vices : paillardise et dissimulation

Le moine vit retiré du monde, dans un couvent. Il y est à l'abri des regards, dans une situation de relative impunité. La dissimulation est une arme efficace pour lui, si bien qu'il conduit la femme à se travestir. Le déguisement est une condition à la satisfaction de son désir. La conclusion de l'extrait montre que tous les moines sont complices des vices du Cordelier. Le monastère entier est châtié (« et fut ledit monastère spolié de ses larcins et des belles filles qui étaient dedans… »), parce que l'on est convaincu que tous profitaient des femmes enlevées par le Cordelier ; mais en est-on vraiment sûr ? Il est certain, au moins, qu'aucun ne pouvait ignorer ces crimes.

2. Les hommes, innocentes victimes des moines

Les hommes sont victimes de la confiance qu'ils accordent aux Cordeliers. Le gentilhomme, mari de la victime, peine à croire que le Cordelier est coupable. Il pense d'abord que son valet est tombé par « quelque fortune ». Il n'accuse pas d'emblée celui qui se consacre à Dieu, mais qui est en fait un loup dans la bergerie. La demoiselle est indirectement rapprochée d'une brebis innocente. Il faut la sagesse populaire du valet pour que la femme soit identifiée, et finalement sauvée. Dieu est d'ailleurs du côté des hommes, et non du moine. C'est Lui qui permet à la femme d'être sauvée (« Notre Seigneur, qui aide toujours ceux qui ont espérance en lui »).

3. La nécessaire mémoire des vices des moines

Ces vices sont tellement extraordinaires qu'il est nécessaire d'en garder le souvenir. C'est la première fonction du récit. Le châtiment a aussi cette fonction : c'est une preuve, que chacun peut constater, de la gravité des événements. Pour les moines, le châtiment évite la récidive. Pour les hommes, c'est un avertissement. Marguerite de Navarre témoigne ainsi de sa méfiance à l'égard des monastères. Elle suggère peut-être qu'il serait contre-nature d'enfermer un jeune homme comme le Cordelier dans un monastère. Pour le retour à l'ordre, après le désordre causé par les passions, elle fait confiance à la justice de l'Empereur de Flandres, qui permet une résolution satisfaisante du problème. La vérité est établie, et la justice rendue. Marguerite de Navarre attend une réponse politique et judiciaire aux difficultés posées par le clergé régulier.

II. Une nouvelle violente et sombre

1. L'omniprésence de la violence

La stratégie du moine est très destructrice : il élimine tout ce qui fait obstacle à l'assouvissement de son désir. Il veut se trouver seul avec la femme. Il n'envisage pas d'avoir avec elle une relation autrement que sous la contrainte. Il faut noter qu'il utilise un poignard : il se comporte comme un criminel. Cette violence se répète, en toute impunité, mais la mort du valet le perd. Toute considération morale est exclue de son comportement.

2. Inspirer la terreur et la pitié

Le désir du moine apparaît sans limite. Il est caractérisé par la démesure d'un héros tragique, qui finit par se précipiter vers sa perte. La mise en scène de sa violence inspire au lecteur de la terreur. Le lecteur a aussi de la pitié pour la femme, victime innocente, vertueuse et belle. Il l'admire lorsqu'elle a le courage d'aller chercher du renfort, pour aider son mari. Elle incarne la fidélité et la résistance héroïque à la force. Le moine, en la travestissant, essaie de l'entraîner vers sa perversion. Il la prive de son identité de femme. Il voudrait faire d'elle une brebis sacrifiée.

3. La justice comme limite à la violence des hommes

Le gentilhomme est un noble. Il est courageux. Il apparaît comme l'incarnation de valeurs chevaleresques. Sa noblesse est surtout morale. Il est même placé dans la position de recevoir la « confession » du Cordelier. Face à la sauvagerie du loup, il oppose les règles de la civilisation. La nouvelle aurait donc pu être une histoire tragique si le gentilhomme n'était pas intervenu, pour permettre le rétablissement de l'ordre et de la morale.

III. Une leçon de morale : la folie du désir

1. La bestialité de l'homme sous l'emprise du désir

Le Cordelier est métamorphosé en bête féroce, en loup, qui réagit selon ses instincts. Il a renoncé à toutes les règles de la nature humaine. Il veut emporter sa proie pour la dévorer plus tranquillement. Il est animé par un désir de possession absolue. Il réduit donc celle qu'il prétend aimer à l'état d'objet, qu'il manipule à son gré. On est loin de l'idéalisation courtoise de la femme. En la travestissant en frère, il se l'approprie. Il fait d'elle un homme et un ecclésiastique à son image. Il nie l'autre en elle.

2. La victoire de la morale

Finalement, c'est la morale qui triomphe. La fidélité et la modération viennent à bout de la sauvagerie. Le gentilhomme n'a pas succombé à la tentation de la vengeance. La réparation définitive vient avec l'incendie du monastère : le feu purifie ; il efface la souillure. Cette histoire semble donc montrer que le vice, dans son énormité, est toujours confondu, que le Seigneur ne permet pas qu'il subsiste ainsi impunément. La morale est d'ailleurs, à la fin de la nouvelle, tirée de façon très explicite et appuyée par Géburon : on doit connaître par cet exemple « qu'il n'y a rien de plus dangereux qu'amour quand il est fondé sur vice ». L'amour est condamné lorsqu'il est fondé sur la simple recherche de la satisfaction du désir. La morale finale oppose, par une antithèse, le « vice » et la « vertu ». Elle montre ainsi que l'amour n'est pas nécessairement coupable, bien au contraire. Le gentilhomme et son épouse incarnent même un exemple d'amour « louable ».

Conclusion

Marguerite de Navarre livre, avec ce récit, une nouvelle dont le dénouement est violent. Elle veut inspirer au lecteur un sentiment de terreur, pour qu'il prenne conscience des ravages de la passion. Son inspiration est aussi anticléricale ! Comme Rabelais, Marguerite de Navarre s'interroge sur la morale de ceux qui représentent l'Église.

2 Dissertation – La figure de l'Autre

Voici un exemple de plan détaillé (semi-rédigé). Les titres de parties et de sous-parties ne doivent pas apparaître dans la copie.

Introduction

La Renaissance est marquée par les Grandes découvertes. La rencontre avec l'Autre provoque une profonde modification du regard que l'on porte sur soi. Les écrivains s'interrogent sur les fondements de la civilisation, dont l'Europe, avec les guerres civiles, s'est probablement éloignée.
Dans quelle mesure la littérature humaniste fait-elle de la confrontation avec l'Autre l'occasion d'une réflexion sur les valeurs et les croyances de l'Europe ?

I. Un regard différent sur l'Autre

1. Apprendre à le connaître

Les récits de voyage de Jean de Léry (*Histoire d'un voyage en terre de Brésil*, 1578) et d'André Thevet (*Singularités de la France antarctique*, 1557) constituent des témoignages très précis et intéressants sur la vie des peuples du Nouveau Monde. Les voyageurs informent leurs lecteurs sur la nature et les mœurs des « sauvages ». Le plaisir de la lecture est en partie lié au dépaysement que le récit provoque.

2. Renoncer à ses préjugés

Montaigne, dans « Des Cannibales » (*Essais*, 1580-1588), invite le lecteur européen à considérer les « sauvages » sans préjugés, même si l'anthropophagie peut inspirer *a priori* une certaine horreur. Les Européens jugent trop vite qu'ils sont supérieurs aux peuples du Nouveau Monde. En réalité, ces derniers ne sont en rien « sauvages ». Ils obéissent même à des règles parfois plus humaines que les nôtres.

II. L'éloge de l'altérité

1. L'innocence et la vertu du sauvage

Montaigne décrit l'innocence du sauvage, qui vit nu, dans une nature féconde qui répond à ses besoins. Dans « Des Coches » (*Essais*, 1580-1588), il parle du Nouveau Monde comme d'un « monde enfant », qui ne connaîtrait pas encore le péché. C'est à l'origine du mythe du « bon sauvage », que Rousseau va reprendre et développer au XVIIIe siècle.

2. L'éloge de la folie

Érasme, dans *L'Éloge de la folie* (1509), fait l'éloge paradoxal de la folie. Le fou est aussi l'Autre, celui que l'on ne comprend pas et que l'on condamne. Pour lui, la folie est à l'origine de la création (en particulier artistique) et d'une certaine sagesse. Le monde a besoin de la folie. Dans *La Nef des fous* (vers 1490), Jérôme Bosch peint cette folie. Celui qui se croit sage est en réalité plus fou que celui qui se sait fou.

III. L'Autre comme questionnement sur soi

1. La remise en cause des certitudes

L'Autre permet de remettre en cause la certitude de la supériorité des Européens. Montaigne explique bien que l'Europe a, elle aussi, sa part de barbarie. Les guerres civiles, entre catholiques et protestants, témoignent d'une perversion de toutes les valeurs sur lesquelles la civilisation européenne prétend se fonder. Le regard sur l'Autre est la condition d'une plus grande lucidité sur soi et peut-être le préalable à une certaine tolérance.

2. L'utopie ou l'Autre, ailleurs

L'utopie est une autre façon d'évoquer l'Autre, en un temps et dans un lieu différent. Thomas More, dans *L'Utopie* (1516), présente un autre monde, habité par d'autres citoyens, plus égaux. L'équilibre idéal décrit par l'humaniste anglais a pour fonction de faire réfléchir les lecteurs sur les dysfonctionnements de leur propre société. L'utopie propose un horizon de réformes susceptibles de contribuer au bonheur des hommes.

Conclusion

Le regard que Montaigne porte lui-même sur le « sauvage » n'est pas très éloigné de celui que portent certains ethnologues contemporains sur l'Autre. Claude Lévi-Strauss, par exemple, dans *Tristes Tropiques* (1955), demande au lecteur de changer son regard, de passer de la condamnation ou la compassion à la compréhension.

3 Écriture d'invention – Rédiger une lettre

Analyser le sujet

> Repérer les mots clés du sujet

Il est demandé d'écrire une lettre, « à la manière de ». Cela suppose que l'on ait bien lu et compris la lettre de Gargantua à son fils. Ne pas tenter d'imiter le style de Rabelais, mais respecter l'esprit de cette lettre : la bienveillance (celui d'un père à son fils), le sérieux. Garder le ton du conseil (verbes à l'impératif, par exemple).

S'interroger en particulier sur ce qu'est une éducation humaniste aujourd'hui. Attention : l'humanisme, dans son sens restreint, est un mouvement du XVIe siècle. Mais c'est aussi une attention particulière pour l'humanité, la liberté et les droits de l'Homme. Qu'est-il nécessaire d'apprendre au XXIe siècle pour être un homme accompli, respectueux de lui-même et des autres ? Montrer que les savoirs indispensables ne sont pas les mêmes ; s'interroger sur la place de la morale et de la religion dans l'éducation contemporaine.

Si vous choisissez d'écrire cette lettre à une fille, rappelez-vous qu'au XVIe siècle, la question de l'éducation des filles ne se posait pas dans les mêmes termes qu'aujourd'hui. L'égalité hommes-femmes doit certainement être abordée dans la lettre.

Ne pas oublier non plus une dimension essentielle de l'humanisme : l'optimisme et la confiance en l'éducation.

> Rédiger le devoir

Respecter les contraintes formelles de la lettre ! Il s'agit d'une lettre d'un père à son fils / sa fille : écrire une lettre familière, tout en gardant un niveau de langue courant ou soutenu. Pas de familiarités.

Cet exemple est une proposition, parmi bien d'autres possibles. Il n'a pas valeur de corrigé. Il vous propose seulement quelques pistes.

Très chère fille,

Si aujourd'hui je t'écris, c'est pour te parler de ton avenir, au moment où tu es en train de le construire. Tu fais désormais tes études très loin de notre village et dans quelques années, tu devras trouver un emploi. Je suis fier de ce que tu as déjà accompli, et fier à l'avance de ce que tu accompliras. En tant que femme, tu devras t'imposer dans un monde qui est encore trop dominé par les hommes. Mais tu sauras te frayer un chemin. N'aie pas peur.

Il est loin le temps où je te berçais doucement, en attendant que tu t'endormes ! À vrai dire, plus loin encore est le temps de mon enfance… Lorsque je repense à toutes ces années, je mesure combien le monde a changé. Les nouvelles technologies ont bouleversé notre rapport au savoir. Désormais, toutes les connaissances sont à la portée de tous : deux ou trois clics suffisent. Un petit enfant dispose d'un accès à l'information dont je n'aurais jamais osé rêver au même âge. C'est aussi notre rapport à l'espace et au temps qu'Internet, les ordinateurs et les téléphones portables ont bouleversé. Toute distance semble abolie et l'instantanéité est devenue banale. Enfin, banale pour vous, les jeunes. Pour moi, qui ne suis pas de la même génération, cela reste magique.

Ces nouvelles technologies, tu dois apprendre à les maîtriser. Mais ne t'en tiens pas là ! La maîtrise de l'informatique n'est pas une fin en soi. Considère l'ordinateur comme un formidable outil pour développer tes connaissances. Tu dois apprendre les langues : l'anglais bien sûr, ainsi que l'espagnol et le chinois. Notre monde est ouvert. La mondialisation est une réalité économique, sociale et culturelle. Empare-toi de ces évolutions. Sois actrice de ce monde qui change, et non spectatrice, parce que la circulation des individus, des richesses et des connaissances est une chance pour nous tous.

N'oublie pas non plus d'apprendre la littérature et l'histoire. Ces savoirs te rappelleront que ce monde nouveau a un passé. Lis Rabelais et Montaigne, La Fontaine et Molière, Voltaire et Rousseau ! Apprends les désastres qui ont frappé le XXe siècle. Que les abominables soubresauts de l'histoire du siècle précédent ne se renouvellent plus... L'Homme nous a montré le pire. Il lui appartient de nous montrer maintenant le meilleur.

J'ai confiance. Je garde une foi inébranlable en l'humanité, en ses incroyables capacités à se remettre en marche, dans le sens de l'histoire. Mais souviens-toi. Pour savoir où tu vas, apprends d'abord d'où tu viens. Des générations précédentes, tu hérites d'une langue riche, d'espoirs grandioses et d'erreurs tragiques. Ce passé, il faut le regarder en face. Au contact des grands auteurs, en comprenant les actions de ceux qui ont fait l'histoire, tu te persuaderas aussi définitivement que la tolérance et la liberté sont des aspirations universelles, pour lesquelles chaque homme de bonne volonté doit se battre. Reprends ce flambeau, s'il te plaît. Je voudrais quitter ce monde avec l'espoir que tu poursuivras mon modeste engagement pour la défense de ces valeurs essentielles.

Oui, je vais bientôt quitter ce monde. Je le sais. Au seuil du plus grand des voyages, je m'interroge et je me tourne vers le ciel. Il n'est pas vide. Je ne saurais pas te donner de preuves. Ce n'est évidemment pas scientifique, pas rationnel. C'est simplement une conviction, inscrite au plus profond de mon âme. Cette conviction, je t'en fais part, tout en t'avertissant : ne fais jamais de ta foi un étendard, un prétexte à revendiquer. Toute croyance est intime. Dans notre beau pays, nous avons un mot pour cela : laïcité. Ce que tu crois, ne l'impose pas aux autres dans la sphère publique. Nous sommes tous enfants de Dieu, quel que soit le nom que l'on donne à ce Dieu.

Va en paix, ma fille. Regarde avec confiance l'avenir plein de promesses que t'offre ce monde. Et n'oublie pas, quand le moment sera venu, de revenir vers moi avec les enfants que tu auras, mes futurs petits-enfants. Ce sera alors à ton tour de leur transmettre l'envie de construire un monde meilleur, où le progrès soit pleinement au service de l'Homme.

Ma fille, je t'embrasse bien tendrement.

Jean Paternis

CHAPITRE 14

Les réécritures du XVIIe siècle à nos jours

COURS

MÉTHODES ET STRATÉGIES

SUJETS DE TYPE BAC

CORRIGÉS

COURS

Les réécritures du XVIIe siècle à nos jours

Réécrire, c'est écrire un texte à partir d'un autre texte. La réécriture est donc d'abord un procédé employé par certains auteurs et qui recouvre un certain nombre de formes et de fonctions. Mais dans la mesure où tout texte s'écrit à partir de conventions, reprend des thèmes ou des formes dont il hérite sans les créer *ex nihilo*, la réécriture est aussi, plus généralement, au cœur de toute écriture.

I. Les réécritures à travers l'histoire

Il semble aller de soi qu'un écrivain doit être original et que sa tâche est d'exprimer une vision du monde personnelle. Or ce qui nous paraît aujourd'hui si évident ne l'a pas toujours été.

1. Jusqu'au XVIIe siècle : le règne de l'imitation

a. De l'Antiquité au Moyen Âge

- La pratique des réécritures possède une longue tradition. Dans l'Antiquité, les auteurs empruntent leurs sujets à la mythologie et n'hésitent pas à **imiter des modèles illustres**. La magicienne Médée est une des ces figures que l'on retrouvera chez les Grecs et les Latins, que ce soit dans les tragédies comme celles d'Euripide et Sénèque ou dans la poésie comme *Les Héroïdes* d'Ovide.
- Il ne s'agit pas seulement de copier les modèles, mais aussi de **se mesurer à eux** : c'est ce que l'on appelle l'« émulation ». Ainsi Virgile écrit-il l'*Énéide* pour rivaliser avec Homère et offrir à Rome une épopée nationale prestigieuse dont les deux parties, les errances et la guerre d'Énée, correspondent respectivement à l'*Iliade* et à l'*Odyssée*.
- Au Moyen Âge, la réécriture reste le principe moteur de la production littéraire. La littérature narrative tire ses sujets de **trois « matières » différentes** : la « matière antique », autrement dit les épopées grecques et romaines, la « matière de France », autour de la figure de Charlemagne, et la « matière de Bretagne », autour de la figure d'Arthur et la quête du Graal.

b. L'innutrition au XVIe siècle

- Au XVIe siècle, **l'humanisme se fonde sur l'imitation des Anciens**, considérés comme des modèles à adapter. Montaigne recourt à la métaphore des abeilles :

> « Les abeilles pillotent[1] deçà delà les fleurs, mais elles en font après le miel, qui est tout leur ; ce n'est plus thym ni marjolaine. »
>
> ■ Montaigne, *Essais* (1580-1588), I, 26.

- L'imitation est encore au centre de l'esthétique de la Pléiade. Comme l'explique Du Bellay dans *Défense et illustration de la langue française*, il faut **se nourrir des Anciens** pour enrichir la langue et la littérature nationale : c'est ce que l'on appelle l'« **innutrition** ».

1 Pilloter : piller.

c. L'imitation, règle d'or du classicisme

- La littérature classique est d'abord fondée sur l'**imitation de modèles** et la reprise de thèmes déjà connus, déjà exploités dans l'Antiquité. C'est notamment un élément essentiel de la définition de la tragédie classique. **Corneille se range du côté des latins**, affirme que les règles issues d'Aristote sont inutiles et que sa *Médée* est écrite d'après celle de Sénèque en ignorant celle d'Euripide. **Racine revendique de son côté l'héritage grec** dans ses préfaces et affirme par exemple que sa *Phèdre* doit tout à Euripide, et rien à Sénèque !

- La **comédie**, quant à elle, est censée, par opposition à la tragédie, **avoir un sujet inventé**. Mais c'est rarement le cas : l'unique comédie de Racine, *Les Plaideurs*, reprend une large partie des *Guêpes* d'Aristophane, histoire d'un couple de jeunes gens dont les amours sont contrariées par leurs parents atteints de folie procédurière. De la même façon, *Le Bourru* de Ménandre devient *Le Misanthrope* de Molière, tandis le personnage de Matamore dans *L'Illusion comique* de Corneille est un soldat fanfaron issu en droite ligne du *Miles gloriosus* de Plaute.

- La **littérature narrative**, enfin, fait souvent appel à la **réécriture** : les *Fables* de La Fontaine imitent celles d'Ésope, et les *Caractères* de La Bruyère ceux de Théophraste.

Perrault et l'imitation des Anciens

Le cas des *Contes* de Perrault est intéressant pour comprendre comment, à l'âge classique, un écrivain doit absolument démontrer qu'il écrit en imitant les Anciens pour que son œuvre soit jugée estimable. En 1694, quand il publie les *Contes en vers* (comprenant « Griselidis », « Peau d'Âne » et « Les Souhaits ridicules »), Perrault y inclut une préface pour répondre aux « quelques personnes qui affectent de paraître graves » et qui ont « regardé avec mépris » ces histoires comme de « pures bagatelles ».

Pour assurer qu'il ne s'était pas « amusé à des choses frivoles », le conteur doit invoquer « l'exemple des Anciens », notamment la fable *Psyché* « écrite par Lucien et par Apulée », qu'il présente, à l'instar de ses propres contes, comme « fiction toute pure et un conte de Vieille comme celui de "Peau d'Âne" ».

L'histoire de « Peau d'Âne » est d'ailleurs inspirée d'une fable peu connue de Lucien de Samosate (auteur grec, environ 120-180) et du roman d'Apulée (écrivain latin, environ 123-170), *L'Âne d'or ou les métamorphoses*.

Perrault ajoute également que ses contes doivent être encore plus estimés que les fables de l'Antiquité, car la leçon morale qui s'y trouve est nettement supérieure à celle des Anciens.

2. À partir du XVIIIe siècle : l'émergence de la notion d'originalité

a. La querelle des Anciens et des Modernes

- De la fin du XVIIe siècle au début du XVIIIe, on assiste à la querelle des Anciens et des Modernes, qui met aux prises deux conceptions de la littérature.

- La pensée des Modernes met ainsi l'accent sur l'idée d'un **progrès en littérature**, chaque nouvelle œuvre apportant une nouvelle forme de beauté. Elle s'oppose ainsi à la pensée des Anciens qui faisaient de **l'Antiquité un âge d'or indépassable** qu'on ne pouvait qu'imiter et chercher à égaler.

- Les Modernes s'autorisent du même coup des **pratiques de réécriture très libres** : Antoine Houdar de La Motte propose ainsi en 1713 une adaptation de l'*Iliade*, en douze chants au lieu de vingt-quatre, jugeant l'original trop long !

b. L'œuvre comme expression d'un individu unique

- L'idée qu'une œuvre littéraire est l'œuvre d'un auteur unique s'affirme tout au long du XVIIIe siècle. En 1791, une première loi reconnaît à l'auteur le droit de propriété sur son œuvre, et en 1793, une seconde loi lui accorde un droit exclusif de reproduction. L'imitation est de plus en plus perçue comme une simple copie et **l'originalité individuelle devient un critère de valeur** de plus en plus présent.
- On considère désormais que l'écrivain est celui qui a une **relation directe et inédite avec la nature**, qui ne peut plus passer par l'intermédiaire d'un auteur qu'on imite. Rousseau écrit ainsi à l'ouverture des *Confessions* :

> « Je forme une entreprise qui n'eut jamais d'exemple et dont l'exécution n'aura point d'imitateur. »
>
> ■ Jean-Jacques Rousseau, *Les Confessions* (1711), livre I.

- Le romantisme, en mettant l'accent sur le moi individuel, va entériner cette conception de l'œuvre non plus comme imitation de la littérature antérieure mais comme **expression de ce qui est propre à chaque individu**.

c. Nouveau enjeux de la réécriture

- Aux XXe et XXIe siècles, lorsque l'on rencontre la pratique de la réécriture, elle a changé de statut. La réécriture n'est plus la loi fondamentale de la création littéraire comme avant le XVIIIe, elle est désormais un **procédé spécifique** parmi d'autres, avec des **enjeux propres**.
- Pour conclure, l'opposition entre imitation et originalité ne signifie pas que personne n'était original avant le XVIIIe, ou que personne n'a imité à partir du XIXe, mais que la valorisation de l'originalité, qui nous paraît évidente, est en fait récente. Dans les faits, il y a toujours une **dialectique de l'imitation et de l'originalité**, une combinaison paradoxale des deux.

II. Les différentes formes de réécriture

Les réécritures peuvent être classées en trois catégories. Tout d'abord, la reprise consiste à réutiliser l'intégralité ou une partie du texte tel quel, sans modification. L'imitation consiste à copier certaines de ses particularités thématiques ou formelles. Enfin, la transformation consiste à modifier l'un de ses éléments pour obtenir une nouvelle version parfois fort éloignée du texte de départ.

1. Les réécritures par reprise

a. La citation

- Forme minimale de la réécriture, la citation se définit par la **présence littérale d'un fragment de texte étranger**, qui est repris de façon exacte. Le genre de l'essai est particulièrement propice aux citations : Montaigne, dans les *Essais* (1580-1588), cite abondamment des auteurs de l'Antiquité pour les commenter et forger sa propre pensée à leur contact.

- La citation proprement dite est signalée par un **signe démarcatif** (notamment les guillemets, inventés vers 1525). Elle doit être **intégrée dans la continuité du texte** qui l'accueille, à l'aide par exemple d'une phrase introductrice, mais elle peut aussi être fondue dans le texte qui l'accueille. Elle s'accompagne enfin d'une **indication explicite** de son origine, en particulier du nom de son auteur.

b. Le plagiat

- Le plagiat est une forme de citation qui ne contient aucun élément explicite permettant de l'identifier comme telle. Depuis l'instauration du droit d'auteur, le plagiat constitue un **délit de contrefaçon sanctionné par la loi.**

- Cependant, le plagiat connaît aussi des **formes littéraires**. Lautréamont, dans *Les Chants de Maldoror*, insère ainsi de nombreuses citations non démarquées, et affirme dans *Poésies II* :

> « Le plagiat est nécessaire. Le progrès l'implique. Il serre de près la phrase d'un auteur, se sert de ses expressions, efface une idée fausse, la remplace par l'idée juste. »
>
> ■ Lautréamont, *Poésies II* (1870).

- De façon similaire, Georges Perec, dans *La Vie mode d'emploi*, insère des citations au fil du texte, dont il donne la liste des auteurs dans un « Post-scriptum », en toute fin d'ouvrage. Chez Lautréamont comme chez Perec, il y a un **jeu érudit avec la mémoire du lecteur** et un **travail de renouvellement du sens**, qui distingue radicalement de telles réécritures des formes délictueuses de plagiat.

c. Le collage

- On peut également apparenter à ces formes de réécriture la pratique du collage, qui consiste à faire un texte uniquement en **juxtaposant des fragments d'autres textes**. Cette pratique existe depuis l'Antiquité, avec le genre du centon : innombrables furent les centons d'Homère ou de Virgile.

- Au XXe siècle, la pratique du collage en littérature est repensée par des auteurs proches du surréalisme comme Louis Aragon, à partir du modèle fourni par le **collage dans les arts plastiques**. Elle est expérimentée par exemple par Tristan Tzara qui, dans *Mouchoir des Nuages* (1924), compose tout un acte à partir de morceaux d'*Hamlet* de Shakespeare.

2. Les réécritures par imitation

a. Le pastiche

- Le pastiche consiste à **imiter le style d'un auteur**. Ainsi Proust, dans *Pastiches et Mélanges*, propose-t-il neuf versions différentes de « l'affaire Lemoine », un simple fait divers au cours duquel un escroc, nommé Lemoine, se prétendait capable de fabriquer des diamants. Cette histoire sans grand intérêt sert de prétexte à Proust pour pasticher Balzac, Flaubert, ou encore Saint-Simon.

- Le pastiche peut également **viser un mouvement ou une école**, autrement dit plusieurs écrivains qui partagent des traits caractéristiques. *Les Déliquescences*, publié en 1885 par deux poètes sous le pseudonyme farfelu d'Adoré Floupette, et sous-titré *Poèmes décadents*, est un ensemble de pastiches du symbolisme, qui prennent pour cible simultanément Verlaine, Rimbaud, Mallarmé ou encore Laforgue.

b. Suites et continuations

- Une autre façon d'imiter une œuvre dramatique ou narrative consiste à prolonger l'œuvre en inventant de nouveaux épisodes. On parle alors de « **continuation** », dont la forme la plus répandue est la **suite** ; on en trouve également de nombreux exemples au cinéma.

- La continuation peut être écrite par l'**auteur lui-même** : ainsi Alexandre Dumas publie-t-il sous le titre *Vingt ans après* la suite des *Trois Mousquetaires*, racontant les nouvelles aventures de D'Artagnan, Athos, Portos et Aramis. Mais elle peut aussi être **écrite par quelqu'un d'autre** : l'*Énéide* de Virgile, en racontant le périple d'Énée après la guerre de Troie, prend le relais de l'*Iliade* d'Homère, à la fin de laquelle le héros troyen est toujours en vie.

- La continuation peut raconter ce qui se passe avant ou après, ou bien encore dans l'intervalle entre deux épisodes :
– la **continuation qui invente ce qui se passe avant l'histoire** s'efforce généralement de remonter aux causes premières, d'exposer les origines du drame. C'est le cas de *La guerre de Troie n'aura pas lieu*, de Giraudoux, dont l'action (une ambassade grecque menée par Ulysse s'efforce d'obtenir la restitution d'Hélène et d'éviter la guerre) est censée se dérouler juste avant les épisodes racontés dans l'*Iliade* d'Homère ;
– la **continuation qui invente ce qui se passe après l'histoire**, autrement dit la suite, peut se proposer de donner une fin à une œuvre laissée inachevée ; mais elle peut aussi bien offrir une suite à une œuvre qui paraît tout à fait achevée : « Dom Juan aux Enfers » est ainsi un poème de Baudelaire imaginant ce qui se passe après la pièce de Molière, une fois que Dom Juan a été précipité dans le gouffre infernal par le Commandeur ;
– la **continuation qui invente ce qui se passe pendant l'histoire même** s'intéresse en général à un personnage qui disparaît temporairement de l'œuvre. C'est le cas par exemple de Télémaque, dans l'*Odyssée* d'Homère, que l'on suit des chants I à IV dans sa quête pour retrouver son père, et que l'on ne retrouve qu'au chant XV lorsqu'il revient à Ithaque. *Les Aventures de Télémaque* de Fénelon, publiées en 1699, s'efforcent de combler cette lacune.

3. Les réécritures par transformation

a. La parodie

- La parodie consiste à **détourner une œuvre en y effectuant des transformations minimales.** Le plus souvent, elle consiste à appliquer à un sujet vulgaire un style noble : le classique Boileau écrit ainsi une parodie, le *Chapelain décoiffé*, qui reprend, parfois textuellement, cinq scènes du *Cid*. Mais ici c'est le poète Jean Chapelain qui remplace Don Diègue, et au lieu que celui-ci reçoive un soufflet, on lui enlève sa perruque ! Le célèbre vers de Corneille, « Ô rage ! ô désespoir ! ô vieillesse ennemie » devient alors « Ô rage ! ô désespoir ! ô perruque ma mie ! ».

- La parodie peut consister à **changer un seul mot** dans un titre ou une phrase célèbre. De multiples parodies de la pièce *Hernani* de Victor Hugo ont ainsi vu le jour, sous des titres plus facétieux les uns que les autres : *Harnali*, ou bien *N, I, ni*, ou encore *Oh ! Qu'Nenni*.

DOC. 1 ***L.H.O.O.Q.*** **de Marcel Duchamp (1919).** En ajoutant un bouc et une moustache au célèbre tableau de Léonard de Vinci, Marcel Duchamp produit l'une des plus célèbres parodies ludiques de *La Joconde*, qui en a connu d'innombrables.

Attention, cependant : **dans l'usage courant, le mot « parodie » est employé pour désigner plus largement toute réécriture destinée à se moquer d'un auteur.** L'adjectif « parodique » désigne alors non une forme de réécriture par transformation, mais la fonction satirique en général, ce qui risque d'entraîner des confusions.

b. Les transpositions formelles

Les transpositions formelles consistent à **transformer la forme d'un texte**. La pratique la plus répandue dans ce domaine est la **traduction**, qui consiste à faire passer un texte d'une langue à l'autre. Certaines traductions, comme celles d'Edgar Poe par Baudelaire, ont une valeur littéraire en elles-mêmes, indépendamment de la qualité de la traduction. Il n'était pas rare au XVIIe siècle que la traduction s'accompagne de nombreuses modifications du texte de départ, visant à le rendre conforme au goût du temps : c'est ce qu'on appelle « **les belles infidèles** ».

On peut distinguer ensuite les **transformations quantitatives** :
– celles qui visent à **raccourcir** le texte de départ. C'est le cas dès qu'il y a **suppression d'un ou plusieurs épisodes**, par exemple dans certaines éditions des grands classiques pour enfants, ou bien dans le cas d'Houdar de La Motte réécrivant l'*Iliade* en l'amputant de douze chants. C'est le cas aussi quand on ne se contente pas d'abréger en supprimant, mais **quand on réécrit véritablement le texte de façon concentrée** ;

c'est bien sûr ce qu'on appelle le « **résumé** ». Cette pratique qui peut paraître limitée à sa dimension scolaire est en fait très présente dans la littérature : il suffit de penser par exemple à la synthèse que fait Zola de l'ensemble du cycle des *Rougon-Macquart* dans le vingtième volume *Le Docteur Pascal*, qui vient clore la série en la résumant ;
– celles qui visent à **allonger** le texte de départ. On peut d'abord procéder par l'**ajout d'épisodes** : dans *La Machine infernale* de Cocteau (1932), seul le dernier des quatre actes reprend l'action d'*Œdipe roi* de Sophocle ; tout le reste est une extension de l'auteur moderne. On peut aussi procéder par **amplification** en développant un élément contenu dans le texte de départ. Cette pratique est très répandue dans les réécritures du théâtre et de l'histoire antiques : ainsi, *Bérénice* de Racine est une amplification d'une seule phrase de l'historien Suétone.

- On peut distinguer enfin les **transformations qualitatives** :
– celles qui affectent la versification. On peut transformer **des vers en prose** (comme le fait Baudelaire dans *Le Spleen de Paris* pour certains poèmes des *Fleurs du mal*) ou **de la prose en vers** (comme le fait Thomas Corneille en 1677 pour proposer une version versifiée du *Dom Juan* de Molière) ;
– celles qui affectent le genre. On peut passer **du narratif au dramatique** : on pense à toutes les adaptations de récits antiques pour le théâtre classique notamment, mais aussi aux autoadaptations comme celle du roman *Oscar et la Dame rose* (2002) d'Éric-Emmanuel Schmitt pour la scène en 2009 ;
– celles qui affectent les caractéristiques propres à un genre, comme la narration : on peut **changer le type de narrateur** (en passant de la première à la troisième personne ou l'inverse) ou bien **modifier le point de vue** (dans son roman *Elpénor* publié en 1919, Jean Giraudoux raconte l'*Odyssée* avec le point de vue d'un comparse d'Ulysse).

c. Les transpositions thématiques

- Des transformations peuvent **affecter le cours de l'action** elle-même. Ainsi, le personnage d'Iphigénie, issue de la mythologie grecque, condamnée au sacrifice, est sauvée *in extremis*, mais la façon dont elle est sauvée varie selon les versions : parfois elle est remplacée à l'insu de tous par un animal, parfois on découvre que la prophétie qui la condamnait était mal interprétée.

- On peut aussi, sans changer l'action, **transposer l'univers dans lequel se déroule l'histoire** racontée par le texte de départ. Ce peut être par exemple son **cadre spatio-temporel** : dans *Ulysse* (1922), le romancier irlandais James Joyce transpose l'*Odyssée* dans la ville de Dublin, le 16 juin 1904. On peut aussi modifier les **caractéristiques des personnages** : dans *Suzanne et le Pacifique* (1921), Giraudoux fait de Robinson Crusoé une femme.

- On peut également **changer les raisons qui font agir les personnages** : on garde les mêmes faits mais on fait varier les causes. L'*Antigone* d'Anouilh (1944) reprend le cadre et l'action de la pièce de Sophocle, mais, désormais, Antigone et Créon incarnent l'opposition entre l'individu et la société.

- On peut, enfin, **modifier le jugement de valeur porté sur un personnage** : ainsi, Don Juan et Faust, personnages d'abord antipathiques dans leurs versions originelles (le premier est un charlatan débauché, le second un séducteur sans scrupules), deviennent au fil du temps – notamment grâce au romantisme – des figures de l'homme affrontant sa destinée, sauvé par une femme rédemptrice.

Un mythe littéraire : Don Juan

Le mythe de Don Juan montre particulièrement bien comment chaque époque peut s'approprier un mythe afin d'y investir ses propres préoccupations.

– À l'origine, Don Juan Tenorio apparaît sous la plume de Tirso de Molina, dans *L'Abuseur de Séville* (1630). La structure fondamentale du mythe est mise en place : un héros séducteur, un groupe de femmes, et la statue de pierre qui vient tuer Don Juan. Typique de la sensibilité baroque, la pièce met en avant l'inconstance du personnage.

– Molière, dans *Dom Juan ou le Festin de pierre* (1665), reprend ces caractéristiques du mythe. Le héros est cette fois un libertin, c'est-à-dire un athée. Les personnages féminins sont représentés notamment par la pieuse Elvire, qui est une invention de Molière.

– L'opéra de Mozart, *Don Giovanni* (1787), s'il conserve le personnage d'Elvire inventé par Molière, reprend chez Tirso de Molina le personnage d'Anna, fille du Commandeur, que Molière avait laissée de côté. Or ce personnage va devenir très important par la suite : tous les romantiques vont voir en Don Juan non plus un impie séducteur, mais un héros en quête de rédemption qui aimerait trouver la femme unique (Anna), et parfois même Dieu.

– Le XXe siècle, pour sa part, va notamment s'employer à désacraliser cette figure mythique. Les dramaturges mettent en scène un Don Juan vieillissant, incapable de se montrer à la hauteur de son propre mythe. Désormais, plus besoin de Commandeur : c'est Don Juan lui-même, condamné à rejouer encore et toujours le même rôle, qui est la figure de la mort.

III. Les fonctions des réécritures

Si leur dimension comique est souvent mise en avant, les réécritures peuvent aussi avoir de nombreuses fonctions sérieuses. Naturellement, ces fonctions, parfois difficiles à distinguer dans les faits, peuvent coexister et se superposer à l'intérieur d'un même texte.

1. Les fonctions sérieuses

a. La fonction de renouvellement

– Une grande partie des réécritures a d'abord pour fonction de produire une nouvelle œuvre de façon tout à fait sérieuse : c'est le cas des suites (en particulier des suites écrites par l'auteur lui-même) ou des transpositions. Un auteur qui reprend le mythe de Faust souhaite d'abord montrer l'**universalité d'un thème ou d'une histoire ancienne**, en souligner l'**actualité** et en livrer sa **vision personnelle**. C'est le cas pour toutes les pièces de théâtre des années 1940, qui, empruntant aux mythes antiques, proposent une réflexion sur la guerre, comme Sartre reprenant en 1943 la légende des Atrides pour composer une allégorie de l'Occupation dans *Les Mouches*.

– Toute réécriture, quelle que soit la forme qu'elle prend, comporte ainsi un **renouvellement du sens de l'œuvre de départ**. Mais elle apporte aussi **un sens supplémentaire à la nouvelle œuvre** : le lecteur qui perçoit dans la première phrase d'*Aurélien* d'Aragon (1944), « Je demeurai longtemps errant dans Césarée », une citation de Racine comprend que la rencontre entre les deux héros du roman est placée sous le signe de l'échec amoureux.

b. La fonction de jugement

- Réécrire, c'est aussi **rendre hommage à l'auteur du texte de départ**. Un pastiche peut ainsi avoir une fonction sérieuse : Proust, dans sa série de pastiches, inclut des auteurs qu'il admire, comme Saint-Simon.
- Réécrire un texte, notamment à l'époque classique, c'est aussi **chercher à l'améliorer**. Durant la querelle du *Cid*, de nombreux critiques ont proposé de nouvelles versions de passages de la pièce de Corneille destinées à respecter davantage les bienséances.

2. Du ludique au satirique

a. La fonction ludique

- La réécriture peut avoir une **dimension purement ludique** : c'est le cas des jeux oulipiens ; cela peut être le cas des pastiches, ainsi que des déformations parodiques du type « J'ai plus de souvenirs que si j'avais Turin » (variation du poète surréaliste Louis Scutenaire sur le vers de Baudelaire : « J'ai plus de souvenirs que si j'avais mille ans »).
- Ce type de jeu n'est pas nécessairement artificiel et gratuit : en explorant les possibilités du langage, en jouant avec la mémoire du lecteur, la réécriture ludique conduit à une réflexion sur la littérature, sa **part de mécanisme** et sa **part de liberté**.

b. La fonction comique

- La réécriture a souvent pour effet de faire rire, et il est rare que les réécritures ludiques ne soient pas **teintées de comique**.
- Il existe cependant un **comique spécifique lié au décalage produit**. La réécriture d'une œuvre considérée comme noble, dans son sujet comme dans son style, à la manière d'une épopée ou d'une tragédie antiques, peut produire :
– en conservant le sujet noble de l'œuvre mais lui appliquant un style vulgaire, un **travestissement burlesque** : c'est le cas du *Virgile travesti* (1648-1653) de Scarron où le cheval de Troie devient un « maître dada » !
– en conservant le style noble de l'œuvre mais à propos d'un sujet vulgaire, un **pastiche héroï-comique** : c'est par exemple *Le Lutrin* (1672-1698) de Boileau, dans lequel des personnages du peuple parlent à la façon des héros épiques. Il s'agit bien d'un pastiche, puisqu'il s'agit d'imiter le style de l'épopée.

c. La fonction satirique

- La fonction satirique peut être considérée comme une catégorie à l'intérieur de la fonction comique : il s'agit ici de **se moquer d'un auteur en l'imitant**. Le pastiche peut ainsi être fortement satirique : le plus célèbre recueil de pastiches, *À la manière de...* de Reboux et Müller (1908-1913), s'ingénie à singer tous les tics d'écrivains parmi lesquels Proust, Daudet ou encore Mallarmé.
- Mais **la vocation satirique peut s'étendre à la littérature entière** : ainsi, dans *Don Quichotte* de Cervantès et *Madame Bovary*, on trouve des passages entiers qui sont des imitations, respectivement, des romans de chevalerie et des romans sentimentaux. Les deux héros sont en effet atteints du mal consistant à confondre la fiction et la réalité, le monde dans lequel ils vivent et celui des romans qu'ils lisent. Ce procédé permet de faire la **satire des genres romanesques** à la mode et permet de qualifier ces œuvres de véritables « **antiromans** ».

Les Ménines de Picasso d'après Vélasquez

Histoire des arts

Entre août et décembre 1957, le peintre Pablo Picasso peint cinquante-huit toiles différentes qui sont autant de « réécritures » du célèbre tableau *Les Ménines*, peint par Diego Vélasquez en 1656. Picasso est un habitué du genre de la réécriture picturale : en 1955, il a produit quinze variations à partir des *Femmes d'Alger* d'Eugène Delacroix, et en 1961 vingt-six versions du *Déjeuner sur l'herbe* de Manet.

Picasso est ici fidèle aux principes du cubisme. Il utilise des formes géométriques pour produire une représentation simultanée de toutes les facettes d'un objet : la face, le profil et le dos sont juxtaposés sur une surface plane. Le tableau s'oppose ainsi à celui de Vélasquez qui cherchait l'illusion réaliste en recourant aux procédés du clair-obscur qui met l'infante Marguerite Thérèse en valeur et de la perspective qui crée l'effet de profondeur.

L'hétérogénéité du tableau est également manifeste : on y trouve des effets de collage, des formes simples comme celle du personnage dans le coin en bas à droite, ou à l'inverse extrêmement complexe : l'autoportrait de Vélasquez, à gauche du tableau, est difficile à identifier.

L'opposition entre l'épure, à gauche, et le désordre, à droite, rend ainsi le tableau beaucoup plus difficile à saisir au premier coup d'œil : loin de l'imiter, Picasso déconstruit totalement l'œuvre qui lui sert de modèle.

DOC. 2 **Pablo Picasso (1881-1973), *Les Ménines* (1957).**

1 Question sur un corpus – Le mythe de Don Juan

Étudiez la façon dont ces différents textes réécrivent le mythe de Don Juan.

> Voir la méthode du traitement d'une question sur corpus (Annexes, p. 470).

TEXTE A **Charles Baudelaire** (1821-1867), *Les Fleurs du mal* (1857), « Don Juan aux Enfers » p. 437

TEXTE B **Catulle Mendès** (1841-1909), *Le Rose et le Noir* (1885), « Don Juan au paradis » p. 437

TEXTE C **Henri de Régnier** (1864-1936), *Œuvres* (1910), « Don Juan au tombeau » p. 438

TEXTE D **Edmond Rostand** (1868-1918), *La Dernière Nuit de Don Juan* (1921), deuxième partie, scène II p. 439

Analyser le sujet

> Cerner le sujet

- La question posée suppose d'étudier précisément les relations qui existent entre les textes. Il s'agit de repérer quel texte réécrit quel texte, et surtout d'identifier une éventuelle source commune. Ici, il faut mentionner au moins le *Dom Juan* de Molière[2]. Pour les candidats qui n'auraient jamais entendu parler de la pièce, il faut s'appuyer sur le paratexte.

- Il importe également de comprendre pourquoi ces quatre textes peuvent être rapprochés : ils partagent un thème, à savoir la représentation de Don Juan après la mort. Une fois cet élément commun mis en évidence, le travail consiste à montrer quelle est la spécificité de chaque texte.

> Analyser le corpus de textes

- Identifier la relation de réécriture.

– Texte A : le poème constitue une continuation de la pièce de Molière, repérable grâce à la grande fidélité dans les noms des personnages et les situations évoquées.
– Texte B : la nouvelle se présente explicitement comme la continuation du texte A, et donc une continuation de continuation ; on y retrouve des références à Molière mais aussi à d'autres versions antérieures ou postérieures du mythe.
– Texte C : le texte réécrit est plus difficile à identifier ; les personnages féminins viennent aussi bien de Molière que de Tirso de Molina ou de Mozart. On a affaire à une sorte de synthèse du mythe.
– Texte D : la pièce entière est, comme le texte A, une continuation de la pièce de Molière, ce qui est manifeste dans cet extrait par la référence au Pauvre.

2 Dom Juan, chez Molière, prend un « m » : cette orthographe est courante à l'époque. Quand il s'agit du mythe, on écrit « Don Juan ».

- Dégager des axes de comparaison.

– Texte A : cadre mythologique. Présence d'un groupe de femmes, individualisation de la figure d'Elvire. Le héros imperturbable se dirige vers les Enfers.
– Texte B : cadre chrétien, avec une légère dimension parodique. Présence de plusieurs groupes féminins, individualisation de la vieille femme. Le héros, toujours aussi calme, finit par accéder au Paradis.
– Texte C : cadre chrétien mais sur Terre. Trois figures féminines individualisées, dont une figure anonyme incarnant l'idéalisation romantique de la jeune fille. Intervention du surnaturel à la toute fin du poème : le héros se transforme en ange.
– Texte D : rencontre directe entre Don Juan et le Diable. Une figure féminine surnaturelle, l'ombre blanche. Le héros connaît le véritable enfer en étant condamné à rejouer sans cesse sa propre légende.

> Dégager la problématique

Cette analyse doit conduire à la question : dans quelle mesure les quatre écrivains mettent-ils en scène Don Juan après la mort pour infléchir le mythe et en livrer leur propre vision ?

Structurer la réponse

> Construire le plan de la réponse

L'analyse fait ressortir deux idées majeures : le jeu relativement complexe des réécritures qui permettent de mettre en scène dans un cadre surnaturel la figure de Don Juan, et les inflexions apportées aux différents éléments du mythe qui permettent à l'écrivain, entre distance et identification, d'en produire un nouvel avatar.

> Élaborer un plan détaillé

I. Des réécritures post-mortem : comment continuer l'histoire d'un héros mort ?

1. Un jeu complexe de continuations

– Point commun entre le texte A et le texte D : tous deux prolongent explicitement la pièce de Molière. Mais le texte A plonge Don Juan directement aux Enfers, tandis que le texte D lui accorde un délai, de sorte que la rencontre entre Don Juan et le Diable est aussi une transposition de la rencontre de Don Juan et du Commandeur telle qu'on la trouve dans de nombreuses versions du mythe.
– Texte C : mise en scène aussi de ce qui se passe après la mort de Don Juan, sans qu'on puisse identifier une version précise. L'insistance sur le cadre espagnol rappelle les origines du mythe chez Tirso de Molina, également soulignées par le texte D avec la mention du « Burlador ».
– Texte B : prolonge le texte A et procède à une contamination[3] des sources en ajoutant des allusions à Mozart.

2. La mise en scène de la mort

– Seul le texte C nous montre un Don Juan véritablement mort et enterré. Les textes A et B nous le montrent aux Enfers ou au Paradis, c'est-à-dire dans sa vie après la mort. Le texte D nous le montre bien vivant, et ce n'est qu'à la dernière réplique que nous le voyons transformé en pantin pour l'éternité.

3 Contamination : mélange de plusieurs œuvres.

– Dimension surnaturelle omniprésente, qu'il s'agisse de merveilleux païen (mythologie des Enfers) ou chrétien (symbolique de l'ange ou du Paradis), voire de fantastique (le Diable, l'ombre blanche du texte D). Éléments surnaturels qui doivent être lus comme autant de moyens permettant de réécrire le mythe.

II. Une nouvelle vision du mythe : fidélité ou renouvellement ?

1. La figure du séducteur

– Deux ensembles de personnages féminins : la foule d'un côté (texte A dans la strophe 2, chœur des vierges confrontées aux « mille et trois » dans le texte B), les figures individuelles de l'autre (Elvire dans les textes A et C, Anna dans le texte C, l'ombre blanche dans le texte D). Le texte B transforme en ensemble collectif les figures individuelles en évoquant « les Elvires » et « les Annas ».
– Certaines figures font l'objet d'une idéalisation romantique : Elvire chez Baudelaire, la jeune fille anonyme chez Régnier, voire l'ombre blanche de Rostand partagent la même pâleur, le même désespoir. Dans ces trois textes, possibilité pour Don Juan de devenir amoureux d'une seule femme. En revanche, dans le texte B, conclusion ironique : Don Juan reste au Paradis un séducteur impénitent !

2. Don Juan ange ou démon ?

– Tous ces textes du XIXe ou du XXe siècle mettent en scène un Don Juan moderne, influencé par la figure de Faust. Les textes A et B reprennent cette image de Don Juan qui affronte la mort de façon impassible.
– Toutefois, le texte B, en peignant un Don Juan sensible à la détresse d'une femme vieille et laide, introduit une modification majeure du mythe, comme le montre l'oxymore « l'impitoyable qui avait eu pitié ». De même, le texte C appartient à ces œuvres qui prennent le contre-pied du mythe originel en faisant de Don Juan une figure angélique obtenant la rédemption par l'amour.
– Texte D : tourne en dérision la prétention de Don Juan à se vouloir une figure satanique.

Rédiger la réponse

> Rédiger le développement

- Mettre en valeur les points communs entre les textes dans le portrait du héros : sa beauté, sa blondeur, sa blancheur (voire, dans le texte C, la blancheur du marbre qui contribue à l'idéalisation du personnage).
- Analyser précisément le surnaturel en citant précisément les éléments mythologiques ou bibliques.
- Ne pas hésiter à comparer de façon systématique les figures féminines et leurs points communs (par exemple le retour de l'adjectif « suprême » entre les textes A et C).

> Rédiger une brève conclusion

Ces quatre réécritures du mythe de Don Juan permettent à chaque écrivain de donner sa propre lecture de cette figure universelle. Mais elles permettent surtout de réfléchir à ce qu'est un mythe littéraire : continuer l'histoire de Don Juan au-delà de la mort, n'est-ce pas, symboliquement, affirmer que le mythe est éternel ?

2 Question d'oral – Baudelaire, « Don Juan aux Enfers »

Vous répondrez à la question suivante, à propos de « Don Juan aux Enfers » de Baudelaire : « Comment la réécriture permet-elle au poète de s'approprier le mythe ? »

> Voir la méthode du traitement de la question d'oral (Annexes, p. 476).

Préparer l'exposé au brouillon

> Analyser la question posée

- La question est des plus classiques : montrer comment un auteur s'approprie un mythe ou une histoire grâce à la réécriture suppose d'analyser les procédés formels, de repérer tous les éléments du texte de départ, mais surtout d'interpréter la façon dont l'auteur y investit son univers propre.
- La question reste cependant assez générale : « la réécriture », « le mythe ». Il ne faut donc pas se contenter d'évoquer la relecture de Molière par Baudelaire, il faut aussi évoquer les autres éléments du poème que Baudelaire reprend et adapte, comme la mythologie infernale.

> Proposer une problématique

- La problématique portera donc sur la synthèse personnelle que Baudelaire parvient à faire de ces matériaux : comment les réécritures à l'œuvre dans ce poème se combinent-elles en un univers typiquement baudelairien ?
- On évitera donc un plan en deux parties qui commencerait par lister tous les éléments propres à Molière pour ensuite répertorier les motifs typiquement baudelairiens.

> Travailler le texte en fonction de la question posée

- Le texte obéit globalement au schéma de la liste : les personnages défilent sous le regard imperturbable du héros. Pour éviter que le commentaire ne soit lui-même une liste qui commente une à une chacune de ces figures, il faut donc opérer par rapprochements et contrastes : par exemple, unifier les figures féminines, voir de quelles façons la figure d'Elvire s'oppose au groupe des femmes de la deuxième strophe.
- On s'efforcera plutôt de montrer le processus de réécriture, la façon dont des éléments communs se teintent d'une couleur particulière, celle des *Fleurs du mal*. Le plan devra donc établir comment, à partir d'éléments épars issus de diverses sources, se construit une vision du monde cohérente et originale.

Présenter l'exposé

> Introduire le sujet

- On peut commencer en signalant que Don Juan a toujours intéressé Baudelaire : en témoigne le projet de drame intitulé *La Fin de Don Juan* en 1853.
- La présence de ce personnage au milieu des poèmes de la section « Spleen et idéal » doit donc nous amener à nous interroger. Pourquoi Baudelaire a-t-il choisi Don Juan ?

Quels aspects du mythe met-il en valeur qui expliquent la fascination exercée par le personnage sur le poète ?

> Développer l'exposé

I. Des réécritures multiples

1. Le mélange des mythologies

– La descente aux Enfers, *topos* de l'épopée, évoquant l'*Odyssée* ou l'*Énéide*. Don Juan est d'emblée élevé au statut de héros épique.
– Reprise de la mythologie grecque du royaume des morts : atmosphère obscure et funèbre qui sied à Baudelaire.

2. La fidélité à Molière

– Fidélité sensible par la reprise des noms des personnages sous forme de liste et jeu d'échos avec la pièce, sans contamination avec d'autres sources.
– Désignations directes : Sganarelle, Elvire, Dom Louis. Désignations indirectes : le Commandeur (l'homme de pierre), le Pauvre (le mendiant).

3. L'esthétique du tableau

– En dépit de la fidélité à Molière, coloration romantique du mythe due à l'influence des tableaux de Delacroix : *La Barque de Dante* et *Le Naufrage de Don Juan*.
– Picturalisation de l'ensemble du poème renforcée par l'imparfait duratif : chaque strophe est une vignette, les personnages sont figés dans une attitude théâtrale.

II. Une synthèse personnelle

1. L'hostilité du monde

– Inversion des rapports entre Don Juan et les personnages : le Pauvre devient fort, Sganarelle se moque, Don Louis l'humilie.
– Don Juan devient ainsi la figure baudelairienne de l'exilé en butte au mépris du monde.

2. L'ambivalence des figures féminines

– Les femmes de la deuxième strophe, libidineuses, animalisées, renvoient aux diverses « femmes impures » des *Fleurs du mal*.
– Elvire est à l'inverse une figure de la femme idéalisée, inaccessible, potentiellement rédemptrice.

3. La figure du héros

– Chute finale en forme de paradoxe : « et ne daignait rien voir ».
– Don Juan est transformé en dandy baudelairien superbement froid et indifférent.

> Conclure

[Réponse à la problématique] En faisant la synthèse de sources diverses, de la mythologie à la peinture, de l'épopée au théâtre, Baudelaire parvient à créer un mythe personnel. C'est un véritable autoportrait intérieur qui est proposé ici, avec ce Don Juan obstinément impénitent, qui dédaigne les hommes et défie la mort.
[Ouverture] Le Don Juan de Baudelaire n'a pas grand-chose à voir avec la plupart des Don Juan romantiques de son époque, amoureux d'une femme et cherchant à sauver leur âme.

CORPUS

TEXTE A Charles Baudelaire (1821-1867), *Les Fleurs du Mal* (1857), « Spleen et idéal », « Don Juan aux Enfers »

Quand Don Juan descendit vers l'onde souterraine
Et lorsqu'il eut donné son obole à Charon[4],
Un sombre mendiant, l'œil fier comme Antisthène[5],
D'un bras vengeur et fort saisit chaque aviron.

Montrant leurs seins pendants et leurs robes ouvertes,
Des femmes se tordaient sous le noir firmament,
Et, comme un grand troupeau de victimes offertes,
Derrière lui traînaient un long mugissement.

Sganarelle[6] en riant lui réclamait ses gages,
Tandis que Don Luis[7] avec un doigt tremblant
Montrait à tous les morts errant sur les rivages
Le fils audacieux qui railla son front blanc.

Frissonnant sous son deuil, la chaste et maigre Elvire[8],
Près de l'époux perfide et qui fut son amant,
Semblait lui réclamer un suprême sourire
Où brillât la douceur de son premier serment.

Tout droit dans son armure, un grand homme de pierre
Se tenait à la barre et coupait le flot noir ;
Mais le calme héros, courbé sur sa rapière[9],
Regardait le sillage et ne daignait rien voir.

TEXTE B Catulle Mendès (1841-1909), *Le Rose et le Noir* (1885), « Don Juan au paradis »

Poète, dramaturge et romancier, Catulle Mendès fut proche des Parnassiens.

Quand il comparut, – après les formalités, très simplifiées pour lui, de l'agonie et de la mort, – devant le Juge qui, choisissant le bon grain de l'ivraie[10], ouvre aux élus les portes paradisiaques et précipite les damnés à l'éternelle géhenne[11], Don Juan, selon qu'il est écrit dans le Livre de Charles Baudelaire, ne daigna point se montrer ému ; et même, jeune toujours, et si beau, ses lèvres gardaient le sourire dont pleurèrent les Elvires et les Annas[12].

À l'aspect de cet adolescent qui avait eu dès la terre l'immortalité de la grâce, les vierges du ciel rêvèrent d'un paradis qu'elles ne connaissaient pas, et soupirèrent, charmées ;

4 Charon : dans la mythologie grecque, conducteur de la barque qui fait traverser l'Achéron aux ombres errantes pour les mener au royaume des morts.
5 Antisthène : philosophe grec de l'Antiquité.
6 Sganarelle : valet de Dom Juan dans la pièce de Molière.
7 Don Luis : orthographe modernisée pour Dom Luis, père de Dom Juan dans la pièce de Molière.
8 Elvire : femme enlevée à un couvent puis abandonnée par Dom Juan dans la pièce de Molière.
9 Rapière : épée.
10 Choisissant le bon grain de l'ivraie : triant les bons et les mauvais.
11 Géhenne : l'Enfer, lieu de tortures et de souffrances.
12 Anna : fille du Commandeur que tue Don Juan. Ce personnage est absent chez Molière.

elles faisaient des vœux, se parlant bas entre elles, pour qu'aucune charge grave ne s'élevât contre l'accusé, pour qu'il fût admis dans l'impérissable joie, salaire des innocences ou des repentirs ; elles auraient plaisir à se promener en sa compagnie dans ce sentier d'étoiles que nous appelons la voie lactée, à faire de la musique avec lui, les jours de concert près du Thrône[13].

Mais elles durent bientôt renoncer à ces aimables espérances. Don Juan avait à peine répondu, nonchalamment, aux premières questions du Juge, qu'une gémissante multitude de filles et de femmes se rua dans le suprême prétoire, déchevelées, robes défaites, des pleurs de rage aux yeux, des plaies saignantes aux cœurs.

C'étaient les victimes de l'implacable amant.

Toutes, il avait feint de les aimer ! Toutes, il les avait trompées, torturées, oubliées !

Don Juan semble perdu, quand une vieille femme repoussante vient alors raconter comment le héros l'a, un soir, chastement enlacée.

La menace s'était éteinte dans l'œil du Juge ; et les mille et trois[14] amoureuses baissaient leurs têtes plaintives, n'osant plus accuser l'impitoyable qui avait eu pitié. Comme Don Juan fut absous, les vierges du ciel purent se promener en sa compagnie dans ce sentier d'étoiles que nous appelons la Voie lactée, et faire de la musique avec lui, les jours de concert près du Thrône.

TEXTE C Henri de Régnier (1864-1936), *Œuvres* (1910), « Don Juan au tombeau »

Henri de Régnier est un poète et romancier proche des symbolistes.

[...]
On dit que, vers le soir de la même journée,
À l'heure où le vent frais, né du Guadalquivir[15],
Effeuille aux chignons bruns la rose safranée[16],

Dans l'église où la nef commence à s'assombrir,
Trois femmes, toutes trois en longs voiles, et belles,
Se retrouvèrent là dans un commun désir ;

Et, le chœur étant vide, et vides les chapelles,
Toutes trois s'avançaient silencieusement ;
Et l'histoire rapporte aussi que l'une d'elles

Était Doña Elvire en deuil de son amant,
La seconde, Doña Anna, et la troisième,
La plus jeune, très pâle, encor presque une enfant.

Et toutes trois, sans se parler, cherchaient de même,
De pilier en pilier, un sépulcre récent
Afin de dire au mort aimé l'adieu suprême,

Et, l'ayant reconnu pour son marbre plus blanc
Entouré d'une grille et dans une encoignure[17],
Elles se dirigeaient par là, d'un pas tremblant ;

13 Thrône : le trône de Dieu.
14 Mille et trois : allusion à l'opéra de Mozart *Don Giovanni*, où le valet Leporello fait le liste des mille et trois conquêtes de son maître.
15 Guadalquivir : fleuve espagnol.
16 Safrané : jaune.
17 Encoignure : coin.

Mais comme elles allaient pour ouvrir la serrure
Il leur sembla soudain, à travers les barreaux,
Apercevoir quelqu'un derrière la clôture,

Qui, courbé vers le sol et leur tournant le dos,
À deux mains soulevait la pierre sépulcrale[18],
En l'ayant prise et la tirant par les anneaux,

Et toutes trois, Anna, Elvire et l'enfant pâle,
Virent qu'ayant enfin descellé le bloc lourd,
Debout, leur souriait, et le pied sur la dalle,
Un Ange aux ailes d'or et pareil à l'Amour !

TEXTE D Edmond Rostand (1868-1918), *La Dernière Nuit de Don Juan* (1921), partie II, scène 2

La pièce de Rostand débute là où s'arrête celle de Molière. Don Juan est emmené par la statue du Commandeur aux Enfers, mais parvient à négocier avec le Diable et obtient dix ans de vie supplémentaires. Au terme de ces dix ans, le Diable réapparaît sous les traits d'un marionnettiste et démontre à Don Juan combien sa vie fut vaine, avant de l'emmener vers la mort.

LE DIABLE
Tu vas voir
Quel drôle de petit enfer tu vas avoir !
DON JUAN
L'enfer des monstres… de Néron… d'Héliogabale[19] ?
LE DIABLE
Non ! un petit enfer de toile qu'on trimbale.
DON JUAN
Le guignol ?… Je veux être un damné !
LE DIABLE
Tu seras
Une marionnette, et tu ressasseras
L'adultère éternel dans un carré bleuâtre[20].
DON JUAN
Grâce ! l'éternel feu !
LE DIABLE
Non ! l'éternel théâtre !
DON JUAN
Je ne veux pas…
LE DIABLE, *au Pauvre*[21]
Viens sur le sac me l'étrangler !
DON JUAN, *se débattant entre les mains du Pauvre*
…Aller dans le guignol… Je ne veux pas aller…

18 Sépulcrale : du tombeau.
19 Néron, Héliogabale : empereurs romains célèbres pour leur cruauté.
20 Carré bleuâtre : théâtre de marionnettes.
21 Le Pauvre : allusion au personnage de Molière que Dom Juan tente vainement de contraindre à blasphémer en échange d'une aumône.

LE DIABLE, à Don Juan
Viens aux doigts des montreurs[22] abdiquer ta personne !
DON JUAN
Dans le guignol !
LE DIABLE
Nous commençons ! La cloche sonne !
Asseyez-vous, toutes les femmes, sur le sol !
LE PAUVRE
Allons !
DON JUAN
Je ne veux pas aller dans le guignol !
LE DIABLE, *au Pauvre*
Traîne-le jusqu'ici !
DON JUAN
Non, pas cette guérite[23] !
Le grand cercle de feu que mon orgueil mérite !
LE PAUVRE
Allons !
DON JUAN
Je veux souffrir ! Je n'ai jamais souffert !
J'ai gagné mon enfer ! J'ai droit à mon enfer !
LE DIABLE
L'enfer est où je veux, c'est moi qui le situe :
Certains hommes fameux le font dans leur statue ;
Tu le feras dans ton pantin !
[...]
LE PAUVRE, *le poussant dans le guignol*
Assez !
LE DIABLE
Sois donc pantin,
Homme qui veux te recréer à mon image !
DON JUAN, *apparaissant dans le guignol, en marionnette*
« Le fameux Burlador[24] !... Burlador... »
L'OMBRE BLANCHE[25], *avec un désespoir infini*
Quel dommage !

22 Montreurs : marionnettistes.
23 Guérite : petit abri, ici le castelet où l'on montre les marionnettes.
24 Burlador : allusion au titre du premier Don Juan, *El Burlador de Sevilla* (*L'Abuseur de Séville*) de Tirso de Molina.
25 L'ombre blanche : personnage fantastique symbolisant une femme amoureuse de Don Juan.

SUJETS DE TYPE BAC

1 Commentaire comparé – Tristan L'Hermite, « Polyphème en furie » et Leconte de Lisle, « Les plaintes du cyclope »

180 min.

Vous rédigerez le commentaire comparé des textes de Tristan L'Hermite et de Leconte de Lisle.

Le commentaire comparé est un exercice qui est assez rarement proposé au baccalauréat. Il est pourtant très intéressant dans le cadre d'un travail sur les réécritures. Les deux textes sur lesquels vous allez travailler ne présentent aucune difficulté ; en revanche, la recherche du plan peut demander un peu d'ingéniosité !

> Voir la méthode du traitement du commentaire littéraire (Annexes, p. 471).

TEXTE A Tristan L'Hermite (1601-1655), *La Lyre* (1641), « Polyphème en furie »

Apparu pour la première fois au chant IX de l'*Odyssée* d'Homère, le cyclope Polyphème réapparaît chez le poète grec Théocrite dans une tout autre histoire : il est alors amoureux de la nymphe marine Galatée. Les *Métamorphoses* d'Ovide reprennent cette histoire, mais Galatée est cette fois amoureuse du berger Acys. Polyphème, jaloux, écrase son rival sous un rocher. Au XVIIe siècle, Tristan L'Hermite reprend cette histoire dans la version d'Ovide.

Je vous vois, couple infâme, enivré de plaisir,
Quand vos secrets complots m'ont enivré de rage.
Est-ce ainsi qu'on trahit mon amoureux désir,
Et que l'on ose encore irriter mon courage ?

Je vous vois, ménagez votre peu de loisir,
Vous ne me ferez plus que ce dernier outrage :
Ce morceau de rocher que je vais vous choisir
Vous presse de bientôt achever votre ouvrage.

Maintenant je vous tiens, rien ne peut détourner
Le juste châtiment que je vais vous donner,
Il faut que de ce coup je vous réduise en poudre.

Ainsi dit le Cyclope à deux amants transis ;
Sa voix fut un tonnerre, et la pierre une foudre,
Qui meurtrit Galatée, et fit mourir Acis.

■ Orthographe modernisée.

TEXTE B Leconte de Lisle (1818-1894), *Poèmes antiques* (1852), « Les plaintes du cyclope »

Leconte de Lisle, considéré comme le chef de file des Parnassiens, réaffirme dans ce poème son goût pour les sujets mythologiques. Il s'inspire pour sa part de Théocrite bien plus que d'Ovide.

Certes, il n'aimait pas à la façon des hommes,
Avec des tresses d'or, des roses ou des pommes,

Depuis que t'ayant vue, ô fille de la Mer,
Le désir le mordit au cœur d'un trait amer.
Il t'aimait, Galatée, avec des fureurs vraies ;
Laissant le lait s'aigrir et sécher dans les claies[26],
Oubliant les brebis laineuses aux prés verts,
Et se souciant peu de l'immense Univers.
Sans trêve ni repos, sur les algues des rives,
Il consumait sa vie en des plaintes naïves,
Interrogeait des flots les volutes[27] d'azur,
Et suppliait la Nymphe au cœur frivole et dur,
Tandis que sur sa tête, à tout vent exposée,
Le jour versait sa flamme et la nuit sa rosée,
Et qu'énorme, couché sur un roc écarté,
Il disait de son mal la cuisante âcreté :

– Plus vive que la chèvre ou la fière génisse,
Plus blanche que le lait qui caille dans l'éclisse[28],
Ô Galatée, ô toi dont la joue et le sein
Sont fermes et luisants comme le vert raisin !
Si je viens à dormir aux cimes de ces roches,
À la pointe du pied, furtive, tu m'approches ;
Mais, sitôt que mon œil s'entr'ouvre, en quelques bonds,
Tu m'échappes, cruelle, et fuis aux flots profonds !
Hélas ! je sais pourquoi tu ris de ma prière :
Je n'ai qu'un seul sourcil sur ma large paupière,
Je suis noir et velu comme un ours des forêts,
Et plus haut que les pins ! Mais, tel que je parais,
J'ai des brebis par mille, et je les trais moi-même :
En automne, en été, je bois leur belle crème ;
Et leur laine moelleuse, en flocons chauds et doux,
Me revêt tout l'hiver, de l'épaule aux genoux.
[…]
Cyclope, que fais-tu ? Tresse en paix tes corbeilles,
Recueille en leur saison le miel de tes abeilles,
Coupe pour tes brebis les feuillages nouveaux,
Et le temps, qui peut tout, emportera tes maux ! –

C'est ainsi que chantait l'antique Polyphème ;
Et son amour s'enfuit avec sa chanson même,
Car les Muses, par qui se tarissent les pleurs,
Sont le remède unique à toutes nos douleurs.

---

26 Claie : support en forme de treillis pour sécher le fromage. Les cyclopes sont des pasteurs, mangeurs de fromage et de viande, notamment humaine.

27 Volutes : spirales.

28 Éclisse : récipient permettant lui aussi de faire sécher le fromage.

2 Écriture d'invention – La figure du Cyclope

180 min.

Vous réécrirez l'histoire de Polyphème à partir du point de vue de Galatée, sous la forme d'un récit à la première personne.

Réécrire un texte en changeant le point de vue est une pratique fort répandue. Elle ne comporte aucune difficulté. Faites simplement attention à bien reprendre tous les éléments de l'histoire et à inventer les pensées et sentiments qu'ils éveillent chez le personnage que l'on fait parler.

> Voir la méthode du traitement d'une écriture d'invention (Annexes, p. 473).

3 Dissertation – Plagiat et réécriture

180 min.

« Le plagiat est la base de toutes les littératures, excepté de la première, qui d'ailleurs est inconnue. » (Jean Giraudoux, *Siegfried ou le Limousin*, 1922). Vous direz de quelle manière cette remarque éclaire la question des réécritures.

Ce sujet peut facilement être réussi à condition de ne pas tomber dans le piège qui consisterait à comprendre de façon trop littérale le terme « plagiat ». C'est bien de tous les types de réécriture qu'il est question ici. Même si la distinction entre plagiat et réécriture devra être précisée à un moment du devoir, ce sujet est en réalité une question très classique sur l'opposition entre imitation et innovation.

> Voir la méthode du traitement de la dissertation (Annexes, p. 475).

CORRIGÉS

1 Commentaire littéraire – Tristan L'Hermite, « Polyphème en furie » et Leconte de Lisle, « Les plaintes du cyclope »

Analyser le sujet

> Trouver une problématique

On observe immédiatement que ces deux poèmes présentent deux images différentes du cyclope Polyphème : le premier est redoutable et violent, le second paisible et tendre.

Il faut donc trouver comment chaque écrivain investit la légende avec ses propres codes esthétiques : homme du XVIIe siècle, Tristan L'Hermite reprend un thème mythologique et épique ; homme du XIXe siècle, Leconte de Lisle livre, par le biais de la réécriture, une vision originale qui révèle son univers personnel.

La problématique devra porter sur la façon dont ces deux réécritures livrent deux facettes opposées d'un personnage pour en tirer des effets poétiques différents.

> Construire un plan

Il faut impérativement éviter un plan qui étudierait le premier texte dans une partie et le second dans une autre. Le plan qui commence par repérer les ressemblances pour ensuite souligner les différences est acceptable mais doit être évité autant que possible. Il faut donc opter pour un plan thématique qui étudie les grandes oppositions que l'on peut repérer, entre action et contemplation, entre héros épique et héros romantique, entre monstre inhumain et figure du poète.

Les titres de parties et de sous-parties ne doivent pas apparaître dans la copie.

Introduction

C'est au chant IX de l'*Odyssée* d'Homère qu'Ulysse et ses compagnons abordent le pays des Cyclopes, où ils rencontrent Polyphème, créature merveilleuse et effrayante qui menace de dévorer l'équipage, lequel ne devra la vie sauve qu'à la ruse d'Ulysse. C'est ce même Polyphème que l'on retrouve plus tard, chez Ovide notamment, amoureux de la nymphe marine Galatée.

Mais comment un être aussi repoussant et terrifiant peut-il être représenté comme un amoureux ? Tristan L'Hermite, dans son sonnet « Polyphème en furie », et Leconte de Lisle, dans « Les plaintes du cyclope », répondent chacun à leur façon à cette question en peignant, le premier, un cyclope jaloux qui écrase son rival d'une pierre, et le second, un rêveur paisible et mélancolique. Ces deux réécritures présentent donc des facettes opposées du personnage. Pour quelles raisons et dans quel but choisissent-ils chacun d'accentuer un aspect plutôt qu'un autre ?

Nous verrons ainsi comment ces réécritures nous permettent de mesurer l'ambivalence du personnage original. D'abord, le personnage d'amoureux éconduit qui élimine son rival en fait un être qui peut se trouver dans l'action ou dans la contemplation. Ensuite, le personnage issu d'une épopée se voyant transporté dans une intrigue amoureuse devient immédiatement plus romanesque, voire romantique. Enfin, le monstre inhumain s'emplit d'humanité et rend possible l'identification du poète.

I. Entre action et contemplation

1. Deux formes opposées de narration

Nous avons affaire à **deux poèmes narratifs**. Le sonnet de Tristan L'Hermite commence par donner la parole à Polyphème, le discours direct se terminant à la fin du premier tercet. C'est donc dans le second tercet qu'apparaît la narration au passé simple. Dans le poème de Leconte de Lisle, le discours direct est encadré par deux strophes de narration à l'imparfait duratif. L'opposition des temps renvoie à une opposition plus fondamentale : le premier cyclope est **tout entier dans l'action**, tandis que le second est nettement plus **contemplatif**.

2. Le rôle de la description

Cette dimension contemplative est également exprimée par l'**importance de la description dans le second poème** : le décor, bucolique ou marin, s'y déploie sous nos yeux comme sous celui du cyclope. À l'inverse, **la description est totalement absente du premier poème**. Celui-ci repose en effet sur une certaine économie : la forme brève du sonnet permet de concentrer l'action et de mettre en valeur la violence et le caractère soudain du geste de Polyphème.

II. Entre héros épique et héros romantique

1. Le discours amoureux, du colérique à l'élégiaque

Les titres des deux poèmes disent assez leur différence fondamentale : d'un côté, un « Polyphème en furie », semblable à ce qu'il était déjà dans la geste d'Ulysse ; de l'autre, un cyclope qui chante ses « plaintes ». Nous avons donc ici, développée, l'ambivalence constitutive du mythe de Polyphème chez Ovide : **un personnage épique qui doit aussi se montrer élégiaque**. Le discours direct du personnage dans les deux poèmes fait entendre cette opposition : les allitérations en [r] omniprésentes dans les deux premières strophes du poème de Tristan l'Hermite, la gutturale [k] dans le dernier vers prononcé par Polyphème, à la fin du premier tercet (« Que de ce coup »), font entendre la colère et annoncent la chute du rocher. Chez Leconte de Lisle, la présence de plusieurs exclamations ou encore l'interjection « hélas » soulignent le lyrisme du discours.

2. Le développement de la pastorale

L'importance de la description dans le second poème permet de développer un aspect du personnage du cyclope qui était présent chez Homère, sans être particulièrement mis en avant : son occupation de pasteur, jouissant des bienfaits que la nature lui offre. Le second poème est ainsi une **sorte de pastorale**[29]. On peut dire que, si la différence la plus évidente entre les deux poèmes est en effet l'absence de mention du berger Acis dans le second, c'est que c'est Polyphème lui-même qui joue le rôle du berger, amoureux d'une femme idéalisée, comme le montre toute la thématique de la blancheur. De même, **la nature est quasiment absente dans le premier poème** et se réduit à la mention du rocher ; **elle est au contraire très présente dans le second**. La communion du personnage avec la nature qui le berce et le réconforte fait de ce cyclope un véritable héros romantique.

29 Pastorale : poème ou pièce de théâtre dont les personnages sont des bergers et des bergères.

III. Entre monstre inhumain et figure du poète

1. Le jeu sur l'énonciation

Le jeu sur l'énonciation dans les deux poèmes se révèle paradoxal. En effet, Tristan L'Hermite donne la parole au cyclope, le laisse parler longuement, nous donne accès à son intériorité. À l'inverse, le poème de Leconte de Lisle commence et s'achève par une narration à la troisième personne, ce qui produit une représentation plus distancée. Pourtant, **c'est bien dans le second poème que le monstre paraît le plus humain**. D'ailleurs, le seul portrait physique du cyclope, insistant sur son œil unique ou sa peau velue, se trouve dans le second poème, et il est le fait de Polyphème lui-même. Dans le premier, il est un monstre ; dans le second, il se voit comme un monstre, révélant par là sa part d'humanité.

2. L'identification du poète à son sujet

Cette humanisation permet sans doute une certaine **identification du poète au personnage dans le second poème.** On constate dans les derniers vers une sorte d'écho entre les paroles du cyclope et celles du poète, sur le thème de la douleur amoureuse que seuls apaisent le temps ou la poésie. L'identification apparaît surtout quand les reproches du cyclope du premier poème se retrouvent sous la plume du poète lui-même dans le second. Le portrait de Galatée présente en effet des points communs entre les deux textes : perfide traîtresse pour le géant du premier poème, elle est une « nymphe frivole et dure » pour l'auteur du second. C'est surtout le passage au présent et l'apparition du pronom « nous » qui permettent de réunir ensemble **la créature mythologique et le poète parnassien comme deux semblables**. Il s'agit là d'une simple généralisation, certes, mais l'évocation de la chanson et des muses contribue également à faire de Polyphème une véritable figure du poète.

Conclusion

[Réponse à la problématique] Ces deux réécritures différentes d'un même thème montrent ainsi la richesse mais aussi l'ambivalence du texte de départ. À la lecture de Tristan L'Hermite et de Leconte de Lisle, on parcourt toute la littérature, d'Homère aux Parnassiens, en rencontrant de multiples échos à d'autres œuvres.

[Ouverture] Ces deux réécritures démontrent aussi l'extraordinaire fécondité littéraire des figures de l'*Odyssée* : il suffit de songer aux multiples réécritures de Circé, de La Fontaine à James Joyce, ou encore des Sirènes, d'Andersen à Kafka.

2 Écriture d'invention – La figure du Cyclope

Analyser le sujet

> Repérer les mots clés

Il s'agit ici d'écrire une « histoire » qui fasse entendre le « point de vue » de Galatée. On attend donc un récit à la première personne dans lequel le personnage pourra raconter l'histoire telle qu'on la connaît, en y ajoutant ses sentiments et pensées personnelles.

Il faut aussi se souvenir de l'identité du personnage que l'on va faire parler : il s'agit d'une créature mythologique qui vit dans la mer. On respectera donc le cadre mythologique de cette légende, et on n'hésitera pas à montrer sa culture dans ce domaine. On complétera à l'aide de descriptions du monde marin et du paysage pastoral, en s'inspirant du second poème.

> Dresser un cahier des charges

Tous les éléments de l'histoire doivent être présents : l'amour de Polyphème, la peur qu'il inspire, l'idylle avec le berger Acis et enfin la mort de celui-ci, écrasé par un rocher. La dimension lyrique et pathétique du discours devra être mise en avant.

Il faut exploiter un maximum d'effets propres à la focalisation interne (voir p. 47) : changer de point de vue suppose qu'on se met dans la peau d'un personnage qui ignore tout des pensées d'autrui et qui découvre progressivement la réalité qui l'entoure.

Cet exemple est une proposition, parmi bien d'autres possibles. Il n'a pas valeur de corrigé. Il vous propose seulement quelques pistes.

Comme j'aimais naguère nager au fil de l'eau, plonger au fond des mers, explorer les abysses. Errant au gré des flots, je remontais parfois pour humer l'air salé, et m'en retournais vite, en fendant l'écume, dans mon monde marin.

Lorsque je me sentais lasse de sonder les abymes, je gagnais le rivage, je découvrais alors, baignés par le soleil, les prés verts, les blanches brebis, les roches escarpées et les sentiers poudreux. J'aimais à m'amuser avec mes semblables, me cacher dans les bois avec les dryades[30], courir dans les montagnes avec les oréades[31], batifoler dans les rivières avec les naïades[32]…

C'est au cours de ces jeux que j'aperçus un jour, sur le flanc d'un coteau, aux lueurs du couchant, la plus belle créature qui ait jamais vécu. Ce n'était qu'un berger qui menait un troupeau mais il inspira dans mon cœur un amour violent. Je tâchais d'y résister, pour demeurer fidèle au peuple de la mer, mais la douceur de ses traits, la blancheur de son teint, la blondeur de sa peau eurent raison de moi.

Bientôt j'appris son nom : il se nommait Acis. Je passais des heures à contempler avec lui le coin d'herbe paisible où lentement paissaient les troupeaux, à m'enivrer du son de sa flûte, à respirer le parfum des roses et des fleurs de pommiers se mêlant aux embruns.

30 Dryades : nymphes des bois.
31 Oréades : nymphes des montagnes.
32 Naïades : nymphes d'eau douce.

Mais il y avait aussi sur cette île un monstre terrifiant du nom de Polyphème. La première fois que je le vis, j'aperçus d'abord ses pieds immenses qui paraissaient s'écraser sur le sol dans un fracas terrible. Puis ses jambes et son corps, velus et gigantesques, craquant à chaque geste, semblaient une montagne qui se déplacerait. Enfin, je découvris son visage effroyable, orné d'un œil unique au beau milieu du front.

Cet œil noir et terrible, comment l'oublierais-je ? Sa voix, dès qu'il parla, me sembla un tonnerre, à chacun de ses cris je croyais m'envoler. Parmi ses grognements, je distinguais à peine comme des mots d'amour qu'il m'aurait destinés. Puis il s'en retourna, dans un vacarme atroce.

Je le revis parfois, se gavant de fromages, chantant d'une voix rauque des notes discordantes. Je me cachais de lui pour retrouver Acis, tremblant pour ma vie autant que pour la sienne, lui jurant mon amour mais disparaissant vite, m'en retournant au fond de l'eau, au moindre bruit suspect, au moindre mouvement troublant notre fragile idylle. J'entendais derrière ses cris furieux, où l'on distinguait, peut-être, des protestations d'amour, mais d'un amour enragé plus inquiétant que la haine.

Mais un jour que nos cœurs trop pressés de se voir nous rendirent imprudents, nous nous retrouvâmes face à lui. Avec un hurlement furieux, il sembla faire un geste, mais je ne vis plus rien qu'une épaisse fumée. Et quand j'y vis plus clair, je découvris un rocher écrasé dans une mare de sang. Je courus à perdre à haleine et me réfugiai au plus profond d'un gouffre pour n'en plus ressortir.

Depuis, je reste ici à nager au fil de l'eau, plonger au fond des mers, explorer les abysses. Errant au gré des flots, je ne remonte plus pour humer l'air salé, et reste désormais à l'écart du monde des mortels, à jamais condamnée à mon monde marin.

3 Dissertation – Plagiat et réécriture

Analyser le sujet

> Trouver une problématique

Le sujet est au premier abord surprenant : le plagiat, pratique moralement condamnable et légalement condamnée, est présenté comme le principe même de toute écriture.

Il faut donc évidemment faire la part de l'humour et de la provocation. Il est question ici de la réécriture comme principe moteur de la création, ce qui pose le problème du rapport entre imitation et originalité dans l'écriture. La distinction entre réécriture créative et plagiat servile ne permet-elle pas, justement, de penser de façon féconde la question de l'originalité littéraire ?

> Construire un plan

Ce sujet reposant sur une opposition entre imitation et originalité, un plan dialectique s'impose, qui mettra l'accent tantôt sur l'un et tantôt sur l'autre avant de réfléchir à leur union paradoxale. En outre, il faudra à chaque début de partie repartir du cas particulier du plagiat, avant d'élargir la perspective.

Les titres de parties et de sous-parties ne doivent pas apparaître dans la copie.

Introduction

Les affaires de plagiat défraient régulièrement la chronique : des scientifiques, des artistes, ou encore des journalistes sont ainsi accusés d'avoir pillé sans vergogne l'œuvre d'un autre. Des procès ont parfois lieu, durant lesquels les magistrats se transforment en critique littéraire, s'adonnant à l'exercice du commentaire de texte, faisant la part de l'imitation et de l'originalité, afin de décider si le texte de l'accusé est oui une non la contrefaçon d'un autre.

Au-delà des problèmes juridiques qu'il pose, le plagiat est révélateur de nos présupposés en matière de littérature : on considère en effet de nos jours que seul mérite le nom d'œuvre littéraire un texte qui contient une dimension créative, et donc une originalité propre. C'est dire à quel point le propos de Jean Giraudoux, dans *Siegfried ou le Limousin*, « Le plagiat est la base de toutes les littératures, excepté de la première, qui d'ailleurs est inconnue », résonne comme une provocation. Giraudoux ne se prend pas ici au sérieux : en témoigne la plaisanterie sur la première littérature, qui ne peut imiter aucune autre. Toutefois, au-delà de la provocation, on peut interroger le caractère paradoxal de ce propos et se demander ce que le plagiat nous apprend du rapport entre imitation et originalité en littérature.

Nous verrons donc que toute littérature repose sur l'imitation, mais qu'il faut distinguer celle-ci du simple plagiat. Cela nous amènera à considérer la part d'originalité impliquée dans toute écriture, et qui laisse la possibilité du plagiat créatif. En nous avisant que ni la pure imitation ni la pure originalité ne peuvent exister, nous considérerons le rôle du lecteur dans cette combinaison paradoxale de ressemblances et de différences que constitue toute œuvre littéraire.

I. La littérature repose sur l'imitation

1. Le plagiat servile

Le plagiat est considéré comme une faute morale autant que comme une pratique illégale. Pourtant, **c'est assez tardivement que l'idée de droit d'auteur, de propriété littéraire, s'est imposée** : pour la France, c'est au XVIIIe siècle. Auparavant, l'écriture obéissait au régime classique qui valorisait l'imitation : il suffit de penser à Corneille ou Racine réécrivant les tragiques grecs ou romains pour composer leurs tragédies. Depuis lors, bien sûr, c'est le régime romantique qui prime : **une œuvre est perçue comme devant exprimer l'originalité d'un individu unique et irremplaçable**, comme le montre l'émergence de la figure du poète maudit, écrivain isolé et incompris de tous, dont la poésie constitue le témoignage irremplaçable d'une expérience existentielle unique. Le plagiat est-il donc une notion récente et liée à une esthétique particulière ? En réalité, le mot et la chose existent de l'Antiquité à nos jours, et sont unanimement condamnés.

2. Plagiat et réécriture

C'est que le plagiat n'est qu'une forme particulière de l'**imitation** : la reprise pure et simple du texte d'un autre que l'on fait passer pour sien. Cependant, il arrive que l'on parle de « plagiat » pour désigner un phénomène plus diffus, quand un auteur reprend quelques éléments de l'intrigue d'un autre. C'est là que la question de la **distinction entre le plagiat servile et la réécriture créatrice** se pose. Le problème est que la littérature repose sur un certain nombre de conventions, de genres, de thèmes et de formes que tous les écrivains peuvent se partager. Surtout, les situations que peut vivre un être humain sont assez restreintes, les sentiments qu'il peut éprouver ne sont pas en nombre infini, de sorte que l'écriture romanesque ou lyrique est assez limitée dans ses objets, et que bien des textes explorent des *topoï* [33] tels que l'affrontement du bien et du mal, la scène de première rencontre, la figure de la femme rédemptrice. La romancière Marie Darrieussecq a ainsi été accusée de plagiat par l'auteur d'autofictions Camille Laurens, pour avoir écrit comme elle un roman sur la mort d'un enfant, situation que Camille Laurens avait vécue, contrairement à Marie Darrieussecq. Ce thème pourtant assez commun lui semblait avoir été volé par sa rivale – l'ironie de la chose étant que le mot « plagiaire » désigne étymologiquement le voleur d'enfant.

Il est donc évident que Giraudoux emploie le mot « plagiat » pour désigner en réalité le **phénomène de réécriture omniprésent dans la littérature**, et qui, contrairement au plagiat proprement dit, suppose une part d'originalité.

II. Mais la littérature implique l'originalité

1. Le plagiat créatif

La notion de plagiat est entourée d'un certain flou dès qu'elle désigne toute ressemblance plus ou moins avérée entre deux textes. En revanche, elle est très claire quand elle désigne la **reprise pure et simple, et non déclarée, du texte d'un autre**. Pourtant, même dans ce cas, le plagiat peut avoir une dimension créative. Comment expliquer que Lautréamont, recopiant massivement d'autres textes dans *Les Chants de Maldoror* ou Michel Houellebecq, copiant-collant des extraits de Wikipédia dans *La Carte et le Territoire*, puissent présenter cette pratique comme créative ? C'est que, dans ce cas, la pratique relève de ce qu'on appelle l'« **intertextualité** » : **la reprise du texte d'un autre participe d'une esthétique du montage et du collage**, destinée à créer un effet de multiplication et de diffraction de la voix poétique et narrative chez Lautréamont, ou à singer la médiocrité du langage technique contemporain pour Houellebecq. La reconnaissance par le lecteur peut d'ailleurs être voulue et même nécessaire à l'intelligence du propos : le romancier James Joyce a appelé son roman *Ulysse* pour être sûr que les lecteurs perçoivent la relation intertextuelle avec l'*Odyssée*, peu évidente au premier abord.

2. Originalité et réappropriation

L'originalité ne réside donc pas dans une illusoire création *ex nihilo*, mais dans la **réappropriation par l'écrivain du matériau commun**, y compris des textes des autres. Le fameux vers de Lamartine, « Un seul être vous manque et tout est dépeuplé » est en fait un plagiat d'un vers d'un poète du XVIIIe siècle, « Un seul être me manque et tout est dépeuplé ». Mais en passant du « me » au « nous », Lamartine donne au vers son universalité, en fait une sorte d'aphorisme qui explique qu'il ait pu être si facilement détaché et devenir aussi célèbre. La ressemblance est maximale et la différence minimale, mais elle suffit à distinguer nettement les deux poètes.

Face à un texte littéraire, nous sommes donc pris dans un jeu de ressemblances et de différences : un texte en évoque mille autres, pour s'y apparenter ou s'en démarquer. Mais qui perçoit ces ressemblances et ces différences, sinon le lecteur ?

III. La réécriture et le regard du lecteur

1. Le plagiat existe-t-il ?

On peut affirmer que **l'originalité parfaite n'existe pas** : un écrivain, ne serait-ce que parce qu'il utilise le langage, recourt à un code collectif, et non purement individuel.

33 *Topoï* : pluriel de *topos*, mot grec pour désigner des lieux communs.

Mais à l'inverse, **la pure imitation n'existe pas non plus**. Dans une nouvelle fantastique et allégorique de son recueil *Fictions*, l'écrivain argentin Jorge Luis Borges imagine qu'un journaliste contemporain parvienne à réécrire exactement, au mot près, un passage du célèbre roman *Don Quichotte* de Cervantès. L'écrivain s'amuse ensuite à démontrer que les deux textes, bien que parfaitement identiques, n'ont pas du tout le même sens : le style du premier est de son temps, le style du second est archaïque, les idées du premier sont très banales pour son époque, tandis que celles du second sont tout à fait originales pour un auteur du XXe siècle. Sous couvert d'humour, Borges nous délivre une leçon essentielle : **le sens d'un texte dépend largement de son lecteur**.

2. Écriture, lecture, renouvellement du sens

Si la réécriture est le moteur de la littérature, c'est donc d'abord et avant tout parce que **c'est le lecteur qui doit, dans un texte, être sensible au jeu des ressemblances et des différences avec ce qu'il connaît déjà**. Lisant « Don Juan aux Enfers » de Baudelaire, je reconnais le thème de la descente aux Enfers, que j'ai pu lire chez Homère ou chez Virgile. Mais je peux aussi, si je le souhaite, y reconnaître le thème d'Orphée, Elvire incarnant une nouvelle Eurydice vers laquelle Don Juan, contrairement à Orphée, ne tournera pas le regard. Même si le poème est une réécriture de Molière, je peux, si je le souhaite, y entendre un écho à Mozart si la structure générale du poème – une liste de personnages – me rappelle la liste des mille et trois femmes que Leporello évoque devant Don Giovanni. Je me souviendrai d'ailleurs d'autant plus de cette image si j'ai en mémoire son adaptation dans le film de Joseph Losey où la liste est un rouleau de papier infini. Je peux même entendre dans ce texte des échos de textes postérieurs, par exemple le début de la pièce de Rostand, *La Dernière Nuit de Don Juan*, qui commence avec Don Juan arrivant en Enfer au bras du Commandeur. **La lecture, autant que la réécriture, renouvelle le sens des œuvres** et, pour réécrire à notre tour Giraudoux, c'est ce renouvellement incessant des œuvres anciennes qui est « la base » de la littérature.

Conclusion

Ce n'est donc pas le plagiat, pure imitation, mais bien la réécriture, mélange d'imitation et d'originalité, qui est le principe moteur de la littérature. Et ce mélange implique aussi bien l'écrivain, qui doit réinvestir des thèmes et des formes pour y imprimer sa marque personnelle, que le lecteur qui, en fonction de sa culture et de ses lectures, peut construire à partir du texte qu'il lit un réseau d'échos et de renvois.

Tout livre contient ainsi une bibliothèque entière, la bibliothèque intérieure du lecteur. Toute réflexion sur la réécriture engage ainsi une réflexion sur la lecture.

REPÈRES

À lire, à voir...

Voici quelques propositions de lectures, de films et de sites à consulter. Cette liste n'est pas exhaustive.

Des œuvres du XVIe siècle à connaître

- François Rabelais, *Pantagruel* (1532)
- François Rabelais, *Gargantua* (1534-1535)
- Marguerite de Navarre, *L'Heptaméron* (1540-1558)
- Pierre de Ronsard, *Les Amours* (1552-1587)
- Joachim Du Bellay, *Les Regrets* (1558)
- Montaigne, *Essais* (1580-1588)
- Robert Garnier, *Les Juives* (1583).

Des réécritures célèbres

- Miguel de Cervantes, *Don Quichotte* (1605) : parodie de romans de chevalerie.
- Alfred Jarry, *Ubu roi* (1896) : parodie d'*Œdipe roi* de Sophocle et de *Macbeth* de Shakespeare.
- Marcel Proust, *Pastiches et Mélanges* (1919) : pastiche de plusieurs écrivains.
- Jean Giraudoux, *La guerre de Troie n'aura pas lieu* (1935) et *Électre* (1936) : transpositions d'histoires empruntées à la mythologie.
- *OuLiPo*, *La Littérature potentielle* : présentation de l'OuLiPo et exercices oulipiens de réécritures.

Des films à voir

- *Aguirre, la colère de Dieu*, de Werner Herzog (1972).
- *Don Giovanni*, de Joseph Losey (1978) : pour découvrir la version de Don Juan imaginée par Mozart et adaptée pour le cinéma dans une mise en scène impressionnante.
- *La Controverse de Valladolid*, de Jean-Daniel Verhaeghe (1991), avec Jean-Louis Trintignant et Jean-Pierre Marielle.
- *Christophe Colomb*, de Ridley Scott (1992), avec Gérard Depardieu.
- *La Reine Margot*, de Patrice Chéreau (1994), avec Isabelle Adjani.
- *Shakespeare in love*, de John Madden (1998).
- *Gemma Bovery*, d'Anne Fontaine (2014) : transposition dans le monde moderne de *Madame Bovary* de Flaubert.

Des sites à consulter

- *Homère sur les traces d'Ulysse*, la source d'innombrables réécritures : http://expositions.bnf.fr/homere
- *Don Juan ou le mythe démasqué*, sur le mythe de Don Juan : http://www.don-juan.net

Quelques citations

Sur l'humanisme

François RABELAIS (vers 1594-1553)

« Mieux est de ris que de larmes écrire,
Pour ce que rire est le propre de l'homme. »

■ « Avertissement au lecteur » de *Gargantua* (1535).

« Science sans conscience n'est que ruine de l'âme. »

■ *Pantagruel* (1532).

Pierre de RONSARD (1524-1586)

« Vivez, si m'en croyez, n'attendez à demain :
Cueillez dès aujourd'hui les roses de la vie. »

■ *Sonnets pour Hélène* (1578).

MONTAIGNE (1533-1592)

« C'est ici un livre de bonne foi, lecteur. Il t'avertit dès l'entrée, que je ne m'y suis proposé aucune fin, de domestique et privée. [...] Je suis moi-même la matière de mon livre. » (Avertissement au lecteur)

« Que philosopher c'est apprendre à mourir. »

« Que sais-je ? »

■ *Essais* (1580-1588).

Jean-Paul SARTRE (1905-1980)

« Par humanisme on peut entendre une théorie qui prend l'homme comme fin et comme valeur supérieure. »

■ *L'Existentialisme est un humanisme* (1945), © Gallimard.

Sur les réécritures

Jean de LA BRUYÈRE (1645-1696)

« Tout est dit, et l'on vient trop tard depuis plus de sept mille ans qu'il y a des hommes et qui pensent. Sur ce qui concerne les mœurs, le plus beau et le meilleur est enlevé ; l'on ne fait que glaner après les anciens et les habiles d'entre les modernes. »

■ *Caractères* (1688), « Des ouvrages de l'esprit ».

François-René de CHATEAUBRIAND (1768-1848)

« L'écrivain original n'est pas celui qui n'imite personne, mais celui que personne ne peut imiter. »

■ *Génie du christianisme* (1802).

Paul VALÉRY (1871-1945)

« Rien de plus original, rien de plus soi que de se nourrir des autres. Mais il faut les digérer. Le lion est fait de mouton assimilé. »

■ *Tel quel* (1941), © Gallimard.

Julia KRISTEVA (née en 1941)

« Tout texte se construit comme une mosaïque de citations, tout texte est absorption et transformation d'un autre texte. »

■ *Sèmeiôtikè* (1969), Seuil.

SUJETS D'APPROFONDISSEMENT

1 POST BAC

Dissertation – Du Bellay, *Les Regrets*

180 min.

Dans l'adresse au lecteur des *Regrets*, Du Bellay affirme : « Ce petit livre que nous te donnons maintenant, ô Lecteur, a un arrière-goût composite : celui du fiel, et en même temps du miel et du sel. » Dans quelle mesure le recueil vous semble-t-il caractérisé par une esthétique de la diversité ?

Les Regrets sont un recueil que Du Bellay a écrit suite à son séjour à Rome. Il y « regrette » la France et le temps perdu à rechercher les souvenirs d'une Antiquité qui n'est plus. Les poèmes sont marqués par l'élégie, mais aussi par la satire et l'éloge. Ils témoignent d'une certaine diversité de ton. Le sujet vous invite à analyser cette diversité et éventuellement à la dépasser. Ce recueil a-t-il une architecture identifiable ? Quels sont les traits d'union entre les différents poèmes ? N'hésitez pas à voyager avec Du Bellay, si ce n'est pas déjà fait. Il exprime ses sentiments avec une sincérité qui peut presque annoncer celle des écrivains romantiques…

> Voir la méthode du traitement de la dissertation (Annexes, p. 475).

2 POST BAC

Résumé de texte – Malraux, *L'Homme précaire et la littérature*

90 min.

Vous résumerez le texte d'André Malraux, extrait de *L'Homme précaire et la littérature*, en 150 mots, avec une tolérance de + ou – 10 %.

Ce texte peut sembler difficile à résumer car il comporte une seule idée illustrée par de nombreux exemples. C'est donc un travail de reformulation et de hiérarchisation : faites preuve d'inventivité dans l'expression et sachez distinguer l'essentiel de l'accessoire !

> Voir la méthode du traitement d'un résumé de texte (Annexes, p. 477).

TEXTE André Malraux (1901-1976), *L'Homme précaire et la littérature* (1977)

Rimbaud ne commence pas par écrire du Rimbaud informe, mais du Banville[1] ; de même, si nous changeons le nom de Banville pour Mallarmé, Baudelaire, Nerval, Victor Hugo. Un poète ne se conquiert pas sur l'informe, mais sur les formes qu'il admire. Un romancier aussi. Avant de concevoir *La Comédie humaine* et de se battre avec l'état civil, Balzac s'est battu avec le roman de son temps. C'est sur Walter Scott[2], Ducray-Duminil[3], bien d'autres, puis sur maintes *Scènes de la vie privée*[4] qu'il conquiert *Le Père*

1 Théodore de Banville (1823-1891) : poète parnassien très célèbre en son temps, aujourd'hui moins connu.

2 Walter Scott (1771-1832) : écrivain écossais, célèbre à son époque pour ses romans, notamment *Ivanhoé* (1819).

3 Ducray-Duminil (1761-1819) : romancier populaire aujourd'hui oublié.

4 *Scènes de la vie privée* : titre sous lequel Balzac rassemble plusieurs de ses œuvres longtemps avant avoir l'idée de toutes les réunir sous le titre *La Comédie humaine*.

Goriot[5], non sur son ancien propriétaire ruiné par ses filles. La création n'est pas le prix d'une victoire du romancier sur la vie, mais sur le monde de l'écrit dont il est habité. [...] Si nous trouvons dans les faits divers l'origine de beaucoup d'intrigues, mais non la clef d'un grand livre, c'est que le dessein initial du romancier naît en liaison avec le monde de l'écrit. Que *La Joconde* ressemble ou non à Mona Lisa, elle ressemble aux tableaux. [...] Le portrait d'une femme que l'on aime pousse au dessin – et le modèle, au baiser ; la vocation artistique ne naît pas de l'émotion éprouvée devant un spectacle, mais devant un pouvoir. Ici, celui de créer la vie par l'écrit : comme le peintre, l'écrivain n'est pas le transcripteur du monde, il en est le rival. Aucun Balzac pur ne passe de Mme de Berny[6] aux *Illusions perdues*[7]. Aucun Rimbaud pur ne passe de rien au *Bateau ivre* ; il imite Banville parce que toute création est l'aboutissement d'opérations sur des formes. Quoi que Baudelaire doive à Victor Hugo, il ne le lui doit pas comme Richepin[8] ; quoi qu'il doive aux *Rayons jaunes*[9], pas comme François Coppée[10] ; mais il passe par là. Dans le roman comme en peinture, le créateur finit par son génie, et commence par celui des autres. [...] Toute narration est plus proche des narrations antérieures que du monde qui nous entoure ; et les œuvres les plus divergentes, lorsqu'elles se rassemblent dans le musée ou la bibliothèque, ne s'y trouvent pas rassemblées par leur rapport avec la réalité, mais par leurs rapports entre elles. La réalité n'a pas plus de style que de talent.

5 *Le Père Goriot* : roman de Balzac racontant l'histoire d'un homme ruiné par ses filles.
6 Mme de Berny (1777-1836) : muse de Balzac, censée être le modèle de plusieurs de ses personnages féminins.
7 *Illusions perdues* : roman de Balzac.
8 Jean Richepin (1849-1926) : poète français aujourd'hui moins connu.
9 *Les Rayons jaunes* : poème de Sainte-Beuve (1804-1869), critique dont la poésie reste peu connue.
10 François Coppée (1842-1908) : poète parnassien aujourd'hui moins connu.

CORRIGÉS

POST BAC

1 Dissertation – Du Bellay, *Les Regrets*

Les titres de parties et de sous-parties ne doivent pas apparaître dans la copie.

Introduction

Du Bellay écrit ses « regrets » lors de son séjour à Rome et les publie à son retour en France. Le titre de son œuvre évoque la tonalité dominante des poèmes : l'élégie. Mais cette tonalité n'est pas la seule. Du Bellay se livre souvent à la satire des mœurs romaines, qu'il estime dépravées, ainsi qu'à l'éloge des Grands. C'est pourquoi, dans son adresse au lecteur, il évoque l'« arrière-goût composite » de son œuvre : « celui du fiel, et en même temps du miel et du sel ». Le « fiel » est le goût de l'amertume, de la mélancolie. Le « miel » est celui de l'éloge. Le « sel » renvoie à la satire. Le recueil serait donc caractérisé par la diversité des registres. Mais ne peut-on pas identifier, par-delà cette diversité, une unité supérieure, qui révélerait l'itinéraire du « je », exilé à Rome ?

I. La diversité des registres

1. La tonalité élégiaque

À Rome, Du Bellay pensait retrouver les vestiges de l'Antiquité. Pour l'humaniste qu'il est, Rome est la cité idéale. Mais il est vite déçu. Il se compare à Ovide (43 av. J.-C. - 17-18 apr. J.-C.), poète latin en exil. Le titre évoque un sentiment de **nostalgie** à l'égard de la France, « mère des arts, des armes, et des lois » (sonnet 9). Il regrette, plus précisément, son « petit Liré », son village natal (sonnet 31). Le destin s'est acharné sur lui, pour faire de son voyage une tragédie. Il n'y a ressenti que l'ennui et le désespoir.

2. La satire et l'éloge

Mais, dans son recueil, l'élégie se mêle à la satire. D'ailleurs, dans le poème à M. d'Avanson, Du Bellay dit : « J'apprête ici le plus souvent à rire ». **Il faut plaire au lecteur, et ne pas lui imposer une amertume qui le découragerait.** Pour la satire, Du Bellay s'inspire d'Horace (65-8 av. J.-C.), autre auteur antique. Au XVIe siècle, la satire désigne un poème dans lequel l'écrivain attaque les vices du temps présent par la dérision ou l'indignation. **Du Bellay tente de donner une portée universelle à la satire**, en ne nommant pas les personnages qu'il raille. Il se moque de Vatican et de ses scandales dans les sonnets 101 à 119. Les mœurs romaines ne sont pour lui que cupidité et corruption. Les courtisanes incarnent cette omniprésence du vice. Même les clercs ne représentent pas la vertu : dans le sonnet 97, il voit un moine prendre du plaisir à toucher le corps d'une femme. À Rome, le paraître a éclipsé l'être.

Du Bellay conclut son recueil sur le **ton de l'éloge** (sonnets 155 à 191). Il fait l'éloge de personnages illustres (Diane de Poitiers, fonctionnaires royaux, nobles…). Après le sonnet 180, Marguerite de France (1523-1574), sœur d'Henri II, duchesse de Savoie, est un sujet d'inspiration privilégié. Rarement citée, elle est désignée par son symbole, en référence à son prénom : une fleur.

3. Diversité et esthétique du naturel

L'esthétique de la diversité est liée chez Du Bellay à son goût du naturel. Il prétend écrire sans art et se laisser guider par sa plume, en partie pour répondre à Ronsard et aux autres poètes qui s'adonnent aux grands genres de la poésie. **Il refuse les ornements de la grande poésie lyrique ou épique.** Il revendique une certaine originalité.

Il choisit la simplicité. En témoigne le choix de l'alexandrin, mètre le plus long de tous et le plus proche de la prose.

II. L'unité du recueil : autour de l'odyssée du « je » ?

1. Une poésie personnelle

L'unité du recueil se construit autour d'un moi qui change. Le moi est d'abord mélancolique, puis son cheminement psychologique le conduit vers la satire. Le choix de la satire est un prolongement de la mélancolie initiale : la satire libère le poète des sentiments de frustration et de déception qui l'habitent. Elle lui permet également de retrouver le chemin de la vertu et de s'élever finalement à l'éloge des Grands. **Après un moment d'abattement, il prend de la distance par rapport à un lieu et à une époque livrés à la perversion.**

2. La structure narrative du voyage

Cette odyssée du « je » est inscrite dans un espace particulier, tendu entre Rome et la France. Rome est un objet de déception. Il n'y découvre que ruines et chaos. Il y est retenu prisonnier par le « démon du lieu » (sonnet 87), qui pourrait se rapprocher du poison de la magicienne Circé, grâce auquel elle cherche à retenir Ulysse sur son île. **Son odyssée se construit en trois temps bien distincts** : départ, arrivée à Rome, retour en France, qui correspondent aux temps de l'exil, de la déception, puis du retour au pays natal qui est aussi rassurant que désespérant, car Du Bellay découvre que l'hypocrisie n'y est pas moins importante qu'à Rome.

3. La quête de la sagesse

Le mouvement du voyage se traduit par une certaine ascension vers la sagesse, qui se conclut par les retrouvailles avec Marguerite. Ce que Du Bellay célèbre avant tout, dans les derniers sonnets du recueil, c'est la vertu. **Il se détache des préoccupations physiques et matérielles pour accéder au Bon, au Beau et au Bien.** Cette sagesse exigeante se différencie nettement de celle du barbier rencontré à Rome, qui l'invite dans le sonnet 59 à moins étudier et à profiter de la vie : elle est éloignée du *carpe diem*, conçu comme une simple soumission au plaisir.

III. La cohérence d'un itinéraire de poète

1. La crainte d'une perte de l'inspiration

Si Du Bellay part pour Rome, c'est en partie **pour aller à la source de l'inspiration poétique,** dans un lieu de culture antique. La perte de l'inspiration est une crainte récurrente. Dans le sonnet 7, par exemple, il se compare à la sibylle de Cumes, qui aurait, selon lui, perdu sa voix parce qu'elle n'entendait plus la parole de Dieu : « Ores je suis muet, comme on voit la Prophète, / Ne sentant plus le dieu qui la tenait sujette, / Perdre soudainement la fureur et la voix ».

En pays étranger, il se sent étranger à lui-même. On connaît le célèbre vers du sonnet 6 : « Et les Muses de moi, comme étranges, s'enfuient. » Du Bellay a peur de ne plus pouvoir écrire parce qu'il est loin de sa Muse, Marguerite de France. Comme Orphée éloigné de son Eurydice, il n'aurait alors plus la force de créer.

2. La fureur retrouvée

À la fin de l'œuvre, Du Bellay finit par redonner un objet à sa poésie : l'adoration, l'éloge du « haut nom ». **Il a retrouvé un endroit où le langage avait un sens**, alors qu'à Rome plus rien ne semblait avoir de valeur. Il lui a peut-être fallu passer par une période de perte, pour refonder son art poétique. L'inspiration amoureuse, pour lui, est celle de sa jeunesse. Après l'exil, il refonde son inspiration sur des ambitions plus hautes. **Il n'a donc pas perdu son temps à Rome.** Le voyage lui a offert une confrontation nécessaire avec lui-même et avec son identité de poète.

3. La poésie comme remède aux « regrets » ?

La poésie est d'abord un **remède à l'ennui** (qui a le sens fort de « tourment », au XVIe siècle). Elle est aussi **un moyen de préservation de la liberté**, dans un lieu où le « je » se sent enfermé, prisonnier. Dans le poème à M. D'Avanson, il désigne la poésie comme un moyen d'apaiser sa souffrance : « De quelque mal un chacun se lamente, / Mais les moyens de plaindre sont divers : / J'ay, quant à moy, choisi celuy des vers / Pour desaigrir l'ennuy qui me tourmente ». Dans un monde corrompu, la poésie est une fuite vers le monde des Idées. **La « fureur » poétique, la plus haute de toutes, permet à l'âme de dépasser le monde réel et d'accéder à des forces supérieures.**

Conclusion

[Réponse à la problématique] Le recueil de Du Bellay n'est donc pas juste une simple succession de poèmes. Il évoque l'itinéraire d'un homme et d'un poète, itinéraire qui se veut universel et intemporel. Après l'égarement et la déception, le « je » accède à la sagesse.

[Ouverture] Ce dépassement peut renvoyer à un itinéraire platonicien : du monde corrompu au ciel des Idées (voir Platon, *La République*).

2 Résumé de texte – Malraux, *L'Homme précaire et la littérature*

Méthode

> Lire le texte une première fois

La première lecture doit permettre d'identifier la thèse générale de l'auteur : un écrivain trouve son originalité, non pas en imitant la réalité, mais se démarquant progressivement de ceux qui l'ont précédé.

Le texte comporte de nombreux exemples. L'objectif d'un résumé est d'être fidèle à la structure argumentative d'un texte, ce qui signifie que l'on doit supprimer certains exemples. Toute la question ici est de savoir lesquels garder et lesquels supprimer.

> Relire le texte de façon active

Les divers paragraphes développent une thèse unique, en apportant des nuances :

– § 1 : avant de devenir lui-même, un écrivain imite d'abord ses prédécesseurs et doit se battre contre ces influences pour trouver son style.

– § 2 : la réalité n'est qu'un prétexte pour l'écrivain ; pour écrire une œuvre, il trouve l'inspiration non pas dans la vie, mais dans les autres œuvres.

– § 3 : on ne passe pas directement de la réalité à l'œuvre ; il faut passer par un travail sur les formes léguées par la tradition.

– § 4 : ainsi, les œuvres sont reliées entre elles par la réécriture avant d'être reliées à la réalité qu'elles représentent.

> Rédiger au brouillon une première version, puis une version plus courte du résumé

Deux critères peuvent être retenus pour savoir quels exemples il convient de garder : on ne gardera que les plus connus, ou bien ceux qui permettent de rendre l'argument plus clair en peu de mots.

Le résumé suivant n'est qu'une proposition.

Un écrivain est toujours influencé par les œuvres qu'il admire : Rimbaud a d'abord imité Banville. Il doit ensuite conquérir son originalité : Balzac a dû dépasser les romanciers de son temps, et même ses propres romans de jeunesse.
L'inspiration vient toujours des autres œuvres, plus que de la réalité : la beauté d'une femme fait naître l'amour, mais la beauté de son portrait fait naître une œuvre. L'écrivain tend à créer la vie, non à l'imiter.
Balzac ou Rimbaud n'ont pas écrit directement à partir de leur vie, mais en travaillant les formes léguées par la tradition. Seuls les écrivains mineurs ne font qu'imiter : mais même pour les plus grands, l'imitation est une étape obligatoire. Les génies ont commencé en s'inspirant d'autres génies.
Une œuvre ressemble d'abord à d'autres œuvres avant de ressembler à la réalité, car la réalité n'a aucun intérêt artistique.

■ Version définitive en 154 mots.

Annexes

OUTILS DE L'ANALYSE LITTÉRAIRE

I. Analyser le lexique

La connaissance d'un lexique adapté est nécessaire tant pour la compréhension et l'analyse des textes que pour la précision de votre expression écrite et orale.

1. Champ lexical et réseau lexical

Les mots du langage désignent des réalités du monde, qu'elles soient concrètes ou abstraites (les idées).

- On appelle « **champ lexical** » l'ensemble des termes désignant une même réalité : « guerre, arme, bataille ». On ne doit pas se contenter de relever un champ lexical, il faut l'analyser pour mettre à jour les sous-thèmes et les relations de sens.

- Le **réseau lexical** est un champ lexical étendu aux autres termes qui, par leur connotation ou leur emploi en contexte, relèvent de la même thématique. Ainsi, « guerrier, armes, combattre, munition, fusil » font partie du champ lexical de la guerre et « mutilation, hôpital, panique » font partie de son réseau lexical.

- Le champ lexical et le réseau lexical sont repérables dans les **métaphores filées**. Ainsi, dans ce passage, Proust file la métaphore guerrière :

> « [Le] monocle du général, resté entre ses paupières comme un éclat d'obus dans sa figure vulgaire, balafrée et triomphale, au milieu du front qu'il éborgnait comme l'œil unique du cyclope, apparut à Swann comme une blessure monstrueuse qu'il pouvait être glorieux d'avoir reçue, mais qu'il était indécent d'exhiber. »
>
> ■ Marcel Proust, *Du côté de chez Swann* (1913).

- La **connotation** est la charge affective et subjective ajoutée à la **dénotation** d'un terme (la définition du dictionnaire) en fonction de la culture personnelle du lecteur. Les textes littéraires jouent sur ce pouvoir d'évocation des mots.

2. Polysémie, synonymie, antonymie

- Un même terme peut avoir plusieurs sens, il est dit « **polysémique** ». La polysémie permet de jouer sur différents niveaux de sens. Ainsi, dans la phrase « une harmonie telle qu'il n'y en eut jamais en enfer » (*Candide*, chap. 3), Voltaire joue sur le double sens d'« harmonie » – « formation musicale » et « entente, paix » – pour intriguer son lecteur.

- Des termes différents peuvent recouvrir une même réalité, ils sont dits « **synonymes** ». Cependant, un mot n'est jamais l'exact équivalent d'un autre, il y a toujours une nuance de sens entre les synonymes.
Dans une énumération ou une gradation, il faut être attentif aux apports de sens de chacun des termes. Par exemple :

> « Je vois partout […] la force, la brutalité, la cruauté, le sadisme. »
>
> ■ Aimé Césaire, *Discours sur le colonialisme* (1950).

- Des termes peuvent avoir des relations de sens opposés, ils sont dits « **antonymes** » : « généreux / avare ».

3. Les types de lexique

Vous devez savoir reconnaître et utiliser au moins ces quatre types de lexique :

- Le **lexique appréciatif** permet d'exprimer une appréciation : elle peut être positive, on parle de lexique mélioratif (« admirable, magnifique ») ; elle peut être négative, on parle de lexique péjoratif (« fade, néfaste, borné »). On le trouve dans l'éloge et le blâme, et dans l'expression de la subjectivité.

- Le **lexique évaluatif** permet d'exprimer un jugement de valeur sur une échelle graduée (« petit / moyen / grand / géant, chaud / tiède / froid / glacé ») dans divers domaines : pragmatique (« utile / inutile »), moral (« juste / injuste »), etc.

- Le **lexique affectif** permet d'exprimer la manière dont on est affecté par quelque chose. C'est le lexique des sentiments et des émotions. Les adjectifs sont souvent formés sur un nom de sentiment : si je dis que quelque chose est « pitoyable », c'est que j'éprouve de la pitié.

- Le **lexique abstrait** est le lexique des opérations de la pensée (« réfléchir, méditer ; notion, concept »), du jugement (« apprécier, concéder, réfuter »), de la morale (« vertu, droit, devoir »), de la philosophie (« liberté, conscience, être »), des catégories artistiques (« baroque, classique »), du sentiment esthétique (« beau, sublime »), etc.

II. Analyser les phrases

La phrase est une unité complète et autonome, construite selon un ensemble de règles. La description de ces règles concerne la syntaxe. La phrase peut aussi être étudiée du point de vue de son rythme.

1. La phrase et la proposition

- Une phrase constituée d'une seule proposition est une **phrase simple**. Une phrase constituée de plusieurs propositions est une **phrase complexe**.

- Les propositions d'une phrase complexe peuvent être :
– **coordonnées** par une conjonction de coordination (« Je sors car il fait beau ») ou par un adverbe (« Il neige, alors je prends les skis ») ;
– **juxtaposées** (« Il la voit, il en tombe amoureux, il lui déclare sa flamme ») ;
– liées entre elles par une **relation de subordination**, conjonctive (« Je dors quand je le peux ») ou relative (« Je lis le livre que tu m'as offert »).

2. Les modalités de la phrase

a. Les types de phrase

On distingue quatre types de phrase.

- La **phrase déclarative** (ou assertive) sert à affirmer quelque chose. C'est la phrase canonique [groupe nominal, groupe verbal].

- La **phrase interrogative** sert à poser une question. Elle est marquée par un point d'interrogation et, en principe, par l'inversion du sujet et l'utilisation d'un terme interrogatif.

- La **phrase impérative (ou injonctive)** sert à donner un ordre (injonction). Elle est marquée par l'impératif et l'absence de sujet. Elle se termine soit par un point soit par un point d'exclamation.

- La **phrase exclamative** permet au locuteur d'exprimer son sentiment. Elle est marquée par la présence d'un point d'exclamation.

b. Les phrases atypiques

- Les phrases à **présentatif** : « Voilà quelqu'un. » « C'est Pierre qui arrive. » « Il y a un loup dans les bois. » « Il était une fois… »
- Les phrases **nominales** : phrases sans verbe, elles peuvent être déclaratives (« Fin de la piste »), interrogatives (« La sortie ? »), exclamatives (« Génial, ce film ! »).
- Les **incises** : courtes, elles comportent un verbe de parole ou de pensée et un sujet inversé ; elles sont insérées au milieu ou en fin de phrase dans le discours direct (« dit-il »).

3. L'étude du rythme

a. L'intonation de la phrase

- Une phrase est caractérisée par une intonation variant selon le type de phrase : par exemple, l'intonation diffère dans une phrase assertive ou interrogative.
- On appelle la première inflexion de la phrase « la **protase** », et la seconde, « l'**apodose** » ; l'articulation entre protase et apodose s'appelle « l'**acmé** ».
- La phrase canonique comporte une protase plus courte (**cadence majeure**) : « Si j'étais sûr qu'il vînt / j'organiserais les choses autrement. »
- Il y a donc effet stylistique lorsque l'apodose est plus longue (**cadence mineure**) :

  « Un corps humain, même aimé comme était celui d'Albertine, nous semble à quelques mètres, à quelques centimètres, distant de nous. »
  ■ Marcel Proust, *Sodome et Gomorrhe* (1921-1922).

b. La période

La période est une **phrase complexe, ample**, qui combine les différents types de construction syntaxique des propositions. Il faut toujours en examiner l'**impact** d'un point de vue rhétorique : ton oratoire ? lyrisme ? éloge ? blâme ? etc.

c. Rythme binaire et rythme ternaire

- Le **rythme binaire** consiste à grouper les termes par deux : « Tu viens et je suis heureux. »
- Le **rythme ternaire** les regroupe par trois :

  « Le loriot siffle, l'hirondelle gazouille, le ramier gémit. »
  ■ René de Chateaubriand, *Génie du Christianisme* (1802).

III. Étudier l'énonciation

L'énonciation est l'acte individuel de production d'un énoncé par un locuteur. On peut chercher à analyser les textes en fonction de leur type d'énonciation.

1. La situation d'énonciation

- **Tout énoncé s'inscrit dans une situation d'énonciation.** Un locuteur produit un énoncé, dans un lieu et temps donné, adressé à quelqu'un (l'allocutaire).
- Quand, pour comprendre l'énoncé, il faut connaître les conditions de l'énonciation, on parle d'**énoncé « ancré » dans la situation d'énonciation**. Pour comprendre l'énoncé « Je suis ici », l'allocutaire doit savoir qui est le « je » et où il se trouve, c'est-à-dire la situation dans laquelle l'énoncé a été produit.
- Quand il n'est pas nécessaire de connaître les conditions de l'énonciation, on parle d'**énonciation « coupée »** ou d'énonciation « historique ». L'énoncé « Louis XIV est mort en 1715 » se comprend hors de la connaissance des conditions de l'énonciation.

2. L'énonciation et l'analyse de texte

- La distinction entre les deux types d'énonciation sert à repérer ce qui relève du **discours** (énoncé « ancré ») et ce qui relève du **récit** (énoncé « coupé »).
- On peut chercher, dans un texte apparemment neutre, toutes les traces de la **subjectivité**. Ainsi, dans une narration à la troisième personne, on cherchera les indices qui pourraient indiquer l'intrusion du narrateur et de ses commentaires.

IV. Reconnaître les figures de style

Identifier les figures de style aide à mieux commenter un texte, à condition de les mettre en relation avec l'analyse du sens.

1. Les figures de sens

a. Les figures d'analogie

Elles créent de nouvelles images en reliant entre elles, par des points communs, des réalités différentes.

- Dans la **comparaison**, deux éléments, comparé et comparant, sont mis en relation par un outil explicite. Celui-ci peut être une préposition (« comme »), une conjonction (« de même que, ainsi que… »), un verbe (« ressembler… »), un adjectif (« semblable… »). Ainsi, les albatros, évoqués dans un poème de Baudelaire :

> « Laissent piteusement leurs grandes ailes blanches
> Comme des avirons traîner à côté d'eux ».
>
> ■ Charles Baudelaire, *Les Fleurs du mal* (1857), « Albatros ».

- La **métaphore** est une comparaison sans outil explicite. Elle est filée quand elle se prolonge sur plusieurs vers ou phrases :

> « Bergère ô tour Eiffel le troupeau des ponts bêle ce matin »
>
> ■ Guillaume Apollinaire, *Alcools* (1913), « Zone ».

- La **personnification** consiste à donner à des objets les caractéristiques d'êtres humains :

  « Tu lis les prospectus les catalogues les affiches qui chantent tout haut »
  ■ Guillaume Apollinaire, *Alcools* (1913), « Zone ».

- L'**allégorie** permet de représenter sous une forme concrète une idée abstraite :

  « [...] et l'Angoisse atroce, despotique,
  Sur mon crâne incliné plante son drapeau noir. »
  ■ Charles Baudelaire, *Les Fleurs du mal* (1857), « Spleen ».

b. Les figures de substitution

Elles substituent un mot à un autre, selon des rapports plus ou moins proches.

- La **métonymie** rapproche un mot d'un autre mot ayant avec lui un rapport de contiguïté ou un rapport logique : « boire un verre, croiser le fer ». La **synecdoque** est une sorte de métonymie qui permet de dire le tout par sa partie : « un trois-mâts ».
- La **périphrase** consiste à substituer au nom qui désigne une personne, un objet ou une abstraction, une expression complexe : « l'oiseau de Jupiter » = l'aigle.

c. Les figures d'atténuation et d'exagération

Elles permettent d'atténuer ou d'amplifier le sens.

- L'**euphémisme** est une évocation détournée d'un fait pour en atténuer la violence : « il est parti » au lieu de « il est mort ».
- La **litote** permet de dire peu pour exprimer beaucoup :

  « Va, je ne te hais point » (= *Je t'aime*).
  ■ Pierre Corneille, *Le Cid* (1637), III, 4.

- L'**hyperbole** utilise des termes exagérés par rapport à la réalité qu'ils désignent : « souffrir mille morts ».

d. Les figures d'opposition

Elles mettent en relation des termes ou des idées qui s'opposent par le sens.

- Dans l'**antithèse**, deux termes de sens contraire s'opposent au niveau de la phrase ou d'un ensemble de phrases :

  « Songe aux cris des vainqueurs, songe aux cris des mourants »
  ■ Jean Racine, *Andromaque* (1667), III, 8.

- Dans l'**oxymore**, deux termes s'opposent par le sens au sein d'un même groupe syntaxique :

  « le Soleil noir de la Mélancolie »
  ■ Gérard de Nerval, *Les Chimères* (1854), « El Desdichado ».

- L'**antiphrase**, figure de l'ironie, fait comprendre le contraire de ce que l'on semble dire : « Quel beau temps ! », alors qu'il pleut.

2. Les figures de construction

Ces figures ont trait à la construction des phrases.

- L'**anaphore** consiste à répéter en début de vers (ou de phrase) un même mot ou groupe syntaxique :

  « Voilà comme Pyrrhus vint s'offrir à ma vue ;
  Voilà par quels exploits il sut se couronner ;
  Enfin voilà l'époux que tu me veux donner. »

  ■ Jean Racine, *Andromaque* (1667), III, 8.

- La **gradation** est une énumération ordonnée suivant un ordre croissant ou décroissant ; le dernier terme est souvent hyperbolique :

  « C'est un roc !... C'est un pic !... C'est un cap ! Que dis-je, c'est un cap ? C'est une péninsule ! »

  ■ Edmond Rostand, *Cyrano de Bergerac* (1897).

- Le **chiasme** consiste, à partir d'un parallélisme de construction, à croiser la fonction syntaxique de termes qui peuvent s'opposer par le sens :

  « Mon berceau a de ma tombe, ma tombe a de mon berceau »

  ■ René de Chateaubriand, *Mémoires d'outre-tombe* (1849).

V. Identifier le registre littéraire

Tout texte fait ressentir un type d'émotion au lecteur. En repérant un registre, on cherche à identifier la nature de cette émotion.

1. Les registres lyrique et épique

a. Le registre lyrique

C'est l'**expression forte des sentiments** sur des thèmes comme l'amour, la mort, la nature. Le texte est à la première personne. Le lyrisme peut être déploration ou hymne joyeux.

b. Le registre épique

En relation avec l'épopée, c'est une narration d'épisodes guerriers qui tend à **magnifier les combats et les exploits des héros** jusqu'à les diviniser. L'exemple typique est l'*Iliade*, d'Homère.

2. Les registres tragique, comique et pathétique

a. Le registre tragique

Le héros tragique est aux prises avec le **destin** ou avec des **forces qui le dépassent**. Le lexique, noble et solennel, fait référence aux dieux, au destin, à une fatalité. On parle d'**ironie tragique**, quand le héros, cherchant à trouver une issue favorable, prend des décisions qui vont se retourner contre lui et le mèneront droit là où le destin l'attend.

b. Le registre comique

La visée est le rire. Il joue sur le décalage entre ce qui est attendu et ce qui est produit. On le reconnaît précisément à trois types de comique : le **comique de mots** (jeux de mots, inventions langagières, répétitions), **de gestes** (gesticulations, poursuites, chutes…) et **de situation** (situations incongrues, quiproquos…).

c. Le registre pathétique

Il caractérise un texte qui cherche à **émouvoir le lecteur** et à lui faire ressentir le sentiment de la pitié et de la compassion. On le reconnaît à l'expression de la souffrance physique ou morale, à des images violentes, à des invocations. Il joue sur la capacité d'identification du lecteur.

3. Les registres merveilleux et fantastique

a. Le registre merveilleux

C'est le **monde des contes de fées.** Dans le monde merveilleux, il est naturel que les humains côtoient fées, ogres et animaux qui parlent… Contrairement au fantastique, le surnaturel ne provoque pas l'angoisse.

b. Le registre fantastique

Des éléments surnaturels font irruption dans le réel. On ne sait pas si ces événements sont explicables rationnellement ou non. L'**angoisse ressentie** est due au **doute** maintenu jusqu'à la fin du récit. Le lexique de l'étrangeté et de la peur est employé. Le texte est souvent à la première personne ou en focalisation interne.

4. Les registres liés à l'argumentation

a. Le registre didactique

La visée est l'**enseignement**. On le reconnaît à une argumentation claire qui cherche à guider le lecteur. On le repère aux impératifs et aux modalités du conseil.

b. Le registre polémique

Le mot vient du grec *polemos,* « guerre ». Il caractérise un débat conflictuel, une **argumentation menée de manière violente**. Les mots servent d'armes. On cherche l'implication du destinataire.

c. Le registre satirique

La visée est la **critique**. On se moque d'une catégorie professionnelle ou sociale, en la mettant en situation. C'est ainsi que Molière fait la satire des médecins.

d. Le registre ironique

L'ironie fait entendre le contraire de ce qui est énoncé. **Jeu sur le second degré**, elle suppose la complicité de l'interlocuteur qui accepte de décrypter le sens. L'ironie se définit par l'antiphrase. Comme chez Voltaire, elle peut servir une visée critique. Voltaire l'utilise beaucoup.

MÉTHODE DES SUJETS DE TYPE BAC

I. Répondre à une question sur un corpus

La question sur corpus est une étape primordiale qui donne des clés pour les travaux d'écriture, il ne faut surtout pas la négliger.

Analyser le sujet au brouillon

> Cerner le sujet

– Lire attentivement le sujet, en relever les termes essentiels et les analyser.
– Resituer la question dans la problématique de l'objet d'étude.

> Analyser le corpus de textes

– Caractériser chaque texte à partir des informations données par le paratexte (auteur, titre date) et d'une première lecture (genres, registres, thématiques).
– Dresser un tableau comparatif en fonction des attentes du sujet.

> Dégager la problématique

S'appuyer à la fois sur le sujet et sur ce qui se dégage du tableau.

Structurer la réponse

> Construire le plan de la réponse

– Préparer un plan synthétique : il ne s'agit pas de traiter texte après texte, mais de procéder par points de convergence ou de divergence entre les textes.
– Trouver deux (ou trois) entrées qui permettent de comparer les textes en fonction de la question posée.

> Élaborer un plan détaillé

– S'assurer que chaque paragraphe met en comparaison au moins deux textes.
– Prévoir les analyses sur lesquelles l'argumentation va s'appuyer.
– S'assurer que tous les textes seront traités.

Rédiger la réponse

> Rédiger une brève introduction

– Présenter les textes en dégageant leur unité.
– Annoncer la problématique.

> Rédiger le développement

Chercher l'efficacité des analyses : la question sur corpus n'est pas un commentaire ; il faut s'appuyer sur les textes (citations de procédés marquants) sans être trop long.

> Rédiger une brève conclusion

Proposer une réponse claire à la question posée en mettant en valeur l'intérêt de la confrontation entre les textes.

II. Rédiger un commentaire littéraire

Le commentaire de texte est un exercice complet qui mobilise capacités de lecture, finesse d'analyse et maîtrise de l'argumentation.

Prendre connaissance du texte

> Faire les premiers repérages

Se demander :
– quelle place occupe le texte dans le corpus, dans l'objet d'étude ;
– ce qu'apporte la question sur corpus à la compréhension du texte, si elle ouvre des premières pistes d'analyse ;
– à quelles grandes problématiques de l'objet d'étude le texte renvoie.

> Établir la fiche d'identité du texte

– Identifier genre, type de discours, registres, procédés dominants, énonciation…
– Cerner la caractéristique principale du texte (une rencontre amoureuse, une polémique…).
– Être attentif à la manière singulière dont le texte traite cette caractéristique.
– Une fois assuré de la compréhension du texte et de ses enjeux, poser une problématique provisoire.

Analyser le texte au brouillon

> Entrer dans les détails en croisant deux méthodes

– Méthode linéaire : relever, au fil de la lecture, tout ce qui semble digne d'attention et le noter au brouillon sous la forme d'un tableau à trois colonnes « exemple / procédé / effet sur le sens ».
– Méthode transversale : déterminer deux ou trois centres d'intérêt et noter tout ce qui s'y rapporte.

> Lier forme et sens

Quelle que soit la méthode, toujours mener de pair étude de la forme et effet sur le sens ; ainsi, il ne suffit pas de relever une métaphore, il faut se demander ce qu'elle apporte : transformation poétique du monde ? explicitation d'une notion complexe ? vision subjective d'un personnage ?…

Structurer le commentaire

> Établir un projet de lecture

Préciser la problématique au vu de l'analyse du texte.

> Élaborer un plan détaillé

– Organiser les analyses en deux ou trois grandes parties. Ménager trois sous-parties (paragraphes) pour chacune d'entre elles.
– Plus le brouillon sera précis (sans être rédigé), moins il y aura de risque d'erreurs.

Rédiger le commentaire

> Rédiger l'introduction

– Composer une accroche (soit par des éléments biographiques, soit par l'objet d'étude).
– Présenter le texte grâce une brève analyse de ses points forts.
– Énoncer la problématique (le projet de lecture).
– Annoncer le plan.

> Rédiger le développement

Le paragraphe :
– Commencer tout paragraphe en énonçant l'idée directrice qui va y être développée.
– Tout argument s'appuie sur une analyse précise du texte. Argument et exemple sont donc indissociables l'un de l'autre. Ainsi, si un paragraphe s'articule autour du registre comique, l'argument pourra être le comique de mots ; il faudra alors relever un ou plusieurs exemples de ce type de comique ; pour chaque exemple, il faudra expliquer en quoi il y a comique.
– Analyser précisément le texte permet d'éviter la paraphrase.
Insertion des citations et transitions :
– Veiller à insérer les citations dans la syntaxe du devoir, comme si elles faisaient partie de la phrase.
– Soigner les transitions entre chaque partie, entre chaque paragraphe, entre les différents arguments de chaque paragraphe.

> Rédiger la conclusion

– Retracer les grandes lignes de la démonstration tout en répondant fermement à la problématique posée dans l'introduction.
– Proposer une ouverture qui mette en évidence l'apport du texte par rapport à l'objet d'étude, ou à un mouvement ou une problématique littéraire ; on peut aussi faire jouer les échos entre les textes du corpus.

III. Rédiger une écriture d'invention

L'écriture d'invention demande une bonne connaissance des genres littéraires et des problématiques qui y sont associées. Elle nécessite aussi une bonne maîtrise de la langue. Elle lie rigueur et inventivité.

Analyser le sujet au brouillon

> Repérer les mots clés du sujet

– Lire attentivement le sujet. Lister les mots clés et les analyser (le verbe en particulier).
– Identifier les contraintes formelles : genre, type de discours...
– Identifier le type d'écriture demandé : amplification, réponse, suite, transposition...

> Dresser un cahier des charges

– Repérer les contraintes implicites, au brouillon, en utilisant la méthode « si... alors ». Par exemple, si on me demande d'écrire une lettre, alors je dois :
– respecter les codes épistolaires ;
– m'adresser au récepteur ;
– tenir compte de l'échange précédent ou à venir...
– Respecter la cohérence et éviter les anachronismes.
– En fonction des contraintes, se demander quelle est la part d'invention attendue (s'il s'agit d'un dialogue entre des personnages, quel sera leur nom, leur personnalité, le cadre spatio-temporel, la situation dans laquelle ils se rencontreront...).
– Dans le cas d'un texte argumentatif, il faut lister les arguments et exemples. Ils seront pris de préférence dans un contexte littéraire.

S'appuyer sur le corpus

> Analyser le(s) textes sur le(s)quel(s) s'appuie le sujet

– Le sujet fait souvent référence à un ou plusieurs textes du corpus (écriture « à la manière de », réponse à l'auteur, transposition dans une autre époque...). Dans ce cas, il faut, préalablement à toute rédaction, analyser le texte de référence, aussi précisément que s'il s'agissait du travail de préparation d'un commentaire.
– Selon le sujet, chercher des arguments, des exemples, des idées dans les textes du corpus.
– Vérifier si la question sur corpus ne donne pas des indications pour aborder l'écriture d'invention.

Rédiger le devoir

> Apporter une réflexion personnelle

– S'il s'agit d'une argumentation, s'assurer de la quantité et de la qualité des arguments ainsi que de la diversité des exemples littéraires : dans un débat sur les choix de mises en scène (l'une insistant, par exemple, sur l'aspect tragique, l'autre sur l'aspect comique d'une pièce de théâtre), il faudra donner des indications précises de costumes, de décor, de prises de parole, mais il faudra aussi s'appuyer sur des exemples remarquables de pièces (*Dom Juan*, *Tartuffe*, par exemple) qui ont pu être traitées aussi bien dans une version comique que tragique ; on pourra aussi s'appuyer sur sa propre expérience de spectateur, de lecteur, voire d'acteur...

– S'il s'agit d'une écriture « à la manière de », ne pas se contenter de copier le texte source, mais apporter des éléments nouveaux : suivant les contraintes imposées par le sujet, on peut approfondir la psychologie d'un personnage, moderniser le contexte, voire jouer sur la parodie…

> Vérifier

– si une mise en situation est nécessaire ;
– si le cahier des charges a été respecté ;
– si le travail tiendra sur la longueur, tout en évitant les répétitions et les phrases creuses.

> Soigner la langue

– Vérifier l'orthographe.
– S'assurer de la bonne construction des phrases.

> Travailler le style et la présentation

– S'assurer de la qualité littéraire (registre, figures de style), sans néanmoins surcharger l'écriture.
– Penser au plaisir du lecteur : un écrivain se demande comment son lecteur va réagir, il le guide dans sa lecture. L'écriture d'invention fait appel aux mêmes préoccupations.
– Savoir être original dans les idées mais aussi dans la mise en forme : pour rédiger la préface d'une anthologie de poèmes, on peut rechercher une mise en page qui mette en valeur les poèmes (jeu sur les paragraphes, les blancs graphiques) et s'amuser avec le paratexte (indications de date, de lieu, de destinataires…).
– Garder néanmoins le sens de la mesure et de l'à propos.

IV. Construire une dissertation

La dissertation littéraire s'appuie sur une bonne connaissance de la littérature et des problématiques abordées par les objets d'étude au programme.

Analyser le sujet au brouillon

> Repérer la logique du sujet

– Prendre connaissance du sujet : s'agit-il d'une question ou d'une citation ? Invite-t-il à une discussion (« Pensez-vous que… ? ») ou à une explicitation (« Vous montrerez que… », « En quoi peut-on dire que… ? ») ?
– Relever les termes essentiels et en préciser le sens s'ils renvoient à des notions littéraires précises.
– Reformuler le sujet, en explicitant ce qui était implicite.

> Problématiser et choisir la démarche à adopter

– Problématiser en mettant en évidence l'enjeu de la question posée.
– Choisir, en fonction du sujet, un plan dialectique (on distingue une thèse, une antithèse, qui nuance la thèse, et éventuellement une synthèse) ou thématique (classement des arguments du plus évident au plus complexe).

Structurer la réponse

> Rechercher les arguments

– Organiser l'argumentation en deux ou trois grandes parties (idées essentielles).
– Structurer chaque partie en deux ou trois sous-parties.

> Rechercher les exemples

– Exploiter le corpus : les textes ont toujours un rapport avec le sujet de dissertation.
– Exploiter les lectures et analyses faites en cours, ainsi que la culture personnelle.
– Veiller à ce que les exemples soient bien adaptés à l'argument avancé.

Rédiger la dissertation

> Rédiger l'introduction

– Trouver une phrase d'accroche qui replace le sujet dans un contexte plus large ou qui l'introduise à partir d'un exemple.
– Présenter le sujet et proposer une synthèse de l'analyse effectuée au brouillon.
– Problématiser. Puis annoncer clairement le plan (les grandes parties).

> Rédiger le développement

– Organiser les idées directrices en paragraphes argumentés.
– Intégrer au moins un exemple dans chaque paragraphe.
– Proposer, si possible, des citations.

> Rédiger la conclusion

– Conclure le développement en répondant à la problématique.
– Proposer une ouverture qui mette en perspective la réflexion en évoquant ses prolongements littéraires et / ou culturels.

V. Traiter une question d'oral

L'épreuve orale valide le travail de l'année mais aussi la capacité à réfléchir de manière autonome en fonction d'une nouvelle situation de communication.

Préparer l'exposé au brouillon

> Analyser la question posée

Relever et analyser les mots clés en les resituant dans le contexte de l'objet d'étude et la problématique de la séquence faite en cours.

> Proposer une problématique et un plan

– Relier la problématique à la question posée.
– Noter un plan détaillé au brouillon (en deux ou trois étapes). Il est souvent nécessaire de remanier le plan de la lecture analytique faite en classe.

> Analyser le texte

Sélectionner, dans le texte, les exemples nécessaires à votre argumentation.

Présenter l'exposé

> Introduire le sujet

– Présenter le contexte dans lequel s'inscrit le texte (auteur ? mouvement ? œuvre ?...) et le texte lui-même (qui parle ? à qui ? de quoi ?...).
– Lire le texte. Puis annoncer la problématique et la démarche adoptée pour y répondre.

> Développer l'exposé

– S'appuyer sur des citations analysées qui mettent en évidence forme et fond.
– Veiller à bien faire entendre les transitions entre les grandes parties.

> Conclure

– Répondre à la problématique.
– Procéder à un élargissement (rapprochement avec le groupement de textes, avec l'objet d'étude…).

Répondre aux questions lors de l'entretien

> Mobiliser ses connaissances

– Répondre de manière précise et développée aux questions posées, en témoignant de sa connaissance de l'objet d'étude.
– Exploiter au mieux le « descriptif » en établissant spontanément des liens entre les textes et les diverses études faites en classe.
– Utiliser sa culture personnelle.
– Être capable de formuler un avis personnel et de le justifier.

> Dialoguer

– S'exprimer avec clarté et correction (niveau de langue et attitude).
– Se montrer ouvert au dialogue, par exemple en demandant à l'examinateur de reformuler une question que l'on n'a pas comprise.

VI. Résumer un texte

Résumer un texte argumentatif, c'est en restituer les idées principales en respectant la logique de la démonstration, sans toutefois le plagier.

Connaître les impératifs de l'exercice

– Respecter l'énonciation : temps verbaux, système personnel (si le texte est écrit à la première personne, le résumer à la première personne), registre.
– Respecter l'ordre du texte.
– N'ajouter aucun commentaire personnel.
– Éviter les calques lexicaux et syntaxiques.

Prendre connaissance du texte

> Lire le texte une première fois

– Repérer le type d'énonciation.
– Identifier l'enjeu du texte (convaincre, persuader, expliquer, réfuter, polémiquer…), son thème, sa thèse.
– Repérer les étapes du raisonnement en s'appuyant sur les liens logiques relevés dans le texte (« mais », « car », « donc »…).
– Distinguer arguments et exemples.

> Relire le texte et en vérifier la compréhension

– Distinguer les grandes idées en tentant une première reformulation.
– Hiérarchiser les idées (quelles sont les idées principales qu'il ne faut surtout pas omettre, quelles sont celles qui pourraient disparaître sans dénaturer la démonstration de l'auteur ?).
– Distinguer exemples illustratifs et exemples argumentatifs.

Rédiger le résumé

> Rédiger au brouillon une première version

– Commencer, sans se préoccuper du nombre de mots, à reformuler les idées en étant attentif à mettre en valeur l'architecture logique du texte.
– Supprimer les exemples illustratifs.
– Chercher des synonymes, veiller à ne pas reproduire la syntaxe des phrases, chercher des termes englobants (pour rendre compte d'une énumération, par exemple).

> Rédiger la version finale

– Réduire le résumé en supprimant les idées accessoires et en continuant à chercher des formulations concises.
– Vérifier que le nombre de mots imposé est respecté (est compté comme mot toute unité sémantique qui possède une entrée dans le dictionnaire).
– S'assurer de la clarté du style et de la liaison entre les phrases.
– Finalement, relire le résumé en se demandant si quelqu'un qui n'aurait pas eu accès au texte source en restituerait le sens aisément.

INDEX

Les numéros renvoient aux pages de cours.

TABLE DES ILLUSTRATIONS